# ANGLICKO-ČESKÝ PRÁVNICKÝ SLOVNÍK

## ENGLISH-CZECH LAW DICTIONARY

**LEDA**cz

# English-Czech
## LAW
# Dictionary

# Anglicko-český

# PRÁVNICKÝ

# slovník

§

PhDr. Marta Chromá

LEDA 2010

**Tento slovník vydává LEDA, spol. s r.o. v elektronické podobě**
spolu s vyhledávacím programem určeným pro počítače IBM PC.
Elektronický slovník distribuuje LEDA, spol. s r.o., 263 01 Voznice 64.

**This dictionary is published by LEDA in electronic form.**
The electronic dictionary is distributed with a software facilitating complex
word/phrase search and a supporting program for computer-aided translation
that can be used on any IBM-compatible PC, by LEDA, 263 01 Voznice 64.

Lektorovala JUDr. Nora Šejdová
Odpovědná redaktorka Mgr. Tamara Kajznerová
Obálka Marek Jodas
Sazba AMD v.o.s., Návrší Svobody 26, 623 00 Brno
Vytiskly Tiskárny Havlíčkův Brod, a.s., Husova 1881
Vydala LEDA, spol. s r.o., 263 01 Voznice 64
http://www.leda.cz
Třetí vydání, 2010
344 stran

**ISBN 978-80-7335-248-6**

# Obsah

# 6

# Úvod

Předkládaná publikace je určena pro právníky, překladatele, studenty právnických fakult, odborníky v ekonomice a širokou veřejnost, která přichází do styku s anglickými právnickými texty z nejrůznějších právních odvětví, především občanského a trestního práva hmotného a procesního, obchodního, smluvního, mezinárodního soukromého i veřejného práva a práva společností. Další právní odvětví jsou zastoupena v menší míře.

Pro toto vydání byla podstatně rozšířena a opravena první verze Anglicko-českého právnického slovníku, která vyšla v roce 1993 v nakladatelství Karolinum. Slovník nyní obsahuje více než 7 000 hesel a v nich celkem asi 21 000 anglických výrazů a 26 000 jejich českých ekvivalentů. Každé heslové záhlaví je opatřeno přepisem výslovnosti.

Základním excerpčním materiálem byly obsáhlé pasáže učebnic a autentických textů uvedených v bibliografii. Dalším významným pramenem byly britské a americké právnické výkladové slovníky. Rovněž byly excerpovány originální britské obchodní smlouvy a vzory právních dokumentů. Kromě odborných termínů jsou ve slovníku zastoupeny také obecněvědní a obecněprávní výrazy, jejichž neznalost, jak se v praxi ukazuje, způsobuje často problémy v přesném porozumění právnickému textu.

Excerpovaný materiál je omezen kvantitativně i volbou právních odvětví a hloubkou diskutovaných témat, proto si slovník v žádném případě nečiní nárok na úplnost. České ekvivalenty byly určovány na základě konzultace s právníky z praxe i s učiteli Právnické fakulty UK v Praze. Některé české ekvivalenty byly převzaty ze starších slovníkových pramenů a jejich použitelnost byla ověřena.

Velkého uznání si zaslouží nesmírně pečlivá a svědomitá práce odborné konzultantky JUDr. Nory Šejdové. Její cenné rady a připomínky mi pomohly při vyhledávání vhodných českých ekvivalentů anglických slov především tam, kde se věcná stránka angloamerického a českého práva zásadně liší. Velký dík patří též PhDr. Aleně Kopecké za její laskavou pomoc při řešení lexikografických otázek. V neposlední řadě děkuji své rodině, bez jejíž podpory a tolerance by kniha nikdy nevznikla. Členům anglické sekce katedry jazyků Právnické fakulty Univerzity Karlovy jsem vděčná hlavně za duchovní podporu, kterou mi projevovali po celou dobu práce na slovníku. Konečně bych chtěla poděkovat Tamaře Götzové, jejíž podíl na slovníku daleko přesahoval povinnosti odpovědné redaktorky.

Marta Chromá

Březen 1995

# Introduction

The present edition of the English-Czech Law Dictionary is intended to help law practitioners, translators and interpreters, law students, economists and the public at large who work with English legal texts from various branches (e.g. substantive civil and criminal law, civil and criminal procedure, business law, contract law, company law, public and private international law). Other branches of law are covered less thoroughly.

The Dictionary has been comprehensively revised and greatly expanded compared with the student's edition published by Charles University Publishing House Karolinum in 1993. It contains more than 7,000 English headwords and about 21,000 lexical units or phrases with their 26,000 Czech equivalents.

Large passages of authentic texts from legal textbooks and materials mentioned in the bibliography were the basic sources for making citation files. The other important sources contributing to the dictionary database were British and American law dictionaries and standard legal forms of contracts and other legal documents. In addition to pure technical terms, the Dictionary contains general vocabulary typical for legal texts since our teaching experience has suggested that the ignorance of that part of the language may cause substantial problems in understanding the content of a text. The present edition does not pretend to be a comprehensive legal dictionary. Czech equivalents were chosen in a cooperation with specialists among law practitioners as well as law teachers from the Law Faculty of Charles University in Prague. Some equivalents were taken over from former law dictionaries and their usability was consulted with specialists.

I would like to express my deep appreciation to JUDr. Nora Šejdová for her extremely careful and conscientious work. Her valuable advice and comments have helped me to find suitable Czech equivalents of English entries especially where the Anglo-American and Continental legal systems differ substantially. I would also like to express my great thanks to PhDr. Alena Kopecká for kindly helping me to solve lexicographical problems. My thanks also to my family: the dictionary would not exist without their help and tolerance. I am grateful to all teachers at the English Department of the Law Faculty for their moral support provided during the whole working period. Finally, my thanks to Tamara Götzová whose extraordinary dedication helped the dictionary to be published.

Marta Chromá

March 1995

# Stavba hesla

se řídí základními lexikografickými pravidly běžnými u překladových slovníků podobného typu.

1. Heslová záhlaví jsou tištěna půltučně a řazena abecedně.

Za každým heslovým záhlavím je uvedena anglická výslovnost slova v hranatých závorkách. Kurzívou jsou uvedeny nepravidelné tvary. U nepravidelných sloves jsou uvedeny nepravidelné tvary préterita a minulého příčestí, u sloves, kde dochází ke zdvojení kmenové souhlásky v příčestích a préteritu, je toto zdvojení naznačeno (např. **acquit** /tt/).

Následuje zařazení do slovního druhu. Pokud jeden výraz funguje ve více slovních druzích, je pořadí hesel následující: podstatné jméno, přídavné jméno, (příslovce), sloveso.

Podstatná jména, vyskytující se často ve formě množného čísla, jsou v této formě uvedena jako samostatné heslové záhlaví a místo zkratky pro substantivum *(n)* je uvedeno označení pro plurál *(pl)*. Podstatná jména, která se vyskytují jen v jednotném čísle, mají místo zkratky pro podstatné jméno pouze označení pro singulár *(sg)*.

Povinně předložková slovesa včetně frázových jsou uvedena jako samostatná heslová záhlaví (viz např. heslo **break, break down, break into, break off, break up**).

Homonyma (pouze v rámci jednoho slovního druhu) a některá funkčně odlišná synonyma jsou uváděna jako samostatná záhlaví a jsou odlišena horním indexem (viz např. heslo **law** [1] *(n)*, **law** [2] *(n)*).

2. Jednotlivé české ekvivalenty v rámci jednoho heslového sloupce jsou označeny půltučně arabskou číslicí. Pro řazení českých ekvivalentů byla rozhodující frekvence výskytu v excerpovaném materiálu, tj. nižší číslice označuje frekventovanější slovo.

Vnitřní členění hesla závisí na slovním druhu

a)  podstatné jméno: vazby s přívlastkem shodným; s přívlastkem neshodným; podstatné jméno jako přívlastek nebo jiný větný člen v neslovesných vazbách; předložkové vazby; slovesné vazby (viz např. heslo **breach**)

b)  přídavné jméno: ve funkci přívlastku; ostatní vazby (viz např. heslo **direct**)

c)  ostatní slovní druhy: abecední pořadí jednotlivých hesel

Na konci mnoha heslových odstavců jsou za hřebíkem  ♦  přičleněna slovní spojení, která není možné zařadit k jednotlivým ekvivalentům. Sem patří i nejrůznější frazeologická či idiomatická spojení.

**3.** Do slovníku jsou jako samostatná heslová záhlaví zařazeny i nejfrekventovanější zkratky s jejich plným zněním (např. **A.B.A.** *American Bar Association*). Z metodických důvodů však nejsou rozlišena akronyma (např. **AWOL**) a vlastní zkratky (např. **LL.M.**) a všechny zkratky jsou označeny jako *(abbrev)*, tj. jako zkratky. V hranatých závorkách je uvedena výslovnost zkratky, kdežto výslovnost nezkráceného slova nebo slovního spojení se uvádí pouze tam, kde je běžnější než výslovnost zkratky (viz např. **sc.**)

**4.** Slova, která se v britské a americké angličtině pravopisně liší, jsou uvedena v obou variantách (např. **offence-offense, labour-labor, centre-center** apod.) s vyznačením *brit.* resp. *am.*

**5.** Výslovnost je u každého heslového záhlaví uvedena v hranaté závorce zčeštěnou formou mezinárodní transkripce.

  i. Základními prameny byly Velký anglicko-český slovník (Hais-Hodek, 1985), Everyman's English Pronouncing Dictionary (Jones, 1977) a Webster's New World Dictionary (1981). Pokud se americká výslovnost podstatně liší, je její podoba uvedena v hranaté závorce po značce *am.*

 ii. Transkripce vychází z britské normy. Protože ve vyslovování hlásky „r" je podstatný rozdíl mezi britskou a americkou angličtinou, je tato hláska tam, kde se v americké angličtině vyslovuje, označena malým písmenem v závorce: ['mɔː(r)də(r)]

iii. Hlavní přízvuk se označuje horní kolmičkou a vedlejší přízvuk dolní kolmičkou před příslušnou slabikou, kromě jednoslabičných slov, kde se neoznačuje. Problém vznikal při přízvukování víceslovných hesel a zejména v latinských slovních spojeních, kde se liší britský a americký úzus jak ve výslovnosti latinských slov obecně, tak v jejich přízvukování. Zde byla zvolena neutrální britská forma s variantami ve výslovnosti zejména koncovek slov.

 iv. Fakultativní hlásky, tj. ty, jejichž výslovnost není nutná, ale je možná, jsou vyznačeny kurzívou: [diˌkæpiˈteišən]

  v. Jsou-li předložky součástí transkribovaného slovního spojení, jsou většinou uváděny v plné podobě, např. [ˌaːskˈfɔ(r)], přestože ve větném kontextu se vyskytují převážně v nepřízvučném postavení, tudíž v redukované formě.

 vi. Délka hlásky se označuje dvojtečkou za příslušnou samohláskou: ['djuːti].

vii. Výslovnost préterita a minulého příčestí u nepravidelných sloves je uváděna v hranaté závorce spolu s výsloností infinitivu. Pokud se výslovnost préterita a příčestí neliší, je uváděn jen jeden tvar (viz např. **catch** */caught, caught/* [kæč, kɔːt].

# Seznam používaných zkratek

## Odkazy na právní odvětví

| | | | | |
|---|---|---|---|---|
| **(AP)** | autorské právo | | **(OP)** | občanské právo |
| **(ES)** | Evropské společenství | | **(PEq)** | právo spravedlnosti / ekvity |
| **(MoP)** | mořské právo | | **(ŘP)** | římské právo |
| **(MP)** | mezinárodní právo | | **(SmP)** | směnečné právo |
| **(MPS)** | mezinárodní právo soukromé | | **(SP)** | správní právo |
| **(NP)** | námořní právo | | **(TP)** | trestní právo |
| **(ObyčP)** | obyčejové právo | | | |

## Ostatní

| | | | | |
|---|---|---|---|---|
| abbrev | zkratka, zkráceno | | o.s. | oneself |
| adj | přídavné jméno | | obec. | obecně |
| adv | příslovce | | obv. | obvykle |
| akuz. | akuzativ | | pl | množné číslo |
| am. | americká reálie | | pojišť. | pojišťovnictví |
| angl. | anglická reálie | | pref | předpona |
| brit. | britská reálie | | prep | předložka |
| col. | hovorově | | pron | zájmeno |
| con | spojka | | přen. | přeneseně |
| ES | Evropské společenství | | přibl. | přibližně |
| fin. | finančnictví | | pův. | původně |
| fr | francouzsky | | sb. | somebody |
| gen. | genitiv | | sg | jednotné číslo |
| hist. | historicky | | skot. | skotská reálie |
| hov. | hovorově | | slang. | slangový výraz |
| ir. | irská reálie | | spec. | zvláštní použití |
| kan. | kanadská reálie | | st. | something |
| kniž. | knižně | | v | sloveso |
| lat | latinsky | | voj. | vojensky |
| n | podstatné jméno | | vulg. | vulgárně |
| n. | nebo | | zast. | zastaralý výraz |
| num | číslovka | | zvl. | zvláště |

# Seznam použité literatury

## Učebnice

K. R. Abbott, N. Pendlebury: *Business Law* (6th edition, DP Publications Ltd., London 1993)

R. A. Anderson, I. Fox, D. P. Twomey: *Business Law* (South-Western Publishing Co., Cincinnati 1987)

A. Riley: *English for Law* (Macmillan Publishers, London 1991)

M. L. Cohen, R. C. Berring: *Finding the Law* (West Publishing Co., Minnesota 1988)

N. J. Mietus, B. W. West: *Personal Law* (Science Research Associates, Inc., Chicago 1975)

P. S. R. F. Mathijsen: *A Guide to European Community Law* (5th ed., Sweet & Maxwell, London 1990)

A. Kopecká, M. Hubáčková: *Anglický jazyk pro právníky I, II* (Všehrd, Praha 1991)

## Slovníky

A. S. Hornby: *Oxford Advanced Learner's Dictionary* (4th ed., Oxford 1989)

*Webster's New World Dictionary* (1981)

D. Jones: *Everyman's English Pronouncing Dictionary* (14th ed., J. M. Dent, London 1977)

H. C. Black: *Black's Law Dictionary* (6th ed., West Publishing Co., Minnesota 1983)

*Stroud's Judicial Dictionary I–V* (5th ed., Sweet & Maxwell, London 1986)

P. G. Osborn: *A Concise Law Dictionary* (4th ed., Sweet & Maxwell, London 1954)

P. H. Colin: *Dictionary of Law* (2nd ed., P. Colin Publishing, 1993) Mozley & Whiteley's *Law Dictionary* (11th ed., Butterworths, London 1993

Z. Madar a kol.: *Právnický slovník I, II* (Panorama, Praha 1978)

J. Luhan a kol.: *Slovník pracovního práva* (Práce, Praha 1982)

*Slovník spisovného jazyka českého I–VIII* (Academia, Praha 1989)

L. Klimeš: *Slovník cizích slov* (SPN, Praha 1981)

L. Rejman: *Slovník cizích slov* (SPN, Praha 1966)

K. Hais, B. Hodek: *Velký anglicko-český slovník I–III* (Academia, Praha 1984)

V. Knapp, O. Kunz, Z. Masopust: *Anglicko-český právnický slovník* (ÚSP ČSAV, Praha 1983)

M. Chromá: *Anglicko-český právnický slovník a doplňkové texty* (Karolinum, Praha 1993)

J. Kincl: *Dicta et regulae iuris* (UK, Praha 1990)

# Ostatní

*Charter of the United Nations* and *Statute of the International Court of Justice* (UN, New York 1987)

*The Constitution of the United States* (Commission on the Bicentennial of the U.S. Constitution, 1987)

*The International Court of Justice* (UN, New York 1981)

*This Is America* (U.S. Information Agency 1990)

J. Bičovský, M. Holub: *Občanský zákoník* (Linde, Praha 1991)

*Obchodní zákoník* – komentář (SEVT, Praha 1991)

V. Šedivý: *Novelizované trestní kodexy* (Naše vojsko, Praha 1991)

O. Martincová a kol.: *Pravidla českého pravopisu* (Pansofia, Praha 1993)

S. I. Landau: *Dictionaries—The Art and Craft of Lexicography* (Cambridge University Press, 1993)

# A

A [ei]: **category "A" prisoners** [ˈeiˌprizənə(r)z] *brit.* zvláště nebezpeční pachatelé trestných činů ve výkonu trestu, *přibl.* odsouzení ve třetí nápravně-výchovné skupině v nápravném zařízení se zvýšenou ostrahou; **Table A** *brit.* vzorová smlouva a stanovy pro společnost s ručením omezeným na akcie; **"A" shares** akcie s omezeným hlasovacím právem

**A.B.A.** [ˌeibiˈei] *(abbrev) American Bar Association* [əˈmerikənˌbaːrˌəsəusiˈeišən] *am.* Sdružení amerických advokátů (Americká advokátní komora)

**ab agendo** [ˌæbeiˈdžendəu] *(lat)* nezpůsobilý podnikat n. provádět jakékoliv transakce

**abalienate** [əˈbeiliəˌneit] *(v)* st. zcizit co, převést právní titul k čemu                              ✦

**abalienation** [əˈbeiliəˌneišən] *(n)* zcizení, převedení právního titulu

**abandon** [əˈbændən] *(n)* vzdání se vlastnického práva, abandon

**abandon** [əˈbændən] *(v)* st. **1** opustit co; **~ed property** opuštěný majetek **2** vzdát se čeho **3** vzít zpět co, zříci se nároku; **~ the application** stáhnout přihlášku **4** přerušit co; **~ a trial** přerušit soudní přelíčení ✦ **~ed claims** nedobytné pohledávky

**abandonment** [əˈbændənmənt] *(n)* **1** zřeknutí se práva, právního titulu **2** svévolné opuštění **3** zabavení, zabrání ✦ **~ of an action** nepodání žaloby v zákonem stanoveném čase, odstoupení od žaloby

**abatable** [əˈbeitəbl] *(adj)* zanedbatelný, odstranitelný; **~ nuisance** nesankcionované zanedbatelné rušení

**abate** [əˈbeit] *(v)* st. **1** zmírnit, zmenšit co; **~ a tax** snížit daň **2** právně zrušit co, pozbýt platnosti **3** zdemolovat, úplně zničit co

**abatement** [əˈbeitmənt] *(n)* **1** zabránění komu v nepřístojném jednání n. v páchání drobných deliktů proti veřejnému pořádku; **noise ~** (za)bránění v produkování hluku obtěžujícímu okolí **2** zmenšení, snížení, redukce; **litter ~ programme** program pro snižování množství odpadků **3** sleva, odečet, odpočet daní; **no ~** beze srážky; **tax ~** sleva na dani ✦ **~ of action** zastavení žaloby

**abbrochment, abbroachment** [əˈbrəučmənt]

*(n)* ovládnutí trhu skoupením zboží ve velkoobchodě s cílem prodat je v maloobchodě

**abdicate** [ˈæbdikeit] *(v)* **1** odstoupit z funkce, abdikovat **2** vzdát se práva

**abdication** [ˌæbdiˈkeišən] *(n)* *of* st. **1** abdikace, odstoupení z funkce **2** vzdání se čeho

**abduct** [æbˈdakt] *(v)* sb. unést koho podvodně s použitím násilí

**abduction** [æbˈdakšən] *(n)* únos zejm. žen a dětí s použitím násilí

**abductor** [æbˈdaktə(r)] *(n)* únosce

**aberemurder** [ˈæbə(r)ˌmə(r)də(r)] *(n)* prostá vražda

**abet** [əˈbet] */tt/ (v)* sb./st. podporovat koho/co, napomáhat trestnému činu; navádět k čemu, podněcovat koho/co; **aid and ~** *(TP)* být nápomocen při spáchání trestného činu

**abetment** [əˈbetmənt] *(n)* napomáhání, návod

**abettor** [əˈbetə(r)] *(n)* **1** návodce k trestnému činu **2** účastník trestného činu

**abeyance** [əˈbeiəns] *(n)* **1** stav opuštěnosti / uprázdněnosti majetku, neexistuje osoba, jíž by mohl být předán; **estate in ~** majetek bez pána, res nulius **2** suspenze, klid řízení, pendence; **the law is in ~** zákon není dosud platný / účinný **3** přerušení, odklad ✦ **bills in ~** neproplacené účty

**ABH** [ˌeibiːˈejč] *actual bodily harm* [ˈækčuəlˌbodiliˈhaː(r)m] VIZ **actual ¿abide** */abode, abode / abided/* [əˈbaid, əˈbəud / əˈbaidid] *(v)* sb./st. snášet, strpět koho/co, spokojit se s kým/čím

**abide** */abode, abode / abided/* **by** [əˈbaidˌbai] *(v)* st. **1** trvat na čem; **~ by the ruling** trvat na rozhodnutí **2** setrvat u čeho, zůstat při čem, dodržovat co; **~ by the rules** držet se pravidel; **~ by the terms of the agreement** dodržovat smluvní podmínky

**ability** [əˈbiləti] *(n)* **1** schopnost, způsobilost plnit povinnosti **2** solventnost, finanční způsobilost plnit své závazky

**ab initio** [ˌæbiˈnišiəu] *(lat)* od začátku

**ab intestat(o)** [ˌæbintesˈteit(əu)] *(lat)* dědění ze zákona; intestátní, děděný ze zákona bez závěti

**ab invito** [ˌæbinˈvaitəu] *(lat)* nechtěně, proti své vůli

**abjudicatio** [ˌæbdžudiˈkeišəu] *(n)* odepření práva, soudní neuznání nároku, zamítnutí žaloby soudem

**abjudge** [əb'džadž] *(v)* st. soudně odepřít co

**abjuration** [,æbdžuə'reišən] *(n)* odvolání n. zřeknutí se čeho pod přísahou

**abjure** [əb'džuə(r)] *(v)* st. 1 odvolat co pod přísahou, přísežně se čeho zříci 2 *am.* pod přísahou odvolat loajálnost k cizí zemi

**abnegate** ['æbnigeit] *(v)* st. zříci se čeho; ~ **a right** zříci se práva

**abnormal** [æb'no:(r)məl] *(adj)* abnormální; odchylující se / odlišný od normy; nepřirozený, anomální; ~ **exit** *pojišť.* abnormální úbytek; ~ **risk** abnormální riziko

**abode** [ə'bəud] *(n)* bydliště trvalé n. přechodné; **of no** ~ bez trvalého bydliště, **right of** ~ právo na pobyt v cizí zemi

**abolish** [ə'boliš] *(v)* st. zrušit, anulovat co; odstranit, eliminovat co, skoncovat s čím

**abolition** [,æbəu'lišən] *(n)* **1** zrušení, odstranění **2** likvidace, destrukce

**abortifacient** [ə,bo:(r)tə'feišiənt] *(n)* látka vyvolávající přerušení těhotenství / potrat

**abortion** [ə'bo:(r)šən] *(n)* interupce, potrat, přerušení těhotenství

**above** [ə'bav] *(adj)* výše uvedený, shora uvedený; **if different from** ~ jestliže se liší od výše uvedeného

**abridge** [ə'bridž] *(v)* st. **1** zkrátit, zestručnit co **2** snížit co; ~ **sentence** snížit trest

**abridgement** [ə'bridžmənt] *(n)* **1** zkrácené znění, výtah; ~**s of specification** výtahy z patentových spisů **2** omezení, snížení; ~ **of damages** moderační právo soudu právo soudce snížit náhradu škody

**abrogate** ['æbrəgeit] *(v)* st. anulovat, zrušit co; odstranit, zničit co

**abrogation** [,æbrə'geišən] *(n)* zrušení zákona novým zákonem, derogace zákona jako celku

**abscond** [əbs'kond] *(v)* skrývat se před spravedlností; **absconding debtor** dlužník skrývající se před svými věřiteli

**absence** ['æbsəns] *(n)* **1** neexistence, nedostatek; ~ **of a complete code** neexistence úplného zákoníku; **in the** ~ **of st.** při neexistenci čeho **2** absence, nepřítomnost; ~ **from sb.'s usual place** nepřítomnost na obvyklém místě; **leave of** ~ povolení nenastoupit do práce / k opuštění pracoviště

**absent** ['æbsənt] *(adj)* chybějící, nepřítomný; ~ **without leave** nepřítomen na pracovišti bez povolení

**absent** *(v)* o.s. **from** [əb'sent,frəm] st. nedostavit se, nepřijít kam; **he ~ed himself from the meeting** nedostavil se na jednání

**absent** ['æbsənt] *(prep)* při nedostatku, nepřítomnosti čeho; ~ **any other facts** při nedostatku jiných faktů; ~ **nationality** bez státní příslušnosti

**absentee** [,æbsən'ti:] *(n)* **1** nepřítomná osoba; ~ **landlord** osoba vlastnící nemovitost, v níž nežije; ~ **voting** hlasování v nepřítomnosti prostřednictvím zástupce n. poštou **2** absentér

**absolute** ['æbsəlu:t] *(adj)* **1** absolutní, naprostý; ~ **deed** absolutní listina; ~ **guaranty** neakcesorická záruka; ~ **liability** absolutní odpovědnost, odpovědnost za výsledek; ~ **majority** absolutní nadpoloviční většina **2** absolutní, nadřazený, svrchovaný; ~ **monarchy** absolutní monarchie; ~ **power** absolutní / neomezená moc; ~ **presumption** absolutní domněnka; ~ **privilege** absolutní přednost jednání ve veřejném zájmu jako omluvný důvod ♦ ~ **law** absolutní / přirozené právo

**absolve** *(v)* sb./st. **from** [əb'zolv,frəm] st. zprostit koho/co čeho, osvobodit koho/co od čeho; ~ **from guilt** zprostit viny; ~ **from an obligation** zprostit závazku

**absorb** [əb'so:(r)b] *(v)* st. pohltit, zaujmout co; ~ **about two-thirds of Community spending** pohltit asi dvě třetiny výdajů Společenství; **become ~ed** 1 *in* st. pohroužit se 2 být vstřebán

**abstain** *(v)* **from** [əb'stein,frəm] st. zdržet se čeho (hlasování); ~ **from force** zdržet se použití síly

**abstainer** [əb'steinə(r)] *(n)* osoba, která se zdržela hlasování

**abstention** [əb'stenšən] *(n)* zdržení se hlasování; **Any ~s?** Zdržel se někdo hlasování?; **with one** ~ jeden se zdržel hlasování

**abstract** ['æbstrækt] *(n)* **of** st. výtah, výpis z čeho; ~ **of account** výpis z účtu; ~ **of record** výpis ze soudního spisu / z rejstříku; ~ **of title** výpis z pozemkových knih dokument osvědčující právní titul k nemovitosti

**abstract** [æb'strækt] *(v)* st. **1** pořídit výtah z čeho **2** vyjmout, vyzvednout co z čeho

**absurdity** [æb'sə:(r)dəti] *(n)* absurdnost, nemožnost

**abundance** [ə'bandəns] *(n)* **1** velké množství, nadbytek čeho **2** spousta, spousty lidí

**abundant** [əˈbandənt] *(adj)* hojný, vydatný, bohatý

**abuse** [əˈbjuːs] *(n)* **1** zneužití; ~ **of authority / power** zneužití pravomoci; ~ **of right** zneužití práva; **sexual** ~ **of children** sexuální zneužívání dětí ♦ ~ **of process** trestní stíhání při neexistenci důkazů n. ve zlém úmyslu **2** narušení; ~ **of independence** narušení nezávislosti; ~ **of sovereignty** narušení suverenity

**abuse** [əˈbjuːz] *(v)* st./sb. **1** zneužívat co/koho **2** špatně používat co **3** sprostě / hrubě nadávat; **he ~d the police before being taken to the cells** hrubě nadával policistům, než byl zavřen do cely

**abusive** [əˈbjuːsiv] *(adj)* **1** nezákonný, protiprávní, podezřelý; ~ **financial practices** podezřelé finanční praktiky **2** nevhodný, nemístně užitý **3** hrubý, urážlivý

**abut** */tt/ (v)* **on** [əˈbatˌon] st. hraničit, dotýkat se čím

**abuttals** [əˈbatlz] *(pl)* hranice / meze pozemků

**abutter** [əˈbatə(r)] *(n)* držitel sousedícího pozemku / sousedící nemovitosti

**accede** *(v)* **to** [əˈksiːdˌtu] st. **1** přistoupit na co, souhlasit s čím, přivolit k čemu; ~ **to terms** přistoupit na podmínky **2** nastoupit do funkce; ~ **to an office** nastoupit do funkce; ~ **to the throne** nastoupit na trůn **3** vstoupit do politické strany

**accelerate** [əkˈseləreit] *(v)* st. **1** zrychlit co; **~d depreciation** zrychlený odpis hodnoty zařízení, stroje atd. **2** zvětšit co, vzrůst; ~ **efforts** zvětšit úsilí

**acceleration** [əkˌseləˈreišən] *(n)* **1** zrychlování, urychlování; urychlení nabytí práva; ~ **clause** akcelerační doložka **2** zvýšení; ~ **premium** odměna k platu za zvýšení výroby

**accentuate** [ækˈsentjueit] *(v)* st. zvýraznit, zdůraznit co

**accept** [əkˈsept] *(v)* st. přijmout, akceptovat co; ~ **ignorance as an excuse** akceptovat neznalost jako omluvu; ~ **an offer** přijmout nabídku; ~ **recommendation** přijmout doporučení

**acceptable** [əkˈseptəbl] *(adj)* přijatelný; **offer ~ to both parties** nabídka přijatelná pro obě strany

**acceptance** [əkˈseptəns] *(n)* **1** přijetí nabídky, akceptace; **conditional** ~ podmínečné přijetí nabídky; **delivery** – ~ **certificate** dodací list; **express** ~ výslovná akceptace; **implied** ~ mlčky učiněná akceptace; **qualified** ~ kvalifikované přijetí nabídky tj. konkrétním způsobem omezené, podmíněné; **letter of** ~ dopis potvrzující přijetí nabídky; ~ **of lump-sum settlement** pojišť. prohlášení o přijetí dohodnutého pojistného plnění; ~ **slip** pojišť. krycí potvrzení, list akceptací **2** přijatá směnka; ~ **credit** akceptační úvěr; **bank** ~ bankovní akcept

**acceptor** [əkˈseptə(r)] *(n)* příjemce nabídky, akceptant

**access** [ˈækses] *(n)* to st. **1** přístup kam; **easement of** ~ věcné břemeno přístupu; **be denied** ~ **to** st. mít znemožněn přístup kam; **gain** ~ **through the window** vstoupit oknem; **provide** ~ **to** st. zajišťovat přístup kam **2** dosažitelnost čeho; ~ **to divorce** dosažitelnost rozvodu

**accession** [ækˈsešən] *(n)* **1** právo ke všemu, co vytváří / produkuje vlastní majetek **2** *(MP)* akcese přistoupení k mezinárodní smlouvě jiných států; **Treaty of A~** *(ES)* Smlouva o přidružení **3** nastoupení, nástup do úřadu, funkce; ~ **to the throne** nástup na trůn **4** přírůstek do knihovny

**accessions** [ækˈsešənz] *(pl)* příslušenství vystaveného zboží

**accessary, accessory** [əkˈsesəri] *(n) (TP)* **1** účastenství při trestném činu; ~ **after the fact** účastenství po dokonaném trestném činu; ~ **before the fact** účastenství při přípravě trestného činu; ~ **during the fact** účastenství v průběhu trestného činu **2** spolupachatel, spoluviník

**accessory** [əkˈsesəri] *(adj)* **1** vedlejší, nepodstatný, přídavný; ~ **building** příbl. hospodářská část farmy vedle obytné části, stavení doplňující hlavní budovu a jí sloužící; ~ **contract** akcesorická smlouva zajišťující plnění hlavní smlouvy **2** *(TP)* akcesorický, spoluvinný

**accident** [ˈæksidənt] *(n)* **1** nehoda, neštěstí; **automobile** ~ dopravní nehoda; **inevitable** ~ vyšší moc, neodvratitelná nehoda; **motor vehicle** ~ dopravní nehoda za účasti motorového vozidla; **road traffic** ~ dopravní nehoda; **unavoidable** ~ neodvratitelná nehoda, neodvratitelný úraz **2** úraz; ~ **at work** pracovní úraz; ~ **to conveyance** nehoda dopravního prostředku; **fatal** ~ smrtelný úraz, **industrial** ~ pracovní úraz; ~ **insurance** úrazové pojištění; ~ **package** sdružené úrazové pojištění; ~ **policy** úrazová pojistka; ~ **prevention** předcházení úrazům; ~ **rider** úrazové připojištění

**accidental** [ˌæksiˈdentl] *(adj)* náhodný; ~ **death** 1 náhodná / nezaviněná smrt 2 pojišť. smrt následkem nehody; ~ **killing** náhodné / nezaviněné zabití

**acclamation** [ˌæklə'meišən] *(n)* aklamace, veřejný projev vůle; veřejné hlasování; **elected by** ~ zvolen aklamací

**accommodating** [ə'komədeitiŋ, *am.* ə'kam-] *(adj)* výhodný, vyhovující; **on** ~ **terms** za výhodných podmínek

**accommodation** [əˌkomə'deišən, *am.* ə'kam-] *(n)* **1** společenská úsluha, vyhovění, finanční výpomoc; ~ **bill** směnka z ochoty, akomodační směnka; ~ **loan** bezúročná akomodační půjčka jako projev přátelství, podpory; ~ **maker** výstavce akomodačního cenného papíru; ~ **party** akomodační strana, osoba podepisující z ochoty cenné papíry propůjčující své jméno jako záruku; ~ **road** služebnost cesty průjezd přes cizí pozemek k vlastní nemovitosti **2** urovnání, vyrovnání sporu; ~ **of difference** urovnání rozporů; **reach an** ~ **with creditors** dohodnout se s věřiteli na narovnání dluhu **3** ubytování

**accomplice** [ə'kamplis] *(n)* spolupachatel, účastník trestného činu; ~ **liability** trestní odpovědnost spolupachatele; ~ **in murder** spolupachatel trestného činu vraždy; ~ **witness** spolupachatel povolaný jako svědek

**accomplish** [ə'kampliš] *(v)* st. **1** provést, vykonat co; ~ **a crime** dokonat trestný čin **2** dosáhnout čeho

**accomplishment** [ə'kamplišmənt] *(n)* **1** provedení, vykonání, uskutečnění **2** výkon; úspěch

**accord** [ə'ko:(r)d] *(n)* **1** souhlas, shoda; **with one** ~ jednohlasně **2** dohoda; ~ **and satisfaction** narovnání dluhu, kumulativní novace; ~ **executory** dosud nesplněná dvoustranná dohoda o urovnání

**accord** [ə'ko:(r)d] *(v) with* st. **1** souhlasit s čím, shodovat se; **this does not** ~ **with freedom of speech** to odporuje svobodě projevu **2** udělit, vydat co; ~ **permission** vydat, udělit povolení

**accordance** [ə'ko:(r)dəns] *(n)* **1** shoda, souhlas; **in** ~ **with** st. podle čeho, v souladu s čím **2** udělení; ~ **of a privilege** udělení výsady

**according to** [ə'ko:(r)diŋˌtu] *(prep)* st. podle čeho

**accordingly** [ə'ko:(r)diŋli] *(adv)* **1** proto, tedy, tudíž **2** podle toho, obdobně; **"relevant review date" shall be construed** ~ „příslušný kontrolní den" je vykládán obdobně; **we have received your letter and have altered the**

**contract** ~ obdrželi jsme váš dopis a změnili podle něj znění smlouvy na základě instrukcí, fakt, doporučení obsažených v dopise

**account** [ə'kaunt] *(n)* **1** účet, konto; **adjunct** ~ přípravný účet; **barring** ~ běžný účet; **closed** ~ uzavřený účet bez možnosti vkladu či výběru; **current** ~ běžný účet, kontokorent; **open** ~ otevřený účet; **payable** ~ splatný účet; **Public A~s Committee** *brit.* výbor Dolní sněmovny pro státní účty; **saving** ~ spořitelní účet; **settled** ~ vyrovnaný zaplacený účet; ~ **balance** účetní bilance; ~ **receivable** pohledávka; ~ **rendered** předložený účet; ~ **stated** oběma stranami schválený účet; **keep** ~s vést účty **2** zpráva; popis; **full** ~ **of the incident** úplný přesný popis nehody; **render an** ~ **of** st. podat zprávu o čem **3** (z)odpovědnost; **demand an** ~ **from sb.** volat koho k odpovědnosti ♦ **keep an** ~ **of** st. zapisovat si, registrovat co; **on** ~ **of sb./st.** kvůli komu/čemu; **on all** ~s v každém případě, rozhodně

**account** [ə'kaunt] *(v)* sb./st. **1** považovat; ~ **sb. to be innocent** považovat koho za nevinného; ~ **sb. a good lawyer** považovat koho za dobrého právníka **2** prozkoumat, pečlivě zhodnotit co; ~ **a report** prozkoumat zprávu

**account** *(v)* **for** [ə'kauntˌfə:(r)] st. **1** vyúčtovat, doložit co; ~ **for expenditures** vyúčtovat výdaje; ~ **for profit** doložit / vyúčtovat zisk **2** zodpovídat za co; vysvětlit co; ~ **for one's conduct** vysvětlit své chování; ~ **for a loss** zodpovídat za ztráty **3** být dodavatelem čeho, realizovat co; ~ **for about a third of world trade** realizovat asi třetinu světového obchodu

**accountability** [əˌkauntə'biləti] *(n) for* st. odpovědnost za co, povinnost skládat účty za co

**accountable** [ə'kauntəbl] *(adj)* **1** zúčtovatelný; ~ **receipt** účetní stvrzenka **2** právně, trestně odpovědný; **be held** ~ **for** st. nést odpovědnost za co

**accountancy** [ə'kauntənsi] *(n)* účetnictví

**accountant** [ə'kauntənt] *(n)* účetní; **Certified Public A~ (CPA)** *am.* diplomovaný účetní držitel státem kontrolované koncese po složení státních zkoušek; **Chartered A~** *brit.* diplomovaný účetní držitel státem kontrolované koncese po složení státních zkoušek

**accounting** [ə'kauntiŋ] *(n)* účetní evidence, účtování, účetnictví; **false** ~ trestný čin falšo-

vání účtů / účetních dokladů; **price level** ~ účtování podle cenové hladiny; ~ **methods** metody vedení účtů; ~ **period** zúčtovací období
**accredit** [əˈkredit] *(v)* st./sb. 1 akreditovat, pověřovat koho; ~**ed representative** zmocněný / akreditovaný zástupce 2 úředně uznat, schválit co
**accreditee** [əˈkrediti:] *(n)* majitel akreditivu
**accretion** [æˈkri:šən] *(n)* přírůstek přirozenou cestou, např. pozemku v důsledku změny koryta řeka, akrescence
**accrual** [əˈkru:əl] *(n)* pomalý nárůst, přírůstek; ~ **of interest** automatické narůstání úroků z vloženého kapitálu; **clause of** ~ přírůstková doložka
**accrual** [əˈkru:əl] *(adj)* přírůstkový; ~ **method of accounting** přírůstková metoda účtování
**accrue** [əˈkru:] *(v) from* st. 1 o potřebě, nároku vzniknout / vzejít z čeho; nastat; **a cause of action has not ~d to the plaintiff** důvod k žalobě pro žalobce dosud nenastal 2 narůst, nahromadit se, přibýt, přirůst o daních, úrocích; **interest ~s to principal** úrok je přidán k základu; **accruing interest** narůstající úrok 3 nevybírat nač je nárok; ~ **leave** nevybírat si volno a akumulovat ho na pozdější dobu
**accrued** [əˈkru:d] *(adj)* narostlý, (na)kumulovaný tj. splatný, ale dosud nezaplacený; ~ **alimony** splatné výživné; ~ **depreciation** akumulovaný / časově rozlišený odpis; ~ **interest** vzniklý úrok, úrok k určitému datu
**accumulate** [əˈkju:mjuleit] *(v)* st. hromadit, akumulovat co
**accummulated** [əˈkju:mjuleitid] *(adj)* akumulovaný, nahromaděný; ~ **legacy** nahromaděné dědické odkazy; ~ **surplus** akumulovaný rezervní fond; ~ **trust** akumulační trust správa majetku ♦ ~ **total claim process** pojišť. likvidace celkových pojistných nároků
**accumulation** [əˌkju:mjuˈleišən] *(n)* hromadění, akumulace; ~ **of risks** nahromadění rizik; ~ **risk** pojišť. riziko kumulace
**accumulative** [əˈkju:mjulətiv] *(adj)* 1 rostoucí 2 dodatkový, kumulativní; ~**judgment** dodatkový trestní rozsudek; ~ **sentence** dodatkový trest
**accuracy** [ˈækjurəsi] *(n)* přesnost, preciznost
**accurate** [ˈækjurət] *(adj)* přesný, pečlivý
**accusable** [əˈkju:zəbl] *(adj) of* st. obžalovatelný, obvinitelný z čeho

**accusation** [ˌækju:ˈzeišən] *(n)* obžaloba; obvinění; **written formal** ~ písemná formální obžaloba; **bring an** ~ **against** sb. podat žalobu na koho; **place the** ~ **before the proper court** předložit obžalobu příslušnému soudu; **put the** ~ **into proper form** náležitě formulovat obžalobu
**accusatorial** [əˌkju:zəˈtoəriəl] *(adj)* obviňující, obžalovací, inkriminující; ~ **mode of procedure** přibl. obžalovací způsob řízení, kdy soudce není aktivně zapojen do vyšetřování VIZ **inquisitorial**
**accusatory** [əˈkju:zətəri, am.-to:ri] *(adj)* obžalovávající, inkriminující, usvědčující; ~ **body** orgán rozhodující o tom, zda má být osoba obžalována z trestného činu, velká porota; ~ **instrument** obžalovací spis; ~ **pleading** obžalovací proces; ~ **procedure** obžalovací řízení, proces
**accuse** [əˈkju:z] *(v)* sb. *of* st. obžalovat, obvinit koho z čeho; ~ **of an offence** obžalovat z trestného činu; ~ **of cheating** obvinit z podvádění; ~ **of cowardice** obvinit ze zbabělosti
**accused** [əˈkju:zd] *(n)* obžalovaná osoba, obviněný; **acquit the** ~ zprostit obžalovaného viny, vynést osvobozující výrok nad obžalovaným
**accused** [əˈkju:zd] *(adj)* 1 obžalovaný z čeho při hlavním líčení 2 obviněný z čeho v přípravné fázi; ~ **person** obviněný, obviněná osoba; ~ **of a crime** obviněný / obžalovaný z trestného činu
**accuser** [əˈkju:zə(r)] *(n)* žalobce
**accustom** [əˈkastəm] *(v) to* st. zvyknout si na co, přivyknout čemu; **be ~ed to st.** být zvyklý čemu, na co; **become / get ~ed to st.** zvyknout si na co, přivyknout čemu
**accustomed** [əˈkastəmd] *(adj)* ustálený, obvyklý
**achieve** [əˈči:v] *(v)* st. dosáhnout čeho, uskutečnit co; ~ **a compromise** dosáhnout kompromisu; ~ **a number of objectives** dosáhnout mnoha cílů; ~ **general and complete disarmament** dosáhnout všeobecného a úplného odzbrojení; ~ **international cooperation** uskutečňovat mezinárodní spolupráci
**achievement** [əˈči:vmənt] *(n) of* st. 1 významný čin, úspěch 2 dokončení, dosažení čeho 3 výkon; ~ **test** výkonnostní test
**acknowledge** [əkˈnolidž, am.-ˈnal-] *(v)* st. 1 uznat, přiznat co; ~ **one's guilt** uznat svou vinu 2 potvrdit příjem; ~ **service** potvrdit podpisem příjem soudní obsílky

**acknowledgement** [ək'nolidžmənt, am.-'nal-] *(n) of* st. 1 uznání, přiznání čeho; ~ **of paternity** uznání otcovství 2 ověřovací klauzule 3 potvrzení příjmu / přijetí písemnosti; ~ **of service** potvrzení přijetí soudní obsílky a záměru dostavit se k soudu **a contrario sensu** [ˌeikənt'reiriəu'sensju] *(lat)* v opačném smyslu, na druhé straně **acquaint** [ə'kweint] *(v) with* st./sb. seznámit se s čím/kým; **make sb. ~ed with** st. seznámit koho s čím **acquest** [æ'kwest] *(n)* jinak než dědictvím nabytá / získaná věc **acquiesce** [ˌækwi'es] *(v)* mlčky souhlasit **acquiescence** [ˌækwi'esns] *(n) in* st. mlčky daný souhlas; rezignovaný souhlas **acquire** [ə'kwaiə(r)] *(v)* st. 1 získat co, nabýt čeho; ~ **the confidence of sb.** získat důvěru koho; ~ **nationality** získat státní občanství; ~ **rights** nabýt práva; **~d surplus** získaný přebytek 2 osvojit si co **acquisition** [ˌækwi'zišən] *(n) of* st. 1 nabytí, získání čeho; ~ **commission** získatelská provize; ~ **costs** získatelské náklady 2 knihovní přírůstek, přínos pro koho/co 3 pojišť. nábor pojistek; ~ **agent** náborový pracovník **acquisitive** [ə'kwizətiv] *(adj)* hrabivý, zištný; ~ **offence** majetkový trestný čin **acquit** [ə'kwit] */tt/ (v)* 1 sb. *of* st. zprostit koho viny, osvobodit koho od čeho, vynést osvobozující rozsudek nad kým; ~ **the accused** zprostit obžalovaného viny; ~ **of the crime** zprostit obžaloby z trestného činu 2 st. vyrovnat, splatit co; vyhovět čemu; ~ **claim** vyhovět nároku; ~ **debt** vyrovnat dluh **acquittal** [ə'kwitl] *(n)* 1 zproštění viny, osvobozující rozsudek, vynesení osvobozujícího rozsudku 2 zproštění smluvní povinnosti n. odpovědnosti **acquittance** [ə'kwitəns] *(n)* kvitance, potvrzení o splnění, stvrzenka **act** [ækt] *(n)* čin, úkon; konání, jednání; **criminal** ~ trestný čin, trestné jednání; **illegal** ~ protiprávní čin, nezákonné jednání; **legal** ~ právní úkon; **legislative** ~ legislativní úkon; **negative** ~ zakazující normativní právní akt; **overt** ~ zjevný čin; **private** ~ soukromý právní úkon; **prohibited** ~s nedovolené jednání / konání postižitelné sankcí; **public** ~ veřejný právní úkon úředně ověřený; ~ **contrary** to the order čin namířený proti veřejnému pořádku; ~ **in law** právní úkon; ~ **of commission** komisivní jednání; ~ **of God** vyšší moc; ~ **of grace** skutek dobré vůle; udělení milosti; ~ **of hostility** nepřátelský akt; ~ **of law** působení zákona; ~ **of omission** omisivní jednání; ~ **of Providence** vyšší moc; ~ **of sale** notářsky zaznamenaný akt prodeje; ~ **on petition** zkrácené soudní jednání na žádost; **as free** ~ **and deed** svobodně a vážně; jako projev svobodné vůle; **liable for one's** ~s odpovědný za své činy; **obligation not to permit or suffer such** ~ povinnost nepřipustit či nestrpět takové jednání; **perform an illegal** ~ spáchat protiprávní čin, protiprávně jednat **act** 2 [ækt] *(n)* zákon; **anti-trust** ~s protitrustové zákony; **revenue** ~ zákon o příjmech; **tariff** ~ celní zákon; **Contracts of Employment A~** brit. zákon o pracovních smlouvách; **Control of Pollution A~** brit. zákon o kontrole znečištění; **Copyright A~** zákon o autorské právu; **Industrial Relations A~** brit. zákon o pracovněprávních vztazích; **Offices, Shops and Railway Premises A~** brit. zákon o úřadech, obchodech a železničních provozech; **Representation of the People A~** brit. zákon o zastoupení lidu; **A~ of Parliament** brit. zákon schválený Parlamentem ♦ **Single European A~** *(ES)* Jednotný evropský akt **act** 1 [ækt] *(v)* jednat, působit, konat; ~ **as an impartial umpire** působit jako nestranný soudce; ~ **in accordance with** st. jednat v souladu s čím, podle čeho; ~ **in bad faith** jednat / konat ve zlém úmyslu mala fide; ~ **in conformity with** st. jednat v souladu s čím; ~ **in good faith** jednat / konat v dobré víře bona fide; ~ **in the same capacity** jednat se stejným oprávněním; ~ **intra vires** jednat v rámci svého oprávnění; ~ **on the advice of sb.** jednat podle čí rady; ~ **on behalf of sb.** jednat v zastoupení koho, jménem koho; ~ **ultra vires** překročit své oprávnění / zmocnění; ~ **upon ministerial advice** jednat / konat podle rady sboru ministrů **act** 2 [ækt] *(v)* jednat ve věci čeho, zabývat se čím; ~ **on disputes** zabývat se spory, rozhodovat ve sporech **acta jure imperii** ['æktəˌdžuərəˌim'piəriai] *(lat)* zákony Říše římské **acting** ['æktiŋ] *(adj)* úřadující, zastupující; ~ **ex-**

**ecutor** zastupující vykonavatel; ~ **officer** zastupující úředník

**actio** ['ækšiəu] *(lat)* žaloba; ~ **contraria** [~ kən'tra:riə, *am.* -'rær-] protižaloba; ~ **criminalis** [~ˌkrimə'neiləs] trestní obžaloba; ~ **in personam** [~ˌinpə(r)'səunəm] žaloba osobní, ~ **in rem** [~ˌin'rem] žaloba věcná o vydání věci

**action** ¹ ['ækšən] *(n)* žaloba; **administrative** ~ 1 žaloba ve správním řízení 2 správní řízení; **concomitant** ~s typově stejné žaloby v občanských věcech podávané společně; **concurrent** ~ souběžná žaloba; **cross** ~ vzájemná žaloba; **damage** ~ žaloba o náhradu škody; **joint** ~ společná žaloba více žalobců n. proti více žalovaným; **libel** ~ žaloba pro urážku na cti; ~ **at law** žaloba podle obyčejového práva; ~ **for libel** žaloba pro urážku na cti; ~ **in equity** žaloba podle práva spravedlnosti; ~ **in personam** žaloba proti osobě; ~ **in rem** žaloba věcná; ~ **on the case** neformální / atypická žaloba připuštěná v průběhu projednávání věci; **chose in** ~ nehmotné právo vymahatelné soudně, např. právo autorské; **bring an** ~ **against sb.** podat žalobu na koho; **bring an** ~ **to court** předložit žalobu soudu; **dismiss an** ~ zamítnout žalobu; **file an** ~ podat žalobu; **take legal** ~ podat žalobu

**action** ² ['ækšən] *(n)* soudní řízení; právní spor; **civil** ~ řízení v občanské věci; **criminal** ~ řízení v trestní věci; **legal** ~ právní, soudní řízení; **begin** ~ zahájit řízení; **lose the** ~ prohrát spor; **split a cause of** ~ rozdělit soudní řízení o určité části bude jednáno zvlášť, vyloučit ze společného řízení

**action** ³ ['ækšən] *(n)* činnost, jednání, akce; **non-violent direct** ~ nenásilná přímá akce; **unlawful** ~ nezákonná činnost, nezákonné jednání; **harmonize the** ~s koordinovat činnost; **take** ~ **to settle dispute** podniknout kroky k urovnání sporu

**actionable** ['ækšənəbl] *(adj)* žalovatelný; ~ **nuisance** žalovatelné rušení; ~ **wrong** žalovatelný delikt vzniklý z nedbalosti; ~ **per se** nárok žalovatelný sám o sobě, aniž bylo třeba dokazovat, že vznikla škoda; **tort** ~ **in a suit for damages** občanskoprávní delikt žalovatelný o náhradu škody

**active** ['æktiv] *(adj)* aktivní, činný; ~ **negligence** vědomá nedbalost zanedbání n. opominutí povinnosti; ~ **reinsurance** *pojišť.* aktivní převzaté zajištění

**activity** [æk'tivəti] *(n)* činnost, aktivita; **collateral** ~ souběžná činnost

**actor** ['æktə(r)] *(n)* činitel, aktivní účastník

**actual** ['ækčuəl] *(adj)* skutečný, reálný; podstatný; vlastní; ~ **bodily harm (ABH)** násilný trestný čin ublížení na zdraví; ~ **damages** náhrada skutečné škody; ~ **force** efektivní donucení; ~ **knowledge** faktická znalost; ~ **loss** skutečná ztráta; ~ **needs** skutečné potřeby; ~ **value** reálná hodnota

**actuarial** [ˌækču'eəriəl] *(adj) pojišť.* pojistně-matematický, související s výpočtem pojistného; ~ **expectation** pojistně-matematický předpoklad; ~ **mathematics** pojistná matematika; ~ **tables** tabulky pro výpočet pojistného v rámci životního pojištění podle věku pojištěnce

**actuary** ['ækčuəri] *(n)* pojistný matematik osoba vypočítávající výši pojistného

**actus reus** ['æktəs'ri:əs] *(lat)* trestné jednání, „zaviněný úkon" jako jedna ze dvou součástí trestného činu vedle mens rea, tj. zločinného úmyslu

**adapt** [ə'dæpt] *(v) to* st. přizpůsobit (se) čemu

**add** [æd] *(v)* st. dodat, připojit co; ~**ed substance** přísada, přidaná látka

**add** *(v)* **in** ['æd,in] st. zahrnout do čeho, připojit k čemu

**add** *(v)* **up** ['æd,ʌp] st. sečíst co seřazené pod sebou

**add(-)on** ['æd,ɒn] *(adj)* připojený, přidaný; ~ **clause** rozšiřující doložka; ~ **interest** přidaný úrok

**addendum,** *(pl)* **addenda** [ə'dendəm, -ə] *(lat)* dodatek, příloha

**addict** ['ædikt] *(n)* narkoman, toxikoman

**addict** [ə'dikt] *(v) to* st. **1** věnovat čemu, zaměřit na co **2** mít závislost na čem; **be** ~**ed to drugs / drink / smoking** propadnout drogám / pití / kouření

**addiction** [ə'dikšən] *(n)* sklon k čemu, silný zájem o co, závislost na čem; **drug** ~ narkomanie, toxikomanie

**addictive** [ə'diktiv] *(adj)* návykový; ~ **drugs** návykové látky, drogy

**addition** [ə'dišən] *(n)* **1** připojení, dodatek; ♦ ~ **to age** zvýšení věku; **in** ~ **to st.** kromě čeho, mimo co **2** *mat.* sčítání

**additional** [ə'dišənl] *(adj)* dodatečný, doplňkový; ~ **charges** dodatečné / mimořádné náklady; ~ **expense insurance** pojištění dodatečných nákladů; ~ **insurance** připojištění; ~ **insured** dodatečně pojištěná osoba; ~ **premium** dodatečné pojistné, příplatek / přirážka k pojistnému; ~ **premium for short period cover** *pojišť.* přirážka při krátkodobé smluvní době; ~ **protocole** dodatkový protokol; ~ **rent** dodatečná platba nájemného vzniklá v důsledku prodlevy v placení; ~ **servitude** doplňková služebnost

**additionales** [əˈdišənlz] *(pl)* dodatečné podmínky k původní smlouvě

**address** [əˈdres] *(n)* **1** adresa; **business** ~ adresa do zaměstnání; **home** ~ adresa do bytu **2** projev, proslov; ~ **of thanks** formální proslov díků za záslužný čin; ~ **to the Crown** *brit.* odpověď Parlamentu Koruně; **debate on the** ~ *brit.* rozprava po královnině slavnostním projevu zahajujícím zasedání Parlamentu; **in his** ~ **to the meeting** ve svém projevu na schůzi **3** podání, přípis; ~ **for removal** návrh na odvolání

**address** 1 [əˈdres] *(v)* st. *to* sb. **1** adresovat co komu **2** oslovit koho; ~ **the court in person through one's lawyer** oslovit soud osobně prostřednictvím svého právního zástupce; ~ **the meeting** pronést projev na schůzi **3** hovořit o konkrétní věci, zabývat se podrobnostmi čeho; **he ~ed the question of government aid to universities** podrobně hovořil o vládní pomoci vysokým školám

**address** 2 [əˈdres] *(v)* o.s. *to* st. ujmout se čeho, pustit se do čeho, zabývat se čím; **the government has to** ~ **itself to problems of st.** vláda se musí zabývat problémy čeho

**adduce** [əˈdjuːs, *am.* əˈduːs] *(v)* st. uvést co, předložit důkaz soudu

**adeem** [əˈdiːm] *(v)* st. odstranit, odvolat, revokovat co; vypustit odkazovanou položku z důvodu její neexistence ze závěti

**ademption** [əˈdemšən] *(n)* vypuštění ze závěti, zánik n. odvolání odkazu z důvodu neexistence odkazované věci

**adequacy** [ˈædikwəsi] *(n)* přiměřenost, adekvátnost

**adequate** [ˈædikwət] *(adj)* přiměřený, vhodný, adekvátní; ~ **cause** přiměřený důvod při posuzování, zda šlo o zabití či vraždu; ~ **compensation** přiměřená náhrada za majetek zabraný pro veřejné účely; ~ **consideration** přiměřené protiplnění; ~ **remedy at law** adekvátní náprava podle práva

**adhere** *(v)* to [ədˈhiə(r),tu] st. **1** dodržovat, zachovávat co; ~ **to a promise** dodržet slib **2** lpět na čem, lnout k čemu; ~ **to a**

**party** být věrným stoupencem politické strany ♦ **adhering to the enemies of sb.** připojující se k nepřátelům koho

**adherence** [ədˈhiərəns] *(n)* to st. **1** dodržování čeho, lpění na čem; **rigid** ~ **to st.** přísné / nekompromisní lpění na čem, dodržování čeho **2** věrnost čemu; ~ **to one's principles** věrnost vlastním zásadám

**adhesion** [ədˈhiːžən] *(n)* připojení se / přistoupení ke smlouvě; ~ **contract** adhézní smlouva; ~ **to a copyright convention** přistoupení k dohodě o autorském právu

**adhibit** [ədˈhibit] *(v)* sb./st. uvést, připustit koho/co; ~ **a witness** uvést za svědka

**ad hoc** [ˌædˈhok] *(lat)* pro tento případ, za tímto účelem; ad hoc; ~ **committee** ad hoc komise n. výbor ustavené pouze pro určitý účel, po jehož splnění se rozpustí

**ad idem** [ˌædˈaidəm] *(lat)* ve shodě

**ad infinitum** [ˌædˌinfiˈnaitəm] *(lat)* na dobu neurčitou, na nurčito, do nekonečna

**ad interim** [ˌædˈintərim] *(lat)* prozatímní; ~ **copyright** zatímní autorskoprávní ochrana

**adjacent** [əˈdžeisənt] *(adj)* přilehlý, sousední; ~ **waters** přilehlé vody

**adjective** [ˈædžiktiv] *(adj)* formální, procedurální; ~ **law** procesní právo

**adjoining** [əˈdžoiniŋ] *(adj)* sousedící, přilehlý, hraničící; ~ **owners** sousední vlastníci; ~ **property** sousedící pozemky s příslušenstvím

**adjourn** [əˈdžəː(r)n] *(v)* st. **1** odročit, odložit co; ~ **a trial** odročit soudní přelíčení; **the House stands ~ed** *brit.* zasedání Dolní sněmovny je přerušeno a bude pokračovat následující den; **~ed summons** odročené předvolání; **~ed term** přerušená lhůta **2** ukončit co; ~ **a session** *am.* ukončit zasedání

**adjournment** [əˈdžəː(r)nmənt] *(n)* **1** odročení, odklad; přerušení, přestávka; ~ **day** den odročení / odkladu; ~ **sine die** *am.* odročení zasedání Kongresu na neurčito, tj. faktické ukončení zasedání **2** skončení; **motion for** ~ **of the debate** návrh na odložení, tj. faktické ukončení rozpravy

**adjudge** [əˈdžadž] *(v)* st. **1** soudně prohlásit za co, rozhodnout ve věci; ~ **a person (to be) insane** prohlásit koho za duševně chorého **2** přisoudit co; ~ **damages to sb.** přisoudit komu náhradu škody

**adjudgment** [əˈdžadžmənt] *(n)* vynesení rozsudku, soudní rozhodnutí

**adjudicate** [ə'dʒu:dikeit] *(v)* st. 1 soudně posuzovat, rozhodovat co; přisoudit co; ~ **in a dispute** rozhodovat ve sporu; ~ **upon the claims** rozhodovat soudně o nárocích 2 vydat soudní nález o čem; ~ **sb. bankrupt** *brit.* vydat soudní rozhodnutí o bankrotu fyzické osoby; ~ **on the meaning of the treaties** rozhodnout o smyslu smluv, vynést soudní nález ohledně smyslu smluv

**adjudication** [ə‚dʒu:di'keišən] *(n)* 1 rozsouzení věci, přisouzení nároku; ~ **tribunal** *brit.* nižší soud zabývající se pouze pracovněprávními spory 2 soudní rozhodnutí, adjudikace; ~ **of bankruptcy** *brit.* soudní rozhodnutí o bankrotu fyzické osoby

**adjudicator** [ə'dʒu:dikeitə(r)] *(n)* nižší soudce, *přibl.* rozhodce; ~ **in an industrial dispute** *brit.* rozhodce v pracovněprávním sporu

**adjudicatory** [ə‚dʒu:di'keitəri] *(adj)* adjudikatorní, přisuzující; ~ **action** přisuzující správní žaloba; ~ **hearing** adjudikatorní správní projednávání

**adjunct** ['ædʒaŋkt] *(n)* dodatek, přídavek; *přibl.* příslušenství věci

**adjuration** [‚ædʒuə'reišən] *(n)* přísaha

**adjust** [ə'dʒast] *(v)* st. 1 přizpůsobit se, upravit co; ~ **to the circumstances** přizpůsobit se okolnostem; ~**ed cost basis** upravená cenová základna; **adjusting entry** opravná vyrovnávací položka 2 valorizovat co; ~ **for changes in price or wage level** valorizovat dle úrovně cen nebo mezd 3 urovnat, vypořádat co; ~ **conflicts** urovnat konflikt dohodou 4 likvidovat škodu v souvislosti s pojistnou událostí; ~ **a claim** likvidovat škodu stanovit výši nároku; ~ **a loss** stanovit pojistnou náhradu / výši škody

**adjuster, adjustor** [ə'dʒastə(r)] *(n)* odhadce, likvidátor škody při pojistné události, osoba vypočítavající výši plnění pojišťovny

**adjustment** [ə'dʒastmənt] *(n)* 1 přizpůsobení, úprava; valorizace; ~ **of sum insured** valorizace pojistné částky; ~ **clause** doložka o valorizaci pojistných částek; ~ **coefficient** vyrovnávací koeficient; ~ **premium** dodatečné pojistné 2 urovnání sporu 3 pojišť. dispaš; odhad a likvidace škody při pojistné události; ~ **costs** likvidační náklady

**ad litem** [‚æd'laitəm] *(lat)* pro účely sporu; **guardian** ~ osoba zastupující nezletilou osobu, jež je žalovanou stranou v soudním jednání

**admeasurement** [æd'meʒə(r)mənt] *(n)* vyměření, úprava měřením; ~ **of dower** úprava vdovského podílu

**administer** [əd'ministə(r)] *(v)* st. 1 vykonávat, provádět, uplatňovat, aplikovat co; ~ **equity** uplatňovat právo spravedlnosti / eqvity; ~ **law** aplikovat právo; ~ **an oath** vzít pod přísahu; ~ **a punishment** uložit trest 2 spravovat co; ~ **a pension fund** spravovat peněžní fond 3 podat co; **accused of administering a poison to sb.** obžalován z podání jedu komu

**administration** [əd‚mini'streišən] *(n)* 1 správa; vedení, řízení úřadu, organizace; **public** ~ veřejná správa 2 administrativa 3 provádění, výkon, spravování; ~ **of estates and succession** správa majetku a dědictví; ~ **of justice** justice, výkon spravedlnosti; ~ **of law justice** výkon práva; **letter of** ~ soudní ustanovení správce pozůstalosti ♦ **the A~** *am.* vláda USA

**administrative** [əd'ministrətiv, *am.* -streitiv] *(adj)* správní, administrativní; ~ **act** správní akt; ~ **action** 1 podání / žaloba ve správním řízení 2 správní řízení; ~ **adjudication** správní rozhodovací řízení; ~ **agency** správní orgán; ~ **boundaries** administrativní hranice; ~ **charge** správní poplatek; ~ **class** *brit.* úzká skupina nejvyšších představitelů státní správy; ~ **collateral estoppel** administrativní překážka uplatnění nároku; ~ **deviation** správní odchylka; ~ **division** správní rozdělení; ~ **hearing** správní řízení; ~ **justice** správní soudnictví; ~ **law** správní právo; ~ **officer** *am.* vládní úředník; ~ **remedy** administrativní opravný prostředek; ~ **rule-making** správní normotvorba; ~ **tribunal** správní tribunál, soud; ~ **unit** správní jednotka

**administrator** [əd'ministreitə(r)] *(n)* 1 *obec.* správce 2 správce pozůstalosti stanovený soudem; ~ **pendente-lite** správce na dobu sporu

**administratrix** [əd'ministreitriks] *(n)* správkyně pozůstalosti

**admiralty** ['ædmərəlti] *(n)* admiralita; **the A~** *brit.* Ministerstvo námořnictví; **Court of A~** *brit.* admiralitní soud; ~ **law** námořní právo

**admire** [əd'maiə(r)] *(v)* sb./st. obdivovat koho/co

**admissible** [əd'misəbl] *(adj)* přijatelný, přípustný, dovolený; ~ **evidence** přípustné důkazy; **declare st.** ~ vyhlásit / prohlásit co za přijatelné / přípustné

**admissibility** [əd‚misə'biləti] *(n)* přípustnost,

přijatelnost; **decide on the ~ of the evidence** rozhodnout o přípustnosti důkazu
**admission** [əd'mišən] *(n)* 1 přijetí, příjem např. do nemocnice; **~ of new states** přijímání / vstup nových členských států; **~ requirements** podmínky pro přijetí 2 připuštění, vstup; **~ charge** vstupné 3 přiznání, doznání; ústupek; **~ of claim** přiznání nároku
**admit** [1] [əd'mit] */tt/ (v) to having done* st. připustit, přiznat, uznat co; **~ a claim** uznat nárok; **~ legal liability** uznat právní odpovědnost; **~ st. as evidence** připustit jako důkaz; **~ to imposing the trade barriers** připustit / přiznat, že vytváří obchodní bariéry
**admit** [2] [əd'mit] */tt/ (v)* sb. přijmout koho kam; **~ new members** přijmout nové členy
**admit** */tt/ (v) of* [əd'mit,ov] st. připouštět, dovolovat co; **it ~s of no excuse** pro to není omluva
**admittedly** [əd'mitidli] *(adv)* nepochybně, nesporně; je pravda, že
**admittance** [əd'mitəns] *(n)* přístup
**admonish** [əd'moniš] *(v) of / against* st. varovat před čím, radit proti čemu
**admonition** [,ædməu'nišən] *(n) against* st. 1 varování před čím, výstraha; napomenutí 2 brit. důtka soudce obžalovanému
**adolescence** [,ædəu'lesns] *(n)* dospívání, puberta
**adolescent** [,ædəu'lesnt] *(adj)* dospívající; **~ offender** dospívající delikvent
**adopt** [ə'dopt, am. ə'dapt] *(v)* st./sb. 1 přijmout, schválit co; **~ the constitution** přijmout ústavu 2 adoptovat, osvojit si koho
**adoption** [ə'dopšən, am. ə'dap-] *(n)* 1 adopce dítěte; **~ order** soudní příkaz k adopci, rozhodnutí o adopci; **~ proceedings** soudní řízení ve věci adopce 2 přijetí, schválení zákona
**adult** ['ædalt] *(n)* dospělý, zletilec, dospělá osoba
**adult** ['ædalt] *(adj)* dospělý, zletilý; **young ~ offender** delikvent ve věku blízkém věku mladistvých; **universal ~ suffrage** všeobecné volební právo dospělých
**adulter** [ə'daltə(r)] *(n)* 1 padělatel 2 cizoložník
**adulteration** [ə,daltə'reišən] *(n)* padělání; znehodnocování potravin přidáním nebezpečných látek
**adulterator** [ə'daltəreitə(r)] *(n)* 1 falšovatel 2 penězokaz, padělatel peněz
**adulterer** [ə'daltərə(r)] *(n)* cizoložník
**adulteress** [ə'daltəris] *(n)* cizoložnice

**adulterine** [ə'daltərin] *(adj)* 1 dítě cizoložného původu 2 falšovaný 3 ilegální, nezákonný
**adulterous** [ə'daltərəs] *(adj)* cizoložný
**adultery** [ə'daltəri] *(n)* cizoložství
**advance** [əd'va:ns, am. -væns] *(n)* 1 záloha, finanční závdavek; **a cash ~** záloha v hotovosti; **make an ~ of $100 to sb.** dát komu zálohu 100 dolarů 2 pokrok, zlepšení 3 postup ♦ **in ~** předem, napřed
**advance** [əd'va:ns, am. -væns] *(adj)* daný předem; **~ bill** směnka podepsaná před expedicí zboží; **~ payment** záloha; platba předem; **~ sheets** signální archy; **seven days' ~ notice of withdrawals from the account** oznámení o výběru z účtu podané sedm dní předem
**advance** [əd'va:ns, am. -væns] *(v)* sb./st. 1 vyplatit koho zálohově předem, půjčit komu peníze předem; **the bank ~d him $10,000 against the security of his house** banka mu půjčila 10 000 dolarů zástavou za jeho dům 2 přeložit co na dřívější dobu, konat co dříve než bylo pův. stanoveno; **the date of the hearing has been ~d to May 10th** soudní projednávání je posunuto na dřívější datum 10. května 3 zvýšit se; **prices generally ~d on the stock market** ceny na burze se celkově zvýšily
**advancement** [əd'va:nsmənt, am. -vænsmənt] *(n)* 1 zaopatření dítěte věnováním majetku, záloha na dědictví peníze či věci poskytnuté rodiči dítěti, které je jejich jednoznačným dědicem, a které by tyto věci a peníze zdědilo po jejich smrti 2 postup; **professional ~** postup v zaměstnání
**advances** [əd'va:nsiz, am. -vænsiz] *(pl)* 1 platby předem 2 snaha získat čí náklonnost; **make ~ to sb.** nadbíhat komu
**advantage** [əd'va:ntidž, am. -væn-] *(n)* 1 výhoda; **apparent ~** zdánlivá výhoda; **real ~** skutečná výhoda; **grant sb. any ~ over sb.** poskytnout komu jakoukoliv výhodu nad kým 2 prospěch, zisk; **obtaining a pecuniary ~ by deception** trestný čin podvodného finančního obohacování
**adversary** ['ædvə(r)səri] *(n)* odpůrce, protivník, soupeř; **~ proceedings** sporné řízení soudní řízení, jehož se účastní dvě protistrany, např. navrhovatel a odpůrce; **~ system** kontradiktorní systém; **throw a reproach back to the ~** vrátit námitku zpět protistraně ♦ **~ counsel** obhájce ex offo
**adverse** ['ædvə:(r)s] *(adj)* opačný, mající opačný zájem, protikladný; **~ claim** protinárok;

~ **effect** záporný účinek / efekt; ~ **opinion** negativní posudek; ~ **party** druhá strana, protistrana; ~ **possession** *přibl.* vydržení práva k nemovitosti; ~ **use** protiprávní (po)užití; ~ **witness** nepříznivý svědek svědek svědčící v neprospěch strany, která ho povolala a může být podroben jejímu křížovému výslechu

**ad, advert, advertisement** ['æd, 'ædvə:(r)t, əd 'və:(r)tismənt, *am.*ˌædvər'taizmənt] *(n)* reklama, inzerát

**advert** ['ædvə:(r)t] *(v) to* st. odvolávat se na co, odkazovat na co; **this case was not ~ed in Smith v. Jones Machines Ltd.** tento případ nebyl zmiňován v případu Smith v. Jones Machines Ltd.

**advertise** ['ædvə(r)taiz] *(v)* st. **1** dělat reklamu čemu, inzerovat, propagovat co **2** veřejně ohlásit co

**advertiser** ['ædvə(r)taizə(r)] *(n)* inzerent

**advice** [əd'vais] *(jen sg)* rada, rady; **legal ~** právní rady; **ministerial ~** rada sboru ministrů; **act on the ~ of sb.** jednat / konat na radu koho; **give ~ on legal matters** radit v právních záležitostech; **request such ~** žádat / požadovat takové rady; **take legal ~** požádat právníka o právní radu; ♦ **~ of credit** avízo o úvěru

**advise** [əd'vaiz] *(v)* zvažovat, posuzovat; avízovat; **advising bank** avízující banka

**advise** *(v)* **against** [əd'vaizəˌgenst] st. radit, aby ne; **our lawyer ~d against suing the landlord** náš právník nám radil, abychom nežalovali svého domácího

**advise** *(v)* sb. **on** [əd'vaizˌon] st. radit komu v čem; ~ **on government business** radit ve vládních záležitostech; ~ **on law reform programmes** radit ohledně programů právních reforem

**adviser, advisor** [əd'vaizə(r)] *(n)* poradce, rádce; **legal ~** právní poradce, právní zástupce, advokát

**advisory** [əd'vaizəri] *(adj)* poradní, poradenský; ~ **committee** poradní výbor / komise; **the A~ Conciliation and Arbitration Service (ACAS)** *brit.* vládní orgán pomáhající řešit pracovní a zaměstnanecké spory; ~ **opinion** dobrozdání, poradní názor; **he is acting in an ~ capacity** jedná ve funkci poradce

**advocacy** ['ædvəkəsi] *(n)* zastávání se, prosazování čeho

**advocate** ['ædvəkət] *(n)* **1** právní zástupce, advokát; **A~ General** *(ES)* generální advo-

kát; **Faculty of A~s** *skot.* Skotská advokátní komora; **Judge A~-General** *brit.* vojenský generální prokurátor; **Lord A~** *skot.* generální prokurátor **2** *obec.* obhájce, zastánce čeho; ~ **of a peaceful settlement** zastánce mírového urovnání

**advocate** ['ædvəkeit] *(v)* sb./st. hájit koho/co, vystupovat ve prospěch koho/čeho, zastávat se koho/čeho

**aerial** ['eəriəl] *(adj)* **1** vzdušný, vzduchový **2** letecký; ~ **devices** letecká zařízení

**affair** [ə'feə(r)] *(n)* **1** záležitost, věc; **copyright ~** záležitost týkající se autorského práva **2** *milostný* poměr; trestný čin cizoložství; **have an ~ with sb.** mít poměr s kým

**affairs** [ə'feə(r)z] *(pl)* záležitosti; **many-sided ~** mnohostranné záležitosti; **Northern Irish ~** záležitosti Severního Irska; **public ~** veřejné záležitosti; **Secretary of State for Foreign ~** *brit.* ministr zahraničí; **statement of ~** výkaz o finančních záležitostech konkursního dlužníka

**affect** ['æfekt] *(n)* afekt, citové rozrušení

**affect** [ə'fekt] *(v)* st. ovlivnit co, mít vliv na co; ~ **the observance of st.** mít nepříznivý vliv na dodržování čeho; ~ **rights in property** zasáhnout do vlastnických práv, mít vliv na vlastnická práva; **tenant's use of the property is materially ~ed** užívání nemovitosti nájemcem je podstatně dotčeno

**affection** [ə'fekšən] *(n)* ovlivnění, dotčení

**affiance** [ə'faiəns] *(n)* vyjádření souhlasu snoubenců s uzavřením manželství, příslib manželství

**affiant** [ə'faiənt] *(n)* osoba vydávající *přísežné* prohlášení

**affidavit** [ˌæfi'deivit] *(n)* písemné osvědčení pod *přísahou* n. u notáře, přísežné n. před notářem sepsané prohlášení; ~ **of defence** přísežné prohlášení o poskytnutí obhajoby; ~ **of inquiry** přísežné prohlášení o šetření; ~ **of merits** přísežné prohlášení o podstatě případu; ~ **of notice** přísežné prohlášení o oznámení sporné strany byly informovány o projednávání jejich věci; ~ **of service** přísežné prohlášení o doručení

**affiliate** [ə'filiət] *(n)* přičleněná osoba n. organizace; ~ **company** sesterská společnost

**affiliate** [ə'filieit] *(v) with / to* st. **1** přijmout koho za člena **2** připojit (se), přičlenit se k čemu

**affiliation** [əˌfili'eišən] *(n)* **1** připojení, přidružení, spojení **2** přijetí koho za člena; **party**

~ členství ve straně **3** určení otcovství u nemanželského dítěte; ~ **order** soudní rozhodnutí o placení výživného na nemanželské dítě; ~ **proceedings** určování otcovství

**affines** [ə'fainiz] *(lat, pl)* příbuzní sňatkem

**affinity** [ə'finəti] *(n)* **1** příbuzenství sňatkem švagrovství **2** těsný vztah, duchovní spřízněnost **3** přitažlivá osoba

**affirm** [ə'fə:(r)m] *(v)* st. *(that)* **1** potvrdit co, správnost čeho, stvrdit co **2** tvrdit (že), prohlásit (že) **3** místopřísežně prohlásit co; **some of the new MPs ~ed, instead of swearing the oath of allegiance** *brit.* někteří noví poslanci místopřísežně potvrdili svou oddanost, místo aby pronesli přísahu věrnosti Koruně

**affirmance** [ə'fə:(r)məns] *(n)* potvrzení

**affirmant** [ə'fə:(r)mənt] *(n)* potvrzující svědek není pod přísahou, pouze potvrzuje fakta dříve uvedená

**affirmation** [ˌæfə(r)'meišən] *(n)* **1** místopřísežné prohlášení **2** potvrzení **3** *brit.* místopřísežné potvrzení oddanosti Koruně

**affirmative** [ə'fə:(r)mətiv] *(adj)* kladný, potvrzující, souhlasný; přisvědčující, afirmativní; ~ **charge** poučení pro porotu vyslovené soudcem; ~ **defence** afirmativní námitka; ~ **easement** afirmativní věcné břemeno; ~ **proof** usvědčující / potvrzující důkaz; ~ **relief** afirmativní právní pomoc udělená odpůrci; ~ **vote** hlas pro, kladný hlas; **by an ~ vote** na základě kladného hlasování

**affix** [ə'fiks] *(v)* st. připojit co (podpis) k dokumentu

**afflict** [ə'flikt] *(v)* st. **1** *with* st. postihnout co čím **2** poškodit, znehodnotit co

**affliction** [ə'flikšən] *(n)* utrpení, soužení, bolest

**afford** [ə'fo:(r)d] *(v)* st. **1** dovolit si, dopřát si co **2** poskytovat co; **precedents ~ed by history** precedenty, které skýtá historie

**affordable** [ə'fo:(r)dəbl] *(adj)* cenově přístupný; ~ **salubrious housing** cenově přístupné zdravé bydlení

**affranchise** [ə'frænčaiz] *(v)* sb./st. osvobodit, zprostit koho/co

**affray** [ə'frei] *(n)* rvačka na veřejnosti, výtržnost

**affreight** [ə'freit] *(v)* sb. pověřit koho dopravou

**affreightment** [ə'freitmənt] *(n)* smlouva o lodní dopravě; smlouva o pronájmu lodi

**affront** [ə'frant] *(n)* veřejná urážka, inzultace

**aforementioned** [əˌfo:(r)'menšənd] *(adj)* výše uvedený / zmíněný

**aforesaid** [ə'fo:(r)sed] *(adj)* výše uvedený / zmíněný

**aforethought** [ə'fo:(r)θo:t] *(adj)* předem promyšlený, úkladný; **malice ~** zlý úmysl

**a fortiori** ['eiˌfo:ti'o:rai, *am.* -ˌforši-] *(lat)* tím více, ze závažnějšího důvodu

**after** ['a:ftə, *am.*'æftər] *(prep)* po, za; ~ **the date of this lease** po vstoupení této nájemní smlouvy v platnost

**after-acquired** ['a:ftərəˌkwaiəd, *am.*'æftərəˌkwaiərd] *(adj)* nabytý po určitém datu / dodatečně; ~ **property** dodatečně nabytý majetek; ~ **title** dodatečně nabytý právní titul

**after-care** ['a:ftəkeə(r)] *(n)* péče po propuštění z výkonu trestu, ochranný dozor

**after-effect** ['a:ftərifekt] *(n)* druhotný účinek omamné látky

**afterward(s)** ['a:ftəwə(r)d(z)] *(adv)* později, potom

**AG** [ˌei'dži:] *(abbrev)* *Attorney General* [ə'to:(r)niˌdženərəl] **1** *brit.* generální prokurátor **2** *am.* ministr spravedlnosti

**age** [eidž] *(n)* **1** věk, doba; **Middle A~s** středověk **2** věk, stáří; ~ **at entry** *pojišt.* vstupní věk; ~ **at expiry** věk v době splatnosti pojistky; ~ **of majority** věk zletilosti; ~ **limit** věková hranice; ~ **qualification** cenzus věku, věk jako podmínka čeho; ~ **rating** *pojišt.* sazby podle věku; ~ **spread** věkové rozpětí; **be of ~** být plnoletý

**age** [eidž] *(v)* **1** stárnout; **be ~d 18 or over** být starší 18 let, mít 18 let a více **2** způsobovat stárnutí

**agency** ['eidžənsi] *(n)* **1** správní úřad, orgán; agentura; **counter-intelligence ~** kontrarozvědka; **employment ~** zprostředkovatelna práce; **inter-governmental ~ies** mezivládní agentury; **International Atomic Energy ~** *(OSN)* Mezinárodní agentura pro atomovou energii; **United Nations ~ies** agentury Spojených národů; ~ **of government** vládní organizace **2** zastoupení, jednatelství, agentura; **travel ~** cestovní kancelář; ~ **agreement / contract** jednatelská / mandátní smlouva

**agenda** [ə'džendə] *(n)* program schůze / jednání; **next item on the ~** další bod programu schůze; **settle the ~ for meetings** sestavit program schůzí / jednání

**agent** ['eidžənt] *(n)* **1** pověřená / zmocněná osoba; obchodní zástupce, zprostředkovatel, agent; *pojišť.* získatel, náborář; **bargaining** ~ vyjednávač; **exclusive** ~ výhradní zástupce; **insurance** ~ pojišťovací agent; **managing** ~ hlavní zástupce; **settling** ~ likvidátor škod; **real-estate** ~ realitní agent 2 agent *tajné služby;* **secret** ~ tajný agent 3 *diplomatický* zástupce; **diplomatic** ~ diplomatický zástupce; **A~-General** oficiální vyslanec *n.* představitel *jedné* členské země Commonwealthu *v jiné;* **the A~-General for Quebec in London** vyslanec Quebecu v Londýně

**aggravate** ['ægrəveit] *(v)* st. zhoršit co, zesílit *negativní účinky čeho;* ~ **the tension** zvýšit napětí

**aggravated** ['ægrəveitid] *(adj)* zvýšený, zhoršený, s přitěžujícími okolnostmi; ~ **assault** zvláště nebezpečné napadení *n.* úmyslné způsobení zranění; ~ **battery** použití násilí s přitěžujícímu okolnostmi; ~ **burglary** vloupání s použitím zbraně; ~ **damages** zvýšená náhrada škody; ~ **larceny** krádež s přitěžujícímu okolnostmi

**aggravating** ['ægrəveitiŋ] *(adj)* přitěžující; ~ **circumstances** přitěžující okolnosti

**aggravation** [ˌægrə'veišən] *(n)* přitěžující okolnost

**aggregate** ['ægrigət] *(n)* úhrn, celek; ~ **of all sums** součet všech částek

**aggregate** ['ægrigət] *(adj)* 1 úhrnný, celkový, souhrnný; ~ **deductible** *pojišť.* souhrnná spoluúčast; ~ **liability index** *pojišť.* celkový seznam pojištěných rizik; ~ **table** souhrnný přehled 2 sdružený; ~ **corporation** vícečlenná *obchodní* společnost

**aggregate** ['ægrigeit] *(v)* st. 1 nakupit, seskupit co 2 shromáždit se

**aggregated** ['ægrigeitid] *(adj)* úhrnný, celkový; ~ **term of imprisonment** úhrnný trest odnětí svobody

**aggregation** [ˌægri'geišən] *(n)* sdružení, spojení

**aggression** [ə'grešən] *(n)* napadení, agrese, útok; **act of** ~ útočný / agresívní čin, akt agrese

**aggressor** [ə'gresə(r)] *(n)* agresor

**aggrieve** [ə'gri:v] *(v)* sb. neprávem poškodit *koho*

**aggrieved** [ə'gri:vd] *(adj)* 1 zarmoucený 2 poškozený, ukřivděný; ~ **party** poškozená / dotčená strana; ~ **person** poškozený, poškozená osoba

**agiotage** ['ædʒiətidʒ] *(n)* ažiotáž, burzovní spekulace *na stoupání n.* klesání cenných papírů

**agist** [ə'dʒist] *(v)* brit. *zast.* pást vlastní či cizí dobytek na královském majetku *za úplatu odevzdávanou králi*

**agister** [ə'dʒistə(r)] *(n)* brit. *zast.* pasák dobytka za úplatu

**AGM** [ei̯dʒiː'em] *(abbrev)* Annual General Meeting řádná valná hromada; výroční schůze

**agnates** ['ægneits] *(pl)*, **agnati** ['ægneitai] *(lat, pl)* příbuzní z otcovy strany

**agrarian** [ə'greəriən] *(adj)* zemědělský, agrární; ~ **law** zemědělské právo; ~ **laws** agrární zákony

**agree** *(v)* [ə'gri:] st. dohodnout, odsouhlasit co; ~ **initiatives and proposals** dohodnout iniciativy a návrhy

**agree** *(v)* **to / with** [ə'gri:ˌtu / wið] st. souhlasit s *čím;* ~ **to the plan** souhlasit s plánem; **the witness' statement does not** ~ **with that of the accused** prohlášení / výpověď svědka neodpovídá výpovědi obžalovaného

**agree** *(v)* **(up)on** [ə'gri:(əp)on] st. shodnout se na *čem;* **Executive ~d upon by the Assembly** výkonná moc, na níž se shodlo shromáždění

**agreed** [ə'gri:d] *(adj)* dohodnutý, odsouhlasený; ~ **value** dohodnutá hodnota

**agreement** [ə'gri:mənt] *(n)* 1 dohoda, smlouva; **binding** ~ závazná dohoda; **clearing** ~ dohoda o clearingu; **commodity** ~ dohoda o zboží; **conditional** ~ podmíněná dohoda; **credit sale** ~ dohoda o prodeji na úvěr; **franchising** ~ koncesionářská dohoda, dohoda o frančíze; **gentleman's** ~ gentlemanská dohoda tj. ústní dohoda uzavřená *na základě vzájemné důvěry mezi (obchodními) partnery;* **local** ~ místní dohoda; **parol** ~ ústní dohoda; **separation and maintenance** ~ dohoda o odluce *manželů a výživném /* odstupném; **verbal** ~ ústní dohoda; ~ **for insurance** dohoda za účelem pojištění; ~ **of sale** dohoda o prodeji; ~ **on trade** dohoda o obchodu; **expiration of the** ~ ukončení platnosti dohody; **by** ~ dohodou, na základě dohody; **arrive at an** ~ dojít k dohodě; **break an** ~ porušit dohodu; **conclude an** ~ uzavřít dohodu; **reach an** ~ dosáhnout dohody 2 shoda, souhlas; **in default of** ~ **on st.** není-li shoda v *čem,* neexistuje-li shoda ohledně *čeho;* **be in essential** ~ **with st.** v zásadě souhlasit s *čím*

**agréman** [ˌəgre:'ma:n] *(n)* souhlas přijímající země se jmenováním diplomatického zástupce

**agricultural** [‚ægri'kalčərəl] *(adj)* zemědělský; **~ land** zemědělská půda; **~ lien** zemědělské zadržovací právo; **~ policy** zemědělská politika

**agriculture** ['ægrikalčə(r)] *(n)* zemědělství; **Food and A~ Organization** *(OSN)* Organizace pro výživu a zemědělství

**aground** [ə'graund] *(adv)* na mělčině, na mělčinu

**ahead** [ə'hed] *(adv)* vpřed; vpředu; **assured clear distance ~** bezpečná vzdálenost mezi jedoucími motorovými vozidly

**aid** [eid] *(n)* **1** pomoc; **legal ~** právní pomoc, právní porada; **grant legal ~ wholly or partly at the public expense** poskytnout právní pomoc zcela nebo částečně na státní náklady **2** pomůcka; **technological ~s for the handicapped** technické pomůcky pro postižené ◆ **~ and abet** pomoc při páchání trestného činu; **~ and comfort to the enemy** napomáhání nepříteli

**aid** [eid] *(v)* sb. pomáhat komu; **~ and abet** *(TP)* napomáhat při trestném činu

**aider and abetor** ['eidə(r)əndə'betə(r)] *(n)* pomocník osoba napomáhající při trestném činu

**aiding and abetting** ['eidiŋəndə'betiŋ] *(n)* spolupachatelství jako trestný čin, napomáhání při trestném činu

**ailment** ['eilmənt] *(n)* lehké onemocnění, nevolnost

**aim** [eim] *(n)* cíl, záměr; účel, úmysl

**aim** [eim] *(v)* *at (doing)* st., *to do* st. **1** zaměřit na co **2** usilovat / snažit se o co

**air** [eə(r)] *(n)* vzduch, ovzduší; **open ~** volná příroda; **~ piracy** vzdušné pirátství; **~ pollution** znečistění ovzduší; **leave litter in the open ~** ponechávat odpadky ve volné přírodě

**aircraft** ['eə(r)kra:ft] *(n)* letadlo; **~ hull insurance** pojištění leteckého kaska

**alarm** [ə'la:(r)m] *(n)* **1** poplach; **false ~** planý poplach **2** poplašné zařízení; **set off the ~** vypnout poplašné zařízení

**alarm** [ə'la:(r)m] *(v)* **1** sb./st. varovat, alarmovat koho/co; polekat, vyděsit koho/co **2** *at* st. znepokojit se čím, v důsledku čeho

**albeit** [‚o:l'bi:it] *(con) kniž.* ačkoliv, i když

**alderman** ['o:ldə(r)mən], *(pl)* **-men** *(n)* radní, konšel; obecní úředník

**aleatory** ['eiliətəri] *(adj)* nejistý, náhodný;

**~ contract** odvážná / aleatorní smlouva; **~ promise** odvážný / aleatorní slib jehož splnění je nejisté; **~ transaction** odvážná transakce závisející na nejistých okolnostech

**alert** [ə'lə:(r)t] *(adj)* **1** ostražitý, bdělý **2** živý, hbitý

**alert** [ə'lə:(r)t] *(v)* sb. *to* st. upozornit koho na co, varovat koho před čím; **~ the public to economic realities** upozornit veřejnost na skutečný stav ekonomiky

**alias** ['eiliæs] *(n)* krycí / falešné jméno; **the confidence trickster used several ~es** podvodník použil několik falešných jmen

**alias** ['eiliæs] *(adv, adj)* **1** jinak zvaný **2** nový, další; **~ subpoena** nové předvolání k soudu pod hrozbou trestu; **~ writ** nový / další soudní příkaz

**alibi** ['ælibai] *(n)* alibi

**alien** ['eiljən] *(n)* **1** cizinec, cizí státní příslušník; **resident ~** cizí státní příslušník s povolením k dlouhodobému pobytu; **undesirable ~** nežádoucí cizinec **2** *brit.* cizinec osoba, která není občanem GB, Commonwealthu ani Irské republiky **3** vetřelec

**alien** ['eiljən] *(adj)* **1** zahraniční; **~ born** narozen v cizině **2** cizí

**alienability** [‚eiljənə'biləti] *(n)* zcizitelnost, převoditelnost práva

**alienable** ['eiljənəbl] *(adj)* zcizitelný, převoditelný

**alienage** ['eiljənidž] *(n)* právní postavení cizinců

**alienate** ['eiljəneit] *(v)* st. zcizit co, převést co právní titul

**alienation** [‚eiljə'neišən] *(n)* **1** zcizení, převod právního titulu **2** odcizení; **~ of affection** odcizení partnerů v manželství jako důvod k rozvodu

**alienee** [‚eiljə'ni:] *(n)* nabyvatel práva, právního titulu, osoba, v jejíž prospěch se zcizuje

**alieni juris** [‚eiljənai'džu:ris] *(lat)* cizího práva

**alienor** ['eiljənə(r)] *(n)* převodce práva, právního titulu, zcizitel

**alignment** [ə'lainmənt] *(n)* seskupení, vyrovnání, seřazení; **~ of political forces** seskupení politických sil; **~ with** st. připojení se k čemu

**aliment** ['ælimənt] *(v)* sb. **1** platit komu výživné / alimenty **2** živit koho

**alimony** ['æliməni] *(n)* výživné, alimenty; **~ pending suit / pending lite** výživné stanovené soudem po dobu rozvodového řízení

**allegation** [‚æli'geišən] *(n)* tvrzení před soudem;

**~ of fact** tvrzení skutečnosti; **~ of faculties** tvrzení schopnosti; prohlášení manželky o majetku manžela za účelem přiznání jeho vyživovací povinnosti; **make good one's ~s** doložit svá tvrzení **allege** [əˈledʒ] *(v)* st. tvrdit co před soudem, prohlašovat co

**alleged** [əˈledʒd] *(adj)* údajný; uvedený; uplatněný; **~ offender** údajný pachatel; **~ want of consideration** údajná potřeba protiplnění

**allegiance** [əˈliːdʒəns] *(n)* věrnost, oddanost; **~ to the British Crown** věrnost britskému panovníkovi; **owe ~ to the Crown** být povinován věrností / loajalitou vůči britskému panovníkovi

**all-embracing** [ˌɔːlimˈbreisiŋ] *(adj)* všeobsáhlý, široce zaměřený; všeobecný; **~ term** všeobecný termín slovo

**All ER** [ˌɔːlˈiːˈə(r)] *All England Law Reports* [ˌɔːlˈiŋɡləndˈlɔːriˌpoːts] *angl.* sbírka soudních rozhodnutí vyšších soudů

**alleviative** [əˈliːviətiv] *(n)* utišující / uklidňující prostředek

**all fours** [ˌɔːlˈfoː(r)z] *(pl)* naprosto stejný, totožný; **this case is on ~ with Donoghue v. Stevenson** tento případ je zcela totožný s případem Donoghue v. Stevenson

**alliance** [əˈlaiəns] *(n)* spojenectví, aliance; spojenecká smlouva; **contract ~** uzavřít spojeneckou smlouvu; **enter into ~ with sb.** uzavřít spojenectví s kým

**allied** [əˈlaid] *(adj)* spojenecký; spojený; přidružený; **~ forces** spojenecké vojenské síly; **~ perils** pojišť. vedlejší / přidružená rizika

**allocable** [əˈlokəbl] *(adj)* rozvržitelný, rozdělitelný

**allocate** [ˈæləkeit] *(v)* sb./st. **1** přidělit koho/co; rozdělit co, např. peníze; **~ an attorney** přidělit obhájce **2** určit, vymezit co

**allocation** [ˌæləˈkeišən] *(n)* přidělení, rozdělení, rozvržení čeho; **share ~** rozdělení / přidělení určitého počtu akcií drobným žadatelům; **~ of income** rozdělení zisku mezi dva a více podniků

**allocution** [ˌæləˈkjuːšən] *(n)* slavnostní formální proslov

**allograph** [ˈæləgraːf, *am.* -græf] *(n)* **1** listina psaná jinak, než vlastnoručně **2** podpis napsaný někým jiným / napodobený mechanicky

**allotment** [əˈlotmənt] *(n)* **1** podíl, příděl; udělení, přiznání; **~ of bonus** *pojišť.* přiznání bonusu; **~ system** *angl.* přídělový systém

**2** přidělený pozemek; **~ certificate** osvědčení o přidělení pozemku

**allow** [əˈlau] *(v)* (sb. to do) st. **1** dovolit komu co; připustit, dovolit co; **~ a claim or an appeal** připustit / dovolit žalobu n. odvolání; **~ed claim** dovolený nárok; **visitors are not ~ed into the prisoners cells** návštěvníkům není dovolen vstup do cel **2** poskytnout co; **you are ~ed 30 days to pay the fine** na zaplacení pokuty máte lhůtu 30 dní

**allow** *(v)* **for** [əˈlaufoː(r)] **1** poskytnout slevu **2** započítat dodatečnou částku; **delivery is not ~ed for** poplatek za dovoz není započítán v ceně

**allowable** [əˈlauəbl] *(adj)* **1** právně přijatelný, připustitelný **2** odpočitatelný, odepsatelný; **~ expenses** výdaje, které mohou být odepsány z daní

**allowance** [əˈlauəns] *(n)* **1** příděl, renta; **travel ~** cestovné; **~ pendente lite** soudem dané povolení užívat majetek tvořící předmět sporu v případě rozvodu nebo separace **2** sociální dávka; **family ~s** rodinné přídavky; **nursing ~** ošetřovací přídavek **3** příspěvek; **~ for secretarial and office expenses** příspěvek na administrativní výdaje **4** sleva; odečet; **tax ~** úleva na dani; **make an ~ for legal expenses** započítat výdaje za právní službu, tj. snížit taxu

**all-purpose** [ˈɔːlˌpəː(r)pəs] *(adj)* mnohoúčelový, univerzální; **~ authorities** úřady s univerzální pravomocí

**all(-)risks** [ˈɔːlˌrisks] *(adj)* týkající se všech pojistných rizik / nebezpečí; **~ cover** krytí všech rizik, pojištění proti všem nebezpečím; **~ insurance** pojištění proti všem nebezpečím

**allusive** [əˈluːsiv] *(adj)* to st. narážející na co, plný narážek na co

**alms** [aːmz] *(sg., pl)* almužna, charitativní dary; **~ fee** almužna

**alter** [ˈɔːltə(r)] *(v)* st. **1** změnit co; **~ the fact** měnit skutečnost **2** upravovat, adaptovat co

**alteration** [ˌɔːltəˈreišən] *(n)* **1** změna, přeměna; **~ of contract** změna ustanovení smlouvy **2** úprava, adaptace; **~ to the property** úprava provedená na nemovitosti; **make ~s to st.** provést / provádět změny, úpravy

**alternate** [ˌɔːlˈtəː(r)nət] *(n)* **1** alternativa **2** náhradník

**alternate** [ˌoːlˈtəː(r)nət] *(adj)* **1** střídavý, střídající **2** vzájemný **3** náhradní; ~ **member** náhradník ♦ ~ **legacy** odkaz jedné věci ze dvou, aniž je stanoveno které
**alternate** [ˈoːltə(r)neit] *(v)* sb./st. střídat koho/co, alternovat koho
**alternative** [ˌoːlˈtəː(r)nətiv] *(n)* alternativa, volba, jiná možnost; **pleading in the** ~ alternativní soudní podání při uplatnění nároku předložením dvou či více vzájemně nekonzistentních tvrzení jednou stranou
**alternative** [ˌoːlˈtəː(r)nətiv] *(adj)* alternativní, připouštějící volbu; ~ **contract** alternativní smlouva, jejíž podmínky dovolují alternativní plnění; ~ **obligation** alternativní závazek; ~ **pleading** alternativní soudní podání při uplatnění nároku předložením dvou či více vzájemně nekonzistentních tvrzení jednou stranou; ~ **relief / remedy** alternativní procesní prostředek / ochrana; ~ **vote** alternativní hlasování systém hlasování, kdy jsou všechny hlasy u kandidátů s nejnižšími počty hlasů přidělovány kandidátům s vyšší preferencí, až jeden z nich dosáhne alespoň 50%
**alternatively** [ˌoːlˈtəː(r)nətivli] *(adv)* výměnou za, nebo; **a fine of $100 or** ~ **four weeks' imprisonment** pokuta 100 dolarů nebo trest odnětí svobody na čtyři týdny
**altitude** [ˈæltitjuːd, *am.* -tuːd] *(n)* výška nadmořská
**altogether** [ˌoːltəˈgeðə(r)] *(adv)* zcela, naprosto; vcelku vzato
**amalgamation** [əˌmælgəˈmeišən] *(n)* slučování, splynutí, fúze lidí, věcí, kapitálu, podniků atd.
**amass** [əˈmæs] *(v)* st. nahromadit, nakupit co
**ambassador** [æmˈbæsədə(r)] *(n)* velvyslanec; **A~ Extraordinary** mimořádný velvyslanec; **A~ Plenipotentiary** zplnomocněný velvyslanec; **A~-at-large** velvyslanec se zvláštním určením; **the British A~ to Poland** britský velvyslanec v Polsku
**ambassadorial** [æmˌbæsəˈdoːriəl] *(adj)* týkající se velvyslance, velvyslanecký; ~ **law** diplomatické právo
**ambassadress** [ˌæmˈbæsədris] *(n)* velvyslankyně
**ambiguity** [ˌæmbiˈgjuːəti] *(n)* **1** dvojznačnost, dvojsmyslnost, ambiguita; **latent** ~ skrytá / latentní dvojznačnost ustanovení smlouvy **2** nejasnost
**ambiguous** [æmˈbigjuəs] *(adj)* **1** dvojznačný, dvojsmyslný; **the wording of the clause is** ~ **and needs clarification** znění usta-

novení je dvojznačné a vyžaduje upřesnění **2** nejasný
**ambit** [ˈæmbit] *(n)* dosah, okruh; rámec; **the** ~ **of this legislation** rámec tohoto zákona / těchto zákonů
**ambivalence** [ˌæmbiˈveiləns, *am.* æmˈbivələns] *(n)* rozpornost
**ambivalent** [ˌæmbiˈveilənt, *am.* æmˈbivələnt] *(adj)* rozpolcený, rozporný, ambivalentní
**ambulatory** [ˈæmbjulətəri] *(adj)* změnitelný, odvolatelný; ~ **disposition** odvolatelné n. změnitelné ustanovení; ~ **will** odvolatelná závěť
**amenable** [əˈmiːnəbl] *(adj)* **1** poddajný, podléhající čemu **2** přístupný **3** právně odpovědný
**amend** [əˈmend] *(v)* st. **1** změnit, doplnit co **2** novelizovat co; ~ **the bill** doplnit návrh zákona
**amended** [əˈmendid] *(pred)* upravený, novelizovaný; **as** ~ v platném znění; **as** ~ **by the Irish Free State Act** ve znění zákona o Irském svobodném státě
**amendment** [əˈmendmənt] *(n)* dodatek, doplněk; novela; změna; ~ **to the constitution** dodatek k ústavě, doplněk ústavy; ~ **to judgment** doplnění n. změna rozsudku
**amends** [əˈmendz] *(pl)* náhrada škody, odškodné; **make** ~ poskytnout náhradu škody; **offer of** ~ nabídka veřejné omluvy pachatele trestného činu urážky na cti poškozenému
**amenity** [əˈmiːnəti] *(n)* **1** příjemnost, pohodlí; ~**ies** 1 veřejná zařízení; občanská vybavenost 2 komfortní vybavení, komfort **2** výhodná poloha; krásné okolí; **preservation of** ~**ies** zachování krásného okolí
**amicable** [ˈæmikəbl] *(adj)* přátelský; ~ **action** přátelská žaloba; ~ **agreement** přátelská dohoda; ~ **settlement** mimosoudní smírné narovnání
**amicus curiae** [əˈmaikəsˌkjuːriiː, əˈmiːkəs ˌkjuːriai] *(lat)* „přítel soudu" osoba mající právo činit procesní úkony v soudním řízení, aniž je jeho účastníkem
**amity** [ˈæməti] *(n)* přátelství, přátelské vztahy; **treaty of** ~ smlouva o přátelství
**amnesty** [ˈæmnəsti] *(n)* amnestie, omilostnění; **general** ~ všeobecná amnestie; **A~ International** mezinárodní organizace usilující o propuštění všech politických vězňů
**amnesty** [ˈæmnəsti] *(v)* sb. amnestovat koho, udělit komu amnestii; **they were** ~**ied by the president** prezident jim udělil milost

**amortization** [əˌmoːtiˈzeišən, *am.* ˌæmərti-] *(n)* splácení hypoteční pohledávky, amortizace pohledávky; umořování dluhu

**amortize** [əˈmoːtaiz, *am.* ˈæmərtaiz] *(v)* st. umořit, odepsat dluh

**amount** [əˈmaunt] *(n)* **1** množství; míra; **the exact ~ of time** přesná doba; **reasonable ~ of benefit and profit** přiměřená míra prospěchu a zisku **2** obnos, částka; **~ in controversy** sporná částka; **~ of loss** výše škody při pojistném plnění; **~ of money** peněžní obnos; **~ covered** pojistkou krytá částka; **~ payable on settlement** hodnota dohodnutého pojistného plnění; **interest on the ~** úrok z této částky

**amount** [əˈmaunt] *(v) to* st. činit, dělat co, rovnat se čemu, obnášet co; **the debt ~ed to $1000** dluh činil 1000 dolarů; **the punishment ~s to torture** trest se rovná mučení

**ampliation** [ˌæmpliˈeišən] *(n)* odročení, odložení rozsudku

**amusement** [əˈmjuːzmənt] *(n)* zábava; **~ tax** daň ze zábavy

**analogous** [əˈnæləgəs] *(adj) to* st. obdobný čemu, analogický s čím

**analyse,** *am.* **analyze** [ˈænəlaiz] *(v)* st. analyzovat, podrobně rozebírat co

**analysis** [əˈnæləsis], *(pl)* **analyses** [əˈnæləsiːz] *(n)* analýza, rozbor

**anarchic(al)** [əˈnaː(r)kik(əl)] *(adj)* jsoucí ve stavu anarchie, bez práva a řádu; **the ~ state of the country districts after the coup** přibl. oblasti, kde po převratu vládla anarchie a bezpráví

**anarchist** [ˈænə(r)kist] *(n)* anarchista

**anarchy** [ˈænə(r)ki] *(n)* anarchie

**anatomical** [ˌænəˈtomikəl] *(adj)* anatomický; **~ gift** testamentární darování tělesného orgánu k lékařským účelům

**ancestor** [ˈænsestə(r)] *(n)* **1** předchůdce; předek; **common ~** společný předek **2** původní držitel

**ancestral** [ænˈsestrəl] *(adj)* po předcích zděděný

**ancestry** [ˈænsestri] *(n)* **1** původ, linie předků **2** předkové

**anchor** [ˈæŋkə(r)] *(n)* kotva

**anchorage** [ˈæŋkəridž] *(n)* kotevné poplatek za kotvení

**ancient** [ˈeinšənt] *(adj)* starodávný, starobylý, letitý; **~ deed** vydržená listina; *am.* listina stará 20–30 let; **~ demesne** *angl.* doimikál, starý pozemkový majetek; **~ lights** *angl.* vydržením

získaná služebnost nebo právo k přilehlému pozemku, aby bylo zajištěno právo na přístup přirozeného světla do objektu; **~ readings** přednášky o starobylém anglickém právu; **~ writings** *am.* staré dokumenty alespoň 20–30 let uchované na důvěryhodném místě

**ancillary** [ænˈsiləri, *am.* ˈænsəleri] *(adj)* podpůrný, napomáhající, doplňkový, dodatečný; **~ claim** podpůrný nárok; **~ evidence** podpůrné důkazy; **~ expenses** dodatečné náklady, vícenáklady; **~ proceedings** podpůrné řízení; **~ receiver** podpůrný správce zastavené věci; **~ relief** dodatečné rozhodnutí soudu jako opravný prostředek o majetkovém vyrovnání pro manželku nebo dítě při rozvodovém řízení

**Anglo-Saxon** [ˌæŋgləuˈsæksn] *(adj)* anglosaský; **~ law** anglosaské právo

**anguish** [ˈæŋgwiš] *(n)* muka, mučivá úzkost; **infliction of mental ~** způsobení psychických útrap

**animo** [ˈænəməu] *(lat)* s úmyslem, se záměrem; **~ revocandi** [~ ˌrivəuˈkandai] s úmyslem zrušit / odvolat závěť

**animosity** [ˌæniˈmosəti, *am.* ænəˈmasəti] *(n) against / towards* sb. nepřátelské smýšlení, nepřátelství vůči komu

**animus** [ˈænəməs] *(lat)* úmysl, záměr; **~ cancellandi** [~ ˌkænsəˈlendai] úmysl zrušit; **~ dedicandi** [~ ˌdedəˈkendai] úmysl věnovat; **~ furandi** [~ ˌfjuəˈrendai] záměr ukrást; **~ manendi** [~ məˈnendai] záměr zůstat; **~ recuperandi** [~ ˌrəkjupəˈrendai] úmysl dostat zpět; **~ revocandi** [~ ˌrivəuˈkandai] úmysl zrušit / odvolat závěť; **~ testandi** [~ təsˈtendai] úmysl sepsat poslední vůli

**annex(e)** [ˈæneks] *(n)* **1** přídavek, doplněk **2** příloha n. dodatek ke smlouvě

**annex** [əˈneks] *(v)* st. **1** připojit, doplnit co **2** anektovat co; **the island was ~ed to the neighbouring republic** ostrov byl anektován sousední republikou **3** zkonfiskovat co

**annexation** [ˌænekˈseišən] *(n)* anexe, připojení cizího území

**annihilate** [əˈnaiəleit] *(v)* st. **1** zcela zničit co **2** zrušit právní sílu / platnost čeho; **~ a law** učinit zákon neplatným, anulovat zákon

**annihilation** [əˌnaiəˈleišən] *(n)* zničení, zkáza; **~ camp** vyhlazovací tábor

**annotation** [ˌænəˈteišən] *(n)* anotace, souhrn případu, komentář k zákonu

**announce** [əˈnauns] *(v)* st. oznámit, ohlásit co;

**~ for governor** oznámit svou kandidaturu na funkci guvernéra
**announcement** [ə'naunsmənt] *(n)* **1** oznámení, vyhlášení čeho **2** prohlášení; **make an ~** vydat prohlášení
**annoy** [ə'noi] *(v)* sb. znepokojovat koho; obtěžovat, rušit koho
**annoyance** [ə'noiəns] *(n)* obtěžování
**annoying** [ə'noiiŋ] *(adj)* protivný, obtěžující, rušící
**annual** ['ænjuəl] *(adj)* **1** každoroční; výroční; **~ register of electors** každoroční seznam voličů; **~ report** výroční zpráva; **~ session** výroční zasedání; **~ statement** výroční výkaz **2** roční; **~ account** roční vyúčtování; **~ amortization** roční umořovací splátka; **~ income** roční příjem; **~ value** roční hodnota
**annuity** [ə'nju:iti, *am.* -nu:-] *(n)* roční platba, splátka, anuita, pravidelná renta z investice splatná jednou za rok; **deferred ~** odložený důchod, odložená renta; **life ~** (do)životní renta; **private ~** soukromá renta; **retirement ~** důchodová renta; **~ assurance** důchodové pojištění; **~ policy** soukromé důchodové pojištění nikoliv součást sociálních dávek, anuitní pojistka; **~ from the government** roční renta od státu
**annuitant** [ə'nju:itənt, *am.* -nu:-] *(n)* příjemce roční renty / dávky
**annul** [ə'nal] */ll/ (v)* st. zrušit co, prohlásit co za neplatné, anulovat co; **~ the contract** zrušit smlouvu od samého počátku; **their marriage has been ~ed** jejich manželství bylo prohlášeno za neplatné od samého počátku
**annullable** [ə'naləbl] *(adj)* právně zrušitelný od samého počátku
**annulling** [ə'naliŋ] *(adj)* rušící platnost od samého počátku; **~ clause** ustanovení rušící platnost čeho
**annulment** [ə'nalmənt] *(n)* zrušení; **~ of adjudication** *brit.* zrušení soudního rozhodnutí o bankrotu fyzické osoby; **~ of marriage** zrušení manželství od samého počátku
**answer** ['a:nsə, *am.*'ænsər] *(n)* **1** odpověď **2** žalobní odpověď, námitky zejm. ze strany odpůrce v rozvodovém řízení
**answer** ['a:nsə, *am.*'ænsər] *(v)* st. **1** odpovědět na co **2** formálně zodpovídat se z obvinění vznesených u soudu; **~ charges** odpovědět na obvinění prohlášením o vině n. nevině; **the judge ruled there was no case to ~** soudce rozhodl, že k žalobě n. obžalobě nejsou dostatečné důkazy

**answerability** [ˌa:nsərə'biləti, *am.* ˌænsər-] *(n) for* st. odpovědnost za co
**answerable** ['a:nsərəbl, *am.* 'ænsə-] *(adj) to* sb. *for* st. odpovědný komu za co; **refuse to be held ~ for the consequencies of** st. odmítnout nést odpovědnost za následky čeho
**antagonist** [æn'tægənist] *(n)* protivník, antagonista
**antagonize, antagonise** [æn'tægənaiz] *(v)* **1** působit proti, mít opačný účinek **2** budit antipatie
**ante** [ænti] *(lat)* před; **status quo ~** ['steitəsˌkwɔu ~] předcházející stav věci; **~ meridiem (a.m.)** [~ mə'ridiəm, ei'em] dopoledne
**antecedence, antecedency** [ˌænti'si:dəns(i)] *(n)* přednost, priorita
**antecedent** [ˌænti'si:dənt] *(n)* předchozí událost / okolnost; příčina; **the ~s** rozbor minulosti obžalovaného předkládaný soudu před vynesením rozsudku
**antecedent** [ˌænti'si:dənt] *(adj)* předcházející, předchozí; **~ claim** předcházející nárok; **~ creditors** předcházející věřitelé; **~ debt** předcházející pohledávka
**antedate** [ˌænti'deit] *(v)* st. opatřit co dřívějším datem, antedatovat co
**antenatal** [ˌænti'neitəl] *(adj)* prenatální, předporodní
**antenuptial** [ˌænti'napʃəl] *(adj)* předmanželský; **~ agreement** předmanželská dohoda
**anticipate** [æn'tisipeit] *(v)* st. **1** předjímat, anticipovat co **2** předvídat, předpokládat, očekávat co; **~ the violence** předvídat násilí; **~d profit** očekávaný zisk; **~d sale** očekávaný prodej **3** předejít čemu; **~ the action of sb.** předejít akci koho
**anticipation** [ænˌtisi'peiʃən] *(n)* **1** předjímání, anticipace **2** placení přede dnem splatnosti; **~ note** anticipační papír
**anticipatory** [ænˌtisi'peitəri] *(adj)* předjímající, anticipující; **~ breach** porušení smlouvy před její splatností; **~ offence** trestný čin předcházející jinému trestného činu např. krádež zbraně za účelem vraždy; **~ search warrant** preventivní příkaz k prohlídce
**anti-dumping** [ˌænti'dampiŋ] *(adj)* antidumpingový, protidampingový; **~ duty** antidumpingové clo
**Anti-Racketeering Act** ['æntiˌrekə'ti:riŋ ˌækt] *am.* Zákon proti nezákonnému obchodování

antisocial [ˌænti'səuʃəl] *(adj)* protispolečenský, společensky škodlivý

antithesis [æn'tiθəsis], *(pl)* antitheses [æn'tiθəsi:z] protiklad; antitéze

antitrust [ˌænti'trʌst] *(adj)* protitrustový, protimonopolní; ~ acts protimonopolní zákonodárství; ~ injury protimonopolní újma

anxiety [æŋ'zaiəti] *(n) about / for* st. 1 úzkost z čeho, znepokojení 2 úzkostlivá snaha o co

anxious ['æŋkʃəs] *(adj) about / for* st. 1 znepokojený čím, plný obav o co 2 dychtivý po čem, horlivě usilující o co

apanage ['æpənidž] *(n)* 1 apanáž 2 závislé území

apart from [ə'pa:t͵frəm, *am.* ə'pært-] *(adv)* nehledě na

apartheid [ə'pa:thait, -heit, *am.* ə'pært-] *(n)* apartheid

apartment [ə'pa:tmənt, *am.* ə'pært-] *(n) am.* byt; ~ house činžovní / nájemní dům

apartments [ə'pa:tmənts, *am.* ə'pært-] *(pl) brit.* podnájem

apex ['eipeks], *(pl)* apices ['eipisi:z] 1 vrchol, špička 2 vyvrcholení ♦ apices litigandi ['~ ͵litə'gændai ] *(lat)* delikátní otázky sporu

apologize, -ise [ə'polədžaiz, *am.* ə'pal-] *(v) for doing* st. omluvit se za co

apology [ə'polədži, *am.* ə'pal-] *(n) for* st. omluva; letter of ~ omluvný dopis; make an ~ to sb. for st. omluvit se komu za co

a posteriori ['eipos͵teri'o:rai] *(lat)* „od pozdějšího", ve smyslu, ze / podle zkušenosti

apostolic [ˌæpə'stolik, *am.* -stalik] *(adj)* apoštolský; A~ See Svatá Stolice; ~ succession posloupnost biskupů

apostolus ['æpəstoləs] *(n)* apoštolský nuncius; posel vyslanec

appal, *am.* appall [ə'po:l] */ll/ (v)* sb. poděsit, vyděsit koho

appalling [ə'po:liŋ] *(adj)* otřesný, úděsný, hrozný

apparent [ə'pærənt] *(adj)* 1 zřejmý, očividný, patrný; ~ danger zřejmé nebezpečí při nutné obraně; ~ defects zjevné vady; ~ easement zjevná služebnost; heir ~ přímý dědic ze zákona 2 zdánlivý ~ advantage zdánlivá výhoda; ~ authority zdánlivá plná moc

appeal [ə'pi:l] *(n)* 1 odvolání, opravný prostředek; ~ against sentence odvolání proti výši trestu; ~ from a decision odvolání proti / z rozhodnutí; Court of ~ odvolací soud;

Lords of ~ *brit.* práva znalí lordi členové Nejvyššího odvolacího soudu; right of ~ právo odvolat se / na odvolání; ~ bond odvolací jistota; A~s Council *am.* Odvolací rada v oblasti sociálního zabezpečení; allow an ~ vyhovět odvolání; dismiss an ~ zamítnout odvolání; hear an ~ projednat odvolání, rozhodovat ve věci odvolání; give notice of an ~ odvolat se; hearing of an ~ projednávání odvolání; judgment is final and without ~ rozsudek je pravomocný a není proti němu přípustné odvolání; he lost his ~ for damages against the company jeho odvolání proti rozhodnutí o výši náhrady škody hrazené společností bylo zamítnuto; she won her case on ~ vyhrála své odvolání 2 naléhavá prosba, žádost o pomoc i finanční; an ~ on behalf of the Red Cross žádost o pomoc jménem Červeného kříže; hospital ~ sbírka peněz na nemocnici

appeal [ə'pi:l] *(v)* 1 odvolat se proti čemu; ~ against sentence odvolat se proti rozsudku; ~ from the judgment odvolat se proti rozsudku; ~ to the Supreme Court odvolat se k Nejvyššímu soudu 2 dovolat se koho/čeho 3 obrátit se na; ~ to sb. for st. obrátit se na koho s naléhavou žádostí o co; ~ for a suspension žádat o přerušení / odročení

appear [ə'piə(r)] *(v)* 1 objevit se; ~ in public objevit se na veřejnosti 2 dostavit se k soudu; ~ as a witness dostavit se k soudu jako svědek; ~ in court dostavit se k soudu; failure to ~ nedostavit se k soudu 3 jevit se, zdát se; the witness ~ed to have difficulty in remembering what had happened zdá se, že svědek měl problémy vzpomenout si, co se stalo 4 zastupovat klienta u soudu; *brit.* Mr Clark QC is appearing on behalf of the defendant advokát Clark (královský obhájce) zastupuje obžalovaného

appearance [ə'piərəns] *(n)* dostavení se k soudu; ~ by attorney dostavení se k soudu prostřednictvím zástupce; entry of ~ předložení obhajovacího spisu soudu; enter an ~ oznámit soudu, že žalovaná strana n. obžalovaný se bude soudní cestou hájit proti žalobě n. obžalobě; notice of ~ oznámení o dostavení se k soudu

appellant [ə'pelənt] *(n)* odvolatel, odvolávající se strana

appellate [ə'pelət] *(adj)* odvolací, apelační; ~ committee *brit.* výbor Sněmovny lordů posuzující stížnosti a podání na Sněmovnu;

appellee 32 appraisal

**~ court** odvolací soud; **~ jurisdiction** jurisdikce v odvolacím řízení, oprávnění přezkumu; **~ procedure** odvolací řízení; **~ review** přezkum rozhodnutí; **~ term** termín odvolacího řízení
**appellee** [ˌæpəˈliː] *(n)* účastník řízení, proti němuž směřuje odvolání, odpůrce odvolatele
**appellor** [əˈpelə(r)] *(n)* odvolatel, stěžovatel
**append** [əˈpend] *(v)* st. *to* st. doplnit, dodat co k čemu; přivěsit co k čemu; **~ a seal to a document** přivěsit pečeť k dokumentu
**appendant** [əˈpendənt] *(n)* přívěsek, dodatek; přípojek, příslušenství
**appendant** [əˈpendənt] *(adj) to* st. 1 připojený, přidaný; **a seal ~ to a document** pečeť připojená k dokumentu 2 patřící jako služebnost k čemu
**appendix** [əˈpendiks], *(pl)* **appendices** [əˈpendisiːz] dodatek, doplněk, příloha; rejstřík
**appliance** [əˈplaiəns] *(n)* 1 přístoj, spotřebič 2 použití, upotřebení; **punished by ~ of the birch** potrestán březovou metlou
**applicability** [ˌæplikəˈbiləti] *(n)* použitelnost, upotřebitelnost; vhodnost; příslušnost
**applicable** [ˈæplikəbl] *(adj)* 1 použitelný, aplikovatelný, způsobilý k použití; **directly ~** přímo aplikovatelný / použitelný 2 příslušný, vhodný; **any ~ court** kterýkoliv příslušný soud
**applicant** [ˈæplikənt] *(n)* žadatel, uchazeč, zájemce
**application** [ˌæpliˈkeišən] *(n)* 1 použití, aplikace; **~ of rules** aplikace pravidel 2 žádost; oficiální žádost soudu; **borrower's ~** žádost o povolení výpůjček; **building ~** žádost o povolení stavby; **his ~ for an injuction was refused** jeho žádost o soudní příkaz byla zamítnuta; **job ~** žádost o zaměstnání; **~ form** formulář žádosti; **~ for consent** žádost o souhlas; **~ for a maintenance order** žádost o soudní rozhodnutí o vyživovací povinnosti; **~ to the court** soudní podání; **shares payable on ~** akcie splatné na požádání; **file the ~** zaregistrovat žádost; **withdraw the ~** stáhnout žádost, vzít žádost zpět 3 přihláška; **abandon the ~** stáhnout přihlášku; **fill in the ~** vyplnit přihlášku (žádost) 4 návrh na pojištění
**apply** *(v)* [əˈplai] st. aplikovat, provádět co; **~ an embargo** uvalit embargo; **~ legislation**

aplikovat zákony; **~ military law** používat vojenské právo; **~ the rules of evidence rigorously** striktně aplikovat pravidla dokazování; **~ sanctions** přijímat / provádět sankce; **be ~ied by domestic courts** být aplikován / používán vnitrostátními soudy
**apply** *(v)* for [əˈplaiˌfɔː(r)] st. žádat o co; **~ for an adjournment** žádat o odročení; **~ for a decree** žádat o soudní rozhodnutí; **~ in writing** písemně žádat; **~ to the Court for an injunction** obrátit se na soud se žádostí / žádat soud o soudní příkaz
**apply** *(v)* to [əˈplaiˌtu] st. týkat se čeho; **~ the protection to** st. vztahovat ochranu na co; **the Act ~ies to England** zákon platí pro Anglii; **this clause ~ies only to deals outside the EC** toto ustanovení se týká pouze obchodů mimo ES
**appoint** [əˈpoint] *(v)* st./sb. 1 stanovit, označit, zvolit, určit co/koho; **the ~ed day** stanovený den 2 jmenovat koho; **~ judges** jmenovat soudce; **~ed arbitrators** jmenovaní arbitři / rozhodci; **duly ~ed deputy** řádně jmenovaný zástupce; **be ~ed by sb.** být jmenován kým
**appointee** [əpoinˈtiː] *(n)* osoba jmenovaná do funkce / pověřená čím; přijatý uchazeč
**appointment** [əˈpointmənt] *(n)* 1 jmenování; funkce; **presidential ~s** jmenování učiněná prezidentem; **~ for life** doživotní jmenování; **~ of judges** jmenování soudců; **letter of ~** jmenovací dopis; **hold an ~** zastávat funkci 2 schůzka, ujednání; **fix an ~ for two o'clock** sjednat schůzku na dvě hodiny ♦ **power of ~** oprávnění ustanovit nabyvatele dispozičního práva k cizímu nemovitému majetku; **make an ~** 1 učinit jmenování 2 sjednat schůzku
**appointor** [əˈpointə(r)] *(n)* osoba jmenující do funkce n. ukládající povinnost
**apportion** [əˈpɔː(r)šən] *(v)* st. rovnoměrně, poměrně rozdělit co; **~ed on a daily basis** přibl. stanovený v denní sazbě
**apportionment** [əˈpɔː(r)šənmənt] *(n)* 1 dělení, rozdělení majetku, práva, odpovědnosti; **~ clause** rozdělovací doložka u pojištění 2 rozvržení volebních obvodů; poměrné zastoupení v parlamentě; rovné zastoupení územních jednotek
**appraisal** [əˈpreizəl] *(n)* odhad ceny, ocenění; **~ clause** doložka o ocenění u pojistné smlouvy;

**~ remedy** právo na ocenění akcií; **~ value** odhadní cena

**appraise** [əˈpreiz] *(v)* st. ocenit, ohodnotit co, stanovit cenu čeho

**appraisement** [əˈpreizmənt] *(n)* odhad ceny, ocenění, ohodnocení

**appraiser** [əˈpreizə(r)] *(n)* odhadce, znalec

**appreciable** [əˈpri:šəbl] *(adj)* ocenitelný

**appreciate** [əˈpri:šieit] *(v)* st./sb. ocenit, ohodnotit, uznat co/koho, stanovit cenu čeho

**appreciation** [ə͵pri:šiˈeišən] *(n) of* st. **1** ocenění, uznání čeho **2** zhodnocení čeho; **~ in value** stoupnutí v ceně

**apprehend** [͵æpriˈhend] *(v)* st./sb. **1** rozumět čemu, chápat co; **I ~ that you say ...** to, co říkáš, chápu tak, že ... **2** vzít do držby / detence co, zadržet co/koho, vzít do vazby koho; **the suspect was ~ed at the scene of the crime** podezřelý byl zadržen na místě činu

**apprehensio** [͵æpriˈhenšəou] *(lat)* zadržení osoby, věci

**apprehension** [͵æpriˈhenšən] *(n)* vzetí čeho do držby / detence; vzetí koho do vazby na základě obvinění; **~ of offenders** vzetí pachatelů do vazby

**apprentice** [əˈprentis] *(n)* učeň

**apprenticeship** [əˈprentisšip] *(n)* učňovský poměr, učňovská smlouva i přen.

**approach** [əˈprəuč] *(n)* **1** přístup k čemu; **~ proves unsatisfactory** přístup se ukáže neuspokojivým / nevyhovujícím **2** přístup kam; **be difficult of ~** být těžko přístupný

**approach** [əˈprəuč] *(v)* st./sb. **1** přistoupit k čemu/komu **2** přiblížit se čemu/komu **3** vejít ve styk, navázat kontakt s kým **4** nepřípustně ovlivňovat koho; **~ a member of the court** snažit se uplatit člena soudu

**approbate** [ˈæprəbeit] *(v)* st. úředně uznat co

**approbation** [͵æprəˈbeišən] *(n)* schválení, úřední uznání

**appropriate** [əˈprəupriət] *(adj)* **1** příslušný; **~ court** příslušný soud **2** vhodný, přiměřený, odpovídající; **~ punishment** přiměřený trest; **~ sentence** přiměřený rozsudek; **consider** st. **~** považovat co za přiměřené

**appropriate** [əˈprəuprieit] *(v)* st. **1** přisvojit si, přivlastnit si co; **the town council ~d the land to build the new municipal offices** městský úřad zabral pozemek pro vybudování svých nových kanceláří

**2** vyhradit, vyčlenit co; **~d surplus** vyhrazený přebytek

**appropriation** [ə͵prəupriˈeišən] *(n)* **1** přivlastnění, přisvojení; **~ of money** přivlastnění si peněz; **~ of water** přisvojení si vody **2** finanční částka vyčleněná k určitému účelu; **~ bill** am. návrh zákona na přidělení dotace; **~s committee** am. výbor zkoumající vládní výdaje **3** vyhrazení; **~ of land** vyhrazení pozemku k určitému účelu

**appropriator** [əˈprəuprieitə(r)] *(n)* přisvojovatel

**approval** [əˈpru:vəl] *(n)* souhlas; **Senate's** souhlas Senátu; **with the ~ of the authorities** se souhlasem úřadů; **certificate of ~** brit. osvědčení o schválení výrobku státní zkušebnou; **require ~** vyžadovat souhlas; **submit the budget for ~** předložit rozpočet ke schválení

**approve** [əˈpru:v] *(v)* st. schválit, odsouhlasit co; **~ a prosecution** schválit / potvrdit trestní stíhání; **~ legislation** schvalovat zákony; **~ the terms of the contract** odsouhlasit smluvní podmínky; **power of approving presidential appointments** pravomoc schvalovat jmenování učiněná prezidentem; **the motion was ~d by the committee** návrh byl výborem schválen ♦ **~d school** brit. zast. internátní škola pro mladé delikventy

**approvement** [əˈpru:vmənt] *(n) angl. zast.* **1** zúrodnění pozemku **2** vyvinění se z trestného činu

**approximate** [əˈproksimət, *am.* əˈpraksimət] *(adj)* přibližný; **~ rate** přibližné množství, přibližná výše n. sazba

**approximately** [əˈproksimətli, *am.* əˈpraksimitli] *(adv)* přibližně, zhruba

**approximation** [ə͵proksiˈmeišən, *am.* ə͵praksiˈmeišən] *(n)* přibližné vymezení, aproximace

**appurtenance** [əˈpə:(r)tənəns] *(n)* dodatek, příslušenství **2** služebnost, přednostní právo na majetku

**appurtenances** [əˈpə:(r)tənənsiz] *(pl)* příslušenství k nemovitosti

**appurtenant** [əˈpə:(r)tənənt] *(adj) to* st. příslušející, patřící k čemu

**a priori** [͵eiprai'o:rai] *(lat) dosl.* od dřívějšího; předem daný, nezávislý na zkušenosti

**apt** [æpt] *(adj)* vhodný, patřičný, případný; **~ words** vhodná slova vedoucí k právnímu účinku

**a quo** [͵eiˈkwəu] *(lat)* od toho, od kterého; **court ~** soud, jemuž byla odňata věc

arbiter ['aː(r)bitə(r)] *(n)* arbiter, rozhodce; soudce; **impartial** ~ nestranný rozhodce
arbitrage ['aː(r)bitridž, ˌaːbi'traːž] *(n)* arbitráž druh bankovní n. obchodní transakce
arbitrager ['aː(r)biˌtreidžə(r)] *(n)* arbitrážní makléř
arbitral ['aː(r)bitrəl] *(adj)* rozhodčí, týkající se rozhodce; ~ **procedure** rozhodčí řízení
arbitrament [ˌaː(r)'bitrəmənt] *(n)* výrok rozhodčího soudu, rozhodčí nález
arbitrariness ['aː(r)bitrərinəs] *(n)* svévole, zvůle, libovůle
arbitrary ['aː(r)bitrəri] *(adj)* svévolný; libovolný; svémocný; ~ **authority** absolutistické pravomoci; ~ **behaviour** zvůle; ~ **power** pravomoc jednat podle vlastního uvážení, diskrece; ~ **punishment** potrestání podle uvážení
arbitrate ['aː(r)bitreit] *(v)* in st. rozhodovat co mimosoudně; ~ **in a dispute** rozhodovat spor mimosoudní cestou
arbitration [ˌaː(r)bi'treišən] *(n)* arbitráž, rozhodčí řízení; **compulsory** ~ obligatorní rozhodčí řízení; **independent** ~ nezávislé rozhodčí řízení; ~ **of exchange** směnečná arbitráž; **hearing in** ~ arbitrážní jednání; **proceedings in** ~ arbitrážní řízení; **reference to** ~ předložení arbitráži; ~ **agreement** dohoda stran o předložení sporu rozhodčímu soudu; ~ **award** nález rozhodčího soudu, rozhodčí výrok; ~ **clause** rozhodčí doložka; ~ **court** rozhodčí soud; ~ **procedure / proceedings** arbitrážní / rozhodčí řízení; ~ **sentence** rozhodčí výrok; **industrial** ~ **tribunal** rozhodčí soud zabývající se pracovními spory; **carry out** ~ konat rozhodčí řízení, provádět arbitráž; **submit a dispute to** ~ předložit spor k rozhodčímu řízení
arbitrator ['aː(r)bitreitə(r)] *(n)* arbitrážní rozhodce, arbitr; **appointed** ~s jmenovaní arbitři / rozhodci; **industrial** ~ rozhodce v pracovněprávních věcech; ~'s **ruling** výnos rozhodce
arbitrium [ˌaː(r)'bitriəm] *(lat)* rozhodnutí rozhodce
archives ['aː(r)kaivz] *(pl)* archív
ardour, *am.* ardor ['aː(r)də(r)] *(n)* zast. palič, žhář
area ['eəriə] *(n)* 1 oblast, území; **conservation** ~s chráněná území; ~s **of unemployment** oblasti s nezaměstnaností; ~ **bargaining** oblastní kolektivní vyjednávání 2 rozloha, plocha; ~ **variance** prostorová změna

arena [ə'riːnə] *(n)* aréna; **political** ~ politická aréna / scéna
a rendre [ˌaː'raːndə, am. ˌaː'roːndə(r)] *(fr)* ke splacení, k vrácení, k poskytnutí
argue *(v)* **against** [ˌaː(r)gjuː'ə'genst] st. namítat, mít námitky proti čemu; **the police solicitor** ~**d against granting bail** právní zástupce policie byl proti propuštění na kauci
argue *(v)* **that** ['aː(r)gjuːˌðet] navrhovat aby; **the prosecuting counsel** ~**d that the accused should be given exemplary sentence** prokurátor navrhl, aby byl obžalovaný exemplárně potrestán
argue *(v)* **with** ['aː(r)gjuːˌwið] sb. *about / over* st. debatovat, diskutovat, přít se s kým o čem; **counsel spent hours arguing with his colleague about the precise meaning of the clause** obhájce strávil hodiny dohadováním se se svým kolegou o přesném významu tohoto ustanovení
argument ['aː(r)gjumənt] *(n)* 1 argument, důkaz; argumentace; ~ **by counsel** argumentace uvedená právním zástupcem; ~ **to jury** závěrečná řeč obhájce k porotě; **deliver judgment without proper** ~ vynést rozsudek bez náležitého odůvodnění 2 hádka, pře; **get into an** ~ **with the judge over the relevance of the documents to the case** dostat se do sporu se soudcem ohledně důležitosti dokumentů pro daný případ
argumentative [ˌaː(r)gju'mentətiv] *(adj)* 1 opírající se o logické argumenty, argumentující; ~ **instruction** argumentující instrukce porotě ze strany soudce n. obhájce 2 při dokazování nepřímý, implicitní; ~ **question** sugestivní otázka
arise */arose, arisen/* [ə'raiz, ə'rəuz, ə'rizn] *(v)* objevit se, vzniknout
arise */arose, arisen/ (v)* **from/out of** [ə'raiz, ə 'rəuz, ə'rizn frəm / autov] st. vyplývat z čeho, být důsledkem čeho; **arising out of and in the course of own employment** vzniklý v důsledku a během vlastního zaměstnání; **consequences arising from the fact** následky plynoucí ze skutečnosti
arise */arose, arisen/ (v)* **under** [ə'raiz, ə'rəuz, ə 'rizn ˌandə(r)] st. spadat do působnosti čeho; **an action** ~s **under the laws of the U.S.** žaloba spadá do působnosti zákonů USA
armament ['aː(r)məmənt] *(n)* zbraně, vyzbrojení, zbrojní potenciál; **conventional** ~ kon-

venční zbraně; **nuclear** ~ jaderné zbraně; **stockpiles of nuclear** ~ jaderný potenciál **armed** [ˈaː(r)md] *(adj)* ozbrojený, s použitím zbraně; ~ **conflict** ozbrojený konflikt; ~ **forces** ozbrojené síly, armáda; ~ **militant** ozbrojený bojovník; ~ **neutrality** ozbrojená neutralita; ~ **robbery** ozbrojená loupež **armistice** [ˈaː(r)mistis] *(n)* příměří **armourer**, *am.* **armorer** [ˈaː(r)mərə(r)] *(n) slang.* osoba v podsvětí dodávající zbraně jiným kriminálníkům **arms** [ˈaː(r)mz] *(pl)* zbraně; **coat of** ~ erb; **law of** ~ válečné právo; **right to** ~ právo nosit zbraně; ~ **control** kontrola zbrojení; ~ **industry** zbrojní průmysl; ~ **race** závody ve zbrojení **arra, arrha** [ˈærə] *(n)* závdavek, záloha **arraign** [əˈrein] *(v)* sb. předvést obviněného k soudu; obvinit, obžalovat koho **arraignment** [əˈreinmənt] *(n)* předvedení obviněného k soudu, aby se vyjádřil, zda se cítí vinen **arrange** [əˈreindž] *(v)* st. **1** uspořádat, urovnat; seřadit co; **the files are ~d in alphabetical order** spisy jsou seřazeny abecedně **2** stanovit co, dohodnout se na čem; ~ **a meeting** svolat schůzi; **the hearing was ~d for April** projednávání věci bylo stanoveno na duben **arrange** *(v)* **for** st. [əˈreindž foː(r)] zařídit, zorganizovat, připravit co; ~ **for sb./st. to be** zařídit, aby kdo/co byl **arrangement** [əˈreindžmənt] *(n)* úprava, uspořádání; dohoda, urovnání sporu; ~ **with creditors** ujednání s věřiteli; **deed of** ~ smlouva o vyrovnání mezi věřitelem a dlužníkem jako fyzickou osobou; **scheme of** ~ smlouva o vyrovnání mezi věřiteli a společností / právnickou osobou; **come to an** ~ dohodnout se **arrangements** [əˈreindžmənts] *(pl) for* st. plán, program, přípravy, opatření k čemu **array** [əˈrei] *(n)* seznam porotců; porota **array** [əˈrei] *(v)* sb. povolat porotce k soudnímu jednání **arrears** [əˈriə(r)z] *(pl)* nedoplatek, dlužná částka; ~ **of payment** nedoplatek; **recovery of** ~ **of rent** úhrada dlužného nájemného; **rent in** ~ dlužná částka nájemného; **be in** ~ **with payment** být pozadu s placením; **to allow the payments to fall into** ~ dopustit, aby docházelo k prodlevám v placení **arrest** [əˈrest] *(n)* **1** zastavení, odložení; ~ **of**

**judgment** zastavení soudního řízení jako zmatečného; ~ **of inquest** zastavení vyšetřování; **move the court in** ~ **of judgment** požádat soud o zastavení řízení **2** zatčení, uvalení vazby; **house** ~ domácí vězení; **on-the-spot** ~ okamžité zatčení; ~ **record** protokol o zadržení; ~ **warrant** zatykač; **be under** ~ být zatčen; **the warrant is out for his** ~ je na něj vydán zatykač **arrest** [əˈrest] *(v)* sb./st. **1** zatknout koho, vzít koho do vazby; ~ **for an offence** zatknout pro trestný čin **2** zadržet n. zabavit loď **arrestable** [əˈrestəbl] *(adj)*: ~ **offence** trestný čin, za jehož spáchání je možno zatknout pachatele bez zatykače a trest odnětí svobody je delší než 5 let **arrestee** [ˌæresˈtiː] *(n)* zatčený, zatčená osoba **arrestment** [əˈrestmənt] *(n)* zatčení; zabavení osobního majetku **arrival** [əˈraivəl] *(n)* **at** / **in** **1** příjezd, příchod **2** dospění k čemu, dosažení čeho; **after his** ~ **at this conclusion** když dospěl k tomuto závěru **arrive** [əˈraiv] *(v)* at / in **1** přijet, dorazit kam **2** dospět k čemu, dosáhnout čeho; ~ **at sb.'s decision** dospět k rozhodnutí **arrogate** [ˈærəugeit] *(v)* st. činit si neoprávněné nároky na co **arrogation** [ˌærəuˈgeišən] *(n) of* st./sb. **1** neoprávněný nárok na co **2** osvojení zletilé osoby **arsenal** [ˈaː(r)sənəl] *(n)* **1** zbrojovka **2** skladiště zbraní, arsenál **arson** [ˈaː(r)sən] *(n)* trestný čin žhářství; ~ **clause** doložka o žhářství v pojistné smlouvě; **charge with** ~ obžalovat z trestného činu žhářství; **commit** ~ spáchat trestný čin žhářství **arsonist** [ˈaː(r)sənist] *(n)* žhář **art** [ˈaː(r)t] *(abbrev)* = *article* článek; paragraf **article** [ˈaː(r)tikl] **1** publicistický článek **2** paragraf, článek, bod, ustanovení; **~s of agreement** ustanovení dohody **3** výrobek; ~ **of clothing** oděvní výrobek **article** [ˈaː(r)tikl] *(v)* sb. **1** obvinit koho **2** dát koho do učení; **~d clerk to a practising solicitor** koncipient u solicitora vykonávajícího praxi, čekatelský úředník **articles** [ˈaː(r)tikls] *(pl)* **1** *brit.* „učební" doba pro koncipienta u solicitora; **serve** ~ *brit.* pracovat jako koncipient v kanceláři solicitora **2** učební smlouva; ~ **of apprenticeship** učňovská smlouva; ~ **of indenture** tovaryšská smlouva **3** stanovy; **~s of association** *brit.*

stanovy obchodní společnosti; **~s of incorporation** *am.* stanovy obchodní společnosti **4** obžaloba; **~ of impeachement** *am.* písemná obžaloba veřejného činitele ve věci zneužívání pravomoci či úplatků podaná členy Kongresu a Kongresem projednávaná **5** pravidla; **~ of the clergy** *angl.* pravidla duchovenstva; **~ of the Navy** *angl.* pravidla námořního loďstva; **~ of the peace** *angl.* pravidla klidu stížnost osoby ohrožené jinou osobou na zdraví; **~ of war** pravidla války

**articulate** [a:(r)'tikjuleit] *(v)* st. článkovat, členit, artikulovat co

**articulated** [a:(r)'tikjuleitid] *(adj)* paragrafovaný; členěný; **~ pleading** paragrafované podání

**articulately** [a:(r)'tikjuleitli] *(adv)* po částech, po paragrafech

**artifice** ['a:(r)tifəs] *(n)* trik, lest, úskok, podraz

**artificial** [ˌa:(r)ti'fišəl] *(adj)* **1** umělý, náhražkový **2** právnický, právní; **~ person** právnická osoba; **~ presumption** právní domněnka; **~ succession** právní posloupnost / sukcese

**artisan** [ˌa:ti'zæn, *am.*'a:rtizən] *(n)* řemeslník

**ascend** [ə'send] *(v)* dostat se; nastoupit; **~ to power** dostat se k moci; **~ the throne** nastoupit na trůn

**ascendance, ascendancy** [ə'sendəns(i)] *(n)* over st. nadvláda, převaha nad čím; **gain ~ over st.** získat rozhodující vliv na co; **rise to ~** dostat se k moci

**ascendant, ascendent** [ə'sendənt] *(n)* předek v linii přímé

**ascertain** [ˌæsə(r)'tein] *(v)* st. zjistit, stanovit co; rozhodnout o čem; **~ facts** zjistit fakta; **~ sb.'s guilt** rozhodnout o čí vině, uznat koho vinným; **~ sb.'s innocence** rozhodnout o čí nevině, uznat koho nevinným; **~ed case** zjištěný případ

**ascertainable** [ˌæsə(r)'teinəbl] *(adj)* zjistitelný

**ascertainment** [ˌæsə(r)'teinmənt] *(n)* zjištění; **~ of ownership** zjištění vlastnictví / vlastnických práv

**aside** [ə'said] *(adv)* bokem, vedle; **set ~** zrušit

**ask** *(v)* [a:sk, *am.* æ:sk] *(about* st.) ptát se (na co), informovat se (na co)

**ask** *(v)* **for** ['a:sk, *am.* æ:skˌfo:(r)] st./sb. žádat o co/koho; **~ for bail to be granted** žádat o propuštění na kauci

**ask** *(v)* sb. **to do** st. ['a:sk, *am.* æ:skˌtu'du:] (po)žádat koho, aby udělal co; **the judge ~ed the**

**witness to write the name** soudce požádal svědka, aby napsal jméno

**aspect** ['æspekt] *(n)* aspekt, stránka, hledisko

**aspersions** [ə'spə:(r)šənz] *(pl)* pomluvy

**assassin** [ə'sæsin, *am.* -sn] *(n)* atentátník

**assassination** [ˌəsæsi'neišən] *(n)* úkladná / nájemná / zjednaná vražda veřejné osoby, politika

**assault** [ə'so:lt] *(n)* jak trestný čin, tak občanský delikt podle závažnosti následků **1** vyhrožování násilím **2** úmyslný násilný útok na koho, přepadení, napadení koho; **aggravated ~** úmyslný zvláště nebezpečný násilný útok s použitím vražedné zbraně; **simple ~** úmyslný násilný útok prostý bez přitěžujících okolností; **~ and battery** těžké ublížení na zdraví jako následek násilného činu, úmyslný násilný útok se vztažením ruky

**assault** [ə'so:lt] *(v)* sb./st. napadnout koho/co, zaútočit na koho/co; **she was ~ed by two muggers** byla přepadena dvěma násilníky

**assay** [ə'sei] *(n)* zkouška kvality drahého kovu; **~ mark** punc na drahém kovu

**assecuration** [əˌsekju'reišən] *(n)* *(NP)* pojištění lodi

**assemble** [ə'sembl] *(v)* shromáždit (se), sejít se; **~ evidence** shromažďovat důkazy

**assembly** [ə'sembli] *(n)* **1** shromáždění, zákonodárný sbor; **elected ~** volené shromáždění; **the General A~** *(OSN)* Valné shromáždění **2** shromažďování, shromáždění; **freedom of ~** svoboda shromažďování; **prohibit unlawful ~** zakázat nezákonné shromáždění

**assent** [ə'sent] *(n)* souhlas, přivolení; **express ~** výslovný souhlas; **implied ~** presumovaný souhlas vyplývající z povahy věci; **give the Royal ~** dát královský souhlas; **refuse Royal ~** odmítnout udělit královský souhlas

**assent** [ə'sent] *(v)* to st. souhlasit s čím; **~ to any bill** dát souhlas k jakémukoliv návrhu zákona

**assert** [ə'sə:(r)t] *(v)* st. **1** trvat na čem, tvrdit co; **~ one's innocence** trvat na své nevině; **~ local jurisdiction** prohlásit opodstatněnost / oprávněnost místní soudní moci **2** uplatňovat nárok na co

**assertory** [ə'sə:(r)təri] *(adj)* potvrzující, stvrzující; **~ covenant** potvrzující smlouva; **~ oath** asertorická přísaha vztahující se k minulé n. současné události, nikoliv do budoucna

**assertion** [ə'sə:(r)šən] *(n)* of st. **1** tvrzení **2** uplatňování, prosazování čeho

**assertive** [ə'sə:(r)tiv] *(adj)* **1** souhlasící, pozitivní **2** příliš sebevědomý

**assess** [ə'ses] *(v)* st. ohodnotit, odhadnout co, stanovit hodnotu čeho; ~ **damages at $1000** odhadnout náhradu škody ve výši 1000 dolarů; ~ **a property for the purposes of insurance** určit odhadní cenu nemovitosti za účelem pojištění

**assessable** [ə'sesəbl] *(adj)* vyměřitelný, ohodnotitelný; ~ **insurance** vyměřitelná pojistka; ~ **stock** ohodnotitelné cenné papíry

**assessed** [ə'sest] *(adj)* zdaněný, zdanitelný; ~ **valuation** zdanitelná hodnota

**assessment** [ə'sesmənt] *(n)* **1** obec. odhad, ohodnocení **2** stanovení materiální, finanční hodnoty, odhad; **direct** ~ **on the property** přímý odhad nemovitosti; **tax** ~ stanovení daně; ~ **base** základ daně; ~ **company** vzájemná pojišťovací společnost; ~ **contract** smlouva o vzájemném pojištění; ~ **insurance** vzájemné pojištění se zatížením; ~ **period** vyměřovací období; ~ **ratio** odhadní koeficient

**assessor** [ə'sesə(r)] *(n)* **1** úřední daňový odhadce **2** pojišť. likvidátor škod

**asset(s)** ['æsets] *(n)* **1** jmění, aktiva; **capital** ~ kapitálová aktiva; **current** ~ aktiva převoditelná na hotovost, likvidní aktiva; **fixed** ~ základní jmění; **frozen** ~ zmrazená aktiva nepřevoditelná na hotovost; **intangible** ~ nehmotná aktiva, nehmotné statky, např. související s autorským právem; **liquid** ~ likvidní aktiva, hotovost; **non-cash** ~ nepeněžité jmění; **probate** ~ pozůstalostní aktiva; **real** ~ nemovitá aktiva v nemovitém majetku; **tangible** ~ hmotná aktiva; **have an excess of** ~ **over liabilities** mít převahu aktiv nad pasívy, mít aktivní bilanci **2** majetek; **personal** ~ osobní movitý majetek

**asseveration** [əˌsevə'reišən] *(n)* důrazné ujištění, tvrzení, prohlášení

**assign** [ə'sain] *(n)* nabyvatel práva / právního titulu v důsledku právního úkonu, např. smlouvy, závěti; cesionář; **his heirs and** ~**s** dědici a nabyvatelé jeho majetku

**assign** [ə'sain] *(v)* st./sb. **1** převést, postoupit co; ~ **a debt to sb.** převést dluh na koho; ~ **a right to sb.** postoupit právo komu **2** přidělit co/koho; ~ **an advocate** přidělit obhájce; **three detectives have been** ~**ed to the case** na vyšetření případu byli nasazeni tři detektivové

**assignability** [əˌsainə'biləti] *(n)* převoditelnost právního titulu

**assignable** [ə'sainəbl] *(adj)* převoditelný; ~ **lease** převoditelný nájem

**assigned** [ə'saind] *(adj)* stanovený, určený; připsaný; ~ **account** připsaný účet; ~ **counsel** stanovený obhájce; ~ **risk** připsané riziko zákonem vyžadované krytí urč. pojistných rizik

**assignee** [ˌæsi'ni:, ˌæsai'ni:] *(n)* právní nástupce, nabyvatel práva v důsledku postoupení právního titulu; ~ **in fact** faktický nabyvatel; ~ **in law** nabyvatel ze zákona; ~ **clause** postupní doložka

**assigner, assignor** [ə'sainə(r)] *(n)* postupitel, cedent, převodce; ~ **estoppel** překážka uplatnění práva převodce

**assignment** [ə'sainmənt] *(n)* převod, postoupení, cese; postoupení pohledávky; ~ **for benefit of creditors** postoupení ve prospěch věřitelů; ~ **of choses in action** cese s přivolením dlužníka; ~ **of dower** postoupení vdovského podílu; ~ **of lease** převod / postoupení nájmu; ~ **of the whole of the property** postoupení nemovitosti jako celku; **instrument of** ~ průvodní listina

**assimilate** [ə'siməleit] *(v)* st. **1** vstřebat co **2** připodobnit co **3** přizpůsobit co

**assimilation** [əˌsimə'leišən] *(n)* **1** přizpůsobení se **2** asimilace

**assist** [ə'sist] *(v)* sb. pomáhat komu, podporovat koho; ~ **the House in its judicial duties** pomáhat Sněmovně v jejích soudních povinnostech; ~**ed person** osoba, jíž je poskytnuta právní pomoc

**assistance** [ə'sistəns] *(n)* **1** pomoc, podpora; **receive** ~ **under the Legal Aid scheme** brit. obdržet právní pomoc v rámci Programu právní pomoci; **render** ~ poskytnout pomoc **2** finanční výpomoc ♦ **writ of** ~ soudní příkaz o změně ve vlastnictví nemovitosti

**assistant** [ə'sistənt] *(n)* pomocník, asistent; ~ **secretary** sekretář ministra, státní tajemník; **A~ Secretary of State** am. náměstek ministra zahraničí

**assisting** [ə'sistiŋ] *(adj)* pomáhající, podporující; ~ **offender** pomocník při trestném činu, spolupachatel

**assize, assise** [ə'saiz] *(n)* angl. zast. **1** porota, porotní soud; **grand** ~ velký porotní soud; ~ **court** porotní soud **2** nález porotního soudu, nařízení; ~ **of nuisance** nařízení o rušení

**assizer, assizor** [ə'saizə(r)] *(n)* **1** porotce, poradce **2** cejchmistr úřední kontrolor vah a měr

**assizes** [ə'saiziz] *(pl)* zasedání soudců porotního soudu; porotní soud

**associate** [ə'səušiət] *(n)* 1 společník; **in his testimony he named six ~s** ve své výpovědi uvedl jména šesti společníků 2 úředník soudní instituce; **A~ of the Crown Office** *brit.* úředník Korunního soudu

**associate** [ə'səušiət] *(adj)* připojený, přičleněný, přidružený; **~ company** přidružená společnost částečně ve vlastnictví n. pod kontrolou jiné společnosti; **~ director** ředitel -člen správní rady- s omezenou pravomocí; **A~ Justice** *am.* řadový soudce Nejvyššího soudu USA

**associate** [ə'səušieit] *(v)* **with** sb. scházet, stýkat se s kým; **she ~d with criminals** často se scházela s kriminálníky

**association** [ə,səusi'eišən] *(n)* 1 spojení, spojování 2 společnost, asociace, sdružení; **employers' ~** asociace / sdružení zaměstnavatelů; **professional ~** profesní sdružení; **trade ~** sdružení obchodních společností; **articles of ~** *brit.* stanovy obchodní společnosti; **memorandum of ~** *brit.* společenská smlouva obchodní společnosti 3 sdružování; **freedom of ~** svoboda sdružování

**as soon as** ['æsu:n,æz] *(con)* jakmile; **~ may be** okamžitě a s náležitou péčí; **~ practicable** jakmile bude proveditelné

**assort** [ə'so:(r)t] *(v)* st. utřídit, uspořádat, sestavit co

**assortment** [ə'so:(r)tmənt] *(n)* 1 roztřídění 2 sortiment

**assume** [ə'sju:m, *am.* ə'su:m] *(v)* st. 1 zaujmout co; **~ the separate and equal station** zaujmout samostatné a rovnoprávné postavení 2 přijmout co, postavení, podniknout co; **~ direct responsibility** převzít přímou odpovědnost 3 předpokládat co

**assumed** [ə'sju:md, *am.* ə'su:md] *(adj)* 1 předstíraný, falešný; **~ name** falešné / krycí jméno 2 předpokládaný; **~ facts** předpokládaná fakta

**assuming that** [ə'sju:miŋ,ðæt, *am.* ə'su:miŋ ,ðæt] *(con)* za předpokladu, že, dejme tomu, že

**assumpsit** [ə'sampsit] *(n)* neformální slib plnění; **~ for money had and received** *příbl.* žaloba na obohacení přijetím peněz náležejících jinému případ ekvitního závazku, u něhož se slib splnění předpokládá; **~ on quantum meruit** [~,on'kwontəm'meruət] *příbl.* žaloba na bez-

důvodné obohacení za vykonanou práci tím, že pro někoho byly bez dohody vykonány práce n. dílo

**assumption** [ə'sampšən] *(n)* 1 přijetí, převzetí; **~ of indebtedness** převzetí dluhu; **~ of mortgage** převzetí hypotéky; **~ of power** převzetí / uchvácení moci; **~ of risk** převzetí rizika; **~ clause** doložka o převzetí hypotéky 2 předpoklad; **on the ~ that** za předpokladu, že

**assurance** [ə'šuərəns] *(n)* 1 pojištění, *brit.* životní pojištění 2 záruka, jistota 3 ujištění, ujišťování

**assure** [ə'šuə(r)] *(v)* st. 1 zajistit co; **~d clear distance ahead** bezpečná vzdálenost mezi jedoucími motorovými vozidly 2 *brit.* uzavřít smlouvu o životním pojištění

**assured** [ə'šuəd, *am.* ə'šuərd] *(n)* pojištěnec, jenž uzavřel životní pojištění, pojištěný

**assurer, assuror** [ə'šuərə(r)] *(n)* pojistitel; pojišťovna

**astipulation** [ə,stipju'leišən] *(n)* dohoda, shoda, vzájemný souhlas

**astray** [ə'strei] *(adj)* nesprávný, mylný; zbloudilý

**astute** [ə'stju:t, *am.*ə'stu:t] *(adj)* prohnaný, mazaný, rafinovaný

**astuteness** [ə'stju:tnis, *am.* ə'stu:tnəs] *(n)* rafinovanost, mazanost

**asylum** [ə'sailəm] *(n)* 1 azyl; **diplomatic ~** diplomatický azyl; **grant political ~** poskytnout politický azyl 2 *brit.* psychiatrická léčebna

**at** [æt, ət] *(prep)*: **~ arm's length** na délku paže, mimo dosah osobního vlivu, „od těla"; **~ bar** před soudem; **~ issue** sporný; **~ large** neomezeně, plně, obecně; **~ law** podle zákona; **~-risk amount** riziková·částka

**atmosphere** ['ætməsfiə(r)] *(n)* ovzduší, atmosféra; **materials from the ~** imise z ovzduší

**atomic** [ə'tomik, *am.* ə'tamik] *(adj)* atomový

**atrocious** [ə'trəušəs] *(adj)* brutální, surový; **~ crime** brutální trestný čin

**atrocity** [ə'trosəti, *am.* ə'tra-] *(n)* zvěrstvo; brutálnost, brutalita, ukrutnost

**attach** [ə'tæč] *(v)* st./sb. (**to** st.) 1 připojit co (k čemu); **~ed is a copy of my letter** v příloze zasílám kopii svého dopisu 2 zadržet co/koho, zatknout koho; obstavit co 3 přisuzovat co čemu; **~ importance to his act** přisuzovat důležitost jeho jednání

**attachable** [ə'tæčəbl] *(adj)* **1** připojitelný **2** zadržitelný, obstavitelný

**attaché** [ə'tæšei, *am.* ˌætə'šei] *(n)* atašé, přidělenec; **commercial ~** obchodní atašé; **military ~** vojenský atašé

**attached** [ə'tæčt] *(adj)* **1** připojený **2** obstavený; **~ account** obstavený účet

**attachment** [ə'tæčmənt] *(n)* **1** příkaz k zatčení a předvedení před soud; **warrant of ~** soudní příkaz k předvedení *osoby* k soudu **2** *příkaz* k zabavení, obstavení majetku; **~ of earnings** obstavení výdělku; **~ bond** záruční *obligace nahrazující zabavení majetku* **3** připojení ♦ **~ of risk** přechod nebezpečí

**attack** [ə'tæk] *(n) on* sb./st. **1** útok, napadení; **in terrorist ~s on planes** při teroristických útocích na letadla; **make an ~ on police** napadnout policisty, zaútočit na policisty **2** kritika; **~ on the government** ostrá kritika vlády

**attack** [ə'tæk] *(v)* sb./st. **1** násilně napadnout *koho*, zaútočit na *koho* **2** napadnout, kritizovat *koho/co*; **~ the government** silně / ostře kritizovat vládu

**attacker** [ə'tækə(r)] *(n)* útočník

**attain** [ə'tein] *(v) (to)* st. dosáhnout čeho, dospět k čemu; **~ the common ends** dosáhnout společných cílů; **~ a particular level** dosáhnout určité úrovně; **the object is not completely ~ed** cíle není zcela dosaženo

**attainability** [əˌteinə'biləti] *(n)* dosažitelnost, dostupnost

**attainable** [ə'teinəbl] *(adj)* dostupný, dosažitelný

**attainder** [ə'teində(r)] *(n)* ztráta / zbavení cti a občanských práv *v důsledku odsouzení za těžký trestný čin*; **~ of treason** ztráta cti a občanských práv pro (vlasti)zradu; **bill of ~** *zast.* zákon povolující pravomocně odsoudit a potrestat osobu bez soudního procesu

**attaint** [ə'teint] *(v)* sb. odsoudit *koho* k smrti a *ztrátě* občanských práv

**attempt** [ə'tempt] *(n)* **1** pokus; **~ to commit a crime** pokus trestného činu **2** útok, atentát; **an ~ on sb.'s life** atentát na *koho*

**attempt** [ə'tempt] *(v)* st. pokusit se, usilovat o *co*; **~ed crime** pokus trestného činu; **~ed murder** pokus o vraždu

**attend** [ə'tend] *(v)* st. **1** navštěvovat co, účastnit se čeho; **~ an educational institution** navštěvovat školské zařízení; **~ the sessions** účastnit

se zasedání *parlamentu*; **~ the sittings** účastnit se zasedání *soudu*; **~ the trial** účastnit se soudního přelíčení **2** provázet *co*; **certain formalities ~ the solemnization of marriage** uzavření manželství doprovázejí určité formality

**attendance** [ə'tendəns] *(n)* **1** účast, dostavení se; **~ list** prezenční listina **2** návštěvnost, počet návštěvníků; **hours of ~** návštěvní / úřední hodiny **3** *zvláštní* péče, dozor; **~ allowance** *brit.* sociální příspěvek *tělesně postiženému na pečovatelskou službu*; **~ centre** *brit.* středisko se *zvláštním dozorem* pro mladé delikventy

**attendant** [ə'tendənt] *(n)* průvodce, sluha

**attendant** [ə'tendənt] *(adj) on / to* sb. **1** povinný *služebností komu* **2** provázející, průvodní; **~ circumstances** průvodní okolnosti; **~ terms** průvodní ustanovení

**attention** [ə'tenšən] *(n)* pozornost; **pay ~ to st.** věnovat pozornost čemu

**attest** [ə'test] *(v)* st. osvědčit, dosvědčit *co*; **~ a signature** osvědčit pravost podpisu; **attesting witness** osoba osvědčující svým podpisem pravost listiny, podpisu na listině

**attestation** [ˌætə'steišən] *(n)* písemné osvědčení; **~ of will** osvědčení poslední vůle; **~ clause** osvědčovací doložka

**attestor** [ə'testə(r)] *(n)* osoba osvědčující co, zaručující se za co

**attitude** ['ætitju:d, *am.* -tu:d] *(n) towards* st. postoj k čemu

**attorn** [ə'tə:(r)n] *(v)* st. souhlasit s převedením čeho, *např.* právního titulu, převést co; převrátit co

**attorney** [ə'tə:(r)ni] *(n)* **1** advokát, právní zástupce; **patent ~** patentový zástupce; **public ~** veřejný právní zástupce; **~ at large** obecný právní zástupce, advokát; **~-in-fact** zmocněný zástupce, zmocněnec, zástupce; **letter of ~** písemná plná moc; **power of ~** plná moc; **~ fees** palmáre; **~'s license** advokátská licence; **~'s lien** zástavní / zadržovací právo advokáta **2** prokurátor; **A~ General** *am.* ministr spravedlnosti *2 brit. přibl.* generální prokurátor; **district ~** *am.* okresní prokurátor; **prosecuting ~** prokurátor

**attract** [ə'trækt] *(v)* st. přitahovat, přilákat *co*; **~ industry to areas of unemployment** učinit oblasti s nezaměstnaností přitažlivými pro vybudování průmyslu

**attribute** [ə'tribju:t] *(v)* st. *to* sb./st. přisoudit co komu, připsat co na vrub koho

**attributable** [ə'tribju:təbl] *(adj)* *to* sb./st. připsatelný na vrub koho/čeho, přisouditelný komu/čemu

**attribution** [ˌætri'bju:šən] *(n)* *of* st. *to* sb. připisování, připsání, přisuzování čeho komu; ~ **of guilt to the accused** přisuzování viny obžalovanému

**attrition** [ə'trišən] *(n)* vyčerpanost, opotřebení

**auction** ['o:kšən] *(n)* veřejná dražba, aukce; **put st. up for** ~ dát co do aukce

**auctionarius** [ˌo:kšə'neiriəs] *(n)* překupník, prodávající obnošené věci

**auctioneer** [ˌo:kšə'niə(r)] *(n)* osoba oprávněná provádět veřejnou dražbu, licitátor, dražitel

**audi alteram partem** ['o:daiˌæltərəm'partəm] *(lat)* slyš i druhou stranu

**audience** ['o:diəns] *(n)* **1** slyšení; **right of** ~ právo na slyšení; ~ **court** angl. audienční arcibiskupský soud **2** posluchači, posluchačstvo

**audit** ['o:dit] *(n)* revize účetních dokladů, audit, kontrola; **desk** ~ kancelářský audit; **field** ~ detašovaný audit; **internal** ~ vnitřní audit; **tax** ~ daňový audit; ~ **committee** revizní výbor / komise; ~ **opinion** revizní posudek; ~ **trail** revizní záznam

**audit** ['o:dit] *(v)* st. zrevidovat, zkontrolovat co, účetní doklady; ~ **the accounts** zkontrolovat účty

**auditor** ['o:ditə(r)] *(n)* **1** revizor účtů, auditor; ~**'s report** revizní zpráva; **Comptroller and A~ General** brit. nejvyšší revizor kontrolující účetní doklady vlády a ministerstev **2** revidování, překontrolování; **Court of A~s** *(ES)* Účetní dvůr

**augmentation** [ˌo:gmən'teišən] *(n)* přírůstek, zvětšení, zvýšení

**aura** ['o:rə] *(n)* ovzduší, atmosféra; ~ **of official procedure** ovzduší oficiální procedury, oficiální atmosféra

**auspices** ['o:spisiz] *(pl)* záštita, ochrana, patronát; **under the** ~ **of sb.** pod patronací / záštitou koho

**authentic** [o:'θentik] *(adj)* autentický, důvěryhodný, pravý; ~ **act** autentický úkon před notářem; ~ **copy** notářsky ověřená kopie; ~ **interpretation** autentický výklad

**authenticate** [o:'θentikeit] *(v)* st. ověřit co; ~**d copy** ověřený opis

**authentication** [o:ˌθenti'keišən] *(n)* ověření, legalizace

**authenticity** [ˌo:θen'tisəti] *(n)* pravost, hodnověrnost

**author** ['o:θə(r)] *(n)* autor, původce; ~**'s certificate** autorské osvědčení

**authoritative** [o:'θorətiv, am. -teitiv] *(adj)* autoritativní, směrodatný, závažný; ~ **rulings** úřední nařízení; ~ **source** směrodatný zdroj

**authorities** [o:'θorətiz] *(pl)* **1** úřady, orgány; **all-purpose** ~ úřady s univerzální pravomocí; **county** ~ úřady hrabství; **district** ~ okresní úřady; **judicial** ~ soudní orgány; **local** ~ místní úřady; **regional** ~ krajské / regionální úřady; **relevant** ~ příslušné úřady **2** odkaz na právní prameny; **primary** ~ primární prameny práva zákony, rozhodnutí, směrnice; **secondary** ~ sekundární prameny práva mezinárodní smlouvy; **books of** ~ brit. staré právní knihy jako prameny práva

**authority** [o:'θorəti] *(n)* **1** autorita; **pass for an** ~ být považován za autoritu **2** úřad, orgán; **local** ~ **councils** rady místních úřadů; **supreme legislative** ~ nejvyšší zákonodárný orgán **3** pravomoc, zmocnění, oprávnění; **apparent** ~ zdánlivá plná moc; **arbitrary** ~ absolutistické pravomoci; **discretionary** ~ pravomoci na základě vlastního uvážení; **express** ~ výslovná plná moc; **incidental** ~ související plná moc; **naked** ~ naturální plná moc; **superior** ~ vyšší pravomoc; **supreme** ~ nejvyšší moc; ~ **of law** moc zákona; **streams of** ~ rysy pravomoci / oprávnění; **by the** ~ **of the people** na základě zmocnění lidu; **inferior in** ~ **to sb.** podřízený komu; **under the** ~ **of sb./st.** na základě čí pravomoci / úřední moci; **exercise** ~ vykonávat pravomoc

**authorization** [ˌo:θərai'zeišən, am. -ri'z-] *(n)* **1** zplnomocnění, oprávnění **2** pověření; ~ **to inspect st.** pověření zkontrolovat co

**authorize** ['o:θəraiz] *(v)* sb./st. **1** zmocnit koho; ~ **sb. to act on your behalf** zmocnit koho, aby jednal tvým/vaším jménem **2** autorizovat co **3** schválit co; ~ **expenditure** schválit výdaje

**autocracy** [o:'tokrəsi] *(n)* autokracie, samovláda, absolutismus

**autocratic** [ˌo:tək'rætik] *(adj)* samovládný

**autograph** ['o:təgra:f, am. -græf] *(n)* vlastní písmo, vlastnoruční podpis

**autonomous** [o:'tonəməs, am. o:'tan-] *(adj)* autonomní

**autonomy** [o:'tonəmi, am. o:'tan-] *(n)* autonomie

**autopsy** ['o:topsi, *am.* 'o:tapsi] *(n)* ohledání mrtvoly; pitva

**autoptic** ['o:toptik, *am.* 'o:taptik] *(adj)* na vlastní oči; ~ **evidence** očité svědectví; ~ **preference** nabídka důkazu na vlastní oči

**autre droit** ['o:tə(r)ˌdruo:] *(fr)* výkon práva ve prospěch jiného

**autrefois** [ˌoutə(r)'fuou] *(fr)*: ~ **acquit** již dříve zproštěný; ~ **attaint** již dříve odsouzen ke ztrátě občanských práv; ~ **convict** již dříve odsouzen různé formy námitky v trestním řízení, aby se dvakrát nesoudil týž zločin

**autre vie** ['o:tə(r)ˌvi:] *(fr)* na doživotí jiné osoby

**auxiliary** [o:g'ziliəri] *(adj)* pomocný, pomáhající; ~ **personnel** pomocný personál

**avail** [ə'veil] *(n)* užitek, výhoda; ~ **of marriage** výhoda manželství

**availability** [əˌveilə'biləti] *(n)* dostupnost, dosažitelnost; existence

**available** [ə'veiləbl] *(adj)* jsoucí k dispozici, dostupný, dosažitelný; ~ **means** likvidní prostředky majetkové prostředky, které jsou pohotově k dispozici; ~ **for work** práce schopný; **be** ~ existovat, být k dispozici

**avaria** [ə'veiriə] *(n)* škoda utrpěná při námořní havárii

**aver** [ə'və:(r)] */rr/* *(v)* st. prokázat co, s určitostí tvrdit co

**average** ['ævəridž] *(n)* 1 podíl na náhradě škody, pojistná událost; havárie; **general** ~ náhrada škody, na níž se podílejí obě strany pojistné smlouvy; **gross** ~ škoda na lodi a nákladu, která se dělí mezi vlastníka lodi a vlastníka nákladu; **particular** ~ škoda na lodi či nákladu, kterou nese vlastník poškozené věci; ~ **adjuster** osoba vypočítávající výši plnění při pojistné události, havarijní komisař, dispašér 2 průměr ♦ ~ **clause** 1 *pojišť.* havarijní doložka 2 průměrová doložka

**average** ['ævəridž] *(adj)* průměrný; ~ **cost of claims** průměrné náklady na jednu škodu; ~ **increase in prices** průměrný růst cen; ~ **premium** průměrné pojistné

**averment** [ə'və:(r)mənt] *(n)* tvrzení, ujištění při soudním líčení; **negative** ~ popření podstatného faktu

**avocation** [ˌævəu'keišən] *(n)* 1 vedlejší zaměstnání, záliba 2 *brit. zast.* zaměstnání, povolání

**avoid** [ə'void] *(v)* st./sb. n. doing st. 1 vyhnout se čemu/komu (zákonnou cestou); ~ **paying too much**

**tax** vyhnout se placení příliš vysokých daní 2 zrušit co, zrušit platnost / účinnost čeho; **forfeiture is** ~**ed otherwise than by relief granted by the Court** propadnutí majetku je zrušeno jinak než rozhodnutím soudu

**avoidable** [ə'voidəbl] *(adj)* 1 vyhnutelný, nikoliv nezbytný; ~ **consequences** následky, jimž lze předejít; **not** ~ nevyhnutelný 2 anulovatelný, zrušitelný

**avoidance** [ə'voidəns] *(n)* 1 zrušení účinnosti / platnosti, anulování 2 vyhnutí se čemu, obcházení zákona; zamezení; **tax** ~ obcházení povinnosti platit daně, snaha vyhnout se placení daní zákonnou cestou; **taxation** ~ zamezení zdanění; **Double Taxation A**~ **Treaty** Smlouva o zamezení dvojího zdanění

**avow** [ə'vau] *(v)* st. 1 přiznat se k čemu 2 uznat, přiznat co

**avowal** [ə'vauəl] *(n)* *of* st. 1 přiznání, doznání čeho 2 uznání čeho

**avowed** [ə'vaud] *(adj)* nepokrytý, otevřený, zjevný; ~ **communist** zapřisáhlý komunista

**avulsion** [ə'valšən] *(n)* odplavení ornice na cizí pozemek

**award** [ə'wo:(r)d] *(n)* 1 rozhodnutí, výrok komise; **arbitration** ~ rozhodčí nález, ~ **by an industrial tribunal** rozhodnutí pracovního soudu 2 udělení vyznamenání 3 uložení pokuty 4 cena, odměna, prémie

**award** [ə'wo:(r)d] *(v)* st. *to* sb. 1 poskytnout, přiznat co komu; ~ **punitive damages** přiznat náhradu škody plnící penální funkci; ~ **sb. a salary increase** přiznat komu zvýšení mzdy 2 udělit vyznamenání; ~ **sb. a degree** udělit komu vysokoškolský titul 3 uložit trest; ~ **judgment** vynést rozsudek; ~ **punishment** uložit trest

**aware** [ə'weə(r)] *(adj)* *of* st. vědom si čeho, informovaný o čem

**awareness** [ə'weə(r)nəs] *(n)* *of* st. uvědomování si čeho, vědomí čeho

**AWOL** ['eiwəl] *(abbrev)* *absent without leave* ['æbsəntˌwiðaut'li:v] nepřítomen na pracovišti bez povolení

**A.W.W.** *(abbrev)* *average weekly wage* ['ævəridžˌwi:kli'weidž] průměrná týdenní mzda

**aye, ay** [ai] = yes *brit.* vyjádření souhlasu v parlamentu; **the A**~**s lobby** místnost v Dolní sněmovně, kde hlasují poslanci, kteří jsou pro návrh zákona; **The A**~**s have it.** „Návrh byl přijat."

# B

**B** [bi:]: **category "B" prisoners** *brit.* pachatelé méně závažných trestných činů než u kategorie A ve výkonu trestu, *přibl.* odsouzení v nápravném zařízení s ostrahou; **Schedule B** *brit.* dodatek k finančním zákonům, upravující zdanění příjmů z lesních porostů; **Table B** *brit.* vzorová společenská smlouva a vzorové stanovy pro společnost s ručením omezeným na akcie omezující některé pravomoci; **B shares** akcie se zvláštním právem hlasování

**back** [bæk] (n) zadní strana; **~ of the invoice** zadní strana faktury; **endorse the cheque on the ~** indosovat šek na rubu

**back** [bæk] (adj) **1** zadní, rubový **2** zpětný, nezaplacený, dlužný; **~ interest** nedoplatek úroků; **~ order** nevyřízená objednávka; **~ pay award** zpětné přiznání mzdy; **~ rent** dlužné nájemné; **~ taxes** nezaplacené / neodvedené daně, nedoplatek na dani

**back** [bæk] (adv) **1** vzadu, zpět, zpátky **2** pozadu, opožděně; **be ~ in payment of rent** opožděně platit nájemné

**back** [bæk] (v) sb./st. **1** finančně pomáhat komu, podporovat koho **2** podepsat co na rubu / zadní straně, indosovat co; **~ a bill** 1 indosovat směnku 2 *brit.* podporovat přijetí návrhu zákona v parlamentu

**back(-)bencher** [ˌbækˈbenčə(r)], **backbench MP** [ˌbækˈbenčˌemˈpiː] (n) *brit.* řadový poslanec Dolní sněmovny sedící v zadní lavici

**backbond** [ˈbækbond] (n) zástava, záruka, jištění

**backdate** [ˌbækˈdeit] (v) st. antedatovat co, opatřit co dřívějším datem

**backdating** [ˌbækˈdeitiŋ] (n) zpětné datování

**backdown** [ˈbækdaun] (n) podrobení se, ustoupení; přiznání viny

**backer** [ˈbækə(r)] (n) **1** podporující osoba, příznivec, stoupenec; **~ of the bill** *brit.* poslanec podporující přijetí návrhu zákona v parlamentu **2** indosant směnky

**background** [ˈbækgraund] (n) **1** průprava; **educational ~** dosavadní vzdělání **2** pozadí, okolnosti; **~ of the claim** okolnosti nároku **3** *přibl.* biografické údaje, prostředí, z něhož kdo vyšel, původ, něčí minulost; **~ check** *přibl.* prověrka osobních spisů, kádrová prověrka

**backing** [ˈbækiŋ] (n) **1** podpora, opora,

pomoc i finanční **2** stoupenci, příznivci **3** krytí bankovek, indosování

**backslide** /backslid, backslid / backsliden/ [ˌbækˈslaid, ˌbækˈslid, ˌbækˈslidən] (v) *from* st. **1** dostat se na šikmou plochu, recidivovat **2** odpadnout (od čeho, víry)

**bad** [bæd] (adj) **1** zlý, špatný, falešný; **in ~ faith** ve zlém úmyslu **2** pochybný, neopodstatněný, neplatný, vadný; **~ claim** pochybný nárok; **~ debt** nedobytný dluh, nedobytná pohledávka; **~ cheque** nekrytý šek; **~ title** nedostatek právního titulu, vadný právní titul

**badge** [bædž] (n) **1** služební odznak, jmenovka; **a policeman's ~** služební odznak policisty **2** příznak, znak, projev; **~s of fraud** podezřelé okolnosti transakce naznačující podvod, známky podvodu; **~s of servitude** projevy otroctví

**bail** [beil] (n) **1** kauce, záruka za obviněného; **~ bond** potvrzení o složení zaplacení kauce; **~ piece** prohlášení o poskytnutí záruky; **furnish ~** složit kauci; **grant ~** propustit na kauci; **release on ~** propustit na kauci; **stand ~ for sb.** 1 zaručit se za koho u soudu 2 zaplatit za koho kauci **2** ručitel skládající kauci n. ručící za to, že se obviněný dostaví k soudu; **special ~** zvláštní ručitel, soudní rukojmí **3** propuštění na kauci; **police ~** propuštění na kauci, které povoluje policie; **jump ~** porušit pravidla propuštění na kauci, tj. nedostavit se k soudnímu přelíčení

**bail** [beil] (v) sb. *out* **1** propustit koho na kauci; zaplatit za koho dluh, pomoci komu finančně z nesnází **2** vymoci pro koho propuštění na kauci

**bailable** [ˈbeiləbl] (adj) **1** připouštějící složení kauce **2** vyžadující kauci

**bailee** [ˌbeiˈliː] (n) uschovatel osoba přijímající věci do úschovy, držitel zástavy, zástavní věřitel; **~ for hire** schovatel; **~'s lien** zadržovací právo schovatele

**bailey** [ˈbeili] (n) vnější zeď opevnění; prostor mezi vnitřní a vnější zdí opevnění; **Old B~** *brit.* Ústřední trestní soud postavený v Londýně na místě starého městského opevnění

**bailiff** [ˈbeilif] (n) **1** *brit.* soudní úředník, zřízenec, sluha **2** *am.* zástupce šerifa v právních věcech **3** *brit.* správce farmy n. majetku

**bailment** [ˈbeilmənt] (n) **1** úschova, depozice, výpůjčka, zastavení; **contract of ~** smlouva

schovací, smlouva o úschově; ~ **for hire**
úschova za úplatu; ~ **lease** leasingová smlouva 2 složení kauce; propuštění na kauci
**bailor, bailer** [ˈbeɪlə(r)] (n) zástavce, zástavní ukladatel, deponent, úschovce
**balance** [ˈbæləns] (n) 1 bilance, rovnováha, stav účtů; ~ **of payments** platební bilance; ~ **of trade** obchodní bilance; ~ **sheet** bilanční výkaz, rozvaha; ~ **sheet profit** bilanční zisk 2 zůstatek, přebytek, saldo; **credit** ~ kreditní saldo; **debit** ~ debetní saldo; **net** ~ čistý zůstatek 3 zbytek dlužné částky; **pay $100 deposit and the** ~ **within 60 days** složit 100 dolarů a zbytek zaplatit do 60 dní 4 rovnováha, vyváženost; ~ **of mind** duševní vyrovnanost, dobrý psychický stav; **disturbed** ~ **of mind** momentálně špatný psychický stav, duševní neklid; ~ **of power** rovnováha sil; **to decide the case on the** ~ **of probabilities** rozhodnout občanskou věc po důkladném zvážení pravděpodobností
**balance** [ˈbæləns] (v) st. uvést co do rovnováhy, vyrovnat, vyvážit co; **be** ~**d** být vyvážený
**balancing** [ˈbælənsɪŋ] (n) vyrovná(vá)ní, vyvažování; ~ **of interests** vyvažování zájmů; ~ **of portfolio** vyrovnání rizik v kmeni
**ballot** [ˈbælət] (n) 1 hlasování; **joint** ~ společné hlasování obou komor parlamentu; **postal** ~ korespondenční hlasování; **second** ~ užší hlasování, druhé kolo hlasování; **secret** ~ tajné hlasování; ~**-box** hlasovací urna; ~**-day** den voleb 2 hlasovací lístek; **mutilated** ~ vadný / neplatný lístek; ~ **paper** hlasovací lístek; **cast a** ~ hlasovat 3 celkový počet odevzdaných hlasů; ~ **rigging** nezákonná manipulace s hlasovacími lístky, zmanipulované hlasování 4 losování, volba losem; ~ **for the shares** prodej akcií losem v případě převisu poptávky
**ballot** [ˈbælət] (v) for sb. tajně hlasovat pro koho, volit koho
**ban** [bæn] (n) 1 úřední zákaz; **comprehensive nuclear weapon test** ~ úplný zákaz zkoušek jaderných zbraní; **government** ~ **on the sale of weapons** zákaz prodeje zbraní vydaný vládou; **march** ~ zákaz konání pochodu; **impose a** ~ **on st.** zakázat co; **lift the** ~ **on st.** zrušit zákaz čeho 2 ohlášky
**ban** [bæn] /nn/ (v) st. zakázat co; ~ **the sale of alcohol** zakázat prodej alkoholických nápojů
**band** [bænd] (n) 1 pouto, vazba; **political** ~**s**

politické vazby 2 ozbrojená banda, skupina; **guerilla** ~**s** partyzánské bojůvky
**banded** [ˈbændɪd] (adj) spojený, svázaný ♦ ~ **premium rates** pojišť. pásmové sazby pojistného
**banditry** [ˈbændɪtri] (n) organizovaná loupež
**banish** [ˈbænɪʃ] (v) sb. from st. vykázat koho odkud; poslat koho do vyhnanství; ~ **sb. from court** vykázat koho ze soudní síně
**banishment** [ˈbænɪʃmənt] (n) trest vypovězení / vyhoštění
**bank** [bæŋk] (n) 1 banka finanční instituce; **circulation** ~ cedulová banka; **clearing** ~ clearingová banka; **collecting** ~ inkasní banka; **commercial** ~ komerční banka; **correspondent** ~ zprostředkující banka; **intermediary** ~ zprostředkovatelská banka; **mortgage** ~ hypotéční banka; **mutual savings** ~ vzájemná spořitelna; **paying** ~ povinná banka; ~ **of discount** eskontní banka; ~ **of issue** emisní banka 2 banka zařízení shromažďující informace, údaje, zásoba, rezerva; **data** ~ databanka
**bank** [bæŋk] (adj) bankovní, týkající se bankovních operací; ~ **acceptance** přijatá směnka, bankovní akcept; ~ **book** vkladní knížka; ~ **charter** zakládací listina banky; ~ **clerk** bankovní úředník; ~ **debit** debet; ~ **deposit** bankovní vklad, vkladový účet; ~ **depositor** vkladatel; ~ **draft** šek n. příkaz k platbě podepsaný pověřeným úředníkem pro potřebu banky; ~ **holiday** brit. den / dny pracovního volna, státem uznaný svátek; ~ **note** cirkulační cenný papír vydávaný emisní bankou, bankovka; ~ **paper** bankovní směnka; ~ **rate** diskontní sazba; ~ **rules** bankovní pravidla; ~ **shares** bankovní akcie; ~ **statement** výpis z bankovního účtu
**bank** [bæŋk] (v) st. uložit co u banky; financovat co; **banking a deal** financovat obchodní transakci / obchodní záměr
**bankable** [ˈbæŋkəbl] (adj) bankou přijímaný; ~ **paper** cenný papír přijímaný bankou místo hotovosti
**banker** [ˈbæŋkə(r)] (n) bankéř; ~**'s acceptance** bankovní akcept; ~**'s draft** bankovní trata; ~**'s lien** zástavní právo banky; ~**'s note** cenný papír vydávaný jinou než emisní bankou nebo bankéřem (není zákonným platidlem)
**banking** [ˈbæŋkɪŋ] (n) bankovnictví
**bankrupt** [ˈbæŋkrʌpt] (n) insolventní obchodník v konkursu, konkursní dlužník, am. fyzická nebo právnická osoba, brit. pouze fyzická osoba; bankrot,

úpadek, konkurs; **certificated** ~ dlužník soudem osvobozený od konkursu, do něhož se dostal nezaviněně; **discharged** ~ osoba osvobozená od konkursu; **undischarged** ~ osoba v dosud neuzavřeném konkursu; **~'s estate** konkursní podstata

**bankrupt** [ˈbæŋkrapt] *(adj)* jsoucí v / týkající se úpadku / konkursu; **he was adjudicated / declared** ~ dostal se do konkursu na základě soudního rozhodnutí; **he went** ~ zbankrotoval

**bankruptcy** [ˈbæŋkraptsi] *(n)* bankrot, úpadek, konkurs *am.* fyzické n. právnické osoby, *brit.* pouze fyzické osoby; **criminal** ~ *brit.* upadnutí do konkursu rozhodnutím Korunního soudu jako důsledek trestné činnosti; **adjudication / declaration of** ~ soudní rozhodnutí o konkursu / úpadku; **discharge in** ~ zrušení rozhodnutí o konkursu; ~ **court** konkursní soud; ~ **discharge** soudní osvobození od konkursu; ~ **distribution** poměrné uspokojení pohledávek; ~ **law** konkursní právo; ~ **notice** upozornění na možnost konkursu nebudou-li včas vyrovnány dluhy; ~ **order** soudní prohlášení konkursu; ~ **petition** soudní podání navrhující vyhlášení konkursu u dlužníka; ~ **proceedings** konkursní řízení; ~ **rules** pravidla pro soudní projednávání konkursu u konkursních soudů; ~ **schedules** oficiální formuláře pro uvedení veškerých aktiv, pohledávek a věřitelů konkursního dlužníka; ~ **trustee** správce konkursní podstaty; **file a petition in** ~ podat návrh k soudu o uvalení konkursu; **go in for** ~ upadnout do konkursu

**banns** [bænz] *(pl)* ohlášky; ~ **of matrimony** ohlášky veřejné vyhlášení zamýšleného sňatku, obvykle v kostele

**baptism** [ˈbæptizəm] *(n)* křest; **certificate of** ~ křestní list

**baptize** [bæpˈtaiz] *(v)* sb. pokřtít koho

**bar** [ba:(r)] *(n)* **1** přepážka v soudní síni za níž stojí svědci, obžalovaný atd.; **prisoner at the** ~ obžalovaný stojící na vyhrazeném místě v soudní síni; **trial at** ~ proces před soudem, tj. soudním senátem **2** advokacie; **B~ admission** přijetí do advokátní komory po složení zkoušek; **B~ Council** *brit.* Advokátní komora angl. a waleských advokátů; **American B~ Association** *am.* Americká advokátní komora; **be called to the** ~ složit advokátské zkoušky **3** překážka, zábrana; **B~ of the House** *brit.* **1** Dolní sněmovna čára na podlaze, za niž má přístup pouze poslanec sněmovny **2** Horní sněmovna zábradlí oddělující členy sněmovny od ostatních účastníků jednání **4** překážka plnění smlouvy

**bar** [ba:(r)] */rr/ (v)* st. nepřipustit, vyloučit co, tvořit překážku uplatnění práva; **the police commissioner ~red the use of firearms** policejní komisař nedovolil použití střelných zbraní; **he was ~red from attending the meeting** nebyl mu dovolen přístup na schůzi ♦ **statute-~red** *brit.* promlčený

**bare** [beə(r)] *(adj)* **1** malý, nepatrný; ~ **majority** nepatrná většina **2** holý, pouhý; prostý; ~**s facts** holá fakta; ~ **patent license** prostá patentová licence **3** bezpodmínečný; ~ **contract** bezpodmínečná smlouva

**bargain** [ˈba:(r)gin] *(n)* **1** smlouva, uzavření smlouvy; **chance** ~ *přibl.* odvážná smlouva; **harsh** ~ nevýhodný tvrdý obchod; ~**s done** počet realizovaných obchodů na burze cenných papírů za den; ~ **and sale deed** smlouva o prodeji a převodu nemovitosti **2** výhodný obchod; ~ **price** zlevněná cena; ~ **sale** 1 výprodej, doprodej za snížené ceny **2** převod vlastnictví za nižší než tržní cenu

**bargain** [ˈba:(r)gin] *(v) for* st. dohodnout se o čem, sjednat, vyjednávat co; ~ **about / over the discount** dojednávat / vyjednávat slevu

**bargainee** [ˌba:(r)giˈni:] *(n)* kupující, kupec

**bargainer** [ˈba:(r)ginə(r)] *(n)* smlouvající kupec

**bargaining** [ˈba:(r)giniŋ] *(n)* vyjednávání; **collective** ~ kolektivní vyjednávání; ~ **agent** odbory uznaný zástupce zaměstnanců při vyjednávání; **plea** ~ */ ~ for plea přibl.* polehčující okolnost přiznání viny žádost prokurátora o vyškrtnutí zbývajících bodů obžaloby n. o snížení trestu, jestliže obžalovaný přizná vinu v základních bodech obžaloby

**bargainor** [ˈba:(r)ginə(r)] *(n)* smluvní strana při jednání obec. i o koupi

**barrator, barrater** [ˈbærətə(r)] *(n)* **1** notorický narušitel pořádku, výtržník **2** úplatný veřejný činitel **3** účastník baratrie

**barratry** [ˈbærətəri] *(n)* **1** *(NP)* baratrie porušení povinnosti kapitána lodi nebo posádky ke škodě vlastníků lodi či nákladu **2** *am.* trestný čin zahájení soudního sporu bez dostatečných důvodů **3** podplácení úřadů

**barren** [ˈbærən] *(adj)* neproduktivní; neplodný, sterilní; ~ **money** bezúročná půjčka

**barrier** [ˈbæriə(r)] *(n)* překážka, bariéra; **trade ~s** obchodní překážky

**barrister** ['bærɪstə(r)] *(n) brit.* barister, advokát který smí obhajovat před soudem
**barter** ['ba:(r)tə(r)] *(n)* prostá směna zboží n.
služeb bez použití peněz
**base** [beis] *(n)* **1** základna; **military** ~ vojenská základna **2** základ; ~ **rent** základní *minimální* nájemné
**base** [beis] *(adj)* **1** služebný, podřízený; ~ **tenant** pachtýř povinný služebností majiteli pozemku **2** základní; ~ **coverage** *pojišť.* základní krytí; ~ **line** základní linie, nivelační čára; ~ **pay** základní plat **3** nižší; ~ **court** nižší soud
**base** *(v)* st. **(up)on** [‚beisə'pon] st. založit co na čem, stavět co na čem; vypočítat na základě čeho; **taxation is ~d upon income** zdanění závisí na výši příjmu
**basic** ['beisik] *(adj)* základní; ~ **knowledge** základní znalosti; ~ **pay / salary / wage** základní plat / mzda; ~ **premium** základní pojistné; ~ **rate tax** základní daň z příjmu
**basically** ['beisikəli] *(adv)* v podstatě
**basics** ['beisiks] *(pl)* základní pravidla / principy / hodnoty; **Back to ~!** *brit.* Zpět k základům! heslo Konzervativní strany vyzývající k návratu k základním mravním a životním hodnotám
**basis** ['beisis], *(pl)* **bases** ['beisi:z] **1** základ, báze, princip; **adjusted ~** upravený *daňový* základ; **stepped-up ~** zvýšený daňový základ; **territorial ~** územní princip; ~ **of bargain** základ kupní smlouvy; ~**es of calculation** kalkulační podklady; ~ **of premium calculation** základ pro výpočet pojistného; **on bilateral ~** na dvojstranném základě, na bilaterální bázi; **on the ~ of st.** na základě čeho; **on a short-term ~** krátkodobě; **on a freelance ~** jako svobodné povolání; **apportion on a daily ~** *přibl.* stanovit v denní sazbě / výši; **calculate on a day-to-day ~** vypočítat v denní sazbě / výši; **form the ~ of the law** tvořit základ práva **2** základna; **military ~** vojenská základna
**bastard** ['ba:stəd, *am.* 'bæstərd] *(n)* nemanželské dítě
**bastard** ['ba:stəd, *am.* 'bæstərd] *(adj)* **1** nemanželský; ~ **daughter** nemanželská dcera **2** nepravý, falešný
**bastardization** [‚ba:stədai'zeišən, *am.* ‚bæstərdai'zeišən] *(n)* soudní prohlášení dítěte za nemanželské

**bastardize** ['ba:stədaiz, *am.* 'bæstərdaiz] *(v)* sb. soudně prohlásit koho za nemanželské dítě
**bastardy** ['ba:stədi, *am.* 'bæstərdi] *(n)* nemanželské zrození; ~ **process** soudní řízení o určení otcovství k nemanželskému dítěti
**baton** ['bætən] *(n)* obušek
**baton** ['bætən] *(v)* sb. zbít obuškem; ~ **sb. to death** usmrtit koho obuškem
**batter** ['bætə(r)] *(v)* sb./st. tlouci, bít koho, bušit na co, do koho; ~**ed child** týrané dítě
**battery** ['bætəri] *(n)* použití násilí proti osobě, vztažení ruky na člověka, ublížení na zdraví; **aggravated ~** ublížení na zdraví s přitěžujícími okolnostmi, těžké ublížení na zdraví; **simple ~** prosté napadení osoby; **B~ Child Syndrom** syndrom týraného dítěte
**battle** [bætl] *(n)* bitva; střet; ~ **of the forms** střet forem
**bawd** [bo:d] *(n)* kuplíř
**bawdy-house** ['bo:dihauz] *(n)* bordel, vykřičený dům
**B.C.** [bi:'si:] *(abbrev)* **1** *before Christ* před naším letopočtem **2** *British Columbia* kan. provincie Britská Kolumbie
**be** */was, were, been/* [bi:, woz, weə(r), bi:n / bin] *(v)* být, existovat; ~ **effective** být platný, účinný; ~ **in being** existovat; ~ **of the essence** být podstatný
**bear** */bore, borne / born/* [beə(r), bo:(r), bo:ə(r)n] *(v)* st./sb. **1** nést co; ~ **the expense of st.** nést výlohy za co; ~ **interest** nést úrok; ~ **the responsibility** nést odpovědnost; ~ **no resemblance to the facts of any previous case** nepodobat se skutečnostem žádného předcházejícího případu; ~ **the risk** nést riziko **2** poskytovat co; ~ **false witness** podat falešné svědectví, křivě svědčit; ~ **testimony to st.** dosvědčit co, podat svědectví o čem **3** dopravovat co **4** porodit koho
**bear** */bore, borne / born/* *(v)* **on** [‚beər'on] st. ovlivnit co; týkat se čeho; **the decision of the court ~s on future cases** soudní rozhodnutí ovlivní budoucí případy
**bearer** [beərə(r)] *(n)* **1** doručitel; ~ **check / cheque** šek znějící na doručitele; ~ **securities** cenné papíry znějící na doručitele; ~ **share** akcie na doručitele; **check / cheque is payable to ~** šek je splatný na doručitele **2** nositel **3** držitel; ~ **of the policy** držitel pojistky
**bearing** *(n)* **on** ['beəriŋ‚on] st. vztah k čemu, vliv

na co, význam pro co; **have a ~ on future cases** mít vliv na budoucí případy
**beat** [bi:t] (n) rajón; obchůzka, pochůzka; **the constable on the ~** policista pochůzkář
**beat** /beat, beaten/ [bi:t, bi:t, bi:tən] (v) sb./st.
1 bít, tlouci koho/co 2 zvítězit nad kým/čím
♦ **~ a ban** udělat co dříve, než je to zakázáno
**become** /became, become/ [bi'kam, bi'keim, bi'kam] (v) stát se; **~ destructive of these ends** začít ničit tyto cíle; **~ operative** nabýt účinnosti
**bed** [bed] (n) postel, lože; **divorce from ~ and board** rozvod od stolu a lože; **separation from ~ and board** rozluka od stolu a lože
**beforehand** [bi'fo:(r)hænd] (adv) předem, předtím, dříve; **the terms of the payment will be agreed ~** platební podmínky budou dohodnuty předem
**beg** [beg] /gg/ (v) st. 1 žebrat 2 naléhavě žádat o co, prosit o co
**begging** ['begiŋ] (n) žebrota
**begin** /began, begun/ [bi'gin, bi'gæn, bi'gan] (v) začít, zahájit co; **~ action** zahájit soudní řízení
**beguile** [bi'gail] (v) sb. 1 out of st. oklamat, podvést koho, vylákat od koho co; **he ~d her out of her savings** obral ji o všechny úspory 2 into doing st. přimět podvodem koho udělat co
**beguilement** [bi'gailmənt] (n) klam, podvod
**behalf** [bi'ha:f, am. bi'hæf] (n) zájem, prospěch, podpora; **on ~ of sb.** v zájmu, v zastoupení, jménem koho; **act on ~ of sb.** jednat v zastoupení / jménem koho
**behaviour** [bi'heivjə(r)] (n) chování; **pattern of ~** model chování
**behead** [bi'hed] (v) sb. stít / setnout komu hlavu
**behoof** [bi'hu:f] (n) prospěch, užitek, výhoda; **to / for / on his use and ~** k jeho užitku a prospěchu
**being** ['bi:iŋ] (n) 1 bytí, existence; **be in ~** existovat; **come into ~** vzniknout 2 tvor, bytost; **human ~** lidská bytost 3 podstata
**belated** [bi'leitid] (adj) opožděný, zpožděný; **~ claim** pojišť. opožděná škoda
**belief** [bi'li:f, am. bə'li:f] (n) in st. 1 víra v co 2 náboženská víra 3 důvěra k čemu
**believe** [bi'li:v, am. bə'li:v] (v) sb./st. věřit, důvěřovat komu/čemu; domnívat se
**belligerence** [bi'lidžərəns, am. bə-], **beligerency**

[bi'lidžərənsi, am. bə-] (n) 1 válečný stav 2 válkychtivost
**beligerent** [bi'lidžərənt, am. bə-] (adj) 1 válčící 2 konfliktní osoba
**belligerents** [bi'lidžərənts, am. bə-] (pl) válčící strany
**bellman** ['belmən], (pl) **-men** (n) slang. pachatel trestných činů specializující se na vyřazování poplašných zařízení z provozu
**belongings** [bi'loŋiŋz, am. bə-] (pl) 1 majetek 2 náležitosti
**belt** [belt] (n) pás, úzký pruh země
**bench** [benč] (n) 1 lavice v parlamentu, u soudu; **the back ~es** brit. dvě poslední řady v Dolní sněmovně 2 soudce, soudci; **he is on the ~** je soudcem 3 soud; **Queen's B~ Division** brit. oddělení Královského soudu jako jedna část Nejvyššího soudu; **~ of magistrates** brit. magistrátní soud nejnižší soud s omezenou jurisdikcí; **~ warrant** soudní zatykač na obžalovaného, jenž se nedostavil k soudu; **Masters of the B~** brit. služebně nejstarší soudci
**benefactor** [,beni'fæktə(r), am. -nə-] (n) dobrodinec; donátor, odkazce
**beneficial** [,beni'fišl, am. -nə-] (adj) užitečný, prospěšný; **~ enjoyment** užívání nemovitosti vlastníkem k jeho užitku; **~ estate** užívací právo k nemovitosti; **~ interest** požitek, prospěch; **~ owner** beneficiát, uživatel požitků; **~ use** užívací právo, právo na požitky; **~ power** beneficiální dispoziční oprávnění
**beneficiary** [,beni'fišəri, am. -nə-] (n) 1 oprávněná osoba, beneficiát, obmyšlený; adresát pojistného plnění, osoba oprávněná převzít plnění; **incidental ~** náhodný beneficiát; **~ of the will** dědic ze závěti; **~ clause** pojišť. doložka o obmyšlení; **~ heir** oprávněný dědic 2 příjemce / poživatel dávek, beneficient; **old--age ~** příjemce důchodových dávek
**benefit** ['benifit, am. -nə-] (n) 1 užitek; prospěch; **for the ~ of sb.** ve prospěch koho, kvůli komu 2 výsada, právo; **~ of cession** výhoda postoupení; **~ of clergy** církevní výsada, právo církevního hodnostáře nebýt souzen světskými soudy; **~ of counsel** právo na obhajobu; **without ~ of clergy** „neposvěcený" vztah druha a družky 3 plnění, dávka; náhrada, odškodné; **cash ~** peněžitá dávka; **death ~** pozůstalostní dávka v případě smrtelného pracovního úrazu; **lump-sum ~** jednorázová dávka; **old-age ~** důchodová dávka; **regular maternity ~** pra-

videlná dávka v mateřství; **subsidiary** ~ podpůrná dávka; **survivor** ~ pozůstalostní dávka; **unemployment** ~ dávka v nezaměstnanosti; **~s for long-term risk** dávky při dlouhodobé sociální události; ~ **formula** dávková formule; ~ **in kind** dobrovolná dávka
**benefit** ['benifit, *am.* -nə-] *(v) from / by* st. mít užitek / prospěch z čeho
**benevolence** [bi'nevələns] *(n)* 1 dobrodiní, projev laskavosti, dar 2 shovívavost
**benevolent** [bi'nevələnt] *(adj)* 1 laskavý, dobrotivý, shovívavý 2 dobročinný; ~ **association** dobročinná společnost, dobročinné sdružení
**bent** [bent] *(adj) slang.* nezákonný; zkorumpovaný; ukradený; ~ **copper** podplacený policista; ~ **job** nezákonný obchod
**bequeath** [bi'kwi:ð] *(v)* st. *to* sb. odkázat co komu
**bequest** [bi'kwest] *(n)* odkaz; **conditional** ~ podmíněný odkaz; **executory** ~ odkaz budoucích užitků; **residuary** ~ odkaz zbytku majetku
**bereave** */bereaved / bereft, bereaved / bereft/* [bi'ri:v, bi'ri:vd, bi'reft] *(v)* sb. *of* sb./st. *kniž.* 1 oloupit koho o co, vzít komu co 2 (o smrti) vzít komu koho, oloupit koho o koho; **the accident ~d her of her brother** při nehodě přišla o bratra
**bereaved** [bi'ri:vd] *(adj)* ovdovělý, pozůstalý; **the** ~ truchlící pozůstalí
**bereavement** [bi'ri:vmənt] *(n)* bolestná ztráta; úmrtí blízké osoby
**berth** [bə:(r)θ] *(n)* 1 přístaviště 2 kajuta 3 vymezený prostor; ~ **note** smlouva o pronájmu části lodi 4 zaměstnání, pracovní místo
**berth** [bə:(r)θ] *(v)* 1 zakotvit, přistát 2 zaparkovat 3 opatřit dobré zaměstnání
**beseech** */besought / beseeched, besought / beseeched/* [bisi':č, bi'so:t, bisi':čt] *(v) for / to do* st. úpěnlivě prosit o co, doprošovat, dožadovat se čeho; ~ **sb. for mercy** prosit koho o milost
**bespoke** [bi'spəuk] *(n)* zboží vyrobené na zakázku
**best** [best] *(adj)* nejlepší; ~ **evidence** přímý důkaz
**bestiality** [ˌbesti'æləti] *(n)* sodomie; bestialita
**bestow** [bi'stəu] *(v)* st. *upon* sb. udělit, propůjčit co komu
**bet** [bet] *(n)* 1 sázka 2 smlouva, jejíž plnění je vázáno na nejistou budoucí událost
**bet** */bet / betted, bet / betted/* [bet, bet, betid] */tt/* *(v)* 1 sázet, vsadit; **he bet $100 on the result of the election** vsadil 100 dolarů na výsledky

voleb 2 vsadit se; **I ~ you $25 the accused will get off with the fine** vsadím se s tebou o 25 dolarů, že obžalovaný vyvázne s pokutou
**betray** [bi'trei] *(v)* sb./st. 1 zradit koho/co; ~ **one's country** zradit svou vlast 2 prozradit koho/co, vyzradit co; ~ **the secret to the enemy** prozradit tajemství nepříteli
**betrayal** [bi'treiəl] *(n)* 1 zrada 2 neoprávněné vyzrazení profesionálního tajemství
**betrothal** [bi'trəuðəl] *(n)* zasnoubení
**betrothment** [bi'trəuðmənt] *(n)* zasnoubení
**better, bettor** [betə(r)] *(n)* sázkař, sázející
**beware** [bi'weə(r)] *(v)* užívá se pouze v infinitivu a imperativu; ~ **of** st. dát si pozor na co; **let the buyer** ~ ať si dá kupující pozor
**beyond** [bi'jond] *(prep)* dále než, nad; ~ **control** mimo kontrolu; ~ **reasonable doubt** nade vši pochybnost
**bias** [baiəs] *(n)* *towards / against* sb./st. 1 podjatost, předsudek; předpojatost, zaujatost vůči komu/čemu; **actual** ~ podjatost; **likelihood of** ~ pravděpodobnost podjatého posouzení věci / rozhodnutí ve věci; **without** ~ nestranně, nezaujatě 2 sklon
**biased** [baiəst] *(adj)* podjatý, předpojatý; ~ **question** sugestivní otázka
**bicameral** [bai'kæmərəl] *(adj)* dvoukomorový; ~ **legislative assembly** dvoukomorové zákonodárné shromáždění; ~ **system** dvoukomorový systém parlamentu
**bid** [bid] *(n)* 1 nabídka na koupi n. vykonat práci za určitou cenu apod.; **open** ~ otevřená nabídka; **sealed** ~ zapečetěná nabídka zaslaná do veřejné soutěže; **takeover** ~ nabídka na odkoupení většiny akcií společnosti; ~ **bond** nabídka se zárukou; ~ **shopping** tržní nabídka; **enter a** ~ **for** st. nabídnout koupi čeho; **make the lowest** ~ **for the job** nabídnout svou práci za nejnižší plat 2 nabídnutá cena při dražbě, cenová nabídka; ~ **price** cena, kterou nabízí kupující; ~ **quote** kotace, kurzovní záznam; **make a higher** ~ při dražbě nabídnout více, učinit vyšší nabídku 3 *am.* nabídka prodeje čeho za určitou cenu; **ask for ~s for the supply of spare parts** požádat o nabídky na dodávky součástek
**bid** [1](bad) */bad / bade / bid, bidden / bid/* [bid, bebid, 'bidən] */dd/* *(v)* st. *kniž.* nařídit, přikázat co
**bid** [2](bid) */bid, bid/* [bid, bid, bid] */dd/* *(v)* st. nabízet co, učinit nabídku v dražbě
**bidder** [bidə(r)] *(n)* nabízející při dražbě, dražitel;

the lot was sold to the highest ~ dražená věc byla prodána nejvyšší nabídce
**bigamist** ['bigəmist] *(n)* bigamista
**bigamy** ['bigəmi] *(n)* bigamie, dvojí manželství
**bigotry** ['bigətri] *(n)* bigotnost, náboženská nesnášenlivost
**bilateral** [ˌbai'lætərəl] *(adj)* dvojstranný, bilaterální; ~ **contract** dvoustranná smlouva obě smluvní strany jsou povinny plnit závazky; ~ **treaty** *(MP)* bilaterální smlouva
**bilingual** [ˌbai'liŋgwəl] *(adj)* dvojjazyčný
**bilking** ['bilkiŋ] *(n)* trestný čin odmítnutí zaplatit účet za zakoupené zboží, provedené služby
**bill** [¹] [bil] *(n)* **1** návrh zákona; **appropriation** ~ návrh zákona na zvýšení rozpočtu; **Money B~s** *brit.* zákony o daních a státních výdajích; **private** ~ zvláštní zákon návrh zákona týkající se jednotlivce n. orgánu n. určitého místa; **Public B~s** návrhy zákonů týkající se věcí veřejných, tj. celé společnosti; ~ **of indemnity** zákon o odpovědnosti státních úředníků; **delay ~s** zdržovat návrhy zákonů; **pass a** ~ schválit návrh zákona; **sign a** ~ podepsat návrh zákona **2** *(PEq)* ekvitní žaloba, soudní návrh; ~ **for a new trial** návrh na obnovu řízení; ~ **for foreclosure** návrh na nucený prodej zastavené nemovitosti; ~ **of attainder** odsouzení k trestu bez soudního řízení ve formě zákonného aktu; ~ **of certiorari** návrh na změnu příslušnosti soudu; ~ **of conformity** návrh na soudní dohled; ~ **of impeachment** žaloba v kvazisoudním procesu proti veřejnému činiteli ve věci zneužití pravomoci n. úplatkářství; ~ **of indictment** návrh trestní obžaloby; ~ **of review** návrh na přezkoumání; ~ **to suspend a decree** návrh na odklad výkonu rozhodnutí
**bill** [²] [bil] *(n)* **1** listina; potvrzení; závazek; **clearing** ~ potvrzení o celním odbavení; **negotiable** ~ převoditelný konosament; **shipped** ~ palubní konosament; ~ **obligatory** písemný závazek; ~ **penal** závazek zajištěný smluvní pokutou; ~ **single** písemný závazek; ~ **of delivery** dodací list; ~ **of carriage / freight** nákladní list; ~ **of entry** celní prohlášení; ~ **of evidence** soudní protokol; ~ **of exceptions** seznam námitek během řízení; ~ **of freight** nákladní list; ~ **of health** *přibl.* potvrzení o bezinfekčnosti pro kapitána lodi, že v mateřském přístavu je zdravotní situace v pořádku, zdravotní pas lodi; ~ **of lading** **1** námořní přepravní smlouva, konosament převoditelný

cenný papír jako doklad o převzetí nákladu k přepravě **2** *am.* železniční náložný list; ~ **of parcels** faktura na zboží; ~ **of particulars** **1** výčet jednotlivostí skutkové podstaty **2** seznámení s obžalovacím spisem; **B~ of Rights** *am.* Listina svobod prvních deset dodatků k Ústavě USA; ~ **of sale** kupní smlouva; ~ **of sufferance** konsignační povolení celní; ~ **broker** makléř, senzál **2** bankovka, cenný papír; **accommodation** ~ směnka z ochoty; **sight** ~ vista směnka, směnka na viděnou; **treasury** ~ pokladniční poukázka; krátkodobá státní obligace; ~ **due** splatná směnka; ~ **payable** směnečný závazek; ~ **receivable** směnečná pohledávka; ~ **of credit** akreditiv; ~ **of debt** dlužní úpis; ~ **of exchange** směnka; ~ **stamp** kolek na směnce **3** účet v restauraci
**bill** [bil] *(v)* sb. účtovat komu ♦ **billing notice** *pojišť.* předpis pojistného doklad
**billboard** ['bilbo:(r)d] *(n)* reklamní tabule, plakátovací plocha
**bind** */bound, bound/* [baind, baund] *(v)* sb./st. **1** zavázat koho; přinutit koho; **High Court judges are bound by the decision of the House of Lords** soudci Vrchního soudu jsou vázáni rozhodnutím Horní sněmovny **2** svázat co
**bind** */bound, bound/* *(v)* sb. **over** ['baind,əuvə(r)] **1** *brit.* odsoudit koho podmíněně **2** *am.* držet obviněného ve vazbě po dobu přípravy procesu
**binder** ['baində(r)] *(n)* krycí list; závazná dohoda; dočasná dohoda zavazující několik stran ke kontraktu
**binding** ['baindiŋ] *(adj)* *(up)on* sb./st. závazný pro koho/co, zavazující koho/co; ~ **instructions** závazné pokyny; ~ **precedent** závazný precedent; ~ **(up)on a court** závazný pro soud; **doctrine of the** ~ **case** *(ObyčP)* princip závazného případu
**biological** [ˌbaiə'lodžikəl] *(adj)* biologický; ~ **warfare** biologická válka
**bi-partisanship** [ˌbai'pa:(r)tizənšip] *(n)* systém dvou politických stran
**bipartite** [ˌbai'pa:(r)tait] *(adj)* **1** rozdělený na dvě části **2** dvoustranný, oboustranný; ~ **agreement** dvoustranná dohoda
**birch** [bə:(r)č] *(n)* bříza, březová metla
**birth** [bə:(r)θ] *(n)* narození; **date of** ~ datum narození; **certificate of** ~ rodný list; **concealment of** ~ trestný čin zatajení narození dítěte; **place of** ~ místo narození; ~ **certi-**

**ficate** rodný list; ~ **control** 1 antikoncepce 2 antipopulační politika; ~ **pill** antikoncepční pilulka; ~ **rate** porodnost; ~ **record** matrika; ~-**right** 1 dědické právo, dědictví 2 prvorozenectví

**bishop** ['bišəp] *(n)* biskup; ~**s of the Church of England** biskupové anglikánské církve; **diocesan** ~ diecézní biskup

**black** [blæk] *(adj)* černý; ~ **gown** talár; ~ **list** černá listina; ~ **market** černý trh, šmelina; ~ **marketeer** šmelinář; **B**~ **Maria** *přibl.* zelený anton; **Gentleman Usher of the B**~ **Rod** *brit.* ceremoniář Horní sněmovny *příslušník královského dvora*

**blackleg** ['blækleg] *(n)* **1** stávkokaz **2** hazardní hráč

**blacklist** ['blæklist] *(v)* sb. dát koho na černou listinu

**blackmail** ['blækmeil] *(n)* vydírání, vyděračství; **be charged with** ~ být obžalován z vyděračství

**blackmail** ['blækmeil] *(v)* sb. vydírat koho

**blackmailer** ['blækmeilə(r)] *(n)* vyděrač

**blamable** ['bleiməbl] *(adj)* zavrženíhodný, zasluhující odsouzení

**blame** ['bleim] *(n)* **1** vina; hana; **bear the** ~ **for** st. nést vinu za co; **exempt from** ~ zprostit viny **2** zodpovědnost

**blame** ['bleim] *(v)* sb. *for* st. **1** hanět koho **2** vinit koho z čeho

**blameful** ['bleimful] *(adj)* vinný, odpovědný

**blameless** ['bleimləs] *(adj)* bezúhonný

**blank** [blæŋk] *(adj)* prázdný, čistý, nepopsaný; ~ **acceptance** bianko akceptace; ~ **bill** bianko směnka; ~ **cheque** bianko šek; ~ **credit** nekrytý úvěr; ~ **policy** bianko pojistka; ~ **signature** podpis in bianco

**blanket** ['blæŋkit] *(adj)* všeobecný, paušální, celkový, sdružený; ~ **agreement** paušální dohoda; ~ **bond** souhrnný závazek; ~ **insurance coverage / policy** sdružené pojištění, sdružená pojistka; ~ **refusal** paušální odmítnutí; ~ **wage increase** paušální zvýšení mezd

**blasphemy** ['blæsfəmi] *(n)* rouhání; *trestný čin* znesvěcování boha n. církve *slovem, činy*

**blessing** [blesiŋ] *(n)* **1** boží požehnání **2** boží milost, dar

**block** [blok, *am.* blak] *(n)* **1** blok; **military** ~ vojenský blok; **dissolution of all military** ~**s** zrušení všech vojenských bloků **2** uzavřená skupina; **trading** ~ obchodní sku-

pina; ~ **booking** hromadná objednávka *vstupenek, letenek apod.*; ~ **policy** celková pojistka; ~ **vote** blokové hlasování *podle politické strany* ♦ ~ **capital / letter** hůlkové / tiskací písmeno

**block** [blok, *am.* blak] *(v)* st. pozastavit, blokovat co; ~ **the motion** zablokovat přijetí návrhu; ~**ed account** zablokovaný účet; ~**ed currency** blokovaná měna *pro niž platí zákaz vývozu*

**blockade** [blo'keid, *am.* bla-] *(n)* blokáda; **break / beat / run a** ~ prolomit blokádu; **lift / raise a** ~ zrušit blokádu

**blood** [blad] *(n)* krev; **corruption of** ~ bezectnost plynoucí ze ztráty občanských práv; ~ **feud** krevní msta; ~ **group** krevní skupina; ~ **relationship** pokrevní příbuzenství; ~ **royal** královská rodina; ~ **sample** vzorek krve; ~ **stain** krevní skvrna; ~ **grouping test** krevní zkouška *na přiznání otcovství*

**blotter** ['blotə, *am.* 'blatər] *(n)* policejní kniha záznamů o zadržených osobách

**blow** [bləu] *(n)* úder, rána; **a heavy** ~ **on the head** těžký úder do hlavy

**blow-up** ['bləuap] *(n)* výbuch, exploze

**blue** [blu:] *(adj)* **1** modrý; ~ **bag** *brit.* taška, v níž nosí talár začínající barister; ~ **collar worker** dělník **2** *brit.* patřící ke Konzervativní straně, konzervativní; ~ **candidate** kandidát za Konzervativní stranu **3** neslušný, obscénní, pornografický; ~ **law** *hov.* zákon proti pornografii ♦ ~ **sky laws** *am.* zákony na ochranu obchodů s cennými papíry

**blur** [blə:(r)] */rr/ (v)* st. **1** zamazat co **2** zastřít co ♦ ~ **the traces** ničit stopy

**board** [bo:(r)d] *(n)* **1** rada, výbor, komise; **school** ~ školní rada; ~ **of advisors** poradní sbor; **B**~ **of Admiralty** *brit.* Ministerstvo námořnictva; ~ **of appeals** komise pro odvolání; ~ **of audit** revizní výbor / komise; ~ **of directors** správní rada akciové společnosti, představenstvo; ~ **of examiners** zkušební komise; **B**~ **of Inland Revenue** *brit.* daňový úřad; ~ **of management** představenstvo, vedení podniku; ~ **of regents** rada dohližitelů; **B**~ **of Registration** Úřad pro registraci; **B**~ **of Trade** *brit.* Ministerstvo obchodu; *am.* Obchodní komora; ~ **of trustees** správní rada; **seat on the** ~ místo v radě *na něž se kandiduje* **2** deska, prkno; paluba; **free on** ~ dopravné až na palubu, franko paluba **3** strava, stravování; **bed and** ~ lože za stůl *manželské soužití*;

**separation from bed and** ~ rozchod / rozluka od stolu a lože

**board** [bo:(r)d] *(v)* sb. poskytnout stravu komu; stravovat se

**bobby** ['bobi, *am.* 'babi] *(col) brit.* strážník, policajt

**bobtail** ['bobteil] *(n)* provozovatel čistírny / prádelny

**bodily** ['bodili, *am.* 'badǝli] *(adj)* tělesný, fyzický; **actual** ~ **harm** ublížení na těle, újma na zdraví; **grievous** ~ **harm** těžké ublížení na zdraví; ~ **injury** tělesné zranění; ~ **security** fyzická nedotknutelnost osoby

**body** ['bodi, *am.* 'badi] *(n)* **1** orgán; **elected and representative** ~ volený a zastupitelský orgán; **hereditary** ~ dědičný orgán; **law-making** ~ zákonodárný orgán; **principal decision--making** ~ hlavní orgán pro rozhodování o čem; **sole legislative** ~ jediný zákonodárný orgán; **United Nations ~ies** orgány OSN; ~ **of legislation** zákonodárný orgán; ~ **corporate** *am.* obchodní společnost; právnická osoba **2** soubor, soustava, systém, korpus; ~ **corporate** korporace; ~ **of the crime / offence** skutková podstata trestného činu; ~ **of law** soubor, systém práva; ~ **of laws** právní řád, souhrn právních norem; ~ **of rules** soubor pravidel **3** tělo; **dead** ~ mrtvola; ~ **execution** zjištění osoby

**bogus** ['bǝugǝs] *(adj)* podvodný, falešný, padělaný; ~ **claim** podvodný nárok; ~ **currency** falešné / padělané peníze; ~ **document** falešný / padělaný dokument

**boilerplate** ['boilǝ(r)₁pleit] *(n) am.* standardizovaná forma smlouvy, formulář smlouvy / dohody

**bolster** ['bǝulstǝ(r)] *(v)* st. podepřít, zesílit co; ~ **the notion** podpírat představu

**bolting** ['bǝultiŋ] *(n)* neveřejné projednávání případu

**bomb-disposal** ['bomdi₁spǝuzǝl, *am.* 'bamdi-] *(n)* zneškodnění nevybuchlé bomby

**bona fide / fides** [₁bǝunǝ'faidi / faidi:z] *(lat)* v dobrém úmyslu, v dobré víře; ~ **mortgage** hypotéka v dobré víře; ~ **possessor** držitel v dobré víře; ~ **purchaser** nabyvatel v dobré víře

**bona felonum** [₁bǝunǝfǝ'lǝunǝm] *(lat)* majetek zločinců

**bona vacantia** [₁bǝunǝvǝ'kænšiǝ] *(lat)* uvolněný majetek bez zřejmého vlastníka, odúmrť

**bond** [bond, *am.* band] *(n)* **1** závazek; **contractual** ~ smluvní závazek, garanční pojistka plnění; **joint and several** ~ solidární závazek; ~ **for title** závazek k převodu titulu **2** svazek, pouto; **~s of wedlock** svazek manželský **3** písemná, právní záruka; **bail** ~ potvrzení o složení zaplacení kauce; **executor's** ~ záruka vykonavatele závěti, že nezneužije své funkce v neprospěch pořizovatele n. ke škodě dědiců; **under** ~ pod zárukou; **serve without** ~ vykonávat svou funkci bez složené záruky; **require to post** ~ požadovat složení záruky **4** dlužní úpis, dluhopis, obligace, závazek; **coupon** ~ kuponová obligace; **government ~s** státní dluhopisy; **income** ~ důchodová obligace; **instalment** ~ úvěrní insolvenční pojistka; **liability** ~ záruční pojistka o náhradě škody; **mortgage** ~ hypotéční list; **municipal** ~ obecní obligace; **revenue** ~ důchodová obligace; **suretyship** ~ ručení; ~ **conversion** směna obligace; ~ **coupon** obligační kupon; ~ **creditor** zástavní věřitel; ~ **issue** emise obligací; ~ **holder** majitel obligací; ~ **indenture** obligační doklad; ~ **premium** prémiová obligace; ~ **rating** hodnocení obligace; ~ **refunding** výměna obligací za nové **5** celní závěra, celní skladiště; ~ **warrant** skladní list; **entry of goods under** ~ importované a dosud neproclené zboží v celním skladišti; **sold in** ~ zboží prodané před proclením; **take goods out of** ~ proclít zboží

**bond** [bond, *am.* band] *(v)* st. **1** vyhotovit dlužní úpis na co; zajistit dlužním úpisem co **2** uložit co v celním skladišti **3** složit záruku za řádný výkon funkce, např. u vykonavatele závěti

**bondage** ['bondidž, *am.* 'bandidž] *(n) skot.* služebná povinnost, služebnost

**bonded** ['bondid, *am.* 'bandid] *(adj)* **1** neproclený, jsoucí pod celní uzávěrou; celní; ~ **goods** neproclené zboží; ~ **stock** celní sklad; ~ **warehouse** celní skladiště **2** zajištěný dluhopisem; ~ **debt** zajištěný dluh

**bondholder** ['bond₁hǝuldǝ(r), *am.* 'band-] *(n)* držitel / majitel státního dluhopisu

**bonds** ¹ [bondz, *am.* bandz] *(pl)* cenné papíry na doručitele

**bonds** ² [bondz, *am.* bandz] *(pl)* pouta, želízka

**bondsman** ['bond₂mǝn, *am.* 'band-], *(pl)* -**men** *(n)* ručitel

**bonification** [₁bǝunifi'keišǝn] *(n)* sleva na dani u exportu; bonifikace

**bonus** [ˈbəunəs] (n) **1** zvláštní, mimořádná odměna, prémie, příplatek **2** superdividenda, bonifikace; ~ **stock** gratis akcie **3** bonus, sleva na pojistném za bezeškodní průběh; ~ **scheme** systém bonusů

**book** [buk] (n) **1** kniha; ~s **of authority** brit. staré právní knihy jako prameny práva **2** kniha záznamů; **minutes** ~ kniha zápisů ze schůzí **3** účetní n. pokladní kniha; **company's** ~s účetní záznamy a doklady společnosti; ~s **of account** účetní knihy; ~ **of sales** kniha tržeb; ~ **loss** účetní ztráta; ~ **profit** účetní zisk; ~ **value** účetní hodnota ♦ **bring sb. to** ~ zadržet a zajistit podezřelého a zapsat ho do knihy záznamů na policejní stanici

**book** [buk] (v) st. **1** zaknihovat, zaúčtovat co **2** předem objednat n. zajistit co **3** zaregistrovat co

**booking** [ˈbukiŋ] (n) sepsání protokolu ♦ ~ **contract** předjednaná smlouva

**book(-)keeper** [ˈbukˌkiːpə(r)] (n) podnikový účetní

**book(-)keeping** [ˈbukˌkiːpiŋ] (n) účetnictví; ~ **by double entry** podvojné účetnictví; **single-entry** ~ jednoduché účetnictví

**booth** [buːð, am. buːθ] (n) obvykle trojstranná kabina, stánek; **polling / voting** ~ hlasovací kabina, „plenta"

**bootleg** [ˈbuːtleg] (adj) **1** pašovaný, nezákonně vyráběný alkohol **2** nezákonný, ilegální

**bootleg** [ˈbuːtleg] /gg/ (v) **1** nezákonně vyrábět n. pašovat alkohol **2** prodávat na černo vstupenky **3** pořizovat na černo nahrávky živých koncertů

**bootlegger** [ˈbuːtˌlegə(r)] (n) pašerák, podloudník

**booty** [ˈbuːti] (n) válečná kořist

**border** [ˈboː(r)də(r)] (n) **1** okraj, hranice **2** hraniční pásmo, pohraničí; ~ **marker** hraniční čára; ~ **search** hraniční ostraha; ~ **state** stát při hranici u federace; ~ **traffic** doprava v hraničním pásmu; ~ **warrant** příkaz k hraniční kontrole

**border** (v) **on** [ˈboː(r)dərˌon] st. hraničit s čím

**bordereau** [ˈboː(r)dərəu] (fr) soupis položek

**borough** [ˈbarə] (n) město jako samostatná správní jednotka; ~ **sessions** soud městské části s omezenou pravomocí

**borrow** [ˈborəu] (v) st. from sb. vypůjčit si co od koho; ~ **st. against the security of st.** vypůjčit si co a jako zástavu dát co, vypůjčit si na co; ~**ed employee** vypůjčený zaměstnanec

**borrower** [ˈborəuə(r)] (n) vypůjčovatel; vypůjčitel, dlužník; ~'s **application** žádost o povolení (vý)půjček; ~'s **ticket** výpůjční lístek

**borrowings** [ˈborəuiŋz] (pl) výpůjčky, půjčky

**borstal (system)** [ˈboː(r)stlˌsistəm] brit. zast. systém donucovacích pracoven pro mladé delikventy

**bottom** [ˈbotəm, am. ˈbatəm] (n) **1** spodek, dno **2** základ, podklad

**bottom** [ˈbotəm, am. ˈbatəm] (adj) spodní, nejnižší, dolní; ~ **line** konečný součet

**bottomry** [ˈbotəmri, am. ˈbat-] (n) hypotéka na nákladní loď i s nákladem

**boundary** [ˈbaundəri] (n) hranice, pomezní čára; ~ **disputes** pohraniční spory; ~ **wall** dělící zeď mezi sousedními majetky; ~ **waters** pohraniční / hraniční vody; **delimitation of** ~ies vymezení / vytýčení hranic; **draw** ~ies kreslit hranice volebního obvodu; **B**~ **Commission** brit. „hraniční" komise stanovující hranice mezi volebními obvody podle aktuálního počtu voličů

**bounty** [ˈbaunti] (n) **1** vládní dotace na pomoc průmyslu **2** mimořádná odměna záchranci života n. nálezci pokladu

**bow** [bau] (v) to st. kývnout na co

**boycott** [ˈboikət] (n) against / of st. bojkot; **put goods under a** ~ uvalit bojkot na zboží

**boycott** [ˈboikət] (v) st. bojkotovat co

**bracket** [ˈbrækit] (n) skupina, třída; **income / tax** ~ hladina příjmů se stejným daňovým základem

**branch** [braːnč, am. ˈbrænč] (n) **1** odvětví, obor; pobočka, odbočka; **local** ~ místní pobočka; ~ **of law** právní obor / odvětví; ~ **bank** bankovní pobočka; ~ **office** pobočka; ~ **railroad** železniční odbočka **2** složka, součást; **executive** ~ výkonná složka, exekutiva; **judicial** ~ soudní složka; **legislative** ~ zákonodárná složka

**brand** [brænd] (n) obchodní známka, značka; druh, typ, jakost

**branded** [ˈbrændid] (adj) značkový; ~ **goods** značkové zboží

**breach** [briːč] (n) **1** porušení / nesplnění závazku; **anticipatory** ~ porušení smlouvy před její splatností; **constructive** ~ zaviněná nemožnost plnění dlužníkovo prohlášení před splatností smlouvy, že ji nesplní; **continuing** ~ trvající porušení smlouvy; **efficient** ~ účelné porušení smlouvy; **fundamental** ~ podstatné porušení smlouvy opravňující k odstoupení od smlouvy;

~ **of an article** porušení článku zákona; ~ **of contract** porušení smlouvy; ~ **of discipline** porušení disciplíny; disciplinární delikt; ~ **of international peace** porušení mezinárodního míru; ~ **of law** porušení práva; ~ **of military discipline** porušení vojenské disciplíny; ~ **of the obligations** porušení / nedodržení závazků; ~ **of the peace** porušení veřejného pořádku; ~ **of trust** 1 zklamání / porušení důvěry 2 porušení povinností vyplývajících ze svěřenské správy; ~ **of warranty** porušení smluvních podmínek; porušení výminky; **be in** ~ **of an article** porušovat článek; **be in** ~ **of contract** porušovat smlouvu; **waive any existing** ~ **of covenant** zříci / vzdát se nároku vyplývajícího z porušení závazku 2 násilné vniknutí; útěk; ~ **of close** vniknutí na cizí pozemek; ~ **of prison** útěk z vězení

**break** /broke, broken/ [breik, brəuk, brəukən] (v) st. porušit, přestoupit co; ~ **a contract** porušit smlouvu; ~ **a law** porušit / přestoupit zákon; ~ **substantive law** porušit hmotné právo; **breaking jail** útěk z vězení
♦ ~ **and enter the property** vstoupit násilím / vloupat se do objektu

**break** /broke, broken/ (v) **down** [ˌbreikˈdaun] st. 1 zbořit, zlomit co; selhat 2 účetně analyzovat co 3 sepsat, rozepsat co

**break** /broke, broken/ (v) **in(to)** [ˌbreikˈin/inˈtu] st. vloupat se, násilím vniknout kam

**break** /broke, broken/ (v) **off** [ˌbreikˈof] st. zastavit, ukončit, přerušit co

**break** /broke, broken/ (v) **up** [ˌbreikˈap] st. 1 rozdělit se; **the company was broken up** společnost se rozdělila 2 ukončit, skončit co; **the police broke up the protest meeting** policie ukončila protestní shromáždění

**breakdown** [ˈbreikdaun] (n) 1 havárie 2 kolaps, rozvrat; ~ **of marriage** rozvrat manželství 3 účetní analýza, specifikace; vyúčtování

**break-in** [ˈbreikin] (n) vloupání

**breath** [breθ] (n) dech, dýchání; ~ **test** dechová zkouška

**breathalyser** [ˈbreθəlaizə(r)] (n) balónek na dechovou zkoušku

**bribable** [ˈbraibəbl] (adj) úplatný, uplatitelný

**bribe** [braib] (n) úplatek

**bribe** [braib] (v) sb. uplatit, uplácet, korumpovat koho

**bribee** [ˌbraiˈbi:] (n) osoba přijímající úplatky, úplatkář

**bribe-giver** [ˈbraibˌgivə(r)] (n) osoba dávající úplatek

**bribe-taker** [ˈbraibˌteikə(r)] (n) příjemce úplatku

**briber** [ˈbraibə(r)] (n) osoba dávající úplatek, úplatkář

**bribery** [ˈbraibəri] (n) úplatkářství; ~ **at elections** úplatkářství při volbách; **prevent** ~ **and corruption** zamezit uplácení a korupci

**brief** [bri:f] (n) brit. 1 detailní dokument o případu připravený solicitorem a předaný baristerovi pro jednání u soudu; **appelate** ~ písemné odvolání; **trial** ~ přípravný spis pro soudní řízení 2 právní případ 3 písemné oprávnění právně zastupovat u soudu

**brief** [bri:f] (adj) stručný, krátký; ~ **description** stručný popis

**brief** [bri:f] (v) sb. 1 stručně koho seznámit s fakty, okolnostmi 2 brit. detailně informovat baristera o případu

**briefing** [ˈbri:fiŋ] (n) 1 instruktáž 2 krátká tisková beseda

**bring** /brought, brought/ [briŋ, bro:t] (v) sb./st. 1 přivést, předvést koho; ~ **sb. to court** předvést koho před soud 2 předložit, zahájit co; ~ **an action** zahájit soudní jednání ve věci; ~ **an action to court** předložit / postoupit žalobu soudu; ~ **a case before a court** předložit / postoupit věc soudu; ~ **a criminal charge** předložit obvinění z trestného činu; ~ **a prosecution** předložit obžalobu

**bring** /brought, brought/ (v) **in** [ˌbriŋˈin] st. vynést / vyslovit co; ~ **in the verdict of not guilty** vyslovit výrok o nevině

**broad** [bro:d] (adj) celkový, povšechný; ~ **interpretation** extenzívní výklad; **government's** ~ **policies** celková politická linie vlády
♦ ~ **captive insurance company** kaptivní pojišťovna provozující pojištění organizací, v jejichž vlastnictví se nachází

**broker** [ˈbrəukə(r)] (n) 1 jednatel, zprostředkovatel; dohodce, senzál, makléř; **insurance** ~ pojišťovací agent / makléř; **real-estate** ~ realitní agent; **share** ~ burzovní makléř 2 vyvolávač při dražbě 3 překupník

**brokerage** [ˈbrəukəridž] (n) 1 zprostředkovatelská odměna, provize; ~ **contract** makléřská n. zprostředkovatelská smlouva 2 jednatelství, dohodcovství, makléřství; ~ **fee** makléřská provize

**brothel** ['broθl] *(n)* veřejný dům, nevěstinec; bordel

**bucketing** ['bakətiŋ] *(n)* podvádění ze strany makléře

**budget** ['badžit] *(n)* rozpočet; **military** ~ vojenský rozpočet; **cut the** ~ zkrátit / snížit rozpočet

**budgetary** ['badžitəri] *(adj)* rozpočtový; ~ **policy** rozpočtová politika; ~ **requirements** požadavky na rozpočet

**bug** [bag] *(n)* odposlouchávací štěnice

**buggery** ['bagəri] *(n)* **1** nepřirozený sexuální styk mezi partnery různého i stejného pohlaví n. mezi člověkem a zvířetem jako možná příčina trestného činu **2** *vulg.* buzerantství

**bugging** ['bagiŋ] *(n)* tajné odposlouchávání pomocí techniky; ~ **device** odposlouchávací zařízení

**build** */built, built/* [bild, bilt] *(v)* st. **1** stavět, postavit co **2** vytvořit co

**building** ['bildiŋ] *(n)* **1** stavení, budova; **listed** ~s památkově chráněné objekty; **office** ~ administrativní kancelářská budova; **office** ~ **development** výstavba kancelářských budov; ~ **lien** zástavní právo k budově; **require new** ~s **to conform to** st. vyžadovat, aby se nové budovy přizpůsobily čemu; **scatter** ~s **throughout the countryside** rozptýlit stavby po krajině **2** budování, stavění; **too much office** ~ budování úřadů v příliš velkém měřítku; ~ **application** žádost o stavební povolení; ~ **costs** stavební náklady

**bulk** [balk] *(n)* množství, objem; ~ **of business** objem obchodu; **vast** ~ **of** st. velké množství čeho; ~ **sale** hromadný prodej; **sell in** ~ prodávat ve velkém množství netříděné, nebalené zboží

**burden** ['bə:(r)dən] *(n)* **1** břemeno; ~ **of evidence** důkazní břemeno; ~ **of proof** důkazní břemeno; ~ **of proving a criminal charge** břemeno průkazu obvinění z trestného činu; **the** ~ **lies on sb.** břemeno spočívá na kom **2** objem; ~ **of losses** *pojišť.* objem škod, škodní náklady, škodovost

**burden** ['bə:(r)dən] *(v) with* st. **1** zatížit, zatěžovat čím **2** obtížit, zatěžkat čím

**bureau** ['bjuərəu], *(pl)* **bureaux** ['bjuərəuz] úřad; **employment** ~ úřad práce; **Federal B~ of Investigation (FBI)** *am.* Federální úřad pro vyšetřování

**bureaucracy** [ˌbjuə'rokrəsi] *(n)* byrokracie

**burgeon** ['bə:(r)džən] *(v)* rašit, pučet, bobtnat; **ever-burgeoning body of administrative regulations** stále rostoucí počet administrativních nařízení / vyhlášek

**burglar** ['bə:(r)glə(r)] *(n)* pachatel vloupání; ~ **alarm** poplašné zařízení proti vloupání do objektu

**burglarize** ['bə:(r)gləraiz] *(v)* st. *am.* vloupat se do čeho a ukrást

**burglary** ['bə:(r)gləri] *(n)* vloupání; **aggravated** ~ vloupání s přitěžujícími okolnostmi např. použití zbraně; ~ **with intent** úmyslné vloupání

**burgle** ['bə:(r)gl] *(v)* st. vloupat se a vykrást co, vyloupit co

**business** ['biznis] *(n)* **1** podnikání, obchod; provoz; **big** ~ podnikání ve velkém; **place of** ~ provoz; **transaction of** ~ obchodní transakce; ~ **bad debts** nedobytné obchodní pohledávky; ~ **canvasser** *pojišť.* náborář; ~ **closure insurance** pojištění pro případ uzavření provozu; ~ **interruption** provozní porucha; ~ **law** obchodní právo; ~ **name** obchodní jméno; ~ **plan** obchodní plán; ~ **premises** provozovna; ~ **rate** místní daň z podnikání; ~ **tort** úmyslné porušení práva v obchodě; ~ **written** upsaný obchod, *pojišť.* sjednaná pojištění; **run a** ~ podnikat, vést podnik **2** záležitost, agenda; povinnost; **government** ~ vládní záležitosti; ~ **committee** *brit.* výbor Dolní sněmovny zabývající se programem jednání sněmovny; **engage in the** ~ **of the Court** zabývat se záležitostmi Soudního dvora; **undertake legal** ~ vyřizovat právní záležitosti

**buy** [bai] *(n)* koupě; **good / bad** ~ dobrá / špatná koupě

**buy** */bought, bought/* [bai, bo:t] *(v)* st. kupovat, nakupovat co; ~ **and sell agreement** dohoda o koupi a prodeji

**buyer** ['baiə(r)] *(n)* kupující, kupec

**buyout** ['baiˌaut] *(n)* skoupení

**by** [bai] *(prep)*: ~ **the Constitution** podle ústavy; ~ **estimation** odhadem; ~ **implication** nepřímo; ~ **operation of law** ze zákona; ex officio; ~ **virtue of** st. z moci, z pověření

**by-election** ['baiiˌlekšən] *(n)* doplňovací volby

**by-law, bylaw, bye-law, byelaw** ['bailo:] *(n)* **1** podzákonný právní předpis **2** autonomní norma, vyhláška orgánů místní správy **3** *am.* stanovy obchodní společnosti

# C

C [si:]: **category** "C" **prisoners** brit. přibl. odsouzení v nápravném zařízení s dozorem; **Schedule** C brit. systém zdaňování podílů u vládních akcií; **Table** C brit. vzorová společenská smlouva a stanovy pro společnost s ručením omezeným garancí nemající akcie

**cabal** [kə'bæl] (n) tajný spolek pro politické intriky; intriky

**cabinet** ['kæbinit, am. 'kæbənit] (n) 1 vláda sbor ministrů 2 brit. užší vláda složená z ministrů důležitých ministerstev; **shadow** ~ stínový kabinet; ~ **crisis** vládní krize; ~ **government** vláda Kabinetu; ~ **minister** 1 člen vlády 2 brit. člen užší vlády; **formation of a** ~ sestavení Kabinetu

**cabotage** ['kæbota:ž, 'kæbotidž] (n) pohyb lodi uvnitř teritoriálních vod, kabotáž

**cache** [kæš] (n) tajný úkryt, skladiště; mrtvá schránka; **make a** ~ **of st.** tajně ukrýt co

**cachet** ['kæšei, kaše] (n) 1 souhlas; **place sb.'s** ~ **upon the project** souhlasit s projektem, dát projektu svůj souhlas 2 postavení; prestiž

**cadastre** [kə'dæstə(r)] (n) katastr nemovitostí obsahující hodnotu a rozlohu pozemků pro daňové a odhadní účely

**cadaver** [kə'deivə(r)] (n) am. mrtvola

**cadet** [kə'det] (n) (nej)mladší syn; mladší větev rodu

**cadge** [kædž] (v) for st. vyžebrat si co; loudit o co; škemrat o co

**caduca** [kə'dju:kə] (n) odúmrť majetek zemřelé osoby připadající státu; pozůstalost

**caducity** [kə'dju:siti] (n) 1 pomíjivost, přechodnost; stáří, senilita 2 propadnutí, zánik; neplatnost; ~ **of a legacy** propadnutí dědictví; ~ **of a treaty** neplatnost mezinárodní smlouvy

**C.A.F.** [ˌsi:ei'ef] (abbrev) cost and freight cena zahrnující cenu zboží a přepravy

**calamitous** [kə'læmitəs] (adj) katastrofální, neblahý; ~ **disregard of safety regulations** tragické zanedbání bezpečnostních předpisů

**calamity** [kə'læməti] (n) přírodní kalamita, katastrofa, neštěstí, pohroma; stav krajní nouze

**calculate** ['kælkjuleit] (v) st. 1 vypočítat co; ~ **the remuneration** vypočítat odměnu za práci 2 plánovat, mít v úmyslu co

**calculated** ['kælkjuleitid] (adj) vypočtený; záměrný; pravděpodobný

**calculation** [ˌkælkju'leišən] (n) 1 výpočet, počítání, kalkulace 2 uvažování, úvaha; chladná vypočítavost

**calculus** ['kælkjuləs] (n) výpočet; ~ **of probabilities** pojišť. výpočet pravděpodobnosti

**calendar** ['kæləndə(r)] (n) 1 brit. soupis soudních případů určených k projednání 2 am. soupis; rejstřík, seznam 3 am. pořad zasedání parlamentu

**call** [ko:l] (n) 1 telefonní hovor; volání, zavolání; 2 jmenování advokátem; ~ **to the bar** udělení titulu baristera 3 on sb. krátká formální návštěva u koho 4 výzva / požadavek zaplatit za akcie; **money at / on** ~ půjčka splatná na požádání kdykoliv vymahatelná zpět; ~ **loan** vypověditelná půjčka; ~ **option** prémiový opční obchod; ~ **price** opční cena

**call** [ko:l] (v) sb./st. 1 vyzvat koho, vyvolat koho jménem, předvolat, povolat koho; ~ **sb. in evidence** předvolat koho jako svědka; ~ **a witness** předvolat svědka 2 svolat co; ~ **a meeting** svolat schůzi 3 zahájit, otevřít co; ~ **a case in court** zahájit projednávání případu ♦ **be ~ed in question** 1 být podroben kritice, být zpochybněn 2 být pohnán před soud; ~ **to order** 1 volat k pořádku 2 zahájit jednání schůze; ~ **to witness** povolat za / jako svědka

**call** (v) **for** ['ko:lˌfo:(r)] st. vyžadovat / požadovat co; ~ **for a different electoral system** volat po jiném volebním systému

**call** (v) **in** ['ko:lˌin] sb./st. 1 zavolat koho dovnitř 2 stáhnout co, např. neplatné bankovky 3 požádat koho o pomoc

**call** (v) **upon** ['ko:ləˌpon] sb. to do st. vyzvat koho k čemu; obrátit se s žádostí na koho; ~ **upon the prisoner** vyzvat uvězněného k obhajobě své neviny; ~ **upon the Security Council to determine measures** vyzvat Radu bezpečnosti, aby stanovila opatření

**callable** ['ko:ləbl] (adj) splatný na požádání před splatností; ~ **bonds** vypověditelné obligace

**callback** ['ko:lbæk] (n) odvolání z funkce, odvolání poslance

**call-day** ['ko:ldei] (n) den, kdy je právník jmenován advokátem (po složení advokátských zkoušek)

**calling** ['ko:liŋ] (n) předvolání, vyvolání jménem

**call-up** ['ko:lap] *(n)* **1** povolávací rozkaz; ~ **paper** povolávací lístek **2** odvedenec, povolanec

**calm** ['ka:m] *(adj)* tichý; chladný; cynický; ~ **liar** cynický lhář

**calumnia** [kə'lamniə] *(n)* pomluva, nactiutrhání

**calumniate** [kə'lamnieit] *(v)* sb./st. pomlouvat, řečmi špinit; utrhat na cti koho/co

**calumniation** [kə͵lamni'eišən], **calumny** *(n)* ['kæləmni] pomluva, urážka; nactiutrhání, pomlouvání; falešné obvinění z trestného činu

**calumniator** [kə'lamnieitə(r)] *(n)* pomlouvač, nactiutrhač

**calumnious** [kə'lamniəs] *(adj)* pomlouvačný; urážlivý

**cambist** ['kæmbist] *(n)* **1** obchodník s devizami n. cizími směnkami; směnárník; specialista pro devizové arbitrážní obchody **2** devizová arbitrážní příručka

**campaign** [kæm'pein] *(n)* kampaň; **election** ~ volební kampaň; **run a** ~ vést kampaň

**campaign** [kæm'pein] *(v)* (z)účastnit se kampaně; ~ **against the death penalty** účastnit se kampaně proti trestu smrti; ~ **for the reintroduction of the death penalty** účastnit se kampaně za znovuzavedení trestu smrti

**cancel** ['kænsəl] */brit. -ll-/ (v)* st. zrušit, anulovat co; prohlásit co neplatným; odvolat co; stornovat co; ~ **a treaty** zrušit smlouvu

**cancellation** [͵kænsə'leišən] *(n)* **1** zrušení platnosti, účinnosti, moci; ~ **of a patent** zrušení patentu; ~ **of a trade mark** zrušení / výmaz obchodní známky **2** storno; ~ **for non-payment** storno pro neplacení; ~ **of premium** stornování pojistného **3** vypovězení pojistné smlouvy; výpovědní lhůta; ~ **clause** výpovědní doložka ke smlouvě; ~ **takes two months** výpovědní lhůta jsou dva měsíce

**candidacy** ['kændidəsi], *brit.* **candidature** ['kændidəčə(r), 'kændideičə(r)] *(n)* kandidatura

**candidate** ['kændidət, 'kændideit] *(n) for* st. kandidát na / pro co; **electoral** ~ kandidát ve volbách; **rival** ~s soupeřící kandidáti

**cane** [kein] *(n)* rákoska; hůl

**cane** [kein] *(v)* sb. nabít rákoskou komu; zbít koho

**caning** ['keiniŋ] *(n)* bití; výprask

**cannabis sativa L.** ['kænəbis sə'taivə͵el] *(lat)* konopí

**canon** ['kænən] *(n)* **1** kanovník **2** zákon, pravidlo, kánon; ~s **of descent** zásady dědické posloupnosti; ~s **of taxation** daňové zásady

**canon** ['kænən] *(adj)* kanonický; ~ **law** kanonické / církevní právo katolické církve

**canvas(s)** ['kænvəs] *(n)* **1** shánění volebních hlasů; volební kampaň **2** důkladné přepočítávání volebních hlasů

**canvas(s)** ['kænvəs] *(v)* sb./st. **1** agitovat koho, obcházet co, např. kraj a agitovat; shánět volební hlasy **2** on st. provést průzkum ohledně čeho

**canvasser** ['kænvəsə(r)] *(n)* **1** volební agitátor **2** skrutátor; volební komisař

**capability** [͵keipə'biləti] *(n) of doing / to do* st. schopnost dělat co; způsobilost; kvalifikace

**capable** ['keipəbl] *(adj)* **1** právně způsobilý **2** schopný; **be** ~ **of taking effect** moci nabýt účinnosti

**capacitate** [kə'pæsiteit] *(v)* sb. *for / to do* st. oprávnit, zmocnit koho k čemu; kvalifikovat koho pro co

**capacity** [kə'pæsəti] *(n)* **1** právní způsobilost, oprávnění; **criminal** ~ způsobilost být trestně odpovědný, trestní odpovědnost; **requisite** ~ požadovaná způsobilost; ~ **to sue** procesní způsobilost; ~ **defense** námitka nedostatku způsobilosti; **act in the same** ~ jednat ve stejným oprávněním **2** duševní schopnost; chápavost; **person of full age and** ~ zletilá a duševně vyspělá osoba **3** postavení, úřad, funkce; **legislative** ~ zákonodárná funkce; **in his** ~ **as chairman** ze své funkce / ve své funkci předsedy

**capias** ['keipiəs] *(lat)* „toho vezmi" název pro několik druhů soudních příkazů požadujících zajištění n. předvedení osoby

**capita** ['kæpitə] *(lat)* hlava; **per** ~ na hlavu, na osobu; jednotlivě

**capital** ['kæpitəl] *(n)* **1** kapitál, základní jmění; **circulating / floating** ~ oběžný kapitál; **paid-in** ~ vložený kapitál; **stated** ~ deklarovaný kapitál; ~ **account** konto čistého jmění **2** hlavní město velkého územního celku, nejen státu

**capital** [1] ['kæpitəl] *(adj)* hrdelní; smrtelný; ~ **crime / offence** trestný čin, za který se ukládá trest smrti; ~ **punishment** trest smrti; ~ **sentence** odsouzení k trestu smrti; ~ **sin** smrtelný hřích

**capital** [2] ['kæpitəl] *(adj)* kapitálový; investiční; ~ **account** účet čistého jmění; ~ **assurance** rezervotvorné pojištění pojištění na pojistnou částku; ~ **assured** pojistná částka; ~ **content** kapitálová složka; ~ **expenditure** investiční výdaje; ~ **gains tax (CGT)** daň z investic; ~ **levy**

dávka z majetku; ~ **outlay** kapitálový výdaj; ~ **stock** základní akciový kapitál společnosti, kmenové akcie; ~ **surplus** kapitálový přebytek; **of** ~ **or non-recurring nature** finančního n. jiného charakteru

**capitalization** [ˌkæpitəlaiˈzeišən] *(n)* **1** kapitalizace celková suma různých cenných papírů vydaných společností **2** účetní metoda výpočtu majetku pro účely hypotéky

**capitalize** [ˈkæpitəlaiz] *(v)* st. kapitalizovat co; **capitalizing type of insurance** rezervotvorné pojištění

**capitation** [ˌkæpiˈteišən] *(n)* poplatek za / na jednotlivce; ~ **expenditure** investiční výdaje; ~ **grant** dotace podle počtu členů; ~ **tax** daň na hlavu

**Capitol** [ˈkæpitəl] *(n) am.* Kapitol sněmovna Kongresu ve Washingtonu D.C.

**caption** [ˈkæpšən] *(n)* hlavička soudního spisu obsahující jméno, číslo spisu atd., úvodní část žaloby

**captious** [ˈkæpšəs] *(adj)* záludný, úskočný

**captive** [ˈkæptiv] *(n)* zajatec

**captive** [ˈkæptiv] *(adj)* **1** zajatý; zajatecký **2** *pojišť.* kaptivní; ~ **insurer** pojistitel vlastních rizik zakladatele, kaptivní pojišťovna

**captivity** [ˌkæpˈtivəti] *(n)* zajetí

**capture** [ˈkæpčə(r)] *(n)* **1** dopadení, chycení; zajmutí **2** dobytí, vzetí

**capture** [ˈkæpčə(r)] *(v)* sb. dopadnout koho; zajmout koho ·

**carcelage** [ˈka:(r)səlidž] *(n)* poplatek za vězení

**card** [ka:(r)d] *(n)* **1** karta; kartička; **business** ~ vizitka, navštívenka; **signature** ~ podpisový vzor **2** lístek, vstupenka, pozvánka **3** legitimace, průkaz; **identity** ~ průkaz totožnosti; **landing** ~ vstupní karta, kterou vyplňuje cestující pro pasové orgány; **~s** osobní spis zaměstnance

**cardinal** [ˈka:(r)dinəl] *(adj)* základní, podstatný, kardinální; ~ **rule** základní pravidlo; **be of** ~ **importance** mít zásadní význam

**care** [keə(r)] *(n)* péče, opatrnost, starostlivost; starost; **child** ~ péče o dítě; **due** ~ náležitá péče; **reasonable** ~ přiměřená péče; **slight** ~ nepatrná péče / opatrnost; ~ **order** příkaz soudu pro mladistvé o předání dítěte do péče místních úřadů ♦ ~ **of (c/o)** na adresu koho, bytem u koho; do rukou koho

**care** [keə(r)] *(v) for* sb./st. dbát, pečovat, (po)starat se o koho/co ♦ **I** ~ záleží mi na tom

**career** [kəˈriə(r)] *(n)* **1** povolání, zaměst-

nání; ~ **diplomat** profesionální diplomat; **C~s Officer** poradce pro volbu povolání **2** životní dráha; kariéra

**careful** [ˈkeə(r)fəl] *(adj)* pečlivý, důkladný

**careless** [ˈkeə(r)ləs] *(adj)* bezstarostný; nepečlivý, nedbalý; bezohledný, lehkomyslný; ~ **disposal of pesticides** lehkomyslné používání pesticidů; ~ **driving** bezohledné řízení motorového vozidla

**caretaker** [ˈkeə(r)ˌteikə(r)] **1** správce domu, dozorce, šafář **2** zastupující n. prozatímní správce, přednosta, vedoucí úřadu; ♦ ~ **government** dosavadní / prozatímní vláda fungující do nastoupení nové vlády; ~ **Prime Minister** prozatímní předseda vlády

**cargo** [ˈka:(r)gəu] *(n)* náklad lodi, letadla, nákladního auta; **discharge a** ~ vyložit náklad; **take in** ~ naložit náklad

**carload** [ˈka:(r)ləud] *(n)* **1** minimální náklad nutný pro přiznání sníženého tarifu **2** plné auto čeho

**carnal** [ˈka:(r)nəl] *(adj)* **1** tělesný **2** pohlavní, sexuální; ~ **abuse** pohlavní zneužití; ~ **knowledge of sb.** pohlavní styk s kým; ~ **intercourse** pohlavní styk

**carriage** [ˈkæridž] *(n)* **1** dopravné; **bill of** ~ účet dopravného; železniční nákladní list; ~(**-**) **forward** nevyplaceně dovozné hradí příjemce; ~(**-**)**free / paid** vyplaceně, franko **2** nošení; ~ **of weapons** nošení zbraní

**carrier** [ˈkæriə(r)] *(n)* **1** dopravce, přepravce, zasílatel; **common** ~ veřejný dopravce; **private** ~ soukromý smluvní přepravce; ~**'s lien** zadržovací právo přepravce **2** doručitel, doručovatel

**carry** [ˈkæri] *(v)* st./sb. **1** nést co; ~ **a weight** být závažný, mít význam; ~ **concealed weapons** provádět nedovolené ozbrojování **2** dopravovat co **3** účetně převést, přenést co; ~ **to account** zaúčtovat, zúčtovat **4** vést koho jako dlužníka; vést co jako dluh ♦ ~ **an election** vyhrát volby

**carry** *(v)* **on** [ˌkæriˈon] st. **1** provádět, vykonávat co; provozovat co; ~ **on trade / business** provozovat obchod / podnikání; **the government is to be ~ied on efficiently** vládnutí má být prováděno efektivně **2** pokračovat; ~ **on (with) the work** pokračovat v činnosti / práci

**carry** *(v)* **out** [ˌkæriˈaut] st. **1** provést, (vy)konat co, např. rozsudek; provozovat co; ~ **out arbitration** konat arbitrážní řízení; ~ **out functions** vykonávat funkce; ~ **out insurance**

provozovat pojištění; **~ out the obligation**
splnit závazek; **~ out work** vykonávat práci
**2** uskutečňovat, realizovat co; **~ out govern-
ment programs** realizovat vládní programy
**3** vynést rozsudek
**carry** (v) **over** [ˌkæriˈəuvə(r)] st. účetně přenést,
převést co
**carrying-agent** [ˌkæriiŋˈeidžənt] (n) dopravce
**carrying(-)charge** [ˌkæriiŋˈča:(r)dž] (n) popla-
tek za vedení splátkového účtu
**carrying(-)costs** [ˌkæriiŋˈkosts] (pl) udržovací
náklady
**carry(-)over** [ˈkæriˌəuvə(r)] (n) účetní převod,
převedení
**carte blanche** [ˌka:(r)tˈblaŋš] (fr) neomezená
plná moc; volná ruka
**cartel** [ka:(r)ˈtel] (n) **1** kartel **2** dohoda mezi
válčícími stranami o výměně zajatců, doručování
pošty
**case** [keis] (n) **1** právní případ, věc, kauza
projednávané soudem; **ascertained ~** zjištěný pří-
pad; **civil ~** občansko-právní věc; **criminal ~**
trestní případ / věc; **law ~** právní případ /
věc; **leading ~** důležitý precedens; **non-crim-
inal ~** jiný než trestněprávní případ; **petty
~** bagatelní věc; **previous ~** předcházející
věc; **~ reserved** případ s výhradou; **~ at bar**
projednávaný soudní případ; **~ in chief** hlavní
stadium řízení; **~ of first impression** případ
nemající precedent; **~ of first instance** věc
projednávaná soudem první instance; **~ au-
thority** soudní precedens; **~ law** soudcovské /
precedenční právo; **doctrine of the binding ~**
princip závazného případu; **hearing of the ~**
projednávání případu; **preparation of the ~**
příprava případu; **representation of the ~**
vylíčení / prezentace případu; **at the opening
of the ~** na začátku projednávání případu; **in
the ~ of st.** v případě čeho; **be a party to a ~**
být zúčastněnou stranou / účastníkem v kauze;
**bring a ~ before the jury** předložit případ
porotě; **conduct a ~ in court** vést / zastupovat
věc u soudu; **decide on the ~** rozhodovat spor,
rozhodovat ve věci; **have a good ~** mít naději
na výhru ve sporu; **hear a ~** projednávat pří-
pad; **hold a law ~** projednávat právní případ;
**open the ~** začít projednávat případ; **refer a ~
to the court** předložit případ soudu **2** souhrn
faktů, odůvodnění, argumenty např. pro porotu
n. soud; **make out a ~ for / against sb./st.**
uvést všechny důkazy pro / proti komu/čemu

**3** trestní případ vyžadující vyšetřování policie
♦ **as the ~ may be** podle toho, eventuálně; **as
the ~ stands** podle toho, jak se věci mají; **in ~**
l v případě, že, jestliže; kdyby **2** pro všechny
případy; **in any ~** v každém případě; **in no ~**
v žádném případě; **in ~ of need** v případě
potřeby
**casebook** [ˈkeisbuk] (n) sbírka precedentů
**cash** [kæš] (n) peněžní hotovost; **~ in advance**
placení v hotovosti předem; **~ in bank** ban-
kovní hotovost; **~ in hand** pokladní hotovost,
stav pokladny; **~ on delivery** na dobírku;
**~ balance** pokladní uzávěrka; **~ discount**
sleva při placení v hotovosti; **~ dividend**
dividendy vyplácené v hotovosti; **~ flow** příjmy,
příjem firmy; **~ market value** hodnota na
hotovostním trhu; **~ messenger insurance**
pojištění pro případ oloupení posla kurýra; **~
method** metoda dle platby / inkasa; **~ order**
pokladní příkaz; **~ payment** platba v hotovos-
ti; **~ price** cena za hotové; **~ received** přijaté
inkaso; **~ settlement** výplata v hotovosti; **~
value** skutečná cena, kupní hodnota; hodnota
hotovosti; **~ value option** opce za odkoupení
pojistky
**cash** [kæš] (v) st. proplatit co; **~ a cheque**
proplatit šek
**cashier** [ˈkæšiə(r)] (n) pokladník
**cashier** [ˈkæšiə(r)] (v) sb./st. **1** propustit koho ze
zaměstnání / služby **2** odmítnout, zavrhnout
co
**cast** /cast, cast/ [ka:st, ka:st] (v) st./sb. **1** sestavit,
uspořádat co; **~ a vote** hlasovat; **casting vote**
rozhodující hlas např. předsedy při rovnosti hlasů
**2** odsoudit koho k náhradě **3** propustit koho ze
služby; **~ a policeman** propustit policistu
**cast** /cast, cast/ (v) st. **(up)on** [ˈka:stəˈpon] sb.
svalit co na koho; **~ doubt on sb./st.** zpochyb-
nit koho/co
**castigate** [ˈkæstigeit] (v) sb. trestat koho bitím;
kárat koho
**castigation** [ˌkæstiˈgeišən] (n) potrestání bitím;
pokárání
**casual** [ˈkæžjuəl] (n) příležitostný dělník; ná-
hodný zákazník
**casual** [ˈkæžjuəl] (adj) **1** nahodilý, náhodný;
příležitostný; **~ employment** příležitostné za-
městnání; **~ labourer** příležitostný dělník;
**~ sale** příležitostný prodej **2** neurčitý, nepřes-
ný **3** neformální, nenucený; nedbalý, ležérní
♦ **~ deficit** momentální nezamýšlený deficit

**casualties** ['kæžjuəltis] *(pl)* ztráty při bojové akci
**casualty** ['kæžjuəlti] *(n)* **1** nahodilá událost **2** nehoda, neštěstí **3** oběť nehody, zraněný, mrtvý; **traffic ~ies** mrtví při dopravních nehodách ♦ **~ insurance** 1 úrazové pojištění **2** *hl. am.* neživotní pojištění
**casus belli** ['keisəs͵belai] *(lat)* případ pro válku, důvod k vypovězení války
**catch** */caught, caught/* [kæč, ko:t] sb./st. chytit, dohonit koho/co ♦ **~ the Speaker's eye** zvednutím ruky požádat předsedu Dolní Sněmovny o vystoupení v rozpravě (o poslanci)
**category** ['kætigəri] *(n)* kategorie; **~ies of construction types** *pojišť.* stavební kategorie
**cater** ['keitə(r)] *(v)* starat se o zásobování / pohoštění a zábavu
**caterer** ['keitərə(r)] *(n)* dodavatel, zásobovatel jídla, potravin
**cattle** ['kætl] *(n)* dobytek
**caucus** ['ko:kəs] *(n)* skupina nejvlivnějších členů politické strany
**causa** ['ko:zə] *(lat)* kauza, důvod, příčina
**causal** ['ko:zəl] *(adj)* příčinný, kauzální
**causality** [ko:'zæləti] *(n)* kauzalita, příčinnost; **the law of ~** zákon kauzality
**causation** [ko:'zeišən] *(n)* působení; příčina; příčinnost
**causative** ['ko:zətiv] *(adj)* zdůvodňující, ospravedlňující; způsobující; **poverty as a ~ factor in crime** chudoba jako faktor vedoucí ke kriminalitě
**causator** ['ko:zətə(r)] *(lat)* strana ve sporu
**cause** [ko:z] *(n)* **1** právní příčina, důvod; **light and transient ~s** nedůležité a přechodné příčiny; **~ for divorce** příčina rozvodu; **~ in fact** skutečná příčina; **~ of action** důvod žaloby; **~ of cancellation** příčina storna; **~ of a crime** příčina trestného činu; **~ of injury** příčina újmy; **declare the ~s** uvést příčiny; **split a ~ of action** vyloučit ze společného řízení; rozdělit soudní řízení o určité části bude jednáno zvlášť **2** věc, kauza, právní spor; **matrimonial ~s** manželské spory; **~ list** seznam případů k projednání **3** věc; **serve the ~ of st.** sloužit věci čeho
**cause** [ko:z] *(v)* st. způsobit co, být příčinou čeho; **~ an insured loss deliberately** úmyslně způsobit pojistnou událost
**caution** ['ko:šən] *(n)* **1** výstraha, varování **2** policejní oznámení osobě, že může být obviněna z trestného činu a že cokoliv, co řekne,

může být použito jako důkaz proti ní **3** obezřetnost, opatrnost
**caveat** ['kæviət, 'keiviæt] *(lat)* **1** „nechť pečuje"; uložení péče o co; **~ actor** péči má mít žalobce **2** povinnost snášet nebezpečí / riziko věci; **~ emptor** riziko nese kupující, prodej bez záruky; **~ to will** způsob napadení platnosti závěti; **~ venditor** riziko nese prodávající; **~ viator** povinnost chodce zachovávat na cestě náležitou opatrnost **3** námitka; **enter / put in / file a ~ against st.** podat námitku proti čemu
**caveat** ['kæviət, 'keiviæt] *(v)* *against* st. namítat, podat námitku proti čemu
**caveator** ['keivietə(r)] *(n)* odpůrce, namítající
**cease** [si:s] *(v)* *to do* st. přestat s čím, skončit co, přestat co dělat; **~ to hold office** přestat být ve funkci / úřadu; **~ to operate** přestat fungovat; **~ payment** zastavit platbu; **~ and desist order** příkaz k zastavení činnosti firmy
**cease-fire** [͵si:s'faiə(r)] *(n)* příměří
**cede** [si:d] *(v)* st. **1** odstoupit co, území; **~ territory to sb.** postoupit území komu **2** postoupit co, právo; cedovat co; **ceding company** cedující předávající společnost
**cell** [sel] *(n)* cela vězeňská; **the ~s** policejní cela
**censor** ['sensə(r)] *(n)* cenzor
**censorable** ['sensərəbl] *(adj)* podléhající cenzuře
**censorship** ['sensə(r)šip] *(n)* cenzura
**censure** ['senšə(r)] *(n)* ostrá kritika; pokárání, důtka; napomenutí; **motion of ~ / ~ motion** *brit.* opoziční návrh na hlasování o vyřčení napomenutí vládě
**censure** ['senšə(r)] *(v)* sb./st. kritizovat, napomenout, pokárat koho/co
**census** ['sensəs] *(n)* sčítání lidu; **C~ Bureau** *am.* Úřad pro sčítání lidu; **~-paper** sčítací arch ♦ **~ of public opinion** zkoumání veřejného mínění
**central** ['sentrəl] *(adj)* ústřední, centrální; **C~ Criminal Court** *brit.* Ústřední trestní soud tzv. Old Bailey, **~ government** ústřední vláda; **C~ Intelligence Agency (CIA)** *am.* Ústřední zpravodajská služba
**centre** *(am.* center) ['sentə(r)] *(n) for* st. **1** střed, centrum; **city ~** střed města **2** středisko čeho / pro co; **Legal Aid C~** středisko právní pomoci
**centre** *(am.* center) ['sentə(r)] *(v) on* st. soustředit se na co

**ceremonial** [ˌseri'məuniəl] *(adj)* obřadní, slavnostní

**ceremony** ['seriməni] *(n)* obřad, slavnost

**certain** ['sə:(r)tən] *(adj)* jistý, určitý; nějaký, některý

**certainty** ['sə:(r)tənti] *(n)* 1 jistota 2 jistá věc

**certifiable** [ˌsə:(r)ti'faiəbl] *(adj)* podléhající ověření; ověřitelný

**certificate** [sə(r)'tifikət] *(n)* 1 osvědčení, certifikát; potvrzení; **delivery-acceptance** ~ dodací list; **land** ~ výpis z pozemkové knihy; **mortgage** ~ zástavní list; **trading** ~ koncese, živnostenské oprávnění, živnostenský list; ~ **of amendments** doklad o dodatcích ke společenské smlouvě; ~ **of authority** úřední povolení; ~ **of baptism / birth** křestní / rodný list; ~ **of competency** doklad o způsobilosti; ~ **of death** úmrtní list; ~ **of delivery** dodací list; ~ **of deposit** depozitní certifikát; ~ **of dispatch** potvrzení o odeslání; ~ **of existence** průkaz o existenci; ~ **of good conduct** osvědčení o dobrém chování; ~ **of identity** *přibl.* průkaz totožnosti; ~ **of incorporation** osvědčení o zapsání firmy do obchodního rejstříku, *přibl.* výpis z obchodního rejstříku; ~ **of indebtedness** certifikát o zadlužení; ~ **of insurance** pojistná smlouva dokument; pojistný certifikát; ~ **of need** doklad o potřebnosti; ~ **of origin** potvrzení o původu zboží; ~ **of redemption** osvědčení o vykoupení; ~ **of registration** potvrzení o registraci; ~ **of registry** rejstříkový list; ~ **of roadworthiness** osvědčení o technickém stavu vozidla, technický průkaz; ~ **of stock** osvědčení o vlastnictví akcií; ~ **of title** vlastnický certifikát 2 ověřený listin

**certificate** [sə(r)'tifikeit] *(v)* sb./st. vydat osvědčení komu/čemu; aprobovat koho

**certificated** [sə(r)'tifikeitid] *(adj)* mající potvrzení / osvědčení; ~ **bankrupt** fyzická osoba osvobozená od bankrotu na základě potvrzení soudu, že úpadek sama nezavinila

**certification** [ˌsə:(r)tifi'keišən] *(n)* činnost 1 osvědčení; potvrzení; ~ **mark** osvědčení o známce 2 ověřování listin

**certified** ['sə:(r)tifaid] *(adj)* pověřený, úředně stanovený, uznaný; diplomovaný; úředně ověřený; ~ **carrier** ověřený dopravce; ~ **cheque** bankou ověřený šek; ~ **copy** ověřený opis; ~ **public accountant (CPA)** am. diplomovaný účetní držitel státem kontrolované

koncese po složení státních zkoušek; ~ **translator** *přibl.* soudní tlumočník, soudní překladatel

**certify** ['sə:(r)tifai] *(v)* st./sb. 1 ověřit co 2 osvědčit co 3 pověřit koho, dát oprávnění komu

**certiorari** [ˌsə:(r)tio:'reərai] *(lat)* „být informován"; předložení věci / případu vyšší instanci k přezkoumání; **bill of** ~ návrh na předložení soudního spisu; **order / writ of** ~ příkaz k předložení věci vyšší instanci k přezkoumání; ~ **facias** [ˌsə:(r)tio:'reəriˌfeisiəs] případ má být přezkoumán

**cessation** [se'seišən] *(n)* zastavení, skončení; ~ **of business** zastavení aktiv, zastavení podnikání; ~ **of interest** zánik účasti; ztráta zájmu; ~ **of labour** přerušení práce; ~ **of marriage** rozluka manželství; ~ **of payment of premiums** zastavení placení pojistného

**cess** [ses] *(n)* poplatek, daň, dávka

**cesser** ['sesə(r)] *(n)* 1 zanedbání, opominutí služeb / platů 2 vypršení / skončení lhůty; zánik povinnosti; ~ **of a mortgage** skončení hypotéky

**cession** ['sešən] *(n)* 1 postoupení práva, pohledávky; předání; ~ **of portfolio** předání kmene 2 odstoupení, vzdání se, cese majetku; ~ **of goods** vzdání se majetku

**cessionary** ['sešənəri] *(n)* postupník, cesionář

**cessor** ['sesə(r)] *(n)* postupitel, cedent

**cestui que** ['setiki] *(lat)* ten, kdo; ~ **trust** oprávněný z titulu svěřenství; ~ **use** osoba, v jejíž prospěch jiná osoba užívá pozemku; ~ **vie** [ˌsetiki'vi:] osoba, na jejíž dožití je omezeno či vázáno právo / povinnost

**cf.** [si:'ef] *(abbrev, lat)* confer! [kən'fe:ə(r)] srov., srovnej, porovnej; čteme: **compare** [kəm'peə(r)]

**C.F.** [si:'ef] *(abbrev)* cost and freight cena zahrnující cenu zboží a dopravy

**C.F.I.** [ˌsi:ef'ai] *(abbrev)* cost, freight, insurance cena zahrnující cenu zboží, dopravy a pojištění

**chain** [čein] *(n)* 1 řetěz jednotka rozlohy půdy 2 řetěz, sled; ~ **of title** sled vlastnických titulů 3 okovy, řetěz u vězně

**chain-store** [čeinstɔ:(r)] *(n)* filiálka v obchodní síti

**chair** [čeə(r)] *(n)* 1 předsednictví, předseda; **be called to the** ~ být zvolen předsedou; **take the** ~ **at meetings** předsedat na schůzích 2 am. elektrické křeslo

**chairman** ['čeə(r)mən], (pl) **-men** (n) předsedající, předseda

**chairperson** ['čeə(r)ˌpə:(r)sən] (n) předseda, předsedkyně, předsedající

**chairwoman** ['čeə(r)ˌwumən], (pl) **-men** (n) předsedkyně

**challenge** ['čælindž] (n) to st. **1** výzva **2** protest, námitka proti čemu; **peremptory** ~ kategorická námitka proti porotci bez udání důvodu; ~ **for cause** odůvodněné námitky vůči porotci; **a ~ to unauthorized use of public funds** protest proti neoprávněnému využívání veřejných finančních prostředků

**challenge** ['čælindž] (v) st. **1** vyzvat co **2** právnicky napadnout co; ~ **st. in court** napadnout co, vznést námitky proti čemu u soudu

**chamber** ['čeimbə(r)] (n) sněmovna, komora; **Higher C~** horní sněmovna; **C~ of Commerce** obchodní komora

**chambers** ['čeimbərz] (pl) **1** soudcova úřadovna / kancelář; **in ~** neveřejně projednávat případ, neveřejné jednání, za zavřenými dveřmi; ~ **counsel** soukromý právní poradce; tajný rada **2** (MP) pobřežní část moře se zvláštním režimem

**chance** [ča:ns, am. čæns] (n) náhoda; risk; ~ **bargain** riskantní obchod; ~ **medley** zabití v sebeobraně

**chancellor** ['ča:nsələ, am. 'čænsələr] (n) **1** kancléř; **Lord C~** brit. lord kancléř ministr spravedlnosti a předseda sněmovny lordů; **Lord High C~ of Great Britain** brit. Nejvyšší lord kancléř; **C~ of the Exchequer** brit. ministr financí **2** soudce ekvitních soudů **3** brit. rektor univerzity

**chancery** ['ča:nsəri, am. 'čænsri] (n) **1** brit. kancléřský soud, ekvitní soud; ekvitní jurisdikce; **C~ Division** brit. soud Lorda kancléře jedno oddělení Vrchního soudu; **in ~** projednávaný ekvitním soudem **2** rozhodování podle práva spravedlnosti eqvity

**change** [čeindž] (n) změna; výměna, záměna; ~ **of beneficiary** změna oprávněné osoby při pojistném plnění; ~ **over** změna, výměna prostředků, lidí; ~ **of venue** přikázání / předání kauzy jinému soudu z důvodu podjatosti

**change** [čeindž] (v) st. **1** změnit co **2** (z)měnit se

**changeable** ['čeindžəbl] (adj) proměnlivý; měnitelný

**chaplain** ['čæplin] (n) kněz, kaplan, kazatel pro určitou skupinu; **prison** ~ vězeňský kaplan

**chapter** ['čæptə(r)] (n) **1** kapitola, hlava **2** brit. parlamentem schválený zákon

**character** ['kærəktə(r)] (n) povaha, charakter, ráz; **comprehensive** ~ souhrnný / všestranný charakter; **general** ~ celková povaha; **in** ~ svou povahou, svým charakterem

**characteristics** [ˌkærəktə'ristiks] (sg) charakteristika, typická vlastnost, znak

**characterize** ['kærəktəraiz] (v) st. charakterizovat co

**charge** ['ča:(r)dž] (n) **1** starost, péče, dohled; **public** ~ potřebná osoba; **be in** ~ **of st.** být zodpovědný za co, mít na starosti co; **be put in** ~ **of st.** dostat co na starost **2** (TP) obžaloba; **criminal** ~ obžaloba z trestného činu; **bring a criminal** ~ podat trestní obžalobu; **prove a criminal** ~ dokázat obžalobu z trestného činu **3** obvinění; ~ **against sb.** obvinění proti komu **4** nárok, zatížení, břemeno, zástavní právo; **floating** ~ neinkasované břemeno např. dosud neinkasované krátkodobé dluhopisy; ~ **and discharge** nárok a kompenzační nárok; ~ **back** vrácení transakce úvěru bankou; ~ **on land / over property** hypotéka jako jistina za půjčku ♦ ~ **to jury** poučení poroty soudcem před vynesením verdiktu

**charge** (v) sb. **with** ['ča:(r)dž,wið] st. **1** (TP) obžalovat koho z čeho; ~ **with conspiracy to commit arson** obžalovat z přípravy trestného činu žhářství; ~ **a person on indictment with a crime** obžalovat osobu z trestného činu na základě formální obžaloby **2** čínit koho odpovědným za co, pověřit koho čím; **be ~d with responsibility for st.** mít odpovědnost za co **3** zatížit závazkem / povinností / hypotékou ♦ **charging lien** zadržovací právo; **charging order** platební příkaz, příkaz k úhradě

**charges** ['ča:(r)džiz] (pl) **1** náklady, výdaje; poplatek, poplatky; **bank** ~ bankovní poplatky; **carriage** ~ dovozné; **connection** ~ poplatek za vybudování přípojek elektřiny, vody, atd.; **conveyance** ~ přepravné; **excess-weight** ~ poplatek za nadváhu zavazadla; **late** ~ úroky z prodlení; ~ **for electricity and gas** poplatky za elektřinu a plyn **2** obvinění; **drop / withdraw the** ~ stáhnout obvinění; **press the** ~ **against sb.** formálně obvinit koho z trestného činu

chargeable ['ča:(r)džəbl] *(adj)* **1** *on* sb. účtovatelný; uvalitelný o daních; **VAT ~ on the landlord** DPH účtovatelná vlastníkovi / pronajímateli **2** *for* st. žalovatelný, obvinitelný z čeho
charitable ['čæritəbl] *(adj)* **1** dobročinný; ~ **bequest** dobročinný odkaz; ~ **corporation / trust** *přibl.* charitativní korporace / společnost / organizace; ~ **institution** dobročinné zařízení; ~ **purpose** dobročinné cíle uváděny při žádosti o daňové úlevy; ~ **trust** charitativní trust; ~ **use** charitativní využití **2** bezplatný
charity ['čærəti] *(n)* dobročinnost; štědrost; charita; **public** ~ veřejná charita ve prospěch veřejnosti
chart [ča:(r)t] *(n)* **1** tabulka **2** navigační mapa
charter ['ča:(r)tə(r)] *(n)* **1** smlouva o provozu lodi, letadla; **time** ~ pronájem na určitou dobu nikoliv na akci; ~ **agreement** smlouva o nájmu lodi, letadla; ~ **plane** pronajaté letadlo **2** charta; královská listina; **the United Nations** ~ *(OSN)* Charta Spojených národů; **under the C~** podle Charty **3** stanovy; úřední povolení; zakládací listina; **bank** ~ úřední povolení k výkonu bankovní činnosti
charter ['ča:(r)tə(r)] *(v)* sb./st. **1** najmout n. odkoupit co pro dočasné použití **2** udělit výsadu komu, privilegovat koho
chartered ['ča:(r)tərəd] *(adj)* **1** úřední znalec; mající úřední oprávnění; autorizovaný, diplomovaný; ~ **accountant** *brit.* diplomovaný účetní se státními zkouškami; ~ **company** výsadní obchodní společnost; ~ **surveyor** *brit.* úřední odhadce nemovitostí, výše nájemného **2** pronajatý, odkoupený pro zvláštní účely; ~ **bus / plane / ship** autobus, letadlo, loď pronajaté pro speciální účel
chattel ['čætl] *(n)* *přibl.* osobní a movitý majetek; **corporeal** ~s hmotné věci movité; ~s **incorporeal** nehmotný majetek; ~s **personal** práva k osobnímu a movitému majetku; ~s **real** movitý majetek a omezená práva k nemovitostem; **goods and** ~s movitý majetek; **lien** retenční právo; ~ **mortgage** movitá zástava / hypotéka; zástavní právo k věci; ~ **paper** doklad osvědčující právo k věci movité
cheat [či:t] *(n)* **1** podvod **2** podvodník
cheat [či:t] *(v)* podvádět; ~ **on one's wife** být nevěrný v manželství
check ¹ [ček] *(n)* **1** kontrola; ~s **and balances**

systém vzájemné kontroly a vyvážení mezi jednotlivými složkami – mocí výkonnou, zákonodárnou a soudní; ~ **of the power** kontrola moci, prověrka; ~ **on government employees** prověrka vládních úředníků **2** dozor, dohled **3** ověření; šetření **4** zastavení; **put a** ~ **on the sale of firearms** zastavit prodej zbraní
check ², **cheque** [ček] *(n)* šek; **cashier's** ~ bankovní šek pro interní potřebu banky; **osobní šek** pro vlastní výběr z konta; **traveller's** ~ cestovní šek; ~**-off system** systém srážek z platu
check [ček] *(v)* st. **1** (z)kontrolovat co, dohlížet na co **2** ověřit co, prověřit co **3** zastavit, zdržet co; ~ **the entry of contraband into the country** zastavit dovoz pašovaného zboží do země
chemical ['kemikəl] *(n)* chemikálie
chemical ['kemikəl] *(adj)* chemický; ~ **warfare** chemická válka
chief [či:f] *(n)* představený, šéf; velitel; **Commander-in-C~ of the Armed Forces** vrchní velitel ozbrojených sil; ~ **of State** hlava státu
♦ **declaration in** ~ hlavní důvod žaloby; **examination in** ~ výslech svědka stranou, která ho předvolala
chief [či:f] *(adj)* hlavní, vrchní, nejvyšší; ~ **accountant** hlavní účetní; ~ **clerk** prokurista; ~ **collector of customs** vedoucí celní správy; ~ **desk officer** vedoucí odborný referent; ~ **executive** *am.* **1** prezident **2** guvernér státu; ~ **justice** předseda soudu; vyššího soudu; **C~ Justice of the United States** nejvyšší soudce USA; ~ **officer** nejvyšší úředník; ~ **prosecutor** hlavní státní žalobce; ~ **teller** hlavní pokladník
child [čaild], *(pl)* **children** ['čildrən] dítě; **first** ~ prvorozené dítě; **illegitimate** ~ nelegitimní dítě, dítě narozené mimo manželství; **legitimate** ~ legitimní dítě, dítě narozené v manželství; **natural** ~ nemanželské dítě uznané otcem; **posthumous** ~ pohrobek; ~**'s part** dědický podíl dítěte; ~ **benefit** státní přídavek na dítě; ~ **care** péče o dítě; ~ **destruction** úmyslné zabití životaschopného lidského plodu; ~ **labour** dětská práce; ~ **support** *am.* vyživovací povinnost k dítěti po rozvodovém řízení jako součást majetkového vypořádání
childless ['čaildləs] *(adj)* bezdětný; **remain** ~ zůstat bezdětný

chirograph ['kaiərəugra:f, *am.* -græf] *(n)* vlastnoručně psaná a podepsaná listina

choice [čois] *(n)* 1 výběr, volba; **freedom of ~** svoboda volby / výběru; **~ of law clause** doložka o volbě práva pro řešení smluvních konfliktů 2 vybraný kandidát; **several ~s for the nomination** několik kandidátů na funkci

choke [čəuk] *(n)* škrcení, dušení

choke [čəuk] *(v)* sb. (za / u)škrtit, (za)rdousit koho

choose /chose, chosen/ [ču:z, čəuz, čəuzən] *(v)* sb./st. zvolit, vybrat koho/co

chose [šəuz] *(n)* věc, část osobního majetku; **~ in action** pohledávka, nehmotné právo; **~ in possession** *přibl.* movitá věc, právo k movité věci

church [čə:č, *am.* čə:rč] *(n)* 1 církev; **C~ of England** Anglikánská církev; **C~ Commissioners** správci majetku Anglikánské církve 2 kostel; **~ register** farní matrika

C.I.F. [ˌsi:ai'ef] *(abbrev)* cost, insurance, freight cena zahrnující cenu zboží, pojištění a dopravy

cipher ['saifə(r)] *(n)* šifra; parafa

circuit ['sə:(r)kit] *(n)* soudní obvod šest v Anglii a Walesu, třináct v USA; **~ court** obvodový / obvodní soud; **~ judge** soudce obvodového / obvodního soudu; **~ paper** pořad zvláštních zasedání soudu

circular ['sə:(r)kjulə(r)] *(n)* oběžník; **offering ~** nabídkový oběžník

circular ['sə:(r)kjulə(r)] *(adj)* oběžný, okružní; **~ letter of credit / note** okružní akreditiv

circulating ['sə:(r)kjuleitiŋ] *(adj)* obíhající; oběžný; **~ capital** oběžný kapitál; **~ medium** oběživo

circulation [ˌsə:(r)kju'leišən] *(n)* oběh, pohyb, kolování; **free ~ of goods** volný oběh zboží

circumstance ['sə:(r)kəmstəns] *(n)* okolnost; **aggravating ~s** přitěžující okolnosti; **in certain ~s** za určitých okolností; **in ordinary ~s** za obvyklých okolností; **under the ~s** za okolností

circumstantial [ˌsə:(r)kəm'stænšəl] *(adj)* okolnostní; **~ evidence** nepřímý důkaz, indicie

circumvent [ˌsə:(r)kəm'vent] *(v)* obejít / obcházet zákon

circumvention [ˌsə:(r)kəm'venšən] *(n)* obejití / obcházení zákona

citation [sai'teišən] *(n)* 1 soudní předvolání, obsílka 2 citace, citát; **laws of ~** citační zákony; **~ of authorities** odvolání se na

právní autority; **~ clause** *brit.* „citační klauzule" ustanovení v návrhu zákona o tom, jak se bude přijatý zákon zkráceně nazývat

cite [sait] *(v)* st./sb. 1 svolat co; předvolat koho k soudu, oznámit žalované straně zahájení řízení 2 citovat co/koho

citizen ['sitizən] *(n)* 1 občan; **enfranchised ~** občan s volebním právem; **ordinary ~** řadový občan; **~ informant** občan svědek; **~'s arrest** uvěznění soukromou osobou / občanem nikoliv policií 2 státní příslušník 3 měšťan

citizenship ['sitizənšip] *(n)* státní občanství, státní příslušnost

city ['siti] *(n)* velké město, městské centrum; **~ council** městská rada; **~ state** městský stát

civic ['sivik] *(adj)* 1 občanský 2 městský

civics ['siviks] *(sg)* 1 věda o státní a místní veřejné správě 2 občanská výchova výukový předmět

civil ['sivil] *(adj)* 1 občanský; občanskoprávní; civilní; **~ action** 1 občanskoprávní řízení 2 žaloba v občanskoprávní věci; **~ bail** civilní kauce, záruka; **C~ code** občanský zákoník; **~ commotion** občanské nepokoje; **~ death** občanská smrt, ztráta veškerých občanských práv, např. v důsledku spáchání závažných trestných činů; **~ defence** civilní obrana; **~ disability** omezení občanskoprávní způsobilosti; **~ disobedience** občanská neposlušnost; **~ disorder** občanské nepokoje; **C~ Division of the Court of Appeal** *přibl.* občanskoprávní kolegium Odvolacího soudu ES; **~ jury trial** prvoinstanční občanský proces s porotou; **~ law** kontinentální občanské právo; **~ liability** občanskoprávní odpovědnost; **~ liberties** občanské svobody; **~ litigation** občanský soudní spor; **~ nuisance** rušení vlastnického práva; **~ offence** trestný čin proti veřejnému pořádku; **~ proceedings** občanskoprávní řízení, občanský proces; **~ procedure** občanské právo procesní; **~ rights movement** hnutí za občanská práva; **~ suit** 1 občanskoprávní řízení 2 žaloba v občanskoprávní věci; **~ trial** občanské soudní řízení; **~ war** občanská válka; **~ wrong** občanskoprávní delikt, protiprávní chování podle občanského práva 2 státní; **~ office** státní úřad; **~ officer** státní úředník; **~ servant** státní zaměstnanec, zaměstnanec ve státní službě; **~ service** státní služba; ♦ **~ fraud** úmyslný daňový únik

civilian [si'viljən] *(n)* **1** znalec občanského práva, civilista **2** civilní osoba, civilista nevoják
civilian [si'viljən] *(adj)* civilní, občanský; **~ duty** pracovní povinnost; **~ population** civilní obyvatelstvo
civilize ['sivilaiz] *(v)* st./sb. civilizovat co/koho (se), zušlechtit co/koho
claim [kleim] *(n)* **1** nárok, pohledávka; žaloba; důvod žaloby; **adverse ~** protinárok; **~ and delivery** žaloba o náhradu škody a navrácení majetku; **~ for compensation / indemnification** nárok na náhradu škody; **~ for damages** nárok na náhradu škody; žaloba o náhradu škody; **~ for injury** nárok uplatňovaný za škodu; **~ in due time** včasná reklamace, včasné uplatnění nároku; **~ of recourse** regresní nárok nárok na postih; **nature of the ~** povaha nároku; **proof of ~** **1** místopřísežné prohlášení věřitele o výši dlužné částky, na niž má nárok v konkursním řízení **2** průkaznost nároku na plnění pojistné částky; U.S. **Court of C~s** *am.* federální soud příslušný k projednání žalob proti federaci; **~ perclusion** vyloučení nároku; **contest the ~** popřít nárok; **lay / make a ~ to sb.** uplatnit nárok vůči komu; **prove one's ~** prokázat vlastní nárok; **settle a ~** uspokojit pohledávku / nárok **2** *pojišť.* pojistná událost, škoda; **~ adjuster** likvidátor škod, odhadce; **~ amount** plnění, výše škody; **~s costs** náklady na plnění; **~ deferred** odklad likvidace pojistné události; **~s expenses** likvidační náklady; **~ form** formulář hlášení škody; **~s handling procedure** způsoby pravidla likvidace škod; **~s payment** škodní výplata; **~s reserves** škodní rezervy; **~ settlement** likvidace škody; **~ statement** škodní účet; **put in a ~ st.** požádat o pojistné plnění
claim [kleim] *(v)* st. **1** požadovat co; uplatňovat nárok na co, domáhat se čeho; žalovat o co; **~ compensation** požadovat náhradu; **~ damages** požadovat náhradu škody, domáhat se náhrady škody; **~ against sb.** žalovat o odškodnění koho **2** tvrdit co; **she ~s that the shares are her property** tvrdí, že ty akcie jsou její majetek
claimable ['kleiməbl] *(adj)* žalovatelný, vymahatelný
claimant ['kleimənt], claimer ['kleimə(r)] *(n)* žalobce, navrhovatel, stěžovatel, osoba uplatňující nárok; žadatel; **copyright ~**

žadatel o udělení autorského práva; **~ to an estate** žadatel o majetek
claimless ['kleimləs] *(adj)* jsoucí bez nároku
clandestine [klæn'destin, 'klændestain] *(adj)* tajný, utajovaný
clandestinely [klæn'destinli, 'klændestainli] *(adv)* tajně; **act ~** jednat tajně
clarify ['klærifai] *(v)* st. **1** vyjasnit co **2** upřesnit co
clash [klæš] *(n)* srážka ozbrojená
clash [klæš] *(v)* with st. **1** srazit se s čím **2** dostat se do rozporu s čím
class [kla:s, *am.* klæs] *(n)* **1** společenská třída; skupina lidí; **~ action / suit** *am.* skupinová žaloba vznesená jménem skupiny lidí; **~ legislation** partikulární zákonodárství **2** třída, druh; **~ of insurance** pojistné odvětví, druh pojištění; **~ of risk** riziková třída
classical ['klæsikəl] *(adj)* klasický; všeobecně uznávaný; **a ~ study of juvenile delinquency** významná / všeobecně uznávaná studie o kriminalitě mládeže
classifiable ['klæsifaiəbl] *(adj)* klasifikovatelný, třiditelný, zařaditelný
classification [,klæsifi'keišən] *(n)* **1** třídění, klasifikace; hodnocení; **~ of crimes** klasifikace trestných činů podle různých hledisek; **~ of risks** klasifikace, hodnocení rizika při pojištění proti ohni a proti nehodám; **2** *(MPS)* kvalifikace, příslušnost
classified ['klæsifaid] *(adj)* **1** úředně utajovaný, tajný; **~ information** tajné informace; **~ materials** utajované skutečnosti **2** podléhající konkursu např. funkce v zaměstnání
classify ['klæsifai] *(v)* st. **1** klasifikovat, (roz)třídit co **2** utajovat co
clausal ['klo:zəl] *(adj)* doložkový
clause ['klo:z] *(n)* doložka, klauzule, článek, odstavec smlouvy, zákona; **arbitration ~** rozhodčí doložka; **exemption ~** osvobozující, zprošťující doložka; **liability ~** ustanovení ve stanovách obchodní společnosti týkající se omezené odpovědnosti jejích členů; **most favoured nation ~** doložka nejvyšších výhod; **necessary and proper ~** *am.* čl.I, §8, odst. 18 Ústavy USA ustanovení opravňující Kongres vydávat zákony nutné k výkonu jeho pravomocí; **objects ~** ustanovení o předmětu podnikání; **~ of the decision** právní věta rozhodnutí; **the provisions of ~ II** ustanovení odstavce II
clean [kli:n] *(adj)* čistý; **~ bill of health**

*(MoP)* potvrzení mateřského přístavu o dobrém zdravotním stavu posádky, osvědčení o zdravotní nezávadnosti; *přibl.* potvrzení o bezinfekčnosti, zdravotní pas, ~ **bill of lading** čistý konosament; ~ **hands** čisté ruce jedna z hlavních zásad práva equity; **have a** ~ **record** mít čistý trestní rejstřík
**clean** [kli:n] *(adv)* **1** čistě **2** rovnou, přímo
**clean** [kli:n] *(v)* st. vyčistit, očistit co
**clear** [kliə(r)] *(adj)* **1** jasný, zřejmý, nepochybný; ~ **evidence / proof** jasný, přímý jednoznačný usvědčující důkaz; ~ **legal right** zřejmé zákonné právo; ~ **title** bezvadný tudíž obchodovatelný právní titul; **make st.** ~ vyjasnit, objasnit co **2** čistý; ~ **conscience** čisté svědomí; ~ **profit** čistý zisk; ~ **residue** čistý zůstatek **3** volný, průchodný; ~ **road** volný průjezd ♦ ~ **market value** tržní hodnota nejvyšší dosažitelná cena, např. v souvislosti s dědickou daní
**clear** [kliə(r)] *(adv)* **1** jasně, zřetelně **2** úplně, hladce
**clear** [kliə(r)] *(v)* st. **1** mít čistý zisk kolik; ~ **10%** **on the deal** mít z obchodu 10% čistého zisku **2** o lodi vyřídit celní formality a vyplout **3** zaplatit, vyrovnat co; ~ **an account** vyrovnat účet; ~ **the expenses** pokrýt náklady a nemít zisk
**clear** *(v)* **up** [ˌkliər'ap] st. **1** objasnit co **2** uvést co do normálního stavu / pořádku
**clearance** ['kliərəns] *(n)* **1** vyčištění, vyklizení; **site** ~ vyčištění prostranství; ~ **order** demoliční příkaz **2** vyrovnání dluhů, povinností; ~ **of a payment** vyrovnání platby / dluhu; ~ **card** *přibl.* pracovní knížka propouštěcí list vydaný zaměstnavatelem zaměstnanci s uvedením průběhu a důvodu skončení pracovního poměru **3** právo lodi opustit přístav; proclení lodi; celní průkaz lodi; ~ **certificate** celní průkaz lodi
**clear-cut** [ˌkliə(r)'kat] *(adj)* jasný, zřejmý; určitý, přesný; nesporný
**clearing** ['kliəriŋ] *(n)* **1** vzájemné vyrovnání pohledávek, započtení; ~ **account** clearingový účet účet, jehož aktiva mají být převedena na jiný účet před skončením účetního období; ~ **agreement** dohoda o vzájemném vyrovnání pohledávek / clearingu **2** opuštění přístavu lodí
**clearly** ['kliə(r)li] *(adv)* jasně, zřetelně; nepochybně, zjevně; ~ **erroneous** zjevně vadný soudní nález

**clear-up rate** ['kliər,ap'reit] objasněnost trestné činnosti
**clemency** ['klemənsi] *(n)* milost
**clergy** ['klə:(r)dži] *(sg)* církevní hodnostáři, duchovenstvo
**clerical** ['klerikəl] *(adj)* **1** církevní, týkající se církevních hodnostářů **2** úřednický, úřední; byrokratický; ~ **error** písařská chyba v listině vzniknuvší při přepisu, opisu; ~ **misprision** zneužití úřední moci; ~ **staff** úřednický aparát
**clerk** [kla:k, *am.* klə:rk] *(n)* **1** úředník; **articled** ~ praktikant v kanceláři; *přibl.* advokátní koncipient; ~ **of court** soudní úředník; ~ **of the peace** úředník smírčího soudu; ~ **to the justices** soudní úředník **2** klerik
**clerkship** ['kla:kšip, *am.* 'klə:rkšip] *(n)* **1** povinná praxe advokátního koncipienta, než je připuštěn k advokátským zkouškám; právnická stáž **2** zaměstnání úředníka
**client** ['klaiənt] *(n)* klient, zákazník; **lay** ~ klient neznalý práva; ~**'s privilege** právo klienta ve vztahu k jeho advokátovi na nezveřejnění obsahu jejich jednání; ~ **security fund** záruční fond na ochranu klientů
**climate** ['klaimət] *(n)* ovzduší, klima
**close** [kləus] *(n)* ohrazený; uzavřený pozemek
**close** [kləus] *(adj)* **1** uzavřený; izolovaný, odloučený; ~ **jail execution** výkon trestu v přísné vazbě; ~ **prisoner** přísně střežený vězeň **2** pro veřejnost nepřístupný, uzavřený; ~ **competition** uzavřená soutěž konkurs určený pro omezenou skupinu lidí; ~ **company / corporation** soukromá akciová společnost s omezeným počtem akcionářů **3** podrobný, důkladný; ~ **questioning about st.** důkladný výslech o čem ♦ ~ **season** doba hájení; ~ **run thing** riskantní věc / podnik, velké riziko
**close** [kləus] *(adv)* těsně, blízko; pevně
**close** [kləuz] *(v)* st. **1** ukončit, uzavřít co; ~ **the discussion** ukončit diskusi; ~ **one's career** ukončit své zaměstnání; **declare the hearing** ~**d** prohlásit projednávání za skončené **2** sjednat, dohodnout co; ~ **a bargain** sjednat výhodný obchod **3** účetně vyrovnat co; ~ **an account** vyrovnat účet
**closed** [kləuzd] *(adj)* **1** tajný; neveřejný; ~ **ballot** tajné hlasování; ~ **court** neveřejné zasedání soudu; ~ **trial** neveřejný proces, pro veřejnost uzavřené soudní líčení **2** uzavřený; ~ **mortgage** uzavřená / vázaná hypotéka; ~ **insurance policy** zavřené pojiš-

tění nelze měnit jeho podmínky; ~ **union** uzavřené odbory nepřijímající nové členy

**close-down** ['kləuzdaun] *(n)* uzavření podniku / obchodu; zastavení práce

**closely** ['kləuzli] *(adv)* **1** podrobně, důkladně **2** těsně, úzce

**closing** ['kləuziŋ] *(adj)* závěrečný, uzavírající; ~ **argument** závěrečná řeč obhájců před soudem; ~ **costs** náklady spojené s převodem nemovitosti veškeré poplatky mimo kupní cenu; ~ **estates** uzavření dědického řízení vyplacením podílů

**closure** ['kləuʒə(r)] *(n)* **1** (u)zavření, uzávěr **2** *brit.* zakončení debaty v Dolní sněmovně; **move the** ~ podat návrh na ukončení debaty / rozpravy

**club** [klab] *(n)* klub, spolek; ~ **law** pěstní právo, právo silnějšího; obuškový zákon

**clue** [klu:] *(n)* záchytný bod, vodítko

**clue** [klu:] *(v)* *to* st. být vodítkem k čemu

**CO's** [kəuz] *(abbrev)* *conscientious objectors* odpůrci vojenské služby z důvodu svědomí, náboženství atd.

**co-accused** [ˌkəuə'kju:zd] *(adj)* spoluobžalovaný

**coalition** [ˌkəu'lišən] *(n)* koalice; ~ **government** koaliční vláda

**coast** [kəust] *(n)* pobřeží; ~ **guard** pobřežní stráž; ~ **waters** pobřežní vody

**coast** [kəust] *(v)* plout kolem / podél pobřeží; **coasting trade** *am.* pobřežní obchod

**coastal** ['kəustəl] *(adj)* pobřežní; ~ **waters** pobřežní vody

**coaster** ['kəustə(r)] *(n)* **1** pobřežní plavidlo, kabotážní loď **2** obyvatel mořského pobřeží

**coat** ['kəut] *(n):* ~ **of arms** erb

**C.O.D.** [ˌsi:əu'di:] *(abbrev)* *collect / cash on delivery* na dobírku

**code** [kəud] *(n)* **1** zákoník, kodex, svod právních předpisů určitého právního odvětví; **Civil C~** občanský zákoník; **early ~s** rané zákoníky; **Napoleonic C~** napoleonský zákoník; **present** ~ **1** platný zákoník **2** tento zákoník; ~ **of criminal procedure** trestní řád; **C~ of Hammurabi** Chamurapiho zákoník; ~ **of Hebrew law** zákoník hebrejského / židovského práva; ~ **of law** zákoník; **C~ of Professional Responsibility** *am.* Kodex profesionální odpovědnosti soubor etických zásad a zvláštních pravidel pro právnická povolání; **absence of complete** ~ neexistence úplného zákoníku **2** kód; ~ **list** *pojišt.* číselník, soustava zásad;

~ **list of rates** *pojišt.* tarifní zásady, číselník sazeb

**codicil** ['kodisil, *am.* 'kadəsil] *(n)* doplněk k závěti, kodicil

**codification** [ˌkəudifi'keišən] *(n)* kodifikace; **wholesale** ~ kodifikace ve velkém měřítku

**codify** ['kəudifai] *(v)* st. kodifikovat, systematicky utřídit co; ~ **the law** kodifikovat právo; **codifying Act** zákoník

**coerce** [kəu'ə:s] *(v)* sb. *to do* st. přinutit, donutit koho udělat co; ~**d confession** vynucené doznání / přiznání

**coercion** [kəu'ə:(r)šən] *(n)* donucení; **public power of** ~ veřejná donucovací moc

**coercive** [kəu'ə:(r)siv] *(adj)* donucovací; ~ **measures** donucovací opatření

**coexistence** [ˌkəuig'zistəns] *(n)* soužití; **peaceful** ~ pokojné / mírové soužití

**cognate** ['kogneit, *am.* 'kag-] *(adj)* příbuzný zejm. o slově, blízký, podobný; ~ **offence** analogický trestný čin

**cognizable** ['kognizəbl, *am.* 'kag-] *(adj)* podléhající soudní pravomoci

**cognizance** ['kognizəns, *am.* 'kag-] *(n)* **1** soudní pravomoc; **be beyond court's** ~ být mimo soudní pravomoc; **fall under / within court's** ~ být v soudní pravomoci **2** výkon soudní pravomoci **3** vědomost, povědomost o čem, chápání čeho

**cognovit** [kog'nəuvit] *(lat)* „přiznal se"; ~ **judgment** uznání rozsudku dlužníkem; ~ **note** potvrzení o uznání dluhu

**cohabit** [kəu'hæbit] *(v)* žít ve společné domácnosti jako druh a družka; obývat společně

**cohabitation** [ˌkəuhæbi'teišən] *(n)* **1** manželské soužití **2** žití dvou sexuálních partnerů; ~ **agreement** kohabitační dohoda / doložka o majetkových vztazích partnerů

**cohabiter** [kəu'hæbitə(r)], **cohabitee** [kəu'hæbiti:] *(n)* osoba žijící ve společné domácnosti

**coheir** [ˌkəu'eə(r)] *(n)* spoludědic

**coheiress** [ˌkəu'eəris] *(n)* spoludědička

**coin** [koin] *(n)* mince, peníz

**coin** [koin] *(v)* st. **1** razit co; ~ **money** razit peníze **2** vytvořit co, např. nové slovo

**coincide** [ˌkəuin'said] *(v)* **1** přihodit se zároveň **2** souhlasit, shodovat se

**coincidence** [ˌkəu'insidəns] *(n)* shoda okolností, náhoda; **produce** ~ vytvořit shodu

**coincident** [ˌkəu'insidənt] *(adj)* **1** současný, průvodní **2** stejný, totožný

**co-inheritor** [ˌkəuinˈheritə(r)] *(n)* spoludědic
**co(-)insurance** [ˌkəuinˈʃuərəns] *(n)* pojistná spoluúčast, podílové pojištění; ~ **clause** klauzule o pojistné spoluúčasti
**COLA** [ˈkəulə] *(abbrev) cost-of-living adjustment* vyrovnání / valorizace životních nákladů
**cold** [kəuld] *(adj)* chladný, studený; ~ **war** studená válka; ~ **warrior** zastánce studené války
**coldblooded** [ˌkəuldˈbladid] *(adj)* chladnokrevný; krutý, surový
**collaboration** [kəˌlæbəˈreiʃən] *(n)* spolupráce
**collapse** [kəˈlæps] *(n)* 1 zřícení 2 zhroucení, kolaps
**collapse** [kəˈlæps] *(v)* zhroutit se, padnout; **the Convention has ~d** Konvence se rozpadla
**collar** [ˈkolə, *am.* ˈkalər] *(n)* límec, límeček; **blue-~ worker** dělník; **white-~ worker** úředník (bílý límeček)
**collateral** [kəˈlætərəl] *(n)* věcné zajištění; záruka, jištění; nepřímý *průvodní* závazek; majetek vyčleněný na umoření dluhu; **cross ~** vzájemná záruka
**collateral** [kəˈlætərəl] *(adj)* 1 pobočný, vedlejší, sekundární; souběžný, paralelní, průvodní; ~ **action** průvodní žaloba; ~ **activity** souběžná činnost; ~ **attack** průvodní napadení rozsudku v několika bodech s cílem jej zvrátit; ~ **contract** paralelní smlouva, vedlejší ujednání; ~ **facts** průvodní okolnosti; ~ **issues** vedlejší otázky; ~ **promise** průvodní závazek; ~ **security** sekundární zajištění; ~ **warranty** paralelní záruka 2 zástavní, zajišťující; zajištěný; ~ **act** zástavní akt; ~ **assignment** převod záruky; ~ **loan** / **note** zajištěná půjčka; ~ **trust bond** obligace zajištěná složením jistoty 3 jsoucí v nepřímé / vedlejší linii; ~ **ancestors** předci v nepřímé / vedlejší linii strýcové, tety atd.; ~ **consanguinity** příbuzenství po předcích z vedlejší linie; ~ **heir** dědic v linii nepřímé; ~ **kinsmen** / **relatives** příbuzní z vedlejší linie 4 dodatečný; ~ **assurance** dodatečná záruka; ~ **mortgage** dodatečná zajišťující hypotéka; ~ **order** dodatečný rozsudek; ~ **security** dodatečné zajištění 5 nepřímý; ~ **estoppel** nepřímá překážka uplatnění žalobního nároku; ~ **fraud** nepřímý podvod; ~ **impeachment** nepřímá obžaloba; ~ **inheritance tax** daň z nepřímého dědictví
**collation** [kəˈleiʃən] *(n)* 1 ověření správnosti

opisu / kopie porovnáním s originálem, verifikace 2 započtení na dědický podíl, kolace
**collect** [kəˈlekt] *(v)* st. 1 sebrat, shromáždit co 2 vybrat, inkasovat co; ~ **payment** inkasovat platbu
**collecting** [kəˈlektiŋ] *(adj)* inkasní, inkasující; ~ **bank** inkasní banka; ~ **commission** inkasní následná provize
**collection** [kəˈlekʃən] *(n)* 1 sbírání, shromažďování, sběr; **refuse ~** sběr odpadků 2 inkaso; vybírání daní; ~ **of premiums** inkaso pojistného; ~ **charge** inkasní poplatek; ~ **costs** inkasní náklady; ~ **item** inkasní položka 3 sbírka zákonů, předmětů, kolekce; ~ **of laws** sbírka zákonů 4 skupina, kolektiv; ~ **responsibility** kolektivní odpovědnost
**collective** [kəˈlektiv] *(n)* kolektiv, skupina lidí
**collective** [kəˈlektiv] *(adj)* kolektivní; ~ **accident insurance** kolektivní pojištění pro případ úrazu; ~ **agreement** kolektivní smlouva; ~ **bargaining** kolektivní vyjednávání o uzavření kolektivní smlouvy; ~ **insurance** kolektivní pojištění; ~ **mark** kolektivní známka; ~ **measures** *(MP)* kolektivní opatření; ~ **premium** kolektivní pojistné; ~ **responsibility** kolektivní odpovědnost; ~ **security** kolektivní bezpečnost; ~ **self-defence** kolektivní sebeobrana; ~ **work** kolektivní dílo
**collector** [kəˈlektə(r)] *(n)* 1 výběrčí daní, cla, inkasista; **debt ~** inkasista dluhů; **tax ~** výběrčí daní 2 sběratel
**college** [ˈkolidž, *am.* ˈkalidž] *(n)* 1 *brit.* vysoká škola, univerzita; fakulta 2 *am.* vysoká škola pro bakalářské studium 3 *brit.* kolegium; profesionálně sdružení s určitými výsadami; *am.* **electoral ~** sbor volitelů prezidenta; **C~ of cardinals** sbor kardinálů
**collide** [kəˈlaid] *(v)* srazit se, dostat se do kolize
**collision** [kəˈliʒən] *(n)* srážka, kolize; ~ **at sea** srážka na moři
**collocation** [ˌkoləˈkeiʃən, *am.* ˌkalə-] *(n)* uspořádání, seřazení, sestavení
**collusion** [kəˈluːʒən] *(n)* 1 koluze utajovaná dohoda dvou osob k oklamání třetího 2 tajná dohoda manželů o rozvodu
**collusive** [kəˈluːsiv] *(adj)* tajně dohodnutý, podvodný; ~ **action** koluzní žaloba
**colonial** [kəˈləunjəl] *(adj)* koloniální; **C~ Laws** *am.* Koloniální zákony zákony platné v původních 13 amerických koloniích před přijetím Deklarace nezá-

vislosti; **C~ Office** *brit.* Ministerstvo pro kolonie; **C~ Secretary** *brit.* ministr pro kolonie
**colony** ['kolǝni] *(n)* kolonie
**colour** (*am.* **color**) ['kalǝ(r)] *(n)* **1** zdánlivé právo; záminka; zdání, zástěrka; klamný vzhled, předstírání; ~ **of authority** zdání pravomoci; ~ **of title** zjevný právní titul, zdánlivé právo na co, nikoliv zákonné **2** zneužití; ~ **of law** zneužití pravomoci státního n. vládního úředníka; ~ **of office** zneužití n. překročení úřední pravomoci
˙**3** barva
**colourable** (*am.* **colorable**) ['kalǝrǝbl] *(adj)* klamný, údajný, falešný; zdánlivý; zjevný; ~ **alteration** zdánlivá úprava; ~ **claim** zdánlivý nárok; ~ **transaction** zdánlivá podvodná transakce
**coloured** (*am.* **colored**) ['kalǝ(r)d] *(adj)* předstíraný, falešný
**column** ['koləm, *am.* 'kaləm] *(n)* sloupeček, sloupec; **debit** ~ sloupec „dal"
**combat** ['kombæt, *am.* kǝm'bæt] *(n)* bojová akce; konflikt
**combat** ['kombæt, *am.* kǝm'bæt] *(v)* st./sb. bojovat proti čemu/komu
**combatant** ['kombǝtǝnt, *am.* kǝm'bætǝnt] *(n)* osoba zařazená do ozbrojených sil bojující strany, bojovník
**combination** [,kombi'neišǝn, *am.* kam-] *(n)* kombinace, spojení; ~ **in restraint of trade** spojení za účelem omezení obchodu
**combine** [kǝm'bain] *(v)* st. spojit, sdružit, kombinovat co; ~**d insurance of employees** sdružené pojištění pracujících; ~**d premium** smíšené pojistné; ~**d traffic** kombinovaná doprava např. železniční a říční
**come** /*came, come*/ [kam, keim, kam] *(v)*: ~ **into being** vzniknout; ~ **into competition** dostat se do rozporu; ~ **into force** vstoupit v platnost
**come-down** ['kamdaun] *(n)* úpadek, nezdar, krach
**comfort** ['kamfǝ(r)t] *(n)* **1** útěcha **2** pohodlí, komfort ♦ **aid and** ~ **to the enemy** napomáhání nepříteli
**comity** ['komiti, *am.* 'kamǝti] *(n)* zdvořilost; uznání; **judicial** ~ respektování soudní moci; ~ **of nations** respektování svrchovaných národů
**command** [kǝ'ma:nd, *am.* kǝ'mænd] *(n)* **1** příkaz, nařízení **2** znalost
**command** [kǝ'ma:nd, *am.* kǝ'mænd] *(v)* st. **1** nařídit, přikázat co **2** vyžadovat co;

~ **attention** vzbuzovat / vyvolat pozornost **3** ovládat, kontrolovat co; ~ **the European market** ovládat evropský trh ♦ ~ **a majority** 1 vyžadovat většinu 2 mít / kontrolovat většinu v parlamentu
**commander** [kǝ'ma:ndǝ, *am.* kǝ'mændǝr] *(n)* velitel; **C~-in-Chief of the Armed Forces** vrchní velitel ozbrojených sil
**commence** [kǝ'mens] *(v)* to do / doing st. **1** začít, započít co **2** zahájit co; ~ **legal proceedings** zahájit soudní řízení
**commencement** [kǝ'mensmǝnt] *(n)* zahájení, začátek; ~ **of prosecution** zahájení trestního stíhání; **date of** ~ den vstoupení v platnost, datum vzniku; **date of the** ~ **of the employment** datum zahájení pracovního poměru
**commendation** [,komen'deišǝn, *am.* ,kamǝn 'deišǝn] *(n)* poručení se pod ochranu
**commendatus** [,komen'deitǝs, *am.* ,kamǝn 'deitǝs] *(n)* chráněnec
**comment** ['koment, *am.* 'kamǝnt] *(n)* poznámka, komentář; **make brief** ~**s** stručně komentovat
**comment** *(v)* **(up)on** ['komentǝ,pon, *am.* 'kamǝn-] st. komentovat co; ~ **on briefly** stručně komentovat; **no** ~ bez komentáře
**commerce** ['komǝ:s, *am.* 'kamǝrs] *(n)* obchod, obchodování, obchodní styky; **domestic** ~ 1 obec. vnitrostátní obchod uvnitř jedné země 2 *am.* obchod v rámci USA; **internal** ~ *am.* obchod v rámci jednoho státu USA; **interstate and foreign** ~ *am.* mezistátní v rámci USA a zahraniční obchod; **intrastate** ~ *am.* obchodování v rámci jednoho státu USA; **Chamber of C~** obchodní komora; **C~ Court** Obchodní soud USA; **C~ Department** *am.* Ministerstvo obchodu USA; **establish** ~ navazovat obchodní styky
**commercial** [kǝ'mǝ:(r)šǝl] *(n)* reklama v rozhlase n. televizi
**commercial** [kǝ'mǝ:(r)šǝl] *(adj)* obchodní, komerční; ~ **advantage** obchodní výhoda; ~ **agency** obchodní agentura; ~ **bribery** obchodní korupce; ~ **broker** obchodní zprostředkovatel; ~ **code** obchodní zákoník; ~ **counsellor** obchodní rada; ~ **frustration** zmaření obchodu; ~ **insolvency** obchodní platební neschopnost; ~ **instrument** cenný papír; ~ **law** obchodní právo; ~ **name** obchodní jméno; ~ **paper** obchodní cenný papír; ~ **reasonableness** obchodní slušnost; ~ **representative** obchodní zástupce

**commerciality** [kə͵mə:(r)ši'æləti] *(n)* komerčnost, obchodní ráz
**commission** [1] [kə'mišən] *(n)* komise, úřad; **the C~** Komise orgán ES; **European C~ on Human Rights** Evropská komise pro lidská práva; **~ of conciliation** smírčí komise; **~ of inquiry** vyšetřovací komise; **C~ on Human Rights** *(OSN)* Komise pro lidská práva; **C~ on the Status of Women** *(OSN)* Komise pro práva žen
**commission** [2] [kə'mišən] *(n)* spáchání, provedení; **~ of a crime** spáchání trestného činu
**commission** [3] [kə'mišən] *(n)* **1** pověření, svěření; **~ of appraisement and sale** pověření k odhadu a prodeji; **~ of limited powers** svěření omezených pravomocí; **~ of partition** pověření k rozdělení pozemků; **~ to examine witnesses** pověření k výslechu svědků; **~ to serve as notary public** pověření vykonávat funkci veřejného notáře **2** příkaz k prodeji / nákupu; **~ broker** burzovní makléř realizující příkazy k prodeji a nákupu cenných papírů, komodit
**commission** [4] [kə'mišən] *(n)* provize; **~ agent** zástupce na provizi, faktor, komisionář; **~ merchant** komisionář, faktor
**commission** [kə'mišən] *(v)* sb. pověřit, zmocnit koho; ustanovit, jmenovat koho; **~ the general a member of the Government** jmenovat generála členem vlády
**commissions** [kə'mišənz] *(pl)* provize, percentuální podíl z obchodní transakce
**commissioner** [kə'mišənə(r)] *(n)* pověřenec, komisař; **~ of assize** soudce porotního soudu
**commit** [kə'mit] */tt/ (v)* st./sb. **1** spáchat co; **~ an act** spáchat / provést čin; **~ arson** spáchat trestný čin žhářství; **~ a breach of the obligations** porušit / nedodržet závazky; **~ a crime** spáchat trestný čin; **~ a murder** spáchat vraždu; **~ a nuisance against sb.** porušit sousedská práva nezákonně zasáhnout do užívání či používání pozemku patřícího komu; **~ suicide** spáchat sebevraždu **2** pověřit koho, svěřit komu **3** odsoudit koho; **~ sb. to prison** odsoudit koho k trestu odnětí svobody **4** odeslat obviněného k vyššímu soudu, který je příslušný **5** o.s. zavázat se
**commitment** [kə'mitmənt] *(n)* **1** příkaz k uvalení vazby **2** soudní řízení s cílem umístit duševně nezpůsobilou osobu do ústavní péče **3** přijatý závazek, přijatá povinnost; **financial**

**~s** finanční závazky; **~ fee** poplatek za poskytnutí půjčky
**committal** [kə'mitəl] *(n)* příkaz k uvalení vazby / uvěznění; **~ for trial** odeslání obviněného k vyššímu soudu po projednání jeho kauzy nižším soudem a po prokázání jeho viny; **~ for sentence** odeslání obžalovaného k vyššímu soudu, aby byl vynesen rozsudek; **~ to custody** uvěznění, uvalení vazby; **proceeding on ~ by magistrates** řízení ve věci, která byla postoupena nižším soudem k rozhodnutí; **~ order** uvalení vazby za urážku soudu; **~ proceedings** předběžné řízení u magistrátního soudu zda bude věc postoupena vyššímu soudu / procesu s porotou; **~ warrant** příkaz odeslat odsouzeného do vězení
**committee** [kə'miti] *(n)* **1** komise; výbor; **ad hoc ~** komise ad hoc ustavená pro akci, činnost na určitou omezenou dobu; **Economic and Social ~** *(ES)* Hospodářský a sociální výbor; **joint ~** 1 meziresortní komise 2 společná komise obou komor parlamentu; **Public Accounts C~** *brit.* výbor Dolní sněmovny pro vládní výdaje a účty; **standing ~** stálá komise; **Ways and Means C~** *brit.* rozpočtový výbor Dolní sněmovny, *am.* rozpočtový výbor Sněmovny reprezentantů; **~ of credentials** mandátní komise **2** opatrovník, kurátor nesvéprávné osoby
**commodities** [kə'modətiz, *am.* kə'madətiz] *(pl)* zboží, komodity
**commodity** [kə'modəti, *am.* kə'madəti] *(n)* druh zboží, komodita, produkt; **~ agreement** dohoda o zboží; **~ exchange** komoditní burza; **~ market** zbožní trh; **~ paper** dokumentární směnka na zboží; **~ rate** dopravní komoditní sazba na určitý druh zboží
**common** ['komən, *am.* 'kamən] *(n)* **1** náves kde se pase dobytek; společný pozemek, občina **2** právo společně užívat
**common** ['komən, *am.* 'kamən] *(adj)* **1** obecný; obecní; **~ council** municipální / obecní rada; **~ good** obecné dobro; **~ informer** udavač, konfident; **~ knowledge** notorieta, věc všeobecně známá; **~ nuisance** veřejné pohoršení, nepřístojnost; **C~ Law** obyčejové / zvykové právo soudcovské právo, angloamerické obecné právo; **~ repute** obecné mínění; **~ sense** zdravý rozum; **~ thief** obecně známý / notorický zloděj **2** společný; **C~ Agricultural Policy** společná zemědělská politika; **~ consensus**

společný souhlas; ~ **custom tariff** jednotný / společný celní sazebník; ~ **defense** společná obhajoba; ~ **design** společný nekalý záměr; ~ **ends** společné cíle; ~ **feature** společný znak; ~ **household** společná domácnost; ~ **language** společný jazyk; ~**-law marriage** společná domácnost druha a družky; ~**-law wife** družka; **C~ Market** společný trh v rámci ES; ~ **positions** společná stanoviska; ~ **tenancy** společné užívací právo **3** veřejný; ~ **carrier** veřejný dopravce **4** občanský; ~ **pleas** 1 civilní pře, občanský spor 2 *am.* civilní soud ♦ ~ **labour** nekvalifikovaná pracovní síla; ~ **policy** 1 hromadná pojistka 2 společná politika; ~ **property** 1 společný majetek 2 veřejné vlastnictví; ~ **stock** kmenová akcie

**commonable** [ˈkomənəbl, *am.* ˈkamə-] *(adj)* obecní, ve společném majetku

**commonalty** [ˈkomənəlti, *am.* ˈkamə-] *(n)* obecný klid

**commoner** [ˈkomənə(r), *am.* ˈkamə-] *(n)* občan nešlechtic

**commons** [ˈkomənz, *am.* ˈkamə-] *(pl) brit.* občanstvo, měšťané třetí stav zastoupený v parlamentě; **the C~** *brit.* Dolní sněmovna; **the House of C~** *brit.* Dolní sněmovna

**Commonwealth** [ˈkomənwelθ, *am.* ˈkam-] *(n)* **1** britské Společenství; **British C~ of Nations** Britské společenství národů; **C~ of Australia** Australský svaz; **C~ countries** země Britského společenství; **C~ Secretary** *brit.* ministr pro záležitosti Společenství **2** Anglická republika v letech 1649–60

**commorancy** [ˈkomərənsi, *am.* ˈkamə-] *(n)* pobyt na určitém místě

**commorant** [ˈkomərənt, *am.* ˈkamə-] *(n)* osoba zdržující se na určitém místě

**commorientes** [kəˌmoriˈentəs] *(pl)* osoby, které zemřely ve stejnou dobu např. při havárii

**commotion** [kəˈməuʃən] *(n)* politické nepokoje; nepořádky; vzpoura, povstání

**communal** [ˈkomjunəl, *am.* ˈkamju:nəl] *(adj)* obecní; společný; veřejný

**communication** [kəmˌju:niˈkeiʃən] *(n)* sdělení, oznámení

**communications** [kəmˌju:niˈkeiʃənz] *(pl)* komunikace, spoje; hromadné sdělovací prostředky

**community** [kəmˈju:nəti] *(n)* **1** obec, komunita; veřejnost; ~ **home** nápravné zařízení pro mladistvé delikventy; ~ **service** sociál-

ní činnost, veřejně prospěšná práce jako trest **2** společnost, společenství; **European Atomic Energy C~** Evropské společenství pro atomovou energii; **European C~** Evropské společenství; **European Coal and Steel C~** Evropské společenství uhlí a oceli; **European Economic C~** Evropské hospodářské společenství; **international ~** mezinárodní společenství; ~ **of property** společenství majetkových zájmů; ~ **account** společné konto; ~ **lease** společná smlouva o podnájmu; ~ **property** bezpodílové spoluvlastnictví manželů

**commutation** [ˌkomju:ˈteiʃən, *am.* ˌkamjuˈteiʃən] *(n)* změna trestu; ~ **of death penalty to penal servitude for life** změna trestu smrti na trest odnětí svobody na doživotí; ~ **of taxes** placení paušálu místo jednotlivých poplatků

**commute** [kəˈmju:t] *(v)* st. *in / into / for* st. změnit, přeměnit, proměnit co na / v co; ~ **the death penalty to life imprisonment** změnit trest smrti na trest doživotí; ~**d value** převedená hodnota budoucího podílu n. budoucích plateb

**compact** [ˈkompækt, *am.* ˈkampækt] *(n)* dohoda, úmluva; **matrimonial ~** manželská dohoda

**compact** [kəmpˈækt] *(v) with* sb. uzavřít dohodu s kým

**companion** [kəmˈpænjən] *(n)* druh, společník nikoliv obchodní

**company** [ˈkampəni] *(n)* obchodní společnost; **joint stock ~** akciová společnost; **limited ~** společnost s ručením omezeným není identická s českou s. r. o.; **private ~** soukromá společnost, jejíž akcie nejsou obchodovatelné na burze; **public ~** veřejná společnost s akciemi obchodovatelnými na burze; ~ **limited by shares** společnost s ručením omezeným na akcie; ~ **limited by guarantee** společnost s ručením omezeným garancí; ~ **directorship** 1 funkce ředitele společnosti 2 místo ve správní radě společnosti; ~ **law** právo společností; ~**ies' register** obchodní rejstřík; ~ **registration number** *brit. přibl.* identifikační číslo organizace (IČO); ~ **secretary** tajemník společnosti odpovědný za právní a finanční záležitosti; ~**'s sickness insurance scheme** podnikový nemocenský fond; **put a ~ into liquidation** likvidovat společnost obv. v důsledku konkursu; **set up a ~** právně založit společnost

**comparable** [ˈkompərəbl, *am.* ˈkam-] *(adj)* srovnatelný, porovnatelný

**comparative** [kəm'pærətiv] *(adj)* srovnávací, komparativní; ~ **jurisprudence** právní komparatistika; ~ **law** srovnávací právo, komparatistika; ~ **negligence** poměrná nedbalost, kdy zavinění obou stran je vyjádřeno v procentech a adekvátně zvýšena či snížena škoda; ~ **rectitude** relativní bezúhonnost

**compare** [kəm'peə(r)] *(v)* st. *to / with* st. přirovnávat co k čemu, srovnat co s čím; **as ~d with** ve srovnání s

**compassion** [kəm'pæʃən] *(n)* *on / for* sb./st. slitování nad kým/čím, soucit s kým/čím; ~ **for the refugees** soucit s uprchlíky

**compel** [kəm'pel] */ll/ (v)* sb. *to do* st. nutit, přinutit koho udělat co; ~ **sb. to confess** přinutit koho, aby se přiznal

**compellable** ['kəm'peləbl] *(adj)* donutitelný, přinutitelný; ~ **witness** k čemukoliv přinutitelný svědek

**compelling** [kəm'peliŋ] *(adj)* **1** nepřekonatelný, neúprosný **2** závažný; ~ **state interest** závažný státní zájem **3** přesvědčivý; ~ **presumption** nevyvratitelná domněnka

**compendium** [kəm'pendiəm], *(pl)* **compendia** [kəm'pendiə] *of* st. stručný výtah z čeho; stručný přehled čeho

**compensable** [kəm'pensəbl] *(adj)* mající nárok na odškodné; ~ **death** odškodnění pro případ smrti; ~ **injury** újma, za niž přísluší odškodné

**compensate** ['kompenseit, *am.* 'kampənseit] *(v)* st. **1** kompenzovat, vyrovnat co; **compensating balance** kompenzační zůstatek **2** odškodnit, vyplatit odškodné za co

**compensation** [ˌkompen'seiʃən, *am.* ˌkampən'seiʃən] *(n)* náhrada škody, vyrovnání, kompenzace; **disability** ~ sociální dávky v invaliditě; ~ **deals** kompenzační obchody; ~ **trade** kompenzační obchod; **claim** ~ požadovat náhradu škody; **settle** ~ zaplatit náhradu škody

**compensatory** [kəm'penseitəri, *am.* kam'pensətəri] *(adj)* reciproční, kompenzační; ~ **damages** náhrada škody zahrnující pouze škodu samotnou nikoliv např. její následky; **be** ~ zabezpečit náhradu

**compete** [kəm'pi:t] *(v)* **1** *for* st. ucházet se o co **2** *with* sb. soutěžit s kým

**competence** ['kompitəns, *am.* 'kampətəns], **competency** ['kompitənsi, *am.* 'kampətənsi] *(n)* **1** pravomoc, příslušnost; **contesting** ~ sporná soudní příslušnost; ~ **of court** soudní příslušnost **2** způsobi-

lost svědka n. důkazů řádně svědčit **3** schopnost, duševní způsobilost; ~ **proceedings** řízení s cílem prokázat duševní způsobilost osoby; ~ **to stand trial** způsobilost být trestně stíhán

**competent** ['kompitənt, *am.* 'kampətənt] *(adj)* **1** kompetentní, oprávněný, příslušný; ~ **authority** příslušný orgán; ~ **court** příslušný soud; ~ **judge** příslušný soudce **2** přípustný; ~ **evidence** kvalifikovaný přípustný důkaz **3** kompetentní, způsobilý; ~ **witness** způsobilý svědek **4** potřebný, postačující; ~ **majority** potřebná většina

**competition** [ˌkompi'tiʃən, *am.* ˌkampə'tiʃən] *(n)* **1** soutěž, konkurs **2** obchodní konkurence, soutěž; **free** ~ volná soutěž; **unfair** ~ nekalá soutěž; **law of** ~ soutěžní právo ♦ **come into** ~ dostat se do rozporu

**competitive** [kəm'petətiv] *(adj)* soutěžní, konkurenční; ~ **bidding** veřejná soutěž; ~ **traffic** konkurenční doprava

**compilation** [ˌkompi'leiʃən, *am.* ˌkampə'leiʃən] *(n)* sestavení, kompilování, kompilace; shromažďování

**compile** [kəm'pail] *(v)* st. shromáždit, shromažďovat co; ~ **a great majority of votes** nashromáždit velkou většinu hlasů

**complain** [kəm'plein] *(v)* *to* sb. *about / of* st. stěžovat si komu kvůli čemu / na co

**complainant** [kəm'pleinənt] *(n)* žalobce

**complaint** [kəm'pleint] *(n)* stížnost, žaloba; **bring ~s** předkládat stížnosti; **file a ~ against sb.** podat žalobu na koho; **hear ~s** projednávat stížnosti; **investigate a ~** vyšetřovat stížnost; **lodge a ~** podat žalobu; **uphold the ~** potvrdit oprávněnost stížnosti

**complementary** [ˌkompli'mentəri, *am.* ˌkamplə'mentəri] *(adj)* doplňkový

**complete** [kəm'pli:t] *(adj)* úplný, celý, kompletní; ~ **determination of cause** úplné rozhodnutí sporu; ~ **payment** úplná platba

**complete** [kəm'pli:t] *(v)* st. **1** dokončit co; ~ **a contract** podepsat smlouvu; ~ **a course** končit / zakončit / ukončit kurs; ~ **the representation of the case** dokončit vylíčení případu **2** vyplnit co; ~ **an application** vyplnit žádost; ~ **clearly in block capitals** vyplnit čitelně hůlkovým písmem

**completeness** [kəm'pli:tnəs] *(n)* kompletnost, úplnost

**completion** [kəm'pli:ʃən] *(n)* **1** vyplnění, spl-

nění; uskutečnění; ~ **of purchase** uskutečnění koupě **2** uzavření, podepsání smlouvy
**complex** ['kompleks, *am.* 'kampleks, kəm'pleks] *(n)* celek, komplex, souhrn
**complex** ['kompleks, *am.* 'kampleks, kəm'pleks] *(adj)* složitý, komplikovaný; ~ **trust** složitý trust
**compliance** [kəm'plaiəns] *(n)* with vyhovění; splnění požadavků; ~ **with notices** vyhovění žádostem o nápravu nedostatků; **declaration of** ~ prohlášení o splnění všech zákonných požadavků
**compliant** [kəm'plaiənt] *(adj)* with st. vyhovující čemu
**complice** ['komplis, *am.* 'kamplis] *(n)* komplic, spolupachatel
**complicity** [kəm'plisəti] *(n)* spoluvina
**comply** *(v)* with [kəm'plai,wið] st. podrobit se, vyhovět čemu; ~ **with the decision of the court** podrobit se rozhodnutí soudu; ~ **with the obligations** podrobit se závazkům; ~ **with statutes** konat / jednat v souladu se zákony
**component** [kəm'pəunənt] *(n)* složka, součást, komponent; ~ **part** součást, součástka
**compose** [kəm'pəuz] *(v)* st. vytvořit, skládat co; ~ **the government** tvořit vládu; **be ~d of** st. skládat se z čeho
**composition** [,kompə'zišən, *am.* ,kam-] *(n)* **1** složení, skladba; ~ **of courts** složení soudů; ~ **of state** složení státu **2** narovnání, vyrovnání dluhu; ~ **deed** smlouva o vyrovnání dluhu; ~ **with creditors** vyrovnání s věřiteli
**compound** ['kompaund, *am.* 'kampaund] *(n)* **1** směs, skladba **2** plotem ohrazený obytný prostor zajatecký, trestanecký n. vojenský tábor
**compound** ['kompaund, *am.* 'kampaund] *(adj)* **1** složený; ~ **interest** úrok z úroků, složený úrok **2** smíšený **3** sdružený ♦ ~ **larceny** krádež, jež není oznámena ani vyšetřována na základě dohody mezi pachatelem a obětí, že pachatel sám nahradí škodu
**compound** [kəm'paund, *am.* ,kam'paund] *(v)* st. **1** vyrovnat co, dluh **2** složit, poskládat, sestavit co ♦ **compounding crime** trestný čin, jenž není oznámen ani vyšetřován na základě dohody mezi pachatelem a obětí, že pachatel sám nahradí škodu, přičemž oběť, aby věc neoznámila, dostane věcný nebo finanční dar
**comprehend** [,kompri'hend, *am.* ,kamprə'hend] *(v)* sb./st. **1** pochopit koho/co **2** v sobě zahrnovat, obsahovat

**comprehension** [,kompri'henšən, *am.* ,kamprə'henšən] *(n)* **1** chápání, pochopení **2** zahrnutí, začlenění **3** rozsah, dosah, šíře; **a term of wide** ~ široký termín / pojem
**comprehensive** [,kompri'hensiv, *am.* ,kamprə'hensiv] *(adj)* **1** úplný; ~ **nuclear weapon test ban** úplný zákaz zkoušek jaderných zbraní **2** jednotný, komplexní; ~ **insurance** sdružené pojištění; ~ **planning** komplexní plánování; ~ **policy** sdružená pojistka; ~ **programme** komplexní program
**comprise** [kəm'praiz] *(v)* st. obsahovat, zahrnovat co; tvořit; **the Union is ~d of fifty states** Unii tvoří padesát států
**compromise** ['komprəmaiz, *am.* 'kamprəmaiz] *(n)* kompromis, smírné narovnání; ~ **and settlement** narovnání vzájemným ústupkem; ~ **verdict** kompromisní výrok poroty; **achieve a** ~ dosáhnout kompromisu
**compromise** ['komprəmaiz, *am.* 'kamprəmaiz] *(v)* st. řešit co kompromisem
**comptroller** [kən'trəulə(r)] *(n)* finanční kontrolor, revizor; **C~ and Auditor General** *brit.* kontrolor a auditor vládních účtů jednotlivých ministerstev a ministrů; ~ **of currency** kontrolor oběživa
**compulsion** [kəm'palšən] *(n)* donucení; **legal** ~ právní nátlak / donucení
**compulsory** [kəm'palsəri] *(adj)* povinný, obligatorní; ~ **education** povinné školní vzdělání; ~ **insurance** povinné pojištění; ~ **labour service** pracovní povinnost; ~ **licence** nucená licence; ~ **payment** nedobrovolná platba; ~ **process** donucovací proces; ~ **purchase** *brit.* povinný prodej vyvlastnění majetku pro veřejné účely s úhradou vlastníkovi; ~ **removal** násilné odstranění; ~ **retirement** nucený odchod do důchodu; ~ **school attendance** povinná školní docházka; ~ **self-incrimination** vynucené doznání
**conceal** [kən'si:l] *(v)* st. *from* sb. zamlčovat, zatajit co před kým
**concealable** [kən'si:ləbl] *(adj)* zatajitelný, utajitelný
**concealment** [kən'si:lmənt] *(n)* of zatajení, ukrývání čeho; úkryt
**concede** [kən'si:d] *(v)* st. **1** připustit, přiznat co **2** uznat co
**conceivable** [kən'si:vəbl] *(adj)* možný; myslitelný; případný

**concentrate** ['konsəntreit, *am.* 'kan-] *(v) on* st. soustředit, koncentrovat se na co

**concentration** [ˌkonsən'treišən, *am.* ˌkansən-] *(n)* soustředění (se), koncentrace

**concept** ['konsept, *am.* 'kan-] *(n)* pojem; ~ **of law** pojem práva, právní pojem

**conception** [kən'sepšən] *(n)* 1 početí 2 pojetí, koncepce; pojem; ~ **of justice** koncepce spravedlnosti

**concern** [kən'sə:(r)n] *(v)* st. (do)týkat se čeho; **be** ~**ed with** týkat se čeho, zabývat se čím

**concerned** [kən'sə:(r)nd] *(adj)* dotyčný, příslušný, (za)interesovaný; **individual** ~ dotyčný jednotlivec, příslušná osoba

**concerning** [kən'sə:(r)niŋ] *(adv)* st./sb. ohledně, pokud se týče čeho/koho

**concert** ['konsət, *am.* 'kansərt] *(n)* 1 shoda, soulad, součinnost 2 koncert

**concert** [kən'sə:(r)t] *(v)* st. 1 smluvit, sjednat co 2 společně postupovat, dohodnout se

**concerted** [kən'sə:(r)tid] *(adj)* 1 současný, společný; ~ **mass movement** společné masové hnutí objevivší se v několika oblastech najednou 2 dohodnutý, smluvený; ~ **action** dohodnuté jednání

**concession** [kən'sešən] *(n)* 1 ústupek 2 úleva; snížení nájemného obvykle v prvním roce nájmu; **tax** ~**s for children** daňové úlevy kvůli dětem 3 koncese, výsada; **mining** ~ těžební koncese

**concessionary** [kən'sešənəri] *(n)* koncesionář

**concessionary** [kən'sešənəri] *(adj)* snížený; koncesionářský; ~ **rent** snížené nájemné

**conciliate** [kən'silieit] *(v)* sb./st. 1 získat, přetáhnout na svou stranu koho 2 smířit, uvést v soulad co

**conciliation** [kənˌsili'eišən] *(n)* smíření, vyrovnání, smír; ~ **of spouses** smíření manželů; **commission of** ~ smírčí komise; ~ **board** smírčí komise / výbor

**concise** [kən'sais] *(adj)* stručný, koncízní

**conclude** [kən'klu:d] *(v)* st. 1 uzavřít co; ~ **an agreement** uzavřít dohodu 2 ukončit, zakončit co 3 *from* st. usuzovat, soudit z čeho; **the jury** ~**d from the evidence that ...** porota na základě důkazů došla k závěru, že...

**concluding** [kən'klu:diŋ] *(adj)* konečný, závěrečný

**conclusion** [kən'klu:žən] *(n)* 1 uzavření; ~ **of an international treaty** uzavření mezinárodní smlouvy 2 výsledek, závěr; rozhodnutí; **general** ~**s** obecné závěry; ~ **of fact** faktický

úsudek; ~ **of law** právní úsudek, závěr soudního jednání vynesení rozsudku; ~**s arrived at by the judge** rozhodnutí, k nimž dospěl soudce; **draw** ~**s** vyvodit závěry

**conclusive** [kən'klu:siv] *(adj)* 1 závěrečný 2 nezvratný; ~ **evidence / proof** nezvratný důkaz; ~ **presumption** nevyvratitelná domněnka

**concomitance** [kən'komitəns, *am.* kən'kamitəns], **concomitancy** [kən'komitənsi] *(n)* současná existence, koexistence

**concomitant** [kən'komitənt, *am.* kən'kamitənt] *(adj)* průvodní; ~ **actions** typově stejné současné žaloby v občanských věcech podávané společně

**concord** ['konko:d, *am.* 'kankord] *(n)* shoda, dohoda, ujednání

**concordance** [kən'ko:(r)dəns] *(n)* shoda; konkordance

**concordant** [kən'ko:dənt, *am.* kən'kordənt] *(adj)* shodný, souhlasný

**concordat** [kən'ko:(r)dət] *(n)* konkordát

**concur** [kən'kə:(r)] */rr/ (v)* 1 vyskytnout se současně 2 shodovat se, souhlasit; ~ **with the commission** souhlasit / být zajedno s komisí 3 kolidovat, křížit se; **concurring opinion** separátní votum shodné s ostatními co do závěrů, odlišné co do důvodů

**concurrence** [kən'karəns] *(n)* 1 shoda, souhlas, souběh; **require the** ~ **of all three parts** vyžadovat souhlas všech tří částí 2 střet, kolize nároků

**concurrent** [kən'karənt] *(adj)* 1 souhlasný, shodný; souběžný; ~ **action** souběžná žaloba; ~ **causes** souběžné / paralelní příčiny; ~ **decision** souhlasné rozhodnutí; ~ **estates** souběžná práva k pozemku; ~ **jurisdiction** příslušnost několika soudů; ~ **lease** nájemní smlouva uzavřená před vypršením předchozí; ~ **lien** kolizní zadržovací právo; ~ **negligence** souběžná nedbalost dvou a více osob; ~ **policies** souběžné pojistky pro stejný pojistný zájem; ~ **sentence** souběžný výkon více trestů 2 kolidující, odporující si

**condemn** [kən'dem] *(v)* sb./st. *to* st. *of* st. 1 odsoudit koho k čemu z důvodu čeho / pro co; ~ **of high treason** odsoudit pro velezradu 2 vyvlastnit majetek státem pro veřejné účely, zkonfiskovat, zabavit co

**condemnation** [ˌkondem'neišən, *am.* ˌkan-] *(n) of* 1 odsouzení koho; důvod odsouzení 2 zabavení, vyvlastnění majetku státem; **ex-**

**cess** ~ zabavení většího majetku, než je nutné pro veřejné účely; **inverse** ~ nepřímé vyvlastnění zabavení majetku sousedícího s určitou parcelou a tím snížení její hodnoty; ~ **money** kondemnační obnos

**condemned** [kən'demd] *(n)* odsouzená osoba, odsouzenec

**condemned** [kən'demd] *(adj)* **1** odsouzený; ~ **cell** cela smrti **2** zabavený, konfiskovaný

**condemnee** [ˌkənˌdem'ni:] *(n)* vlastník majetku, jenž se zabavuje pro veřejné účely

**condemner** [kən'demnə(r)] *(n)* zabavovatel majetku

**condign** [kən'dain] *(adj)* přiměřený, spravedlivý, zasloužený trest

**condition** [kən'dišən] *(n)* **1** *obec.* podmínka, předpoklad; **on** ~ **that** pod podmínkou / za předpokladu, že; **on no** ~ za žádných okolností; **determine** ~ stanovit podmínku; **meet / satisfy** ~ splnit podmínku **2** *(OP)* podstatná podmínka náležitost jejíž porušení opravňuje k odstoupení od smlouvy; **collateral** ~ kolaterální podmínka; **compulsory** ~ donucovací podmínka; **concurrent** ~ souběžná podmínka; **consistent** ~ souhlasná podmínka; **implied** ~ předpokládaná podmínka; **precedent** ~ odkládací podmínka; **repugnant** ~ neslučitelná podmínka; **subsequent** ~ rozvazovací podmínka; **sundry terms and** ~s jiné / další smluvní podmínky; ~s **of a contract** podstatné smluvní podmínky, essentiale negotii, obecné náležitosti smlouvy; **terms and** ~s **of this lease** smluvní podmínky této nájemní smlouvy

**condition** [kən'dišən] *(v)* st. **1** podmínit co **2** stanovit jako podmínku co

**conditional** [kən'dišənl] *(adj)* podmínečný; podmíněný; ~ **assault** podmíněný útok; ~ **discharge** podmínečné zproštění; ~ **release** podmínečné propuštění; podmíněné zproštění závazku; ~ **sentence** podmíněně odsouzení; ~ **will** podmíněná závěť; **be** ~ **on the due prior payment** být podmíněn řádnou předchozí platbou

**conditions** [kən'dišənz] *(pl)* podmínky; okolnosti; poměry; **favourable** ~ **for** st. příznivé podmínky, okolnosti pro co; **living** ~ životní podmínky

**condominium** [ˌkəndə'miniəm, *am.* ˌkan-] *(n)* **1** *(MP)* kondominium, kondominát společná vláda dvou n. více států nad územím **2** *(OP)* kondo-

minium, kondominát individuální vlastnictví bytů v obytném domě

**condonation** [ˌkəndəu'neišən, *am.* ˌkan-] *(n)* odpuštění, prominutí rozvodového důvodu

**conduce** [kən'dju:s] *(v) to* st. vést, přispívat k čemu

**conducive** [kən'dju:siv] *(adj) to* st. vedoucí, přispívající k čemu, napomáhající čemu; **be** ~ **to** st. způsobovat co, přispívat k čemu

**conduct** [ˈkɒndakt, *am.* ˈkandakt] *(n)* **1** vedení, řízení; **ministry's** ~ vedení / řízení ministerstva **2** chování; jednání; opomenutí; **correct** ~ řádné / správné chování; **criminal social** ~ protispolečenské chování, kriminalita; **good** ~ dobré chování; **human** ~ lidské chování; **under good** ~ pokud se bude správně v souladu se zákonem chovat ♦ ~ **money** peníze na cestovní výdaje svědka účastnícího se procesu

**conduct** [kən'dakt] *(v)* st. **1** vést, řídit co; ~ **all criminal proceedings** vést všechna trestní řízení; ~ **all prosecutions** vést všechna trestní stíhání; ~ **a case in court** vést / zastupovat věc u soudu; ~ **the hearing** vyslýchat, vést výslech; ~ **an investigation** vést vyšetřování; ~ **legal proceedings** vést soudní řízení **2** provádět co; ~ **elections** provádět volby

**confederacy** [kən'fedərəsi] *(n)* konfederace, svazek, sdružení

**confederate** [kən'fedərət] *(n)* **1** společník; spojenec **2** spoluviník

**confederate** [kən'fedərət] *(adj)* **1** konfederační; konfederovaný **2** spiklenecký

**confederate** [kən'fedəreit] *(v) against* sb./st. spolčit se, spojit se; spiknout se proti komu/čemu

**confederation** [kənˌfedə'reišən] *(n)* konfederace, spojení, svazek

**confer** /rr/ st. **on** [kən'fər(ˌon] sb. udělit, propůjčit co komu; delegovat co na koho; ~ **honours** udělit řády a tituly; ~ **primary responsibility on the Security Council** učinit Radu bezpečnosti přímo odpovědnou; ~ **specific powers and duties on** sb. přenést / delegovat na koho určité pravomoci a povinnosti; **rights** ~ **by the Treaty** práva přiznaná smlouvou

**conference** [ˈkɒnfərəns, *am.* ˈkanfərəns] *(n)* konference; porada; shromáždění; **a summit** ~ porada na nejvyšší úrovni; **the** ~ **is held** konference se koná

**confess** [kən'fes] *(v) to* st. **1** přiznat, doznat co

2 přiznat se k čemu; ~ **to a crime** přiznat se k trestnému činu 3 vyzpovídat se
**confession** [kən'fešən] (n) 1 přiznání, doznání; **implied** ~ konkludentní doznání; **indirect** ~ nepřímé doznání; **involuntary** ~ vynucené nedobrovolné přiznání; ~ **of defence** přiznání důvodů obhajoby 2 zpověď
**confidence** ['konfidəns, am. 'kanfədəns] (n) 1 důvěra; důvěrnost; ~ **game** podvodná hra, podvodné získání majetku založené na důvěřivosti lidí; **acquire the** ~ **of sb.** získat důvěru koho; **gain** ~ získat důvěru; **loose the** ~ ztratit důvěru; **tell in** ~ důvěrně sdělit 2 sebedůvěra; přesvědčení
**confident** ['konfidənt, am. 'kanfədənt] (adj) 1 důvěřující, přesvědčený 2 sebejistý
**confidential** [,konfi'denšəl, am. ,kanfə-] (adj) 1 důvěrný; tajný; ~ **agent** tajný agent; ~ **relation** důvěrný vztah na základě profesionální etiky 2 důvěřivý ♦ ~ **clerk** prokurista; ~ **secretary** soukromý osobní tajemník
**confidentiality** [,konfidenši'æləti, am. ,kanfi-] (n) důvěrnost
**confine** [kən'fain] (v) to st./sb. 1 omezit (na) co 2 uvěznit koho; zbavit koho svobody
**confinement** [kən'fainmənt] (n) 1 zbavení osobní svobody; trest na svobodě; omezení; **home** ~ domácí vězení 2 uvěznění, trest odnětí svobody; **close** ~ tuhé vězení s přísným režimem; **solitary** ~ samotka
**confirm** [kən'fə:(r)m] (v) st. 1 potvrdit, schválit, ratifikovat co; ~ **a treaty** ratifikovat mezinárodní smlouvu 2 upevnit, posílit, zpevnit co
**confirmation** [,konfə'meišən, am. ,kanfər-] (n) potvrzení, schválení; ověření; ~ **patent** zaváděcí patent
**confirmative** [kən'fə:(r)mətiv], **confirmatory** [kən'fə:(r)mətəri] (adj) potvrzující; upevňující; ~ **power** pravomoc potvrzovat ve funkci
**confirmed** [kən'fə:(r)md] (adj) 1 potvrzený, schválený; ~ **credit** potvrzený úvěr 2 zatvrzelý; notorický; nevyléčitelný; ~ **drunkard** notorický alkoholik
**confiscable** [kən'fiskəbl] (adj) (z)konfiskovatelný, zabavitelný
**confiscate** ['konfiskeit, am. 'kanfəs-] (adj) zabavený, zkonfiskovaný
**confiscate** ['konfiskeit, am. 'kanfəs-] (v) st. zabavit, konfiskovat co
**confiscation** [,konfis'keišən, am. ,kanfəs-] (n) zabavení, konfiskace

**confiscatory** [kən'fiskətəri, am. kən'fiskətəuri] (adj) konfiskační; ~ **rates** konfiskační poplatky
**conflict** ['konflikt, am. 'kanflikt] (n) rozpor, spor, kolize; ~ **of authority** kolize autorit; ~ **of interests** konflikt zájmů; ~ **of laws** kolize norem, mezinárodní právo soukromé; ~ **rule** kolizní norma; **seriousness of the** ~ závažnost / nebezpečnost konfliktu
**conflict** [kən'flikt] (v) být v rozporu, dostat se do rozporu, střetnout se
**conflicting** [kən'fliktiŋ] (adj) kolidující, konfliktní, odporující, rozporný; ~ **decision** kolidující rozhodnutí; ~ **evidence** odporující si důkazy; ~ **objectives** rozporné cíle
**conform** [kən'fo:(r)m] (v) to / with st. přizpůsobit se čemu, být v souladu s čím; ~**ed copy** upravená kopie
**conformable** [kən'fo:(r)məbl] (adj) with st. slučitelný, v souladu s čím
**conforming** [kən'fo:(r)miŋ] (adj) vyhovující; ~ **use** vyhovující využití pozemku s územním rozhodnutím
**conformity** [kən'fo:(r)məti] (n) souhlas, shoda; **in** ~ **with public opinion** v souladu s názory veřejnosti
**confound** [kən'faund] (v) st. ohromit, zmást, uvést ve zmatek koho; uvést do rozpaků koho
**confront** [kən'frant] (v) with sb./st. 1 konfrontovat s kým/čím; ~ **witnesses** konfrontovat svědky; ~ **with the evidence** tváří v tvář důkazům, konfrontovat s důkazy 2 porovnat s čím
**confrontation** [,konfran'teišən, am. ,kanfrən-] (n) 1 konfrontace, vzájemné srovnání 2 konfliktní vztah
**confuse** [kən'fju:z] (v) sb./st. zmást, poplést koho; splést co
**confused** [kən'fju:zd] (adj) zmatený, popletený; nejasný
**confusion** [kən'fju:žən] (n) zmatek, zmatení; záměna; splynutí; ~ **of boundaries** zmatení hranic; ~ **of debts** splynutí dluhů; ~ **of goods** promíchání zboží; ~ **of rights** splynutí práv dlužníka a věřitele; ~ **of titles** splynutí právních titulů
**confutable** [kən'fju:təbl] (adj) vyvratitelný
**confutation** [,konfju:'teišən, am. ,kanfju-] (n) vyvrácení argumentu
**confute** [kən'fju:t] (v) sb./st. usvědčit koho z nepravdy, omylu, vyvrátit argument

**congestion** [kən'džesčən] *(n)* přecpání, ucpání, zácpa

**Congress** ['koŋgres, *am.* 'kaŋgrəs] *(n) am.* Kongres; **Houses of C~** *am.* Sněmovny Kongresu

**congressional** [kən'grešənl] *(adj)* kongresový; **~ district** *am.* volební obvod pro volby do Kongresu; **~ records** *am.* zápisy z jednání Kongresu

**congressman** ['koŋgresmən, *am.* 'kaŋgrəsmən], *(pl)* **-men** *am.* člen / poslanec Kongresu Sněmovny reprezentantů, nikoliv Senátu

**congresswoman** ['koŋgres,wumən, *am.* 'kaŋgrəs-], *(pl)* **-women** *am.* členka / poslankyně Kongresu Sněmovny reprezentantů

**congruence** ['koŋgruəns, *am.* 'kaŋ-], **congruency** ['koŋgruənsi, *am.* 'kaŋ-] *(n) with* st. shoda, shodnost, kongruence

**conjoint** ['kondžoint, *am.* kən'džoint] *(adj)* spojený, společný; **~ robbery** společná loupež

**conjoints** ['kondžoints, *am.* ,kən'džoints] *(pl)* manželé

**conjugal** ['kondžugəl, *am.* 'kandžəgəl] *(adj)* manželský; **~ rights** manželská práva

**conjugality** [,kondžu'gæləti, *am.* ,kandžə-] *(n)* stav manželský, manželství

**conjunct** [kən'džaŋkt, *am. též* 'kandžaŋkt] *(n)* **1** společník **2** vedlejší část, připojení

**conjunct** [kən'džaŋkt, *am. též* 'kandžaŋkt] *(adj)* společný; spojený

**conjunction** [kən'džaŋkšən] *(n)* spojení; shoda; **in ~ with** ve spojení, spolu s čím

**conjuncture** [kən'džaŋkčə(r)] *(n)* kritická shoda okolností, krize

**connate** ['koneit, *am.* 'kaneit] *(adj)* **1** vrozený **2** současně narozený

**connect** [kə'nekt] *(v)* st. *with* st. spojovat, spojit co s čím

**connected** [kə'nektid] *(adj)* ucelený, souvislý; spojený, připojený

**connecting** [kə'nektiŋ] *(adj)* spojující, spojovací; **~ carrier** spojovací přepravce; **~ factors** kolizní kritéria, hraniční určovatelé při kolizi zákonů

**connection, connexion** [kə'nekšən] *(n)* **1** spojení; přípojka vody, plynu; **in ~ with** ve spojení s **2** zákaznictvo, klientela

**connections** [kə'nekšənz] *(pl)* příbuzní

**connivance** [kə'naivəns] *(n)* tajný, nepřímý němý souhlas jedné osoby s nezákonným chováním jiné osoby; pasívní spoluúčast

**connive** [kə'naiv] *(v)* st. **1** mlčky schvalovat co

**2** *with* sb. tajně spolupracovat s kým na něčem nezákonném

**connubiality** [kə,nju:bi'æləti] *(n)* manželství, manželský stav

**conquest** ['koŋkwest, *am.* 'kaŋ-] *(n)* dobytí; **Norman C~** normanský zábor

**consanguinity** [,konsæŋ'gwinəti, *am.* ,kansæŋ-] *(n)* pokrevní příbuzenství; **lineal ~** příbuzenství v přímé linii

**conscience** ['konšəns, *am.* 'kanšəns] *(n)* svědomí; **the liberty of ~** svoboda svědomí; **right of ~** právo na svobodu svědomí

**conscientious** [,konši'enšəs, *am.* ,kanši-] *(adj)* svědomitý; **~ objection** námitka z důvodu svědomí; **~ objectors** odpůrci vojenské služby z mravních důvodů z důvodu svědomí, náboženství atd.; **~ scruples** mravní zábrany

**conscious** ['konšəs, *am.* 'kanšəs] *(adj)* **1** vědomý si čeho; **~ creation** uvědomělé vytváření / tvoření; **~ of** st. vědom si čeho **2** sebevědomý

**consciousness** ['konšəsnis, *am.* 'kanšəsnəs] *(n)* vědomí; **act in full ~ of the consequences** při svém jednání si plně uvědomovat následky

**conscript** ['konskript, *am.* 'kanskript] *(n)* odvedenec, branec

**conscript** [kən'skript] *(v)* sb. odvádět, odvést koho do základní vojenské služby

**conscription** [kən'skripšən] *(n)* povolání k povinné vojenské službě; **universal ~** všeobecná branná povinnost

**consensual** [kən'sensjuəl, *am.* kən'senšuəl] *(adj)* konsensuální, uzavřený ústní dohodou

**consensus** [kən'sensəs] *(n)* konsenzus, souhlas; **common ~** společný souhlas

**consent** [kən'sent] *(n)* souhlasný projev vůle, konsens, svolení; **express ~** výslovný souhlas; **implied ~** předpokládaný souhlas; **Monarch's ~** královský souhlas; **~ to be sued** souhlas k žalobě; **~ to notice** souhlas s výpovědí; **by mutual ~** po vzájemné dohodě; **~ decree** soudní smír; **~ rule** pravidlo souhlasu; **subject to ~** podléhající souhlasu; **refuse ~ unreasonably** odmítnout bezdůvodně souhlas; **withhold sb.'s ~** odmítnout dát svůj souhlas, odepřít svůj souhlas

**consent** [kən'sent] *(v) to* st. svolit, přivolit k čemu, souhlasit s čím

**consentaneous** [,konsən'teiniəs, *am.* ,kansən-] *(adj)* souhlasný, shodný; jednomyslný

consentient [kən'senšənt] (adj) to st. souhlasný, jednomyslný; souhlasící s čím
consenting [kən'sentiŋ] (adj) 1 svolný; jdoucí dobrovolně 2 souhlasící; shodující se
consequence ['konsikwəns, am. 'kansə-] (n) následek, důsledek; ~ in law právní následek; in ~ následně, v důsledku, proto
consequences ['konsikwənsiz, am. 'kansə-] (pl) důsledky, následky; avoidable ~ následky, jimž lze předejít; far-reaching ~ dalekosáhlé následky; legal ~ právní důsledky; ~ of the act následky činu; suffer the ~ trpět následky čeho
consequent ['konsikwənt, am. 'kansə-] (adj) to st. vyplývající z čeho; závislý na čem; trial and ~ imprisonment soudní proces a v jeho důsledku trest odnětí svobody
consequential [,konsi'kwenšəl, am. ,kansi-] (adj) následný, následující; ~ contempt nepřímá urážka soudu; ~ damage / loss následná škoda; C~ Provisions následná ustanovení
consequently ['konsikwəntli, am. 'kansə-] (adv) v důsledku toho, následně, tudíž, proto
conservation [,konsə'veišən, am. ,kansər-] (n) 1 zachování 2 péče o ochranu přírody; ~ of natural resources ochrana přírodních zdrojů; ~ areas chráněná území
conservationist [,konsə'veišənist, am. ,kansər-] (n) ochránce životního prostředí
conservative [kən'sə:(r)vətiv] (n) člen Konzervativní strany, konzervativec
conservative [kən'sə:(r)vətiv] (adj) 1 konzervativní související s Konzervativní stranou 2 opatrný, umírněný, konzervativní
conservator [,konsə:'veitə, am. ,kansər-] (n) 1 soudem stanovený opatrovník zájmů nesvéprávné osoby 2 vládní komisař dosazený do banky 3 ochránce, ochranář
conserve [kən'sə:(r)v] (v) st. udržovat, zachovat, chránit co
consider [kən'sidə(r)] (v) st. 1 vzít v úvahu, uvážit, posoudit co, zabývat se čím; ~ legal consequences vzít v úvahu právní důsledky; ~ legal effects vzít v úvahu právní účinky; ~ a legal matter zabývat se právní záležitostí; ~ reports posoudit zprávy; ~ on the facts of the case uvážit na základě faktů v případu 2 poradit se o čem; ~ the judgment poradit se o rozsudku 3 považovat za co; ~ evidence reliable považovat důkaz za spolehlivý; ~ husband and wife as constituting a family považovat manžela a manželku za rodinu; ~ st. desirable považovat co za žádoucí
considerable [kən'sidərəbl] (adj) značný, významný, značně velký
consideration [kən,sidə'reišən] (n) 1 u smluv protiplnění, úhrada, protihodnota; executed ~ poskytnuté protiplnění; executory ~ protiplnění splnitelné v budoucnu; good ~ řádné protiplnění; gratuitous ~ bezdůvodné nezasloužené protiplnění; past ~ dřívější protiplnění; pecuniary ~ finanční protiplnění; inadequacy of ~ nepřiměřenost protihodnoty, protiplnění 2 zřetel, ohled; uvažování, přemýšlení; take st. into ~ vzít co v úvahu; this aspect is given serious ~ tomuto aspektu se věnuje značná pozornost ♦ in ~ of st. 1 vzhledem k čemu; 2 náhradou za, na úhradu / zaplacení čeho
considering [kən'sidəriŋ] (prep, conj) s ohledem na, vzhledem k
consign [kən'sain] (v) sb./st. 1 svěřit koho do péče 2 složit, deponovat co, např. peníze 3 podat co k přepravě, odeslat co 4 předat co do komisního prodeje
consignation [,konsig'neišən, am. ,kansai-] (n) odeslání zboží; deponování peněz; konsignace
consignee [,konsai'ni:, am. ,kansai'ni:] (n) adresát, příjemce zásilky, konsignát; příjemce zboží do komisního prodeje
consigner, consignor [,kən'sainə(r)] (n) odesílatel zboží, konsignant; deponent
consignment [kan'sainmənt] (n) 1 zaslání, dodání, odeslání; ~ note oznámení o uložené zásilce; nákladní list 2 předání zboží do komise / komisního prodeje; ~ account komisionářský účet; ~ contract / agreement komisionářská smlouva; ~ sale prodej v komisi, komisní prodej
consist (v) in [kən'sist,in] st. spočívat, záležet v čem
consist (v) of [kən'sist,ov] st. skládat se, sestávat z čeho
consist (v) with [kən'sist,wið] st. souhlasit, být ve shodě s čím
consistence [kən'sistəns], consistency [kən'sistənsi] (n) důslednost, zásadovost
consistent [kən'sistənt] (adj) 1 v souladu, shodný s čím; be ~ with the U.S. Constitution být v souladu s Ústavou USA 2 důsledný, zásadový
consolidate [kən'solideit, am. kən'salədeit] (v) st.

**1** sjednotit, sloučit co; **~ companies** sloučit společnosti **2** konsolidovat, slučovat co, podíly, akcie **3** upevnit, posílit, konsolidovat co; **~ the economic power** posílit ekonomickou moc **consolidated** [kən'solideitid, am. kən'salədeitid] *(adj)* konsolidovaný, společný; **~ actions** sloučené žaloby; **~ appeal** společné odvolání proti rozhodnutí; **~ bonds** konsolidované obligace; **~ income statement** příjmový výkaz; **~ laws / statutes** svod / kompendium / soubor zákonů; **~ mortgage** konsolidovaná hypotéka; **~ orders** brit. pracovní řád Kancléřského soudu; **~ tax return** společné daňové přiznání několika subjektů **consolidation** [kən,soli'deišən, am. kən,salə-] *(n)* **1** kompilování zákonů **2** splynutí, sloučení práva a povinnosti; **~ of actions** sloučení žalob; **~ of corporations** sloučení / spojení / fúze společností **3** konsolidace, zpevnění, posílení **consort** ['konso:t, am. 'kansort] *(n)* manžel, manželka, choť **consort** [kən'so:(r)t] *(v) with* sb./st. sdružovat se, stýkat se s kým; srovnávat se s kým/čím **consortium** [kən'so:tjəm, am. kən'so:ršjəm] *(n)* **1** manželské společenství **2** společenství, klub **3** konsorcium **consortship** [kən'so:(r)tšip] *(n)* sdružení vlastníků lodí **conspicuous** [kən'spikuəs, am. kən'spikjuəs] *(adj)* zřejmý, jasný, viditelný; **~ clause** zřetelná doložka; **~ place** dobře viditelné místo; **~ term** zřetelná podmínka; **~ violation** viditelné násilí **conspicuously** [kən'spikuəsli, am. kən'spikjuəsli] *(adv)* **1** viditelně, zřejmě, jasně **2** nápadně, okázale **conspiracy** [kən'spirəsi] *(n)* spolčení; spiknutí; **~ in restraint of trade** tajná dohoda k omezování obchodu; **~ to commit arson** tajná příprava trestného činu žhářství **conspiration** [,konspi'reišən, am. ,kanspi'reišən] *(n)* **1** against sb./st. konspirační akce proti komu/čemu **2** soustředěné úsilí **conspirator** [kən'spirətə(r)] *(n)* spiklenec **conspire** [kən'spaiə(r)] *(v) against* st. **1** spiknout se (proti čemu) **2** tajně připravovat, plánovat co; **charge with conspiring to commit st.** obžalovat z přípravy spáchání čeho **constable** ['kanstəbl] *(n) brit., aus.* konstábl, strážník **constant** ['konstənt, am. 'kanstənt] *(adj)* **1** stálý,

neměnný, konstantní **2** ustavičný, nepřetržitý, vytrvalý **constantly** ['konstəntli, am. 'kanstəntli] *(adv)* neustále, nepřetržitě, stále **constituency** [kən'stitjuənsi, am. kən'stičuənsi] *(n)* **1** volební obvod; **multi-member ~** volební obvod s více křesly v parlamentu; **single-member ~** volební obvod s jedním křeslem v parlamentu **2** voliči, voličstvo **3** zákaznictvo, klientela **constituent** [kən'stitjuənt, am. kən'stičuənt] *(n)* **1** volič patřící do urč. volebního obvodu **2** součást; **~ country** země jako součást čeho **constituent** [,kən'stitjuənt, am. ,kən'stičuənt] *(adj)* **1** volící, volební, mající právo volit; ústavodárný **2** tvořící součást čeho; **~ elements** podstatné znaky **constitute** ['konstitju:t, am. 'kanstət(j)u:t] *(v)* sb./st. **1** ustanovit koho do funkce **2** zřídit, založit co; **~ a provisional government** zřídit dočasnou vládu **3** dát právní formu čemu; **~ a contract** sjednat / vytvořit smlouvu **4** tvořit co; **~ a breach of an article** být porušením článku / paragrafu; **~ a family** tvořit rodinu; **~ an offence** být podstatou / založit skutkovou podstatu trestného činu **constitution** [,konsti'tju:šən, am. ,kanstə't(j)u:šən] *(n)* **1** ústava; ústavní systém; **rules of the C~** ústavní normy; **adopt the C~** přijmout ústavu; **observe the C~** dodržovat ústavu **2** stanovy; **the C~ of the Association** stanovy občanského sdružení **3** ustavení, ustanovení čeho; **~ of the company** ustavení společnosti **constitutional** [,konsti'tju:šənəl, am. ,kanstə't(j)u:šənəl] *(adj)* **1** ústavní, konstituční; **~ convention** ústavodárné shromáždění; **~ court** ústavní soud; **~ framework** ústavní rámec; **~ government** ústavnost, ústavní režim; **~ law** ústavní právo; **~ limitations** ústavní omezení; **~ monarchy** konstituční monarchie; **~ part** ústavní součást; **~ protection** ústavní ochrana; **be ~** být v souladu s ústavou **2** podstatný, základní **constitutionalism** [,konsti'tju:šnəlizəm, am. ,kanstə't(j)u:šnəlizəm] *(n)* konstitucionalismus **constitutionality** ['konsti,tju:š'næliti, am. 'kanstə,t(j)u:š'næləti] *(n)* ústavnost **constrain** [kən'strein] *(v)* sb. *to do* st. (do)nutit koho k čemu, vynutit co **constrained** [kən'streind] *(adj)* vynucený

**constraint** [kən'streint] *(n)* nátlak, donucení; omezování, omezení; **legal ~s** právní omezení; **physical ~** fyzický nátlak

**construct** [kən'strakt] *(v)* st. (vy)stavět, postavit, (vy)budovat co

**construction** [kən'strakšən] *(n)* 1 výklad zákona; **liberal ~ of law** liberální / volný výklad práva; **literal ~** přesný / doslovný výklad; **strict ~** přesný výklad; **~ of will** výklad závěti je-li sporná 2 (vý)stavba; **road ~** stavba silnic; **~ contract** stavební smlouva; **~ lien** stavební zadržovací právo

**constructive** [kən'straktiv] *(adj)* vyplývající z výkladu zákona, implicitní; nepřímý, odvozený; **~ assent** nepřímý souhlas; **~ breach** zaviněná nemožnost splnění dlužníkovo prohlášení před splatností smlouvy, že ji nesplní; **~ condition** zákonná podmínka; **~ contract** smlouva ze zákona; **~ delivery** nepřímé odevzdání; **~ eviction** nepřímé vypuzení z držby; **~ fraud** nepřímý podvod; **~ intent** nepřímý úmysl; **~ loss** nepřímá ztráta; **~ notice** nepřímé oznámení; **~ payment** implicitní platba; **~ possession** nepřímá držba; **~ receipt of income** implicitní příjem; **~ taking** nepřímé odnětí; **~ trust** druh svěřenství vznikajícího ze zákona

**construe** [kən'stru:] *(v)* st. vykládat, chápat, interpretovat co

**consuetude** ['konswitju:d, *am.* 'kan-] *(n)* zvyk, zvyklost

**consuetudinary** [ˌkonswi'tju:dinəri, *am.* ˌkan-] *(adj)* zvykový; **~ law** zvykové / obyčejové právo

**consular** ['konsjulə, *am.* 'kansjulər] *(adj)* konzulární; **~ jurisdiction** konzulární jurisdikce / pravomoci; **~ invoice** faktura potvrzená konzulem; **~ law** konzulární právo; **~ marriage** konzulární sňatek

**consulate** ['konsjulit, *am.* 'kan-] *(n)* konzulát

**consult** [kən'salt] *(v)* sb. *on* st. konzultovat co s kým, poradit se s kým o čem

**consultancy** [kən'saltənsi] *(n)* poradenská služba, poradenství

**consultant** [kən'saltənt] *(n)* 1 soukromý detektiv 2 konzultující odborník, konzultant, specialista

**consultative** [kən'saltətiv] *(adj)* konzultační, poradní; **~ committee** poradní výbor; **~ referendum** poradní referendum

**consumables** [kən'sju:məblz] *(pl)* poživatiny; potraviny

**consume** [kən'sju:m] *(v)* st. spotřebovat, vypotřebovat co

**consumer** [kən'sju:mə(r)] *(n)* spotřebitel; **~ council** spotřebitelská rada; **~ credit** spotřební úvěr; **~ debt** spotřební dluh; **~ goods** spotřební zboží; **~ industry** spotřební průmysl; **~ law** spotřebitelské právo; **~ lease** spotřební pronájem; **~ price index** index spotřebních cen; **~ protection** ochrana spotřebitele; **~ protection laws** zákony na ochranu spotřebitele

**consumption** [kən'sampšən] *(n)* spotřeba

**contact** ['kontækt, *am.* 'kan-] *(n)* 1 styk, kontakt 2 prostředník, spojka 3 informátor

**contact** [kən'tækt] *(v)* sb./st. kontaktovat koho/co, navázat spojení s kým/čím

**contagious** [kən'teidžəs] *(adj)* nakažlivý; přenášející nákazu, infekční; **~ disease** infekční choroba

**contain** [kən'tein] *(v)* st. obsahovat co

**containment** [kən'teinmənt] *(n)* omezení, omezování, kontrola vlivu

**contaminate** [kən'tæmineit] *(v)* st. kontaminovat, znečistit, zamořit co

**contamination** [kənˌtæmi'neišən] *(n)* zanečištění, zamoření; nákaza, kontaminace

**contemplate** ['kontəmpleit, *am.* 'kan-] *(v)* st. 1 pozorovat co 2 uvažovat, rozjímat o čem; zamýšlet, mít v úmyslu co; **~ suicide** zamýšlet spáchat sebevraždu

**contemplation** [ˌkontəm'pleišən, *am.* ˌkan-] *(n)* *of* st. 1 očekávání; **~ of bankruptcy** očekávání úpadku; **~ of death** očekávání smrti na základě postupující nemoci apod.; **~ of insolvency** očekávání platební neschopnosti 2 pozorování; rozjímání

**contemporaneous** [kənˌtempə'reinjəs] *(adj)* současný; **~ construction** současný výklad; **~ employment** současné zaměstnání

**contempt** [kən'tempt] *(n)* pohrdání, přezírání, opovrhování; **~ of Congress** *am.* opovrhování Kongresem; **~ of court** 1 pohrdání soudem, urážka soudu, neuposlechnutí soudu 2 úmyslné nedostavení se k soudu; **~ of the King / Queen** *brit.* pohrdání králem / královnou; **~ of Parliament** pohrdání parlamentem; **~ power** pravomoc trestat urážku soudu; **~ proceeding** řízení o urážce soudu

**contend** [kən'tend] *(v)* st. 1 tvrdit že; **the defendants ~ that** obžalovaní tvrdí, že 2 **with / against / for / about** sb./st. zápasit, bojovat s kým/čím, proti komu/čemu, za koho/co, o co

**contending** [kən'tendiŋ] *(adj)* protichůdný; **~ claims** protichůdné nároky

**content** ¹ [kən'tent] *(n)* **1** kladný hlas, „ano" při hlasování ve Sněmovně lordů; **~s and not ~s** kladné a záporné hlasy **2** člen hlasující pro **3** spokojenost

**content** ² ['kontənt, *am.* 'kantənt] *(n) of* st. obsah čeho; **~ validation** obsahová účinnost testu

**content** [kən'tent] *(adj) with* st. spokojený s čím

**contention** [kən'tenšən] *(n)* spor, kontroverze; tvrzení

**contentious** [kən'tenšəs] *(adj)* sporný, diskutabilní; **~ jurisdiction** soudnictví ve sporných věcech

**contest** ['kontest, *am.* 'kan-] *(n)* **1** soutěž, volební boj **2** spor; **~ of will** spor o platnost závěti

**contest** [kən'test] *(v)* st. popírat co, napadnout tvrzení; bránit se čemu, žalobě; **~ed case** sporný případ; **~ed election** 1 *am.* neregulérní volby 2 *brit.* volby při více kandidátech; **contesting competence** sporná soudní příslušnost

**contestable** [kən'testəbl] *(adj)* napadnutelný, sporný

**contestant** [kən'testənt] *(n)* odpůrce, napadající strana

**contestation** [ˌkontə'steišən, *am.* ˌkant-] *(n)* spor, kontroverze

**context** ['kontekst, *am.* 'kan-] *(n)* kontext; **in this ~** v tomto kontextu

**contiguous** [kən'tigjuəs] *(adj)* sousedící, přilehlý; **~ zone** přilehlé, zvláštní mořské pásmo bezprostředně přiléhající k pobřežním vodám

**continent** ['kontinənt, *am.* 'kantənənt] *(n)* kontinent, světadíl

**continental** [ˌkonti'nentəl, *am.* ˌkantə-] *(adj)* kontinentální; **~ law** právo na evropském kontinentě v kontrastu s právem na britských ostrovech; **~ shelf** kontinentální šelf

**contingency** [kən'tindžənsi] *(n)* nepředvídaná událost, nahodilost; **~ contract** nahodilá smlouva; **a reserve fund for ~ies** rezervní fond pro nepředvídané výdaje

**contingent** [kən'tindžənt] *(n)* **1** náhodná událost **2** kontingent

**contingent** [kən'tindžənt] *(adj)* možný ale nejistý, pochybný, náhodný; podmíněný budoucí událostí; **~ beneficiary** sekundární příjemce dávky jestliže původní příjemce zemře, případný beneficiář; **~ claim** potenciální / případný ná-

rok; **~ fee** *am.* podíl advokáta na vyhrané sporné částce; **~ fund** rezervní fond; **~ liability** potenciální odpovědnost; **~ purchase** 1 náhodná / nahodilá koupě 2 budoucí událostí podmíněná koupě

**continuance** [kən'tinjuəns] *(n)* **1** odročení jednání **2** pokračování, trvání **3** odklad

**continuation** [kənˌtinju'eišən] *(n)* pokračování

**continue** [kən'tinju(:)] *(v)* st. **1** pokračovat v čem, trvat; **continuing breach** trvající porušení smlouvy; **continuing crime** pokračující trestný čin v čase **2** odročit líčení

**continued** [kən'tinju(:)d] *(adj)* nepřetržitý, neochabující

**continuous** [kən'tinjuəs] *(adj)* nepřetržitý, neustálý, souvislý, plynulý; **~ injury** zranění s trvalými následky, trvalá újma

**continuously** [kən'tinjuəsli] *(adv)* nepřetržitě, stále, neustále; **function ~** fungovat nepřetržitě

**contort** [kən'to:(r)t] *(v)* st. překroutit smysl čeho, zkomolit co

**contra** ['kontrə] *(prep)* proti

**contraband** ['kontrəˌbænd, *am.* 'kant-] *(n)* nezákonně dovezené n. vyvezené, tj. pašované zboží

**contraception** [ˌkontrə'sepšən, *am.* ˌkant-] *(n)* antikoncepce, ochrana proti početí

**contraceptives** [ˌkontrə'septivz, *am.* ˌkant-] *(pl)* užívaná antikoncepce

**contract** ['kontrækt, *am.* 'kan-] *(n)* smlouva, kontrakt; **accessory ~** vedlejší / akcesorická smlouva; **agency ~** jednatelská / mandátní smlouva; **aleatory ~** odvážná smlouva; **blanket ~** všeobecná smlouva; **brokerage ~** makléřská / zprostředkovatelská smlouva; **collateral ~** vedlejší smlouva, vedlejší ujednání; **conditional ~** podmíněná smlouva; **consignment ~** smlouva o komisním prodeji; **fixed-term ~** smlouva na dobu určitou; **gratuitous ~** bezúplatná smlouva; **implied ~** kvazi kontrakt; **indemnity ~** slib odškodnění; **indivisible ~** smlouva nepřipouštějící částečné plnění; **insurance ~** pojistná smlouva; **joint and several ~** společná a dělitelná smlouva; **onerous ~** úplatná smlouva; **parol ~** ústní / neformální smlouva; **uberrimae fidei ~** [ju:'berəme: ˌfaidii ~] naprosto upřímná smlouva; **unconscionable ~** nesvědomitá smlouva; **under seal ~** smlouva ve formě veřejné listiny, smlouva pod pečetí; **unenforceable ~** nevynutitelná smlouva; **usurious ~**

lichvářská smlouva, v níž výše požadovaných úroků překračuje zákonný limit; **void** ~ neplatná smlouva; **voidable** ~ zrušitelná smlouva; ~ **for deed** smlouva o převodní listině; ~ **for work** smlouva o dílo; ~ **not to compete** smluvní závazek nekonkurovat; ~ **of bailment** smlouva schovací; ~ **of employment** pracovní smlouva; ~ **of guaranty** smlouva o ručení; ~ **of insurance** pojistná smlouva; ~ **of purchase** kupní smlouva; ~ **of sale** kupní smlouva; ~ **of service** služební smlouva; ~ **of suretyship** smlouva o ručení, rukojemská smlouva; ~ **under seal** smlouva pod pečetí, formální smlouva; **breach of** ~ porušení smlouvy; **condition of a** ~ podstatná smluvní podmínka; **execution of** ~ plnění smlouvy; **formation of a** ~ sepsání smlouvy; **law of** ~ smluvní právo; **privity of** ~ smluvní společenství zájmů; **terms of** ~ smluvní podmínky; **as per** ~ jak je uvedeno ve smlouvě; **break a** ~ porušit smlouvu; **make a** ~ uzavřít smlouvu; **mature into a** ~ vyzrát ve smlouvu; **ripen into a** ~ vyvinout se ve smlouvu; **terminate the** ~ ukončit smlouvu

**contract** ¹ [kən'trækt] *(v)* st. uzavřít smlouvu / dohodu o čem, smluvně se zavázat k čemu; ~ **alliance** uzavřít spojenectví; ~ **marriage** uzavřít manželství; **contracting party** smluvní strana, účastník smlouvy

**contract** ² [kən'trækt] *(v)* st. přivodit si co, chytit nemoc; ~ **the influenza** přivodit si / chytit chřipku

**contracting** [kən'træktiŋ] *(n)* uzavření, kontraktace; ~ **of marriage** uzavření manželství

**contractor** [kən'træktə(r)] *(n)* dodavatel; kontrahent, smluvní strana

**contractual** [kən'trækčuəl] *(adj)* smluvní; ~ **insurance of individuals** smluvní pojištění osob; ~ **liability** smluvní odpovědnost; ~ **obligations** smluvní závazky; ~ **relations** smluvní vztahy

**contradict** [,kontrə'dikt, *am.* ,kan-] *(v)* st. popírat co, být v rozporu s čím, protiřečit čemu

**contradiction** [,kontrə'dikšən, *am.* ,kan-] *(n)* kontradikce, protimluv; popření, rozpor; ~ **in terms** protimluv

**contradictory** [,kontrə'diktəri, *am.* ,kan-] *(adj)* opačný, protichůdný, protiřečící; ~ **decisions** protichůdná rozhodnutí; ~ **evidence** opačné důkazy

**contradistinction** [,kontrədi'stiŋkšən] *(n)* rozlišení, odlišení protikladem

**contradistinguish** [,kontrədi'stiŋgwiš] *(v)* rozlišit, odlišit protikladem

**contrary** ['kontrəri, *am.* 'kantreri] *(n)* opak, protiklad; **until the** ~ **is proved** dokud není prokázán opak; **on the** ~ naopak

**contrary** ['kontrəri, *am.* 'kantreri] *(adj)* opačný, protikladný; ~ **determination** protikladné rozhodnutí; ~ **provision** opačné / protikladné ustanovení

**contrary** ['kontrəri, *am.* 'kantreri] *(adv)* proti; na rozdíl od; ~ **to law** protiprávní, v rozporu s právem; **be** ~ **to st.** být v rozporu s čím

**contrast** ['kontra:st, *am.* 'kantræst] *(n)* kontrast, opak; **by** ~ naproti tomu, naopak zase

**contrast** [kən'tra:st, *am.* kən'træst] *(v)* st. *with* st. dávat do protikladu co s čím, kontrastovat s čím, být v rozporu s čím

**contravene** [,kontrə'vi:n, *am.* ,kan-] *(v)* st. **1** porušit, přestoupit co; ~ **the Doctrine** porušit doktrínu **2** být v rozporu s čím; **laws that** ~ **the principle of equity** zákony, které jsou v rozporu se zásadou spravedlnosti

**contravention** [,kontrə'venšən, *am.* ,kan-] *(n)* přestupek, porušení; ~ **of International Law** porušení mezinárodního práva; **in** ~ **of a crossing** při porušení pravidel křížování šeku, v rozporu s pravidly křížování šeku

**contribute** [kən'tribju:t] *(v)* *to* st. přispět, přispívat k čemu; **contributing cause** jedna z příčin

**contribution** [,kontri'bju:šən, *am.* ,kan-] *(n)* **1** příspěvek; přispění; podíl; ~ **to funeral expenses** pohřebné **2** podíl pojišťovny na škodě; ~ **clause** doložka o účasti pojišťovny na škodě

**contributory** [kən'tribju(:)təri] *(n)* přispěvatel, účastník

**contributory** [kən'tribju(:)təri] *(adj)* přispívající, napomáhající čemu; příspěvkový; ~ **infringement** nepřímé porušení; ~ **negligence** spoluzavinění z nedbalosti; ~ **pension scheme** příspěvkový penzijní systém; ~ **value** příspěvková hodnota

**contrivance** [kən'traivəns] *(n)* vynález, vynalézavost; *rafinovaný* plán, machinace

**control** [kən'trəul] *(n)* **1** kontrola; ~ **of marine pollution from ships** kontrola znečistění moře způsobeného loděmi; **C~ of Pollution Act 1974** *brit.* zákon o kontrole znečišťování z roku 1974; **~ over air and water pollution** kontrola znečištění ovzduší a vody; **~ over the government** kontrola vlády; **~ over wastes** kontrola odpadů; **~ system** kontrolní systém; **~ test** kontrolní zkouška; **exercise ~ over** st. provádět kontrolu čeho; **provide full ~ over discharges into coastal water** zajišťovat úplnou/důkladnou kontrolu vypouštění odpadů do pobřežních vod **2** řízení; **~ group** řídící skupina; **~ person** řídící osoba; **~ premium** prémie za řízení; **be under the ~ of sb.** být řízen kým control [kən'trəul] /ll/ (v) sb./st. kontrolovat, ovládat, regulovat koho/co; **~ discharges of polluting water** kontrolovat vypouštění znečištěné vody

controversial [ˌkɒntrəˈvɜːʃl, am. ˌkɑntrə-] (adj) sporný, diskusní, kontroverzní; **~ recommendations** sporná / diskutabilní doporučení

controversy [ˈkɒntrəvɜːsi, am. ˈkɑntrə-] (n) polemika, diskuse; kontroverze; sporný bod

contumacy [ˈkɒntjuməsi, am. ˈkɑn-] (n) neposlušnost, vzdor; nedostavení se k soudu

contusion [kən'tju:ʒn] (n) pohmožděnina

convalescence [ˌkɒnvəˈlesns, am. ˌkɑn-] (n) rekonvalescence

convene [kən'vi:n] (v) sejít se, shromáždit (se), svolat; **where the court of justice ~s** kde zasedá soudní dvůr

convenience [kən'vi:njəns] (n) vhodnost, příhodnost; **political ~** politická potřeba / zvyklost / vhodnost; **for ~** pro usnadnění

convenient [kən'vi:njənt] (adj) to sb./st. vyhovující komu/čemu; **~ practice** vhodná / vyhovující praxe; **be ~ to sb.** vyhovovat komu

convention [kən'venʃən] (n) **1** konvence, úmluva, dohoda; **paramount ~** nejdůležitější konvence; **~s in force** platné konvence; **~s of the constitution** ústavní konvence; **by ~** na základě / podle dohody **2** shromáždění; **constitutional ~** ústavodárné shromáždění; **nominating ~** am. shromáždění jmenující kandidáty na prezidentský úřad **3** ustálený způsob jednání, zvyklost ♦ **~ priority** nařízená priorita

conventional [kən'venʃənəl] (adj) **1** konvenční, tradiční, obvyklý; **~ armaments** zbrojení konvenčními zbraněmi; **~ usages** tradiční využití / zvyklosti; **~ weapons** konvenční zbraně **2** dohodnutý, smluvený

conversation [ˌkɒnvəˈseiʃən, am. ˌkɑnvər-] (n)

**1** rozhovor, konverzace **2** pohlavní styk; **criminal ~** cizoložství

converse [ˈkɒnvɜːs, am. ˈkɑnvərs] (adj) obrácený, převrácený; opačný; konverzní; **~ instruction** konverzní poučení

conversion [kən'vɜː(r)ʃən] (n) **1** (ObyčP) vztažení ruky na cizí věc; odnětí n. rušení držby; **constructive ~** nepřímé odnětí držby; **~ of funds** zpronevěra peněz **2** změna, přeměna, úprava, adaptace **3** konverze dluhu, pojistky; **~ clause** doložka o konverzi / konvertibilitě; **~ rate** devizový kurs; **~ securities** konvertibilní cenné papíry

convert [kən'vɜː(r)t] (v) st. (in)to st. **1** směnit co (na co) **2** přeměnit co; adaptovat, upravit **3** odejmout n. rušit držbu

convertibility [kənˌvɜː(r)tiˈbiləti] (n) převoditelnost; konvertibilita; směnitelnost

convertible [kən'vɜː(r)təbl] (adj) převoditelný, konvertibilní; **~ debt** konvertibilní dluh; **~ security** převoditelné cenné papíry; **~ term insurance** převoditelné dočasné pojištění

conveyance [kən'veiəns] (n) **1** převod právního titulu k nemovitosti; postoupení, převod, cese; **absolute ~** absolutní převod bez jakýchkoliv podmínek; **conditional ~** podmíněný převod; **voluntary ~** dobrovolný bezúplatný převod

conveyancing [kən'veiənsiŋ] (n) notářské převádění právního titulu k nemovitosti, provádění majetkových převodů; **principles of ~ law** zásady práva majetkových převodů

conveyor, conveyer [kən'veiə(r)] (n) převodce, postupitel

convict [ˈkɒnvikt, am. ˈkɑn-] (n) trestanec; **~ labour** nucené práce

convict [kən'vikt] (v) sb. of st. odsoudit koho (zač), uznat koho vinným; **~ of a crime / offence** odsoudit pro trestný čin; **~ed offenders** odsouzení pachatelé; **persons ~ed of crimes** osoby odsouzené pro trestný čin

conviction [kən'vikʃən] (n) **1** odsouzení, uznání vinným; **previous ~** předchozí odsouzení; **summary ~** odsouzení ve zkráceném řízení **2** přesvědčení

convince [kən'vins] (v) sb. of st. přesvědčit koho o čem

convinced [kən'vinst] (adj) přesvědčený; zapřisáhlý

convincing [kən'vinsiŋ] (adj) přesvědčivý; **~ proof** přesvědčivý důkaz

cooling [ˈkuːliŋ] (adj) chladící ♦ **~ time / ~**

**off period** čas na rozmyšlenou při pracovních sporech
**co(-)operation** [kəuˌopəˈreišən] *(n)* spolupráce; **~ in solving problems** spolupráce při řešení problémů; **~ clause** doložka o spolupráci mezi pojištěným a pojistitelem
**co(-)operative** [ˌkəuˈopərətiv] *(adj)* družstevní, kooperační; **~ apartment** *am.* družstevní byt; **~ society** obchodní n. výrobní družstvo; **~ store** družstevní obchod
**cop** [kop, *am.* kap] *(n) col.* policajt, polda
**copartner** [ˌkəuˈpaː(r)tnə(r)] *(n)* spolupodílník, spolupartner
**copartnership** [ˌkəuˈpaː(r)tnə(r)šip] *(n)* spolupodílnictví, spolupartnerství zaměstnanců na správě a zisku firmy
**cope** [kəup] *(v) with* sb./st. zvládnout koho/co, umět se vypořádat s kým/čím; **~ with perpetrators** zvládnout pachatele, umět se vypořádat s pachateli
**copper** [ˈkopə, *am.* ˈkapər] *(n) col.* policajt, polda, fízl
**copy** [ˈkopi, *am.* ˈkapi] *(n)* **1** kopie, opis, průklep **2** výtisk, exemplář
**copy** [ˈkopi, *am.* ˈkapi] *(v)* st. **1** napodobovat, kopírovat co; **~ the Napoleonic Code** napodobovat napoleonský kodex **2** opisovat co ve škole
**copyhold** [ˈkopihəuld, *am.* ˈkapi-] *(n)* nájemní statek, závislá držba
**copyright** [ˈkopirait, *am.* ˈkapi-] *(n)* autorské právo; **statutory ~** zákonná ochrana autorským právem; **C~ Act** zákon o autorském právu; **infringement of ~** porušení autorského práva; **respective ~ notice** řádná autorská doložka
**copyright** [ˈkopirait, *am.* ˈkapi-] *(v)* st. chránit co autorským právem
**co-respondent** [ˌkəuriˈspondənt, *am.* -ˈspan-] *(n)* spolužalovaná strana, spoluodpůrce při žalobě o cizoložství
**coroner** [ˈkorənə, *am.* ˈkarənər] *(n) brit., am.* koroner vyšetřovatel násilných a náhlých úmrtí vyvolávajících podezření z trestného činu; **~'s inquest** ohledání mrtvoly; zjištění příčin smrti
**corporal** [ˈkoː(r)pərəl] *(adj)* **1** tělesný; **~ oath** přísaha přiložením ruky; **~ punishment** tělesný trest; **judicial ~ punishment** tělesný trest uložený soudem **2** osobní
**corporate** [ˈkoː(r)pərət] *(adj)* korporační, týkající se obchodní společnosti; společný; **~ authorities** *am.* představitelé městské správy; **~ body**

**~ citizenship** příslušnost korporace; **~ defendant** spoluobžalovaný; **~ domicile** sídlo korporace; **~ franchise** oprávnění korporace; **~ insurance** pojištění organizací; **~ law** právo společností; **~ merger** fúze společností; **~ rights** práva právnické osoby; **~ stock** veškeré cenné papíry společnosti; základní akciový kapitál společnosti
**corporation** [ˌkoː(r)pəˈreišən] *(n)* **1** korporace, společnost, právnická osoba, sdružení; **aggregate ~** vícečlenná korporace; **business ~** obchodní společnost; **close ~** uzavřená společnost s omezeným počtem akcionářů; **not-for-profit ~** nezisková / nevýdělečná společnost; **professional ~** profesní sdružení poskytující služby v rámci koncesovaných živností, např. účetní, chirurgové, dentisti; **public-service ~** společnost poskytující služby veřejnosti; **sole ~** výhradní společnost; **~ law** zákon o obchodních společnostech; **~ tax** daň ze zisků společnosti **2** *am.* akciová společnost
**corporeal** [ˌkoː(r)ˈpoːriəl] *(adj)* hmotný; movitý; **~ property** hmotný majetek; **~ chattels** hmotné věci movité
**corpse** [ˈkoː(r)ps] *(n)* mrtvola
**corpus** [ˈkoː(r)pəs], *(pl)* **corpora** [ˈkoː(r)pərə] **1** souhrn, celek; **~ delicti** [ˌkoː(r)pəsdiˈliktai] předmět doličný, corpus delicti **2** soubor spisů, sebrané spisy; **C~ Juris (Civilis)** souhrn právních norem císaře Justiniána
**correct** [kəˈrekt] *(adj)* správný, bezvadný; korektní; **~ attest** osvědčení správnosti
**correct** [kəˈrekt] *(v)* sb./st. opravit koho/co; pokárat, napomenout koho/co; **~ed policy** opravená pojistná smlouva
**correction** [kəˈrekšən] *(n)* náprava; **house of ~** nápravněvýchovný ústav pro mladistvé delikventy
**correctional** [kəˈrekšənəl] *(adj)* nápravný
**corrective** [kəˈrektiv] *(adj)* nápravný, opravný; **~ labour** pracovní převýchova, převýchova prací; **~ labour centre** nápravněpracovní zařízení; **~ labour colony** nápravněpracovní tábor; **~ punishment** nápravný trest
**correlation** [ˌkorəˈleišən] *(n)* korelace, vzájemný vztah; **lack of ~** nepřítomnost vzájemného vztahu / korelace
**correspond** [ˌkoriˈspond, *am.* ˌkorəˈspand] *(v) with / to* st./sb. odpovídat čemu/komu, vyhovovat čemu, korespondovat s čím
**correspondence** [ˌkoriˈspondəns, *am.* ˌkorə

'spandəns] *(n)* **1** soulad, korespondence **2** dopisování, korespondence; ~ **audit** korespondenční revize účtů
**corroborate** [kə'robəreit, *am.* -'rab-] *(v)* st. podepřít argumenty, potvrdit co; **corroborating evidence** podpůrný důkaz
**corroborative** [kə'robərətiv, *am.* -'rab-] *(adj)* podpírající, dosvědčující; podpůrný
**corrupt** [kə'rapt] *(adj)* úplatný, zkorumpovaný; zkažený
**corrupt** [kə'rapt] *(v)* sb. podplatit koho
**corruptible** [kə'raptibl] *(adj)* podplatitelný, úplatný, zkorumpovatelný
**corruption** [kə'rapšən] *(n)* **1** nezákonnost, úmysl obejít zákon; ~ **of blood** bezectnost plynoucí ze ztráty občanských práv **2** korupce, úplatkářství; **prevent bribery and** ~ zamezit uplácení a korupci
**cosh** [koš] *(n) brit. hov.* nástroj na zabíjení zabiják
**cosh-boy** ['košboi] *(n) brit.* mladý zabiják, násilník
**cost** [kost] *(n)* cena; výdaj; náklad; **purchase** ~ pořizovací cena; **replacement** ~ náhradní cena; ~ **of capital** kapitálová hodnota; ~ **of completion** náklady na splnění smlouvy; ~ **of living** životní náklady; ~ **of mortality** náklady na úmrtnost; ~ **of treatment** léčebné náklady; ~ **accountant** provozní účetní; ~ **price** výrobní cena; ~ **clerk** provozní účetní; ~ **effectiveness** efektivnost nákladů
**cost** /*cost, cost*/ [kost, kost] *(v)* **1** stát, mít cenu kolik **2** kalkulovat cenu, odhadnout náklady
**costly** ['kostli] *(adj)* nákladný, drahý
**costs** [kosts] *(pl)* náklady, výlohy spojené se soudním řízením; **building** ~ stavební náklady; **full reinstatement** ~ náklady na plnou naturální restituci; **indirect** ~ nepřímé náklady; **interlocutory** ~ prozatímní náklady; **waste disposal** ~ náklady na odstraňování odpadů; ~ **of collection** inkasní náklady; **bill of** ~ vyčíslení nákladů; **order for** ~ příkaz k úhradě; **meet the** ~ hradit výlohy; **reduce** ~ snížit náklady
**council** ['kaunsl] *(n)* rada, shromáždění, zasedání rady; **common** ~ obecní rada; **county** ~ rada hrabství; **district** ~ rada okresu; **Economic and Social C**~ *(OSN)* Hospodářská a sociální rada; **local authority** ~ rada orgánu místní správy; **locally elected** ~s rady zvolené v místě; **Privy C**~ *brit.* Soukromá / státní / tajná rada panovníka; **Security C**~ *(OSN)* Rada bezpečnosti; **Trusteeship C**~ *(OSN)* Poručen-

ská rada; **C**~ **of Ministers** *(ES)* Rada ministrů; **the C**~ *(ES)* Rada ES; **C**~ **of State** státní rada; ~ **estate** obecní pozemek; ~ **flat** *brit.* obecní byt, tj. byt v majetku obce; ~ **house** *brit.* obecní dům, tj. dům v majetku obce
**councillor** ['kaunsələ(r)] *(n)* radní, člen rady / zastupitelstva
**counsel** ['kaunsəl] *(n)* advokát, právní poradce; **defending** ~ obhájce, právní zástupce obhajoby; **prosecuting** ~ státní žalobce; prokurátor; ~**s for both sides** právní zástupci obou stran; ~ **for the defendant** právní zástupce žalované strany; ~ **for defence** obhájce, právní zástupce obhajoby; ~ **for the plaintiff** právní zástupce žalující strany; ~ **for the prosecution** státní žalobce; prokurátor; ~ **of record** registrovaný právní zástupce; **right to** ~ právo pachatele trestného činu na obhájce; ~ **fee** palmáre; **serve as one's own** ~ hájit se sám, vzdát se obhajoby jinou osobou
**counsel** ['kaunsəl] */ll/ (v)* sb. radit komu
**counselling** ['kaunsəliŋ] *(n)* poradenství, poradenská služba
**counsellor** ['kaunsələ(r)] *(n)* **1** právní poradce, advokát **2** člen městské rady, radní
**count** [kaunt] *(n)* **1** počítání, sčítání; **take** ~ **of votes** sečíst hlasy **2** bod (ob)žaloby, žalobní bod; **common** ~ obecný žalobní bod; **general** ~ všeobecný žalobní bod; **money** ~ peněžní žalobní bod; **found guilty on all** ~s shledán vinným ve všech bodech obžaloby
**count** [kaunt] *(v)* st. (s)počítat co
**count** *(v)* **upon** [,kauntə'pon] st. spoléhat (se) na co
**count** *(v)* **towards** [,kaun'təwo:(r)dz] st. započítat do čeho/kam; **propaganda does not** ~ **towards election expenses** propaganda se nezapočítává do volebních výdajů
**countenance** ['kauntənəns] *(n)* podpora, pomoc; důvěra
**countenance** ['kauntənəns] *(v)* st. nečinně přihlížet čemu, schvalovat, trpět, tolerovat co
**counter** ['kauntə(r)] *(n)* přepážka, okénko úřadu, pošty, banky
**counter** ['kauntə(r)] *(adj)* opačný, protisměrný, opoziční; ~ **balance** protiváha; ~ **bond** protizávazek; ~ **offer** protinabídka; ~ **security** protizáruka; ~ **signature** kontrasignace, spolupodpis; ~ **value** protihodnota
**counteract** [,kauntə'rækt] *(v)* st. působit proti čemu, porušovat co; mařit co; ~ **the problem**

of litter čelit problémům s odpadky; ~ **the traffic regulations** porušovat dopravní předpisy

**countercharge** ['kauntə(r)čaː(r)dž] *(n)* protižaloba

**countercharge** ['kauntə(r)čaː(r)dž] *(v)* sb. podat protižalobu proti komu

**counter(-)claim** ['kauntə(r)kleim] *(n)* protinárok; **compulsory** ~ povinný protinárok; **permissive** ~ přípustný protinárok

**counter(-)claim** ['kauntə(r)kleim] *(v)* soudně uplatňovat protinárok

**counter(-)espionage** [ˌkauntə(r)'espjəna:ž] *(n)* kontrašpionáž, kontrarozvědka

**counter-evidence** [ˌkauntər'evidəns] *(n)* protidůkaz(y)

**counterfeit** ['kauntə(r)fit] *(n)* **1** padělek, podvrh **2** napodobenina, imitace

**counterfeit** ['kauntə(r)fit] *(adj)* padělaný, zfalšovaný; podvržený; předstíraný

**counterfeit** ['kauntə(r)fit] *(v)* st. **1** padělat, falšovat co **2** předstírat, simulovat co

**counterfeiter** ['kauntə(r)fitə(r)] *(n)* **1** penězokaz, falšovatel **2** pokrytec, licoměrník

**countermand** ['kauntə(r)maːnd, *am.* -mænd] *(n)* odvolání, zrušení, storno

**countermand** [ˌkauntə(r)'maːnd, *am.* -mænd] *(v)* st. odvolat, zrušit, anulovat, stornovat co

**counteroffer** ['kauntərofə(r)] *(n)* protinabídka

**counterpart** ['kauntə(r)paː(r)t] *(n)* duplikátní dokument, druhopis, stejnopis

**counterplea** ['kauntə(r)pliː] *(n)* námitky; odpověď na obhajobu

**counterselection** [ˌkauntə(r)sə'lekšən] *(n)* negativní selekce

**countersign** ['kauntə(r)sain] *(n)* identifikační značka

**countersign** ['kauntə(r)sain] *(v)* st. kontrasignovat, spolupodepsat co

**countersignature** [ˌkauntə(r)'signičə(r)] *(n)* kontrasignace, spolupodpis

**countervail** ['kauntə(r)veil] *(v)* st. vyvážit, vyrovnat co; **countervailing duty** vyrovnávací clo

**count-out** ['kauntaut] *(n) brit.* odročení zasedání Dolní sněmovny pro nedostatečný počet přítomných poslanců, tj. méně než 40

**country** ['kantri] *(n)* **1** země, stát; **developing** ~**ies** rozvojové země; **foreign** ~ cizí země; **appeal to the** ~ dotázat se voličů, vypsat všeobecné volby **2** venkov; **town and**

~ **planning law** plánovací právo pro město a venkov územní plánování; **in the** ~ na venkově

**countryside** ['kantrisaid] *(n)* krajina; **preservation of the** ~ **for agriculture** zachování krajiny pro zemědělství; **throughout the** ~ v krajině

**county** ['kaunti] *(n)* hrabství; ~ **authorities** správní úřady hrabství; ~ **borough** město s právy hrabství, statutární město; ~ **council** rada hrabství; ~ **court** soud hrabství, *přibl.* krajský soud; ~ **seat** sídlo správy hrabství; ~ **town** hlavní město hrabství

**coup (d'état)** [ˌkuː dei'taː] *(fr)* násilný státní převrat

**couple** [kapl] *(n)* dvojice, pár; **unmarried** ~ neoddaná dvojice

**coupon** ['kuːpon, *am.* -pan] *(n)* kupon, poukázka; ~ **bonds** kuponové obligace; ~ **notes** kuponové dlužní úpisy; ~ **securities** kuponové cenné papíry

**course** [koː(r)s] *(n)* běh, průběh; ~ **of dealing** průběh jednání; ~ **of employment** plnění pracovních povinností; ~ **of performance** způsob plnění smlouvy; **by** ~ **of law** ve smyslu zákona, podle práva; **in due** ~ v příhodné době; **in** ~ **of time** během času; **in the** ~ **of human events** v průběhu dějin lidstva

**court** [koː(r)t] *(n)* soud, soudní dvůr; **appropriate** ~ příslušný soud; **Crown C**~ *brit.* Korunní soud; **divisional** ~ *brit.* senát Nejvyššího soudu; **domestic** ~ vnitrostátní soud; **C**~ **of Auditors** *(ES)* Účetní dvůr; **European C**~ **of Human Rights** Evropský soud pro lidská práva; **European C**~ **of Justice** *(ES)* Evropský soudní dvůr; **International C**~ **of Justice** *(OSN)* Mezinárodní soudní dvůr; **juvenile** ~ soud pro mladistvé; **magistrates'** ~ *brit.* nižší soud s omezenou jurisdikcí; **penal** ~ trestní soud; **superior** ~ vyšší soud; **Supreme C**~ *am.* Nejvyšší soud; *brit.* Nejvyšší soud pro Anglii a Wales složený z Vrchního soudu a Odvolacího soudu; **trial** ~ *am.* soud první instance pro věci občanské i trestní; **C**~ **for the Correction of Errors** *am.* soud pro nápravu vadných rozhodnutí; **C**~ **for the Trial of Impeachments** soud pro vyšetřování zneužití úřední pravomoci; **U.S. C**~ **of Claims** *am.* federální soud příslušný k projednání žalob proti federaci; **C**~ **of Appeal** odvolací soud; ~ **of bankruptcy** konkursní soud; **C**~ **of Chancery** *brit.* Kancléřský soud soudící podle práva spravedlnosti / ekvity; ~**s of common**

**law** soudy obyčejového práva; **C~ of Common Pleas** *brit.* vrchní civilní soud, někdejší soud příslušný zejména v soukromoprávních věcech; **~ of conciliation** smírčí soud; **C~ of Criminal Appeal** trestní odvolací soud; **C~ of Customs and Patent Appeals** *am.* odvolací soud ve věcech celních a patentních; ~ **of equity** soud spravedlnosti ekvity; **~ of error** soud pro vadná rozhodnutí; **C~ of Exchequer** *brit.* někdejší finanční soud; **~ of first instance** soud první instance; **~ of honour** čestný soud; **~ of inquiry** vyšetřovací soud; **~ of justice** soudní dvůr; **~ of last resort** soud poslední / nejvyšší instance; **~ of law** soud, soudní dvůr; **~ of probate** soud pro věci pozůstalostní; **C~ of Quarter Session** trestní soud rozhodující v závažnějších věcech a zasedající čtyřikrát ročně; **~ of requests** bagatelní soud; **~ calendar** soupis soudních případů k projednání; **~ commissioner** soudní zmocněnec; **~ martial** vojenský soud; **~ reporter** soudní zapisovatel; **~ rolls** soudní spisy; **~ rule** soudní řád; **day in ~** soudní rok (líčení u soudů); **composition of ~s** složení soudů; **decision of the ~** rozhodnutí soudu; **jurisdiction of the ~** soudní pravomoc / jurisdikce soudního dvora; **leave of ~** povolení soudu; **reported decisions of the ~** zaznamenaná rozhodnutí soudů; **binding on a ~** závazný pro soud; **tried by ~** projednávaný soudem; **by order of a ~ of law** na základě příkazu soudu; **address the ~** promluvit k soudu, oslovit soud; **apply the rules of law in ~s** používat právní normy u soudů; **be represented in the ~** být zastoupen u soudního dvora; **bring a case before the ~** předložit věc / případ soudu; **challenge st. in ~** napadnout co, vznést námitky proti čemu u soudu; **give judgments in the ~s** soudně vynášet rozsudky; **have recourse to a ~ of law** obrátit se na soud; **hold criminal trial in open ~** vést trestní proces při veřejném líčení; **refer a case to the ~** předložit případ / věc soudu; **settle the dispute in a ~ of law** řešit spor soudně; **submit a dispute to the ~** předložit spor soudu; **take sb. to ~** žalovat koho

**courtroom** ['ko:(r)trum] *(n)* soudní síň
**cousin** [kazn] *(n)* bratranec, sestřenice; **first ~s** bratranec a sestřenice prvního stupně
**covenant** ['kavənənt] *(n)* **1** dohoda, úmluva; příslib, slib, závazek převážně týkající se

převodu právního titulu k nemovitému majetku; **absolute ~** absolutní smlouva platná bez dalších podmínek; **affirmative ~** potvrzující úmluva / příslib; **conditional ~** podmíněný příslib; **continuing ~** pokračovací příslib; **joint and several ~s** společné a nerozlučné závazky; **transitive ~** přechodný příslib jehož plnění může být převedeno na zástupce smluvní strany; **~s not to compete** ustanovení o zákazu konkurence; **~ not to sue** příslib nežalovat; **~ of non-claim** příslib neuplatnit nárok **2** stanovy, statut
**covenant** ['kavənənt] *(v) with* sb. zavazovat se, uzavírat dohodu s kým; **the parties ~ with each other in the following terms** strany se zavazují plnit následující smluvní podmínky
**covenanted** ['kavənəntid] *(adj)* zajištěný smlouvou
**covenantee** ['kavənənti:] *(n)* smluvní strana, v jejíž prospěch je smlouva uzavřena
**covenantor** ['kavənəntə(r)] *(n)* smluvní strana, jež se zavazuje ve prospěch druhé strany dává slib
**cover** ['kavə(r)] *(n)* **1** kryt, úkryt **2** finanční krytí, úhrada, záruka; **insurance ~** pojistná záruka; **~ note** pojišťovací krycí list; **~ price** celková výrobní cena
**cover** ['kavə(r)] *(v)* st. **1** pokrývat co **2** zahrnovat co, týkat se čeho, vztahovat se na co; **~ all cases** vztahovat se na všechny případy / věci; **~ the rights and duties** zahrnovat práva a povinnosti **3** finančně (po)krýt, hradit, pojistit co
**coverage** ['kavəridž] *(n)* pojistné krytí, rozsah pojistky
**covert** ['kavə(r)t] *(adj)* **1** skrytý, tajený, skrývaný; **~ nature** skrytá podstata **2** provdaná žena
**coverture** ['kavə₁tjuə, *am.* 'kavərčər] *(n)* stav provdané ženy
**cover-up** ['kavərap] *(n)* krytí / zakrývání zločinu
**C.P.A.** [₁sipi'ei] *(abbrev) Certified Public Accountant am.* diplomovaný účetní držitel státem kontrolované koncese po složení státních zkoušek
**C.R.** [₁si'a:(r)] *(abbrev) curia regis* [₁kjuəriə'ri:džəs] *brit.* Královská rada
**cracksman** ['kræksmən] *(n)* kasař
**crash** [kræš] *(n)* srážka, havárie; krach
**crash** [kræš] *(v)* havarovat, zřítit se; zkrachovat, zhroutit se
**create** [kri(:)'eit] *(v)* st./sb. **1** vytvořit, založit

co; ~ **a doubt** vytvářet pochybnost o čem; ~ **a favourable climate** vytvořit příznivé ovzduší; ~ **the rights in property** založit majetková práva **2** ustanovit, jmenovat koho čím; **~d life peers** peerové jmenovaní peery pouze na dobu svého života **3** stvořit koho; **all men are ~d equal** všichni lidé jsou si od narození rovni
**creation** [kri(:)'eišən] *(n)* vytvoření, stvoření; **conscious** ~ uvědomělé vytváření / tvoření; ~ **of nuclear weapon free zones** vytvoření bezjaderných pásem
**Creator** [kri(:)'eitə(r)] *(n)* Stvořitel
**credentials** [kri'denšəlz] *(pl)* pověřovací listiny; ~ **committee** mandátní výbor, mandátová komise
**credibility** [ˌkredə'biləti] *(n)* důvěryhodnost; uvěřitelnost
**credible** ['kredəbl] *(adj)* důvěryhodný; ~ **witness** důvěryhodný svědek
**credit** ['kredit] *(n)* **1** úvěr; **acceptance** ~ akceptační úvěr; **depository** ~ bankovní akreditiv; **documentari** ~ dokumentární akreditiv; **real-estate** ~ hypotekární úvěr; **bill of** ~ akreditiv; **irrevocable letter of** ~ nezrušitelný akreditiv; ~ **advice** dobropis; ~ **card** úvěrová / kreditní karta; ~ **insurance** úvěrové pojištění; ~ **risks** úvěrová rizika; **~-sale agreement** dohoda o prodeji na úvěr; ~ **terms** úvěrové podmínky, podmínky pro poskytnutí úvěru; ~ **transfer** převod úvěru **2** položka „dal"; ~ **balance** účetní rovnováha mezi „má dáti" a „dal" **3** dobré jméno obchodníka, kredit
**credit** ['kredit] *(v)* sb./st. **1** věřit čemu **2** povolit úvěr komu, dát na úvěr co
**creditor** ['kreditə(r)] *(n)* věřitel; **certificate** ~ potvrzený věřitel; **junior** ~ méně významný věřitel; **lien** ~ věřitel s retenčním právem
**cremation** [kri'meišən] *(n)* kremace, pohřeb žehem; ~ **expenses insurance** pojištění nákladů na pohřeb žehem
**crib** [krib] *(v)* st. vykrádat dílo koho; vydávat dílo koho za své
**crime** [kraim] *(n)* **1** trestný čin, zločin; **attempted** ~ pokus trestného činu; **continuous** ~ trestný čin trvající např. nošení zakázaných zbraní; **infamous** ~ trestný čin z nízkých a nečestných pohnutek; **violent** ~ násilný trestný čin; **war** ~ válečný zločin; ~ **against nature** zvrácený sexuální trestný čin; ~ **against**

**peace and humanity** trestný čin proti míru a lidskosti; ~ **against property** majetkový trestný čin; ~ **of omission** omisívní trestný čin; ~ **of violence** násilný trestný čin; ~ **instrument** nástroj, jímž byl spáchán trestný čin; ~ **reconstruction** rekonstrukce trestného činu; ~ **scene** místo spáchání trestného činu; ~ **statistics** statistika trestných činů; **body of the** ~ skutková podstata trestného činu; **commission of a** ~ spáchání trestného činu; **accuse sb. of a** ~ obvinit koho z trestného činu; **charge sb. with a** ~ obžalovat koho z trestného činu; **commit a** ~ spáchat trestný čin; **convict of a** ~ odsoudit pro trestný čin; **prevent ~s** předcházet trestným činům **2** zločinnost, kriminalita; **organized** ~ organizovaná zločinnost; ~ **rate** míra zločinnosti / kriminality v procentech; **prevent** ~ předcházet zločinnosti / kriminalitě; ~ **is on the increase** kriminalita vzrůstá
**criminal** ['kriminəl] *(n)* zločinec, pachatel trestných činů; **dangerous** ~ nebezpečný zločinec; **habitual** ~ recidivista; **war** ~ válečný zločinec
**criminal** ['kriminəl] *(adj)* **1** trestný, kriminální, zločinecký; ~ **abortion** nezákonný potrat; ~ **act** trestné jednání / konání, trestný čin; ~ **assault** násilné napadení; znásilnění; ~ **attempt** pokus trestného činu; ~ **behaviour** trestné chování; ~ **charge** obžaloba z trestného činu; ~ **contempt** hrubá urážka soudu; ~ **forfeiture** propadnutí věci z důvodu spáchání trestného činu; ~ **fraud** podvod; ~ **intent** úmysl spáchat trestný čin; ~ **investigation** vyšetřování trestného činu; ~ **libel** pomluva jako trestný čin neustálé zveřejňování pomluv a urážek; ~ **malversion** zneužití úřední moci; ~ **mischief** trestné způsobení škody; ~ **motive** motiv trestného činu; ~ **offence** trestný čin; ~ **society** zločinecká organizace; ~ **statistics** statistika zločinnosti; ~ **trespass** nezákonné vniknutí do cizí nemovitosti; přímé a násilné porušení práva **2** trestní; ~ **action** trestní řízení; ~ **case** trestní případ / věc; ~ **capacity** trestní způsobilost spáchat trestný čin; ~ **code** trestní zákoník; ~ **court** trestní soud; ~ **division of the Court of Appeal** brit. trestní kolegium Nejvyššího odvolacího soudu; ~ **evidence** trestní důkaz; ~ **justice** trestní soudnictví; ~ **law** trestní právo; ~ **liability** trestní odpovědnost; ~ **policy**

trestní politika; ~ **procedure** trestní řízení; trestní právo procesní; ~ **proceedings** trestní řízení; ~ **prosecution** trestní stíhání; ~ **record** trestní rejstřík; ~ **responsibility** trestní odpovědnost; ~ **sanction** sankce / postih za spáchání trestného činu; ~ **science** *přibl.* kriminologie; ~ **trial** trestní proces
**criminalist** ['krimɪnəlɪst] *(n)* kriminalista
**criminalistics** [ˌkrimɪnə'lɪstɪks] *(n)* kriminalistika
**criminality** [ˌkrimɪ'næləti] *(n)* kriminalita; **State** ~ kriminalita ve státě USA
**criminally** ['krimɪnəli] *(adv)* trestně; ~ **liable / responsible** trestně odpovědný
**criminate** ['krimɪneɪt] *(v)* sb. obvinit koho z trestného činu
**crimination** [ˌkrimɪ'neɪʃən] *(n)* obvinění n. obžalování z trestného činu
**criminology** [ˌkrimɪ'nolədʒi] *(n)* kriminologie
**crisis** ['kraisɪs], *(pl)* **crises** ['kraisiːz] krize
**critical** ['krɪtɪkəl] *(adj)* kritický; ~ **evidence** rozhodný důkaz
**criticism** ['krɪtɪsɪzəm] *(n)* kritika
**criticize** ['krɪtɪsaɪz] *(v)* sb./st. kritizovat koho/co
**crop** [krop, *am.* krap] *(n)* plodina; úroda, sklizeň; ~ **hail insurance** pojištění pro případ krupobití
**crop** [krop, *am.* krap] */pp/ (v)* st. obdělat, osít co
**cross** [kros, *am.* kras] *(adj)* křížový, protichůdný, vzájemný; ~ **action** vzájemná / křížová žaloba; ~ **claim** křížový nárok, protinárok; ~ **complaint** vzájemná / křížová žaloba; ~ **interrogatory** křížová otázka; ~ **licensing** vzájemné poskytnutí licence; ~ **question** otázka při křížovém výslechu; ~ **reference** odkaz na co
**cross** [kros, *am.* kras] *(v)* st. křížovat směnku
**cross-action** ['kros,ækʃən, *am.* 'kras-] *(n)* protižaloba
**cross-bench** ['krosbenč, *am.* 'kras-] *(n) brit.* lavice nezávislých poslanců v Dolní i Horní sněmovně
**cross(-)bencher** ['krosbenčə(r), *am.* 'kras-] *(n) brit.* nezávislý poslanec
**cross-examination** ['krosɪg,zæmɪ'neɪʃən, *am.* 'kras-] *(n)* křížový výslech
**cross-examine** [ˌkrosɪg'zæmɪn, *am.* ˌkras-] *(v)* sb. podrobit koho křížovému výslechu
**crossing** ['krosɪŋ, *am.* 'kras-] *(n)* křížování např. šeku
**crown** [kraun] *(n)* koruna; **British C~** brit-

ský panovník, britská koruna; **C~ Court** *brit.* Korunní soud; ~ **law** *brit.* trestní právo; ~ **lawyer** *brit.* státní návladní; **C~ Office** *brit.* administrativní oddělení Korunního soudu
**crucial** ['kruːšəl] *(adj)* kritický, velmi důležitý, rozhodující; ~ **issue** rozhodující, velmi důležitá otázka; ~ **moment** rozhodující okamžik
**cruel** [kruːəl] *(adj)* krutý; ~ **and unusual punishment** krutý a mimořádný trest
**cruelty** ['kruːəlti] *(n)* krutost, kruté jednání / zacházení; ~ **to animals** kruté zacházení se zvířaty; ~ **to children** kruté zacházení s dětmi
**cue** [kjuː] *(n)* narážka, podnět, návod k jednání
**cui bono** [kwi'bonəu] *(lat)* v čí prospěch
**culpa** ['kalpə] *(lat)* vina
**culpability** [ˌkalpə'biləti] *(n)* vina, zavinění; trestuhodnost
**culpable** ['kalpəbl] *(adj)* zaviněný, vinný; trestuhodný; ~ **conduct** trestuhodné chování
**culprit** ['kalprɪt] *(n)* **1** viník, pachatel **2** obžalovaný
**cumbersome** ['kambə(r)səm] *(adj)* nešikovný, nepohodlný, těžkopádný; ~ **nature** of the **process** těžkopádnost postupu
**cumulation** [ˌkjuːmju'leɪʃən] *(n)* kumulace, nahromadění
**cumulative** ['kjuːmjulətɪv] *(adj)* rostoucí, kumulativní; ~ **effect of** st. narůstající účinek čeho; ~ **evidence** dodatečný důkaz; ~ **legacies** kumulativní odkazy; ~ **offence** kumulativní delikt; ~ **punishment** úhrnný trest; ~ **sentence** kumulativní trest / rozsudek o trestu
**curator** [kjuə'reɪtə(r)] *(n)* poručník, opatrovník; kurátor
**curatorial** [ˌkjuərə'toːriəl] *(adj)* poručenský, opatrovnický
**curia** ['kjuəriə] *(lat)* rada; **C~ Regis** *brit.* Královská rada
**currency** ['karənsi] *(n)* oběživo, měna, **free** ~ volná měna; **legal** ~ zákonné platidlo; ~ **declaration** devizové prohlášení
**current** ['karənt] *(adj)* běžný, současný; ~ **account** běžný účet; ~ **assets** likvidní aktiva; ~ **expenses** běžné výdaje; ~ **income** současný příjem; ~ **liabilities** likvidní pasiva; ~ **money** platné peníze; ~ **obligations** likvidní závazky; ~ **premium** běžné pojistné; ~ **price** běžná cena; ~ **year** běžný rok
**currently** ['karəntli] *(adv)* v současné době
**curriculum** [kə'rɪkjuləm], *(pl)* **curricula**

[kə'rikjulə] učební / studijní plán; **personal ~** individuální studijní program / plán; **~ vitae** [~ 'vi:tai] vlastní životopis
**custodial** [kas'təudjəl] *(adj)* opatrovnický; poručenský; vazební; **~ account** svěřenský účet; **~ arrest** zajišťovací vazba; **~ interrogation** výslech ve vazbě
**custodian** [kas'təudjən] *(n)* opatrovník
**custodianship** [kas'təudjənšip] *(n) brit.* opatrovnictví
**custody** ['kastədi] *(n)* **1** vyšetřovací vazba; **escape police ~** uprchnout z policejní vazby; **remand sb. in ~** vzít koho do vyšetřovací vazby **2** opatrovnictví; **~ of children** péče o děti **3** úschova, opatrování
**custom** ['kastəm] *(n)* **1** zvyk, obyčej; **by ~** na základě / podle zvyku **2** clo; **~ fees** celní poplatky; **~ house** celnice
**customary** ['kastəməri] *(adj)* běžný, obvyklý, zvykový; **~ dispatch** obvyklé odbavení;

**~ duty** zvyková povinnost; **~ law** zvykové / obyčejové právo; **~ rule** zvykové pravidlo, zvyková norma; **it is ~** je běžné, obvyklé
**customer** ['kastəmə(r)] *(n)* zákazník, klient
**customs** ['kastəmz] *(pl)* **1** clo, celní poplatky; **~ area** celní území; **~ bill** celní prohlášení / deklarace; **~ broker** celní deklarant; **~ clearance** celní odbavení; **~ court** celní soud; **~ declaration** celní prohlášení / deklarace; **~ duty** celní poplatky, clo; **~ revenue** výnos z cel; **~ seal** celní uzávěra; **~ service** celní služba; **~ union** celní unie **2** celnice; celní prohlídka
**cut** */cut, cut/* [kat, kat] */tt/ (v)* st. **1** řezat, krájet co; **cutting wound** řezná rána **2** snížit, zmenšit, krátit co; **~ expenditure** omezit výdaje; **~ jobs** snížit počet pracovních míst; **~ prices** snížit ceny; **~ the production** snížit výrobu
**cutpurse** ['katpə:(r)s] *(n) am.* kapesní zloděj

# D

**D** [di:]: **category "D"** prisoners *brit.* odsouzení v nápravném zařízení s dohledem; **Table D** *brit.* vzorová společenská smlouva a vzorové stanovy společnosti s ručením omezeným garancí vlastnící akcie
**dabs** [dæbz] *(pl) brit. slang.* otisky prstů
**dactylogram** ['dæktiləugræm] *(n)* otisk palce, daktylogram
**dactylography** [ˌdækti'logrəfi] *(n)* daktylografie
**dactyloscopy** [ˌdækti'loskəpi] *(n)* daktyloskopie
**daily** ['deili] *(adj)* denní; **average ~ balance** průměrná denní rozvaha za úrokové období; **~ allowance** denní dávka; **~ compensation** denní dávka nemocenského pojištění; **~ occupation** hlavní zaměstnání; **~ wages** denní mzda; **apportioned on a ~ basis** stanovený v denní sazbě / výši
**daily** ['deili] *(adv)* denně, každodenně, každým dnem
**damage** ['dæmidž] *(n)* škoda; poškození, újma; ztráta; **country ~** škoda vzniknuvší před naloděním zboží na souši; **criminal ~** škoda v důsledku trestného činu; **malicious ~** úmyslná škoda; **~ of a car** poškození auta; **~ caused by extinguishing the fire** škoda způsobená vodou při hašení; **~ to the environment** ničení životního prostředí; **~ to goods in custody** škoda na věcech svěřených do péče; **~ to person** škoda na osobě; **~ to property** škoda na majetku; **causation of ~** příčinnost, kauzalita škody / poškození; **liability for ~** odpovědnost za škodu; **remoteness of ~** vzdálenost škody od místa či momentu přestupku z nedbalosti; **~ action** žaloba o náhradu škody; **cause ~** způsobit škodu; **suffer ~** utrpět škodu
**damage** ['dæmidž] *(v)* st. poškodit, zničit co
**damageable** ['dæmidžəbl] *(adj)* poškoditelný
**damages** ['dæmidžiz] *(pl)* finanční náhrada způsobené škody, odškodné, odškodnění; **actual ~** náhrada skutečné škody; **aggravated ~** zvýšená náhrada škody; **compensatory ~** kompenzační náhrada škody; **consequential ~** náhrada následné škody; **direct ~** přímé odškodnění; **excessive ~** nepřiměřená náhrada škody; **exemplary ~** exemplární zvýšená náhrada škody; **expectancy ~** odškodnění za očekávaný stav; **future ~** odškodnění pro budoucnost; **general ~** obecná náhrada ško-

dy za újmu, kterou nelze přesně početně vyjádřit; **inadequate ~** nepřiměřená náhrada škody; **land ~** odškodnění za půdu; **liquidated ~** likvidovatelné odškodnění; **necessary ~** nevyhnutelné odškodnění; **nominal ~** formální odškodnění; **presumptive ~** předpokládaná náhrada škody; **proximate ~** bezprostřední odškodnění; **punitive ~** trestající odškodnění plnící represívní / trestní / penální funkci, odškodnění nad rámec; **remote ~** odlehlé odškodnění neočekávané a nepředvídatelné následky nedbalostního přestupku / trestného činu; **severance ~** oddělené odškodnění; **statutory ~** zákonné odškodnění; **unliquidated ~** nevymezená / nestanovená náhrada škody; **measure of ~** 1 míra škod 2 míra náhrady škody; **mitigation of ~** zmírnění odškodnění, snížení náhrady škody; **suit for ~** spor / pře o náhradu škody, odškodné; **claim ~** požadovat náhradu škody; **sue for ~** žalovat o náhradu škody
**damn** ['dæm] *(v)* st. nepříznivě posoudit, odmítnout co
**damnable** ['dæmnəbl] *(adj)* zavrženíhodný, odsouzeníhodný
**damnification** [ˌdæmnifi'keišən] *(n)* poškození, způsobení škody
**damnify** ['dæmnifai] *(v)* sb./st. poškodit koho/co, způsobit škodu komu
**damnum absque injuria** ['dæmnəmˌæbskwi:in 'džuəriə] *(lat)* nezaviněné poškození škoda, za niž nikdo neodpovídá
**danger** ['deindžə(r)] *(n)* of st./sb. to sb. nebezpečí čeho/koho pro koho; **~ money** rizikový příplatek
**dangerous** ['deindžərəs] *(adj)* nebezpečný, riskantní; **~ criminal** nebezpečný zločinec; **~ driving** nebezpečné řízení vozidla; **~ job** rizikové zaměstnání; **~ machine** nebezpečný stroj, zvláště nebezpečný provoz; **~ per se** věc nebezpečná sama o sobě i bez lidského n. vnějšího působení; **~ weapon** životu nebezpečná zbraň
**data** ['deitə] *(pl) (sg.* **datum** ['deitəm]) údaje, fakta, **data protection** ochrana dat
**dataller** ['deitələ(r)] *(n) brit.* nádeník
**date** [deit] *(n)* datum; **due ~** den splatnosti; **exact ~** přesné datum; **relevant review ~** příslušný kontrolní den; **rent commencement ~** datum, od něhož se platí nájemné; **~ of birth** datum narození; **~ of cleavage** datum rozpadu

po vyhlášení úpadku; ~ **of commencement** *brit.* vstoupení zákona v platnost; ~ **of expiry of st.** datum vypršení / ukončení čeho; ~ **of the commencement of the employment** datum vzniku pracovního poměru; ~ **of maturity** den splatnosti; ~ **of payment of money rent** den splatnosti nájemného; **after the ~ of this lease** ode dne platnosti této nájemní smlouvy; **on the ~** ke dni, k datu; **out of ~** zastaralý

**date** [deit] *(v)* st. **1** označit datem, datovat co **2** zařadit co do určité doby / určitého období **3** existovat, trvat; **the debt ~s back several years** dluh trvá již několik let

**daughterhood** ['dɔ:tə(r)hud] *(n)* postavení dcery

**day** [dei] *(n)* den; **supply ~** *brit.* den, kdy se v parlamentě projednávají rozpočtové výdaje; **~ in court** soudní rok období soudních líčení; **~s of grace** dny odkladu cokoliv učinit, dodatečná lhůta, respiro; **without ~** odročeno na neurčito; **~-book** účetní deník; **~ labour** nádenická práce; nádeníci; **~ labourer** nádeník; **~ release** zákonné propuštění ze zaměstnání

**daylight** ['deilait] *(n)* denní světlo; **~ saving time** letní čas

**day-to-day** [ˌdeitə'dei] *(adj)* stálý, každodenní; **~ running of the court** každodenní chod soudu; **act as the ~ executive of the E.C.** fungovat jako stálý každodenní výkonný orgán ES

**dead** [ded] *(adj)* **1** mrtvý; **~ asset** mrtvý majetek bezcenný, nedobytný; **~ body** mrtvola; **~ capital** mrtvý kapitál; **~ drop** mrtvá schránka; **~ freight** mrtvý náklad dopravné placené za objednaný, ale nepoužitý lodní prostor; **~ house** márnice; **~ stock** mrtvý inventář např. stroje, ne zvířata; **~ storage** mrtvé skladování neprodejných aut, např. ve veřejných garážích; **~ time** prostoj; **~-born child** mrtvě narozené dítě **2** zastaralý, zapomenutý; **~ letter** 1 zastaralý zákon 2 nedoručitelný dopis

**deadline** ['dedlain] *(n)* konečný termín, termín žádosti, podání atd.

**dead(-)lock** ['dedlok] *(n)* nefunkčnost poroty; neschopnost vedení společnosti se dohodnout a jednat

**deadlocked** ['dedlokt] *(adj)* uvázlý na mrtvém bodě, neschopný se dohodnout; **~ jury** porota neschopná rozhodnutí

**deadly** ['dedli] *(adj)* **1** smrtelný, smrtící; **~ force** smrtící síla; **~ injury** ublížení na zdraví s

následkem smrti; **~ weapon** smrtící zbraň **2** mrtvolný

**deal** [1] [di:l] *(n)* množství čeho; **great ~ of money** hodně peněz

**deal** [2] [di:l] *(n)* obchodní transakce, obchod, jednání; dohoda, domluva; **good ~** dobrý obchod

**deal** /*dealt, dealt/* *(v)* **in** ['di:lˌin, 'deltˌin] st. obchodovat, zabývat se čím

**deal** /*dealt, dealt/* *(v)* **with** ['di:lˌwið, 'deltˌwið] sb./st. **1** zacházet, jednat s kým/čím; **~ with convicted offenders** zacházet s odsouzenými pachateli **2** obchodovat s kým **3** zabývat se; **~ with disputes** zabývat se spory **4** týkat se koho/čeho, pojednávat o kom/čem

**dealer** ['di:lə(r)] *(n)* (malo)obchodník; prodejce; **retail ~** obchodník v malém, maloobchodník; **wholesale ~** obchodník ve velkém

**dealing** ['di:liŋ] *(n)* obchodování např. na burze; **fair ~** zákonný obchod s akciemi; **drugs ~** obchodování drogami

**dealings** ['di:liŋz] *(pl)* obchodní jednání, styky, transakce; **exclusive ~** výlučné obchodování

**dean** [di:n] *(n)* obec. i círk. děkan ◆ **D~ of Faculty** skot. předseda advokátní komory

**death** [deθ] *(n)* smrt, úmrtí; **brain ~** klinická smrt; **civil ~** občanská smrt ztráta občanských práv v důsledku vlastizrady; **instantaneous ~** okamžitá smrt při dopravní nehodě; **natural ~** přirozená smrt; **presumptive ~** předpokládaná smrt; **violent ~** násilná smrt; **~ by wrongful act** smrt v důsledku protiprávního činu; **~ in service** pojištění pro případ úmrtí v zaměstnání; **~ benefit** pojistné plnění při smrtelném pracovním úraze; **~ certificate** úmrtní list; **~ grant** státní příspěvek na pohřeb, pohřebné; **~ penalty** trest smrti; **~ rate** úmrtnost; **~ records** rejstřík úmrtí; matrika; **~ sentence** rozsudek trestu smrti; **~ tax** dědická daň; **~ warrant** příkaz k popravě; **presumption of ~** prohlášení za mrtvého *brit.* po uplynutí 7 let ode dne, kdy byla osoba naposledy spatřena; **on the ~** v případě smrti; **die a violent or unnatural ~** zemřít násilnou n. nepřirozenou smrtí

**debar** [di'ba:(r)] /*rr/* *(v)* sb. *from doing* st. zabránit komu v čem; vyloučit koho

**debasement** [di'beismənt] *(n)* **1** ponížení **2** znehodnocení

**debate** [di'beit] *(n)* debata, diskuse, rozprava; **question under ~** diskutovaná otázka; **in /**

**during the ~ on the Finance Bill** v rozpravě o návrhu finančního zákona
**debate** [di'beit] *(v)* st. debatovat, diskutovat o čem; **~ all major policy issues** debatovat o všech důležitých politických otázkách
**debates** [di'beits] *(pl)* **1** rozprava v parlamentě **2** doslovný zápis rozprav v parlamentě
**debauch** [di'bo:č] *(n)* **1** prostopášný život, orgie **2** znásilnění, násilné svedení, unesení
**debauch** [di'bo:č] *(v)* sb. **1** svést ženu **2** zkorumpovat, mravně zkazit koho
**debauchery** [di'bo:čəri] *(n)* zhýralost, sexuální nevázanost, orgie
**de bene esse** [də'bi:ni'esi:] *(lat)* prozatímně; podmíněně; **examination ~** předběžný výslech svědka
**debenture** [di'benčə(r)] *(n)* dlužní úpis, dluhopis; **convertible ~** převoditelný dluhopis; **mortgage ~** hypotekární dluhopis; **sinking fund ~** dlužní úpis zajištěný umořovacím fondem; **~ payable to bearer** dlužní úpis splatný na doručitele; **~ bond** dlužní úpis; zástavní list, obligace; **~ indenture** smlouva o nezajištěných závazcích; **~ holder** držitel dluhopisu; **~ stock** neumořitelný dluhopis
**debit** ['debit] *(n)* debet, „má dáti" v účetní knize, dluh, pasívum; **~ account** debetní účet; **~ balance** dlužný zůstatek; **~ note** dluhopis
**debt** [det] *(n)* dluh, dlužná částka; pohledávka; **ancestral ~** zděděný dluh; **bad ~** nedobytný dluh; **consumer ~** dluh zákazníka; **convertible ~** převoditelný dluh na jiný cenný papír; **floating ~** krátkodobý pohyblivý dluh nepředstavovaný cennými papíry; **fraudulent ~** podvodný dluh; **funded ~** zajištěný dluh; **installment ~** splátkový dluh splatný ve splátkách; **judgment ~** vykonatelná pohledávka; **liquid ~** likvidní okamžitě splatný dluh; **secured ~** zajištěný dluh hypotékou apod.; **~ by simple contract** dluh z obyčejné smlouvy; **~ by specialty** dluh ze smlouvy ve formě veřejné listiny; **~ of record** dluh podle soudního zápisu; **~ adjusting** vyrovnávání dluhu; **~ adjustment** urovnání sporu o dlužný závazek; **~ cancellation** zrušení dluhu; **~ collector** inkasista; **~ consolidation** spojení dluhu; **~ financing** zvyšování základního kapitálu vydáním obligací; **~ instrument** dokument o dluhu; **~ pooling** dělení dluhu mezi více věřitelů; **~ retirement** vyrovnání dluhu; **~ security** jakákoliv záruka dluhu např. obligace; **pay back a ~** zaplatit dluh; **pay off**

**a ~** splatit dluh ukončit splácení; **service a ~** platit úroky z dluhu
**debtor** ['detə(r)] *(n)* dlužník, debitor; **joint ~s** spoludlužníci; **poor ~'s oath** manifestační přísaha n. místopřísežné prohlášení o chudobě tudíž potřebě veřejné pomoci; **~'s prison** vězení pro dlužníky
**decapitate** [di'kæpiteit] *(v)* sb. stít komu hlavu
**decapitation** [di,kæpi'teišən] *(n)* stětí hlavy, dekapitace
**decasualization** [di,kæžuəlai'zeišən] *(n)* odstranění fluktuace pracovníků
**decease** [di'si:s] *(n)* smrt, úmrtí; **on sb.'s ~** v případě čí smrti
**decease** [di'si:s] *(v)* skonat, zesnout, zemřít
**deceased** [di'si:st] *(n)* zemřelá osoba, zemřelý, zesnulý
**decedent** [di'si:dənt] *(n)* nedávno zemřelá osoba; **~'s estate** pozůstalost zemřelého
**deceit** [di'si:t] *(n)* on sb. **1** podvod; klam, lež **2** úmyslné uvádění (koho) v omyl
**deceitful** [di'si:tful] *(adj)* **1** prolhaný **2** podvodný, klamný; **~ witness** křivý svědek
**deceive** [di'si:v] *(v)* sb. **1** oklamat, podvést koho; **~ the court** oklamat soud **2** být nevěrný komu
**deceiver** [di'si:və(r)] *(n)* podvodník
**decent** ['di:snt] *(adj)* slušný, čestný, poctivý; **~ respect** opravdová úcta
**deception** [di'sepšən] *(n)* podvod, klam; **~ test** prověrka na detektoru lži; **obtain st. by ~** získat co podvodně; **practise ~ on the public** klamat veřejnost
**deceptive** [di'septiv] *(adj)* podvodný, klamný; **~ advertising** podvodná a klamavá reklama; **~ mark** klamná známka; **~ practice** podvodné praktiky
**decertification** [,disə(r)tifi'keišən] *(n)* zrušení potvrzení pro odbory, že mohou zastupovat všechny zaměstnance
**decide** [di'said] *(v)* st. rozhodovat co; **~ disputes** rozhodovat spory; **~ the issue of guilt or innocence** rozhodovat otázku viny či neviny; **~ in favour of the plaintiff** rozhodnout ve prospěch žalobce
**decision** [di'sižən] *(n)* rozhodnutí soudní i obecné; **concurrent ~** souhlasné rozhodnutí; **conflicting ~** kolizní rozhodnutí; **contradictory ~** protichůdné rozhodnutí; **erroneous ~** vadné rozhodnutí; **final ~** konečné rozhodnutí; **judicial ~** soudní rozhodnutí; **reported ~s of the courts** zaznamenaná rozhodnutí soudů;

valid ~ právoplatné usnesení; ~ **in the case** rozhodnutí ve věci; ~ **on the admissibility of the evidence** rozhodnutí o přípustnosti důkazů; ~ **on merits** rozhodnutí o skutkové podstatě; ~ **of constituents** rozhodnutí voličů; ~ **of the court** rozhodnutí soudu; **appeal from a** ~ odvolání proti/z rozhodnutí; **arrive at / come to a** ~ dospět k rozhodnutí; **make a** ~ **about the case** učinit rozhodnutí o právním případu / ve věci; **reach a** ~ dospět k rozhodnutí

**decision-making** [di͵siʒən'meikiŋ] (n) rozhodování; ~ **body** orgán vydávající rozhodnutí

**decisive** [di'saisiv] (adj) rozhodný, rozhodující; ~ **vote** rozhodující hlas

**declarable** [di'kleərəbl] (adj) podléhající proclení; deklarovatelný

**declaration** [͵deklə'reišən] (n) prohlášení, deklarace; vyhlášení; **customs** ~ celní prohlášení; **statutory** ~ 1 prohlášení společnosti při zápise do obchodního rejstříku, že bude dodržovat příslušné zákony 2 jakékoliv oficiální podepsané a svědky potvrzené prohlášení; **Universal D~ of Human Rights** Všeobecná deklarace lidských práv; ~ **by the representatives of sb./st.** prohlášení zástupců koho/čeho; ~ **in chief** prohlášení o hlavní příčině žaloby; ~ **of bankruptcy** prohlášení o úpadku; ~ **of dividend** vyhlášení dividendy; ~ **of income** přibl. daňové přiznání; přiznání výše příjmu; **D~ of Independence** am. Prohlášení nezávislosti; ~ **of the poll** oznámení vyhlášení výsledků voleb; ~ **of taxes** přiznání daní; ~ **of war on another State** vyhlášení války jinému státu; ~ **of will** projev vůle; ~ **upon oath** místopřísežné prohlášení

**declaratory** [di'klærətəri] (adj) deklaratorní, prohlašovací; ~ **judgment** deklaratorní / určovací rozsudek, soudní stanovisko; ~ **part of a law** vysvětlující část zákona; ~ **statute** vysvětlující zákon zákon podávající autentický výklad právní normy

**declare** [di'kleə(r)] (v) st. 1 prohlásit, vyhlásit co; ~ **admissible st.** prohlásit co za přijatelné / přípustné; ~ **the causes** vyhlásit příčiny; ~ **the hearing closed** prohlásit soudní jednání za skončené; ~ **identity** odhalit totožnost; ~ **inadmissible st.** prohlásit co za nepřijatelné / nepřípustné; ~ **one's innocence** trvat na své nevině; ~ **invalid** umořit pojištění; ~ **a law void** prohlásit zákon

za absolutně neplatný; ~ **war** vyhlásit válku 2 hlásit co k proclení

**declassification** [͵di:klæsifi'keišən] (n) odtajnění, zpřístupnění tajných materiálů

**declassify** [di:'klæsifai] (v) st. odtajnit co

**declination** [͵dekli'neišən] (n) 1 odmítnutí vykonávat funkci zmocněnce 2 námitka proti příslušnosti soudu ♦ ~ **period** lhůta po vypovězení

**declinatory** [de'klinətəri] (adj) odmítavý, odmítající; ~ **exceptions** odmítající procesní námitky; ~ **plea** odmítající námitka

**decline** [di'klain] (n) 1 odmítnutí 2 úpadek, rozpad, rozklad; pokles

**decline** [di'klain] (v) to do / doing / from st. 1 odchýlit se od čeho 2 odmítnout co 3 klesat, upadat, ochabovat

**decolonization** [di:͵kolənai'zeišən, am. -kalə-] (n) dekolonizace

**decomposition** [di:͵kompə'zišən, am. -kam-] (n) rozpad, rozklad

**decontaminant** [͵di:kən'tæminənt] (n) asanační prostředek, dekontaminant

**decontrol** [͵di:kən'trəul] /ll/ (v) sb./st. zbavit koho/co kontroly, vyvázat koho/co z dohledu; ~ **the price of petrol** uvolnit cenu benzínu

**decoration** [͵dekə'reišən] (n) povrchová úprava; **external** ~ **year** rok, v němž jsou prováděny vnější povrchové úpravy; **execute ~s to st.** provést úpravy na čem

**decoy** ['di:koi] (n) provokatér; návnada, vějička; ~ **letter** dopis jako návnada pro vypátrání pachatele

**decoy** ['di:koi] (v) sb./st. into doing st. 1 svést koho (ženu) 2 vlákat, nalákat koho do čeho 3 vylákat koho/co

**decrease** ['di:kri:s] (n) snížení, zmenšení, pokles; ~ **in value** snížení hodnoty; ~ **of risk** snížení rizika

**decrease** [di'kri:s] (v) st. snížit, zmenšit co

**decree** [di'kri:] (n) 1 dekret, nařízení, předpis; výnos; **government** ~ usnesení vlády; **inflexible** ~ neměnný předpis, neměnné nařízení; **issue a** ~ vydat nařízení 2 soudní rozhodnutí, rozsudek; výnos; **absolute** ~ / ~ **absolute** konečné povolení k rozvodu; konečný rozsudek o rozvodu; **deficiency** ~ rozhodnutí o vyrovnání hypotekárního dluhu; **interlocutory** ~ mezitímní rozsudek; ~ **nisi** prozatímní rozsudek o rozvodu; ~ **of divorce** rozsudek rozvodu; ~ **of insolvency** rozhodnutí o platební neschopnosti pozůstalosti; ~ **of nullity** rozhodnutí o nulitě / neplatnosti manželství od samého počátku

**decrepit** [di'krepit] *(adj)* sešlý věkem, vetchý

**decry** [di'krai] *(v)* st. znehodnotit, snížit co; zavrhnout, znevážit co

**dedication** [ˌdedi'keišən] *(n)* poskytnutí soukromé nemovitosti n. její části k veřejným účelům; **statutory** ~ zákonné odevzdání

**dedimus potestatem** ['dedəməsˌpəutə'steitəm] *(lat)* **1** brit. zmocnění Kancléřského soudu pro určitou osobu k provádění určitých úředních úkonů **2** am. zmocnění k výslechu svědků

**deduct** [di'dakt] *(v)* st. *from* st. odečíst co od čeho, srazit co z čeho; **after deducting expenses** po odečtení výdajů

**deductible** [di'daktəbl] *(n)* odpočitatelná položka; *pojišť.* odečítací frančíza, spoluúčast

**deductible, deductable** [di'daktəbl] *(adj)* odpočitatelný; **tax** ~ odečitatelný z daní

**deduction** [di'dakšən] *(n) from* st. odpočet, srážka z čeho; odpočitatelná položka; ~ **from the debtor's wages** srážka ze mzdy dlužníka; ~ **from the price** sleva z ceny; ~**s from salary / at source** srážky ze mzdy strhávané zaměstnavatelem na odvody daní z příjmu a povinné pojištění

**deed** [di:d] *(n)* právní úkon; právní listina obsahující právní úkon; smlouva o převodu nemovitosti; **absolute** ~ absolutní, tj. ničím nepodmíněný právní titul; **defeasible** ~ smlouva o zrušitelném převodu; **gratuitous** ~ smlouva o bezplatném převodu; **patent** ~ patentní listina; **statutory** ~ smlouva o zákonném převodu; **title** ~ listina obsahující právní důvod, doklad o vlastnictví; ~ **in fee** smlouva o děditelném majetku; ~ **of assignment** převodní listina; ~ **of covenant** smlouva o závazku; ~ **of donation / gift** darovací listina; ~ **of protest** písemný protest; ~ **of release** listina vyvazující nemovitost z hypotéky po splacení všech pohledávek; ~ **of sale** kupní smlouva týkající se nemovitosti; ~ **of separation** smlouva o odloučení / rozluce manželů; ~ **of settlement** smlouva o vypořádání; ~ **of transfer** smlouva o převodu akcií; ~ **of trust** smlouva o svěřenství; ~ **poll** listina o jednostranném právním úkonu; prostá listina ve formě prohlášení; **estoppel by** ~ překážka způsobená smlouvou; **execution and delivery of** ~ úplné a konečné vyhotovení a předání právní listiny; **as free**

**act and** ~ svobodně a vážně; jako projev svobodné vůle; **draw up a** ~ sepsat právní listinu

**deem** [di:m] *(v)* st. domnívat se, myslit; považovat za co; **if no payment is made, the party shall be** ~**ed to have defaulted** jestliže platba není provedena, je to považováno za neplnění smlouvy příslušnou smluvní stranou

**deemed** ['di:md] *(adj)* domnělý; ~ **transferor** domnělý převodce

**deep** [di:p] *(adj)* hluboký; ~ **regret** hluboká lítost

**de facto** [ˌdei'fæktəu] *(lat)* podle skutečnosti, de facto; ~ **owner of the property** vlastník de facto; ~ **recognition** uznání de facto

**defalcate** ['di:fælkeit] *(v)* st. zpronevěřit, defraudovat co

**defalcation** [ˌdi:fæl'keišən] *(n)* **1** zpronevěra, defraudace, zpronevěřená částka **2** nedodržení slibu

**defalcator** ['di:fælkeitə(r)] *(n)* defraudant

**defamation** [ˌdefə'meišən] *(n)* pomluva, urážka na cti

**defamatory** [di'fæmətəri] *(adj)* pomlouvačný, urážlivý, hanlivý; ~ **libel** písemná opakující se pomluva; ~ **statement** urážlivý výrok

**defame** [di'feim] *(v)* sb. pomlouvat koho

**defamer** [di'feimə(r)] *(n)* pomlouvač

**default** [di'fo:lt] *(n)* **1** nedostavení se k soudu; nepřítomnost; **judgment by** ~ kontumační rozsudek, rozsudek pro zmeškání; odsouzení v nepřítomnosti; **elect sb. by** ~ zvolit koho kontumačně na kandidátce byl pouze jeden kandidát **2** neplnění, nedodržení závazku, zmeškání; opomenutí, zanedbání; **event of** ~ případ porušení smlouvy; **the company is in** ~ společnost neplní smlouvu; **an officer in** ~ vedoucí pracovník neplnící povinnosti **3** neplacení, odepření n. prodleva v placení; ~ **in payment** prodlení / prodleva v placení; ~ **action** žaloba o vrácení peněz; ~ **summons** soudní příkaz k vrácení dlužné částky; **declare sb. in** ~ vyhlásit koho nesolventním; **make** ~ být v prodlení ♦ **in** ~ **of agreement on** st. není-li shoda v čem / ohledně čeho; **in** ~ **of evidence** neexistují-li důkazy

**default** [di'fo:lt] *(v)* st. nesplnit povinnost; být v prodlení, nezaplatit; ~**ed mortgage** propadlá hypotéka

**defaulter** [di'fo:ltə(r)] *(n)* osoba nedostavivší se k soudu

**defeasance** [di'fi:zəns] *(n)* klauzule ve smlouvě o zrušení, anulování; prohlášení za neplatné; ~ **clause** derogační klauzule v hypotekární zástavní listině

**defeasibility** [di͵fi:zə'biləti] *(n)* zrušitelnost, anulovatelnost; napadnutelnost

**defeasible** [di'fi:zəbl] *(adj)* zrušitelný, anulovatelný; ~ **fee** zrušitelný pozemkový majetek; ~ **title** zrušitelný právní titul

**defeat** [di'fi:t] *(n)* **1** porážka **2** zrušení, anulování; nepřijetí; ~ **of a motion** nepřijetí návrhu Sněmovnou

**defeat** [di'fi:t] *(v)* sb./st. porazit koho/co, zvítězit nad kým/čím; ~**ed party** strana, která prohrála spor

**defect** ['difekt] *(n)* nedostatek právních náležitostí, vada; ~ **of substance** věcná vada

**defect** [di'fekt] *(v)* odjet do znepřátelené země a pracovat pro ni o špionech, vládních úřednících

**defective** [di'fektiv] *(adj)* vadný, právně vadný, postrádající právní náležitosti; ~ **condition** vadný stav; ~ **execution** vadné vyhotovení dokumentu; ~ **pleadings** vadné procesní úkony; ~ **title to the property** vadný titul k nemovitosti; ~ **verdict** vadný výrok

**defence** *(am.* **defense)** [di'fens] *(n)* **1** obhajoba; obrana; **frivolous** ~ nepřesvědčivá obhajoba; **meritorious** ~ meritorní obhajoba; **peremptory** ~ neústupná obrana; **valid** ~ obhajoba jdoucí po podstatě věci; ~ **counsel** obhájce; **counsel for** ~ právní zástupce obhajoby, obhájce; **be sworn as a witness in one's own** ~ být vzat pod přísahu jako svědek vlastní obhajoby; **employ a legal adviser for one's** ~ vzít si advokáta / právního zástupce pro svou obhajobu; **inform the** ~ **of any relevant documents** informovat obhajobu o všech důležitých dokumentech; **prepare sb's** ~ připravit obhajobu koho; **rebut the** ~ **důkazy** vyvrátit obhajobu, uvést protidůkazy **2** obrana proti nepříteli; **joint** ~ společná obrana; ~ **against aggression** obrana proti napadení; ~ **of habitation** právo použít sílu při obraně svého obydlí; ~ **of property** obrana majetku i za použití síly; ~ **of the State** obrana státu

**defend** [di'fend] *(v)* sb. obhajovat koho; hájit se; **defending counsel** obhájce

**defendant** [di'fendənt] *(n)* **1** žalovaná strana, žalovaný, odpůrce **2** obžalovaný; **right of appeal on the part of the** ~ **to the appropriate court** právo obžalovaného odvolat se k příslušnému soudu; **question the** ~ vyslýchat obžalovaného; **try the** ~ soudit obžalovaného

**defender** [di'fendə(r)] *(n)* skot. **1** obžalovaný **2** obhájce

**defensive** [di'fensiv] *(adj)* obranný; ~ **allegation** obranné tvrzení

**defer** [di'fə:(r)] */rr/* *(v)* to sb./st. **1** odložit, pozdržet co **2** sklonit se (před kým/čím), podrobit se (komu/čemu)

**deferment** [di'fə:(r)mənt] *(n)* odročení, odklad vojenské služby

**deferral** [di'fə:rəl] *(n)* soudní rozhodnutí o odročení, odložení; odklad; ~ **of taxes** odklad placení daní na další rok; ~ **period** prodloužená lhůta

**deferred** [di'fə:(r)d] *(adj)* odložený na pozdější dobu; pozdržený; ~ **annuity** životní renta splatná od určité doby, odročený důchod; ~ **claim** odložená pohledávka na pozdější dobu; ~ **credit** prodloužený úvěr; ~ **income** příjem finančí předem např. předplacené nájemné n. pojistné; ~ **lien** posunuté retenční právo; ~ **payments** odložené platby; placení ve splátkách; ~ **sentence** odložený rozsudek; ~ **service** odložená vojenská smlouva

**defiance** [di'faiəns] *(n)* provokativní chování, vyzvání k boji; otevřený odpor; **set the law at** ~ protivit se zákonu

**deficiency** [di'fišənsi] *(n)* **1** vada, nedostatek, nedokonalost; ~ **bill** návrh zákona o nedostatku prostředků; ~ **payment** státní subvence do zemědělství na vyrovnání cen zemědělských plodin **2** am. nedoplatek daní po podání daňového přiznání; ~ **assessment** vadný výpočet daně rozdíl mezi výpočtem daňového poplatníka a daňového úřadu; ~ **notice** oznámení o daňovém nedoplatku; ~ **suit** spor o nedoplatku

**deficit** ['difisit] *(n)* deficit, schodek, manko; **traded** ~ obchodní deficit import je vyšší než export; ~ **spending** schodkový výdaj

**define** [di'fain] *(v)* st. *as* st. definovat, vymezit co (jako co)

**definite** ['definit] *(adj)* **1** určitý, přesný; ~ **/ definitive sentence** rozsudek s přesně stanoveným trestem **2** konečný, závazný; ~ **order** závazná objednávka

**definition** [͵defi'nišən] *(n)* definice, vymezení, vysvětlení

**deflation** [di'fleišən] *(n)* deflace

**deforce** [di'fo:(r)s] *(v)* st. nezákonně odejmout a ponechat si držbu půdy

**deforcement** [di'fo:(r)smənt] *(n)* nezákonné odnětí držby půdy

**defraud** [di'fro:d] *(v)* sb. *of* st. **1** zpronevěřit co **2** podvodně připravit koho o co, o majetek; ~ **the Inland Revenue of thousands of pounds** podvodem připravit daňový úřad o tisíce liber **3** obelstít, klamat koho

**defraudation** [ˌdefro'deišən] *(n)* podvod; zpronevěra; podvodná ztráta

**defray** [di'frei] *(v)* st. uhradit, zaplatit co; ~ **sb.'s expenses** uhradit čí výdaje; ~ **the costs of the prosecution** hradit výdaje na trestní stíhání

**defrayment** [di'freimənt], **defrayal** [di'freiəl] *(n)* úhrada, placení

**defunct** [di'faŋkt] *(adj)* zesnulý, zemřelý

**defy** [di'fai] *(v)* sb./st. vzdorovat, postavit se na odpor komu/čemu; ~ **the law** pohrdat zákonem

**degradation** [ˌdegrə'deišən] *(n)* zbavení úřadu / funkce

**degrading** [di'greidiŋ] *(adj)* ponižující, potupný; ~ **punishment** ponižující / zahanbující trest; ~ **treatment** potupné zacházení

**degree** [di'gri:] *(n)* **1** obec. stupeň; **prohibited** ~**s** blízcí příbuzní, mezi nimiž je zakázáno uzavírat manželství; ~ **of disablement** stupeň invalidity; ~ **of doubt** stupeň pochybnosti; ~ **of jurisdiction** soudní instance; ~ **of proof** stupeň průkaznosti; ~ **of kin** stupeň příbuzenství; ~**s of negligence** stupně nedbalosti **2** am. stupeň jako klasifikace vražd; **murder of the first** ~ úkladná vražda úmyslná a předem připravená; **second** ~ **murder** vražda bez přípravy, např. v afektu **3** vysokoškolský titul

**de jure** [di'džuəri] *(lat)* podle práva, de iure; ~ **segregation** segregace umožněná zákonem, segregace de iure

**delay** [di'lei] *(n)* odklad, odložení, pozdržení; **considerable** ~ značné zdržení; **rental** ~ odklad nájemného; **unreasonable** ~ zbytečný odklad; **notice of excusable** ~ oznámení o prominutelném zdržení

**delay** [di'lei] *(v)* st. odložit, zdržet co; ~ **bills** zdržovat návrhy zákonů; ~ **the passage of bills** pozdržet přijetí návrhů zákonů

**delegate** ['deligət] *(n)* delegát

**delegate** ['deligeit] *(v)* sb./st. *to, on* sb. **1** delegovat, převést co (na koho), pověřit (koho); ~ **certain powers to a Federal Government** pověřit federální vládu některými pravomocemi; ~ **the negotiation of st. on sb.** pověřit koho jednáním o čem; ~ **powers** delegovat

pravomoci; ~**d legislation** delegované zákonodárství; ~**d powers** postoupené pravomoci **2** vyslat koho jako zástupce

**delegation** [ˌdeli'geišən] *(n)* **1** pověření; přenesení práva; ~ **of powers** přenesení pravomocí / kompetencí **2** delegace

**delete** [di'li:t] *(v)* st. vymazat, škrtnout co

**deletion** [di'li:šən] *(n)* škrt, vymazání, výmaz

**deliberate** [di'libərət] *(adj)* úmyslný, záměrný; dobře promyšlený; ~ **attempt to encourage disorder** záměrný pokus způsobit nepokoje

**deliberate** [di'libəreit] *(v)* *upon / over* st. **1** rozvážit si co **2** rokovat (o čem), radit se; ~ **in private** radit se na uzavřeném zasedání

**deliberately** [di'libərətli] *(adv)* úmyslně, záměrně, vědomě

**deliberation** [diˌlibə'reišən] *(n)* uvažování, zvažování, přezkoumávání

**deliberations** [diˌlibə'reišənz] *(pl)* rokování, diskuse

**deliberative** [di'libərətiv] *(adj)* poradní; ~ **body / organ** poradní orgán

**delict** ['di:likt] *(n)* **1** trestný čin **2** jakékoliv úmyslné porušení práva

**delictual** [ˌdi:'likčuəl] *(adj)* týkající se deliktů, deliktní; ~ **responsibility** odpovědnost za delikty

**delimit** [di'limit], **delimitate** [di'limiteit] *(v)* stanovit, vymezit hranice; delimitovat

**delimitation** [diˌlimi'teišən] *(n)* stanovení hranice, vymezení, ohraničení; ~ **of boundaries** vymezení / vytyčení hranic

**delinquency** [di'liŋkwənsi] *(n)* **1** porušení práva, zločinnost, méně závažná kriminalita; **juvenile** ~ kriminalita mladistvých **2** opomenutí platby dluhů; ~ **charges** poplatky za prodlení

**delinquent** [di'liŋkwənt] *(n)* **1** delikvent; **juvenile** ~ mladistvý delikvent **2** fyzická n. právnická osoba porušující svůj závazek n. povinnost; ~ **state** stát porušující mezinárodní právo

**delinquent** [di'liŋkwənt] *(adj)* am. nesplacený, dlužný; ~ **debt** nezaplacený dluh; ~ **taxes** dlužné daně

**delirium** [di'liriəm] *(n)* stav mentální narušenosti, delirium; ~ **tremens** [di'liriəm'tri:menz] delirium zaviněné alkoholem, delirium tremens

**delist** [di'list] *(v)* sb./st. odstranit / vyjmout koho/co ze seznamu

**deliver** [di'livə(r)] *(v)* st. **1** doručit co **2** proslovit co; **~ a judgment** vynést rozsudek

**deliverance** [di'livərəns] *(n)* **1** *from* st. osvobození, vysvobození od čeho **2** výrok poroty; soudní rozhodnutí

**delivery** [di'livəri] *(n)* **1** vydání, odevzdání věci; postoupení práva, pohledávky; **~ of bonds** postoupení / převod obligací; **~ of possession** postoupení držby; **place of ~** místo plnění **2** doručování; dodání, dodávka; **terms of ~** dodací podmínky; **~-acceptance certificate** dodací list; **~ note** dodací list; **~ time** dodací lhůta **3** osvobození; **~ of a prisoner** osvobození vězně ◆ **means of ~ of such weapons** nosiče takových zbraní

**delusion** [di'lu:žən] *(n)* zdání, klam, přelud

**delusive** [di'lu:siv] *(adj)* klamný, falešný, iluzorní

**demand** [di'ma:nd, *am.* di'mænd] *(n)* **1** žádost, požadavek; **payable on ~** splatný na požádání / na viděnou; **~ bill** vista směnka; **~ deposit** vklad bez výpovědní lhůty; **~ draft** vista směnka; **~ loan** vypověditelná půjčka; **~ note** 1 směnka splatná na požádání 2 upomínka **2** uplatnění zákonného práva

**demand** [di'ma:nd, *am.* di'mænd] *(v)* st. žádat, požadovat co; **~ as the highest priorities** požadovat jako nejvyšší priority

**demandant** [di'ma:ndənt, *am.* di'mændənt] *(n)* v civilním sporu navrhovatel, žalobce o vydání nemovitosti

**demeanour** [di'mi:nə(r)] *(n)* chování, mravy; **~ evidence** důkaz chováním

**demerit** [di:'merit] *(n)* **1** vina, provinění **2** chyba, vada **3** důtka za dopravní přestupek

**demesne** [di'mein] *(n)* držení / vlastnictví majetku; pozemek; panství

**demilitarization** [di:ˌmilitərai'zeišən] *(n)* demilitarizace

**demilitarize** [di'militəraiz] *(v)* st. demilitarizovat co; **~d zone** demilitarizované pásmo

**demise** [di'maiz] *(n)* **1** převod majetku / držby na základě nájmu; pacht; **~ charter** pronájem lodi bez posádky převod držby pronajmutím lodi **2** přenesení panovnické moci na nástupce; **~ of the crown** přechod koruny **3** úmrtí, skon; zánik

**demise** [di'maiz] *(v)* st. **1** převést držbu čeho nájmem; **~d premises** pronajaté prostory **2** odevzdat trůn nástupci **3** umřít, skonat

**demission** [di'mišən] *(n)* odstoupení, demise

**demit** [di'mit] */tt/ (v)* podat demisi, odstoupit, vzdát se funkce

**demobilisation** ['di:ˌməubIlai'zeišən] *(n)* demobilizace; **~ of troops** demobilizace vojsk

**democracy** [di'mokrəsi, *am.* -'mak-] *(n)* demokracie; **direct ~** přímá demokracie; **representative ~** zastupitelská demokracie

**demolish** [di'moliš, *am.* -'mal-] *(v)* st. zbourat, demolovat co; zničit co

**demolition** [ˌdemə'lišən] *(n)* demolice; **~ costs** demoliční náklady; **~ order** demoliční příkaz

**demonstrate** ['demənstreit] *(v)* st./sb. **1** ukázat, projevit, dát najevo, demonstrovat co **2** *against* st./sb. demonstrovat (proti čemu)

**demonstration** [ˌdemən'streišən] *(n)* **1** *of* st. ukázka, projev čeho **2** *against / in favour of* st. demonstrace (proti čemu / za co)

**demonstrative** [di'monstrətiv] *(adj)* demonstrativní, ukázkový; **~ bequest / legacy** odkaz v závěti, za nějž se musí zaplatit; **~ evidence** demonstrativní důkaz vnímatelný smysly

**demotion** [di:'məušən] *(n)* degradace

**demur** [di'mə:(r)] *(n)* námitka, protest

**demur** [di'mə:(r)] */rr/ (v)* to / at st. vznášet námitku proti čemu; žádat zamítnutí čeho

**demurrable** [di'marəbl] *(adj)* podléhající námitce, namítatelný

**demurrage** [di'maridž] *(n)* **1** zdržení, prodlení při nakládání zboží, překročení smluvené doby při nakládce / vykládce **2** náhrada za prodlení zdržné, skladné, stojné; **~ lien** retenční právo na vymáhání zdržného

**demurrant** [di'marənt] *(n)* namítající, protestující strana

**demurrer** [di'marə(r)] *(n)* právní námitka, protest; **general ~** všeobecná námitka; **special ~** námitka proti konkrétní jednotlivosti; **speaking ~** předběžná námitka; **parol ~** ústní námitka; **~ to evidence** námitka proti právní dostatečnosti důkazů předložených druhou stranou

**denationalization** [di:ˌnæšnəlai'zeišən] *(n)* **1** zbavení státního občanství **2** reprivatizace

**denationalize** [ˌdi:'næšnəlaiz] *(v)* sb./st. **1** zbavit státního občanství koho **2** reprivatizovat co

**denaturalization** ['di:ˌnæčrəlai'zeišən] *(n)* ztráta státního občanství, denaturalizace

**denial** [di'naiəl] *(n)* *of* sb./st. **1** zapření koho/čeho; popření čeho; **~ of the charge** popření obvinění; **~ of human rights** popření lidských práv **2** odmítnutí, odepření čeho; **~ of justice** odepření spravedlnosti; **~ of responsibility** odmítnutí odpovědnosti

**denizen** ['denizn] (n) **1** naturalizovaný cizinec **2** cizinec mající v zemi trvalý pobyt

**denizen** ['denizn] (v) sb. udělit státní občanství komu, cizinci, naturalizovat koho, cizince

**denomination** [di,nomi'neišən] (n) **1** hodnota bankovek, mincí, známek; **small ~ banknotes** bankovky nízkých hodnot **2** jmenování

**denotation** [,di:nəu'teišən] (n) význam; označování; označení

**denote** [di'nəut] (v) st. **1** označovat co **2** znamenat co

**denounce** [di'nauns] (v) sb./st. **1** prohlásit co za zločin a vyměřit za něj trest **2** veřejně odsoudit / kritizovat koho/co **3** vypovědět mezinárodní smlouvu **4** udat, denuncovat koho

**denouncement** [di'naunsmənt] (n) **1** am. žádost o udělení práva k dolování **2** vypovězení smlouvy **3** udání, denunciace

**dense** [dens] (adj) hustý

**density** ['densəti] (n) hustota; **~ of population** hustota obyvatelstva

**denunciation** [di,nansi'eišən] (n) **1** udání, denunciace **2** vypovězení mezinárodní smlouvy **3** veřejné odsouzení

**deny** [di'nai] (v) sb./st. **1** popírat co; zapřít koho/co; **~ the charge** popírat obvinění **2** odmítnout, zamítnout co; **~ copyright** odepřít autorskou ochranu; **motion ~ied** návrh se zamítá

**depart** [di'pa:(r)t] (v) from st. **1** odbočit, odchýlit se od čeho; **~ from one's previous decision** odchýlit se od svého předcházejícího rozhodnutí **2** odjet, odcestovat odkud

**departed** [di'pa:(r)tid] (n) zesnulá osoba, zesnulý

**department** [di'pa:(r)tmənt] (n) **1** úřad, ministerstvo; **executive ~** ministerstvo; **D~ of Agriculture** am. Ministerstvo zemědělství; **D~ of Commerce** am. Ministerstvo obchodu; **D~ of Defense** am. Ministerstvo národní obrany; **D~ of the Environment for Northern Ireland** brit. Ministerstvo pro Severní Irsko; **D~ of the Interior** am. Ministerstvo vnitra; **D~ of Justice** am. Ministerstvo spravedlnosti; **D~ of Labor** am. Ministerstvo práce; **D~ of State** am. Ministerstvo zahraničních věcí **2** oddělení, sekce; **complaints ~** oddělení

stížností; **legal ~** právní oddělení; **research ~** výzkumné oddělení **3** obor; katedra

**departmental** [,di:pa:(r)t'mentl] (adj) **1** ministerský, resortní; **~ minister** brit. ministr v čele ministerstva; **~ responsibilities** ministerské povinnosti **2** úsekový, sekční

**departure** [di'pa:(r)čə(r)] (n) **1** odchylka od čeho; **~ from the terms and conditions of a contract** odchylka od smluvních podmínek; **~ from the tradition** odchýlení / odchylka od tradice **2** odjezd, odchod; **~ in despite of court** odchod proti vůli soudu

**depend** [di'pend] (v) **1** (up)on st./sb. záviset na čem/kom **2** dosud trvat, nebýt skončený o procesu

**dependable** [di'pendəbl] (adj) spolehlivý

**dependant** [di'pendənt] (n) osoba závislá na příjmech jiného

**dependence** [di'pendəns] (n) (up)on sb./st. závislost na kom/čem

**dependency** [di'pendənsi] (n) **1** država; provincie; závislé území; **~ of the Crown** brit. závislé území **2** závislost; **~ exemption** daňová úleva na rodinného příslušníka

**dependent** [di'pendənt] (n) závislá osoba; **~ coverage** pojistné krytí závislých osob

**dependent** [di'pendənt] (adj) finančně závislý, závisející; **~ promise** závislý příslib

**depending** [di'pendiŋ] (adj) am. dosud nerozhodnutý, nevyřešený

**deplenish** [di'pleniš] (v) st. vyprázdnit co

**depletion** [di'pli:šən] (n) **1** vyčerpání nerostných zásob; vyprázdnění; **~ allowance** daňová úleva při vyčerpání zdroje **2** zbavování se jmění

**deplorability** [,diplo:rə'biləti] (n) žalostný stav

**deplorable** [di'plo:rəbl] (adj) politováníhodný, žalostný

**deplore** [di'plo:(r)] (v) st. hluboce litovat čeho

**deponent** [di'pəunənt] (n) osoba podávající místopřísežné svědectví v písemné formě, přísežný svědek

**deportation** [,dipo:(r)'teišən] (n) vypovězení; vyhoštění osoby

**deportee** [,dipo:(r)'ti:] (n) osoba vypovězená ze země, deportovaný

**depose** [di'pəuz] (v) sb./st. **1** vypovídat co pod přísahou **2** odstranit koho z trůnu

**deposit** [di'pozit] (n) **1** úschova; **safe ~** úschova cenností v bankovním sejfu; **~ box** bezpečnostní schránka **2** vklad; **demand ~**

vklad bez výpovědní lhůty; **time** ~ dočasný vklad; **certificate of** ~ doklad o uložení peněz; ~ **account** depozitní účet; ~ **insurance** pojištění vkladů, depozitní pojistka **3** záloha složená kandidáty ve volbách, která propadá, nevyhrají-li; zástava, záruka; ~ **premium** zálohové pojistné **deposit** [di'pozit, *am.* -'pa-] *(v)* st. **1** uložit, deponovat co; ~ **the will with the solicitor** uložit závěť u advokáta; **the money is ~ed with the Alliance Bank** peníze jsou uloženy u Alianční banky **2** dát co jako zálohu, složit co **depositary** [di'pozitəri, *am.* -'pa-] *(n)* uschovatel; opatrovník **deposition** [‚depə'zišən] *(n)* **1** skládka; ~ **of materials from the atmosphere** skládka imisí z ovzduší **2** písemná výpověď; vydání písemného místopřísežného svědectví; **oral** ~ výpověď na základě ústně kladených otázek; **witnesses varied from their former** ~**s** svědkové se odchýlili od svých dřívějších výpovědí **depositor** [di'pozitə(r), *am.* -'pa-] *(n)* vkladatel, ukladatel, deponent **depository** [di'pozitəri, *am.* -'pa-] *(n)* úschovna **deprave** [di'preiv] *(v)* sb. morálně zkazit / narušit koho **depraved** [di'preivd] *(adj)* zvrácený; ~ **mind** zvrácená mysl **depravity** [di'prævəti] *(n)* mravní zkaženost, zpustlost, nemravnost **deprecate** ['deprikeit] *(v)* st. odmítat, odsuzovat, neschvalovat co **deprecation** [‚depri'keišən] *(n) of* st. odmítání, odsuzování, neschvalování čeho **depreciable** [di'pri:šiəbl] *(adj)* odpisovatelný, odpisový; ~ **life** odpisová životnost **depreciate** [di'pri:šieit] *(v)* st. snížit cenu čeho, znehodnotit, devalvovat co **depreciation** [di‚pri:ši'eišən] *(n)* **1** odpis, amortizace; **accelerated** ~ zrychlený odpis; **accumulated** ~ akumulovaný odpis; ~ **reserve** odpisová rezerva **2** snížení, pokles ceny / hodnoty; devalvace **deprivation** [‚depri'veišən, ‚di:prai'veišən], **deprival** [di'praivəl] *(n)* **1** zbavení funkce, práva, sesazení; ~ **of liberty** zbavení svobody **2** zabavení majetku; ~ **of property** zabavení, odnětí majetku bez odpovídající náhrady **deprive** *(v)* sb. **of** [di'praiv‚ov] st. **1** zbavit koho čeho; ~ **a person of his freedom** zbavit osobu

svobody; **socially** ~**d home** sociálně zanedbaný slabý domov **2** sesadit koho **deputize** ['depjutaiz] *(v) for* sb./st. zastupovat ve funkci koho/co **deputy** ['depjuti] *(n)* **1** náměstek **2** zástupce ve funkci; **duly appointed** ~ řádně jmenovaný zástupce **deregistration** [‚di:rədži'streišən] *(n)* zrušení registrace vydavatele cenných papírů **deregulate** [di'regjuleit] *(v)* st. odstranit n. snížit vládní kontrolu v průmyslu **deregulation** [‚di:regju'leišən] *(n)* omezení státní regulace v podnikání **derelict** ['derilikt] *(n)* opuštěný majetek bez pána **derelict** ['derilikt] *(adj)* **1** devastovaný, zpustlý; **leave land** ~ nechat půdu devastovanou **2** opuštěný, zanechaný bez majitele **dereliction** [‚deri'likšən] *(n)* **1** vzdání se věci bez úmyslu přenechat ji jinému, opuštění věci **2** zanedbání, opominutí povinnosti; ~ **of duty** zanedbání povinnosti **3** získání půdy v důsledku ústupu vody / vysušení **derestrict** [‚di:ri'strikt] *(v)* zrušit omezení čeho **derestriction** [‚di:ri'strikšən] *(n)* zrušení omezení rychlosti **derivative** [də'rivətiv] *(adj)* odvozený, derivovaný; ~ **action** odvozená žaloba; ~ **evidence** odvozený důkaz; ~ **liability** odvozený závazek; ~ **tort** odvozené ručení za škodu způsobené úmyslným porušením práva **derive** *(v)* st. **from** [di'raiv‚frəm] st. odvozovat, odvodit co od čeho; ~ **validity from** st. odvozovat platnost od čeho **derogate** ['derəgeit] *(v)* sb./st. *from* st. **1** omezovat koho v čem **2** odchýlit se od čeho **derogation** [‚derə'geišən] *(n)* **1** derogace, částečné zrušení zákona následným aktem **2** odchýlení se; omezení; ~ **from an article** odchýlení se od článku / paragrafu; ~ **from grant** omezení převodu; ~ **from the requirements** výjimka z požadavků **3** vyhýbání se; ~ **of responsibility** vyhýbání se odpovědnosti **derogatory** [di'rogətəri, *am.* -'rag-], **derogative** [di'rogətiv, *am.* -'rag-] *(adj)* způsobující újmu, škodlivý **descend** [di'send] *(v) from* sb./st. to sb./st. **1** pocházet odkud; **be** ~**ed from** pocházet z, od **2** přejít z koho na koho, z generace na generaci **descendant** (*am.* **descendent**) [di'sendənt] *(n)* potomek, následovník **descent** [di'sent] *(n)* **1** potomstvo; potomek, příbuzný; ~ **in collateral line** potomek v linii nepřímé spojení přes společné předky; ~ **in direct line** potomek v linii přímé; ~ **in maternal line** příbuzný z matčiny strany; ~ **in paternal line** příbuzný z otcovy strany 2 dědičný nárok; dědický nápad 3 původ

**describe** [di'skraib] *(v)* st. popsat, kvalifikovat, označit co

**description** [di'skripšən] *(n)* 1 popis, popsání; **brief** ~ stručný popis 2 označení, pojmenování

**descriptive** [di'skriptiv] *(adj)* popisný; ~ **mark** popisná obchodní značka

**desegregate** [di:'segrigeit] *(v)* zrušit rasovou segregaci

**desegregation** [ˌdi:segri'geišən] *(n)* zrušení rasové segregace

**deselection** [ˌdi:si'lekšən] *(n)* stažení kandidatury politickou stranou nikoliv kandidátem samotným

**desert** ['dezə(r)t] *(n)* poušť

**desert** [di'zə:(r)t] *(v)* sb./st. opustit koho/co; dezertovat; ~**ed party** opuštěná strana

**deserter** [di'zə:(r)tə(r)] *(n)* 1 dezertér 2 odpadlík

**desertion** [di'zə:(r)šən] *(n)* 1 svévolné opuštění zaměstnání, lodi, vojenského útvaru apod. 2 opuštění společné domácnosti; *přibl.* zanedbání povinné výživy; **constructive** ~ vyprovokované opuštění

**deserts** [di'zə:(r)ts] *(pl)* zásluhy, zasloužená odměna; **just** ~ spravedlivá odměna

**deserve** [di'zə:(r)v] *(v)* st. zasloužit si co, být hoden čeho; **he** ~**s special mention** zaslouží si zvláštní zmínky

**design** [di'zain] *(n)* 1 projekt; úmysl, záměr; **evince a** ~ jevit úmysl 2 náčrtek, vzor, design; **industrial** ~ průmyslový vzor; **utility** ~ užitný vzor

**designate** ['dezigneit] *(adj)* klade se za podst.jm. jmenovaný, designovaný; **governor** ~ designovaný / budoucí guvernér

**designate** ['dezigneit] *(v)* st./sb. *as* st. 1 označit, určit; ~**d places** určená místa 2 ustanovit, jmenovat koho čím, určit koho za co; **designating petition** jmenovací petice pro určení kandidáta ve volbách n. na funkci

**designation** [ˌdezig'neišən] *(n)* 1 označení, specifikace osoby 2 jmenování do funkce, úřadu

**desirable** [di'zaiərəbl] *(adj)* žádoucí, vhodný

**desire** [di'zaiə(r)] *(n)* touha, přání

**desire** [di'zaiə(r)] *(v)* st. toužit, přát si co; vyžadovat co

**desired** [di'zaiə(r)d] *(adj)* žádoucí

**despair** [di'speə(r)] *(n)* zoufalství, beznaděje

**despatch, dispatch** [di'spæč] *(v)* sb./st. odeslat, poslat koho/co; ~ **box** *brit.* 1 červená schránka na vládní poštu zasílanou jednotlivým ministrům 2 řečnický pult v Dolní sněmovně

**desperate** ['despərət] *(adj)* zoufalý, zoufale potřebný / potřebující ♦ ~ **debt** nedobytná pohledávka

**desperately** ['despərətli] *(adv)* zoufale; naléhavě, velmi nutně

**despite** [di'spait] *(adv)* navzdory čemu, přesto

**despoil** [di'spoil] *(v)* st. vyplenit, vydrancovat co; oloupit, zbavit čeho

**despoliation** [di,spəuli'eišən], **despoilment** [di'spoilmənt] *(n)* vyplenění, vyloupení

**despot** ['despot] *(n)* despota, tyran; **absolute** ~ despota, tyran, krutovládce

**despotism** ['despotizəm] *(n)* despotismus, despocie, autokracie

**destination** [ˌdesti'neišən] *(n)* místo určení, směr; určení; **place of** ~ místo určení, cílová stanice; ~ **bill** místo určení pro přepravované zboží

**destiny** ['destini] *(n)* osud

**destitute** ['destitju:t] *(adj)* *of* st. jsoucí bez prostředků; zbavený čeho; v nouzi; ~ **circumstances** nuzné poměry

**destitution** [ˌdesti'tju:šən] *(n)* krajní nouze, chudoba

**destroy** [di'stroi] *(v)* st. zničit co; ~ **a presumption** vyvrátit domněnku

**destructibility** [di,straktə'biləti] *(n)* zničitelnost

**destruction** [di'strakšən] *(n)* (z)ničení, destrukce; **child** ~ *trestný čin* zabití nenarozeného dítěte; ~ **of evidence** zničení důkazů; **mass** ~ **weapons** zbraně hromadného ničení

**destructive** [di'straktiv] *(adj)* ničivý, ničící; **be** ~ **of family well-being** být zhoubný pro rodinnou pohodu; **become** ~ **of these ends** začít ničit tyto cíle

**desuetude** ['deswitju:d] *(n)* 1 neužívání práva n. zákona z důvodu zastarání 2 zánik obyčeje, zastaravání; **fall into** ~ vyjít z užívání, zastarat

**detach** *(v)* **from** [di'tæč,frəm] st. 1 oddělit, odtrhnout od čeho 2 vyvinout se z čeho

**detail** ['di:teil] *(n)* podrobnost, detail; **in** ~ podrobně

**detain** [di'tein] *(v)* sb./st. zadržet koho/co ve vazbě

**detainee** [,di:tei'ni:] *(n)* zadržená osoba
**detainer** [di'teinə(r)] *(n)* neoprávněné zadržení
věci n. osoby, zabrání věci; **forcible** ~ neoprávněná držba nemovitosti, odmítnutí vydání nemovitosti po skončení oprávněného užívání
**detainment** [di'teinmənt] *(n)* akt zadržení
**detect** [di'tekt] *(v)* sb./st. odhalit, zjistit koho/co
**detection** [di'tekšən] *(n) of* st. odhalování čeho, pátrání po čem; objevení, vypátrání čeho; ~ **of a thief** vypátrání zloděje; ~ **rate** objasněnost trestné činnosti
**detective** [di'tektiv] *(n)* detektiv
**détente** [dei'ta:nt] *(n)* zmírnění mezinárodního napětí
**detention** [di'tenšən] *(n)* **1** zadržení osoby; vazba; detence; ~ **in a reformatory** zadržení ve výchovném zařízení pro mladistvé; ~ **of the staff** zadržení zaměstnanců; ~ **pending trial** vyšetřovací vazba; ~ **camp** internační tábor; ~ **centre** brit. nápravné zařízení pro nezletilce od 14 do 21 let; ~ **hearing** výslech ve věci zadržení; ~ **order** soudní příkaz k zadržení **2** nezákonné zabrání věci, detence **3** zadržení, pozastavení čeho; ~ **of wages** pozastavení platu
**deter** [di'tə:(r)] */rr/ (v)* sb./st. **1** odstrašit koho/co **2** zabránit čemu
**deteriorate** [di'tiəriəreit] *(v)* st. (z)horšit, (z)kazit (se) co
**deterioration** [di,tiəriə'reišən] *(n)* zhoršení, zkažení; degenerace
**determent** [di'tə:(r)mənt] *(n) from* st. odstrašení, zastrašení od čeho
**determinate** [di'tə:(r)minət] *(adj)* určitý, neměnný; ~ **sentence** odnětí svobody na pevně stanovenou dobu
**determination** [di,tə:(r)mi'neišən] *(n)* **1** určení, stanovení; rozhodnutí; nález; **contrary** ~ protikladné rozhodnutí; ~ **of compensation** stanovení odměny; **the surveyor fails to give notice of his** ~ úřední odhadce nepodá zprávu o svém nálezu **2** ukončení
**determine** [di'tə:(r)min] *(v)* st. **1** určit, stanovit co; ~ **appropriate sentence** stanovit přiměřený trest; ~ **conditions** stanovit podmínky; ~ **guilt or innocence of sb.** stanovit vinu či nevinu koho; ~ **measures** stanovit opatření **2** rozhodnout co; ~ **arbitration** rozhodnout arbitrážní řízení; ~ **questions of law** rozhodovat o právních otázkách **3** skončit,

ukončit co; ~ **a contract** skončit smlouvu **4** ohraničit, vymezit pozemek
**deterrence** [di'terəns] *(n) from* st. odstrašování od čeho
**deterrent** [di'terənt] *(n)* odstrašující / zastrašovací prostředek; **effective** ~ účinný zastrašovací prostředek; ~ **of law** právní sankce; ~ **to hooligans** zastrašovací prostředek proti chuligánům
**deterrent** [di'terənt] *(adj)* zastrašovací, odstrašující; ~ **effect** zastrašovací účinek
**dethrone** [di'θrəun] *(v)* sb. sesadit koho, zbavit panovníka trůnu
**detinue** ['detinju:] *(n)* neoprávněné zadržování cizí věci; **action in** ~ vlastnická žaloba o vydání věci
**detournement** ['di:tuə(r)mənt] *(n)* **1** zpronevěra **2** podvodné odstranění dokumentů **3** podvodné zneužití zboží
**detractor** [di'træktə(r)] *(n)* pomlouvač
**detriment** ['detrimənt] *(n)* újma, škoda; ~ **to promisee** újma příjemci; **without** ~ **to sb.'s claim** bez poškození nároku jiné osoby
**detrimental** [,detri'mentl] *(adj)* škodlivý, škodlivý; ~ **reliance** nežádoucí závislost
**devaluate** [di:'væljueit] *(v)* st. devalvovat co
**devaluation** [,di:vælju'eišən] *(n)* devalvace
**develop** [di'veləp] *(v)* st. **1** rozvíjet co; ~ **friendly relations** rozvíjet přátelské vztahy **2** (za)stavět; připravit pozemek k zastavění
**develop** *(v)* **from** [di'veləp,frəm] st. vyvinout se z čeho; **Common Law has ~ed from judgments** obyčejové právo se vyvinulo z rozsudků
**developer** [di'veləpə(r)] *(n)* stavitel; **property** ~ stavitel větších celků
**developing** [di'veləpiŋ] *(adj)* rozvíjející se; ~ **countries** rozvojové země
**development** [di'veləpmənt] *(n)* **1** rozvoj, vývoj; **harmonious** ~ harmonický rozvoj; **industrial** ~ průmyslový rozvoj; **judicial** ~ vývoj soudnictví; **unitary** ~ **plans** plány jednotného rozvoje; ~ **takes place where ...** k rozvoji dochází tam, kde ... **2** (vý)stavba budov na pozemcích k tomu účelu skoupených; ~ **area / zone** území / oblast pro budování obchodu n. průmyslu podporovaná vládou **3** dosažená změna; posun; **the case represents a new** ~ **in the law of libel** tento případ znamená nový posun v právu zabývajícím se trestnými činy pomluvy

**deviance** ['di:viəns] *(n)* deviace

**deviant** ['di:viənt] *(n)* deviant

**deviate** ['di:viit] *(n)* deviovaná osoba, deviant

**deviate** ['di:vieit] *(v) from* st. odchýlit se, vychýlit se od čeho

**deviation** [ˌdi:vi'eišən] *(n)* 1 sexuální úchylka / deviace 2 *from* st. odchýlení se, výchylka

**device** [di'vais] *(n)* 1 zařízení; **aerial ~s** vzdušná zařízení 2 nápad, vynález; projekt 3 plán, nápad jak provést nekalou věc, trik

**devil** ['devl] *(n) brit.* barister, jemuž předává jiný barister případ z důvodu své zaneprázdněnosti

**devil** ['devl] *(v)* sb. *brit.* předat případ jinému baristerovi z důvodu vlastní zaneprázdněnosti; **~ for sb.** dělat pro koho nudnou a nezajímavou práci

**devisable** [di'vaizəbl] *(adj)* odkázatelný, zůstavitelný

**devise** [di'vaiz] *(n)* převod práv k nemovitosti; odkaz; odevzdání, převedení půdy na základě závěti; **contingent ~** nejistý odkaz; **executory ~** vykonavatelský odkaz; **lapsed ~** propadlý odkaz; **residuary ~** zbytkový odkaz; **vested ~** zajištěný odkaz

**devise** [di'vaiz] *(v)* st. 1 odkázat, zůstavit, zanechat co, půdu 2 vymyslet co

**devisee** [ˌdivai'zi:] *(n)* odkazem obmyšlená osoba

**deviser** [di'vaizə(r)] *(n)* strůjce, osnovatel

**devisor** [di'vaizə(r)] *(n)* zůstavitel, odkazce

**devolution** [ˌdi:və'lu:šn, *am.* ˌdevo'lu:šən] *(n)* převod / přechod / převedení práva n. povinnosti z jednoho subjektu na jiný (jedná se o hlubší proces než u decentralizace)

**devolve** [di'volv, *am.* -'valv] *(v)* st. převést co; **power is ~d to regional assemblies** pravomoc je převedena na oblastní shromáždění

**devote** [di'vəut] *(v) to* st. věnovat (se), zasvětit čemu

**devoted** [di'vəutid] *(adj)* loajální, věrný

**devotee** [ˌdevəu'ti:] *(n)* oddaný stoupenec, nadšenec

**devotion** [di'vəušən] *(n) to* sb./st. oddanost, věrnost komu/čemu

**dextrous** ['dekstrəs] *(adj)* 1 pravoruký 2 zručný, šikovný, obratný; **~ diplomacy** obratná diplomacie

**dictate** [dik'teit] *(v)* st. diktovat, přikazovat co

**dictatorship** [dik'teitə(r)šip] *(n)* diktatura

**dictum** ['diktəm], *(pl)* **dicta** ['diktə] *(lat)* výrok, prohlášení; řečené, vyslovené; názory soudce; **judicial ~a** soudní výrok

**die** [dai] */dying/ (v)* zemřít; **~ a violent or unnatural death** zemřít násilnou n. nepřirozenou smrtí

**dies non (juridicus)** ['daizˌnondžə'ri:dəkəs] *(lat)* den, kdy soud nezasedá

**diet** ['daiət] *(n)* sněm, shromáždění

**differ** ['difə(r)] *(v) from* st. lišit se od čeho; **the witnesses ~** svědkové se rozcházejí ve svých výpovědích

**difference** ['difərəns] *(n)* rozdíl; **~ in conditions insurance** pojištění pro případ rozdílu v podmínkách dvou pojistek; **~ in limits insurance** pojištění pro případ rozdílu v částkách; **~ in value insurance** pojištění pro případ rozdílu v hodnoty; **~s remain in law and practice** zůstávají rozdíly v právu a právní praxi

**different** ['difərənt] *(adj)* různý, rozdílný; odlišný; **~ kinds of law** různé druhy práva; **~ principles** různé principy; **~ senses** různé významy; **if ~ from above** jestliže se liší od výše uvedeného

**differentiate** [ˌdifə'renšieit] *(v)* sb./st. *from* sb./st. odlišovat, rozlišovat koho/co od koho/čeho

**differentiation** [ˌdifərenši'eišən] *(n)* odlišování, rozlišování; diferenciace; specifikace

**digest** ['daidžest] *(n)* 1 výběr 2 výtah, konspekt

**digest** [dai'džest] *(v)* st. přehledně uspořádat, roztřídit co; kodifikovat co

**dignify** ['dignifai] *(v)* sb./st. poctít, vyznamenat koho/co

**dignity** ['dignəti] *(n)* důstojnost

**dilatory** ['dilətəri] *(adj)* odkladný; zdržovací, zdržující; **~ defence** oddalovací obhajoba zdržující projednávání věci tím, že soustředí pozornost na nepodstatné záležitosti případu; **~ exceptions** procesní zdržovací námitky zdržující projednávání věci; **~ motion** *brit.* návrh pozměnit s cílem zdržovat rozpravu v Dolní sněmovně; **~ plea** námitka (ob)žalovaného ohledně pravomoci soudu s cílem zdržet řízení

**diligence** ['dilidžəns] *(n)* opatrnost, pečlivost; píle, pracovitost; **due ~** náležitá péče; **low / slight ~** nepatrná péče; **reasonable ~** přiměřená péče

**diligent** ['dilidžənt] *(adj)* pečlivý, pozorný; **~ inquiry** pečlivé šetření

**dim** [dim] *(adj)* nejasný, neurčitý; **~ light** nejasné světlo

**diminish** [di'miniš] *(v)* st. zmenšit, snížit co; **~ed responsibility / *am.* capacity** snížená příčetnost / odpovědnost za trestné konání; **~ the**

rental value of the property snížit nájemní hodnotu majetku

diminution [ˌdimiˈnjuːʃən] (n) zmenšení, snížení; nepřesnost, opominutí v soudních spisech; ~ in value snížení hodnoty při odškodnění

diocesan [ˌdaiˈosisən, am. ˌdaiˈasəsən] (adj) diecézní; ~ bishop diecézní biskup

dip [dip], dipper [dipə(r)] (n) slang. kapsář

diplomacy [diˈpləuməsi] (n) diplomacie

diplomatic [ˌdipləˈmætik] (adj) diplomatický; ~ asylum diplomatický azyl; ~ body diplomatický sbor; ~ immunity diplomatická imunita; ~ law diplomatické právo; ~ passport diplomatický pas; ~ privileges diplomatické výsady; ~ protection diplomatická ochrana; ~ service diplomatická služba; ~ staff diplomatický personál

direct [diˈrekt, daiˈrekt] (adj) přímý, nezprostředkovaný; ~ action přímá žaloba; ~ attack přímé napadení; ~ cause přímá příčina; ~ collection přímé inkaso; ~ contempt přímé opovrhování soudem; ~ debit přímé inkaso z účtů; ~ democracy přímá demokracie; ~ election přímé volby; ~ evidence přímý důkaz; ~ examination přímý výslech; ~ insurance prvopojištění; ~ payment přímá platba; ~ proof přímý důkaz; ~ responsibility přímá odpovědnost; ~ rule přímá vláda, přímé řízení; ~ selling přímý prodej, tj. výroba-maloobchod n. výroba-zákazník; ~ suffrage přímé volební právo; ~ tax přímá daň; ~ vote přímé hlasování; by ~ vote přímou volbou, přímým hlasováním

direct [diˈrekt, daiˈrekt] (adv) přímo, rovnou

direct [diˈrekt, daiˈrekt] (v) sb./st. řídit, vést koho/co; ~ed verdict řízený výrok

directee [ˌdirekˈtiː, ˌdairekˈtiː] (n) řízená osoba

direction [diˈrekʃən, daiˈrekʃən] (n) 1 pokyn, návod; follow the ~s dodržovat pokyny 2 nařízení, směrnice 3 směr

directive [diˈrektiv, daiˈrektiv] (n) 1 direktiva, pokyn, směrnice, příkaz 2 ES směrnice; ~ on food prices směrnice ohledně cen potravin

directive [diˈrektiv, daiˈrektiv] (adj) 1 směrodatný, ukazující směr 2 řídící

directly [diˈrektli, daiˈrektli] (adv) přímo, přímou volbou; ~ elected members poslanci volení přímou volbou

director [diˈrektə(r), daiˈrek-] (n) 1 ředitel; ~ General of Unesco generální ředitel Unesco; ~ of Public Prosecution brit. poradce

vlády v trestních věcech rozhodující o zahájení trestního stíhání, přibl. generální prokurátor 2 člen správní rady / představenstva; board of ~s správní rada; představenstvo

directorate [diˈrektərət, daiˈrek-] (n) 1 správní rada; členství ve správní radě 2 vedení, řízení, řídící orgán výbor, komise 3 úřad ředitele, ředitelství 4 ES direktoriát; D~ General generální direktoriát

directorship [diˈrektə(r)ʃip, daiˈrek-] (n) funkce ředitele, ředitelské místo; company ~ 1 funkce ředitele společnosti 2 místo ve správní radě společnosti

directory [diˈrektəri, daiˈrek-] (n) soupis předpisů, příručka; adresář; lawyer's ~ příručka právníka seznam nejdůležitějších předpisů

directory [diˈrektəri, daiˈrek-] (adj) 1 směrodatný, ukazující směr; doporučující, imperfektní; ~ statute doporučující norma zákon neobsahující sankce 2 řídící

diriment [ˈdirimənt] (adj) rušící, anulující; ~ impediment překážka rušící platnost manželství od samého počátku

dirty [ˈdəː(r)ti] (adj) špinavý, nečistý; ~ money 1 špinavé nečestně získané peníze 2 příplatek za ztížené pracovní podmínky ve špinavém provozu; ~ work 1 podlost, špinavost 2 špinavá práce

disability [ˌdisəˈbiləti] (n) 1 nezpůsobilost k právním úkonům; civil ~ nezpůsobilost k právním úkonům; legal ~ nezpůsobilost k právním úkonům; person under a ~ osoba nezpůsobilá k právním úkonům 2 nezpůsobilost fyzická, invalidita; partial ~ částečná invalidita; temporary ~ dočasná nezpůsobilost; ~ annuity invalidní důchod; ~ compensation sociální dávky v invaliditě; ~ insurance pojištění pro případ invalidity; ~ pension invalidní důchod; ~ retirement odchod do invalidního důchodu

disable [disˈeibl] (v) sb. 1 učinit koho nezpůsobilým / invalidním 2 znemožnit komu co; disabling statute zákon omezující právo

disabled [disˈeibld] (adj) postižený, nezpůsobilý, invalidní

disablement [disˈeiblmənt] (n) invalidita, pracovní neschopnost; ~ table pojišť. tabulka invalidity

disadvantage [ˌdisədˈvaːntidž, am. -ˈvæn-] (n) nevýhoda; suffer an electoral ~ mít nevýhodu ve volbách

**disadvantageous** [ˌdisəd'va:ntidžəs, *am.* -'væn-] *(adj)* nevýhodný, nepříznivý

**disaffirm** [ˌdisə'fə:(r)m] *(v)* st. zamítnout, neuznat co

**disaffirmance** [ˌdisə'fə:(r)məns] *(n)* zamítnutí; odvolání dřívějšího právního úkonu

**disagree** [ˌdisə'gri:] *(v)* with sb. nesouhlasit, neshodnout se s kým

**disagreement** [ˌdisə'gri:mənt] *(n)* nesouhlas, neshoda

**disallow** [ˌdisə'lau] *(v)* st. neuznat, zamítnout co; **the judge ~ed the defence evidence** soudce neuznal důkaz obhajoby; **~ a claim** zamítnout nárok

**disallowance** [ˌdisə'lauəns] *(n)* zamítnutí, neuznání; **~ of a claim** zamítnutí nároku

**disappear** [ˌdisə'piə(r)] *(v)* zmizet, ztratit se

**disappearance** [ˌdisə'piərəns] *(n)* zmizení; zmenšování / úbytek zásob

**disappoint** [ˌdisə'point] *(v)* sb./st. zklamat koho; překazit co

**disappointment** [ˌdisə'pointmənt] *(n)* zklamání

**disapprobation** [ˌdisæprəu'beišən] *(n)* nesouhlas

**disapproval** [ˌdisə'pru:vl] *(n)* **1** nesouhlas; **popular ~** nesouhlas lidu **2** neschválení, zamítnutí

**disapprove** [ˌdisə'pru:v] *(v)* **1** st. neschválit, zamítnout co; **~ presidential appointments** neschválit jmenování učiněná prezidentem **2** *of* st. odsoudit, neschválit co; **the judge openly ~d of juries** soudce otevřeně neschválil jednání porotců

**disarmament** [ˌdis'a:(r)məmənt] *(n)* odzbrojení

**disarray** [ˌdisə'rei] *(n)* nepořádek, zmatek

**disaster** [di'za:stə(r)] *(n)* katastrofa; **~ loss** škoda v důsledku přírodní katastrofy

**disavow** [ˌdisə'vau] *(v)* st. odmítnout odpovědnost za co; popřít co

**disavowal** [ˌdisə'vauəl] *(n)* of st. odmítnutí odpovědnosti za co; popření čeho

**disbar** [dis'ba:(r)] *(v)* /rr/ sb. zbavit koho členství v advokátní komoře, škrtnout jméno ze seznamu advokátů

**disbarment** [dis'ba:(r)mənt] *(n)* vyloučení advokáta z advokátní komory, vyškrtnutí ze seznamu advokátů

**disburden** [dis'bə:(r)dn] *(v)* sb./st. zbavit koho břemene; odlehčit komu/čemu

**disbursement** [dis'bə:(r)smənt] *(n)* vyplacená částka, výplata, vyplacení

**discharge** ['disča:(r)dž] *(n)* **1** propuštění z vězení; osvobození; osvobozující rozsudek; **absolute ~** naprosté osvobození; **conditional ~** podmíněné propuštění **2** výkon, vykonání, splnění; zánik čeho; **~ by agreement** skončení smlouvy dohodou; **~ by performance** skončení smlouvy jejím splněním; **~ of a contract** 1 zánik smlouvy v důsledku jejího splnění 2 odstoupení od smlouvy; **~ of one's office** výkon funkce 3 zaplacení, splacení; **final ~** poslední splátka na dluh; **in full ~ of a debt** úplné vyrovnání dluhu **4** prominutí; **~ from debts** prominutí dluhů; **~ of the bankrupt** uvolnění konkursního dlužníka z dluhů, oddlužnění konkursního dlužníka; **~ in / of bankruptcy** zrušení konkursního řízení, zproštění dlužníka **5** propuštění ze zaměstnání, armády; **constructive ~** vynucený odchod; **military ~** propuštění z armády **6** rozpuštění; **~ of a jury** rozpuštění poroty

**discharge** [dis'ča:(r)dž] *(v)* sb./st. *from / of* st. **1** zrušit co, smluvní závazek, anulovat co; **~ a claim** anulovat nárok; **~ a court order** zrušit soudní příkaz **2** zprostit koho (čeho), osvobodit (od čeho); odvolat koho; propustit koho; rozpustit co; **~ from further payment** osvobodit od dalšího placení; **~ of an obligation** zprostit povinnosti; **~ an employee** propustit zaměstnance; **~ a jury** rozpustit porotu **3** splatit, umořit co; **~ a debt** umořit dluh; **~ a mortgage** umořit hypotéku **4** prominout, rehabilitovat; **~ a bankrupt** rehabilitovat / oddlužnit úpadce / konkursního dlužníka

**dischargeable** [ˌdis'ča:(r)džəbl] *(adj)* zrušitelný; **~ claim** zrušitelný nárok

**dischargee** [ˌdisča:(r)'dži:] *(n)* propuštěnec, propuštěná osoba

**discharges** ['disča:(r)džiz] *(pl)* vypouštění; **~ of polluting matter** vypouštění znečišťující látky / imisí

**disciplinary** ['disiplinəri] *(adj)* **1** disciplinární, kárný, kázeňský; **~ proceedings** kárné řízení; **~ punishment** kárné opatření **2** vědní

**discipline** ['disiplin] *(n)* disciplína, kázeň; **breach of military ~** porušení vojenské disciplíny

**disclaim** [dis'kleim] *(v)* st. **1** zříci se čeho, vzdát se nároku na co; **~ one's peerage** zříknout se svého peerství **2** odmítnout, neuznat, popřít

co; ~ **a charge** popřít obvinění; ~ **liability** neuznat / popřít právní odpovědnost
**disclaimer** [dis'kleimə(r)] *(n) of* st. **1** zřeknutí se právního titulu n. pravomoci **2** odmítnutí, popření čeho
**disclose** [dis'kləuz] *(v)* st. **1** zveřejnit, odkrýt co; ~ **the documents** zveřejnit doklady **2** odhalit co
**disclosure** [dis'kləužə(r)] *(n)* **1** prozrazení, odhalení tajemství **2** přiznání; prohlášení, vysvětlení; **compulsory** ~ povinné přiznání majetku u vysokých úředníků a činitelů; ~ **of information** poskytnutí informací
**discommon** [dis'komən, *am.* -'kam-] *(v)* st. odejmout obecní pozemek z užívání veřejnosti
**disconnection, disconnexion** [ˌdiskə'nekšən] *(n)* oddělení, odloučení, izolovanost; odpojení, přerušení spojení
**discontinuance** [ˌdiskən'tinjuəns] *(n)* zastavení řízení v důsledku zpětvzetí žaloby; ~ **of an estate** přerušení držby pozemku; ~ **of proceedings** zastavení n. přerušení řízení
**discontinue** [ˌdiskən'tinju:] *(v)* st. (po)zastavit, přerušit, odložit co; skončit co
**discount** ['diskaunt] *(n)* diskont, eskont, srážka z nějaké sumy, sleva; ~ **for large sums** rabat při velkých pojistných částkách; ~ **bond** diskontovaná obligace; ~ **rate** diskontní sazba; ~ **shares** diskontované akcie; ~ **yield** diskontní výnos
**discount** [dis'kaunt] *(v)* st. diskontovat co, tj. prodat např. směnku před splatností se srážkou úroků; ~ **a bill** diskontovat směnku; ~**ed payable period** diskontovaná doba splatnosti
**discourage** [dis'karidž] *(v)* sb./st. **1** snažit se zabránit čemu **2** zbavit koho odvahy
**discover** [dis'kavə(r)] *(v)* st. objevit, odhalit co; ~ **the true intention of sb.** objevit pravý záměr koho; ~ **a plot** odhalit spiknutí
**discoverable** [dis'kavərəbl] *(adj)* objevitelný, zjistitelný, patrný
**discovert** [dis'kavə(r)t] *(adj)* osamělá žena neprovdaná, rozvedená, ovdovělá
**discoverture** [dis'kavə(r)čə(r)] *(n)* stav osamělé ženy
**discovery** [dis'kavəri] *(n)* **1** objev, objevení **2** odhalení; vzájemné zpřístupnění listin, dokumentů obou stran před začátkem procesu, předložení dokladů; **bill of** ~ *(PEq)* žaloba o zjištění všech faktů žalované straně dosud neznámých

**discredit** [dis'kredit] *(n)* špatná pověst; pochybnost, nedůvěra v co
**discredit** [dis'kredit] *(v)* sb./st. zdiskreditovat koho/co, poškodit dobrou pověst koho/čeho
**discreet** [di'skri:t] *(adj)* uvážlivý; taktní, ohleduplný; ~ **surveillance** diskrétní sledování
**discrepancy** [di'skrepənsi] *(n)* rozpor, nesrovnalost
**discretion** [di'skrešən] *(n)* **1** diskreční právo právo rozhodnout podle vlastního uvážení; **judicial** ~ soudcovská úvaha; **legal** ~ právní úvaha; **it is within the** ~ **of the court** soud rozhodne dle vlastního uvážení; **exercise one's** ~ uplatňovat svou pravomoc **2** volnost jednání / rozhodování; **at the** ~ **of sb.** na vlastním uvážení / rozhodnutí
**discretionary** [di'skrešənəri], **discretional** [di'skrešənl] *(adj)* závisející na vlastním uvážení, přenechaný volnému uvážení, diskreční; ~ **act** čin ponechaný na vlastním volném uvážení; ~ **authority** pravomoc na základě vlastního uvážení, diskreční pravomoc; ~ **damages** odškodnění ponechané volnému uvážení; ~ **powers** plná moc; diskreční pravomoci; ~ **review** přezkoumání na základě volného uvážení soudu; ~ **rider** nepovinné připojištění; ~ **trust** svěřenství s plnou mocí zřízené pro nejistou budoucí událost
**discriminate** [di'skrimineit] *(v)* **1** *against* sb. diskriminovat koho **2** *from* sb./st. odlišovat, rozlišovat koho/co od koho/čeho
**discriminating** [di'skrimineitiŋ] *(adj)* diskriminační; ~ **tariffs** diskriminační celní tarify
**discrimination** [disˌkrimi'neišən] *(n)* diskriminace; **age** ~ diskriminace na základě věku; **racial** ~ rasová diskriminace; ~ **on basis of sex** diskriminace na základě příslušnosti k pohlaví
**discriminatory** [di'skriminətəri] *(adj)* diskriminační; odstupňovaný; ~ **punishment** diskriminační trest
**disculpate** [dis'kalpeit] *(v)* sb. zbavit koho viny, exkulpovat koho
**discuss** [di'skas] *(v)* st. projednávat co; ~ **a wide range of issues** projednávat široký okruh otázek
**discussion** [di'skašən] *(n)* **1** diskuse, debata, rozprava, **close the** ~ ukončit diskusi, rozpravu **2** vyčerpání všech právních prostředků proti dlužníkovi

disengagement [ˌdisin'geidžmənt] (n) 1 uvolnění, zproštění 2 zrušení zasnoubení
disentail [ˌdisin'teil] (v) zrušit fideikomis majetkový soubor děditelný obv. nejstarším synem, vyjmout z fideikomisu; disentailing deed smlouva o zrušení převodu majetku na vymezený okruh dědiců
disentailment [ˌdisin'teilmənt] (n) zrušení převodu majetku na vymezený okruh osob
disenthral(l)ment [ˌdisin'θro:lmənt] (n) vysvobození z otroctví
disfranchise [dis'frænčaiz], disenfranchise [ˌdisin'frænčaiz] (v) sb. zbavit koho občanských práv; zbavit koho hlasovacího n. volebního práva; the company has tried to ~ the ordinary shareholders společnost se pokusila zbavit běžné akcionáře hlasovacího práva
disfranchisement [dis'frænčizmənt], disenfranchisement [ˌdisin'frænčizmənt] (n) zbavení občanských práv; zbavení hlasovacího n. volebního práva
disgrace [dis'greis] (n) to sb. hanba, ostuda pro koho
dishonour [dis'onə(r)] (n) 1 zostuzení, urážka 2 neplacení, nepřijetí; ~ of a bill of exchange odmítnutí akceptace nebo placení směnky; notice of ~ návěští o tzv. směnečné nouzi; výzva k zaplacení šeku
dishonour [dis'onə(r), am. -'anə(r)] (v) st. odmítnout zaplatit, nezaplatit šek, směnku v důsledku nedostatku peněz na účtu
dishonourable [dis'onərəbl, am. -'anə-] (adj) nečestný, nepoctivý; ~ discharge propuštění ze zaměstnání pro ztrátu důvěry
disinherison [ˌdisin'herisən], disherison [ˌdis'herisən] (n) testamentární vydědění
disinherit [ˌdisin'herit] (v) sb. vydědit koho
disinheritance [ˌdisin'heritəns] (n) vydědění
disinter [ˌdisin'tə:(r)] /rr/ (v) sb./st. vykopat co; exhumovat koho
disinterested [dis'intrəstid] (adj) nezúčastněný, nezainteresovaný
disintoxication ['disinˌtoksi'keišən] (n) detoxikace
disinvestment [ˌdisin'vestmənt] (n) 1 spotřebování kapitálu 2 stažení, snížení investovaného kapitálu
disjunctive [dis'džʌŋktiv] (adj) oddělující, rozdělovací; ~ allegation alternativní nárok / návrh

dismantle [dis'mæntl] (v) sb./st. of st. 1 odstranit co 2 zbavit (koho/co) čeho; ~ military bases odstranit vojenské základny
dismantlement [dis'mæntlmənt] (n) vyklizení domu; demontáž
dismiss [dis'mis] (v) sb./st. 1 propustit koho, dát komu výpověď 2 zamítnout co; ~ an action zamítnout žalobu v plném rozsahu; ~ an appeal zamítnout odvolání; ~ the petition zamítnout žádost 3 rozpustit zasedání; the Queen ~es Parliament at the end of a session královna ukončuje zasedání parlamentu
dismissal [dis'misəl] (n) 1 propuštění ze zaměstnání; constructive ~ vynucené skončení pracovního poměru na základě nátlaku ze strany vedení podniku; unfair ~ neoprávněné propuštění; ~ compensation náhrada za propuštění; complain of wrongful ~ žalovat pro nezákonné propuštění 2 zamítnutí, odmítnutí; skončení řízení; ~ and nonsuit odmítnutí a zamítnutí žaloby; ~ with prejudice konečné rozhodnutí o meritu věci bez možnosti opět podat tutéž žalobu 3 zapuzení manželky
dismissible [dis'misəbl] (adj) 1 propustitelný ze zaměstnání 2 bezvýznamný, nepodstatný 3 zamítnutelný nárok; ~ appeal zamítnutelné odvolání
disobedience [ˌdisə'bi:djəns] (n) neposlušnost, odepření poslušnosti, neuposlechnutí; ~ of a law neuposlechnutí zákona
disorder [dis'o:(r)də(r)] (n) 1 (po)rušení veřejného pořádku 2 nepořádek
disorderly [dis'o:(r)də(r)li] (adj) neukázněný, výtržnický; rozbouřený, rozvášněný; ~ conduct výtržnictví; neukázněné chování; ~ house bordel; ~ person výtržník, neukázněná osoba; charge with being drunk and ~ obvinit z opilství a výtržnictví
disorganizer [dis'o:(r)gənaizə(r)] (n) narušitel, rozvratník
disown [dis'əun] (v) sb./st. 1 neznat se ke komu/čemu, zapřít, popřít koho/co 2 odmítnout uznat, neuznat co
disparage [dis'pæridž] (v) sb./st. 1 bagatelizovat, podceňovat co 2 zneuctít koho/co; poškodit dobrou pověst koho/čeho
disparagement [dis'pæridžmənt] (n) znectění, poškození pověsti; ~ of goods nepravdivé a zavádějící informace o zboží ze strany konkurenta za účelem snížení jeho prodejnosti; ~ of title znevažování / bagatelizace právního titulu

**dispatch** [dis'pæč] *(n)* odeslání, odbavení; **~ box** *brit.* schránka na úřední sdělení vládním úředníkům v Parlamentě; **~ department** expediční oddělení; **~ goods** spěšnina; **~ note** průvodka; **~ service** zasilatelská služba

**dispatch** [dis'pæč] *(v)* st. odeslat co; odbavit, expedovat co

**dispensable** [dis'pensəbl] *(adj)* 1 disponibilní, volný 2 postradatelný

**dispensary** [dis'pensəri] *(n)* 1 ošetřovna, dispenzář 2 *am.* prodejna lihovin

**dispensation** [,dispən'seišən] *(n)* 1 výkon; vykonávání, provádění; **~ of justice** výkon spravedlnosti 2 rozdělování, přidělování potravin 3 *from* st. úleva od čeho, prominutí čeho

**dispense** [dis'pens] *(v)* st. 1 rozdělovat co 2 konat, vykonávat co; **~ justice** vykonávat sprayedlnost 3 *from* st. zbavit, osvobodit od čeho 4 *with* st. netrvat na čem; nepovažovat co za závazné; obejít se bez čeho; **~ with the need of the consent** obejít se bez souhlasu; **~ with the service of a lawyer** obejít se bez právnických služeb

**displace** [dis'pleis] *(v)* sb./st. 1 vystěhovat, vyhnat koho 2 přesunout, přemístit koho/co; **~d person** 1 zavlečená osoba; vysídlenec 2 bezdomovec

**displacement** [dis'pleismənt] *(n)* přesunutí; vysídlení

**disposable** [dis'pəuzəbl] *(adj)* 1 použitelný, dosažitelný, jsoucí k dispozici; **~ income** čistý příjem po zdanění 2 jsoucí na jedno použití

**disposal** [dis'pəuzəl] *(n)* 1 odstranění, odvoz; likvidace; **refuse ~** likvidace odpadků; **waste ~ authorities** úřady pověřené likvidací odpadů; **waste ~ costs** náklady na likvidaci odpadů; **waste ~ facilities** zařízení pro likvidaci odpadů; **carry out ~ of st.** provádět odvoz čeho 2 nakládání, dispozice, disponování s čím; **careless ~ of pesticides** lehkomyslné používání pesticidů; **place at one's ~** dát komu k dispozici 3 dispoziční právo, dispozice

**dispose** [dis'pəuz] *(v) of* st. 1 nakládat s, disponovat čím; **~ of property** nakládat s majetkem 2 odstraňovat, likvidovat co; **~ of controlled wastes** likvidovat kontrolované odpady; **~ of excess stock** likvidovat nadměrné zásoby

**disposed** [dis'pəuzd] *(adj) to* st. mající sklon, náchylný k čemu; **be ~ to st.** mít sklon, být náchylný k čemu

**disposition** [,dispə'zišən] *(n) of* st. 1 předání, odevzdání čeho; odkaz, dar, prodej; **testamentary ~** testamentární pořízení 2 dispoziční právo 3 odsouzení v trestní věci; **~ without trial** odsouzení obžalovaného bez řízení

**dispossess** [,dispə'zes] *(v)* sb. zbavit, vypudit koho z držby; **~ proceedings** řízení pro zbavení držby

**dispossession** [,dispə'zešən] *(n)* vyvlastnění, zbavení vlastnictví

**disproof** [dis'pru:f] *(n)* vyvrácení; **evidence in ~ of a claim** důkaz vyvracející nárok

**disprove** [dis'pru:v] *(v)* st. prokázat opak / nesprávnost čeho, vyvrátit co; **~ a claim by evidence** vyvrátit nárok důkazy

**disputable** [dis'pju:təbl] *(adj)* diskusní, diskutabilní; sporný; **~ presumption** sporná domněnka

**dispute** [dis'pju:t] *(n)* 1 spor, rozepře; **industrial / labour ~s** pracovní spory mezi zaměstnanci a vedením podniku; **international ~s** mezinárodní spory; **legal ~** právní spor; **pacific settlement of ~s** pokojné řešení sporů; **resolution of ~s** rozhodování sporů; **act on ~s involving st.** zabývat se spory týkajícími se čeho; **deal with ~s** zabývat se spory; **judge legal ~s** soudit právní spory; **mediate in a ~** pomoci řešit spor jiným osobám; **resolve a ~** řešit spor; **settle ~s between two parties** urovnávat spory mezi dvěma stranami; **submit legal ~s to the court** předkládat právní spory soudu 2 diskuse, debata

**dispute** [dis'pju:t] *(v)* 1 *on / about* st. hádat se, debatovat o čem 2 st. namítat proti čemu, pochybovat o čem; **~ a claim** zpochybnit nárok

**disqualification** [dis,kwolifi'keišən, *am.* -,kwa-] *(n)* 1 diskvalifikace, vyloučení; **be subject to ~** podléhat vyloučení 2 zbavení způsobilosti, nezpůsobilost 3 *from* st. sesazení pro neschopnost

**disqualify** [dis'kwolifai, *am.* -,kwa-] *(v)* sb. 1 učinit, prohlásit koho nezpůsobilým; **~ from driving** odejmout řidičský průkaz; **be ~ied** být prohlášen nezpůsobilým 2 diskvalifikovat, vyloučit koho

**disregard** [,disri'ga:(r)d] *(n) of* sb./st. 1 nevšímavost, nevěnování pozornosti, lhostejnost 2 podceňování, znevažování koho/čeho

**disregard** [,disri'ga:(r)d] *(v)* sb./st. 1 nevěnovat pozornost komu/čemu; **~ed matters** irelevantní skutečnosti 2 znevažovat koho/co

**disrepair** [ˌdisriˈpeə(r)] *(n)* rozpad, havarijní stav

**disrepute** [ˌdisriˈpjuːt] *(n)* špatná pověst; **bring st. into ~ by st.** způsobit špatnou pověst čeho čím

**disrespect** [ˌdisriˈspekt] *(n)* nedostatek respektu, neúcta, nevážnost; **accuse of showing ~ to the judge** obvinit z projevů neúcty vůči soudci

**disrupt** [disˈrapt] *(v)* st. rozrušit, rozložit, narušit co

**dissection** [diˈsekšən] *(n)* **1** rozřezávání **2** pitvání; **~ of the body** pitva

**disseise, disseize** [disˈsiːz] *(v)* sb. neprávem zbavit koho držby

**disseisin, disseizin** [disˈsiːzin] *(n)* protiprávní zbavení / odnětí držby

**dissemble** [diˈsembl] *(v)* st. tajit, skrývat co

**disseminate** [diˈsemineit] *(v)* st. (roz)šířit, rozšiřovat co

**dissent** [diˈsent] *(n)* nesouhlas, rozdílnost v názoru

**dissent** [diˈsent] *(v)* nesouhlasit, být jiného mínění; **~ from st.** nesouhlasit s čím; **~ to the decision of the court** namítat proti rozhodnutí soudu

**dissenter** [diˈsentə(r)] *(n)* nesouhlasící osoba, opozičník

**dissentient** [diˈsenšiənt] *(n)* nesouhlasící osoba, osoba hlasující proti

**dissenting** [diˈsentiŋ] *(adj)* nesouhlasný, nesouhlasící; **~ opinion** 1 minoritní votum, nesouhlas 2 v senátním rozhodování stanovisko soudce hlasujícího proti rozhodnutí; **~ vote** hlas proti

**dissident** [ˈdisidənt] *(adj)* nesouhlasící; odpadlický, rozkolnický

**dissimulation** [diˌsimjuˈleišən] *(n)* přetvářka, předstírání

**dissociation** [diˌsəusiˈeišən] *(n)* oddělení, distancování, odluka

**dissolute** [ˈdisəluːt] *(adj)* prostopášný, zpustlý

**dissolution** [ˌdisəˈluːšən] *(n)* **1** zrušení, likvidace čeho; **~ of all military blocs** zrušení všech vojenských bloků; **~ of a company** likvidace společnosti **2** zrušení, anulování, skončení, rozvázání vztahu, smlouvy; **judicial ~** zrušení soudním rozhodnutím; **~ of a contract** zrušení / anulování smlouvy oběma stranami; **~ of marriage** zrušení manželství rozvodem **3** rozpuštění; **order ~ of Parliament** nařídit rozpuštění parlamentu

**dissolve** [diˈzolv, *am.* -ˈzalv] *(v)* st. **1** roz-

pustit; **~ Parliament** rozpustit parlament **2** rozvázat, zrušit co; **~ connection** zrušit spojení; **~ a marriage** zrušit manželství; **~ political bands** zrušit politické svazky; **dissolving bond** ukončující závazek

**dissuade** [diˈsweid] *(v) from (doing)* st. nedoporučovat co, odrazovat, zrazovat od čeho

**distance** [ˈdistəns] *(n)* vzdálenost, odstup; **~ control** dálkové ovládání; **assured clear ~ ahead** bezpečná vzdálenost mezi jedoucími motorovými vozidly

**distant** [ˈdistənt] *(adj)* vzdálený, odlehlý

**distinct** [disˈtiŋkt] *(adj) from* st. odlišný od čeho, rozdílný

**distinction** [disˈtiŋkšən] *(n)* **1** *between* st. rozdíl mezi čím; **~ made between criminal law and civil law** rozdíl mezi trestním a občanským právem **2** rozlišování

**distinctive** [disˈtiŋktiv] *(adj) of* sb./st. charakteristický, příznačný pro koho/co; rozlišující co

**distinctiveness** [disˈtiŋktivnis] *(n)* rozlišitelnost; charakteristická zvláštnost; **evidence of ~** důkaz rozlišitelnosti ochranné známky

**distinguish** [disˈtiŋgwiš] *(v)* sb./st. rozpoznat, odlišit koho/co; **~ between sb./st.** dělat rozdíl mezi kým/čím; **~ from sb./st.** odlišit od koho/čeho

**distinguished** [disˈtiŋgwišt] *(adj)* význačný, uznávaný, vynikající

**distinguishing** [disˈtiŋgwišiŋ] *(n)* rozlišování, odlišování

**distort** [disˈtoː(r)t] *(v)* st. obrátit, překroutit, deformovat co; **~ the facts** obrátit fakta

**distortion** [disˈtoː(r)šən] *(n)* překroucení; **~ of facts** překroucení skutečnosti

**distrain** *(v)* **upon** [disˈtreinəˌpon] st. zadržet cizí věc, vykonat retenční právo; exekvovat; **~ upon the tenant's property** zadržet majetek nájemce

**distrainee** [ˌdistreiˈniː] *(n)* zástavní dlužník

**distrainer, distrainor** [disˈtreinə(r)] *(n)* zabavovatel, exekvent osoba, zabavující cizí věc

**distraint** [disˈtreint] *(n)* zadržení / zabavení cizí věci, exekuce; **~ of debtor** exekuce na dlužníka

**distress** [disˈtres] *(n)* **1** zadržení / zabavení cizí věci, obstavení, exekuce; **~ warrant** soudní příkaz opravňující zabavit / zadržet majetek **2** nouze; **~ and danger** nesnáz a nebezpečí pro stanovení adekvátních záchranných prací při lodní havárii; **~ call** volání o pomoc, nouzové volání;

~ **merchandise** zboží prodávané pod cenou za účelem rychlého získání protředků na zaplacení dluhů; ~ **sale** prodej v nouzi na splacení dluhů **3** úzkost, strach **4** zabavené věci
**distress** [di'stres] *(v)* st. **1** způsobit bolest / nesnáze / obtíže; zahnat do úzkých; ~**ed area** krizová oblast; ~**ed sale** prodej v tísni **2** zadržet cizí věc, vykonat retenční právo; ~**ed property** zabavený majetek
**distribute** [di'stribju:t] *(v)* st. *among / to* sb./st. **1** rozdělit, rozdat, přidělit co komu/čemu **2** vykon(áv)at co; ~ **justice** vykonávat spravedlnost
**distribution** [ˌdistri'bju:šən] *(n)* rozdělení, rozdělování též pozůstalosti; distribuce; roznáška; ~ **costs** odbytové náklady
**distributor** [di'stribjutə(r)] *(n)* distributor
**district** ['distrikt] *(n)* **1** okres; ~ **attorney** *am.* okresní prokurátor / návladní; ~ **authorities** okresní úřad; ~ **clerk** úředník okresního soudu; ~ **council** okresní rada / zastupitelstvo; ~ **court** *am.* okresní soud; ~ **judge** *am.* soudce okresního soudu **2** oblast; vymezené území; **legislative** ~ *am.* legislativní oblast, která vysílá zástupce do zákonodárných orgánů příslušného státu USA; **D~ of Columbia** federální oblast na řece Potomacu v USA územně totožná s hl. městem Washingtonem; ~ **commissioner** *brit.* oblastní vládní úředník
**distrust** [dis'trast] *(n)* *of* sb./st. nedůvěra ke komu/čemu
**distrustful** [dis'trastful] *(adj)* nedůvěřivý; nedůvěřující, nevěřící
**disturb** [dis'tə:(r)b] *(v)* sb./st. vyrušit, vyrušovat, obtěžovat koho/co
**disturbance** [dis'tə:(r)bəns] *(n)* **1** rušení; **street** ~**s** pouliční výtržnosti; ~ **of peace** rušení veřejného pořádku sousedských vztahů **2** rušení výkonu práva; ~ **of common** porušení práva společného užívání
**divergence** [dai'və:(r)džəns], **divergency** [dai'və:(r)džənsi] *(n)* **1** *of / between* st./sb. rozdílnost, rozdíl čeho / mezi čím/kým **2** *from* st. odchýlení, odchylka, odklon od čeho
**divergent** [dai'və:(r)džənt] *(adj)* divergentní; odchylující se, odchylný
**diverse** [dai'və:(r)s] *(adj)* **1** odlišný, rozdílný **2** různý, rozmanitý
**diversion** [dai'və:(r)šən] *(n)* **1** *from* st. odchýlení, odvrácení, odklon od čeho **2** *of* st. zneužití, zpronevěra čeho; ~ **of public**

**funds** zpronevěra veřejných finančních fondů ♦ ~ **program** nápravný program pro odsouzeného
**diversity** [dai'və:(r)səti] *(n)* rozmanitost, různorodost; ~ **of citizenship** různost občanství
**divert** [dai'və:(r)t] *(v)* st. zpronevěřit co; ~ **public money to one's own pocket** zpronevěřit veřejné peníze
**divestiture** [dai'vestičə(r)] *(n)* soudní příkaz o zbavení se majetku
**divide** [di'vaid] *(v)* (st.) **1** *into* st. (roz)dělit, oddělit (co) na co; ~**d court** rozdělený soud jednotliví soudci nedospěli k jednomyslnému rozhodnutí; ~ **up the whole body of law** rozdělit celý soubor práva **2** *on* st. *brit.* (dát) hlasovat o čem v Parlamentě; **the House ~d on this question** Sněmovna hlasovala o této otázce; **propose not to ~ the House on this question** navrhnout, aby se o otázce nehlasovalo
**dividend** ['dividənd] *(n)* **1** dividenda, podíl na zisku; **ex ~** bez dividendy; ~ **income** hrubý příjem z dividend; ~ **warrant** dividendová poukázka, příkaz k výplatě dividend **2** kvóta z konkursní podstaty
**division** [di'vižən] *(n)* **1** oddělení **2** soudní kolegium; **Civil ~ of the Court of Appeal** *(ES)* přibl. občanskoprávní kolegium Nejvyššího odvolacího soudu; **Criminal ~ of the Court of Appeal** *(ES)* přibl. trestní kolegium Nejvyššího odvolacího soudu **3** rozdělení, dělba; ~ **of powers** rozdělení pravomocí / kompetencí **4** *brit.* hlasování v Dolní sněmovně; ~ **on a bill** hlasování o návrhu zákona; ~ **bell** zvon svolávající poslance k hlasování; ~ **lobby** chodba v Dolní sněmovně, kde probíhá hlasování; ~ **/ standing vote** *am.* hlasování ve Sněmovně reprezentantů, kdy jsou hlasy sčítány v plénu a hlasující stojí
**divisional** [di'vižənl] *(adj)* divizní; dělící; týkající se oddělení / soudního kolegia; ~ **court** *brit.* senát Nejvyššího soudu
**divorce** [di'vo:(r)s] *(n)* **1** rozvod; ~ **from one's first wife** rozvod s první ženou; **D~ Registry** *brit.* londýnský rozvodový soud **2** rozpor; ~ **between thought and action** rozpor mezi myšlenkou a činem
**divorce** [di'vo:(r)s] *(v)* *from* sb./st. **1** rozvést se s kým; ~ **one's wife** rozvést se s manželkou **2** vzdálit, oddělit od sebe; ~ **church and state** odloučit církev od státu; ~**d from reality** vzdálený od reality

**divorcer** [di'vo:(r)sə(r)] *(n)* strana podávající žádost o rozvod

**divulge** [dai'valdž] *(v)* st. prozradit, vyzradit co

**divulgement** [dai'valdžmənt], **divulgence** [dai'valdžəns] *(n)* prozrazení, vyzrazení

**do** /*did, done*/ [du:, did, dan] *(v)*: ~ **justice to sb.** učinit komu po právu; ~ **one's term** odsedět si trest; **harm done** způsobená škoda

**dock** [dok, *am.* dak] *(n)* 1 přístavní dok; ~ **sale** přístavní prodej; ~ **warrant** skladištní list mající charakter cenného papíru 2 lavice obžalovaných

**dock** [dok, *am.* dak] *(v)* st. snížit, zkrátit co; ~ **sb.'s wages** zkrátit mzdu z důvodu špatné práce

**docket** ['dokit, *am.* 'dakit] *(n)* 1 výtah ze soudního spisu 2 soudní spisy; přehled soudních spisů; procesní listina; **civil** ~ seznam občanskoprávních sporů; ~ **fee** poplatek za seznam soudních případů 3 program jednání, jednací pořádek 4 celní stvrzenka o zaplacení; poukaz na odběr zboží

**dockyard** ['dokja:d, *am.* 'dakjard] *(n)* loděnice

**doctrinal** ['doktrinəl, *am.* 'daktrənəl] *(adj)* naučný, poučný; ~ **interpretation** vědecký výklad

**doctrine** ['doktrin, *am.* 'daktrən] *(n)* 1 nauka, teorie; doktrína; ~ **of the binding case** teorie / princip závazného případu; ~ **of unity** princip jednoty 2 dogma

**document** ['dokjumənt, *am.* 'dak-] *(n)* dokument, doklad, listina; ~ **of title** listina dokazující vlastnictví; **disclose the** ~**s** zveřejnit doklady; **forged** ~ podvrh, podvržený doklad; **relevant** ~**s** závažné / důležité doklady; **submit the** ~**s** předložit doklady

**documentary** [ˌdokju'mentəri, *am.* ˌdak-] *(adj)* dokumentární, písemně doložený; ~ **bill / draft** dokumentární trata / směnka; ~ **(letter of) credit** dokumentární akreditiv; ~ **evidence** písemně doložený materiální důkaz

**Doe, John Doe** [dəu, ˌdžon'dəu] *brit.* jméno žalobce užívané ve fiktivních případech

**dole** ['dəul] *(n)* podpora v nezaměstnanosti; **be / live on the** ~ pobírat podporu v nezaměstnanosti; **go on the** ~ přihlásit se o podporu v nezaměstnanosti

**doli capax** [ˌdəulai'keipæks] *(lat)* schopen trestného činu

**domain** [də'mein] *(n)* 1 území, okruh působnosti 2 *absolutní* vlastnictví půdy; **eminent** ~ právo státu určit dočasně n. trvale soukromý

majetek k veřejnému užívání; **public** ~ veřejný majetek

**domestic** [də'mestik] *(adj)* 1 domácí; ~ **authority** domácí autorita rodičů; ~ **proceeding** projednávání domácích rodinných sporů; ~ **servant** domácí sluha 2 vnitřní, vnitrostátní, tuzemský; ~ **affairs** vnitřní záležitosti; ~ **court orders** příkazy domácího vnitrostátního soudu; ~ **law** vnitrostátní právo; ~ **legislation** vnitrostátní zákonodárství; ~ **risks** tuzemská rizika

**domicile** ['domisail, 'domisil, *am.* 'dami-] *(n)* 1 řádné bydliště, sídlo osoby v určitém státě, domicil; **matrimonial** ~ bydliště manželů; **natural** ~ / ~ **by birth** domicil původu; ~ **of choice** domicil zvolený; ~ **of dependent persons** domicil závislých osob; ~ **of origin** domicil původu bydliště, kde se osoba narodila, bydliště rodičů 2 místo splacení směnky

**domination** [ˌdomi'neišən, *am.* ˌdami-] *(n)* dominující postavení, nadvláda

**dominion** [də'minjən], **dominium** [də'minjəm] *(n)* 1 dominium 2 *over* st. nadvláda nad čím 3 pozemky, panství feudála

**donate** [dəu'neit] *(v)* st. darovat co

**donatio mortis causa** [dəu'neišiəu'mo:(r)təs 'ko:zə] *(lat)* „dar kvůli smrti", převod majetku v případě zřejmé smrti

**donation** [dəu'neišən] *(n)* 1 darování 2 dar

**donator** [dəu'neitə(r)] *(n)* dárce, donátor

**donee** [dəu'ni:] *(n)* 1 obdarovaný, příjemce daru; ~ **beneficiary** osoba obmyšlená 2 osoba, jíž bylo svěřeno oprávnění / pověření; ~ **of power** příjemce pravomoci

**donor** ['dəunə(r)] *(n)* 1 dárce, zůstavitel 2 zmocnitel osoba svěřivší jiné osobě oprávnění

**doom** ['du:m] *zast.* odsouzení, trestní rozsudek

**door-to-door** [ˌdo:(r)tə'do:(r)] *(adj)* podomní, donáškový; ~ **canvassing** *přibl.* osobní agitace po domácnostech

**dormant** ['do:(r)mənt] *(adj)* 1 latentní, skrytý; ~ **crime** skrytá zločinnost 2 nečinný, nerozhodnutý; tichý; ~ **claim** dosud neuplatněný nárok; ~ **execution** pozdržená exekuce; ~ **judgment** nevykonaný rozsudek; ~ **partner** tichý společník

**dormitive** ['do:(r)mətiv] *(n)* uspávací prostředek

**dot** [dot], **dote** [dəut] *(n)* věno

**double** ['dabl] *(adj)* dvojitý; dvojí; dvojaký; ~ **adultery** dvojí cizoložství ze strany obou

partnerů; ~ **commissions** dvojí provize; ~ **entry book-keeping** podvojné účetnictví; ~ **indemnity** dvojitá náhrada škody; ~ **insurance** dvojité / dvojné pojištění; ~ **jeopardy** dvojí stíhání pro tutéž věc; ~ **nationality** dvojí občanství; ~ **rent** dvojité nájemné; ~ **taxation** dvojí zdanění; ~ **use** dvojí použití; ~ **will** reciproční závěť
**double** [dabl] *(v)* st. zdvojnásobit co
**doubt** [daut] *(n)* pochybnost; pochyby; nejistota; **proof beyond (a) reasonable** ~ důkaz nade vši pochybnost, nesporný důkaz; **clear up** ~**s** objasnit / rozptýlit pochybnosti; **create a** ~ **about st.** vytvářet pochybnost o čem
**doubt** [daut] *(v) of* st. pochybovat o čem, nevěřit čemu
**doubtful** ['dautful] *(adj)* pochybný; ~ **title** pochybný nárok
**dower** ['dauə(r)] *(n)* vdovský podíl, zákonná část nemovitého majetku zemřelého manžela k uspokojení potřeb jeho vdovy a dětí
**dowry** ['dauri] *(n)* věno
**draft** [dra:ft, *am.* dræft] *(n)* **1** koncept, osnova; ~ **bill** návrh zákona; ~ **committee** redakční rada **2** příkaz k placení, trata, směnka; **banker's** ~ bankovní trata, **clean** ~ pustá směnka, prostá trata; **date** ~ data směnka; **demand** ~ bankovní směnka; **sight** ~ vista směnka **3** odvod do vojenské služby; ~ **board** odvodní komise; ~ **card** povolávací rozkaz; ~ **deferment** odklad nástupu vojenské služby
**draft** [dra:ft, *am.* dræft] *(v)* st./sb. **1** navrhnout, načrtnout, sestavit co **2** povolat do vojenské služby, odvést koho; ~ **sb. for military service** povolat koho do vojenské služby
**draftsman** ['dra:ftsmən, *am.* 'dræft-], *(pl)* -**men** *(n)* autor, stylizátor návrhu zákona
**draw** /drew, drawn/ [dro:, dru:, drəun] *(v)* st. **1** táhnout, čerpat co; ~ **the support from** čerpat podporu odkud **2** vystavit směnku; ~ **a bill** vystavit směnku; **drawing account** běžné šekové konto
**draw** /drew, drawn/ *(v)* **up** [dro:'ap] st. vypracovat, sestavit co; ~ **up a contract** sestavit smlouvu; ~ **up international conventions** vypracovat mezinárodní konvence
**drawee** [dro:'i:] *(n)* trasát, adresát směnky, směnečný dlužník, směnečník
**drawer** ['dro:ə(r)] *(n)* trasant, výstavce směnky
**drive** /drove, driven/ [draiv, drəuv, 'drivn] *(v)* st. **1** řídit co (vozidlo) **2** sb. *to* st. dohnat koho k čemu

**driver** ['draivə(r)] *(n)* řidič; ~**'s licence** *am.* řidičský průkaz, řidičské oprávnění
**driving** ['draiviŋ] *(n)* řízení vozidla; **drunken** ~ *brit.* řízení vozidla pod vlivem alkoholu; **reckless** ~ nepozorné řízení vozidla; ~ **licence** *brit.* řidičský průkaz, řidičské oprávnění; ~ **test** řidičská zkouška; ~ **while intoxicated** *am.* trestný čin řízení vozidla pod vlivem alkoholu
**drown** ['draun] *(v)* utopit (se)
**drug** [drag] *(n)* droga, lék; **Class A** ~**s** *přibl.* tvrdé drogy (kokain, heroin, crack, LSD); **Class B** ~**s** *přibl.* měkké drogy (amfetamin, kodein, marihuana); **Class C** ~**s** deriváty amfetaminu; **hard** ~ tvrdá droga; **soft** ~ měkká droga; ~ **addict** narkoman; ~ **addiction** narkomanie; ~ **dependence** drogová závislost; ~**pusher** obchodník s drogami, pašerák drog; ~ **sale** obchod narkotiky; **D**~ **Squad** protidrogové oddělení policie; ~ **traffic** obchod narkotiky; **illicit traffic of** ~**s** nezákonný dovoz narkotik
**drunkard** ['draŋkə(r)d] *(n)* opilec, pijan; **habitual** ~ alkoholik
**drunken** ['draŋkən] *(adj)* opilý pouze jako shodný přívlastek; ~ **driving** řízení pod vlivem alkoholu
**drunkenness** ['draŋkənnis] *(n)* opilost; alkoholismus
**dry** [drai] *(adj)* **1** formální; zakládající povinnosti ale ne práva; nepřinášející prospěch; pasívní; ~ **mortgage** hypotéka bez osobního závazku; ~ **trust** pasívní trust **2** prohibiční; **D**~ **Amendment** *am.* „Suchý" dodatek k Ústavě USA z roku 1919, jímž byla zavedena prohibice ♦ ~ **check** nekrytý šek; ~ **lease** pronájem lodi bez posádky
**dual** ['dju:əl] *(adj)* **1** dvojí, dvojitý; ~ **nationality** dvojí občanství **2** dualistický; ~ **monarchy** dualistická monarchie
**dubious** ['dju:bjəs] *(adj)* pochybný, nespolehlivý; nejasný, nezřetelný
**duchess** ['dačis] *(n)* vévodkyně
**duchy** ['dači] *(n)* vévodství
**due** [dju:] *(n)* **1** co komu patří; **give every person his** ~ dát každému, co mu patří **2** dluh
**due** [dju:] *(adj)* **1** náležitý; řádný; zákonný; ~ **care** náležitá / řádná péče; ~ **compensation** řádná náhrada; ~ **course of law** 1 řádný výkon státní moci 2 zákonné podmínky procesu; ~ **dilligence** povinná péče; ~ **form of a contract** řádně sestavená smlou-

va; ~ **notice** řádné oznámení; ~ **process of law** řádný soudní proces; ~ **proof** řádný důkaz **2** splatný, povinný; dlužný; ~ **bill** splatná směnka; ~ **date** den splatnosti; **sums** ~ **from the tenant** částky, které dluží nájemce; **become / fall** ~ stát se splatným **due to** ['dju:tə] *(prep)* st. následkem čeho, kvůli čemu; **damage** ~ **to negligence** škoda v důsledku nedbalosti; **it is** ~ **to** st. je nutno to přičíst čemu

**dues** [dju:z] *(pl)* poplatky, dávky, daně, členské příspěvky; **dock / port / harbour** ~ poplatky za použití přístavu

**duke** [dju:k] *(n)* vévoda

**duly** ['dju:li] *(adv)* řádně, náležitě; podle očekávání; ~ **qualified** řádně kvalifikovaný

**dump** [damp] *(v)* st. **1** složit co; ~ **rubbish** složit odpad **2** prodávat v cizině pod výrobní cenou

**dumping** ['dampiŋ] *(n)* **1** skládka; **indiscriminate** ~ **of** st. neselektivní skládka čeho; ~ **ground** skládka odpadků **2** finančně podceněný prodej za velmi nízkou cenu; vývoz za cenu nižší než tržní, dumpink

**dungeon** ['dandžən] *(n)* žalář; vězeňská kobka

**duplicate** ['dju:plikət] *(n)* duplikát, druhopis, kopie

**duplicate** ['dju:plikət] *(adj)* dvojitý, dvojí; ~ **taxation** dvojí zdanění; ~ **will** závěť sepsaná ve dvou vyhotoveních jedno si ponechá pořizovatel, druhé uloží u jiné osoby

**duplication** [ˌdju:pli'keišən] *(n)* zdvojení, zdvojnásobení

**durable** ['djuərəbl] *(adj)* trvalý, trvající; ~ **lease** trvalá nájemní smlouva, nájem na dobu neurčitou

**duration** [djuə'reišən] *(n)* trvání, délka; **contract** ~ doba trvání smlouvy; ~ **of cover** pojistná doba; ~ **of the life of a Parliament** trvání funkčního období parlamentu

**duress(e)** [djuə'res] *(n)* vydírání hrozbou násilí; nezákonný nátlak; ~ **of goods** vydírání neoprávněným zadržováním majetku; ~ **of imprisonment** vydírání neoprávněným zbavením osobní svobody; **confession under** ~ doznání na základě vydírání

**duressor** [djuə'resə(r)] *(n)* vyděrač

**duties** ['dju:tiz] *(pl)* **1** úřední, zákonné povinnosti;

**non-delegable** ~ nepřenosné povinnosti; **legal rights and** ~ zákonná práva a povinnosti; **confer specific** ~ **on sb.** přenést na koho určité povinnosti; **lay** ~ **on the employer** stanovit povinnosti pro zaměstnavatele, uložit zaměstnavateli povinnosti; **perform** ~ plnit povinnosti; **set out powers and** ~ stanovit pravomoci a povinnosti; **undertake the rights and** ~ vzít na sebe práva a povinnosti **2** daně, poplatky; **customs** ~ clo, celní poplatky; ~ **on imports** dovozní poplatky, daně včetně celních

**duty** ['dju:ti] *(n)* **1** pracovní, funkční povinnost, úkol; služba; **customary** ~ zvyková povinnost; **implied** ~ **of the employer** samozřejmá ale nevyslovená povinnost zaměstnavatele; **night** ~ noční služba; **point** ~ práce policisty řízení dopravy v ulicích; ~ **to act** povinnost jednat; ~ **to care** povinnost pečovat / starat se; ~ **to keep the peace** povinnost udržovat klid; ~ **bound** být povinný, vázán povinností; **be on** ~ být ve službě; **owe the** ~ **to support sb.** mít povinnost podporovat koho; **place a** ~ **on sb.** uložit povinnost komu **2** clo, poplatek; **countervailing** ~ vyrovnávací clo; **customs** ~ celní poplatek; **death** ~ am. dědická daň; **estate** ~ brit. dědická daň; **feu** ~ skot. daň z pozemku; **stamp** ~ kolkovné; poplatek za převod nemovitosti; **rate of** ~ celní sazba; ~ **stamp** kolek; **goods liable to** ~ zboží podléhající clu

**duty-free** [ˌdju:ti'fri:] *(adj)* nepodléhající clu, bezcelný

**dwell** /*dwelt / dwelled, dwelt / dwelled/* [dwel, dwelt, dwelt] *(v)* bydlet, zdržovat se, prodlévat

**dweller** ['dwelə(r)] *(n)* obyvatel; **town** ~s obyvatelé měst

**dwelling** ['dweliŋ] *(n)* obydlí; dům, byt; ~ **defence** obrana obydlí

**dwelling** ['dweliŋ] *(adj)* obytný; ~ **house** obytný dům; ~ **space** obytný prostor; ~ **unit** bytová jednotka

**dying** ['daiiŋ] *(n)* umírání, úmrtí; ~ **without issue** úmrtí bez potomka

**dynastically** [di'næstikəli, am. dai'-] *(adv)* dynasticky; **be** ~ **united** být dynasticky spojen

**dynasty** ['dinəsti, am. 'dai-] *(n)* dynastie

# E

**E** [i:]: **Table E** brit. vzorová společenská smlouva a vzorové stanovy společnosti s ručením neomezeným vlastnící akcie
**EAR** [ˌi:ei'a:(r)] (abbrev) erection all risks insurance pojištění montážních rizik
**earl** [ə:(r)l] (n) hrabě (brit. třetí stupeň šlechty)
**earldom** ['ə:(r)ldəm] (n) hodnost, titul n. panství hraběte
**earlier** ['ə:(r)liə(r)] (adj) dřívější, časnější; ~ **maturity rule** přednostní splatnost dluhopisů
**early** ['ə:(r)li] (adj) 1 časný, brzký; ~ **closing day** brit. den s dřívější zavírací dobou obvykle středa a čtvrtek; ~ **warning** včasné varování 2 předčasný; **an ~ day motion** brit. předčasně podaný návrh k diskusi v Dolní sněmovně s cílem představit problém, nikoliv o něm podrobně diskutovat; **an ~ death** předčasná smrt
**early** ['ə:(r)li] (adv) časně, brzy; **die ~** zemřít předčasně / mlád
**ear(-)mark** ['iə(r)ma:(r)k] (n) značka, označení
**earn** [ə:(r)n] (v) st. 1 vydělat (si) co 2 vynést (komu) co; **account which ~s interest at 10%** účet, jenž vynáší úrok 10%; **this has ~ed Ireland the nickname of the Emerald Isle** to vyneslo Irsku přezdívku Smaragdový ostrov 3 zasloužit si co; ~ **a punishment** zasloužit si trest
**earned** [ə:(r)nd] (adj) vydělaný prací; zasloužený; ~ **income** příjem získaný prací; ~ **income credit** úvěr na příjem; ~ **premium** pojistný bonus; ~ **surplus** čistý zisk
**earnest** ['ə:(r)nist] (n) 1 záruka; ~ **of the intention to purchase** záloha na zamýšlený nákup; ~ **money** peněžní záloha, závdavek 2 předzvěst, předtucha
**earnest** ['ə:(r)nist] (adj) 1 vážný, naléhavý; **an ~ appeal for help** naléhavá žádost o pomoc 2 svědomitý; soustředěný; ~ **attention** soustředěná pozornost
**earning** ['ə:(r)niŋ] (adj) výdělečný, týkající se výdělku; ~ **capacity** 1 výdělečná pracovní schopnost 2 ochota a zájem pracovat, je-li příležitost; ~ **power** výdělečná schopnost
**earnings** ['ə:(r)niŋz] (pl) výdělek, příjem, mzda; **gross ~** hrubý výdělek; **net ~** čistý / zdaněný výdělek; **attachment of ~** obstavení výdělku; **an ~-related pension** penze úměrná výdělkům

**earth** [ə:(r)θ] (n) planeta Země; **powers of the ~** mocnosti Země
**ear-witness** [ˌiə(r)'witnis] (n) svědek z doslechu vypovídající o tom, co sám slyšel
**ease** [i:z] (n) 1 pohoda, klid; uvolněnost 2 úleva, ulehčení 3 snadnost, usnadnění; ~ **of access** snadnost přístupu
**easement** ['i:zmənt] (n) 1 služebnost, servitut věcné právo k cizí věci, břemeno; **affirmative ~** záporná služebnost; **appurtenant ~** užívací právo na přilehlé pozemky bez ohledu na vlastníka, pozemková služebnost; **equitable ~s** stejné služebnosti; **flowage ~** právo průtoku; **implied ~** předpokládané / skryté břemeno; **light and air ~** právo na světlo a vzduch; **reserved ~** vyhrazená služebnost; ~ **by prescription** vydržená služebnost; ~ **in gross** užívací právo na cizí věc pro určitou osobu, osobní služebnost; ~ **of access** právo přechodu; ~ **of necessity** nutná / nezbytná služebnost 2 úleva daňová; zmírnění; ~ **of international tension** zmírnění mezinárodního napětí 3 přístavek k budově, dependence
**easily** ['i:zəli] (adv) docela dobře
**easiness** ['i:zənis] (n) 1 snadnost, lehkost 2 lajdáctví, lhostejnost
**easy** ['i:zi] (adj) 1 snadný, lehký; **an ~ victim to pickpockets** snadná oběť pro kapsáře 2 mírný; **an ~ penalty** mírný trest
**easy** ['i:zi] (adv) snadno, lehce
**EAT** [ˌi:ei'ti:] (abbrev) earnings after taxes čistý výdělek n. zisk po zdanění
**eavesdrop** ['i:vzdrop, am. -drap] /pp/ (v) st./sb. tajně odposlouchávat koho/co
**eavesdropping** ['i:vzdropiŋ, am. -drap-] (n) 1 odposlouchávání, odposlech; ~ **device** odposlouchávací zařízení 2 tajné naslouchání 3 instalování odposlouchávacího zařízení
**ebriety** [i:'braiəti] (n) opilost, alkoholová intoxikace
**ecclesiastical** [iˌkli:zə'æstikəl] (adj) církevní; ~ **court** církevní soud; ~ **jurisdiction** církevní jurisdikce; ~ **law** církevní právo
**eclipse** [i'klips] (n) pokles, úpadek; zánik; bezvýznamnost
**ecological** [ˌi:kə'lodžikəl, am. -'ladži-] (adj) ekologický

**ecology** [i:'kolədži, *am.* -'kalə-] *(n)* nauka o životním prostředí, ekologie

**economic** [,i:kə'nomik, *am.* -'nam-] *(adj)* **1** hospodářský, ekonomický; **~ agency** hospodářský orgán; **~ collapse** zhroucení hospodářství, ekonomický kolaps; **~ conditions** ekonomické podmínky; **~ duress** hospodářský nátlak; **~ field** oblast ekonomiky, hospodářská oblast; **~ sanctions** hospodářské / ekonomické sankce; **~ strike** hospodářská stávka; **~ values** ekonomické hodnoty **2** výnosný, vyplácející se; **~ rent** ziskové nájemné; **it is ~** vyplácí se to ♦ **~ life** životnost

**economical** [,i:kə'nomikəl, *am.* -'nam-] *(adj)* **1** šetrný, hospodárný, úsporný **2** spořivý

**economics** [1] [,i:kə'nomiks, *am.* -'nam-] *(sg)* ekonomie *věda*

**economics** [2] [,i:kə'nomiks, *am.* -'nam-] *(pl) of st.* ekonomická stránka čeho

**economization** [i:,konəmai'zeišən, *am.* -,kan-] *(n)* zhospodárnění; hospodárnost

**economy** [i:'konəmi, *am.* -'kan-] *(n)* **1** hopodářství, ekonomika; **black ~** 1 práce placená v hotovosti na ruku 2 neproclené zboží; **free market ~** tržní hospodářství; **national ~** národní hospodářství **2** hospodárnost, šetrnost; **~ measure** úsporné opatření

**ecstasy** ['ekstəsi] *(n)* extáze, vytržení; rozrušení, prudký záchvat; **an ~ of fear** silný záchvat strachu

**ECU** ['ekju:, 'eki] *(abbrev) European Currency Unit* evropská měnová jednotka, ECU

**edge** [edž] *(n)* okraj, kraj; **on the ~ of bankruptcy** na pokraji bankrotu

**edict** ['i:dikt] *(n)* **1** úřední výnos, vyhláška, nařízení, dekret; edikt **2** veřejné vyhlášení zákona

**edifice** ['edifis] *(n)* budova, stavba, konstrukce

**educate** ['edjukeit, *am.* 'edžə-] *(v) sb.* vychovat, vzdělat koho

**educated** ['edjukeitid, *am.* 'edžə-] *(adj)* vzdělaný; vycvičený

**education** [,edju'keišən, *am.* ,edžə-] *(n)* **1** výchova **2** vzdělání; **~ qualification** cenzus vzdělání, předpoklad vzdělání, požadavek vzdělání

**educational** [,edju'keišənl, *am.* ,edžə-] *(adj)* **1** vzdělávací, školský; **~ expenses** výdaje na vzdělání; **~ facilities** školská zařízení; **~ institution** školské zařízení, školská instituce **2** výchovný

**educe** [i:'dju:s] *(v) out of / from st.* vyvodit, odvodit z čeho

**educible** [i'dju:səbl] *(adj)* odvoditelný, vyvoditelný

**eduction** [i'dakšən] *(n)* dedukce, vyvození

**effect** [i'fekt] *(n)* **1** výsledek, účinek; **cumulative ~ of st.** narůstající účinek čeho; **bring / carry into ~** uskutečnit, realizovat **2** následek, působení **3** platnost, účinnost; **with ~ from** s účinností od; **come into ~** 1 vstoupit v platnost 2 nabýt účinnosti; **give ~ to st.** 1 uskutečňovat, realizovat co 2 uvést co v platnost; **go into ~** vstoupit v platnost; **remain in ~** zůstat v platnosti; **take ~** vstoupit v platnost

**effect** [i'fekt] *(v) st.* **1** uskutečnit, provést co; **~ customs clearance** proclít; **~ a payment** uskutečnit platbu; **~ their safety and happiness** zajistit jejich bezpečí a štěstí; **unification was ~ed** sjednocení bylo uskutečněno **2** sjednat co; **~ an insurance** sjednat pojištění

**effective** [i'fektiv] *(adj)* účinný, platný; účinný; **~ date** den nabytí účinnosti n. vstoupení v platnost; **~ premium** ryzí pojistné; **the law becomes ~** zákon vstupuje v platnost ♦ **~ money** hotové peníze, hotovost

**effectiveness** [i'fektivnis] *(n)* účinnost, efektivnost; působivost

**effects** [i'fekts] *(pl)* majetek hl. movitý

**effectual** [i'fektjuəl, *am.* i'fekčuəl] *(adj)* **1** účinný; **an ~ punishment** účinný trest **2** právoplatný, závazný, účinný *dokument*

**efficacy** ['efikəsi] *(n)* účinnost, působivost; **persuasive ~** přesvědčivá účinnost / působivost

**efficiency** [i'fišənsi] *(n)* **1** výkonnost, zdatnost **2** efektivita, efektivnost

**efficient** [i'fišənt] *(adj)* **1** výkonný, zdatný, dobře fungující **2** vhodný, účelný **3** účinný; **~ cause** původní účinná příčina; **~ intervening cause** účinný zásah

**effluent** ['efluənt] *(n)* odpadní / stoková voda

**effluxion** [e'flakšən] *(n)* odtékání, (u)plynutí; **~ of time** uplynutí doby *např.* nájmu

**effort** ['efə(r)t] *(n)* úsilí, námaha; **accelerate ~s** zvýšit úsilí

**effrontery** [i'frantəri] *(n)* cynismus; nestoudnost, drzost

**EFTA** ['eftə] *(abbrev) European Free Trade Association* Evropské sdružení volného obchodu

**e.g.** [i:'dži] *(abbrev, lat) exempli gratia* čteme: **for example, for instance** např., například

egalitarian [iˌgæliˈteəriən] *(adj)* rovnostářský; ~ **views** rovnostářské názory

egality [iˈgæləti] *(n)* sociální rovnoprávnost, rovnost

egregious [iˈgriːdžəs] *(adj)* nechvalně známý, proslulý; pozoruhodný; zvláštní

egregiousness [iˈgriːdžəsnis] *(n)* špatná pověst

egress [ˈiːgres] *(n)* ústupová cesta, východ; právo volného východu

Eire [eərə] *(n)* Irsko

eire, eyre [eərə] *(n) angl. zast.* okružní cesta / silnice, po nichž jezdili královští soudci na zasedání hrabských soudů

eirenic(al) [aiˈriːnik(əl)] *(adj)* usilující o mír, mírový

eject [i(ː)ˈdžekt] *(v)* sb./st. *from* st. **1** nuceně vystěhovat, vyhnat, vypudit koho odkud; ~ **a tenant for non-payment of rent** vystěhovat nájemníka z důvodu neplacení nájemného **2** vypudit koho z vlastnictví, zbavit koho držby **3** sesadit koho z funkce

ejection [i(ː)ˈdžekšən] *(n)* **1** nucené vystěhování; vypuzení z držby **2** zbavení vlastnictví **3** sesazení z funkce

ejectment [i(ː)ˈdžektmənt] *(n)* **1** soudem stanovené nucené vystěhování; **justice** ~ zákonný prostředek na vystěhování nájemníka **2** soudní vypuzení z držby; **action of** ~ žaloba pro rušení n. znovunabytí držby

ejuration [ˌiːdžəˈreišən] *(n)* vzdání se funkce, odstoupení z úřadu

elaborate [iˈlæbərət] *(adj)* podrobně, důkladně vypracovaný, zpracovaný; **an** ~ **register** podrobně zpracovaný soupis

elaborate [iˈlæbəreit] *(v)* st. podrobně, důkladně zpracovat, vypracovat co

elaboration [iˌlæbəˈreišən] *(n)* důkladné zpracování, rozpracování

elapse [iˈlæps] *(n)* uplynutí; **after the** ~ **of two months** po uplynutí dvou měsíců

elapse [iˈlæps] *(v)* uplynout, uběhnout; ~d **time** uplynulý čas

elder [ˈeldə(r)] *(adj)* starší ze dvou; ~ **title to the property** dříve vzniklý právní titul k majetku ♦ ~ **statesman** zkušený politik / státník

elderly [ˈeldə(r)li] *(adj)* staršího, vyššího věku, věkovitý, postarší

elect [iˈlekt] *(adj)* obv. za jménem zvolený; vyvolený pro manželství; **President E~** zvolený prezident, jenž dosud nenastoupil úřad

elect [iˈlekt] *(v)* sb. (z)volit koho hlasováním;

~ **judges** volit soudce; ~ **Members** volit poslance; ~ **by direct vote** zvolit přímou volbou / přímým hlasováním; ~ **by popular vote** zvolit všelidovým hlasováním; ~ **by universal adult suffrage** zvolit na základě všeobecného volebního / hlasovacího práva dospělých; ~ **for a term of five years** zvolit na období 5 let; ~ed **assembly** volené shromáždění; ~ed **body** volený orgán; ~ed **local authorities** volené místní orgány; **directly** ~ed **Members** poslanci volení přímo volbou; **locally** ~ed **councils** rady volené v místě

election [iˈlekšən] *(n)* **1** volby; **General E~** všeobecné volby; **Parliamentary E~** parlamentní volby; **writ for a general** ~ příkaz k vypsání všeobecných voleb; **primary** ~ *am.* primární prezidentské volby; ~ **by ballot** volby tajným hlasováním; ~ **of Members** volby poslanců; ~ **on population basis** volby podle počtu obyvatelstva; ~ **campaign** volební kampaň; ~ **contest** *am.* volební žaloba ve prospěch neúspěšného kandidáta o neregulérnosti voleb; ~ **district** volební obvod; ~ **law** 1 volební právo soubor norem týkajících se voleb 2 volební zákon; ~ **petition** *brit.* volební stížnost na neregulérnost voleb do Dolní sněmovny; ~ **returns** volební výsledky; **fight an** ~ utkat se ve volbách, vybojovat volby; **hold a general** ~ konat všeobecné volby **2** volba osoby / věci / práva; ~ **by spouse** právo volby druhu vdovského podílu; ~ **of defenses** volba postupu obhajoby; ~ **of remedies** volba jednoho z více zákonných opravných prostředků na získání náhrady škody; ~ **dower** volba vdovského podílu; **the accused made his** ~ **for jury trial** obviněný si zvolil proces s porotou

elections [iˈlekšənz] *(pl)* volby; **local government** ~ volby do orgánů místní správy; **municipal** ~ volby do obecního zastupitelstva; **parliamentary** ~ parlamentní volby; **conduct** ~ řídit / provádět volby; ~ **take place every four years** volby se konají každé čtyři roky

electioneer [iˌlekšəˈniə(r)] *(v)* provádět předvolební agitaci

electioneering [iˌlekšəˈniəriŋ] *(n)* předvolební agitace; **cutting taxes just before the election is pure** ~ snížení daní právě před volbami je pouhá předvolební agitace

elective [iˈlektiv] *(adj)* **1** (z)volený; ~ **body** volený orgán; ~ **dictatorship** zvolená diktatura; ~ **franchise** právo volit ve volbách; ~ **office**

volená funkce; ~ **resolution** usnesení přijaté na základě hlasování / podléhající hlasování **2** volitelný
**elector** [i'lektə(r)] *(n)* **1** *obec.* volič; **register of ~s** seznam voličů **2** *am.* volitel volič se zvláštními právy v prezidentských volbách
**electoral** [i'lektərəl] *(adj)* **1** volební; ~ **candidate** volební kandidát; ~ **college** *am.* sbor volitelů volících prezidenta; ~ **district** volební obvod; ~ **law** volební právo jako soubor norem; ~ **prospects of a party** volební perspektivy / vyhlídky / šance politické strany; ~ **qualification** volební cenzus, způsobilost volit; ~ **reform** volební reforma; ~ **register** volební seznam; ~ **roll** volební seznam, seznam voličů; ~ **system** volební systém; ~ **term** volební období; **suffer an ~ disadvantage** mít nevýhodu ve volbách **2** voličský
**electorate** [i'lektərit] *(n)* voličstvo, voliči
**electric** [i'lektrik] *(adj)* elektrický; ~ **chair** elektrické křeslo
**electrocute** [i'lektrəkju:t] *(v)* sb. popravit koho na elektrickém křesle; zabít koho elektrickým proudem
**electrocution** [i‚lektrə'kju:šən] *(n)* poprava na elektrickém křesle
**electronic** [‚ilek'tronik, *am.* -'tra-] *(adj)* elektronický; ~ **surveillance** sledování pomocí elektronických přístrojů
**element** ['eləmənt] *(n)* složka, prvek, element; **three ~s of Parliament** tři složky parlamentu; ~**s of crime** prvky skutkové podstaty trestného činu
**elementary** [eli'mentəri] *(adj)* základní, elementární ♦ *pojišť.* ~ **loss** živelní škoda
**elements** ['eləmənts] *(pl)* základy; ~ **of criminology** základy kriminologie
**elevate** ['eləveit] *(v)* sb./st. **1** (po)zvednout co **2** povýšit koho/co; **be ~d to the House of Lords** být povýšen do Horní sněmovny
**elevation** [elə'veišən] *(n)* **1** vyvýšení; výška; (vy)zdvižení **2** povýšení do funkce; ~ **to the peerage** povýšení na peera
**elicit** [i'lisit] *(v)* st. *from* sb. vyloudit, vylákat co z koho
**elicitation** [i‚lisi'teišən] *(n)* vylákání, vyloudění
**eligibility** [‚elidžə'biləti] *(n)* způsobilost, vhodnost osoby pro funkci; kvalifikační předpoklady; **question sb.'s ~ for his re-election**

zpochybnit čí způsobilost být znovu navržen za kandidáta a zvolen
**eligible** ['elidžəbl] *(adj)* **1** způsobilý, vhodný; **be ~ to do st.** 1 mít nárok co dělat, být oprávněn co dělat **2** být způsobilý co dělat; **be ~ for st.** 1 mít právo / nárok na co **2** být způsobilý k čemu **2** obsazovaný, přicházející v úvahu; ~ **seat for sb.** křeslo v parlamentu obsazované kým / přicházející v úvahu pro koho
**eliminable** [i'liminəbl] *(adj)* vyloučitelný, odstranitelný, vyřaditelný
**eliminate** [i'limineit] *(v)* st. **1** odstranit, eliminovat co **2** opominout, nevzít v úvahu co
**elimination** [i‚limi'neišən] *(n)* odstranění, eliminace; vyloučení; **eventual ~ of stockpiles of nuclear armaments** konečné odstranění potenciálu jaderných zbraní
**elisor** [e'laizə(r)] *(n)* am. osoba pověřená výkonem soudních nařízení v nepřítomnosti šerifa n. vyšetřujícího soudce
**elope** [i'ləup] *(v)* **1** utéci od rodičů, manžela, manželky; opustit manžela; ~ **with a woman** unést ženu s jejím souhlasem **2** *from* sb. utéci před kým; ~ **from creditors** utéci před věřiteli
**elopement** [i'ləupmənt] *(n)* útěk, nedovolené opuštění
**elucidate** [i'lu:sideit] *(v)* st. objasnit, vysvětlit co
**elude** [i'lu:d] *(v)* st. vyhnout se čemu, obejít co, např. zákon; ~ **one's responsibility** vyhnout se své odpovědnosti
**elusion** [i'lu:žən] *(n)* *of* st. obratné uniknutí čemu, únik před čím; obejití čeho
**elusive** [i'lu:siv] *(adj)* vyhýbající se, unikající
**eluviation** [i‚lu:vi'eišən] *(n)* odplavování půdy
**emanate** ['eməneit] *(v)* *from* st. **1** vycházet (odkud) **2** vyzařovat co
**emanation** [‚emə'neišən] *(n)* vylučování; vyzařování
**emancipation** [i‚mænsi'peišən] *(n)* propuštění z moci jiné osoby, emancipace, osvobození; **E~ Proclamation** Lincolnovo prohlášení o zrušení otroctví z r.1863
**emancipatory** [i'mænsipeitəri] *(adj)* emancipační
**embargo** [em'ba:(r)gəu] *(n)* embargo, obchodní blokáda; **lay / put an ~ on trade / commerce** uvalit embargo na obchod; **lift an ~** uvolnit embargo
**embark** [im'ba:(r)k] *sb./st.* nalodit, naložit na palubu koho/co

embarkation [ˌembaː(r)'keišən] *(n)* nalodění, vstup na palubu

embassy ['embəsi] *(n)* velvyslanectví

embezzle, imbezzle [im'bezl] *(v)* st. zpronevěřit, defraudovat co

embezzlement, imbezzlement [im'bezlmənt] *(n)* zpronevěra, defraudace

embezzler, imbezzler [im'bezlə(r)] *(n)* defraudant

emblements ['embləmənts] *(pl)* výnos z půdy, sklizeň

embody [im'bodi] *(v)* st. *in* st. 1 vyjádřit co, dát výraz čemu 2 vtělit, včlenit co (kam)

embrace, imbrace ¹ [im'breis] *(v)* st. 1 zahrnout, obsahovat co 2 přijmout co

embrace, imbrace ² [im'breis] *(v)* sb. pokusit se nezákonně ovlivňovat koho, porotu, soudce

embracery, imbracery [im'breisəri] *(n)* trestný čin ovlivňování soudu nebo poroty úplatky apod.; úplatkářství

emergency [i'məː(r)džənsi] *(n)* nepředvídaná událost; stav nouze; ~ call tísňové volání; ~ doctrine teorie nouze; ~ exit nouzový východ; ~ laws výjimečné zákony; ~ legislation výjimečné zákonodárství, nouzový stav zákonodárství; ~ measures mimořádná opatření; ~ meeting mimořádná schůze; ~ powers mimořádné / výjimečné pravomoci; ~ services tísňové služby hasiči, policie, záchranná služba; ~ state / the state of ~ výjimečný stav, stav ohrožení, stav nouze

emigration [ˌemi'greišən] *(n)* 1 vystěhovalectví 2 nezákonné opuštění republiky, emigrace

eminence ['eminəns] *(n)* proslulost, věhlas; outstanding ~ význačné postavení, vynikající věhlas

eminent ['eminənt] *(adj)* významný, vynikající, věhlasný; eminentní; ~ judge význačný / významný soudce; ~ domain právo státu vyvlastnit dočasně či trvale soukromý majetek k veřejnému užívání

emit [i'mit] *(v)* st. vydávat, emitovat co, např. bankovky

EML [ˌiːem'el] *(abbrev)* *Estimated maximum loss pojišt.* pravděpodobná maximální škoda

emoluments [i'moljumənts, *am.* i'mal-] *(pl)* 1 služební požitky, zisk ze služebních výhod 2 mzda, výdělek

empanel, impanel [im'pænəl] *(v)* sb. sestavit, vytvořit; ~ a jury sestavit porotu a vzít ji pod přísahu

emperor ['empərə] *(n)* císař; vládce

emphasis ['emfəsis], *(pl)* emphases ['emfəsiːz] důraz

emphasize ['emfəsaiz] *(v)* st. zdůrazňovat co

empire ['empaiə(r)] *(n)* 1 říše 2 císařství 3 vláda, nadvláda

empirical [em'pirikəl] *(adj)* empirický, založený na vlastních zkušenostech

employ [im'ploi] *(v)* sb./st. 1 zaměstnat koho; ~ a legal adviser vzít si advokáta / právního poradce; gainfully ~ed výdělečně činný 2 využívat co; ~ a phrase využít slovní spojení

employee [ˌemploi'iː] *(n)* zaměstnanec; welfare of ~s prospěch zaměstnanců; give the ~ protection poskytnout zaměstnanci ochranu

employer [im'ploiə(r)] *(n)* zaměstnavatel; ~'s liability odpovědnost zaměstnavatele za škodu způsobenou zaměstnanci; self-~ samostatně výdělečně činná osoba; lay the duties on the ~ uložit / stanovit zaměstnavateli povinnosti; make the ~ criminally liable činit zaměstnavatele trestně odpovědným

employment [im'ploimənt] *(n)* 1 zaměstnání; pracovní poměr; contemporaneous ~ současné zaměstnání; self-~ samostatně výdělečná činnost; successive ~ následné zaměstnání; contract of ~ pracovní smlouva; date / day of the commencement of the ~ datum / den nástupu do pracovního poměru; length of ~ délka zaměstnání; ~ agency zprostředkovatelna práce; ~ agreement pracovní smlouva; ~ market trh práce; ~ office náborová kancelář; establish ~ ustanovit pracovní poměr; terminate ~ skončit pracovní poměr 2 zaměstnanost

empower [im'pawə(r)] *(v)* sb. *to do* st. zmocnit, oprávnit koho udělat co

empress ['empris] *(n)* císařovna; vládkyně

empty ['empti] *(adj)* prázdný; opuštěný; pustý; ~ threats plané výhrůžky

empty ['empti] *(v)* st. vyprázdnit co; opustit co; ~ the house vyklidit budovu

enable [i'neibl] *(v)* sb. *to do* st. 1 zmocnit koho k čemu, svěřit komu oprávnění 2 umožnit komu co udělat

enabling [i'neibliŋ] *(adj)* zmocňovací; umožňující; ~ clause zmocňovací doložka; ~ power pověření, zmocňovací oprávnění; ~ statute zmocňovací zákon

enact [i'nækt] *(v)* st. uzákonit, stanovit zákonem

co; ~ **laws** vydávat zákony; ~**ed body of rules** vydaný soubor právních norem; ~**ed law** vydaný psaný zákon; **as by law** ~**ed** podle ustanovení zákona; **be it further** ~**ed that...** ... dále zákon stanovuje, že...

**enacting** [iˈnæktiŋ] *(adj)* uzákoňující; ~ **clause** klauzule, jíž se dotyčný akt prohlašuje zákonem, *přibl.* preambule; ~ **statutes** konstitutivní zákony vytvářející nové právo

**enactment** [iˈnæktmənt] *(n)* 1 přijetí právního předpisu; zákonodárný proces 2 právní předpis / úprava; **legal** ~ právní předpis

**enactor** [iˈnæktə(r)] *(n)* zákonodárce

**enate** [ˈiːneit] *(n)* příbuzný z matčiny strany

**encash** [inˈkæš] *(v) brit. st.* vyinkasovat, zpeněžit co

**encashment** [inˈkæšmənt] *(n)* inkaso; inkasování; zpeněžení cenných papírů

**encharge** [inˈčaː(r)dž] *(v) sb. with st.* pověřit koho čím

**encircle** [inˈsəː(r)kl] *(v) sb./st.* obklíčit koho/co

**encirclement** [inˈsəː(r)klmənt] *(n)* obklíčení

**enclave** [ˈenkleiv] *(n)* enkláva

**enclose** *(am.* **inclose)** [inˈkləuz] *(v) st.* 1 *with st.* obehnat, ohradit co čím; uzavřít čím 2 přiložit, připojit co do obálky

**enclosure** *(am.* **inclosure)** [inˈkləužə(r)] *(n)* 1 ohrazení, uzávěra 2 oplocený / zabraný pozemek; **E**~ **Act** *brit.* Zákon o záboru půdy 3 příloha k zásilce

**encode** [enˈkəud] *(v) st.* 1 zakódovat co 2 dát co do zákoníku; ~**d rule** norma obsažená v zákoníku

**encompass** [inˈkampəs] *(v) st.* 1 zahrnovat, obsahovat co 2 provést, vykonat co; ~ **a formal apology** učinit oficiální / formální omluvu

**encompassment** [inˈkampəsmənt] *(n)* zvládnutí problému

**encourage** [inˈkaridž] *(v) sb./st.* dodat odvahy komu, povzbudit koho/co; podporovat koho/co

**encouragement** [inˈkaridžmənt] *(n)* 1 stimul; podnět, důvod 2 výzva, doporučení 3 povzbuzení, podpora

**encouraging** [inˈkaridžiŋ] *(adj)* povzbudivý

**encroach** *(v)* **(up)on** [inˈkrəučə‚pon] *st.* porušovat co, neoprávněně zasahovat do čeho; zneužívat co; ~ **on human rights** porušovat lidská práva

**encroachment** [inˈkrəučmənt] *upon (n)* 1 neoprávněný zásah do cizích práv 2 úmyslné, nezá-

konné rušení držby; **commit an** ~ nezákonně zasáhnout do cizí držby jako trestný čin

**encumber** [inˈkambə(r)] *(v) with st.* zatížit, obtížit čím; ~ **the house with mortgage** zatížit dům hypotékou

**encumberance** [inˈkambərəns] *(n)* zatížení nemovitosti např. hypotékou

**end** [end] *(n)* 1 cíl; účel; **attain the common** ~**s** dosáhnout společných cílů; **become destructive of these** ~**s** zničit tyto cíle 2 konec; ~ **of will** závěr dispozitivní části závěti; **put an** ~ **to st.** skončit s čím, ukončit co

**end** [end] *(v) st.* ukončit, skončit co; ~ **the arms race** ukončit závody ve zbrojení

**endamage** [inˈdæmidž] *(v) st.* poškodit co

**endanger** [inˈdeindžə(r)] *(v) sb./st.* vystavit koho/co nebezpečí

**endeavour** [inˈdevə(r)] *(n)* snaha, úsilí, námaha

**endeavour** [inˈdevə(r)] *(v) after st.* snažit se, usilovat o co, vyvíjet úsilí oč

**ending** [ˈendiŋ] *(n)* 1 skončení; **implement the** ~ **of st.** ukončit, skončit co 2 koncovka např. slova

**endorse** *(am.* **indorse)** [inˈdoː(r)s] *(v) st.* 1 indosovat, převést rubopisem co 2 souhlasit s čím, schvalovat co; ~ **the findings** souhlasit se závěry, schválit závěry 3 označit kupón v řidičském průkazu, že byl spáchán přestupek

**endorsee** *(am.* **indorsee)** [‚endo(r)ˈsiː‚ ‚indo(r)ˈsiː] *(n)* indosát

**endorsement** *(am.* **indorsement)** [inˈdoː(r)smənt] *(n)* 1 podpora, schválení čeho 2 indosament, rubopis; podepsání na rubu, indosování; převod rubopisem, indosament 3 dodatek; poznámka v řidičském průkaze o spáchání přestupku

**endorser** *(am.* **indorser)** [inˈdoː(r)sə(r)] *(n)* indosant, převodce, žirant

**endow** [inˈdau] *(v) st.* 1 zřídit věno 2 obdarovat koho; dát peněžitý dar instituci; založit nadaci; ~ **sb. with st.** obdařit koho čím

**endowment** [inˈdaumənt] *(n)* 1 převod peněz n. majetku ve formě daru na instituci k určitému účelu, např. k vědeckému výzkumu; dotace 2 zřízení trvalého příkazu k výplatě peněz na podporu veřejné instituce; ~ **insurance** pojištění pro případ smrti nebo splatné při dožití urč. věku; ~ **policy** životní pojistka splatná při dožití určitého věku

**endue** [inˈdjuː] *(v) sb. with st.* obdařit koho čím

**endurance** [in'djuərəns] *(n)* vytrvalost, trpělivost; snášení

**endure** [in'djuə(r)] *(v)* st. 1 trvat, přetrvat 2 vydržet co, vytrvat 3 tolerovat, vystát co

**enemy** ['enəmi] *(n)* nepřítel; ~ **alien** příslušník nepřátelského státu

**energy** ['enə(r)dži] *(n)* energie; **source of** ~ zdroj energie

**enervate** ['enə(r)veit] *(v)* sb. vyčerpat, oslabit koho

**enfeoff** [in'fef] *(v)* sb. 1 udělit léno komu 2 *to* st./sb. předat, odevzdat koho čemu/komu

**enfeoffment** [in'fefmənt] *(n)* 1 udělení léna 2 listina o udělení léna, lénní listina

**enforce** [in'fo:(r)s] *(v)* st. 1 vynutit, vymoci co; ~ **a debt** vymoci dluh 2 prosazovat, uplatňovat co; uvést co v platnost; ~ **of foreign judgments** uznání platnosti cizích rozhodnutí; ~ **the law** prosazovat právo; ~ **the national policy** prosadit celostátní politiku 3 exekučně vykonat co

**enforceable** [in'fo:(r)səbl] *(adj)* 1 vykonatelný; **judgments are** ~ **through the authority of the court** rozsudky lze vykonávat pravomocí soudu 2 vynutitelný; **directly** ~ přímo vynutitelný; ~ **by action** žalovatelný

**enforced** [in'fo:(r)st] *(adj)* vynucený, nedobrovolný

**enforcement** [in'fo:(r)smənt] *(n)* 1 vynucení 2 prosazení; výkon; ~ **of foreign judgments** výkon cizích rozsudků

**enfranchise** [in'frænčaiz] *(v)* sb. 1 osvobodit koho z otroctví 2 udělit / přiznat komu občanská práva zejm. právo volební; ~**d citizens** občané s volebním právem

**enfranchisement** [in'frænčizmənt] *(n)* 1 osvobození z otroctví 2 udělení / přiznání občanských práv; **leasehold** ~ / ~ **of copyholds** brit. převod nájmu na vlastnickou držbu nemovitosti

**engage** [in'geidž] *(v)* sb. 1 *in* st. zabývat se čím; ~ **in any other occupation** vykonávat jakékoliv jiné zaměstnání; ~ **in the business of the court** zabývat se záležitostmi soudu 2 zavázat koho; angažovat, zaměstnat koho; **a contract** ~**s sb. to do** st. smlouva zavazuje koho vykonat co 3 *to* sb. zasnoubit se s kým

**engagement** [in'geidžmənt] *(n)* 1 finanční závazek 2 zaměstnání 3 zasnoubení

**engross** [in'grəus] *(v)* st. sepsat právní dokument v konečné podobě aby byl připraven k podpisu; ~**ed bill** am. návrh zákona v konečné podobě před podepsáním prezidentem schválený oběma komorami Kongresu

**engrossment** [in'grəusmənt] *(n)* 1 sepsání dokumentu v jeho konečné podobě; pořízení čistopisu 2 právní dokument v konečné podobě; čistopis; ~ **paper** silný kvalitní papír soudních spisů

**enhance** [in'ha:ns, *am.* in'hæns] *(v)* st. zvýšit hodnotu čeho

**enjoin** [in'džoin] *(v)* st. 1 soudně přikázat, nařídit co 2 vydat zákaz, zakázat co

**enjoy** [in'džoi] *(v)* st. požívat čeho, mít co; ~ **diplomatic privileges and immunities** mít diplomatické výsady a imunity

**enjoyment** [in'džoimənt] *(n)* výkon práva; užívání práva; držba; **adverse** ~ konkurující výkon práva; ~ **of the property** užívací právo k majetku; **quit** ~ **of land** ztratit užívací právo k pozemku

**enlarge** [in'la:(r)dž] *(v)* st. rozšířit, zvětšit co; ~ **time** prodloužit lhůtu; ~**d session** rozšířené zasedání

**enlistment** [in'listmənt] *(n)* dobrovolný odvod do armády

**enormity** [i'no:(r)məti] *(n)* ohavný / obludný zločin

**enrage** [in'reidž] *(v)* sb. rozlítit, rozzuřit koho

**enregister** [in'redžistə(r)] *(v)* st. zapsat co do seznamu

**enrol(l)** [in'rəul] /ll/ *(v)* sb./st. 1 zapsat koho (se) ke studiu 2 zaregistrovat co (se); ~**ed bill** zaregistrovaný zákon schválený oběma komorami parlamentu před podpisem předsedů obou sněmoven a hlavou státu

**enrol(l)ment** [in'rəulmənt] *(n)* 1 registrace, zápis 2 celkový počet zapsaných ke studiu

**enshrine** [in'šrain] *(v)* st. 1 uchovat, uložit co 2 pečlivě zabalit co

**enshrinement** [in'šrainmənt] *(n)* uchování, uložení

**enslave** [in'sleiv] *(v)* sb. zotročit koho

**ensure** [in'šuə(r)] *(v)* st. 1 zajistit, zaručit co 2 zabezpečit co

**entail** [in'teil] *(n)* 1 svěřenský / majorátní statek 2 dědické právo k majetku omezené pouze na některé dědice fideikomis; odkázání majetku omezenému počtu dědiců; **break / bar an** ~ zrušit / vyloučit omezení k dědění nemovitosti

**entail** [in'teil] *(v)* st. 1 ukládat co; ~ **an obligation** uložit povinnost; **obligations** ~**ed by membership** povinnosti vyplývající z člen-

ství 2 stanovit n. omezit následnictví práv k nemovitosti fideikomis
**entailment** [in'teilmənt] *(n)* zřízení fideikomis; odkázání majetku omezenému počtu dědiců; zásah do dědických práv
**entanglement** [in'tæŋglmənt] *(n)* kompromitování; zapletení se
**entangling** [in'tæŋgliŋ] *(adj)* kompromitující, zavazující
**enter** ['entə(r)] *(v)* st. 1 vstoupit (do); **break and ~ (the property)** vstoupit (kam) násilím 2 zapsat, dát zapsat co; **~ appearance** písemně oznámit soudu, že (ob)žalovaný se bude u soudu hájit; **~ a ship** oznámit loď celnímu úřadu; **be ~ed on the register** být zapsán do seznamu 3 podat co; **~ a lawsuit** podat žalobu; **~ an objection** 1 podat námitku 2 zapsat námitku do soudního protokolu; **~ a protest** podat protest 4 *into* st. začít dělat co; vstoupit do vztahů; uzavřít co; **~ into force** vstoupit v platnost; nabýt účinnosti; **~ into negotiations with sb.** začít vyjednávat s kým; **~ into a partnership** uzavřít partnerství; **~ into an agreement** uzavřít dohodu ♦ **judgment was ~ed for the plaintiff** byl vynesen rozsudek ve prospěch žalující strany; **the plaintiff ~ed judgment** žalující strana vyhrála spor obvykle kontumačně, kdy se žalovaná strana odmítla hájit a účastnit jednání
**enterprise** ['entə(r)praiz] *(n)* podnik, závod; podnikání; **~ liability** odpovědnost podnikatele za škodu na zboží
**enterprising** ['entə(r)praiziŋ] *(adj)* podnikavý, iniciativní
**entertain** [,entə(r)'tein] *(v)* vzít v úvahu, zvážit; **~ a proposal** zvážit a přijmout návrh; **the judge will not ~ any proposal from prosecution to delay the start of the hearing** soudce nepřijme žádný návrh obžaloby na odklad projednávání případu
**entertainment** [,entə(r)'teinmənt] *(n)* 1 zábava, pobavení; zábavné představení 2 uspokojování osobních potřeb ♦ **~ expenses** reprezentační výdaje
**entice** [in'tais] *(v)* sb. *from* st. vylákat koho odkud; (z)lákat koho
**enticement** [in'taismənt] *(n)* lákání, svádění zejm. dělníka, aby opustil své zaměstnání n. ženu, aby opustila manžela
**entire** [in'taiə(r)] *(adj)* 1 celý; **~ day** celý kalendářní den, tj. 24 hodiny 2 naprostý, úplný;

**~ blood** plnorodí sourozenci; **~ interest** nezkrácený právní titul k věci; **~ tenancy** úplné vlastnictví
**entirely** [in'taiə(r)li] *(adv)* zcela, úplně
**entirety** [in'taiə(r)ti] *(n)* nedělená držba pozemku; bezpodílové spoluvlastnictví
**entitle** [in'taitl] *(v)* to st. opravňovat, dát právo k čemu
**entitled** [in'taitld] *(adj)* oprávněný, mající nárok; **~ to vote** oprávněný hlasovat; **be ~ to** st. mít nárok na co; **be ~ to receive the length of notice** mít nárok na výpovědní lhůtu / na výpověď k určitému datu; **they were held ~ to a right** mělo se za to, že mají právo
**entitlement** [in'taitlmənt] *(n)* subjektivní právo, nárok na co; **holiday ~ / ~ to holidays** nárok na dovolenou; **pension ~** nárok na starobní důchod
**entity** ['entəti] *(n)* bytost; entita; **corporate ~** právnická osoba, korporace; **legal ~** právnická osoba; **~ duty** dovozní clo; **~ money** vstupné, zápisné
**entrance** ['entrəns] *(n)* 1 *into* st. vstup, vjezd, vchod 2 *into / upon* st. nastoupení do úřadu, funkce ♦ **force an ~** vniknout násilím, vloupat se
**entrapment** [in'træpmənt] *(n)* 1 podvod 2 navádění k zločinu 3 podjatost
**entrench** [in'trenč] *(v)* st. 1 zabarikádovat co 2 utvrdit, zakotvit co; **~ed rights** pevně zakotvená práva
**entrust** *(v)* [in'trast,wið] st. svěřit co; **~ sb. with st.** pověřit koho čím; **the Senate is ~ed with the power of approving st.** Senát je pověřen pravomocí schvalovat co
**entrusting** [in'trastiŋ] *(n)* převedení držby
**entry** ['entri] *(n)* 1 vstup 2 ujmutí se držby; **open ~** faktické ujmutí se držby; **right of ~** právo převzít do držby 3 neprávněné vniknutí do cizího domu 4 účetní položka; **bookkeeping by double ~** podvojné účetnictví; **make an ~** zapsat položku do účetní knihy; 5 zápis, zapsání; *angl. zast.* podání žaloby / návrhu
**entryism** ['entriizəm] *(n)* ovládnutí politické strany n. voleného orgánu malou skupinou jejich členů s úmyslem převzít moc
**enumerate** [i'nju:məreit] *(v)* vs. vyčíslit, vyjmenovat co; **~d powers** výlučné pravomoci vyjmenované v Ústavě USA

**enumerator** [i'nju:mǝreitǝ(r)] *(n) am.* sčítací komisař

**enunciate** [i'nansieit] *(v)* st. prohlásit, formulovat co

**enunciation** [i,nansi'eišǝn] *(n)* **1** výrok, výpověď, prohlášení **2** výslovnost

**enure** (*brit.* **inure**) [i'njuǝ(r)] *(v) to* st. **1** vstoupit v platnost **2** navyknout, uvyknout čemu

**envious** ['enviǝs] *(adj)* závistivý, závidějící

**environment** [in'vaiǝrǝnmǝnt] *(n)* **1** životní prostředí; **damage to the** ~ ničení životního prostředí; **protect the** ~ chránit životní prostředí **2** vnější životní podmínky, prostředí; **political** ~ politické prostředí; **Department of the** ~ **for Northern Ireland** *brit.* Ministerstvo pro Severní Irsko

**environmental** [in,vaiǝrǝn'mentǝl] *(adj)* týkající se životního prostředí; přispívající ke zlepšení životního prostředí; ~ **health** hygiena životního prostředí; ~ **impairment liability** odpovědnost za škody na životním prostředí; ~ **protection** ochrana životního prostředí

**envisage** [in'vizidž] *(v)* st. předpokládat co, počítat s čím

**envoy** ['envoi] *(n)* **1** velvyslanec **2** posel, zástupce; zmocněnec; **the President's special** ~ **to the Middle East** zvláštní zmocněnec prezidenta pro Střední východ

**envy** ['envi] *(n)* závist

**epideictic** [,epi'daiktik] *(adj)* okázalý, efektní

**episcopal** [i'piskǝpǝl] *(adj)* biskupský

**epoch** ['i:pok] *(n)* doba, epocha, období

**E.P.S.** [,i:pi:'es] *(abbrev) earnings per share* výnos na akcii

**equable** ['ekwǝbl] *(adj)* rovnoměrný, stejnoměrný

**equal** ['i:kwǝl] *(n)* osoba rovnající se jiné osobě; **first among** ~**s** první mezi rovnými

**equal** ['i:kwǝl] *(adj)* rovný, stejný; ~ **pay** stejná mzda; ~ **protection of the laws** rovnost před zákony; ~ **suffrage** rovné hlasovací / volební právo; ~ **treatment** paritní režim; ~ **treaty** rovnoprávná smlouva; **separate but** ~ *am.* doktrina z r.1896 o právech černochů černoši mají být na veřejných místech odděleni od bělochů, ale jinak s nimi rovnoprávní; ~ **and uniform taxation** rovné a jednotné zdanění; **payable in** ~ **shares** splatné rovným dílem

**equal** ['i:kwǝl] */ll/ (v)* st. rovnat se čemu; ~ **the higher of** st. rovnat se vyšší položce z čeho (ze dvou)

**equality** [i:'kwolǝti, *am.* -'kwa-] *(n)* rovnost; **sovereign** ~ svrchovaná rovnost; ~ **of treatment** rovnost zacházení s kým; ~ **of votes** rovnost hlasů

**equalization** [,i:kwǝlai'zeišǝn] *(n)* **1** vyrovnání; ~ **fund** výkyvová rezerva **2** zrovnoprávnění

**equalize** ['i:kwǝlaiz] *(v)* sb./st. *with* sb./st. zrovnoprávnit koho s kým; srovnat co

**equation** [i'kweišǝn, i'kweižǝn] *(n)* vyrovnání, uvedení na stejnou úroveň

**equipment** [i'kwipmǝnt] *(n)* zařízení, vybavení

**equitable** ['ekwitǝbl] *(adj)* **1** spravedlivý; ~ **distribution** spravedlivé rozdělení; ~ **estoppel** spravedlivá námitka proti uplatnění (žalobního) nároku; ~ **payment** platba na základě slušnosti **2** vztahující se k právu ekvity / spravedlnosti; ~ **action** žaloba podle práva ekvity; ~ **assignment** postoupení věci podle práva ekvity; ~ **defense** obhajoba podle ekvity; ~ **estate / interests** věcná práva podle ekvity; ~ **lien** zadržovací / retenční právo podle ekvity; ~ **mortgage** zástava / hypotéka podle ekvity; ~ **ownership** vlastnictví podle ekvity; ~ **relief** náprava podle ekvity **3** týkající se hodnoty majetku po odečtení dluhů a hypoték **4** rozšiřující; ~ **construction / interpretation** rozšiřující výklad

**equities** ['ekwǝtiz] *(pl)* kmenové akcie

**equity** ['ekwǝti] *(n)* **1** spravedlnost; spravedlivý nárok; **countervailing** ~ vyrovnávací právo / nárok; **natural** ~ přirozená spravedlnost; ~ **to a settlement** právo manželky na spravedlivý podíl; **he who seeks** ~ **must do** ~ kdo se domáhá spravedlnosti, musí se řídit spravedlností jedna ze zásad práva spravedlnosti **2** právo ekvity / spravedlnosti soudcovské právo v Anglii vyplývající z judikatury Lorda kancléře; **bill in** ~ žaloba podle práva spravedlnosti; **courts of** ~ soudy práva spravedlnosti, ekvitní soudy; ~ **follows the law** zásada subsidiárnosti práva spravedlnosti ve vztahu k platnému právu; ~ **court** soud spravedlnosti, ekvitní soud; ~ **jurisdiction** rozhodování na základě práva spravedlnosti; ~ **law** právo spravedlnosti / ekvity; **3** hodnota majetku po odečtení dluhů a hypoték; ~ **capital** kmenový kapitál akciové společnosti; ~ **financing** zvýšení základního jmění společnosti vydáním akcií; ~ **loan** půjčka na jmění; ~ **security** vlastnický podíl v cenných papírech

**erase** [i'reiz] *(v)* st. vymazat, zničit co

**erasure** [i'reiʒə(r)] *(n)* 1 výmaz; ~ **of record** výmaz z rejstříku trestů 2 smazání, vymazání; likvidace

**erect** [i'rekt] *(v)* st. postavit co do výše; vzpřímit, vztyčit co; zřídit co

**erosion** [i'rəuʒən] *(n)* rozrušení, narušení; ~ **of real earnings by inflation** narušení skutečných příjmů inflací

**erroneous** [i'rəunjəs] *(adj)* 1 vadný, chybný; ~ **assessment** vadný odhad; ~ **decision** vadné rozhodnutí; ~ **judgment** vadný rozsudek 2 mylný, klamný

**error** ['erə(r)] *(n)* omyl, vada; **fundamental** ~ zásadní omyl; ~**s and omissions clause** doložka o chybách a opomenutích; ~ **coram nobis** vada v řízení odůvodňující autoremeduru; ~ **coram vobis** vytknutí vady v řízení vyšším soudem nižšímu soudu; ~ **in exercise of jurisdiction** vada ve výkonu pravomoci; ~ **in / of fact** skutkový omyl týkající se faktů; ~ **in / of law** nesprávné právní posouzení soudem, právní omyl; ~**s expected** s výhradou chyb

**Erskine May** ['ə:(r)skin,mei] *brit.* jednací řád Parlamentu včetně výčtu výsad

**eruption** [i'rapʃən] *(n)* vybuchnutí, výbuch; vypuknutí

**escalate** ['eskəleit] *(v)* stupňovat, zvyšovat se; **escalating wages** prudce stoupající mzdy

**escalator** ['eskəleitə(r)] *(n)* cokoliv, co je pohyblivé; ~ **clause** úniková cenová doložka smlouvy o možnosti úpravy cen v závislosti na pohybu nákladů

**escape** [i'skeip] *(n)* 1 únik, útěk; ~ **clause** *(GATT)* úniková klauzule 2 útěk z vazby; ~ **warrant** příkaz k zadržení uprchlého vězně

**escape** [i'skeip] *(v)* utéci, uniknout, uprchnout; ~ **police custody** uprchnout z policejní vazby; ~ **from punishment** vyhnout se / ujít trestu; ~**d prisoner** uprchlý vězeň

**escaper** [i'skeipə(r)] *(n)* uprchlík z vězení

**escapist** [i'skeipist] *(n)* osoba pokoušející se o útěk, uprchlík

**escheat** [is'či:t] *(n)* připadnutí majetku státu při úmrtí bez dědiců, odúmrť, spadnost

**escheat** [is'či:t] *(v)* st. 1 zkonfiskovat, zabavit co 2 připadnout státu

**escheator** [is'či:tə(r)] *(n)* správce odúmrti

**escrow** ['eskrəu] *(n)* 1 uložení majetku k věrné ruce u třetí osoby; smlouva uložená u třetí osoby 2 podmíněná smlouva; ~ **account** pod-

míněný účet; ~ **contract** podmínečná smlouva

**espionage** [,espiə'na:ž, -nidž] *(n)* špionáž; **industrial** ~ průmyslová špionáž

**espouse** [i'spauz] *(v)* sb. provdat koho, dát koho za manželku

**Esq., esquire** [i'skwaiə(r)] *(n)* 1 *brit.* titul psaný v adrese za jménem obvykle v oficiální korespondenci klientům 2 *am. zř.* titul právníka uváděný (v adrese) za jménem

**essence** ['esns] *(n)* podstata; základ; ~ **of the contract** podstatná podmínka smlouvy; ~ **test** zkoumání základního smyslu kolektivní smlouvy; **in** ~ v podstatě; **be of the** ~ být podstatný

**essential** [i'senšəl] *(n)* podstatná / základní věc; **be similar in many** ~**s** být podobný v mnoha základních skutečnostech; **the** ~**s** 1 nejpodstatnější skutečnosti 2 náležitosti

**essential** [i'senšəl] *(adj)* 1 nezbytný, nutný 2 zásadní, podstatný; základní; ~ **mistake** zásadní omyl; ~ **property of government** základní vlastnost / schopnost vlády; ~ **rights** základní práva; **for** ~ **purposes** z nutných důvodů

**essentially** [i'senšəli] *(adv)* v zásadě, v podstatě

**establish** [i'stæbliš] *(v)* st./sb. 1 založit, zřídit co 2 stanovit co; ~ **the guilt of sb.** stanovit vinu koho; ~ **commerce** navazovat / zřizovat obchodní styky; ~ **employment** založit pracovní poměr; ~ **a family of one's own** založit vlastní rodinu; ~ **government** ustavit vládu; ~ **the International Court of Justice** zřídit Mezinárodní soudní dvůr; **the E~ed Church of England** Anglikánská církev oficiální název; ~**ed tradition** vytvořená tradice 3 ustanovit koho do funkce ♦ ~ **to the satisfaction of court** dokázat soudu, uspokojit soud

**established** [i'stæbliši] *(adj)* zavedený, tradiční; stálý, definitivní

**establishment** [i'stæblišmənt] *(n)* 1 založení, zřízení, ustavení; ~ **of companies** ustavení společností; **right of** ~ *(ES)* právo občana členské země ES podnikat a žít v jiné zemi ES 2 veřejná či soukromá instituce / podnik; **run a printing** ~ vést tiskařský podnik 3 početní stav zaměstnanců; ~ **charges** náklady na zaměstnance a majetek v účetních knihách společnosti; ~ **officer** personální úředník v ministerstvu; **be on the** ~ být zaměstnán na

plný úvazek ♦ **the E~** vládní orgány; vládní klika; „vrchnost"
**estate** [i'steit] *(n)* **1** majetkové právo k nemovitosti; majetek, jmění; **all the ~** veškerá majetková práva; **future ~** budoucí majetkové právo; **qualified ~** podmíněná majetková práva k nemovitostem; **separate ~** oddělené jmění jednoho z manželů; **~ at will** majetkové právo k nemovitosti na neurčitou dobu kdykoliv vypověditelné; **~ by the / by the entireties / in entirety** bezpodílové spoluvlastnictví manželů; **~ at will** majetkové právo podle vůle zřizovatele; **~ by purchase** majetkové právo vzniklé koupí; **~ for life** doživotní užívací právo k nemovitosti; **~ for years** nájem půdy na určitý počet let; **~ in common** společné vlastnictví pozemku více vlastníky; **~ in expectancy** budoucí věcná práva např. v důsledku smrti, dědické substituce; **~ in fee simple** neomezené vlastnictví; **~ in freehold** časově neomezené právo k nemovitosti; **~ in possession** věcná práva přítomná; **~ in severalty** plné / vlastní nedělené právo k nemovitosti; **~ in tail** movitý majetek přecházející pouze na některé dědice zejm. dědice v linii přímé; **~ less than freehold** užívací právo k nemovitosti na určitou n. určitelnou dobu; **~ of inheritance** dědičný majetek; **~ pour autre vie** [pur'o:tʳvi:] užívací právo k nemovitosti omezené na dobu života jiné osoby než uživatele; **~ duty / tax** daň z převodu majetku pro případ smrti, dědická daň; **~ upon condition** podmíněný právní titul k nemovitosti **2** konkursní podstata; **bankrupt's ~** konkursní podstata
**estates** [i'steits] *(pl)* nemovitý majetek
**esteem** [i'sti:m] *(v)* sb./st. vážit si koho/čeho; považovat koho/co
**estimate** ['estimit] *(n)* odhad; ocenění
**estimate** ['estimeit] *(v)* odhadnout, ocenit co
**estimated** ['estimeitid] *(adj)* odhadovaný, oceňovaný; očekávaný; **~ premium income** očekávaný příjem pojistného; **~ tax** odhadovaná daň záloha na daň; **~ useful life** odhadovaná životnost majetku pro daňové účely; **~ value** odhadní hodnota
**estimation** [,esti'meišən] *(n)* ocenění, odhad
**estop** [i'stop, *am.* i'stap] */pp/ (v)* st. zakázat co; *from* st. zabránit v čem; **be ~ped** ztratit žalobní právo
**estoppel** [i'stopəl, *am.* e'stapəl] *(n)* překážka

uplatnění žalobního nároku; **promissory ~** vyloučení námitky nedostatku proti tomu, kdo jednal oprávněně spoléhaje na daný slib; **quasi-~** zásada bránící straně uplatnit právo neslučitelné s dříve přijatým závazkem; **~ by judgment / by verdict** přibl. res judicata, věc soudně projednaná tudíž nemůže být ve stejné věci podána žaloba znovu
**estovers** [i'stəuvə(r)z] *(pl)* přiznané nároky; právo nájemce používat a využívat dřevo a řezivo rostoucí na půdě, kterou najal
**estrange** [i'streindž] *(v)* sb. *from* sb./st. odcizit, oddálit koho od koho/čeho
**estray** [i'strei] *(n)* opuštěný dobytek, zatoulané domácí zvíře
**estreat** [i'stri:t] *(n) brit.* přesný výtah ze soudního spisu, věrný / přesný opis
**estreat** [i'stri:t] *(v) st. brit.* pořídit (si) výtah ze soudního spisu
**estuary** ['estjuəri, *am.* 'esčuəri] *(n)* ústí řeky
**et al.** [et'æl] *(abbrev, lat)* et alia čteme: **and other things** aj., a jiní, a další
**etc.** [it'setrə] *(abbrev, lat)* et cetera čteme: **and so on, et cetera** atd., a tak dále
**eternal** [i:'tə:(r)nəl] *(adj)* věčný; neustálý, trvající; **~ security** věčné bezpečí
**eternity** [i:'tə:(r)nəti] *(n)* věčnost
**ethic(al)** ['eθik(əl)] *(adj)* etický; morální, mravní; **~ judgment** morální soud
**ethics** ['eθiks] *(sg)* etika; **legal ~** právní profesionální etika
**ethnic** ['eθnik] *(adj)* etnický; **~ minority** etnická menšina; **~ origin** etnický původ
**et seq.** [,etsik'wentə(r) / 'wentəs / 'wentiə] *(lat) et sequentur / sequentes / sequentia* a následující
**et ux.** [et'ə:ks(ə(r))] *(lat) et uxor* a manželka
**EUROATOM, Euroatom** [juə'rætəm] *(abbrev) European Atomic Energy Community (ES)* Evropské společenství pro atomovou energii
**Euro-constituency** [,juərəkən'stitjuənsi] *(n)* volební obvod, volící poslance do Evropského parlamentu
**Eurocrat** ['juərəkræt] *(n)* úředník pracující pro Evropský parlament n. ES
**EuroMP** ['juərəu,em'pi:] *(n)* poslanec Evropského parlamentu
**Europe** ['juərəp] *(n)* Evropa; **continental E~** kontinentální Evropa
**European** [juərə'pi:ən] *(adj)* evropský; **E~ community** Evropské společenství; **E~ court**

of **Human Rights** Evropský soud pro lidská práva; **E~ Law** *(ES)* právo Evropské unie; **~ Monetary System** evropský měnový systém
**euthanasia** [ˌjuːθəˈneizjə] *(n)* euthanasie, usmrcení z milosti
**evacuate** [iˈvækjueit] *(v)* sb. evakuovat, vystěhovat (se) koho; odvést koho do bezpečí
**evacuation** [iˌvækjuˈeišən] *(n)* evakuace, (vy)stěhování, stažení do bezpečí
**evade** [iˈveid] *(v)* st. vyhýbat se čemu obratně, lstí; obejít co, např. zákon; **~ justice** vyhýbat se spravedlnosti; **~ the law** obcházet zákon; **~ a tax** dopustit se daňového úniku, úmyslně nezaplatit daně
**evader** [iˈveidə(r)] *(n)* neplatič daní; **prosecute tax ~s** stíhat neplatiče daní
**evaluate** [iˈvæljueit] *(v)* sb./st. ocenit, určit hodnotu koho/čeho; vyhodnotit koho/co
**evaluation** [iˌvæljuˈeišən] *(n)* ocenění, ohodnocení; vyhodnocení
**evasion** [iˈveižən] *(n)* **1** výmluva **2** vyhnutí povinnosti; **tax ~** daňový únik nezákonnou cestou; **~ of responsibility** vyhnutí se odpovědnosti
**evasive** [iˈveisiv] *(adj)* vyhýbavý; unikající; úhybný; **~ answer** vyhýbavá odpověď
**even** [ˈiːvən] *(adj)* **1** rovný; **~ division of votes** rovnost hlasů **2** stejný; **~ money** stejná výše sázek **3** rovnoměrný
**even** [ˈiːvən] *(adv)* dokonce
**evenly** [ˈiːvənli] *(adv)* rovnoměrně; **fairly ~** docela rovnoměrně
**event** [iˈvent] *(n)* událost; případ; **~ of default** případ porušení smlouvy; **in the course of human ~s** v průběhu dějin lidstva; **in the ~ of st.** v případě čeho
**eventual** [iˈvenčuəl] *(adj)* konečný; **~ elimination of stockpiles of nuclear armaments** konečné odstranění potenciálu jaderných zbraní
**eventually** [iˈvenčuəli] *(adv)* nakonec při výčtu
**eventuate** [iˈvenčueit] *(v)* **1** *from* st. vyplynout jako následek z čeho, být výsledkem čeho **2** *in* st. končit čím, vyústit v co
**ever** [ˈevə(r)] *(adv)* vůbec kdy, někdy; stále, vždy; **for ~** navždy
**ever-burgeoning** [ˌevə(r)ˈbəː(r)džəniŋ] *(adj)* stále rašící, bobtnající; **~ body of administrative regulations** stále rostoucí počet administrativních nařízení
**everlasting** [ˌevə(r)ˈlaːstiŋ] *(adj)* věčný, trvalý; trvanlivý
**every** [ˈevri] *(adj)* každý; veškerý, všechen

**evict** [iːˈvikt] *(v)* sb. **1** soudně vystěhovat koho; zbavit koho držby; **~ for non-payment of the rent** vystěhovat pro neplacení nájemného **2** násilím vyhnat koho
**evictee** [ˌiːvikˈtiː] *(n)* osoba soudně vystěhovaná; vyhnanec
**eviction** [iːˈvikšən] *(n)* **1** zbavení držby pozemku, vypuzení z držby; soudní vystěhování **2** násilné vyhnání, vystěhování
**evictor** [iːˈviktə(r)] *(n)* strana, která dosáhla soudního vystěhování n. vypuzení druhé strany z držby
**evidence** [ˈevidəns] *(sg)* **1** usvědčující důkaz, důkazy; **admissible ~** přípustné důkazy; **circumstantial ~** nepřímý důkaz; **corroborating ~** důkaz podporující jiný důkaz; **criminal ~** 1 důkaz, důkazní prostředek v trestním řízení 2 dokazování v trestním řízení; **direct ~** přímý důkaz; **exculpatory ~** osvobozující důkaz; **prima facie ~** evidentní důkaz; **probative ~** dostatečně průkazný důkaz; **tangible ~** hmatatelný důkaz; **~ completed** dokončené důkazní řízení; **~ of distinctiveness** důkaz rozlišitelnosti ochranné známky; **preponderance of the ~** převažující důkaz; **rules of ~** pravidla dokazování; **give ~** předložit důkazy; **present ~ to the court** předložit důkazy soudu; **put the documents in ~** předložit / uvést dokumenty jako důkazy; **sum up the ~** shrnout svědecké výpovědi a důkazy; **all ~ points to arson** veškeré důkazy svědčí o žhářství **2** svědectví, svědecká výpověď; **hearsay ~** výpověď o něčem, co svědek zná jen z doslechu, svědectví z doslechu; **~ of witnesses** svědectví svědků; **call sb. in ~** předvolat koho jako svědka ◆ **plant ~** rekonstruovat trestný čin; **turn King's / Queen's / State's ~** přiznat se k trestnému činu a dále svědčit proti svým spolupachatelům s cílem dostat nižší trest
**evidence** [ˈevidəns] *(v)* st. doložit, dokladovat co; **the contract must be ~d in writing** smlouva musí být doložena v písemné podobě
**evident** [ˈevidənt] *(adj)* zřejmý, zjevný, patrný
**evidential** [ˌeviˈdenšəl], **evidentiary** [ˌeviˈdenšəri] *(adj)* průkazný, dokazující; **~ry privilege** průkazné privilegium; **~ry facts** nezvratný skutkový stav
**evil** [iːvl] *(n)* **1** zlo, špatnost; **while ~s are sufferable** když zlo je snesitelné **2** neštěstí
**evil** [iːvl] *(adj)* mravně zlý, špatný

**evil-minded** [ˌiːvl'maindid] *(adj)* zlovolný; oplzlý

**evince** [i'vins] *(v)* st. ukazovat, jevit co; ~ **a design** jevit úmysl

**evincible** [i'vinsəbl] *(adj)* odůvodnitelný, prokazatelný

**evocation** [ˌevəu'keišən] *(n) of* st. 1 vyvolání, vybavení, evokace čeho 2 odnětí sporu soudu

**evoke** [i'vəuk] *(v)* st. vyvolat, způsobit, přivolat co

**evolution** [ˌiːvə'luːšən] *(n)* postupný, pomalý vývoj, rozvoj; evoluce

**evolve** [i'volv, *am.* i'valv] *(v) into* st. vyvinout se v co, rozvinout se do čeho; ~ **by the common law** vyvinout se na podkladě obyčejového práva

**ex** [eks] *(lat)* z, mimo, bez; ~ **aequo et bono** [eks'i:kwəuət'bəunəu] podle zásad spravedlnosti a dobré vůle; podle toho, co je spravedlivé; ~ **curia** [eks'kju:riə] mimo soud; ~ **delicto** [ˌeksdə'liktəu] z porušení práva, pro trestný čin; ~ **dividend** bez dividend; ~ **dolo malo** [eks'dəuləu'mæləu] podvodně; ~ **facie** [eks'feišii] zjevně, zřejmě; ~ **gratia** [eks'greišiə] z milosti; ~ **lege** [ˌeks'li:džiə] ze zákona, silou zákona; ~ **mora** [eks'mo:rə] v důsledku prodlení; ~ **officio** [ˌeksə'fi:šiəu] z moci úřední; ~ **parte** [eks'pa:(r)ti] jménem, na podnět jedné strany; ~ **parte divorce** řízení o rozvodu za účasti jedné strany; ~ **post fact law** retroaktivní právní předpis; ~ **post facto** [ˌekspəust'fæktəu] po činu; ~ **rights** cenný papír bez práv; cenný papír po uplynutí lhůty pro předkupní právo

**exacerbate** [ek'sæsə(r)beit] *(v)* st. obnovit, znovu vyvolat spor, hádku

**exact** [ig'zækt] *(adj)* přesný, exaktní; ~ **date** přesné datum

**exact** [ig'zækt] *(v)* st. *from / of* sb. vyžadovat, vynucovat, vymáhat co od koho; ~ **taxes from the population** vymáhat daně od obyvatel

**exactor** [ig'zæktə(r)] *(n)* výběrčí poplatků, daní

**exaggerate** [ig'zædžəreit] *(v)* st. přehánět, nadsazovat co

**exaggeration** [igˌzædžə'reišən] *(n)* přehánění, zveličování, nadsázka

**examinant** [ig'zæminənt] *(n)* vyšetřovanec, vyšetřovaný

**examination** [igˌzæmi'neišən] *(n)* 1 vyšetřování; šetření; výslech; **cross** ~ křížový výslech; **direct** ~ *am.* hlavní přímý výslech;

**re-cross** ~ druhé kolo křížového výslechu; **re-direct** ~ druhé kolo přímého výslechu; ~ **in chief** *brit.* hlavní přímý výslech; ~ **of witnesses** výslech svědků 2 posouzení, prozkoumání; ~ **of proposal** posouzení návrhu 3 zkouška; **final** ~s závěrečné zkoušky

**examine** [ig'zæmin] *(v)* sb./st. 1 vyslýchat koho; ~ **a witness** vyslýchat svědka 2 zkoumat, vyšetřovat co; provádět expertizu čeho; ~**d copy** ověřená kopie 3 zkoušet koho

**examiner** [ig'zæminə(r)] *(n)* 1 vyšetřovatel 2 zkušební komisař, zkoušející; **bar** ~s zkušební komise advokátní komory 3 revizor, průzkumový referent patentového úřadu

**examining** [ig'zæminiŋ] *(adj)* vyšetřující; zkušební; ~ **board** zkušební komise složená z úředních komisařů; ~ **judge** vyšetřující soudce; ~ **trial** předběžné řízení před soudem

**example** [ig'za:mpl, *am.* ig'zæmpl] *(n)* příklad; **for** ~ například; **give an** ~ uvést příklad

**excavate** ['ekskəveit] *(v)* st. provést výkop, vykopat co; ~ **the property along the line of junction** provést výkop na pozemku podél dělící čáry mezi sousedícími majetky

**exceed** [ik'si:d] *(v)* st. překročit, přesahovat co; ~ **the speed limit** překročit povolenou rychlost

**excel** [ik'sel] */ll/ (v)* sb./st. vynikat nad kým/čím, předčit koho/co

**excellence** ['eksələns] *(n)* znamenitost, dokonalost, vynikající vlastnost

**excellency** ['eksələnsi] *(n)* oslovení excelence *např.* velvyslance

**except** [ik'sept] *(v)* sb. 1 vyjmout, vyloučit koho 2 *to / against* st. namítat, mít námitky proti čemu

**except** [ik'sept] *(prep)* kromě; ~ **for** st. až na co

**excepting** [ik'septiŋ] *(prep)* vyjímaje, až na, kromě

**exception** [ik'sepšən] *(n)* 1 výjimka; ~ **to the rule** výjimka z pravidla 2 procesní námitka

**exceptionable** [ik'sepšnəbl] *(adj)* sporný, napadnutelný, vadný

**exceptional** [ik'sepšənl] *(adj)* mimořádný, zvláštní, neobyčejný; ~ **circumstances** výjimečná situace; ~ **losses** výjimečné ztráty

**exceptio temporis** [ekˌsepšiəu'tempərəs] *(lat)* námitka promlčení

**excess** [ik'ses] *(n)* 1 vykročení z práva, exces, překročení; ~ **of jurisdiction** překročení soudní pravomoci; ~ **of power** překročení pravomoci; ~ **condemnation** neúměrné zabavení majetku; ~ **costs** mimořádné výdaje 2 přemíra, přebytek; ~ **of loss** *pojišť.* škodní excedent, nadměrek; ~ **fare** příplatek, přirážka; ~ **insurance** nadlimitní nadměrné mimořádné pojištění; ~ **policy** nadlimitní pojistka; ~ **profits tax** daň z nadměrných zisků

**excesses** [ik'sesiz] *(pl)* zhýralý život, zhýralství **excessive** [ik'sesiv] *(adj)* nadměrný, přílišný, krajní; nepřiměřený; ~ **bail** nepřiměřená nadměrná kauce; ~ **force** nepřiměřená síla obrana; ~ **punishment** nepřiměřený trest; ~ **recourse** výjimečný právní prostředek; ~ **speed** nadměrná rychlost; ~ **violence** nadměrné násilí, např. při nutné obraně

**exchange** [iks'čeindž] *(n)* 1 směna, výměna; **foreign** ~ valuta, deviza; **part** ~ částečná směna splacení části ceny výrobku vrácením starého; **bill of** ~ směnka; ~ **bank** devizová banka; ~ **broker** devizový makléř, dohodce; ~ **clearing** devizové účtování; ~ **contract** devizová smlouva; ~ **difference** kursovní rozdíl; ~ **office** směnárna; ~ **rate** devizový směnný kurs; ~ **value** směnná hodnota 2 burza; **Commodity E~** komoditní plodinová burza; **Stock E~** burza cenných papírů

**exchange** [iks'čeindž] *(v)* vyměnit co; směnit co

**exchangeable** [iks'čeindžəbl] *(adj)* vyměnitelný, směnitelný

**exchequer** [iks'čekə(r)] *(n)* 1 státní pokladna; **Chancellor of the E~** *brit.* kancléř pokladu, ministr financí 2 pokladna, finance; ~ **bill** státní obligace; ~ **division** *brit.* fiskální senát Nejvyššího soudu; ~ **year** fiskální rok

**excisable** [ek'saizəbl] *(adj)* zdanitelný

**excise** ['eksaiz] *(n)* akcíz, spotřební daň, nepřímá daň; **E~ Department** *brit.* Ministerstvo pro cla a spotřební daně; ~ **duty** spotřební daň; ~ **officer** výběrčí spotřebních daní

**excise** ['eksaiz] *(v)* st. zdanit co; vymáhat daň z čeho

**exciseman** ['eksaizmən], *(pl)* **-men** *(n)* berní úředník, výběrčí daní

**excite** [ik'sait] *(v)* sb./st. 1 rozrušit koho 2 vyvolat, vzbudit co; ~ **riots** vyvolat nepokoje

**excitement** [ik'saitmənt] *(n)* rozrušení, vzrušení

**exclaim** [iks'kleim] *(v)* *against / at / (up)on* st. ostře a hlasitě protestovat proti čemu

**exclude** [iks'klu:d] *(v)* sb./st. *from* st. vyloučit koho/co z čeho; ~ **the public** vyloučit veřejnost

**exclusion** [iks'klu:žən] *(n)* 1 vyloučení; **total** ~ úplné vyloučení; ~ **in part** částečné vyloučení; ~ **of an area** vyloučení oblasti; ~ **of foreign law** vyloučení cizího práva; ~ **of products** vyloučení výrobků 2 odepření vstupu 3 výluka z pojištění; ~ **clause** doložka o výluce z pojištění

**exclusionary** [iks'klu:žənəri] *(adj)* vyjímající, vylučující; ~ **hearing** předběžné vyloučení důkazů; ~ **rule** pravidlo vyloučení nezákonně získaného důkazu; ~ **zoning** vynětí z místní působnosti

**exclusive** [iks'klu:siv] *(adj)* výhradní, výlučný, exkluzívní; ~ **agency** výhradní prodej; ~ **agent** výhradní prodejce pro určitou oblast; ~ **contract** smlouva o výlučné koupi a výlučném prodeji; ~ **dealing** výlučné obchodování; ~ **jurisdiction** výlučná soudní pravomoc; ~ **licensee** výlučný uživatel licence; ~ **ownership** výlučné vlastnictví; ~ **possession** výlučná držba; ~ **right** výlučné právo

**exclusive** [iks'klu:siv‚ov] *(prep)* bez, mimo; **rent** ~ **VAT** nájemné bez DPH

**exculpate** ['ekskalpeit] *(v)* sb. *from* st. vyvinit, osvobodit koho, zprostit koho viny; ~ **sb. from a charge** zprostit koho obvinění

**exculpation** [‚ekskal'peišən] *(n)* exkulpace, osvobození, zproštění viny

**exculpatory** [eks'kalpətəri] *(adj)* vyviňující, zprošťující odpovědnosti, ospravedlňující; ~ **clause** zprošťující ustanovení

**excusable** [iks'kju:zəbl] *(adj)* omluvitelný, prominutelný; ~ **homicide** ospravedlnitelné zabití; ~ **neglect** ospravedlnitelné opomenutí; **notice of** ~ **delay** oznámení o přijatelném prominutelném odkladu

**excuse** [iks'kju:s] *(n)* omluva; **accept ignorance as an** ~ přijmout / akceptovat neznalost jako omluvu

**excuse** [iks'kju:z] *(v)* sb./st. 1 omluvit koho/co 2 *from doing* st. prominout komu co

**execute** ['eksikju:t] *(v)* st./sb. 1 vykonat, plnit, provést co; uvést co v platnost; ~ **alterations** st. to st. provést úpravy čeho na čem; ~ **decorations** to st. provést povrchové úpravy na čem; ~ **documents** řádně vyhotovit dokumenty; ~ **duties** plnit / vykonávat povinnosti; ~ **repairs** opravit, provést opravy; ~ **a sentence** vykonat rozsudek; ~ **one's power** vykonávat svou pravomoc

**2** popravit koho; ~ **by firing squad** popravit zastřelením **executed** [ˈeksikjuːtid] *(adj)* splněný, vykonaný, provedený; ~ **contract** splněná smlouva; ~ **note** vlastní směnka; ~ **remainder** vykonané čekatelství; ~ **sale** uskutečněný prodej **execution** [ˌeksiˈkjuːšən] *(n)* **1** výkon práva; ~ **of a deed** vyhotovení právní listiny; ~ **of powers** výkon pravomocí; ~ **of a punishment** výkon trestu; ~ **of the sentence** výkon rozsudku; ~ **of a will** vykonání závěti; **period of** ~ **of contract** doba plnění trvání smlouvy; **stop of** ~ pozastavení soudního rozhodnutí **2** poprava **3** exekuce, zabavení; **warrant of** ~ soudní rozhodnutí o zabavení majetku dlužníka; **writ of** ~ nařízení výkonu exekuce; ~ **lien** exekuce retenčního práva k nemovitosti; ~ **sale** exekuční prodej; **levy** ~ **against sb.** provést exekuci u koho

**executioner** [ˌeksiˈkjuːšnə(r)] *(n)* popravčí **executive** [igˈzekjutiv] *(n)* výkonná moc, exekutiva; **Chief E~** *am.* prezident n. guvernér státu; **legal** ~ úředník v advokátní kanceláři **executive** [igˈzekjutiv] *(adj)* výkonný; správní; ~ **agency** *am.* orgán státní správy; ~ **agreement** *am.* mezinárodní smlouva nevyžadující ratifikaci Senátem; ~ **authority** výkonná / správní pravomoc; ~ **board** výkonný výbor, výkonná rada; ~ **branch** výkonná složka; ~ **clemency / pardon** *am.* milost udělená prezidentem; ~ **committee** výkonný výbor; ~ **department** *am.* ministerstvo; ~ **officer** úředník státního orgánu; ~ **order** *am.* nařízení prezidenta n. guvernéra; ~ **power** výkonná (pravo)moc; ~ **privilege** výsada mlčenlivosti; ~ **responsibility** odpovědnost výkonné moci vůči zákonodárné moci vlády vůči parlamentu; ~ **secretary** výkonný / úřadující tajemník; ~ **session** *am.* neveřejné zasedání Senátu **executor** [igˈzekjutə(r)] *(n)* správce pozůstalosti stanovený závětí; vykonavatel závěti **executory** [igˈzekjutəri] *(adj)* **1** vykonavatelský, exekuční; výkonný; ~ **process** zkrácený výkon soudního rozhodnutí **2** nesplněný, nevykonaný; očekávaný; ~ **consideration** nedokončený záměr; ~ **contract** nesplněná smlouva, jejíž plnění je za určitých podmínek možné; ~ **devise** odkaz budoucího právního titulu; ~ **interest** očekávaný právní titul; ~ **judgment** nevykonané soudní rozhodnutí; ~ **warranty** nesplněná smluvní podmínka

**exemplary** [igˈzempləri] *(adj)* příkladný, exemplární; ~ **damages** exemplárně zvýšená náhrada škody vzniklé při činu s přitěžujícími okolnostmi; ~ **punishment / sentence** exemplární trest **exemplification** [igˌzemplifiˈkeišən] *(n) am.* úřední opis / výpis **exemplify** [igˈzemplifai] *(v)* st. doložit co příkladem, exemplifikovat co; ověřit co; ~**ied copy** ověřená kopie **exempt** [igˈzempt] *(adj) from* st. vyňatý z čeho, osvobozený od čeho; ~ **income** nezdaněný příjem; ~ **information** informace, jejichž zveřejnění je nepřípustné; ~ **property** nemovitý majetek nepodléhající dani nemovitosti církevních, školských a charitativních institucí; ~ **securities** vyňaté cenné papíry; ~ **supplies** zboží n. služby nepodléhající DPH; ~ **transactions** nepovolený obchod s cennými papíry **exempt** *(v)* sb./st. **from** [igˈzemptˌfrəm] st. vyjmout, vysvobodit koho/co z čeho, zprostit čeho; ~ **from blame** zprostit viny; ~ **from military service** osvobodit od vojenské služby **exemption** [igˈzempšən] *(n)* vynětí z obecných povinností, exempce; daňová úleva; odpočitatelná položka; ~ **clauses** osvobozující klauzule; ~ **from customs duty** osvobození od cla; ~ **from payment of premium** osvobození od placení pojistného; ~ **from taxation** osvobození od daně; **waive** ~ **from VAT** vzdát se osvobození od DPH **exequatur** [ˌeksiˈkweitə(r)] *(lat)* doložka vykonatelnosti; povolení k výkonu konzulární funkce **exequies** [ˈeksikwiz] *(pl)* pohřební obřad **exercisable** [ˈeksə(r)saizəbl] *(adj)* vykonatelný, uplatnitelný; **an** ~ **right** uplatnitelné právo **exercise** [ˈeksə(r)saiz] *(n) of* st. vykonávání, výkon, uplatnění čeho; ~ **of judgment** výkon rozsudku; ~ **of powers** výkon pravomocí; ~ **of the prerogative of mercy** udělení milosti; ~ **of rights** výkon práv **exercise** [ˈeksə(r)saiz] *(v)* st. vykonávat, uplatňovat, provádět co; ~ **authority** vykonávat pravomoci; ~ **a control over st.** provádět / vykonávat kontrolu čeho; ~ **a discretion** uplatňovat rozvahu / úsudek; ~ **an influence** uplatňovat / používat vliv; ~ **jurisdiction** uplatňovat soudní pravomoc / jurisdikci; ~ **rights** uplatňovat práva; ~ **one's sovereignty** vykonávat / uplatňovat svou svrchovanost; ~ **this power under the rule of law** vykonávat tuto moc na základě zákona; ~ **statutory powers** vykonávat statutární / zákonné pravomoci; ~ **the veto privilege** uplatňovat právo veta

**exert** [ig'zə:(r)t] *(v)* st. uplatnit, použít, vynaložit co

**exertion** [ig'zə:(r)šən] *(n)* námaha, úsilí

**exhaust** [ig'zo:st] *(v)* st./sb. vyčerpat co/koho; spotřebovat co

**exhausting** [ig'zo:stiŋ] *(adj)* vyčerpávající, nesmírně namáhavý

**exhaustion** [ig'zo:sčən] *(n)* vyčerpání; vyčerpanost; ~ **of administrative remedies** vyčerpání prostředků správního řízení; ~ **of local remedies** vyčerpání opravných prostředků u místních orgánů

**exhaustive** [ig'zo:stiv] *(adj)* vyčerpávající; důkladný; ~ **investigation** důkladné vyšetřování; ~ **list of exceptions** taxativní výčet výjimek

**exhibit** [ig'zibit] *(n)* předložení písemného důkazu při soudním líčení; věcný důkaz předložený soudu

**exhibit** [ig'zibit] *(v)* st. předvést co, předložit důkaz čeho; ~ **a charge** vznést obvinění

**exhibition** [ˌeksi'bišən] *(n)* **1** projev, ukázka; předvedení **2** výstava

**exhumation** [ˌekshju:'meišən] *(n)* exhumace

**exhume** [eks'hju:m] *(v)* sb. exhumovat koho

**exigence** ['eksidžəns], **exigency** ['eksidžənsi] *(n)* **1** naléhavý požadavek, potřeba; ~ **of a bond** věcná náležitost obligace; ~**ies of the present action** naléhavost / potřeba této žaloby **2** případ nouze

**exigent** ['eksidžənt] *(adj)* naléhavý, neodkladný; ~ **circumstances** naléhavé okolnosti; ~ **list** seznam naléhavých soudních případů

**exile** ['eksail, 'egzail] *(n)* **1** vyhnanství, exil **2** emigrant, exulant; vyhnanec

**exist** [ig'zist] *(v)* existovat; ~ **under the legal system** existovat v právním systému

**existence** [ig'zistəns] *(n)* existence; bytost; **remain in** ~ nadále existovat

**existent** [ig'zistənt] *(adj)* existující, současný

**existing** [ig'zistiŋ] *(adj)* existující, trvající; ~ **claim** trvající nárok; ~ **debt** trvající dluh

**exit** 1 ['eksit] *(n)* **1** východ; **right of egress and** ~ právo volného přístupu k nemovitosti; ~ **wound** průstřel **2** úbytek, odpad, storno

**exit** 2 ['eksit] *(lat)* „vychází"; vydání; ~ **of a writ** vydání soudního rozhodnutí

**exonerate** [ig'zonəreit, *am.* -'zanə-] *(v) from* st.

**1** očistit od čeho, zprostit čeho; ~ **from the accusation** zprostit obvinění; ~ **from any criminal offence** zprostit jakéhokoliv obvinění z trestného činu **2** zbavit, zprostit koho čeho

**exoneration** [igˌzonə'reišən, *am.* -ˌzanə-] *(n)* zproštění právního břemene, právní povinnosti; rehabilitace; postihové právo

**exonerative** [ig'zonərətiv, *am.* -'zanə-] *(adj)* ospravedlňující; zprošťující

**expansion** [iks'pænšən] *(n)* rozšíření, expanze; rozmach, rozvoj

**expansive** [iks'pænsiv] *(adj)* expanzívní, expanzionistický; expanzní

**expansiveness** [iks'pænsivnəs] *(n)* expanzívnost, expanzionismus

**expatriate** [eks'pætrieit] *(v)* sb. vysídlit koho

**expatriation** [eksˌpætri'eišən] *(n)* vysídlení ze země

**expect** [iks'pekt] *(v)* sb./st. *of* sb./st. očekávat koho/co od koho/čeho

**expectable** [iks'pektəbl] *(adj)* očekávatelný, předvídatelný

**expectancy** [iks'pektənsi], **expectance** [iks'pektəns] *(n)* **1** očekávané právo, jež má vzniknout na základě budoucí události **2** očekávání; vyhlídka, naděje; **life** ~ předpokládaná délka života

**expectant** [iks'pektənt] *(n)* čekatel, uchazeč o zaměstnání

**expectant** [iks'pektənt] *(adj)* očekávaný, budoucí; ~ **heir** budoucí dědic; ~ **right** budoucí právo

**expectation** [ˌekspek'teišən] *(n)* **1** očekávání; naděje, vyhlídka **2** domněnka, předpoklad

**expect** [iks'pekt] *(v)* st./sb. očekávat co/koho

**expected** [iks'pektid] *(adj)* **1** očekávaný; ~ **mortality** očekávaná úmrtnost **2** *pojišť.* střední; ~ **value exceeding** překročení střední hodnoty; ~ **value principle** princip střední hodnoty

**expedience** [iks'pi:djəns] *(n)* **1** osobní prospěch, sobecký zájem **2** vhodnost, výhodnost, účelnost

**expediency** [iks'pi:djənsi] *(n)* **1** účelné opatření, účelný / vhodný prostředek

**expedient** [iks'pi:djənt] *(n)* **1** prostředek **2** pomoc z nouze

**expedient** [iks'pi:djənt] *(adj)* **1** výhodný, vhodný, účelný **2** přinášející osobní prospěch

**expel** [iks'pel] */ll/ (v)* sb. vykázat koho (ze země); vypudit, vyloučit koho

**expellee** [ˌekspə'li:] *(n)* vyhnanec, vysídlenec

**expend** [iks'pend] *(v)* vydat, vynaložit peníze; spotřebovat

**expendable, expendible** [iks'pendəbl] *(adj)* 1 určený ke spotřebě / spotřebování 2 snadno postradatelný

**expenditure** [iks'pendičə(r)] *(n)* on / for st. *(brit. zejm. sg.; am. zejm. pl.)* výdaj(e), vydání; **wasted** ~ zbytečné výdaje; **proposals for** ~ návrhy na vydání; **authorize** ~ schválit výdaje; **put limits on** ~ omezovat výdaje

**expense** [iks'pens] *(n)* výdaj, vydání; náklady, útraty; **current** ~ běžné výdaje; **prepaid** ~ předplacené výdaje; **~(s) account** cestovní účet; ~ **loading** nákladová položka; ~ **ratio** podíl nákladové složky, nákladový ukazatel; **at one's own** ~ na vlastní náklady; **grant legal aid wholly or partly at the public** ~ poskytnout právní pomoc úplně n. částečně na státní náklady

**expenses** [iks'pensiz] *(pl)* náklady, výlohy, útraty; **election** ~ volební výdaje; **operating** ~ provozní náklady; **overhead / general / running** ~ režijní výdaje; ~ **of administration** výdaje na správu pozůstalosti; ~ **of receivership** náklady správce konkursní podstaty; ~ **of the state** státní výdaje; **allowance for secretarial and office** ~ příspěvek na administrativní výdaje; **pay** ~ (za)platit výdaje

**experience** [iks'piəriəns] *(n)* zkušenost, zážitek; praxe; ~ **rating** empirické stanovení sazeb; ~ **table** úmrtní tabulky stanovené na základě zkušenosti pojišťovny

**experiment** [iks'perimənt] *(n)* pokus, experiment

**experiment** [iks'periment] *(v)* in st. 1 experimentovat (s čím) 2 zakusit co; ~ **physical pain** zakusit fyzickou bolest

**experimental** [eksˌperi'mentl] *(adj)* experimentální, pokusný

**experimentee** [eksˌperimən'ti:] *(n)* pokusná osoba

**expert** ['ekspə:(r)t] *(n)* odborník, znalec; ~**'s report** znalecký posudek

**expert** ['ekspə:(r)t] *(adj)* odborný, znalecký; ~ **evidence** výpověď znalce; znalecký důkaz; ~ **examination** expertiza; ~ **findings** závěry expertizy; ~ **opinion** znalecký posudek; závěry expertizy; ~ **testimony** znalecký posudek; ~ **witness** výpověď soudního znalce

**expertise** [ˌekspə(r)'ti:z] *(n)* expertiza, posudek;

**technical** ~ odborná expertiza, odborný posudek; **require technical** ~ vyžadovat odborný posudek

**expiration** [ˌekspi'reišən] *(n)* uplynutí, zánik uplynutím, vypršení doby; ~ **of the agreement** ukončení platnosti smlouvy, vypršení smlouvy; ~ **of insurance policy** zánik pojistné smlouvy; ~ **of sentence** vypršení trestu; ~ **of six months from the passing of the sentence** uplynutí šesti měsíců ode dne vynesení rozsudku; ~ **of the term of office** skončení funkčního období

**expire** [ik'spaiə(r)] *(v)* skončit, vypršet; **a contract** ~**s** smlouva končí / vyprší; **the validity** ~**s ...** platnost končí ...

**expiry** [ik'spaiəri] *(n)* skončení, vypršení, uplynutí; ~ **of insurance** zánik pojistky; **date of** ~ **of a fixed term contract** datum skončení pracovní smlouvy na dobu určitou

**explain** [ik'splein] *(v)* 1 st. *to* sb. vysvětlit, objasnit co komu 2 *away* st. bagatelizovat, snažit se zamluvit co; **evidence which it was hard to** ~ **away** důkazy, které se nedaly oddiskutovat, nesporné důkazy

**explanation** [ˌeksplə'neišən] *(n)* vysvětlení, výklad

**explication** [ˌekspli'keišən] *(n)* vysvětlení, objasnění; výklad

**explicit** [ik'splisit] *(adj)* 1 jednoznačný; jasný; výslovný; zřetelný 2 placený v hotovosti; ~ **rent** nájemné placené v hotovosti

**explicitly** [ik'splisitli] *(adv)* výslovně; **specify** ~ výslovně uvést

**exploitation** [ˌeksploi'teišən] *(n)* 1 využití; těžba 2 vykořisťování

**exploitee** [ˌeksploi'ti:] *(n)* vykořisťovaná osoba, vykořisťovaný

**exploiter** [ik'sploitə(r)] *(n)* vykořisťovatel

**exploration** [ˌeksplo:'reišən] *(n)* průzkum, prozkoumání

**explore** [iks'plo:(r)] *(v)* st. probádat, (pro)zkoumat co

**explosion** [iks'pləužən] *(n)* výbuch, exploze

**explosives** [iks'pləusivz] *(pl)* výbušniny, trhaviny

**export** ['ekspo:(r)t] *(n)* vývoz, export

**export** ['ekspo:(r)t] *(adj)* exportní, vývozní; ~ **bonus** vývozní prémie; ~ **claim** vývozní pohledávka; ~ **draft** vývozní směnka; ~ **licence** vývozní povolení; ~ **tax** vývozní daň

**export** [iks'po:(r)t] *(v)* st. vyvážet, vyvézt co

**exportation** [ˌekspo:(r)'teišən] *(n)* vývoz, vyvážení; **~ bounty on st.** vývozní povolení na co; **~ voucher** výstupní list
**exports** ['ekspo:(r)ts] *(pl)* vývozní zboží
**expose** [iks'pəuz] *(v)* sb./st. *to* sb./st. vystavit / vydat koho/co komu/čemu / účinkům čeho
**exposition** [ˌekspə'zišən] *(n)* výklad, rozklad; pojednání
**expository** [eks'pozitəri] *(adj)* interpretační; **~ statute** interpretační norma
**exposure** [iks'pəužə(r)] *(n)* **1** *to* st. vystavení / vystavování čemu / účinkům čeho; **indecent ~** exhibicionismus jako trestný čin; **~ of child** vystavení dítěte nebezpečí **2** *of* st. zveřejnění, odhalení čeho; **the report's ~ of corruption in the police force** odhalení korupce v policejních silách
**express** [iks'pres] *(adj)* výslovný, jasný, nepochybný; **~ assumpsit** výslovný dobrovolný závazek; **~ color** *am.* námitka zdánlivého práva; **~ dissatisfaction** výslovná nespokojenost se závětí jako důvod propadnutí dědického podílu; **~ formulation** výslovná formulace; **~ and implied terms** výslovné, jasné a předpokládané podmínky; **~ malice** jasný zlý úmysl; **~ permission** výslovné povolení; **~ repeal** zrušení, derogace; **~ request** výslovná žádost; **~ trust** svěřenství zřízené výslovně písemnou formou
**express** [iks'pres] *(v)* st. vyjádřit co; **~ preferences** vyjádřit preference
**expression** [iks'prešən] *(n)* **1** vyjádření **2** výraz
**expressly** [iks'presli] *(adv)* **1** výslovně; **specify ~** výslovně stanovit **2** schválně, úmyslně
**expropriate** [eks'prəuprieit] *(v)* sb. *from* st. zbavit koho vlastnictví čeho; vyvlastnit co
**expropriation** [eksˌprəupri'eišən] *(n)* vyvlastnění soukromého majetku pro veřejné účely obv. s finanční náhradou
**expropriator** [eks'prəuprieitə(r)] *(n)* vyvlastňovatel
**expulsion** [iks'palšən] *(n)* vyloučení; vyhnání, vypovězení; vypuzení
**expunge** [ik'spandž] *(v)* *from* vymazat, vyškrtnout z
**ex(-)service** [eks'sə:(r)vis] *(adj)* jsoucí mimo činnou službu
**extant** [eks'tænt] *(adj)* ještě existující, jsoucí v současnosti
**extemporaneous** [eksˌtempə'reinjəs] *(adj)* improvizovaný; nepřipravený; nouzový

**extend** [iks'tend] *(v)* st. rozšířit co; **~ powers** rozšířit pravomoci / kompetence
**extended** [iks'tendid] *(adj)* rozšířený, prodloužený; **~ coverage clause** doložka o rozšířeném pojištění
**extensible** [iks'tensəbl] *(adj)* prodloužitelný; **~ term** prodloužitelná lhůta
**extension** [iks'tenšən] *(n)* **1** prodloužení, prolongace; **~ agreement** dohoda o prodloužení lhůty; **~ of the insurance** prodloužení pojištění **2** rozšíření, zvětšení; **~ costs** *pojišť.* náklady na rozšířené krytí **3** nástavba, přístavba
**extensive** [iks'tensiv] *(adj)* rozsáhlý; značný; četný
**extent** [iks'tent] *(n)* **1** stupeň, míra; **~ of legal recognition** rozsah právního uznání; **in a large ~** ve velké míře, velmi; **to the ~ that...** do té míry / tak, že... **2** zabavení zadlužené nemovitosti **3** rozloha, rozsah; **~ of damage** rozsah škod ♦ **save to the ~ that such VAT is recoverable by the landlord** s výjimkou případů, kdy DPH hradí vlastník
**extenuate** [ek'stenjueit] *(v)* st. zmenšit závažnost čeho; **extenuating circumstances** polehčující okolnosti
**extenuation** [ekˌstenju'eišən] *(n)* zmírnění, zmenšení závažnosti
**exterior** [ek'stiəriə(r)] *(adj)* vnější, vnější; **~ signs of injury** vnější známky zranění
**external** [ek'stə:(r)nl] *(adj)* zahraniční; vnější; **~ commerce** zahraniční obchod; **~ decoration year** rok, v němž budou provedeny vnější povrchové úpravy; **~ policy** zahraniční politika
**externally** [ek'stə:(r)nli] *(adv)* **1** vnějškově, navenek **2** v zahraničí
**ex(tra)territoriality** [eks(trə)ˌterito:ri'æləti] *(n)* exteritorialita
**extinct** [ik'stiŋkt] *(adj)* zemřelý, mrtvý; vymřelý
**extinction** [ik'stiŋkšən] *(n)* **1** zaniknutí, zánik; vymizení, vymření; **~ of a legal right** zánik práva **2** umoření, splacení; **~ of a debt** umoření dluhu **3** hašení
**extinguish** [ik'stiŋgwiš] *(v)* st. **1** zhasit co **2** zničit co **3** anulovat co; **~ a title to the land** anulovat právní titul k půdě **4** umořit, splatit co; amortizovat co; **~ed obligation** zaniklý závazek
**extinguishment** [ik'stiŋgwišmənt] *(n)* anulování, zánik *práva;* **~ of common** zrušení obec-

ního pozemku; ~ **of debts** zánik dluhu splacením; ~ **of legacy** zánik odkazu; ~ **of lien** osvobození od retenčního práva
**extort** [ik'sto:(r)t] *(v)* st. *from* sb. vynutit, vymáhat co od koho; ~ **bribes** vynutit úplatky
**extortion** [ik'sto:(r)šǝn] *(n)* neoprávněné a násilné vynucení čeho, vydírání
**extra** ['ekstrǝ] *(lat)* mimo, vyjma, bez, kromě; dodatečný; ~ **session** dodatečné zasedání; ~ **vires** [,ekstrǝ'vairis] nad možnosti
**extraconstitutional** ['ekstrǝ,konsti't(j)u:šǝnl] *(adj)* mimoústavní
**extract** ['ekstrækt] *(n)* výňatek, ukázka
**extract** [ik'strækt] *(v)* st. **1** vytáhnout, vytrhnout co **2** extrahovat co **3** pořídit výtah čeho
**extradite** ['ekstrǝdait] *(v)* sb. vydat stíhanou osobu jinému státu
**extradition** [,ekstrǝ'dišǝn] *(n)* extradice vydání osoby druhému státu; **demand** ~ požadovat vydání osoby jinému státu
**extra(-)hazardous** [,ekstrǝ'hazǝ(r)dǝs] *(adj)* zvláště nebezpečný
**extra(-)judicial** [,ekstrǝdžu'dišǝl] *(adj)* mimosoudní; ~ **confession** mimosoudní doznání; ~ **oath** mimosoudní přísaha
**extra(-)legal** [,ekstrǝ'li:gǝl] *(adj)* neupravený zákonem, ležící mimo rámec zákona
**extra(-)mural** [,ekstrǝ'mjuǝrǝl] *(adj)* **1** mimoústavní **2** ležící mimo město

**extraneous** [ek'streinjǝs] *(n)* vedlejší, nepřímý; ~ **evidence** nepřímý důkaz; ~ **offence** vedlejší trestný čin; ~ **question** vedlejší otázka
**extraordinary** [ik'stro:dnri] *(adj)* mimořádný, výjimečný; ~ **average** mimořádné poškození lodi; ~ **expenses** mimořádné výdaje; ~ **general meeting** mimořádná valná hromada akcionářů; ~ **hazard / risk** mimořádné riziko; ~ **remedies** mimořádné opravné prostředky; ~ **session** mimořádné zasedání
**extraterritoriality** ['ekstrǝ,teri,to:ri'ælǝti] *(n)* exteritorialita
**extreme** [ik'stri:m] *(n)* extrém; nejvyšší stupeň / míra
**extreme** [ik'stri:m] *(adj)* krajní, extrémní; ~ **cruelty** mimořádná krutost; ~ **penalty** nejvyšší možná sazba trestu
**extrinsic** [ek'strinsik] *(adj)* vnější; ~ **ambiguity** nejasnost způsobená vnějšími okolnostmi **2** nepodstatný, nedůležitý; ~ **evidence** vedlejší důkaz
**exuberance** [ig'zju:bǝrǝns], **exuberancy** [ig'zju:bǝrǝnsi] *(n)* neukázněnost; nevázanost, bujnost; hojnost
**eyewitness** [ai'witnǝs] *(n)* očitý svědek uvádějící skutečnosti, jež viděl na vlastní oči; ~ **identification** identifikace očitým svědkem

# F

**F.A.A.** [ˌefeiˈei] *(abbrev)* **1** *free of all average* námořní pojištění proti úplné ztrátě lodi a nákladu **2** *Federal Aviation Administration* am. Federální úřad pro letectví
**fabricate** [ˈfæbrikeit] *(v)* st. **1** zhotovit, zpracovat co **2** vymýšlet co; uměle konstruovat co; ~ **an accusation / a charge** vykonstruovat obvinění; ~ **evidence** falšovat důkazy; **~d fact** vykonstruovaná / zfalšovaná skutečnost
**fabrication** [ˌfæbriˈkeišən] *(n)* padělek; výmysl, konstrukce lží
**face** [ˈfeis] *(n)* povrch, líc; to, co zjevně vyplývá ze slovního vyjádření, záznam; ~ **of judgment** soudem přiznaná dlužná částka; ~ **of policy** pojistná smlouva jako celek, vše, co je uvedeno na její první straně; ~ **of record** **1** *(TP)* líc protokolu záznam formální obžaloby a výroku poroty **2** celistvý záznam projednávání věci; **on the** ~ **of st.** na první pohled, při zběžném prostudování čeho ♦ ~ **amount** nominální částka; ~ **value** nominální hodnota cenných papírů
**face** [ˈfeis] *(v)* st. čelit čemu, stát před čím; **what charges they have to** ~ jakým obviněním musí čelit; ~ **with st.** konfrontovat s čím, předložit co; **~d with the evidence** konfrontován(a) s důkazy
**faceless** [ˈfeislis] *(adj)* anonymní
**facile** [ˈfæsail, am. ˈfæsəl] *(adj)* obratný, pohotový, hbitý; ~ **liar** obratný lhář
**facilitate** [fəˈsiliteit] *(v)* sb./st. *in* st. **1** usnadnit co, napomáhat čemu **2** pomáhat komu (v čem)
**facilitation** [fəˌsiliˈteišən] *(n)* napomáhání, pomoc při trestné činu ulehčení pachateli dokonání trestného činu
**facilities** [fəˈsilətiz] *(pl)* **1** zařízení, příslušenství; **supply educational, shopping and waste disposal** ~ postarat se o školní a nákupní zařízení a zařízení na odvoz odpadků **2** vybavení, vybavenost
**facsimile** [fækˈsimili] *(n)* přesná kopie, faksimile
**fact** [fækt] *(n)* **1** fakt, skutečnost; skutek; trestný čin; **probative ~s** průkazné skutečnosti; ~ **of common knowledge** notorieta, věc všeobecně známá; **~s in issue** meritum věci, projednávaná fakta; **ignorance of** ~ skutkový omyl; **issue of** ~ faktická / meritorní

otázka; **proof of ~s** důkaz faktů; **question of** ~ faktická otázka; **statement of** ~ konstatování faktu; **confess the** ~ přiznat se k trestnému činu; **in** ~ ve skutečnosti, vlastně **2** **~s** *(pl)* skutková podstata, skutkový stav
**fact-finder** [ˈfæktˌfaində(r)] *(n)* vyšetřovatel ve věcech pracovněprávních
**fact-finding** [ˈfæktˌfaindiŋ] *(n)* vyšetřování, shromažďování faktů
**faction** [ˈfækšən] *(n)* **1** politická frakce, klika; ~ **disputes** frakční spory; **split into ~s** rozštěpit se ve frakce **2** část; ~ **of a year** část roku
**factional** [ˈfækšənl] *(adj)* frankcionářský, frakční; ~ **infighting** frakční boj
**factitious** [fækˈtišəs] *(adj)* uměle vyvolaný, falešný, nepřirozený
**factor** [ˈfæktə(r)] *(n)* **1** komisionář, zprostředkovatel, obchodní agent, faktor s urč. majetkovým vztahem k prodávanému zboží; **debt** ~ agent skupující dluhy se slevou a poté je vymáhá pro sebe n. za provizi **2** faktor, činitel; **outside ~s** vnější faktory; **vitiating ~s** faktory způsobující neplatnost; **~s of production** výrobní faktory **3** *skot.* správce konkursní podstaty; správce majetku
**factorage** [ˈfæktəridž] *(n)* provize zprostředkovatele
**factual** [ˈfækčuəl] *(adj)* konkrétní, skutečný; přesný
**facultative** [ˈfækəltətiv] *(adj)* **1** výběrový, fakultativní; ~ **compensation** náhradní plnění **2** občasný; ~ **drinker** občasný piják
**faculties** [ˈfækəltiz] *(pl)* schopnost, oprávnění, pravomoci poskytnout výživné
**faculty** [ˈfækəlti] *(n)* **1** schopnost, talent, nadání **2** fakulta; **F~ of Law** právnická fakulta **3** oprávnění, výhradní právo; ~ **to suppress demonstration** právo potlačit demonstraci **4** profesionální skupina; **F~ of Advocates** *skot.* Advokátní komora
**fagin** [ˈfeigin] *(n)* cvičitel zlodějů; přechovávač kradeného zboží
**fail** [feil] *(n)* **1** selhání; propadnutí u zkoušky **2** chyba; nedbalost
**fail** [feil] *(v)* (sb.) **1** nezdařit se, selhat, neuspět, propadnout; nechat propadnout (koho); ~ **of reelection** neuspět při opětovné volbě

**2** zkrachovat, upadnout do konkursu, stát se insolventním; **failing circumstances** insolventnost, platební neschopnost; ~ **company** společnost v úpadku **3** zápor k významovému slovesu; ~ **to come** nepřijít; ~ **to perform one's obligation** neplnit své povinnosti **4** zapomenout, opominout; ~ **to write** zapomenout napsat

**failure** ['feiljə(r)] *(n)* **1** opomenutí, zmeškání; nevykonání, neprovedení; nedostatek, neschopnost; ~ **of consideration** neschopnost smluvního protiplnění; ~ **of evidence** důkazní nouze; ~ **of justice** selhání justice; ~ **of title** vada v právním důvodu; ~ **to act** nečinnost, omise; ~ **to appear** nedostavení se; ~ **to comply** nečinnost, omise; ~ **to do st.** opomenutí / zanedbání čeho; ~ **to make payment** nesplacení dluhu; ~ **to meet obligations** neschopnost plnit závazky; ~ **to oppose** neschopnost čelit; ~ **to perform** neplnění **2** upadnutí do konkursu, bankrot, úpadek

**faint** ['feint] *(n)* mdloba

**faint** ['feint] *(adj)* bezpředmětný; ~ **action** předstíraná bezpředmětná žaloba; ~ **pleader** falešný obhájce

**fair** ['feə(r)] *(adj)* **1** slušný, čestný; přijatelný, přiměřený, přípustný; vzájemně výhodný; ~ **cash value** přiměřená tržní cena; ~ **competition** přípustná konkurence, korektní soutěž; ~ **dealing** 1 čestné jednání 2 přípustná citace z díla chráněného autorským právem 3 poctivý obchod; ~ **equivalent** přiměřená cena, tj. odpovídající hodnota majetku v momentu převodu práv k němu; ~ **persuasion** přesvědčování bez použití nátlaku; ~ **quality** ucházející / přijatelná kvalita; ~ **rent** přijatelné nájemné; ~ **sale** vzájemně výhodný prodej; ~ **trade** korektní vzájemně výhodný obchod; ~ **representation** korektní zastupování; ~ **wear and tear** přiměřené opotřebení **2** řádný; náležitý; oprávněný, spravedlivý; ~ **comment** oprávněná kritika; ~ **consideration** náležitá úplata / cena, náležité protiplnění; ~ **copy** čistopis; ~ **hearing** řádné a spravedlivé projednání věci; ~ **and impartial trial** spravedlivé a nestranné soudní řízení; ~ **preponderance of evidence** důkaz s náležitou důkazní silou; **have** ~ **opportunities** mít stejné příležitosti ♦ ~ **market price** objektivní tržní cena; ~ **market value** objektivní tržní hodnota

**fairly** ['feə(r)li] *(adv)* docela, celkem; ~ **evenly** docela rovnoměrně

**fair-minded** [,feə(r)'maindid] *(adj)* objektivní, nezaujatý, bez předsudků

**fairness** ['feə(r)nis] *(n)* slušnost, poctivost, férovost, spravedlivost

**faith** ['feiθ] *(n)* důvěra, víra; **in bad** ~ ve zlém úmyslu, mala fide; **in good** ~ v dobré víře, bona fide; **on the** ~ **of st.** v důvěře k čemu

**faithful** ['feiθful] *(adj)* **1** věrný, spolehlivý; ~ **service** věrná služba **2** závazný; ~ **promise** závazný slib

**fake** ['feik] *(n)* padělek, falzifikát; podvod; ~ **documentation** falešné průvodní doklady o nákladu

**fake** ['feik] *(v)* st. zfalšovat, napodobit, padělat co; ~ **a break-in** předstírat vloupání

**faker** ['feikə(r)] *(n)* padělatel, falšovatel

**fakery** ['feikəri] *(n)* podvodné jednání, páchání podvodů

**fall** */fell, fallen/* [fo:l, fel, fo:lən] *(v)* **1** *on* st. připadnout na kdy; ~ **on Monday** připadnout na pondělí **2** stát se; **the bill** ~**s due** účet se stává splatným **3** *outside* st. nespadat kam, být mimo co; **the case** ~**s outside the jurisdiction of the court** případ nespadá do pravomoci tohoto soudu **4** *within* st. patřit, spadat kam; ~ **within the competence of the court** spadat do pravomoci soudu

**fallacious** [fə'leiʃəs] *(adj)* mylný, chybný, nesprávný

**fallacy** ['fæləsi] *(n)* klam; falešná představa; ~ **of the argument** mylnost argumentu, klamný argument

**false** ['fo:ls] *(adj)* **1** falešný, nepoctivý, nepravdivý; ~ **accusation** křivé obvinění; ~ **advertising** nepravdivá / klamavá reklama; ~ **claim** podvodný nárok; ~ **entry** falešná položka v účetní knize; ~ **fact** zfalšovaná skutečnost při dokazování; ~ **impersonation** podvodné vydávání se za jinou osobu; ~ **indication of origin** falešné označení původu u zboží; ~ **instrument** padělek, falešný dokument; ~ **oath** křivá přísaha; ~ **personation** podvodné vydávání se za jinou osobu; ~ **pretence(s)** / *am.* **pretense** trestný čin podobný podvodu / falešné záminky; ~ **representation** klamná prezentace, nevěrné zastupování, trestný čin podobný podvodu; ~ **statement** falešné prohlášení; ~ **swearing** křivé svědectví pod přísahou; ~ **testimony**

křivé svědectví; ~ **witness** křivé svědectví; křivý **svědek**; ~ **and fraudulent** lstivý, vedený zlým úmyslem; ~ **and misleading** klamný **2** nezákonný, protiprávní; ~ **arrest** neoprávněné zbavení osobní svobody, nezákonné uvěznění; ~ **imprisonment** nezákonné uvěznění, protiprávní odnětí svobody; ~ **verdict** protiprávní výrok

**falsehood** ['fɔ:lshud] *(n)* nepravda, lež, faleš; **injurious / malicious** ~ nactiutrhačná lež mající za následek škodu

**falsification** [ˌfɔ:lsifi'keišən] *(n)* padělání, falšování

**falsifier** ['fɔ:lsifaiə(r)] *(n)* padělatel, falzifikátor

**falsify** ['fɔ:lsifai] *(v)* st. padělat, (z)falšovat co; ~ **accounts** zfalšovat účetní záznamy; ~ **a passport** padělat pas; ~ **a record** padělat záznam

**family** ['fæməli] *(n)* rodina; **members of the** ~ rodinní příslušníci, členové rodiny; **membership of the same** ~ příslušnost ke stejné rodině; **constitute a** ~ tvořit rodinu; **establish a** ~ založit rodinu

**family** ['fæməli] *(adj)* rodinný; ~ **allowance** výživné pro rodinu stanovené závětí do ukončení dědického řízení; ~ **allowances** rodinné přídavky; ~ **automobile doctrine** (= ~ **car / purpose / service rule**) pravidlo, že vlastník vozidla je odpovědný za škodu způsobenou provozováním vozidla členem rodiny; **F~ Division** brit. rodinný soud jako součást Nejvyššího soudu; ~ **estate** rodinné sídlo, rodinný statek; ~ **law** rodinné právo; ~ **name** příjmení; ~ **planning** plánované rodičovství; ~ **settlement** vypořádání rodinného majetku

**fanciful** ['fænsifʊl] *(adj)* smyšlený, vymyšlený

**fancifully** ['fænsifʊli] *(adv)* smyšleně, imaginárně; **construe words** ~ vykládat slova, jak se zlíbí / podle fantazie

**fancy** ['fænsi] *(n)* fantazie, představa, domněnka ♦ ~ **woman** vydržovaná milenka; **have a ~ for st.** mít chuť na co

**FAO** ['feiəu, ˌefei'ou] *(abbrev)* *Food and Agriculture Organization (OSN)* Organizace pro zemědělství a výživu

**farm** [fa:(r)m] *(n)* **1** farma, zemědělská usedlost, statek; ~ **labour / labourer** zemědělský dělník; ~ **let** pronájem farmy **2** pronájem, pacht

**farmer** ['fa:(r)mə(r)] *(n)* rolník, farmář

**farmland** ['fa:(r)mlænd] *(n)* zemědělská půda

**farmstead(ing)** ['fa:(r)mstediŋ] *(n)* zemědělská usedlost, farma, hospodářství

**far-reaching** [ˌfa:(r)'ri:čiŋ] *(adj)* dalekosáhlý

**farthest** ['fa:(r)ðist] *(adj)* nejvzdálenější, nejodlehlejší

**F.A.S.** [ˌefei'es] *(abbrev)* *free alongside ship* závazek dodat objednané zboží vyplaceně k boku lodi zahrnut v ceně dodávky

**fascist** ['fæšist] *(n)* fašista

**fascist** ['fæšist] *(adj)* fašistický

**fasten** ['fa:sn] *am.* 'fæsn] *(v)* **1** upevnit, připevnit co **2** svalit co; ~ **the blame on sb.** svalit vinu na koho

**fatal** ['feitl] *(adj)* **1** osudový, fatální; ~ **error** osudový omyl **2** smrtelný; smrtící; ~ **accident** smrtelný úraz; ~ **injury** smrtelné zranění; ~ **weapon** smrtící zbraň

**fatality** [fə'tæləti] *(n)* osudovost; úmrtnost, mortalita; ~ **rate** úmrtnost

**fate** [feit] *(n)* osud

**father** ['fa:ðə(r)] *(n)* otec; senior, doyen; **F~ of the House** brit. funkčně nejstarší poslanec Dolní sněmovny; nejstarší poslanec Sněmovny lordů

**father** ['fa:ðə(r)] *(v)* sb./st. **1** zplodit, být otcem koho **2** (up)on sb. svalit co na koho, obvinit koho z čeho; ~ **a crime upon the first likely suspect** obvinit z trestného činu prvního možného podezřelého

**fault** [fɔ:lt] *(n)* **1** vina, zavinění **2** vada, chyba, omyl **3** opomenutí

**faulty** ['fɔ:lti] *(adj)* vadný, chybný, špatný; mylný; ~ **possession** vadná držba

**favour** (*am.* favor) ['feivə(r)] *(n)* **1** náklonnost, přízeň; **be in ~ of st.** být pro co, souhlasit s čím; **vote in ~ of st.** hlasovat pro co **2** laskavost, vlídnost **3** výsada, privilegium, prospěch; **have the ~ of a new trial** mít výsadu nového řízení

**favour** (*am.* favor) ['feivə(r)] *(v)* sb./st. prokazovat přízeň komu/čemu; podporovat koho/co; ~ **the retention** být pro zachování čeho; **the jurors ~ed the defendant** porotci stáli na straně obžalovaného; ~ **ed beneficiary** privilegovaný beneficient; ~ **most ~ed nation clause** *am.* doložka nejvyšších výhod

**favourable** (*am.* favorable) ['feivərəbl] *(adj)* příznivý; ~ **loss experience** pojišť. příznivý škodní průběh

**favouritism** (*am.* favoritism) ['feivəritizəm] *(n)* zvýhodňování, protekcionářství

**fear** ['fiə, *am.* 'fir] *(n)* strach, velké obavy
**fear** ['fiə, *am.* 'fir] *(v) for* st./sb. obávat se o co/koho
**fearful** ['fiəful, *am.* 'fir-] *(adj)* hrozný, strašný
**feasance** ['fi:zəns] *(n)* jednání, konání, plnění
**feasibility** [ˌfi:zə'biləti] *(n)* proveditelnost, uskutečnitelnost, vhodnost; ~ **of a project** uskutečnitelnost projektu; ~ **study / report** studie / rozbor uskutečnitelnosti / proveditelnosti urč. projektu, plánu
**feasible** ['fi:zəbl] *(adj)* uskutečnitelný, proveditelný, vhodný
**feasor** ['fi:zə(r)] *(n)* osoba dělající co, konatel, činitel čeho; tvůrce; **joint** ~ **in pari delicto** [ˌpæri di'liktəu] spolupachatel trestného činu
**feature** ['fi:čə(r)] *(n)* znak, rys; **common** ~ společný znak; **differentiating** ~**s** rozlišující znaky; **salient** ~ charakteristický rys; **specific** ~ zvláštní / specifický znak
**federal** ['fedərəl] *(adj)* federální, federativní; ~ **agency** federální výkonný orgán, státní orgán; ~ **census** federální sčítání lidu; ~ **citizenship** občanství USA; ~ **court** federální soud; ~ **crimes** *am.* činy považované za trestné v rámci celých Spojených států a souzené podle federálního práva; **F~ Bureau of Investigation (FBI)** *am.* Federální úřad pro vyšetřování; ~ **government** federální vláda; ~ **judge** soudce federálního soudu; ~ **offense** *am.* trestný čin souzený podle federálního práva projednávaný federálním soudem; **F~ Reserve System** *am.* federální systém hmotných rezerv síť 12 centrálních bank; **F~ Rules of Civil Procedure** *am.* Federální občanský procesní řád; **F~ Rules of Criminal Procedure** *am.* Federální trestní řád; **F~ Rules of Evidence** *am.* Federální pravidla důkazního řízení; ~ **state** federativní stát; ~ **union** federální unie / svaz
**federalist** ['fedərəlist] *(n)* federalista; **F~ Papers** *am.* 85 esejů Johna Hamiltona a Jamese Madisona z r. 1787 zdůvodňující přijetí Ústavy Spojených států
**federalization** [ˌfedərəlai'zeišən] *(n)* federalizace
**federalize** ['fedərəlaiz] *(v)* st. federalizovat co
**federate** ['fedərət] *(adj)* federovaný, federativní
**federation** [ˌfedə'reišən] *(n)* federace
**fee** [fi:] *(n)* **1** dělitelný majetek; **conditional** ~ právo k majetku omezené jen na některé dědice; **defeasible** ~ **simple** zrušitelné vlastnictví k pozemku; **determinable** ~ kvalifikované právo k majetku, tj. přesně stanovený rozsah a obsah práva; **limited** ~ omezené vlastnictví

pozemku; **quasi** ~ majetkové právo získané porušením cizího práva; ~ **farm** časově neomezené právo užívání a požívání cizího pozemku; ~ **simple** absolutní / neomezené / plnoprávné vlastnictví; ~ **tail** majetek s omezeným vlastnickým právem děděný v přesně stanovené linii nikoliv dědici ze zákona **2** honorář; **attorney** ~**s** palmáre; **barrister's** ~ palmáre; **contingent** ~ odměna advokátovi vyplacená ve výši procentuálního podílu vysouzené částky odškodnění; ~ **splitting** dělitelnost palmáre **3** poplatek; výlohy; **admission / entrance** ~ vstupné; **court** ~**s** soudní výlohy; **docket** ~**s** poplatky za administrativní úkony soudu; **toll-road** ~ mýtné; ~ **stamp** kolek; ~**s of review surveyor** znalečné
**feeble-minded** [ˌfi:bl'maindid] *(adj)* mající sníženou inteligenci, slaboduchý
**feeling** ['fi:liŋ] *(sg)* (po)cit
**feign** ['fein] *(v) to do* st. *that* **1** předstírat, simulovat, fingovat co **2** padělat co
**feigned** ['feind] *(adj)* padělaný, falešný; smyšlený; předstíraný; ~ **accomplice** falešný spolupachatel; ~ **action** předstíraná žaloba; ~ **disease** předstíraná choroba; ~ **issue** falešný spor
**fellow** ['feləu] *(n)* druh, společník; ~ **citizen** spoluobčan; ~ **countryman** krajan; ~ **heir** spoludědic; ~ **servant** spoluzaměstnanec, spolupracovník; ~ **servant rule** pravidlo, že zaměstnavatel neodpovídá za škodu způsobenou zaměstnanci zaviněním jiného zaměstnance
**fellowship** ['feləušip] *(n)* **1** přátelství, společnost **2** odborná asistentura
**felon** ['felən] *(n)* zločinec, pachatel závažného trestného činu
**felonious** [fə'ləunjəs] *(adj)* zločinný; ~ **assault** úmyslné těžké ublížení na zdraví; ~ **homicide** vražda; ~ **taking** promyšlená krádež n. loupež
**felony** ['feləni] *(n)* závažný trestný čin, zločin; **forcible** ~ závažný trestný čin s použitím n. výhrůžkou použití násilí proti osobě; **reducible** ~ méně závažný trestný čin s možností nižší sazby; **treason** ~ velezrada; **misprision of** ~ neoznámení zločinu
**female** ['fi:meil] *(n)* **1** samice **2** osoba ženského pohlaví
**female** ['fi:meil] *(adj)* ženský; ~ **prison** vězení pro ženy; ~ **sex** pohlaví ženské
**feme** ['fi:m] *(n)* žena, osoba ženského pohlaví; ~ **covert** vdaná žena; ~ **sole** neprovdaná žena

fence ['fens] *(n)* 1 ohrada, plot; bariéra, přehrada 2 překupník kradeného zboží
fence ['fens] *(v)* st. 1 *against* st. chránit co proti čemu; ohradit co proti čemu, oplotit co 2 obchodovat kradeným zbožím
fenceless ['fenslis] *(adj)* neoplocený, neohrazený
feneration [,fenə'reišən] *(n)* lichva
feoff [fef] *(n)* léno, svěřenství
feoffee [fe'fi:] *(n)* leník; ~ of / in trust správce svobodného pozemkového vlastnictví pro veřejné účely
feoffment ['fefmənt] *(n)* udělení léna, svěřenství; převod vlastnictví k hmotným statkům
feoffor [fe'fo:(r)], feoffer ['fefə(r)] *(n)* lenní pán, vlastník půdy zřizující svěřenství
ferriage ['feriidž] *(n)* převozné, poplatek za převoz
ferry ['feri] *(n)* převoz, přívoz; trajekt; ~ franchise právo provozovat převoz
ferry ['feri] *(v)* st. *across* st. pravidelně převážet, dopravovat co přes co, např. řeku, kanál
fertile ['fə:tail, *am.* 'fə:rtl] *(adj)* úrodný
fertility [fə:(r)'tiləti] *(n)* úrodnost, plodnost
feticide ['fi:tisaid] *(n)* 1 nezákonné přerušení těhotenství 2 zahubení plodu v mateřském lůně
feu [fju:] *(n)* *skot.* pronájem pozemku za pevné nájemné
feud, feod [fju:d] *(n)* 1 svár, spor; deadly ~ krevní msta 2 léno; svěřenství
feudal ['fju:dl] *(adj)* feudální; ~ law feudální právo; ~ tenures feudální vlastnictví / držba půdy
F.G.A. [,efdži:'ei] *(abbrev)* *free from general average* druh námořního pojištění proti poškození lodi či nákladu
fiancé [fi'a:ŋsei] *(n)* snoubenec
fiancée [fi'a:ŋsei] *(n)* snoubenka
fiat ['faiæt] *(n)* 1 rozkaz, příkaz soudce, nadřízeného; ~ of the king rozkaz krále 2 souhlas se zahájením trestního stíhání; determined by police ~ stanoveno se souhlasem policie
fiction ['fikšən] *(n)* 1 fikce, předstírání; ~ of law právní fikce 2 beletrie
fictitious [fik'tišəs] *(adj)* fiktivní, předstíraný, nepravý; ~ action fiktivní žaloba; ~ payee fiktivní příjemce platby; ~ person *přibl.* právnická osoba; ~ plaintiff fiktivní žalobce; ~ sale prodej na oko, fiktivní prodej; ~ signature padělaný podpis
fidelity [fi'deləti] *(n)* *to* sb./st. věrnost komu/čemu;

spolehlivost; ~ and guaranty insurance pojištění zárukové, kauční a proti škodám zklamáním důvěry; ~ bond záruka spolehlivosti; ~ insurance pojištění proti zpronevěře / pro případ zneužití důvěry
fidgets ['fidžits] *(pl)* neklid, nervozita
fiduciary [fi'dju:šjəri, *am.* fi'du:šiəri] *(n)* důvěrník; zmocněnec, fiduciář; ~ capacity funkce / postavení zmocněnce; ~ debt dluh založený na důvěře; ~ duty fiduciární povinnost
field [fi:ld] *(n)* 1 oblast, pole působnosti; cultural ~ oblast kultury; economic ~ oblast ekonomiky; educational ~ oblast vzdělávání; health ~ oblast zdravotnictví; scientific ~ oblast vědy; technical ~ oblast techniky; odborná oblast; ~ of torts oblast občanskoprávních deliktů; work on cultural ~ pracovat v oblasti kultury 2 obor; úsek; ~ of study studijní obor
fieri facias ['fajərai'feišiəs], fi.fa. [,fai'fei] *(lat)* „zařiď, nechť se stane", příkaz k zabavení majetku dlužníka
FIFO ['faifəu] *(abbrev)* VIZ *first*
fight [fait] *(n)* *for* st. boj (za co)
fight */fought, fought/* [fait, fo:t] *(v)* *against / for / with* sb./st. bojovat proti komu/čemu / za koho/co / s kým/čím; ~ an action hájit se v soudní při; ~ an election 1 utkat se ve volbách 2 vybojovat volby; Fighting Words Doctrine doktrína o štvavých projevech nechráněných Ústavou USA
figure ['figə, *am.* 'figjər] *(n)* 1 znak, symbol 2 postava, osoba; legal ~ osoba vystupující v oblasti soudnictví
file ['fail] *(n)* 1 soudní protokol; ~ wrapper protokol z předběžného jednání žadatele o patent s patentovým úřadem 2 kartotéka; spis; svazek; on the ~ zapsaný v seznamu, registrovaný
file ['fail] *(v)* st. 1 podat co; ~ an action podat žalobu; ~ a motion podat návrh; ~ for pension požádat o důchod; ~ and serve the defence zaslat obhajobu soudu a druhé straně 2 zapsat, zaprotokolovat co; založit co do kartotéky, spisu
files ['failz] *(pl)* 1 spisy; evidence 2 soudní archív
filiation [,fili'eišən] *(n)* 1 pokrevní příbuzenství v přímé linii, synovství 2 určení otcovství; ~ proceeding řízení ve věci zjištění otcovství
filibuster ['filibastə(r)] *(n)* taktika záměrného

maření jednání parlamentu pronášením dlouhých projevů, obstrukce

**filicide** ['filisaid] *(n)* zavraždění / vražda syna / dcery

**fill** *(v)* **in** [ˌfil'in] st. vyplnit co; ~ **in the form** vyplnit formulář / blanket

**filth** ['filθ] *(n)* **1** morální špína; sprostota, obscénnost; pornografie **2** darebák, lump; děvka

**filthiness** ['filθinəs] *(n)* obscénnost

**filthy** ['filθi] *(adj)* vulgární; sprostý, obscénní; nepoctivý, nečestný

**finable** ['fainəbl] *(adj)* pokutovatelný

**final** ['fainl] *(adj)* **1** konečný; ~ **award** konečné rozhodnutí arbitra; ~ **decision** konečné rozhodnutí; ~ **disposition** konečné vyřízení; ~ **settlement** definitivní dědické vypořádání **2** závěrečný, poslední; ~ **discharge** poslední splátka dluhu; ~ **hearing** závěrečné slyšení závěrečná fáze soudního projednávání věci; ~ **passage** hlasování o přijetí nového zákona závěrečná fáze projednávání návrhu zákona; ~ **payment** poslední platba; ~ **phase** poslední stadium / fáze **3** pravomocný; ~ **judgment** pravomocný rozsudek; ~ **order** pravomocný příkaz, pravomocné rozhodnutí; **judgment is** ~ rozsudek je pravomocný konečný

**finally** ['fainli] *(adv)* **1** nakonec, za poslední **2** s konečnou platností, definitivně

**finance** ['fainæns, *am.* fə'næns] *(n)* finance; správa veřejných finančních prostředků; **Ministry of F~** ministerstvo financí; ~ **charge** finanční poplatek

**finance** ['fainæns, *am.* fə'næns] *(v)* st. financovat co

**financial** ['fainænšəl, *am.* fə'nænšəl] *(adj)* finanční; ~ **assistance** finanční pomoc; ~ **guaranty insurance** pojištění finanční záruky; ~ **policy** finanční politika; ~ **provisions** ustanovení týkající se financí; ~ **services** finanční služby; ~ **statement** finanční výkaz za fiskální období; ~ **support** finanční pomoc / podpora; ~ **worth** finanční hodnota; **make** ~ **provision for sb.** zajistit závislé osobě prostředky na živobytí např. obstavením výdělků živitele

**financier** ['fainænsjə, *am.* fə'nænsər] *(n)* finančník; odborník ve finančních věcech

**find** */found, found/* [faind, faund] *(v)* st. **1** nalézt co; zjistit co; ~ **the facts for o.s.** nalézt si fakta **2** dojít k závěru, soudně rozhodnout; ~ **sb. guilty on all charge** shledat koho vinným ve

všech bodech obžaloby; ~ **for a defendant** rozhodnout ve prospěch (ob)žalovaného

**findable** ['faindəbl] *(adj)* zjistitelný, nalezitelný

**finder** ['faində(r)] *(n)* **1** nálezce **2** zprostředkovatel obchodní transakce

**finding** ['faindiŋ] *(n)* **1** nález soudu, poroty; ~ **of fact** zjištěný skutkový stav; ~ **of law** právní závěr **2** *(pl)* výsledky, závěry, zjištění; **endorse the ~s** souhlasit se závěry, schválit závěry

**fine** [fain] *(n)* **1** peněžitý trest, pokuta **2** odstupné

**fine** [fain] *(v)* sb. pokutovat koho

**fingermark** ['fiŋgə(r)ma:(r)k] *(n)* špinavý otisk prstu

**fingerprint** ['fiŋgə(r)print] *(n)* otisk prstu pro účely identifikace; ~ **identification** daktyloskopická identifikace; ~ **repository** daktyloskopická kartotéka

**fingerprint** ['fiŋgə(r)print] *(v)* sb. sejmout otisky prstů komu

**fire** ['faiə(r)] *(n)* **1** požár, oheň; ~ **brigade** hasičský sbor; ~ **damage** škoda způsobená ohněm; ~ **indemnity** náhrada za požární škody; ~ **insurance** pojištění pro případ ohně; ~ **prevention** požární prevence; ~ **raiser** žhář; ~ **raising** žhářství; ~ **regulations** protipožární směrnice; ~ **sale** výprodej zboží poškozeného požárem; ~ **service** požární služba **2** výstřel, střelba; **open** ~ **on the crowd** začít střílet do davu

**fire** ['faiə(r)] *(v)* sb./st. **1** vystřelit na koho; ~ **two shots** vystřelit dvakrát; **firing squad** popravčí četa **2** *col.* vyhodit koho z práce **3** zapálit co

**firearm** ['faiəra:(r)m] *(n)* střelná zbraň; ~**s certificate** zbrojní pas

**firebug** ['faiə(r)bag] *(n)* pyroman; žhář

**firm** ['fə:(r)m] *(n)* firma, podnik; ~ **name** jméno firmy, firemní název

**firm** ['fə:(r)m] *(adj)* pevný; stabilní; spolehlivý; důkladný; ~ **bid / offer** závazná nabídka; ~ **prices** pevné ceny; ~ **reliance** pevná důvěra

**firmly** ['fə:(r)mli] *(adv)* pevně

**first** ['fə:(r)st] *(adj)* první; ~ **degree murder** úkladná předem připravená vražda; ~ **devisee** první dědic ze zákona; **F~ Lord of the Admiralty** *brit.* ministr námořnictva; ~ **offender** dosud netrestaný pachatel; **F~ Reading** oficiální předložení návrhu zákona v Parlamentu; ~ **in first out (FIFO)** 1 při propouštění z důvodu nadbytečnosti jsou propouštěni nejdříve služebně nejstarší 2 stanovení ceny akcie podle nejstaršího nákupního kursu; case of ~ impression soudní věc, jež nemá precedent; case of ~ instance věc projednávaná soudem první instance nikoliv odvolání; court of ~ instance soud první instance

**first-class** [ˌfəː(r)stˈklaːs, *am.* -ˈklæs] *(adj)* prvotřídní; ~ **title** bezvadný vlastnický titul

**fiscal** [ˈfiskəl] *(adj)* fiskální, finanční; ~ **arrangements** fiskální / finanční opatření; ~ **system** finanční systém; ~ **year** fiskální daňový rok

**fishing** [ˈfiʃiŋ] *(n)* rybaření; ~ **licence** rybářský lístek

**fit** [fit] */tt/ (adj) for / to do st.* vhodný, způsobilý; **be** ~ **for a position** být vhodnou osobou pro funkci; **in such a manner as the landlord shall think** ~ takovým způsobem, který bude pronajímatel považovat za vhodný

**fit** */fitted / fit, fitted / fit/* [fit, fitid, fit] */tt/ (v)* 1 *st./sb.* hodit se ke komu/čemu, být vhodný pro koho/co 2 *out st.* vybavit, připravit co

**fitness** [ˈfitnis] *(n)* vhodnost

**fix** [fiks] *(v)* *st./sb.* 1 upevnit co 2 stanovit přesně co; ~ **punishment** stanovit trest; ~ **sb.'s salary** pevně stanovit čí plat; **fixing and tying prices** stanovení a vázání cen 3 podplatit koho; **the jury had been ~ed** porota byla podplacena

**fixation** [fikˈseiʃən] *(n)* fixace, ustálení, upevnění

**fixed** [fikst] *(adj)* 1 pevně stanovený, fixní, stálý; ~ **assets** základní prostředky; ~ **bail** stanovená kauce; ~ **capital** fixní kapitál; ~ **charges** stálé náklady; ~ **income** stabilní pevně stanovený příjem; ~ **property** nemovitý majetek; ~ **salary** fixní plat; ~ **term employment** pracovní poměr na dobu určitou; ~ **term insurance** pojištění s pevnou dobou splatnosti 2 zfalšovaný, fixlovaný; ~ **election** zfalšované volby

**fixing** [ˈfiksiŋ] *(n)* stanovení; ~ **of charges** stanovení poplatků

**fixture** [ˈfiksčə(r)] *(n)* příslušenství nemovitosti přecházející na nového majitele jako součást objektu

**flag** [flæg] *(n)* vlajka; ~ **of convenience** vlajka podle práva výběru; ~ **of truce** bílá vlajka příměří; ~**-bearer** 1 parlamentář 2 vlajkonoš; **abuse of** ~ zneužití vlajky; **change of** ~ výměna vlajky; **right to fly** ~

právo na / nést vlajku; **fly a** ~ registrovat loď pod vlajkou země

**flagrant** [ˈfleigrənt] *(adj)* křiklavý, do očí bijící, nápadný; ~ **case of contempt of court** jasný případ urážky soudu; ~ **necessity** zjevná nutnost; ~ **neglect of duty** do očí bijící zanedbání povinnosti

**flat** [flæt] *(n)* 1 mělký břeh, mělčina 2 obytné patro, byt; **company** ~ podnikový byt; **council** ~ obecní byt 3 základní pojištění bez připojištění

**flat** [flæt] */tt/ (adj)* 1 plochý, mělký 2 jednotný, paušální; ~ **amount** paušální částka; ~ **price** paušální cena; ~ **rate** paušální sazba; ~**-rate contribution** paušální příspěvek; ~ **service charge** paušální servisní poplatek

**flatland** [ˈflætlænd] *(n)* rovina

**flee** */fled, fled/ (v)* **from** [ˈfliːˌfrəm, ˈfledˌfrəm] *st.* vyhýbat se čemu, skrývat se před čím; ~ **from justice** *am.* vyhýbat se spravedlnosti, skrývat se před spravedlivým trestem

**fleet** [fliːt] *(n)* 1 flotila 2 vozový park; ~ **policy** pojištění vozového parku všech vozidel v majetku jednoho pojištěnce

**flexibility** [ˌfleksəˈbiləti] *(n)* přizpůsobivost, pružnost

**flexible** [ˈfleksəbl] *(adj)* přizpůsobivý; snadno zmanipulovatelný

**flight** [flait] *(n)* let; únik; ~ **from justice** únik před spravedlností

**floater** [ˈfləʊtə(r)] *(n)* 1 volič, jenž volí ilegálně na více místech 2 zakladatel akciové společnosti 3 druh pojištění; ~ **policy** druh pojištění movitých věcí, jež může pojištěnec nosit při sobě či přenášet, např. šperky

**floating** [ˈfləʊtiŋ] *(adj)* neustále se měnící, kolísavý; plovoucí, pohyblivý ♦ ~ **assets** oběžné prostředky; ~ **capital** oběžný kapitál; ~ **charge** neinkasované břemeno např. termínované dluhopisy, které ještě nebyly inkasovány; ~ **debt** nezaložený dluh; ~ **easement** nespecifikované právo průchodu; nespecifikovaná služebnost; ~ **interest rate** kolísavá úroková sazba; ~ **policy** odpisová / rámcová pojistka; ~ **vote** politicky nezávislí voliči

**flood-water** [ˈflʌdˌwɔːtə(r)] *(n)* povodňová voda; **materials from** ~ imise z povodní

**floor** [ˈflɔː(r)] *(n)* 1 zasedací síň v Kongresu; část Dolní sněmovny, zahrnující zadní lavice s méně významnými poslanci; ~ **spokesman for the party in the Senate** hlavní mluvčí za stranu

v Senátu; ~ **manager** předkladatel zákona
**2** plénum, posluchačstvo; **questions from
the** ~ dotazy z pl_na; **have the** ~ (mít právo) mluvit v debatě **3** minimální mzda;
nejnižší hladina cen, mezd; **put a** ~ **under gold** stanovit minimální cenu zlata
**4** burzovní parket; ~ **broker** makléř na parketu, burzovní senzál

**flout** ['flaut] *(v)* porušit zákon; ~ **the law by
selling alcohol to minors** porušovat zákon
prodejem alkoholu mladistvým

**flow** */flowed, flowed / flown/* [fləu, fləud, fləun]
*(v) from* st. **1** téci z čeho, proudit z čeho
**2** vyplývat z čeho

**fluctuation** [ˌflakču'eišən] *(n)* kolísání, výkyv;
**exchange rate** ~ kolísání směnného kursu

**F.O.B.** [ˌefəu'bi:] *(abbrev) free on board* závazek
dodat objednané zboží na palubu lodi či jiný
dopravní prostředek, frankopaluba

**focus** ['fəukəs] *(n)* **1** ohnisko, střed **2** pozornost, zájem ◆ **translation** ~ *přibl.* zaměřeno
na překlad

**focus** ['fəukəs] *(v) on* st. soustředit, zaměřit
(se) na co

**foil** ['foil] *(v)* sb./st. zmařit, zhatit, překazit co;
zabránit komu udělat co; ~ **the attempt** zmařit
pokus

**follow** ['foləu, *am.* 'fa-] *(v)* sb./st. **1** dodržovat co, řídit se čím; ~ **the pattern** řídit se vzorem; ~ **a ruling** řídit se soudním rozhodnutím **2** následovat koho/co;
◆ **as ~s** jak následuje, takto, tímto způsobem
**3** (proná)sledovat koho/co

**following** ['foləuiŋ, *am.* 'fa-] *(adj)* následující,
tento

**follow-up** ['foləuap, *am.* 'fa-] *(n)* další sledování,
zkoumání, přešetření

**fomentation** [ˌfəumən'teišən] *(n) of* st. podněcování, vyvolávání čeho

**fomenter** [fəu'mentə(r)] *(n)* podněcovatel, štváč

**food** [fu:d] *(n)* potrava; výživa; strava; **F~ and
Agriculture Organization** *(OSN)* Organizace pro výživu a zemědělství; ~ **processing**
potravinářský průmysl; ~ **sanitation** hygiena
stravy / potravy

**foot** [fu:t], *(pl)* **feet** [fi:t] **1** stopa jednotka délky
(30,479 cm) **2** noha, chodidlo

**footing** ['fu:tiŋ] *(n)* **1** pevné místo **2** *hl. v pl*
stavební základy **3** postavení; **be on equal** ~
být na stejné úrovni, mít stejné postavení

**footprint** ['futprint] *(n)* otisk chodidla, šlépěj,
stopa

**forasmuch as** [fərəz'mačəz] *(con)* ježto, jelikož,
vzhledem k tomu, že, pokud

**forbear** */forbore, forborne/* [fo:(r)'beə(r),
fo:(r)'bo:(r), fo:(r)'bo:(r)n] *(v)* st. **1** zdržet se
čeho; ~ **from doing** st. zdržet se jednání,
opomenout co **2** *with* st. mít strpení s čím

**forbearance** [fo:(r)'beərəns] *(n)* **1** shovívavost,
zdrženlivost **2** opomenutí, zdržení se jednání,
nekonání; odklad

**forbid** */forbade, forbidden/* [fə(r)'bid, fə(r)'beid,
fə(r)'bidn] */dd/ (v)* st. zakazovat, nedovolit co;
znemožnit co

**force** ['fo:(r)s] *(n)* **1** platnost, účinnost, síla,
působnost; **statutory** ~ síla zákona; ~ **of
law** síla zákona; **regulations in** ~ platné
předpisy; **treaties in** ~ platné smlouvy; **be
in** ~ být v platnosti; **come into** ~ vstoupit
v platnost **2** síla; násilí; **driving** ~ hnací
síla; ~ **and fear** násilí a pohrůžka; **threat
of** ~ hrozba silou; **use of** ~ použití síly
**3** sbor; **armed** ~**s** ozbrojené síly, armáda,
branná moc; **police** ~**s** policejní sbory / síly
◆ ~ **majeure** [ˌfo:(r)smə'že:(r)] *(fr)* vyšší moc

**force** ['fo:(r)s] *(v)* sb./st. **1** (do)nutit koho;
~ **sb. to bow to certain demands** donutit koho souhlasit s určitými požadavky
**2** deformovat co, překroutit smysl čeho; ~**d
interpretation of** st. překroucený výklad čeho

**forced** ['fo:(r)st] *(adj)* nucený; povinný; ~ **heir**
povinný / neopomenutelný dědic; ~ **labour**
nucená práce

**forceless** ['fo:(r)sləs] *(adj)* neúčinný, chabý argument

**forcible** ['fo:(r)səbl] *(adj)* **1** násilný; neoprávněný; ~ **detainer** **1** neoprávněné zadržování
věci **2** neoprávněná vazba; ~ **entry** násilné
zabrání nemovitosti; ~ **repatriation** násilná repatriace; ~ **trespass** násilné vniknutí
**2** důrazný; přesvědčivý, působivý; ~ **speaker**
působivý řečník

**foreclose** [fo:(r)'kləuz] *(v)* st. **1** vyloučit co
**2** *on* st. prekludovat, zabavit co pro nezaplacený hypotekární dluh; ~ **on a mortgage property** zabavit majetek z propadlé hypotéky
**3** prohlásit hypotéku za propadlou

**foreclosure** [fo:(r)'kləužə(r)] *(n)* **1** prekluze,
zabavení, vyvlastnění, vydražení; **statutory** ~
zabavení ze zákona; **time of** ~ prekluzivní
lhůta **2** propadnutí hypotéky ve prospěch věři-

telů; ~ **decree** soudní rozhodnutí o propadnutí
hypotéky; ~ **sale** prodej zastaveného majetku
v důsledku propadnutí hypotéky
**foregoing** [fo:(r)'gǝuiŋ] *(adj)* předcházející,
předchozí, již dříve zmíněný
**foreign** ['forin, *am.* 'farin] *(adj)* zahraniční, cizí;
~ **affairs** zahraniční záležitosti; ~ **aid** zahraniční pomoc; ~ **bill** cizí směnka; ~ **country** cizí země; ~ **debts** zahraniční dluhy; ~
**exchange** deviza, valuta; ~ **judgment** cizí
rozsudek, tj. jiného státu; ~ **jurisdiction** cizí
jurisdikce, tj. jiného státu; ~ **minister** ministr
zahraničních věcí; **F~ and Commonwealth
Office** *FCO brit.* Ministerstvo zahraničních
věcí; **F~ Office** ministerstvo zahraničí; ~ **plea**
námitka nepříslušnosti soudu; ~ **policy** zahraniční politika; ~ **relations** mezinárodní vztahy, vztahy se zahraničím; ~ **trade** zahraniční
obchod; ~ **trade zone** bezcelné pásmo
**foreigner** ['forinǝ, *am.* 'fari-] *(n)* cizinec
**forejudge** [fo:(r)'džadž] *(v) from / of* st. soudním
výrokem zbavit čeho
**forejudg(e)ment** [fo:(r)'džadžmǝnt] *(n)* odsouzení předem
**foreman** ['fo:(r)mǝn], *(pl)* **-men** *(n)* předseda
poroty, mluvčí poroty
**forename** ['fo:(r)neim] *(n)* křestní jméno
**forensic** [fǝ'rensik] *(adj)* forenzní, soudní;
~ **laboratory** kriminologická laboratoř; ~
**medicine** soudní lékařství; ~ **psychiatry**
soudní psychiatrie
**foresee** /-*saw, -seen*/ [fo:(r)'si:, -'so:, -si:n] *(v)* st.
předvídat co
**foreseeable** [fo:(r)'si:ǝbl] *(adj)* předvídatelný,
dohledný
**foreseeability** [fo:(r)ₗsi:ǝ'bilǝti] *(n)* předvídatelnost, schopnost předvídat
**foresought** ['fo:(r)θo:t] *(n)* promyšlení předem,
rozmysl; prozíravost
**forewoman** ['fo:(r)ₗwumǝn], *(pl)* **-men** *(n)* předsedkyně poroty, mluvčí poroty
**forfeit** ['fo:(r)fit] *(n)* **1** pokuta, trest; ~ **clause**
smluvní ustanovení pro případ neplnění **2**
zástava
**forfeit** ['fo:(r)fit] *(adj)* propadlý, zkonfiskovaný
**forfeit** ['fo:(r)fit] *(v)* st. **1** pozbýt, přijít
o co; ~ **a deposit** přijít o zálohu na koupi,
jež se neuskutečnila; ~ **one's driving licence**
přijít o řidičský průkaz v důsledku přestupku
**2** zaplatit pokutu

**forfeitable** ['fo:(r)fitǝbl] *(adj)* zabavitelný, konfiskovatelný
**forfeiter** ['fo:(r)fitǝ(r)] *(n)* osoba postižená trestem n. propadnutím zástavy / zálohy
**forfeiture** ['fo:(r)fičǝ(r)] *(n)* **1** propadnutí / zabavení věci; ~ **of bond** propadnutí kauce; ~
**of property** propadnutí jmění / majetku; ~ **of
shares** propadnutí akcií, o něž se vlastník nepřihlásil; **render the previous payment liable to** ~
způsobit, že předcházející platba propadne
**2** ztráta, odnětí práva **3** propadnutí / promlčení práva
**forge** ['fo:(r)dž] *(v)* st. padělat, falšovat co; ~**d
document** podvrh, podvržený doklad; ~**d
note** padělaná bankovka
**forgery** ['fo:(r)džǝri] *(n)* **1** padělání **2** padělek
**forgivable** [fǝ(r)'givǝbl] *(adj)* odpustitelný, prominutelný
**forgive** /*forgave, forgiven*/ [fǝ(r)'giv, fǝ(r)'geiv,
fǝ(r)'givn] *(v)* st. odpustit, prominout co; ~ **a
debt** prominout dluh
**form** ['fo:(r)m] *(n)* **1** forma; ~**s of action** druhy žalob; ~ **of the Government
of the USA** forma vlády Spojených států; ~ **of the statute** právní norma; litera zákona; **matter of** ~ formální otázka
**2** formulář, blanket; **fill in a** ~ vyplnit formulář
**form** ['fo:(r)m] *(v)* st. (u)tvořit, (z)formovat co;
sjednat co; ~ **the basis of charge** zdůvodnit
obžalobu; být důvodem obžaloby; ~ **the basis
of** st. tvořit základ čeho; ~ **a contract** sjednat smlouvu; ~ **a government** utvořit vládu;
~ **the official Opposition** *brit.* vytvořit / zformovat oficiální opozici; ~ **a political party**
vytvořit politickou stranu
**formal** ['fo:(r)mǝl] *(adj)* formální, oficiální;
~ **accusation** formální, tj. písemná obžaloba; ~
**law** procesní právo; ~ **notice** oficiální oznámení; ~ **protest** oficiální protest
**formality** [fo:(r)'mælǝti] *(n)* **1** konvenčnost,
formálnost **2** formalita
**formation** [ₗfo:(r)'meišǝn] *(n)* **1** (vy)tvoření;
sestavení; ~ **of a Cabinet** sestavení Kabinetu; ~ **of a contract** sepsání smlouvy
**2** vznik
**former** ['fo:(r)mǝ(r)] *(adj)* dřívější, bývalý;
~ **jeopardy** dřívější stíhání
**formidable** ['fo:(r)midǝbl] *(adj)* **1** impozantní,
imponující **2** hrozný, strašný

**formula** ['fo:(r)mjulə], *(pl)* **formulae** *(n)* **1** právní formule **2** formulace
**formulary** ['fo:(r)mjuləri] *(n)* kniha předpisů; ~ **system** systém právních předpisů a formulí
**formulate** ['fo:(r)mjuleit] *(v)* st. formulovat, vyjádřit co; ~ **proposals** formulovat návrhy
**fornicate** ['fo:(r)nikeit] *(v)* smilnit; mít pohlavní styk, pohlavně se stýkat
**fornication** [ˌfo:(r)ni'keišən] *(n)* smilstvo jako trestný čin
**fornicator** ['fo:(r)nikeitə(r)] *(n)* smilník
**fornicatress** ['fo:(r)nikeitris]**,** **fornicatrix** ['fo:(r)nikeitriks] *(n)* smilnice
**forsake** */forsook, forsaken/* [fə(r)'seik, fə(r)'suk, fə(r)'seikən] *(v)* sb./st. opustit, zanechat koho/co
**forswear** */forswore, forsworn/* [fə(r)'sweə(r), fə(r)'swo:(r), fə(r)'swo:(r)n] *(v)* **1** křivě přísahat; pod přísahou popřít **2** zaříci se, zapřisáhnout se
**forsworn** [fə(r)'swo:(r)n] *(adj)* křivopřísežný
**forth** [fo:(r)θ] *(adv)* dále, dopředu; **from that day and** ~ od toho dne
**fortify** ['fo:(r)tifai] *(v)* st. **1** posílit, zesílit co; **the independence of superior judges is ~ied by st.** nezávislost vyšších soudců je posílena čím **2** opevnit co
**fortnight** ['fo:(r)tnait] *(n)* dva týdny, čtrnáct dní
**fortnightly** ['fo:(r)tnaitli] *(adv)* každé dva týdny, co čtrnáct dní
**fortuitous** [fo:(r)'tju:itəs] *(adj)* náhodný, nahodilý; ~ **event** náhodná událost
**fortune** ['fo:(r)čən] *(n)* **1** majetek, bohatství **2** štěstí
**forum** ['fo:rəm] *(n)* soudní dvůr, soud, tribunál
**forward** ['fo:(r)wə(r)d] *(adj)* předem stanovený, daný; ~ **contract** termínovaná smlouva na nákup deviz n. akcií pro budoucnost; ~ **price** předem stanovená cena; ~ **rate** termínovaný směnný kurs
**forward** ['fo:(r)wə(r)d] *(v)* st. zaslat, odeslat, dopravit co; **forwarding agency** zasílatelství
**foster** ['fostə(r)] *(adj)* vychovaný v pěstounské péči
**foster** ['fostə(r)] *(v)* sb. vychovávat cizí dítě; dát cizí dítě do opatrování
**fosterage** ['fostəridž] *(n)* péče o cizí dítě; svěření dítěte do péče
**fosterer** ['fostərə(r)] *(n)* pěstoun
**foster-father** ['fostə(r)ˌfa:ðə(r)] *(n)* pěstoun
**foster-mother** ['fostə(r)ˌmaðə(r)] *(n)* pěstounka
**foul** ['faul] *(adj)* hanebný; oplzlý, obscénní,

sprostý ♦ ~ **bill of lading** nečistý konosament poškození zboží již v době nakládky
**found** ['faund] *(n)* am. bezplatné ubytování a strava dělníků, brigádníků
**found** ['faund] *(v)* st. *(up)on* st. **1** založit co na čem **2** zřídit co
**foundation** [ˌfaun'deišən] *(n)* of st. **1** založení čeho; ~ **member** zakládající člen korporace **2** základ čeho; **indispensable** ~ nepostradatelný základ; **lay its** ~ **on such principles** založit co na takových principech **3** fond, nadace
**founder** ['faundə(r)] *(n)* zakladatel; ~ **member** zakládající člen
**fountain** ['fauntin] *(n)* pramen, zdroj
**fourthly** ['fo:(r)θli] *(con)* za čtvrté
**F.P.A.** [ˌefpi:'ei] *(abbrev)* *free from particular average* námořní pojištění proti poškození lodi či nákladu s vyloučením zvláštní havárie
**fracas** ['fræka:, am. 'freikəs] *(n)* hádka, rvačka
**fraction** ['frækšən] *(n)* část celku, zlomek
**fractional** ['frækšənl] *(adj)* částečný, nepatrný, zanedbatelný; ~ **share** zlomková akcie; ~ **risk** zanedbatelné riziko
**frail** [freil] *(adj)* nepevných mravních zásad, povolný o ženě
**frame** [freim] *(n)* systém, uspořádání, rámec; **within the** ~ **of st.** v rámci čeho
**frame** [freim] *(v)* st. **1** sestavit, vytvořit co **2** koncipovat, zformulovat co **3** *up* st. vytvořit falešné obvinění; zfalšovat volby
**frame-up** ['freimap] *(n)* falešné obvinění
**framework** ['freimwə:(r)k] *(n)* **1** rámec; **constitutional** ~ ústavní rámec; **within the** ~ **of st.** v rámci čeho **2** soustava, systém; **provide a** ~ **for safeguarding st.** zajišťovat systém pro zachování čeho
**franchise** ['frænčaiz, 'frænšaiz] *(n)* **1** ústavní občanská práva **2** zvláštní oprávnění, licence, výsada, frančíza; ~ **agreement** koncesionářská dohoda; ~ **tax** daň z koncese, licenční daň; **buy a hot dog** ~ koupit si povolení k prodeji párků v rohlíku **3** volební právo **4** *pojišť.* spoluúčast škody, které pojišťovna neplatí, franšíza; ~ **clause** franšisní doložka
**franchise** ['frænčaiz, 'frænšaiz] *(v)* sb. **1** udělit komu licenci / koncesi **2** dát komu volební právo
**franchisee** [ˌfrænčai'zi:] *(n)* provozovatel licence, koncesionář

**franchisor, franchiser** [ˈfrænčaizə(r)] *(n)* prodejce licence / koncese

**frank** [ˈfræŋk] *(adj)* svobodný; otevřený, upřímný

**frank** [ˈfræŋk] *(v)* st. posílat zásilky nevyplaceně; **franking privilege** *am.* právo poslanců Kongresu posílat zásilky nevyplaceně, tj. na státní útraty

**fraud** [ˈfro:d] *(n)* podvod, lest; uvedení v omyl; **tax** ~ daňový podvod; ~ **on court** podvod v soudním řízení; **F~ Squad** oddělení policie pro majetkovou trestnou činnost

**fraudulence** [ˈfro:djuləns, *am.* ˈfro:džələns], **fraudulency** [ˈfro:djulənsi, *am.* ˈfro:džələnsi] *(n)* podvodnost

**fraudulent** [ˈfro:djulənt, *am.* ˈfro:džələnt] *(adj)* lstivý, podvodný, úmyslně zaviněný; ~ **alienation** podvodné zcizení; ~ **claims** podvodné nároky; ~ **concealment** podvodné zatajování; ~ **conveyance** podvodný převod dluhem zatíženého majetku s cílem vyhnout se jeho zabavení ve prospěch dlužníků; ~ **device** machinace k oklamání; ~ **earnings** podvodné příjmy; ~ **gains** podvodně nabyté zisky

**free** [fri:] *(adj)* **1** volný; svobodný; ~ **and clear** prostý závad; ~ **circulation of goods and capital** volný pohyb zboží a kapitálu; ~ **enterprise** svobodné / volné podnikání; ~ **expression** svoboda projevu; ~ **labour** svobodná pracovní síla; ~ **movement** volný pohyb; ~ **speech** svoboda projevu; ~ **trade** volný obchod; **nuclear weapon** ~ **zones** bezjaderná pásma; **set sb.** ~ osvobodit koho z vězení **2** osvobozený od poplatků; bezplatný; ~ **list** seznam předmětů nepodléhajících celním poplatkům; ~ **zone** bezcelní pásmo; ~ **from duty** osvobozený od cla; ~ **on board** frankopaluba; ~ **on rail** frankovagón; **for** ~ zdarma ♦ ~ **copy** 1 výtisk zdarma 2 nepřesná kopie; ~ **pardon** udělení milosti s výmazem trestu

**free** [fri:] *(v) from* st. **1** osvobodit od čeho **2** uvolnit odkud

**freedom** [ˈfri:dəm] *(n)* svoboda; subjektivní svoboda; volnost; **fundamental ~s** základní svobody; **individual ~s** osobní svobody; ~ **from arrest** záruka, že nikoho nelze svévolně zatknout; ~ **from torture** záruka, že nikoho nelze svévolně podrobit útrpnému právu / mučení; ~ **of assembly** svoboda shromažďování; ~ **of association** svoboda spolčovací; ~ **of belief** svoboda vyznání, náboženská svoboda; ~ **of choice** svoboda volby / výběru; ~ **of conscience** svoboda svědomí; ~ **of expression** svoboda projevu; ~ **of movement** svoboda / volnost pohybu; ~ **of navigation** svoboda plavby; ~ **of peaceable assembly** svoboda pokojného shromažďování; ~ **of the person** svoboda osobnosti; ~ **of the press** svoboda tisku; ~ **of religion** svoboda náboženství; ~ **of speech** svoboda projevu / slova; ~ **of thought** svoboda myšlení; ~ **of worship** svoboda konat náboženské obřady

**freehold** [ˈfri:həuld] *(n)* **1** vlastní nemovitý majetek bez závazků na dobu neurčitou; absolutní vlastnictví nemovitosti **2** doživotní úřad n. hodnost

**freeholder** [ˈfri:həuldə(r)] *(n)* absolutní držitel, vlastník nemovitého majetku bez závazků na neomezenou dobu

**free-lance** [ˈfri:la:ns, *am.* ˈfri:læns] *(n)* nezávislý pracovník, svobodné povolání např. novinář, spisovatel atd.

**freeze** */froze, frozen/* [fri:z, frəuz, frəuzn] *(v)* st. zmrazit, obstavit, zablokovat, stabilizovat co

**freight** [freit] *(n)* **1** náklady dopravy zboží, dopravní náklady; dopravné; ~ **insurance** pojištění dopravného / dovozného; ~ **rate** dopravní sazba, přepravní tarif **2** dopravované zboží; ~ **forwarder** dopravce

**frequent** [ˈfri:kwənt] *(adj)* častý; obvyklý, běžný

**fresh** [freš] *(adj)* nový, nedávný, čerstvý; ~ **complaint rule** zásada bezodkladné stížnosti při sexuálním útoku

**freshman** [ˈfrešmən], *(pl)* **-men** *(n)* začátečník, nováček v profesi, funkci

**friction** [ˈfrikšən] *(n)* **1** napětí, konflikt **2** frikce, tření

**friend** [ˈfrend] *(n)* přítel; **My honourable ~** *brit.* můj ctihodný přítel vzájemné oslovení n. označení opozičních a koaličních poslanců v Parlamentě; **my learned ~** *brit.* můj učený kolega označení kolegů advokátů při soudním líčení

**friendly** [ˈfrendli] *(adj)* přátelský; ~ **society** dobročinná společnost; ~ **suit** přátelská žaloba

**frisk** [frisk] *(v)* policejní zběžné prohledání podezřelého, zda nemá zbraň

**fritter** *(v)* **away** [ˈfritərəˌwei] *tz.* poklesnout k čemu; degenerovat

**frivolous** [ˈfrivələs] *(adj)* nepřesvědčivý; neodůvodněný, bezdůvodný; ~ **action** bezdůvodná žaloba; ~ **appeal** neodůvodněné odvolání; ~ **prosecution** bezdůvodné stíhání

**front** ['frant] *(n)* nastrčená osoba
**front** ['frant] *(adj)* přední; **F~ Bench** *brit.*
1 přední dvě lavice v Dolní sněmovně pro členy vlády a nejvýznamnější členy koalice a opozice 2 stínová vláda; ~ **office** policejní ředitelství
**frontier** ['frantjə(r)] *(n)* 1 hranice 2 pohraničí, pomezí
**frustrate** ['frastreit] *(v)* st. zmařit, překazit co
**frustrated** ['frastreitid] *(adj)* nedopravený, nevyvezený, zadržený náklad
**frustration** [fra'streišən] *(n)* 1 maření závazku; ~ **of contract** maření smlouvy 2 nemožnost plnění
**fugitive** ['fju:džətiv] *(n)* 1 uprchlík 2 osoba vyhýbající se splnění určité povinnosti; ~ **from justice** osoba skrývající se před spravedlností
**fugitive** ['fju:džətiv] *(adj)* prchající, jsoucí na útěku
**fulfil** *(am.* **fulfill)** [ful'fil] */ll/ (v)* st. (s)plnit, vykonat co; ~ **all the functions** plnit všechny funkce; ~ **an obligation** splnit závazek
**fulfil(l)ment** [ful'filmənt] *(n)* 1 (s)plnění; ~ **of obligations** plnění závazků 2 dokončení
**full** [ful] *(adj)* 1 plný; ~ **compensation** plná náhrada škody; ~ **coverage** plné krytí při pojistné události; ~ **faith and credit** zásada poskytující cizím rozsudkům a zákonům stejnou účinnost, jakou mají ve své zemi; ~ **jurisdiction** bezvýhradná jurisdikce; ~ **powers** diplomatické plné moci; ~ **reinstatement costs** náklady na plnou naturální restituci; ~ **settlement** plné vypořádání; ~**-time judge** soudce zaměstnaný na plný úvazek 2 řádný; ~**-fledged member** plnoprávný / řádný člen; ~ **professor** řádný profesor
♦ ~ **sister** vlastní sestra
**fully-owned** [ˌfuli'əund] *(adj)* jsoucí výhradním vlastnictvím
**function** ['faŋkšən] *(n)* funkce; **legislative ~** zákonodárná funkce; **local government ~s** funkce místní správy; **principal ~** základní funkce; **carry out some ~s** vykonávat některé funkce; **discharge local government ~s** vykonávat funkce místní správy; **perform an important ~** vykonávat důležitou funkci
**function** ['faŋkšən] *(v)* fungovat, pracovat; být v provozu; ~ **continuously** nepřetržitě pracovat; ~ **in accordance with st.** fungovat v souladu s čím
**functional** ['faŋkšənl] *(adj)* funkční; ~ **depreci-**

**ation** odpis funkčně zastaralého prostředku; ~ **obsolence** funkční zastaralost
**fund** [fand] *(n)* fond, majetek, peníze, kapitál; **International Monetary F~** Mezinárodní měnový fond; **sinking ~** umořovací fond; **lack of ~s** nedostatek financí / peněz
**fund** [fand] *(v)* financovat, dotovat co; ~**ed debt** kapitálově krytý dluh
**fundamental** [ˌfandə'mentl] *(adj)* 1 zásadní, podstatný; ~ **breach** podstatné porušení smlouvy opravňující k odstoupení od smlouvy; ~ **error** omyl týkající se podstatné věci 2 základní; ~ **freedoms** základní svobody; ~ **liberties** základní svobody; ~ **prerequisite** základní předpoklad / podmínka; ~ **principles** základní zásady / principy; ~ **provisions** základní ustanovení; ~ **rights and freedoms** základní práva a svobody; ~ **rule** základní pravidlo; ~ **source** základní zdroj
♦ ~ **law** ústavní právo, ústavní zákonodárství
**fundamentals** [ˌfandə'mentlz] *(pl)* základy, zásady
**fund-holder** [ˌfand'həuldə(r)] *(n)* držitel státních cenných papírů
**funds** [fandz] *(pl)* fondy, finanční prostředky; **conversion of ~** zpronevěra
**funeral** ['fju:nərəl] *(n)* pohřeb; ~ **expenses** náklady na pohřeb
**fungible** ['fandžibl] *(adj)* nahraditelný, zastupitelný; ~ **things** zastupitelné věci
**furlough** ['fə:(r)ləu] *(n)* dovolená u vojáků z povolání, státních zaměstnanců; **go on ~** jít na dovolenou
**further** ['fə:(r)ðə(r)] *(adj)* 1 další 2 vzdálenější
**further** ['fə:(r)ðə(r)] *(adv)* dále
**furthermore** ['fə:(r)ðə(r)mo:(r)] *(conj)* mimoto, kromě toho, nadto, dále ještě
**furthest** ['fə:(r)ðist] *(adv)* nejdále; nejvíce; **at the ~** nejpozději
**fuse** ['fju:z] *(v)* (st.) 1 spojit (co) 2 spojit se, splynout; **be ~d with st.** splynout s čím
**fusion** ['fju:žən] *(n)* 1 splynutí; fúze 2 koalice
**futile** ['fju:tail] *(adj)* zbytečný, marný, bezvýsledný
**futility** [fju:'tiləti] *(n)* bezvýslednost, marnost, zbytečnost; neúčinnost
**future** ['fju:čə(r)] *(adj)* budoucí; ~ **advance** další úvěr; ~ **earnings** ušlý výdělek v důsledku úrazu; ~ **interests** budoucí majetková účast; ~ **performance** budoucí plnění
**fylfot** ['filfot] *(n)* hákový kříž, svastika

# G

**GAAP** [dži‚eiei'pi:] *(abbrev) Generally Accepted Accounting Principles am.* všeobecné účetní zásady
**GAAS** [dži‚eiei'es] *(abbrev) Generally Accepted Auditing Standards am.* všeobecné revizní / auditní normy
**gabel** ['geibl] *(n)* spotřební daň; daň z movitého majetku
**gag** [gæg] *(n)* **1** *brit.* konec rozpravy v Parlamentě; ~ **law / rule** zákon omezující čas určený pro debatu o určitých otázkách **2** roubík ♦ ~ **order** *am.* nařízení o umlčení neukázněného obžalovaného před soudem aby dále nerušil líčení
**gag** [gæg] *(v)* sb. umlčet koho
**gage** [geidž] *(n)* zástava; **give st. in** ~ dát co do zástavy / jako zástavu; **be at** ~ být v zástavě
**gage** [geidž] *(n)* marihuana
**gain** ['gein] *(n)* **1** zisk; ~ **in the company's assets** zisk v aktivech společnosti **2** zvýšení, přírůstek
**gain** [gein] *(v)* st. **1** získat co; dosáhnout čeho; ~ **confidence** získat důvěru; **the Socialist ~ed six seats on the council at the expense of the Tories** socialisté získali šest křesel v radě na úkor konzervativců **2** mít zisk, vydělat co, profitovat
**gainful** ['geinful] *(adj)* **1** výdělečný, výdělečně činný; výnosný; ~ **employment** výnosné zaměstnání; ~ **occupation** výdělečná činnost
**gainfully** ['geinfuli] *(adv)* výdělečně; ~ **employed** výdělečně činný
**gainings** ['geiniŋz] *(pl)* zisky, příjem, výnosy
**gains** ['geinz] *(pl)* obchodní příjmy, výtěžek, zisky; ~ **tax** daň ze zisku
**gainsay** */gainsaid, gainsaid/* ['geinsei, 'geinsed] *(v)* st. popřít co; **the evidence cannot be gainsaid** tento důkaz nelze popřít
**gale** [geil] *(n)* **1** pachtovné, pacht; nájemné **2** splátka nájemného, úroků
**gallows** ['gæləuz] *(sg)* šibenice; ~ **humour** šibeniční humor; **condemned to the** ~ odsouzen k smrti oběšením
**gambit** ['gæmbit] *(n)* taktický krok, manévr
**gamble** ['gæmbl] *(n)* hazardní hra, hazard; riziko; spekulace; **take the** ~ riskovat
**gamble** ['gæmbl] *(v)* st. **1** riskovat ztrátu čeho **2** hrát hazardní hry; spekulovat, hrát na burze;

~ **on the Stock Exchange** hrát na burze; ~ **in the stock market** spekulovat na trhu cenných papírů
**gambler** ['gæmblə(r)] *(n)* **1** spekulant, hazardér **2** hazardní hráč
**gambling** ['gæmbliŋ] *(n)* **1** sázení; hraní hazardních her **2** finanční spekulace; ~ **policy** spekulační pojistka
**game** ['geim] *(n)* **1** divoká zvěř; **fair** ~ chovná zvěř; **forbidden** ~ hájená zvěř; ~ **laws** honební zákony, zákony o myslivosti; ~ **licence** povolení k prodeji zvěřiny; ~ **preserve** obora **2** hra o peníze
**gamekeeper** ['geim‚ki:pə(r)] *(n)* hajný
**gaming** ['geimiŋ] *(n)* hraní o peníze; ~ **licence** licence k provozování herny
**gang** [gæŋ] *(n)* **1** banda, skupina, gang **2** pracovní skupina vězňů
**gang** [gæŋ] *(v)* sb. napadnout, zaútočit na koho **2** *am.* spolčovat se
**gangland** ['gæŋlænd] *(n)* podsvětí; **a** ~ **murder** vražda v podsvětí
**gangway** ['gæŋwei] *(n)* *brit.* ulička rozdělující každou stranu v Dolní sněmovně na dvě části ve směru k předsedajícímu; **below the** ~ více nezávislí poslanci sedící dále od předsedajícího
**gaol** [džeil] *(n)* zast. *brit.* vězení, žalář; ~ **delivery** osvobození z vazby
**gaoler** ['džeilə(r)] *(n)* *brit.* vězeňský pracovník
**gap** [gæp] *(n)* **1** díra; mezera; ~ **of law** mezera v právu **2** rozdíl; **a wide** ~ **between the views** velký rozdíl v názorech
**garble** ['ga:(r)bl] *(v)* st. **1** překroutit co; vytrhnout co z kontextu **2** zfalšovat co; ~**d accounts** zfalšované účty
**garnish** ['ga:(r)niš] *(v)* sb. **1** obeslat koho, předvolat koho k soudu **2** obstavit pohledávku
**garnishee** [‚ga:(r)ni'ši:] *(n)* **1** předvolaná osoba **2** poddlužník zabavené pohledávky
**garnisher, garnishor** ['ga:(r)nišə(r)] *(n)* obstavitel
**garnishment** ['ga:(r)nišmənt] *(n)* **1** obsílka poddlužníka **2** soudní obstavení, zabavení pohledávky
**gas** [gæs] *(n)* **1** plyn; **natural** ~ zemní plyn **2** *am.* plynový pedál
**gas** [gæs] *(v)* otrávit se plynem
**gasolene, gasoline** ['gæsəli:n] *(n)* *am.* benzín,

pohonná hmota; ~ **tax** daň z prodeje pohonných hmot
**gather** [ˈgæðə(r)] *(v)* sb./st. shromáždit koho/co
**gauge** [ˈgeidž] *(n)* cejch, kalibr, standardní měřidlo
**gauger** [ˈgeidžə(r)] *(n)* **1** měřič, měřící zařízení; cejchovač **2** celní měřič hromadného nebaleného zboží tekutin
**gavel** [ˈgævl] *(n)* **1** kladívko používané předsedou soudu, schůze **2** *zast. angl.* daň; mýto; renta; ~ **bread** renta v naturáliích
**gavelkind** [ˈgævlkaind] *(n)* léno přecházející rovným dílem na syny
**GATT** [gæt] *(abbrev)* *General Agreement on Tariffs and Trade* Všeobecná dohoda o clech a obchodu
**gay** [gei] *(n)* homosexuál; **~-rights group** občanská iniciativa bojující za legalizaci homosexuality
**gazette** [gəˈzet] *(n)* **1** *brit.* úřední list oznamující úpadky a publikující nové zákony **2** úřední oznámení **3** noviny v názvu periodika
**gazetteer** [ˌgæziˈtiə(r)] *(n)* *brit.* tiskový mluvčí úřadu
**gazoomph, gazump** [gæˈzamf] *(v)* *col.* při prodeji nemovitosti **1** požadovat po podpisu smlouvy vyšší cenu, než je v ní stanoveno **2** dát více peněz, než stanoví již podepsaná smlouva s cílem získat nemovitost; přebít nabídku vyšší částkou; „vyfouknout" koupi ▸
**geld** [geld] *(n)* *hist.* všeobecná pozemková daň
**geld** [geld] *(v)* sb. *of* st. zbavit koho čeho
**general** [ˈdženərəl] *(adj)* **1** (vše)obecný; celkový, povšechný, rámcový; ~ **act** zákon s obecnou působností; ~ **agreement** rámcová dohoda; ~ **amnesty** všeobecná amnestie; ~ **average** společná havárie, celková škoda na lodi a nákladu, která se dělí mezi vlastníka lodi a vlastníka nákladu; ~ **average loss** spoluúčast na ztrátě; ~ **average statement** dispaš u společné lodní havárie; ~ **cargo** smíšený náklad; ~ **conclusions** obecné závěry; ~ **conditions** všeobecné podmínky; **G~ Congress** *am.* Všeobecný kongres; ~ **crossing** všeobecné křižování šeku; ~ **customs of the realm** všeobecně platné obyčeje platné na celém území; ~ **dealer** obchodník smíšeným zbožím; ~ **debate** všeobecná rozprava; ~ **discretion** všeobecné volné uvážení / dispozice; ~ **election** všeobecné volby; ~ **exception** obecná výminka; ~ **execution** příkaz k celkové exekuci; ~ **expenses** vše-

obecné režijní náklady; ~ **insurance** všeobecné pojištění majetku proti škodám; ~ **intangibles** veškerý osobní majetek; ~ **intent of the legislator** celkový záměr zákonodárce; ~ **interests** obecné zájmy; ~ **law** obecný zákon; ~ **licence** všeobecné povolení; ~ **lien** všeobecné retenční právo až do zaplacení dluhu; ~ **litigation** soudní spor v běžné věci; ~ **part** obecná část; ~ **personal insurance** všeobecné pojištění osob; ~ **plea** univerzální obhajoba; ~ **policy conditions** všeobecné pojistné podmínky; ~ **practitioner** právní zástupce v obecných věcech; ~ **principles of law** obecné právní zásady; ~ **provisions** obecná ustanovení; ~ **purpose** obecný cíl; ~ **revenue** všeobecný důchodový fond; ~ **rule** obecné pravidlo; ~ **terms** všeobecné smluvní podmínky; **in** ~ obecně
♦ ~ **appearance** dostavení se k soudu **2** valný; plenární; **annual** ~ **meeting** výroční valná hromada akcionářů; **G~ Assembly** *(OSN)* Valné shromáždění plenární zasedání **3** generální; **Advocate G~** *(ES)* generální advokát; ~ **agency** generální zastoupení; ~ **agent** generální zástupce; ~ **strike** generální stávka; **Attorney G~** **1** *brit. přibl.* generální prokurátor **2** *am.* ministr spravedlnosti; **Governor G~** *brit.* generální guvernér v dominiích; **Secretary G~** *(OSN)* generální tajemník **4** hlavní; ~ **ledger** hlavní účetní kniha; **Paymaster-General** *brit.* hlavní pokladník Ministerstva financí **5** široký; ~ **public** široká veřejnost; **sufficiently** ~ **in scope** dostatečně široké co do rozsahu / možností
**generalize** [ˈdženərəlaiz] *(v)* st. obecně aplikovat, zpřístupnit
**generally** [ˈdženərəli] *(adv)* obecně, celkově; **be** ~ **responsible for** st. být celkově odpovědný za co
**generic** [džəˈnerik] *(adj)* generický, druhový; ~ **mark** druhová značka
**genesis** [ˈdženəsis] *(n)* geneze
**genocide** [ˈdženəusaid] *(n)* genocida
**gentlehood** [ˈdžentlhud] *(n)* urozený původ, urozenost
**gentleman** [ˈdžentlmən], *(pl)* **-men** *(n)* **1** muž; **gentleman's / *am.* gentlemen's agreement** gentlemanská dohoda, ústní dohoda v dobré víře **2** *am.* poslanec Sněmovny (vzájemné oslovení mezi poslanci); **the** ~ **from Oregon** poslanec za Oregon

gentlewoman ['džentl‚wumən], (pl) -men (n) am.
poslankyně Sněmovny reprezentantů
gentry ['džentri] (n) nižší venkovská šlechta;
vyšší střední vrstvy
genuine ['dženjuin] (adj) skutečný, opravdový;
pravý; autentický; ~ article pravý výrobek
nikoliv imitace; ~ rule of law skutečná právní norma; ~ signature autentický podpis;
~ zones of peace skutečné oblasti míru
germane [džə:(r)'mein] (adj) 1 podstatný, relevantní; the argument is not ~ to the motion argument není pro tento návrh podstatný
2 blízce příbuzný
gerrymander ['džerimændə(r)] (n) 1 volební geometrie, rozdělení volebních obvodů
2 falšování, podvod, trik
gerrymander ['džerimændə(r)] (v) st. 1 provádět manipulace ve volebním obvodu, rozdělit
volební obvody 2 překroutit, zfalšovat co
gestion ['džesčən] (n) provádění, vedení; ~ of
affairs vedení záležitostí
get(t) [get] (n) židovské církevní rozhodnutí o rozvodu
get /got, got / gotten/ [get, got, gotən] /tt/ (v)
1 after sb. pronásledovat, honit koho 2 at sb.
1 podplatit, zkorumpovat koho 2 narazit na koho
3 away (st.) 1 odstranit (co) 2 uprchnout, uniknout; ~ away unpunished zůstat nepotrestán
getaway ['getəwei] (n) únik, útěk
ghastly ['ga:stli, am. 'gæstli] (adj, adv) strašný,
hrozný, příšerný; strašně, hrozně, příšerně
gibbet ['džibit] (n) popraviště, šibenice; trest
smrti oběšením; ~ law zákon lynče
gift [gift] (n) dar, dárek; darovací právo; testamentary ~ darování pro případ smrti; ~ inter
vivos darování / dar za života dárce; ~ tax daň
z darování
giggle-smoke ['gigləsməuk] (n) slang. marihuana
gilts [džilts] (pl) brit. státní obligace a cenné
papíry
gimmick ['gimik] (n) 1 trik na odvedení pozornosti
2 tajné zařízení na ovládání hracího zařízení
např. u rulety
ginger-group ['džindžə(r)gru:p] (n) brit. nátlaková skupina radikálních poslanců
giro ['džaiərəu] (n) žiro, převod pohledávky na
jiný účet; směnečný rubopis
gist [džist] (n) 1 jádro, podstata, hlavní myšlenka 2 podstatný důvod žaloby
give /gave, given/ [giv, geiv, givən] (v) st. dávat, poskytovat co; ~ advisory opinion dát /

poskytnout radu; ~ bail složit kauci; ~ effect
to st. 1 uskutečňovat, realizovat co 2 uvést
co v platnost; ~ the employee protection poskytnout zaměstnanci ochranu; ~ an example
uvést příklad; ~ judgments vynášet rozsudky; ~ the name uvést jméno; ~ a notice
1 dát výpověď 2 upozornit; ~ the proof to
the court předložit důkaz soudu; ~ reasons
for st. zdůvodnit, odůvodnit co; ~ rise to
st. být příčinou čeho, vyvolat co; ~ a ruling
vydat soudní rozhodnutí; ~ satisfaction dát,
poskytnout zadostiučinění; ~ a summary of
st. podat resumé čeho, shrnout co; ~ a verdict
vyslovit výrok
given ['givən] (adj) 1 pevně stanovený, daný,
dohodnutý 2 vyhotovený, vystavený dokument,
listina
giver ['givə(r)] (n) 1 výstavce, trasant směnky
2 dárce ♦ law-~ zákonodárce
global [gləubl] (adj) všeobecný, rámcový; globální; ~ cover pojišť. všeobecné krytí; ~
turnover policy pojišť. rámcová obratová pojistka
gloss [glos] (n) vysvětlivka; komentář
gloss (v) over [‚glos'əuvə(r)] st. úmyslně přehlížet, omlouvat co; zakrýt co
G-man ['dži:mən], (pl) G-men (n) government
man tajný detektiv / policista, am. agent FBI
go /went, gone/ [gəu, went, gon, am. gan] (v)
1 into jít, odejít; vejít, vstoupit; ~ into effect vstoupit v platnost; ~ into exile odejít
do exilu, emigrovat ze země 2 by st. řídit
se čím; ~ by the English statute řídit se
anglickým zákonem 3 se vspojení s adj. n. adv.
stát se, dostat se do problému; ~ bail stát se
ručitelem, zaplatit kauci; ~ bankrupt stát se
insolventním, zbankrotovat; ~ insane zešílet
4 s minulým participiem zůstat jak(ý); ~ unpunished zůstat nepotrestán; ~ unnoticed zůstat nepovšimnut / bez povšimnutí ♦ going
equipped for stealing trestný čin nesení nástrojů použitelných k vloupání
go-ahead ['gəuəhed] (adj) podnikavý, dravý,
ctižádostivý
god [god, am. gad] (n) bůh; Almighty G~ bůh
všemohoucí; act of ~ vyšší moc
godchild ['godčaild, am. 'gad-], (pl) godchildren
['godčildə(r)n‚ am. 'gad-] (n) kmotřenec
goddaughter ['god‚do:tə(r), am. 'gad-] (n) kmotřenka
godfather ['god‚fa:ðə(r), am. 'gad-] (n) kmotr

godmother ['god‚maðə(r), *am.* 'gad-] *(n)* kmotra
going ['gəuiŋ] *(adj)* jdoucí, pohybující se; pokračující; stávající se ♦ ~ concern zavedený / dobře fungující podnik; ~ into effect nabývající účinnosti; ~ private skupující
vlastní akcie; přechod veřejné společnosti na
společnost soukromou; ~ public vstupující se
svými akciemi na veřejný trh
gold [gəuld] *(n)* zlato; ~ clause zlatá doložka
stanovující platit zlatem
golden ['gəuldən] *(adj)* zlatý; pozlacený; ~ rule
zlaté pravidlo logická interpretace zákona ♦ ~
opinions všeobecná úcta; ~ opportunity jedinečná příležitost
gombeen [gom'bi:n] *(n) ir.* lichva, lichvářství
gombeen-man [‚gombi:n'mæn], *(pl)* -men
*(n)* lichvář
good [gud] *(adj)* 1 dobrý; řádný; ~ behaviour / conduct bezúhonné chování; ~ cause
řádný důvod; ~ faith dobrý úmysl, dobrá víra;
~ quality dobrá jakost; ~ will mission mise
dobré vůle; under ~ behaviour za předpokladu, že se bude správně podle zákona chovat
2 (právo)platný; ~ law platné právo; ~ root
of title listina osvědčující nabytí práva
k nemovitosti; ~ title právoplatný vlastnický titul; the rule holds ~ pravidlo platí
3 *skot.* příbuzný na základě zákona; ~ brother švagr; ~ sister švagrová ♦ make ~
1 uskutečnit, realizovat, splnit; make ~
the promise splnit slib 2 doložit, dokázat;
make ~ one's allegations doložit svá tvrzení
3 zjednat nápravu; make ~ any damage
zjednat nápravu všech škod
good [gud] *(pred):* be ~ for 1 platit, být platný;
the certificate is ~ for two years osvědčení
platí dva roky 2 mít hodnotu, činit; the draft
is ~ for five pounds směnka činí pět liber
goods [gudz] *(pl)* 1 statky, majetek; capital ~ výrobní prostředky, výrobní statky;
~ and chattels *příbl.* veškerý osobní majetek
2 zboží; consumer ~ spotřební zboží; durable ~ zboží dlouhodobé potřeby, trvanlivé
zboží; fungible ~ hromadné zboží, tj. každá jeho
součást je podobná ostatním, např. kávová zrnka, obilí;
hard ~ zboží dlouhodobé potřeby např. domácí
přístroje; soft ~ zboží krátkodobé potřeby např.
ošacení; ~ in bond dosud neproclené zboží;
~ in custody clause *pojišť.* doložka o svěřeném zboží; ~ in transit insurance pojištění
dopravy zboží

goodwill ['gudwil] *(n)* 1 dobrá pověst podniku
2 zákaznictvo
gossip ['gosip, *am.* 'gasəp] *(n)* klepy, drby, klevety
govern ['gavə(r)n] *(v)* st. 1 vládnout čemu;
~ in the name of sb. vládnout jménem koho;
the ~ed ovládaní, osoby, kterým se vládne
2 řídit, upravovat co; ~ the obligations upravovat závazky; ~ the rights upravovat práva;
governing body řídící orgán, vedení
governance ['gavə(r)nəns] *(n) of* sb./st. 1 vládnutí komu/čemu; ~ of the people vládnutí lidu
2 vládní řídící moc koho
government ['gavə(r)nmənt] *(n)* 1 vláda, správa; Cabinet G~ *brit.* vláda Kabinetu; central
~ ústřední vláda; elective ~ volená vláda;
local ~ místní správa, orgány místní správy;
national ~ národní vláda; prime-ministerial ~ vláda ministerského předsedy; representative ~ parlamentní vláda; ~ de facto
skutečná / faktická vláda; ~ de jure vláda
podle práva, zákonná vláda; ~-in-exile exilová vláda; G~'s broad policies celková
politická linie vlády; ~ bill vládní návrh
zákona; ~ decree usnesení vlády; ~ department resort, ministerstvo; ~ officials vládní
úředníci; ~ policy vládní politika; ~ tort
delikt spáchaný státem; agency of ~ vládní
instituce / orgán; head of G~ předseda vlády,
ministerský předseda; establish ~ ustavit vládu; form the ~ vytvořit vládu; institute new
~ ustanovit novou vládu; take over the ~
převzít vládu; throw off ~ svrhnout vládu
2 vládnutí, státní moc, stát; constitutional ~ ústavnost, ústavní režim; ~ agency
státní výkonný orgán;~ liability odpovědnost / záruka státu; ~ loan státní půjčka;
~ note / paper / security státní cenný papír; ~ service státní služba; ~ stock státní
cenné papíry; ~ supervision státní dozor
3 *zast.* politická věda
governmental [‚gavə(r)n'mentl] *(adj)* vládní;
~ act akt státní moci; ~ agency orgán státní
správy; ~ functions funkce vlády / státní
správy; ~ organization vládní organizace; ~
policies vládní linie
governor ['gavə(r)nə(r)] *(n)* 1 guvernér; G~
Elect zvolený guvernér ještě nenastoupivší do
funkce; G~ General *brit.* generální guvernér
v dominiích 2 ředitel věznice; prison ~ ředi-

tel věznice **3** člen správní rady neziskové organizace školy, nemocnice

**gow** [gau] *(n)* droga; opium

**gown** [gaun] *(n)* talár

**grace** [ˈgreis] *(n)* milost; odklad; ~ **before lapsing** odklad před stornem; ~ **period** doba odkladu; **give a debtor two week's** ~ dát dlužníkovi navíc dva týdny na splacení dluhu

**graded** [ˈgreidid] *(adj)* stupňovitý; odstupňovaný; ~ **offence** odstupňované provinění

**gradual** [ˈgrædʒuəl] *(adj)* postupný; ~ **damage** škoda vznikající postupně; ~ **reconversion** postupná přeměna

**graduate** [ˈgrædʒuət] *(n)* absolvent vysoké školy; **identify a** ~ rozpoznat absolventa

**graduate** [ˈgrædjueit, *am.* -dʒueit] *(v)* st. **1** dělit co na stupně; odstupňovat co; **~d income tax** odstupňovaná progresívní daň z příjmu; **~d lease** odstupňovaný pronájem **2** absolvovat vysokou školu; ~ **from Oxford** promovat na Oxfordské univerzitě; ~ **in law** vystudovat práva

**graduation** [ˌgrædjuˈeiʃən, *am.* -dʒu-] *(n)* dokončení vysokoškolského studia, absolvování vysoké školy

**graft** [ˈgra:ft, *am.* ˈgræft] *(n)* ve státní správě úplatkářství, korupce; úplatky

**grafter** [ˈgra:ftə(r), *am.* ˈgræf-] *(n)* úplatkář

**grand** [ˈgrænd] *(adj)* **1** velký; ~ **jury** *am.* velká porota svolávaná v některých trestních věcech; ~ **larceny** *am.* velká krádež nad určitou finanční částku **2** hlavní; ~ **assize** zasedání soudu hlavní líčení, velký porotní soud

**grant** [ˈgra:nt, *am.* ˈgrænt] *(n)* **1** přidělení financí na určitý účel, dotace **2** dávka, podpora; **birth** ~ podpora při narození dítěte, porodné; **death-**~ státní příspěvek na pohřebné; **lump- -sum** ~ jednorázová podpora; **maternity** ~ podpora v mateřství **3** převod; postoupený majetek; **land** ~ postoupení pozemku; **office** ~ postoupení úřadu; ~ **of personal property** postoupení / převedení movitého majetku; ~ **of remedies** postoupení / udělení právních prostředků; **certificate of** ~ osvědčení o převodu; **deed of** ~ postupní listina ♦ ~ **of probate** osvědčení o pravosti závěti **4** povolení, poskytnutí; ~ **of patent** udělení patentu

**grant** [ˈgra:nt, *am.* ˈgrænt] *(v)* st. *to* sb. **1** udělit, poskytnout co (komu); ~ **amnesty** udělit / vyhlásit amnestii; ~ **legal aid** poskytnout

právní pomoc; ~ **a permission** udělit povolení; ~ **reprieves and pardons** povolovat odložení výkonu trestu a udělovat milost; **relief** ~**ed by the Court** rozhodnutí soudu jako opravný prostředek **2** propůjčit co (komu), vyhovět čemu; ~ **an application** vyhovět žádosti **3** uznat, připustit co

**grantee** [ˌgra:nˈti:, *am.* ˌgrænˈti:] *(n)* osoba, které bylo něco uděleno / přiděleno / poskytnuto, cesionář, postupník, přejímatel

**grant-in-aid** [ˌgra:ntinˈeid, *am.* ˌgrænt-] *(n)* státní finanční dotace

**grantor, granter** [ˈgra:ntə(r), *am.* ˈgræn-] *(n)* osoba přidělující / udělující / poskytující co, cedent, dárce, postupitel; **trust** ~ zřizovatel trustu

**grass** [ˈgra:s, *am.* ˈgræs] *(n) slang.* tráva marihuana

**grateful** [ˈgreitful] *(adj)* vděčný

**gratuitous** [grəˈt(j)u:itəs] *(adj)* bezplatný, nezištný; ~ **bailee** nezištný uschovatel; ~ **information** bezplatné informace; ~ **promise** nezištný slib; ~ **violence** bezdůvodné / svévolné násilí

**gratuity** [grəˈt(j)u:əti] *(n)* odměna, prémie; spropitné

**grave** [greiv] *(n)* hrob

**gravity** [ˈgrævəti] *(n)* **1** důležitost; závažnost; ~ **of a case** míra společenské nebezpečnosti trestného činu **2** gravitace, přitažlivost

**grazing** [ˈgreiziŋ] *(n)* pastva, pastvina; ~ **law** pastevní právo

**great** [greit] *(adj)* velký, veliký; ~ **bodily injury** těžké ublížení na těle; **G~ Charter** *brit.* Magna Charta Libertatum; ~ **power** mocnost, velmoc; ~ **seal** velká státní pečeť ♦ **G~ Assize** poslední soud; ~ **gross** veletucet

**green** [gri:n] *(adj)* zelený; **G~ Book** *brit.* soudní řád pro soudy v hrabství; ~ **card** 1 *am.* povolení k pobytu a práci v USA pro cizince 2 *brit.* zelená karta havarijního pojištění pro cestu do ciziny; ~ **form** *brit.* zelený formulář žádosti o bezplatnou právní pomoc; **G~ Paper** *brit.* komentář vlády k pozměňovacím návrhům k návrhu zákona

**grievance** [ˈgri:vəns] *(n)* **1** důvod ke stížnosti **2** stížnost; **authenticity of the** ~ hodnověrnost stížnosti; **redress of** ~**s** uznání stížností a náhrada škody **3** *(PP)* stížnost na pracovní podmínky; ~ **procedure** pravidla pro předkládání pracovních stížností

**grievous** [ˈgri:vəs] *(adj)* **1** bolestný, tragický

**2** bolestivý; ~ **bodily harm** těžké ublížení na zdraví
**grist** [grist] *(n)* **1** obilí k mletí, melivo ♦ ~ **of the lawyer's mill** voda na právníkův mlýn **2** hromada **3** pracovní úkol
**gross** [grəus] *(adj)* **1** hrubý; závažný; ~ **misdemeanor** závažný přečin; ~ **negligence** hrubá nedbalost; ~ **violation of st.** hrubé porušení čeho **2** hrubý o ceně, nezdaněný; celkový; ~ **earnings** hrubé příjmy součet všech příjmů před zdaněním; ~ **income** hrubý příjem; **G~ National Product** hrubý národní produkt; ~ **premium** hrubá splátka pojistného; ~ **profit** hrubý zisk; ~ **revenue** hrubý příjem; ~ **weight** váha brutto; ~ **yield** hrubý výnos ♦ ~ **average** škoda na lodi a nákladu dělící se mezi vlastníka lodi a vlastníka nákladu **3** vulgární; ostudný; drsný; ~ **language** vulgární jazyk
**ground** [graund] *(n)* **1** pozemek; ~ **lease** nájem pozemku; ~ **rent** nájemné z pozemku; ~ **landlord** majitel stavebního pozemku / parcely **2** *(hl. v pl)* příčina, pohnutky; základ, podklad; ~**s for complaint** oprávněný důvod ke stížnosti; ~ **for suspicion** důvod pro podezření; ~ **of action** žalobní důvod, podstata žaloby; **on the** ~ **that** za předpokladu, že
**ground** [graund] *(v)* **upon** st. založit na čem; ~ **sb.'s arguments on facts** založit čí argumenty na skutečnosti
**grounding** ['graundiŋ] *(n)* **1** základy **2** průprava
**groundless** ['graundləs] *(adj)* neopodstatněný, neodůvodněný, bezdůvodný
**group** [gru:p] *(n)* skupina; hnutí; ~ **collected premium insurance** hromadně inkasované pojištění; ~ **health insurance** kolektivní nemocenské pojištění; ~ **policy** souhrnná pojistka; ~ **premium tracking reference** *pojišť.* informace pro sledování skupinového pojistného
**group** [gru:p] *(v)* sb./st. **1** seskupit koho/co (se), utvořit skupinu z koho/čeho **2** zařadit koho/co do skupiny
**grow** */grew, grown/* [grəu:, grəu, grəun] *(v)* st. **1** růst, vzrůstat **2** *into* st. přerůst v co **3** pěstovat co
**growth** [grəuθ] *(n)* růst; produkce, výroba
**guarantee** [¹,gærən'ti:] *(n)* poživatel záruky osoba, za jejíž dluh se ručí
**guarantee** [²,gærən'ti:] *(am.* **guaranty**

['gærənti]) *(n)* **1** záruka, garance; jistota, zástava; **absolute** ~ neakcesorická záruka; **conditional** ~ podmíněná záruka; **unconditional** ~ bezpodmínečná záruka; ~ **fund** záruční fond / rezerva, zabezpečovací fond; ~ **insurance** kaučiní pojištění; ~ **period** garanční lhůta **2** dohoda o zajištění plnění závazku jiné osoby, dohoda o ručení; **contract of** ~ smlouva o ručení
**guarantee** [¹,gærən'ti:] *(am.* **guaranty** ['gærənti]) *(v)* st. zaručit, garantovat co; ~ **the obligations** ručit za závazky; ~ **the payment of the debts** zaručit splacení / vyrovnání dluhů; ~**d annual wage** zaručená roční mzda
**guarantor** [,gærən'to:(r)] *(n)* ručitel ze sudsidiární záruky; **stand a** ~ **for sb.** dělat komu ručitele
**guaranty** ['gærənti] *(n)* **1** ručení, zástava, záruka **2** ručitel, garant
**guard** ['ga:(r)d] *(n)* **1** hlídka, stráž; **armed** ~ ozbrojená hlídka; **security** ~ ostraha objektu **2** obrana, ochrana; **body** ~ osobní ochrana, tělesná stráž
**guardian** ['ga:(r)djən] *(n)* **1** opatrovník; poručník; **testamentary** ~ poručník ze závěti; ~ **ad litem** [~,æd'laitəm] poručník u soudního sporu zastupující zájmy nezletilce u soudu **2** kurátor **3** ochránce; dozorce, hlídač; ~ **of the rights** ochránce práv
**guardianship** ['ga:(r)djənšip] *(n)* poručnictví
**guerilla** [gə'rilə] *(n)* partyzán, bandita; ~ **activity** činnost ozbrojených banditů / partyzánů
**guidance** ['gaidəns] *(n)* **1** poradenská služba **2** rada, poučení; **refer to a court of law for** ~ obrátit se na soudní dvůr o radu
**guide** ['gaid] *(n)* průvodce
**guide** ['gaid] *(v)* sb./st. vést, řídit, usměrňovat koho/co
**guideline** ['gaidlain] *(n)* **1** hlavní linie, směrnice **2** *(hl. v pl)* pravidlo, pokyn; **sentencing** ~**s** pravidla pro ukládání trestů; ~**s on increases in wages and prices** pokyny ke zvyšování mezd a cen; ~**s on dealing with rape cases** pokyny k projednávání případů znásilnění
**guild** [gild] *(n)* cech; *profesní* spolek, sdružení
**guilt** [gilt] *(n)* vina; ~ **by association** vina z důvodu spoluúčasti; **issue of** ~ **or innocence** otázka viny či neviny; **admitt one's** ~ přiznat svou vinu; **determine in the courts the** ~ **of sb.** stanovit u soudů vinu koho, určit míru zavinění koho; **establish the** ~ **of the accused**

stanovit vinu obžalovaného; **prove the ~ of the accused beyond doubt** prokázat vinu obžalovaného mimo pochybnost
**guiltless** ['giltləs] *(adj)* bez viny, nevinný
**guilty** ['gilti] *(adj)* vinný, vinen; **~ person** viník; **~ plea** přiznání viny; **~ verdict** výrok o vině; **the ~** viníci, osoby, které jsou vinné; **verdict of ~** odsuzující výrok, výrok o vině; **verdict of not ~** zprošťující výrok, výrok o nevině; **find sb. ~** shledat koho vinným; **plead ~ to an offence** přiznat vinu za trestný čin; **plead**

sb. **~ to all charge** prohlásit koho vinným ve všech bodech obžaloby; **return a verdict of not ~** vyhlásit zprošťující výrok
**gun** [gan] *(n)* přenosná střelná zbraň; revolver
**gun(-)fight** ['ganfait] *(n)* přestřelka
**gun(-)fighter** ['gan,faitə(r)] *(n)* pistolník
**gunman** ['ganmən], *(pl)* **-men** *(n)* 1 ozbrojená osoba 2 zabiják; najatý střelec, ozbrojený gangster
**gunshot** ['ganšot, *am.* -šat] *(n)* střelná rána

# H

**habeas corpora juratorum** ['heibijəs'ko:(r)pə-rə‚džuərə'to:rəm] *(lat)* soudní příkaz nařizující povolání porotců k líčení
**Habeas Corpus** ¹ [‚heibijəs'ko:(r)pəs] *(lat) angl.* ústavní zákon z roku 1679 o osobní svobodě a jejím zabezpečení
**habeas corpus** ² [‚heibijəs'ko:(r)pəs] *(lat)* soudní příkaz nařizující předvedení osoby k soudu
**habendum** [hə'bendəm] *(lat)* smluvní klauzule uvádějící předmět převodu
**habit** ['hæbit] *(n)* zvyk, obyčej; **a drug** ~ návyk na drogy; ~ **forming substance** návyková látka
**habitable** ['hæbitəbl] *(adj)* obyvatelný; ~ **repair** udržování v obyvatelném stavu
**habitancy** ['hæbitənsi] *(n)* trvalé bydliště
**habitation** [‚hæbi'teišən] *(n)* bydlení; obydlí; bydliště
**habitual** [hə'bitjuəl, *am.* hə'bičuəl] *(n)* **1** recidivista **2** narkoman, alkoholik
**habitual** [hə'bitjuəl, *am.* hə'bičuəl] *(adj)* navyklý; obvyklý; ~ **criminal / offender** recidivista; ~ **drunkard** alkoholik; ~ **drunkenness** notorické opilství
**habituation** [hə‚bitju'eišənl, *am.* -‚biču'-] *(n) to* st. návyk, zvyknutí si na co
**haeres** ['hi:rjəs] *(lat)* dědic
**hail** [heil] *(n)* krupobití; ~ **insurance** krupobitní pojištění
**half** ['ha:f, *am.* 'hæf], *(pl)* **halves** ['ha:vz, *am.* 'hævz] *(n)* **1** polovina, půlka **2** strana ve sporu
**half** ['ha:f, *am.* 'hæf] *(adj)* poloviční, částečný; ~-**blood** částečné příbuzenství přes jednoho rodiče; ~ **brother** nevlastní bratr; ~ **orphan** jednostranně osiřelé dítě; ~ **sister** nevlastní sestra; ~ **tongue** dvojjazyčná porota v bilingvních částech USA
**half-pay** [‚ha:f'pei, *am.* ‚hæf-] *(n)* poloviční plat / mzda / důchod
**half-time** [‚ha:f'taim, *am.* ‚hæf-] *(n)* poloviční úvazek
**half-timer** [‚ha:f'taimə(r), *am.* ‚hæf-] *(n)* zaměstnanec na poloviční úvazek
**half-witted** [‚ha:f'witid, *am.* ‚hæf-] *(adj)* slabomyslný
**hall** [ho:l] *(n)* síň, hala, sál; budova; **town** ~ radnice; **the H**~ **of Justice** justiční palác

**hallmark** ['ho:lma:(r)k] *(n)* **1** punc **2** charakteristický znak
**halt** [ho:lt] *(v) st.* **1** udělat přítrž čemu, zastavit co **2** váhat, nemoci se rozhodnout; ~ **between two opinions** rozhodnout mezi dvěma názory
**hamper** ['hæmpə(r)] *(v) st.* překážet čemu; omezovat co; ~ **in an action** 1 překážet v pohybu 2 omezit, omezovat, brzdit v činnosti
**hand** [hænd] *(n)* ruka; **uncleaned** ~**s** nečisté ruce *podle práva spravedlnosti musí osoba domáhající se spravedlnosti též spravedlivě konat, tj. mít čisté ruce;* **show of** ~**s** hlasování aklamací *zdvižením ruky;* **join** ~**s** podat si ruce ♦ **in witness whereof I set my** ~ jako svědek tohoto připojuji svůj podpis
**hand** [hænd] *(v) st.* podat, odevzdat co; ~ **down st.** 1 vynášet rozhodnutí 2 předávat, postupovat co nižším orgánům n. pracovníkům; ~ **in st.** podávat stanoviska, předávat co; ~ **over st.** předávat co jinému orgánu n. pracovníkovi
**handcuffs** ['hændkafs] *(pl)* pouta, želízka
**handicap** ['hændikæp] *(n)* tělesné n. dušení postižení, handicap
**handicapped** ['hændikæpt] *(adj)* tělesně n. duševně postižený, invalidní
**handle** [hændl] *(n)* záminka; ~ **for complaint** záminka ke stížnosti
**handle** [hændl] *(v) st.* zvládnout, stačit co; jednat, kontrolovat
**handling** ['hændliŋ] *(n)* **1** přenášení, přesunování, manipulace; ~ **charges** manipulační poplatek **2** nezákonné obchodování; ~ **stolen goods** *trestný čin* překupnictví kradeného zboží
**hand-out** ['hændaut] *(n)* **1** reklamní leták, prospekt **2** teze *přednášky* rozdávané před ní
**handwriting** ['hænd‚raitiŋ] *(n)* rukopis, písmo; ~ **analysis** rozbor písma, grafologie; ~ **comparison** grafologická expertiza; ~ **exemplars** vzorky rukopisu; ~ **identification** grafologická identifikace rukopisu
**hang** /*hung, hung*/ ['hæŋ, 'haŋ] *(v) sb./st.* **1** věšet, pověsit *koho/co,* zavěsit co **2** znemožnit dojít k závěru
**hanging** ['hæŋiŋ] *(n)* trest smrti oběšením
**hangman** ['hæŋmən], *(pl)* **-men** *(n)* vykonavatel trestu smrti oběšením
**Hansard** ['hænsə(r)d] *(n) brit.* sbírka protokolů z jednání v Parlamentu

**happiness** [ˈhæpinəs] *(n)* štěstí; **pursuit of ~** hledání štěstí; **effect their ~** uskutečnit jejich štěstí

**harass** [ˈhærəs] *(v)* sb. trápit, soužit, obtěžovat koho

**harassment** [ˈhærəsmənt] *(n)* **1** útrapa, sužování **2** obtěžování; **police ~** bezdůvodné obtěžování policií; **sexual ~** obtěžování sexuálními návrhy

**harbour** *(am.* **harbor)** [ˈhaː(r)bə(r)] *(n)* přístav; **~ dues** přístavní poplatky

**hard** [haː(r)d] *(adj)* **1** tvrdý, těžký; **~ drugs** tvrdé drogy; **~ labour** nucená těžká práce; **~ punishment** tvrdý trest **2** pilný; **~ worker** pilný pracovník **3** silný; tvrdý; **~ drinker** silný piják; **~ drug** tvrdá droga; **~ smoker** silný kuřák **4** o měně tvrdý podložený zlatem; **~ currency** tvrdá měna **5** obtížný; **~ bargain** obtížné vyjednávání; **drive a ~ bargain** bezohledně jít za svým při jednání ♦ **~ cash** peníze na dřevo / v hotovosti; **~ goods** zboží dlouhodobé spotřeby

**hard** [haː(r)d] *(adv)* **1** tvrdě, těžce **2** pilně

**harden** [ˈhaː(r)dən] *(v)* st. upevnit, zpevnit, stabilizovat co

**hardly** [ˈhaː(r)dli] *(adv)* sotva, stěží

**hardship** [ˈhaː(r)dšip] *(n)* strádání, utrpení, útrapa

**hark** *(v)* **back** [ˌhaː(r)kˈbæk] st. **1** vrátit se zpět k tématu **2** datovat co zpět

**harm** [haː(r)m] *(n)* **1** škoda, poškození, újma; **bodily ~** ublížení na těle / zdraví; **grievous bodily ~** těžké ublížení na zdraví; **irreparable ~** nenapravitelná škoda; **~ done** způsobená škoda **2** křivda, bezpráví

**harm** [haː(r)m] *(v)* sb. způsobit újmu, uškodit, ublížit komu, poškodit koho

**harmful** [ˈhaː(r)mful] *(adj)* škodlivý; **~ consequences** škodlivé následky

**harmless** [ˈhaː(r)mləs] *(adj)* neškodný

**harmonize** [ˈhaː(r)mənaiz] *(v)* st. uvést co v soulad, sladit, zkoordinovat co; **~ the actions of nations** koordinovat činnost národů

**harsh** [haː(r)š] *(adj)* **1** hrubý, drsný **2** krutý, nelítostný; tvrdý; **~ bargain** nevýhodný / tvrdý obchod

**hasheesh, hashish** [ˈhæši(ː)š] *(n)* hašiš

**hassle** [hæsl] *(n)* hádka, spor, slovní potyčka

**hatchet** [ˈhæčit] *(n)* sekyrka ♦ **~ man** profesionální vrah, zabiják

**hate** [heit] *(n)* *for* sb./st. nenávist ke komu/čemu

**hate** [heit] *(v)* sb./st. nenávidět koho/co

**hateful** [ˈheitful] *(adj)* nenáviděný

**hatred** [ˈheitrid] *(n)* *of / for* sb./st. nenávist, zášť ke komu/čemu; **racial ~** rasová nenávist

**haul** [hoːl] *(v)* sb./st. **1** dopravovat, přepravovat co **2** *up* sb. volat koho k odpovědnosti, postavit koho před soud

**haulage** [ˈhoːlidž] *(n)* **1** dálková doprava, přeprava **2** dopravné, přepravné

**hazard** [ˈhæzə(r)d] *(n)* riziko, nebezpečí; hazard, risk

**hazardous** [ˈhæzə(r)dəs] *(adj)* nebezpečný, riskantní; **~ contract** vysoce riziková smlouva, aleatorní smlouva; **~ employment** rizikové zaměstnání; **~ insurance** rizikové pojištění; **~ substances** nebezpečné látky; **~ wastes** nebezpečné odpady

**haze** [heiz] *(v)* sb. šikanovat koho

**head** [hed] *(n)* hlava; vedoucí, předseda, šéf; **executive departments ~s** ministři, šéfové ministerstev; **temporal ~ of the Church of England** světská hlava anglikánské církve; **~ of department** *am.* ministr; **H~ of Government** předseda vlády; **H~ of State** hlava státu; **~ office** ústředí; **at the ~ of** st. v čele čeho ♦ **~ lease** první nájemní smlouva pro určitou nemovitost; **~ licence** první licence pro určitý patent n. autorské právo

**head** [hed] *(v)* st. **1** stát v čele čeho; **be ~ed by sb.** mít v čele koho; **the Executive ~ed by the President** výkonná moc v čele s prezidentem; **the Judicial Branch is ~ed by the Supreme Court** v čele soudní složky stojí Nejvyšší soud **2** postavit se čelem k čemu

**heading** [ˈhediŋ] *(n)* nadpis, titulek, záhlaví, hlavička spisu

**headless** [ˈhedləs] *(adj)* bezhlavý; **~ corpse** mrtvola bez hlavy

**head-money** [ˈhedmani] *(n)* daň z hlavy

**headnote** [ˈhednəut] *(n)* záhlaví právního spisu stručné shrnutí případu

**headquarters** [hedˈkwoː(r)tə(r)z] *(sg i pl)* ústředí, hlavní sídlo, centrála

**heal** [hiːl] *(v)* st. urovnat, smířit co; **~ marital quarrels** urovnat manželské spory

**healer** [ˈhiːlə(r)] *(n)* léčitel

**health** [helθ] *(n)* **1** zdraví; **~ insurance system** systém zdravotního pojištění; **~ state** zdravotní stav; **protection of ~ at work** ochrana zdraví při práci **2** zdravotnictví; **public ~** veřejné zdravotnictví; **~ field** oblast

zdravotnictví; ~ **services** zdravotnické služby
**3** hygiena; **environmental** ~ hygiena životního
prostředí
**hear** /heard, heard/ ['hiə(r), 'hɜː(r)d] (v) sb./st.
**1** vyslechnout koho/co; ~ **a witness** vyslechnout svědka **2** projednávat co soudně; ~ **appeals** rozhodovat ve věci odvolání; ~ **a case privately** projednávat případ / věc bez účasti veřejnosti; ~ **complaints and appeals** projednávat stížnosti a odvolání
**hearing** ['hiəriŋ] (n) **1** zasedání, jednání soudu; ~ **in arbitration** arbitrážní jednání; ~ **in camera** neveřejné jednání; ~ **of a quasi-judicial kind** jednání kvazisoudního druhu; **declare the** ~ **closed** prohlásit jednání za skončené **2** projednání věci soudem; **open** ~ veřejné líčení; ~ **of an appeal** projednávání odvolání; ~ **of the case** projednávání případu / věci; **single judges** ~ **cases** věci rozhodované samosoudci **3** výslech; ~ **examiner** vyšetřovatel; **conduct the** ~ vyslýchat, vést výslech
**hearings** ['hiəriŋz] (pl) am. **1** protokoly parlamentních a vládních zasedání **2** záznamy výslechů před orgány Kongresu; **congressional** ~ am. vyšetřování představitele exekutivy před orgány Kongresu
**hearsay** ['hiərsei] (n) **1** pověsti, co se povídá **2** důkaz z druhé ruky; ~ **evidence** nepřímý důkaz, svědectví z doslechu; ~ **testimony** svědecká výpověď založená na nepřímém poznání
**heavy** ['hevi] (adj) těžký; pořádný; vysoký; ~ **fine** vysoká pokuta; ~ **jail** těžký žalář
**heckle** [hekl] (v) sb. provokovat koho; dělat obstrukci proti komu; dělat výtržnosti
**hector** ['hektə(r)] (v) sb. tyranizovat, zastrašovat koho; sekýrovat, komandovat koho
**hedge** [hedž] (v) st. **1** ohradit co živým plotem **2** bránit, překážet čemu
**hegemony** [hi'geməni, am. hi'džeməni] (n) hegemonie, nadvláda
**height** [hait] (n) výška; **raise the** ~ **of st.** stavebně zvýšit co
**heir** [eə(r)] (n) dědic; **forced** ~ neopomenutelný dědic; ~ **apparent** právoplatný přímý dědic; ~ **at law** dědic ze zákona; ~ **beneficiary** obmyšlená osoba; ~ **presumptive** presumptivní předpokládaný dědic; ~ **testamentary** dědic ze závěti
**heirdom** ['eə(r)dəm] (n) dědická posloupnost, dědický nárok

**heiress** ['eəris] (n) dědička
**heirlooms** ['eə(r)luːmz] (pl) cenný zděděný majetek
**heirship** ['eə(r)šip] (n) **1** dědictví **2** dědický nárok
**heist** [haist] (n) slang. vloupačka, vloupání, loupež
**help** [help] (n) pomoc; výpomoc
**help** [help] (v) sb./st. pomoci, vypomoci komu/čemu
**helpful** ['helpful] (adj) pomocný, nápomocný; užitečný, prospěšný
**helpless** ['helpləs] (adj) bezmocný, bezradný; jsoucí bez pomoci
**helpmate** ['helpmeit], **helpmeet** ['helpmiːt] (n) životní druh, družka
**hence** [hens] (adv) a proto, z toho důvodu, tudíž
**henceforth** ['hensfoː(r)θ] (adv) v budoucnu, od dnešního dne dále do budoucna, napříště
**herbage** ['hɜː(r)bidž] (n) služebnost pastvy dobytka na cizím pozemku
**hereafter** [,hiər'aːftə(r), am. -'æf-] (adv) potom, později, v budoucnosti
**hereat** [,hiər'æt] (adv) **1** proto, kvůli tomu **2** na tomto místě, zde
**hereby** [,hiə(r)'bai] (adv) tímto
**hereditable** [hi'reditəbl] (adj) dědičný
**hereditament** [,heri'ditəmənt] (n) dědičná pozůstalost; **corporeal** ~s hmotná pozůstalost; **incorporeal** ~s pozůstalost v nehmotných statcích
**hereditary** [hi'reditəri] (adj) dědičný; dědický; ~ **body** dědičný orgán; ~ **monarchy** dědičná monarchie; ~ **office** dědičná funkce; ~ **peer** brit. peer s dědičným nárokem na členství v Horní sněmovně; ~ **succession** **1** dědění ze zákona **2** dědická posloupnost **3** dědičné nástupnictví
**herefrom** [,hiə(r)'from, am. -'fram] (adv) odtud
**herein** [,hiər'in] (adv) zde, v tomto dokumentu, na tomto místě
**hereinafter** [,hiərin'aːftə(r), am. -'æf-] (adv) dále, níže v textu
**hereinbefore** [,hiərinbi'foː(r)] (adv) shora, výše
**hereof** [,hiər'ov] (adv) tohoto dokumentu, z toho
**hereto** [,hiə(r)'tu] (adv) k tomuto dokumentu
**heretofore** [,hiə(r)tu'foː(r)] (adv) až dosud; dříve, předtím
**hereunder** [,hiər'andə(r)] (adv) **1** níže **2** podle této dohody, za těchto podmínek

**hereupon** [ˌhiərəˈpon, *am.* -ˈpan] *(adv)* nato, potom, načež
**herewith** [ˌhiə(r)ˈwið] *(adv)* 1 tím, tímto 2 přiloženě
**heritable** [ˈheritəbl] *(adj)* děditelný, dědičný; ~ **bond** děditelný úpis; ~ **security** děditelná záruka
**heritage** [ˈheritidž] *(n)* dědictví, odkaz; zděděné právo
**heritrix** [ˈheritriks], *(pl)* **heritrices** [ˌheriˈtraisi:z] *(n)* dědička
**heroine** [ˈherəuin] *(n)* heroin
**hide** */hid, hidden/* [ˈhaid, hid, hidn] *(v)* skrýt, ukrýt, schovat se; **hidden defect** skrytá vada; **hidden reserves** skryté rezervy
**hiding** [ˈhaidiŋ] *(n)* úkryt, skrýše
**high** [hai] *(adj)* 1 vysoký; ~ **contracting parties** vysoké smluvní strany 2 značný, velký; intenzívní; ~ **degree of negligence** hrubá nedbalost; ~ **finance** velký kapitál 3 vrcholný; ~ **treason** velezrada ♦ **H~ Court of Justice** vrchní soud; ~ **seas** širé moře
**higher** [ˈhaiə(r)] *(adj)* hořejší, vyšší; ~ **chamber** horní sněmovna
**highness** [ˈhainis] *(n)* výsost; **Her Royal H~** její královská výsost
**highway** [ˈhaiwei] *(n)* silnice, komunikace; ~ **nuisance** dopravní přestupek; ~ **robbery** silniční loupež; **law of ~s** silniční právo
**hijack** [ˈhaidžæk] *(n)* únos hromadného dopravního prostředku za účelem vydírání
**hijack** [ˈhaidžæk] *(v)* sb./co 1 unést letadlo, loď, autobus 2 vyděračsky nutit koho
**hijacker** [ˈhaidžækə(r)] *(n)* 1 únosce 2 lupič, zloděj
**hijacking** [ˈhaidžækiŋ] *(n)* 1 krádež zboží během přepravy 2 vzdušné pirátství
**hire** [ˈhaiə(r)] *(n)* 1 nájemné 2 úplata za služby, věci; ~ **purchase** *brit.* koupě na splátky
**hire** [ˈhaiə(r)] *(v)* sb./st. 1 najmout koho/co; **hiring hall** *přibl.* zprostředkovatelna práce 2 pronajmout co 3 vypůjčit si co
**hirer** [ˈhaiərə(r)] *(n)* najímatel, nájemce
**historic** [hisˈtorik] *(adj)* historický; původní; ~ **cost** původní cena budovy po jejím dostavění
**history** [ˈhistəri] *(n)* dějiny, historie
**hitherto** [ˌhiðə(r)ˈtu:] *(adv)* doposud, do dneška, dosud
**hit(-)man** [ˈhitmæn], *(pl)* **-men** *(n)* najatý vrah
**hoax** [həuks] *(n)* podvod, švindl; **bomb ~** fa-

lešný poplach ohledně umístění bomby na veřejnosti; ~ **phone call** falešné telefonické oznámení nebezpečné situace o požáru, bombě
**hoax** [həuks] *(v)* sb. podvodně koho přimět
**hocus** [ˈhəukəs] *(v)* sb. omámit, nadopovat koho; namíchat komu omamný nápoj
**hold** */held, held/* [həuld, held] *(v)* st./sb. 1 zastávat, držet co; ~ **an office** být ve funkci, zastávat úřad / funkci; **the court ~s unanimously** soud činí jednomyslné rozhodnutí zastává jednomyslné stanovisko 2 konat co; ~ **a criminal trial in open court** vést trestní proces při veřejném líčení; ~ **a general election** konat všeobecné volby; ~ **a local referendum** vypsat místní referendum; ~ **a new trial** konat nový proces 3 projednávat co; diskutovat o čem; ~ **a law case** projednávat právní případ / věc; ~ **a moot** vést diskusi o fiktivním případu 4 považovat za co; ~ **the truths to be self-evident** považovat tyto pravdy za samozřejmé; **it is held to be unreasonable** je to považováno za bezdůvodné 5 zadržovat koho; ~ **prisoners in the police station** držet vězně na policejní stanici 6 soudně rozhodnout; **the court held that there was no case to answer** soud rozhodl, že spor je bezpředmětný; **it was held that...** soudně bylo rozhodnuto, že...
**holder** [ˈhəuldə(r)] *(n)* 1 držitel; majitel; ~ **of judicial office** úředník v oblasti soudnictví; ~ **in due course** oprávněný držitel 2 nájemník
**holding** [ˈhəuldiŋ] *(n)* 1 držení zejm. cenných papírů 2 majetek, investice; ~ **in st.** podíl na čem; ~**s of gold** zlaté měnové rezervy 3 nájemní statek
**hold-out** [ˈhəuldaut] *(n)* 1 průtahy, protahování jednání 2 účastník způsobující průtahy jednání
**hold(-)over** [ˈhəuldəuvə(r)] *(n)* držba přes smluvenou dobu / lhůtu
**hold-up** [ˈhəuldap] *(n)* 1 loupežné přepadení 2 zadržení dopravy; dopravní zácpa
**holiday** [ˈholədi, *am.* ˈhalədei] *(n)* svátek; dovolená; **public ~** veřejný svátek den pracovního klidu; ~ **pay** mzda / plat za dovolenou
**holidays** [ˈholədiz, *am.* ˈhalədeiz] *(pl)* dovolená; **entitlement to ~** nárok na dovolenou
**holograph** [ˈholəgra:f, *am.* ˈhaləgræf] *(n)* vlastnoručně napsaná listina; ~ **will** vlastnoručně psaná závěť
**holy** [ˈhəuli] *(adj)* svatý, posvátný; **H~ See** Svatá stolice

**home** [həum] *(n)* **1** domov; **H~ Office** *brit.* Ministerstvo vnitra; **~ rule** *přibl.* autonomie; **H~ Secretary** *brit.* ministr vnitra; **leave ~** odejít z domova **2** obydlí ♦ **~-foreign insurance** pojištění sjednané prostřednictvím korespondence

**home-defence** [ˌhəumdi'fens] *(n)* domobrana

**homeless** ['həumləs] *(adj)* jsoucí bez domova, nemající domov

**homelessness** ['həumləsnis] *(n)* bezdomovectví

**homestead** ['həumsted] *(n)* statek, usedlost, dvůr

**homicidal** [ˌhomi'saidl, *am.* ˌhamə-] *(adj)* vraždící, zabíječský

**homicide** ['homisaid, *am.* 'hamə-] *(n)* zabití člověka; **culpable ~** trestuhodná zaviněná vražda; **excusable ~** omluvitelné zabití; **felonious ~** vražda; **negligent ~** usmrcení z nedbalosti; **vehicular ~** zabití dopravním prostředkem; **~ by necessity** zabití z nutnosti; **H~ Squad** *brit.* policejní oddělení vražd

**homologation** [hoˌmoləˈgeišən, *am.* houˌmalə-] *(n)* **1** souhlas, shoda **2** ověření **3** homologace

**honorary** ['onərəri, *am.* 'an-] *(adj)* čestný; **~ office** čestná funkce

**honour** (*am.* **honor**) ['onə, *am.* 'anər] *(n)* **1** čest; **acceptance for ~** přijetí směnky pro čest; **sacred ~** nezadatelná čest **2** vyznamenání

**honour** (*am.* **honor**) ['onə, *am.* 'anər] *(v)* st. zaplatit, honorovat, splatit *co*; **~ a debt** splatit dluh

**honourable** ['onərəbl, *am.* 'an-] *(adj)* **1** ctihodný; **My H~ friend the member for Cornwall** *brit.* můj ctihodný přítel poslanec za Cornwall *vzájemné oslovení poslanců stejné strany Dolní sněmovny*; **the H~ Member for London East** ctihodný poslanec za východní Londýn *oslovení poslanců jiné strany* **2** čestný; **~ discharge** čestné zproštění

**hooligan** ['hu:ligən] *(n)* chuligán; **deterrent to ~s** zastrašovací prostředek proti chuligánům

**hope** [həup] *(n)* naděje, víra

**hope** [həup] *(v)* doufat, věřit

**hopeful** ['həupful] *(adj)* slibný, nadějný

**hopeless** ['həupləs] *(adj)* beznadějný

**horner** ['ho:(r)nə(r)] *(n)* náruživý toxikoman inhalující drogy

**hospitality** [ˌhospi'tæləti, *am.* ˌhas-] *(n)* bezplatné stravování a ubytování; pohostinnost

**host** [həust] *(n)* hostitel

**hostage** ['hostidž, *am.* 'has-] *(n)* rukojmí; záruka

**hostile** ['hostail, *am.* 'hastəl] *(adj)* nepřátelský; zaujatý *svědek*; **~ witness** svědek zaujatý vůči straně, která jej pozvala

**hostilities** [hos'tilətiz, *am.* has-] *(pl)* nepřátelské akce; válečný stav

**hostility** [hos'tiləti, *am.* has-] *(n)* nepřátelství

**hot** [hot, *am.* hat] *(adj)* **1** horký **2** prudký, vznětlivý; **~ blood** afekt; **~ pursuit** 1 použití přiměřené síly k odebrání zabraného majetku zpět 2 pronásledování zločince přes hranice sousedního státu 3 pronásledování lodi v mezinárodních vodách

**hour** ['auə(r)] *(n)* hodina; *(v pl)* doba; **~s attendance** návštěvní / úřední hodiny; **~s of labour** pracovní doba; **~s of work** pracovní doba; **office ~s** úřední hodiny, konzultační hodiny; **working ~s** 1 pracovní doba 2 úřední hodiny

**hourly** ['auə(r)li] *(adj)* hodinový, *placený za hodinu*; **~ pay** časová mzda

**house** [haus] *(n)* **1** dům, stavení; **~ of correction** nápravné zařízení pro mladistvé; **~ of refuge** útulek pro mladistvé delikventy; **~ arrest** domácí vězení; **~ duty** domovní daň **2** sněmovna; **Lower H~** *Isle of Man* Dolní sněmovna; **Upper H~** *Isle of Man* Horní sněmovna; **H~ Committee** *am.* výbor Sněmovny reprezentantů; **H~ of Commons** *brit.* Dolní sněmovna; **H~s of Congress** *am.* sněmovny Kongresu; **H~ of Lords** *brit.* Sněmovna lordů; **H~ of Parliament** sněmovna, komora parlamentu; **H~ of Representatives** *am.* Sněmovna reprezentantů; **enter the H~** stát se poslancem; **preside over the H~** předsedat sněmovně ♦ **make ~** vytvořit kvorum **3** společnost; firma; **confirming ~** příkazce *potvrzující nákupní kontrakty*; **foreign ~** zahraniční firma; **Trinity H~** *brit.* společnost pečující o výcvik lodivodů, údržbu majáků atd.; **~ counsel** podnikový právník

**housebreak** /*-broke, -broken*/ ['hausbreik, -brəuk, -brəukn] *(v)* vloupat se *do domu*

**housebreaker** ['hausbreikə(r)] *(n)* vykrádač bytů, bytový zloděj, lupič

**housebreaking** ['hausbreikiŋ] *(n)* vloupání *do domu*

**household** ['haushəuld] *(n)* rodina žijící pohromadě; domácnost

**householder** ['haushəuldə(r)] *(n)* majitel domu;

**~'s comprehensive insurance / policy** sdružené pojištění domácnosti

**houselot** ['hauslot] *(n)* stavební parcela pro stavbu domu

**houseowner** ['hausəunə(r)] *(n)* vlastník budovy; **~s' comprehensive policy** sdružené pojištění budov

**housing** ['hauziŋ] *(n)* **1** bytová politika, hospodaření s byty; **~ law** bytové právo **2** bydlení; **affordable salubrious ~** zdravé bydlení, které si lidé mohou dovolit; **~ premises** bytové / obývací prostory; **~ problem** bytový problém, problém bydlení; **~ shortage** nedostatek bytů, bytová nouze; **~ standard** úroveň bydlení; **~ stock** bytový fond **3** bytová výstavba; **~ association** bytové družstvo

**howbeit** [,hau'bi:it] *(con)* nicméně; ač

**however** [,hau'evə(r)] *(conj)* avšak, však; bohužel

**HP** [ejč'pi] *(abbrev) brit. hire purchase* koupě na splátky; **~ agreement** smlouva o nákupu na splátky

**hull** 1 [hal] *(n)* prázdná nábojnice

**hull** 2 [hal] *(n)* trup dopravního prostředku; kasko; **~ insurance** kasko pojištění, tj. dopravního prostředku nikoliv nákladu; **~ rate** sazba za pojištění kaska

**human** ['hju:mən] *(adj)* lidský, humánní; **European Court of H~ Rights** *(ES)* Evropský soud pro lidská práva ve Strasbourghu; **~ being** lidská bytost; **~ conduct** lidské chování; **~ events** dějiny lidstva; **~ history** dějiny lidstva; **~ life** lidský život; **~ rights** lidská práva

**humanitarian** [hju:,mæni'teəriən] *(adj)* humanitární; **~ law** humanitární právo; **~ problems** humanitární problémy

**humanities** [hju:'mænətiz] *(pl)* humanitní obory

**humanization** [,hju:mənai'zeišən] *(n)* humanizace, zlidštění, zlepšení podmínek

**humiliate** [hju:'milieit] *(v)* sb. pokořit, ponížit koho

**humiliation** [hju:,mili'eišən] *(n)* pokoření, ponížení

**humiliatory** [hju:'milieitəri] *(adj)* pokořující

**hung** [haŋ] *(adj)* neschopný jednat; ochromený, zablokovaný; **~ jury** zablokovaná porota neschopná dojít k jednomyslnému závěru; **~ parliament** parlament, v němž ani jedna strana nemá dostatek hlasů k sestavení vlády

**hunger-strike** ['haŋgə(r),straik] *(n)* hladovka

**hunger-strike** */-struck, -struck/* ['haŋgə(r),straik, -strak] *(v)* držet hladovku

**hunger-striker** ['haŋgə(r),straikə(r)] *(n)* hladovkář

**husband** ['hazbənd] *(n)* manžel; **~ and wife** manželé; **relationship of ~ and wife** vztah manželů

**husbandman** ['hazbəndmən], *(pl)* **-men** *(n)* hospodář, farmář, zemědělec

**husbandry** ['hazbəndri] *(n)* hospodaření, rolnictví

**hush-money** ['haš,mani] *(n)* úplatek za mlčenlivost

**hustings** ['hastiŋz] *(pl) brit. pův.* řečnické podium; *nyní* volby v Dolní sněmovně

**hype** [haip] *(n)* vrácení nesprávné částky peněz při placení

**hypocrisy** [hi'pokrəsi, am. -'pak-] *(n)* pokrytectví, přetvářka

**hypocrite** ['hipəkrit] *(n)* pokrytec, licoměrník

**hypothecary** [hai'poθikəri, am. -'paθ-] *(adj)* hypotekární, týkající se zástavy; **~ action** hypotekární žaloba

**hypothecate** [hai'poθikeit, am. -'paθ-] *(v)* st. zatížit co hypotékou

# I

**ib., ibid., ibidem** ['ibid, 'ibidəm / i'baidəm] *(lat)* stejně, na stejném místě
**ICJ** [ˌaisiː'džei] *(abbrev) International Court of Justice (OSN)* Mezinárodní soudní dvůr
**id., idem** ['aidəm] *(lat)* týž; stejná osoba, stejná věc; **ad idem** ve shodě; **idem sonans** [aidəm'səunəns] podobně n. stejně znějící
**I(.)D(.)** [ai'diː] *(abbrev) identification* totožnost; **ID card** průkaz totožnosti
**idée fixe,** *(pl)* **idées fixes** [iːˌdei'fiks] *(fr)* utkvělá představa; fixní myšlenka
**identical** [ai'dentikəl] *(adj)* identický, totožný, shodující se, stejný; ~ **fingerprints** identické otisky prstů; ~ **twins** jednovaječná dvojčata
**identification** [aiˌdentifi'keišən] *(n)* 1 identifikace, určení; zjištění totožnosti; ~ **of goods** určení zboží; ~ **of the parties** zjištění totožnosti procesních, smluvních stran; **proof of** ~ doklad totožnosti; ~ **disk / tag** osobní známka prokazující totožnost vojáků, zavěšená na krku; ~ **parade** skupinová identifikace pachatele; „předváděčka" 2 průkaz totožnosti
**identify** [ai'dentifai] *(v)* sb./st. 1 identifikovat, rozpoznat koho/co; ~ **an attacker** identifikovat útočníka; ~ **a graduate** rozpoznat absolventa 2 *oneself with* sb./st. ztotožnit se s kým/čím; souhlasit s kým/čím
**identikit** [ai'dentikit] *(n)* identikit syntetický portrét osoby vytvořený na základě popisu svědků
**identity** [ai'dentəti] *(n)* totožnost, identita; ~ **of interests** totožnost zájmů; **one another's** ~ vzájemná identita; **proof of** ~ doklad totožnosti; ~ **card / certificate** průkaz totožnosti; ~ **check** kontrola osobních dokladů; ~ **declaration** prohlášení o totožnosti např. při zapisování do volebních seznamů; ~ **papers** osobní doklady; **declare** ~ odhalit totožnost; **prove one's** ~ prokázat svou totožnost
**i.e.** [id'est, ai'iː] *(abbrev, lat) id est* tj. (to jest); čteme: **that is, i.e.**
**idle** [aidl] *(adj)* nečinný, nicnedělající, jsoucí v nečinnosti; ~ **capital** kapitál ležící ladem; ~ **time** prostoj, ztrátový čas
**idle** [aidl] *(v)* způsobit nečinnost, odsoudit k nečinnosti; **the strike ~d thousands of workers** stávka odsoudila k nečinnosti tisíce dělníků
**ignitable** [ig'naitəbl] *(adj)* zápalný

**ignite** [ig'nait] *(v)* st. 1 zapálit, podpálit co 2 podnítit, roznítit co; ~ **the hatred** podnítit nenávist
**ignoble** [ig'nəubl] *(adj)* nečestný, nepoctivý
**ignominious** [ˌignəu'miniəs] *(adj)* potupný, ponižující, hanebný
**ignorance** ['ignərəns] *(n)* neznalost, nevědomost; **culpable** ~ zaviněná neznalost; **involuntary** ~ neúmyslná neznalost; **voluntary** ~ záměrná neznalost; ~ **of facts** skutkový omyl; ~ **of law** 1 právní omyl 2 neznalost práva; ~ **of the law is no excuse** neznalost zákona neomlouvá; **accept** ~ **as an excuse** přijmout / akceptovat neznalost jako omluvu
**ignorant** ['ignərənt] *(adj) of* st. být neinformovaný o čem, být neznalý čeho
**ignore** [ig'nɔː(r)] *(v)* st./sb. 1 zamítnout co; ~ **a bill of indictment** zamítnout žalobu jako bezpředmětnou 2 ignorovat, přehlížet co/koho, nevšímat si čeho/koho
**ill-bred** [ˌil'bred] *(adj)* nevychovaný, nezpůsobný, hrubý
**ill-considered** [ˌilkən'sidə(r)d] *(adj)* neuvážený, špatně zvážený
**ill-defined** [ˌildi'faind] *(adj)* nejasně vymezený, nejasný, neurčitý
**ill-effects** [ˌili'fekts] *(pl)* škodlivé účinky / působení
**illegal** [i'liːgəl] *(adj)* nezákonný; protiprávní; ~ **contract** nezákonná smlouva výslovně zakázaná zákonem; ~ **entry** nelegální vstup cizince do země; ~ **interest** nezákonný lichvářský úrok; ~ **lock-out** protiprávní přerušení práce; ~ **per se** nezákonný svou podstatou / sám o sobě nikoliv vnějšími okolnostmi; ~ **practices** *brit.* volební machinace; ~ **strike** nezákonná stávka neschválená odborovým svazem; ~ **trade** nezákonný obchod
**illegality** [ˌili'gæləti] *(n)* nezákonnost, protiprávnost, ilegalita; nezákonný čin
**illegalization** [iˌliːgəlai'zeišən] *(n) of* st. postavení čeho mimo zákon, zákonný zákaz; ~ **of gambling** zákonný zákaz hazardních her
**illegalize** [i'liːgəlaiz] *(v)* st./sb. postavit co/koho mimo zákon, zákonem zakázat co
**illegible** [i'ledžəbl] *(adj)* nečitelný
**illegitimacy** [ˌili'džitiməsi] *(n)* 1 nemanželské

zrození, nemanželský původ 2 nezákonnost, protizákonnost

**illegitimate** [ˌili'džitimət] *(n)* nemanželské dítě

**illegitimate** [ˌili'džitimət] *(adj)* 1 neoprávněný, nezákonný; ~ **seizure** nezákonné zadržení 2 nelegitimní, nemanželský; ~ **child** nemanželské dítě

**ill(-)fame** [ˌil'feim] *(n)* špatná pověst

**illicit** [i'lisit] *(adj)* zákonem nedovolený, nezákonný; ~ **alcohol** nezákonně dovezený alkohol; ~ **cohabitation** nezákonné soužití dvou partnerů na sexuální bázi; ~ **connection** nezákonný pohlavní styk; ~ **relations** nezákonné vztahy na bázi nezákonného pohlavního styku; ~ **sale of drugs** nezákonný obchod narkotiky; ~ **traffic of drugs** nezákonný dovoz narkotik

**illiteracy** [i'litərəsi] *(n)* negramotnost

**ill-judged** [ˌil'džadžd] *(adj)* neuvážený, špatně posouzený, nerozumný

**ill-usage** [ˌil'ju:zidž] *(n)* týrání, špatné zacházení, ubližování

**illusory** [i'lu:səri] *(adj)* iluzorní, klamný; ~ **contract** klamná smlouva; ~ **promise** klamný slib; ~ **tenant** nastrčený nájemce; ~ **trust** klamné opatrovnictví

**illustrate** ['iləstreit] *(v)* st. ilustrovat co; uvést příklad čeho, ukázat co

**imagination** [iˌmædži'neišən] *(n)* představivost, obrazotvornost, fantazie

**imagine** [i'mædžin] *(v)* st. představit si co

**imbalance** [im'bæləns] *(n)* 1 účetní pasívní bilance, schodek 2 nerovnováha, nevyváženost

**imbezzle** [im'bezl] VIZ *embezzle*

**imbracery** [im'breisəri] VIZ *embracery*

**imbroglio** [im'brəuliəu] *(n)* over st. komplikovaný spor, hádka ohledně čeho; ~ **over the misuse of public funds** spory ohledně zneužití veřejných finančních prostředků

**imbue** [im'bju:] *(v)* st. nasytit, naplnit, prostoupit co; ~ **the case with theoretical significance** přisoudit případu teoretický význam; ~ **with hatred** naplnit nenávistí

**immaterial** [ˌimə'tiəriəl] *(adj)* nepodstatný, nedůležitý; ~ **evidence** nepodstatný n. nedostatečný důkaz; ~ **objection** nepodstatná námitka; ~ **variance** nepodstatný rozdíl

**immature** [ˌimə'tjuə(r)] *(adj)* 1 předčasný 2 nevyspělý, nedospělý, nezralý

**immaturity** [ˌimə'tjuərəti] *(n)* nezralost, nedospělost; předčasnost

**immediate** [i'mi:djət] *(adj)* 1 bezprostřed-

ní, přímý; ~ **cause** bezprostřední příčina; ~ **danger** bezprostřední nebezpečí; ~ **family** nejbližší rodina; ~ **heir** nejbližší dědic 2 okamžitý, bezodkladný; ~ **annuity** okamžitý důchod; ~ **implementation** okamžité provádění, okamžitá realizace; ~ **notice** 1 okamžité oznámení 2 okamžitá výpověď

**immemorial** [ˌimi'mo:riəl] *(adj)* prastarý, věkovitý; ~ **existence** dávná existence; **from / since time** ~ odnepaměti

**immigrant** ['imigrənt] *(n)* přistěhovalec, imigrant

**immigrate** ['imigreit] *(v)* into st. přistěhovat se kam

**immigration** [ˌimi'greišən] *(n)* přistěhovalectví; ~ **officer** imigrační úředník

**imminence** ['iminəns], **imminency** ['iminənsi] *(n)* bezprostředně hrozící nebezpečí

**imminent** ['iminənt] *(adj)* bezprostřední, blízký; bezprostředně hrozící; ~ **danger** hrozící nebezpečí; ~ **peril** bezprostřední nebezpečí

**immodest** [i'modist, am. i'madəst] *(n)* 1 neslušný, nemravný; ~ **act** nemorální čin; ~ **conduct** nemravné chování 2 neskromný, drzý

**immodesty** [i'modisti, am. i'madəsti] *(n)* 1 neslušnost, nemravnost 2 neskromnost

**immoral** [i'morəl, am. i'ma-] *(adj)* nemorální, jsoucí proti dobrým mravům; ~ **contract** smlouva *contra bonos mores* neplatná od samého počátku; ~ **offence** mravnostní delikt

**immovable** [i'mu:vəbl] *(adj)* nehybný; nemovitý; ~ **assets** nemovitý majetek

**immovables** [i'mu:vəblz] *(pl)* nemovité věci, nemovitý majetek

**immune** [i'mju:n] *(adj)* from / against / to st. imunní, odolný vůči čemu; **he is** ~ **from suit** nemůže být soudně stíhán

**immunity** [i'mju:nəti] *(n)* from / to st. 1 imunita proti čemu; **public interest** ~ nedotknutelnost veřejného zájmu; ~ **from error** neomylnost; ~ **enjoy diplomatic privileges and** ~**ies** mít diplomatické výsady a imunity 2 zproštění, osvobození od čeho; ~ **from prosecution** vynětí z trestního stíhání, beztrestnost; ~ **from taxation** vynětí ze zdanění

**immure** [i'mjuə(r)] *(v)* sb. zavřít, izolovat koho; ~ **in a dungeon** zavřít do žaláře

**immurement** [i'mjuə(r)mənt] *(n)* of sb. *within / in / into* st. izolování, uzavření koho kde

**impact** ['impækt] *(n)* *(up)on* st./sb. 1 úder, náraz;

~ **of cars** srážka vozidel **2** působení, účinek na co/koho; ~ **on children** účinek na děti
**impact** [im'pækt] (v) (up)on sb./st. mít vliv / účinek / dopad na koho/co
**impair** [im'peə(r)] (v) st. poškodit co; zhoršit, oslabit, omezit co; ~**ed capital** snížené jmění; **impairing the obligation of contract** poškození smluvního závazku
**impaired** [im'peə(r)d] (adj) kan. opilý; dopovaný; ~ **driving** řízení pod vlivem alkoholu n. drog
**imparlance** [im'pa:(r)ləns] (n) poskytnutí času k obhajobě
**impartial** [im'pa:(r)šəl] (adj) nestranný; ~ **arbiter** nestranný rozhodce; ~ **judgement** nestranný / objektivní názor; ~ **umpire** nestranný soudce
**impartiality** [im₁pa:(r)ši'æləti] (n) nestrannost; ~ **of a judge** nestrannost soudce; **maintain the** ~ udržet nestrannost
**impassable** [im'pa:səbl, am. -'pæsəbl] (adj) **1** neprůchodný, neschůdný; nesjízdný **2** neudatelný; **the counterfeit bills were** ~ padělané bankovky nebylo možné uvést do oběhu
**impawn** [im'po:n] (v) st. dát do zástavy
**impeach** [im'pi:č] (v) sb. **1** odmítnout n. zpochybnit svědka **2** am. obvinit, odsoudit veřejného činitele v trestním řízení pro zneužití pravomoci n. úplatkářství **3** obvinit hlavu státu z vlastizrady
**impeachable** [im'pi:čəbl] (adj) **1** zakládající důvod k obžalobě, žalovatelný; ~ **offence** žalovatelný trestný čin **2** žalovatelný, obvinitelný pro zneužití úřední pravomoci
**impeachment** [im'pi:čmənt] (n) **1** zpochybnění, pochybnost; odmítnutí; ~ **by evidence of character and conduct of witness** odmítnutí svědka poukázáním na jeho špatný charakter a chování; ~ **of verdict** napadení výroku poroty; ~ **of witness** odmítnutí n. zpochybnění svědka pro jeho prokázanou nevěrohodnost **2** am. trestní řízení proti veřejnému činiteli před kvazipolitickým soudem za zneužití pravomoci n. úplatkářství; **articles / bill of** ~ am. písemná obžaloba veřejného činitele ve věci zneužívání pravomoci či úplatků podaná např. Sněmovnou reprezentantů Senátu **3** obvinění hlavy státu z velezrady
**impede** [im'pi:d] (v) st. bránit, překážet čemu, zdržovat co

**impediment** [im'pedimənt] (n) **1** překážka **2** závada, vada
**impediments** [im'pedimənts] (pl) právní překážky bránící uzavření platné smlouvy; **prohibitive** ~ překážky manželství jejichž nerespektování nese sankci, nikoliv neplatnost manželství; ~ **to marriage** právní překážky uzavření platného manželství
**impel** [im'pel] /ll/ (v) sb. to st. dohnat, donutit koho k čemu; **the causes which** ~ **them to the separation** příčiny, které je nutí k odluce
**imperfect** [im'pə:(r)fikt] (adj) **1** vadný, právně neúčinný **2** neúplný, nedokonalý
**imperfection** [₁impə(r)'fekšən] (n) nedostatek, vada; nedokonalost
**imperil** [im'peril] /ll/ (v) st. ohrozit co, vystavit co nebezpečí
**imperishable** [im'perišəbl] (adj) nezničitelný, nepodléhající zkáze
**imperium** [im'piəriəm] (n) impérium, říše; státní moc
**impermissibility** [₁impə(r)₁misə'biləti] (n) nepřípustnost
**impermissible** [₁impə(r)'misəbl] (adj) nepřípustný
**impersonate** [im'pə:(r)səneit] (v) sb. vydávat se za koho; představovat, ztělesňovat koho
**impersonation** [im₁pə:(r)sə'neišən] (n) of sb. vydávání se za koho; ztělesnění, představování koho
**impertinence** [im'pə:(r)tinəns], **impertinency** [im'pə:(r)tinənsi] (n) **1** nepřípadnost, nevhodnost; irelevantnost **2** drzost, impertinence
**impertinent** [im'pə:(r)tinənt] (adj) **1** to st. nehodící se pro co; nevhodný k čemu **2** drzý, neomalený, impertinentní
**impetus** ['impitəs] (n) impuls, pobídka, stimul
**implausibility** [im₁plo:zə'biləti] (n) nepřijatelnost; nepravděpodobnost
**implausible** [im'plo:zəbl] (adj) nepřijatelný; nepravděpodobný
**implement** ['impləmənt] (n) nástroj; **judges are** ~**s of justice** soudci jsou nástroji spravedlnosti
**implement** ['impləmənt] (v) st. **1** provádět, uskutečňovat, realizovat co; ~ **control by domestic legislation** provádět kontrolu vnitrostátními zákony; ~ **the ending of the arms race** ukončit závody ve zbrojení; ~ **recommendations** uskutečnit / realizovat doporučení **2** skot. splnit závazek; dodržet smlouvu

implementary [ˌimpləˈmentəri] *(adj)* prováděcí; ~ **regulations** prováděcí předpisy
implementation [ˌimpləmənˈteišən] *(n)* provádění, uskutečňování, realizace; ~ **of initiatives and proposals** realizace iniciativ a návrhů; ~ **of obligations** realizace / splnění závazků; **immediate and strict** ~ **of the UN resolutions** okamžité a přesné uskutečnění rezolucí OSN
implicate [ˈimplikeit] *(v)* sb. *in* st. prokázat čí účast na čem; ~ **him in a crime** prokázat jeho podíl na trestném činu
implication [ˌimpliˈkeišən] *(n)* 1 *in* st. zapletení se do čeho, účast na čem 2 následek, důsledek; **irreversible** ~**s** nezvratné následky; **by** ~ jako následek / důsledek
implicit [imˈplisit] *(adj)* implicitní; skrytý, nevyslovený, předpokládaný
implicitly [imˈplisitli] *(adv)* nepřímo, zprostředkovaně; mlčky
implied [imˈplaid] *(adj)* implikovaný; předpokládaný, skrytý; samozřejmý; odvozený; **express and** ~ **terms** výslovné a implicitní podmínky; ~ **agreement** konkludentní dohoda; ~ **authority** odvozené pravomoci; ~ **consent** konkludentní souhlas; ~ **duty** samozřejmá ale nevyslovená povinnost; ~ **easement** skryté věcné břemeno; ~ **malice** předpokládaný zlý úmysl; ~ **permission** samozřejmé / mlčky předpokládané povolení; ~ **powers** samozřejmé pravomoci vyplývající z povahy věci, nikoliv výslovně řečené; ~ **trust** implicitní svěřenství vyplývající z interpretace právního úkonu; ~ **warranty** mlčky předpokládaná výminka
imply [imˈplai] *(v)* st. 1 implikovat co, zahrnovat v sobě; předpokládat co; **be** ~**ied by law** být samozřejmý na základě zákona 2 tvrdit, že; **Do you wish to** ~ **that the police acted improperly?** Chcete říci, že policie nejednala správně?
import [ˈimpoː(r)t] *(n)* dovoz, import; ~ **duty** dovozní clo; ~ **levy** dovozní daň v rámci ES; ~ **licence** dovozní povolení; ~ **quota** dovozní kontingent; ~ **restrictions** dovozní omezení; **reduce** ~**s** snížit dovoz
import [imˈpoː(r)t] *(v)* st. 1 dovážet, importovat co 2 vnášet, přinášet; **words importing persons** slova označující osoby
importable [imˈpoː(r)təbl] *(adj)* dovozu schopný
importance [imˈpoː(r)təns] *(n)* důležitost, vý-

znam; **be of cardinal** ~ mít zásadní význam; **be of public** ~ být důležitý pro veřejnost
important [imˈpoː(r)tənt] *(adj)* důležitý, významný; ~ **terms** důležité smluvní podmínky
importation [ˌimpoː(r)ˈteišən] *(n)* dovážení, dovoz; **patent of** ~ zaváděcí patent
importee [ˌimpoː(r)ˈtiː] *(n)* importovaná osoba za účelem zaměstnání, zahraniční dělník, gastarbajtr
imports [ˈimpoː(r)ts] *(pl)* dovezené zboží; **dutiable** ~ dovoz podrobený clu
importune [ˌimpoːˈtjuːn, *am.* imˈpoːrčən] *(v)* sb. *brit.* obtěžovat koho nabídkami k sexuálnímu styku
importuning [impoːˈtjuːniŋ, *am.* -ˈpoːrčəniŋ] *(n) brit.* trestný čin agresívního nabízení n. vyžadování sexuálních služeb
importunity [ˌimpoː(r)ˈtjuːnəti] *(n)* naléhavá prosba, žádost o splnění nároku
impose [imˈpəuz] *(v)* st. *((up)on* sb.) ukládat (komu) co, vytvářet co; ~ **barriers** vytvářet zábrany / bariéry; ~ **a limitation on** st. stanovit omezení pro co; ~ **a punishment on sb.** uložit trest komu; ~ **restrictions** zavést omezení; ~ **sentence** uložit trest, vynést rozsudek; ~ **taxes on the population** ukládat daně obyvatelstvu; **penalty** ~**d upon a person** trest uložený osobě; **restrictions** ~**d by the statute** omezení nařízená zákonem
imposition [ˌimpəˈzišən] *(n)* 1 uložení povinnosti; uvalení trestu 2 daň, poplatek; dávka; **levy** ~**s imposed upon the owner** vymáhat poplatky uložené vlastníkovi; **parliamentary or parochial** ~**s** celostátní nebo obecní místní poplatky
impossibility [imˌposəˈbiləti, *am.* -pas-] *(n)* nemožnost; ~ **of performance** nemožnost plnění
impossible [imˈposəbl, *am.* -ˈpas-] *(adj)* nemožný, neuskutečnitelný
imposts [imˈpəusts] *(pl)* daně, poplatky
impotence [ˈimpətəns], impotency [ˈimpətənsi] *(n)* 1 neschopnost, bezmocnost, slabost 2 impotence, pohlavní neschopnost
impotent [ˈimpətənt] *(adj)* nemohoucí, slabý, neschopný; impotentní
impound [imˈpaund] *(adj)* obstavený, zadržený; ~ **account** obstavený účet
impound [imˈpaund] *(v)* st. soudně zadržet zboží než je procleno; vzít do soudní úschovy, obstavit co

**impoundment** [im'paundmənt] *(n)* am. úřední zadržení plateb

**impoverishment** [im'povərišmənt], am. -'pav-] *(n)* zbídačení, ožebračení; vyčerpanost, vyčerpání

**imprescriptibility** [impri‚skriptə'biləti] *(n)* **1** nezcizitelnost **2** nepromlčitelnost

**imprescriptible** [impri'skriptəbl] *(adj)* nezcizitelný; ~ **rights** nezadatelná / nezcizitelná práva

**impress** [im'pres] *(v)* **1** st. zabrat, zabavit pro veřejnou potřebu **2** sb. *with* st. učinit na koho dojem čím, zapůsobit na koho čím ♦ ~ **upon sb. the need of st.** přesvědčit koho o potřebě čeho

**impression** [im'prešən] *(n)* **1** dojem, vliv, účinek; **case of first** ~ případ, jenž nemá precedent, poprvé je souzen, stává se prvním precedentem **2** tisk, výtisk; **first** ~ 1 první dojem 2 první výtisk

**impressment** [im'presmənt] *(n)* zabavení, konfiskace, rekvizice majetku pro veřejné účely

**imprison** [im'prizən] *(v)* sb. uvěznit koho

**imprisonment** [im'prizənmənt] *(n)* uvěznění, odnětí svobody; **false** ~ nezákonné zatčení, zadržení / uvěznění bez zatykače, protiprávní odnětí svobody; **life** ~ trest odnětí svobody na doživotí; ~ **suspended for 12 months** trest odnětí svobody s podmínkou na 12 měsíců; **aggregated term of** ~ úhrnný trest odnětí svobody; **maximum term of** ~ nejvyšší trestní sazba v daném rozpětí; **serve a sentence of** ~ odpykávat si trest odnětí svobody

**improper** [im'propə(r), am. -'pra-] *(adj)* nevhodný; nesprávný; ~ **use** zneužití

**impropriate** [im'prəuprieit] *(v)* st. vyvlastnit co, zejm. církevní majetek

**impropriation** [im‚prəupri'eišən]*(n)* vyvlastnění církevního majetku

**impropriator** [im'prəuprieitə(r)] *(n)* světský držitel církevního majetku

**improve** [im'pru:v] *(v)* st. zlepšit, zdokonalit co

**improvement** [im'pru:vmənt] *(n)* zlepšení, zdokonalení; zhodnocení majetku; ~ **suggestion** návrh na zlepšení, zlepšovací návrh; ~ **of living conditions** zlepšení životních podmínek; **steady and significant** ~ **in water quality** postupné a výrazné zlepšování kvality vody

**improvidence** [im'providəns], am. -'pravə-] *(n)* neprozřetelnost; bezstarostnost; lehkomyslnost

**impugn** [im'pju:n] *(v)* sb./st. napadnout, slovně zaútočit na koho/co, zpochybnit koho/co

**impugnable** [im'pju:nəbl] *(adj)* napadnutelný; zpochybnitelný

**impunity** [im'pju:nəti] *(n)* beztrestnost, nepotrestatelnost; **with** ~ beztrestně

**imputable** [im'pju:təbl] *(adj) to* sb./st. přisuzovatelný, přičítatelný komu/čemu

**imputation** [‚impju:'teišən] *(n) of* st. nespravedlivé obvinění / obviňování z čeho; ~ **of malice** obviňování ze zlého úmyslu

**imputative** [im'pju:tətiv] *(adj)* obviňující

**impute** [im'pju:t] *(v)* st. *to* st. **1** přičítat, přisuzovat co čemu **2** nespravedlivě obviňovat; **the crime ~d to him** trestný čin, z něhož on je nespravedlivě obviňován

**in** [in] *(prep)*: ~ **absentia** [inəb'senšə, -šiə] *(lat)* v nepřítomnosti; ~ **addition to** navíc, kromě; ~ **case** jestliže, v případě, že; ~ **bonis** [in'bəunis] ve skutečném vlastnictví; ~ **camera** [in'kæmərə] *(lat)* neveřejně; ~ **consimili casu** [‚inkən'siməlai'keis(j)u] *(lat)* v podobném případě; ~ **dubio** [in'dju:biəu] *(lat)* v pochybnostech; ~ **duplo** [in'dju:pləu] *(lat)* dvojmo, dvojitě; ~ **esse** [in'esi:] *(lat)* jsoucí, existující; ~ **extenso** [‚inək'stensəu] v plném rozsahu; ~ **flagrante delicto** [in'flægrəntaidi'liktəu] *(lat)* přichycen při trestném činu; ~ **forma pauperis** [in'fo:(r)mə‚po:pərəs] *(lat)* coby nemajetný / chudák; ~ **general** obecně, všeobecně; ~ **jure** [in'džuəri:] v právu, podle práva; ~ **litem** [in'laitəm] pro soudní projednávání, v souvislosti se soudním sporem; ~ **loco parentis** [in'ləukəupə'rentəs] *(lat)* na místo rodiče; ~ **particular** zvláště, především, zejména; ~ **personam** [‚inpə(r)'səunəm] *(lat)* žaloba proti osobě; ~ **private** 1 v soukromí 2 na uzavřeném zasedání; ~ **re** [in'ri:] *(lat)* ve věci; ~ **rem** [in'rem] *(lat)* žaloba proti věci; ~ **spite of** přesto, navzdory; ~ **statu quo** [in'steit(j)u'kwəu] *(lat)* za současného stavu; ~ **terrorem** [‚intə'ro:rəm] *(lat)* za účelem hrozby / teroru; ~ **writing** písemně

**inability** [‚inə'biləti] *(n)* neschopnost, nezpůsobilost; ~ **to procure the legislation** neschopnost prosadit legislativu

**inaccessibility** ['inæk‚sesə'biləti] *(n)* nepřístupnost; nedostupnost, nedosažitelnost

**inaccessible** [‚inæk'sesəbl] *(adj)* nepřístupný; nedostupný, nedosažitelný

**inadaptability** [inəˌdæptəˈbiləti] *(n)* to st. nepřizpůsobivost čemu

**inadequacy** [inˈædikwəsi] *(n)* nepřiměřenost, neadekvátnost; nedostatečná výše

**inadequate** [inˈædikwət] *(adj)* nepřiměřený, neadekvátní; nedostatečný

**inadmissibility** [inədˌmisəˈbiləti] *(n)* nepřípustnost

**inadmissible** [ˌinədˈmisəbl] *(adj)* nepřípustný; ~ **evidence** nepřípustný důkaz; **declare** ~ st. prohlásit co za nepřijatelné / nepřípustné

**inalienable** [inˈeiljənəbl] *(adj)* nezcizitelný, nezadatelný; ~ **rights** nezadatelná práva

**inappeallable** [inəˈpeləbl] *(adj)* nenapadnutelný výrok

**inapplicable** [inˈæplikəbl] *(adj)* to st. neaplikovatelný na co, nepoužitelný k čemu

**inapt** [inˈæpt] *(adj)* for st. neschopný, nekvalifikovaný pro co

**inasmuch as** [ˌinəzˈmæčəz] *(con)* ježto, vzhledem k tomu, že; pokud

**inaugural** [iˈnoːgjurəl] *(n)* nástupní řeč, inaugurační proslov prezidenta, guvernéra, rektora

**inauguration** [iˌnoːgjuˈreišən] *(n)* uvedení do úřadu, inaugurace; **I~ Day** am. den uvedení prezidenta do úřadu

**incapability** [inˌkeipəˈbiləti] *(n)* of doing st. nezpůsobilost; neschopnost co dělat

**incapable** [inˈkeipəbl] *(adj)* of st. neschopný čeho; právně nezpůsobilý

**incapacitate** [ˌinkəˈpæsiteit] *(v)* sb. for / from doing st. prohlásit právně nezpůsobilým k čemu; učinit koho neschopným čeho

**incapacitated person** [ˌinkəˈpæsiteitid ˈpəː(r)sn] *(n)* osoba nezpůsobilá z důvodu fyzického n. duševního stavu

**incapacitation** [ˈinkəˌpæsiˈteišən] *(v)* zbavení právní způsobilosti

**incapacity** [inkəˈpæsəti] *(n)* neschopnost, nezpůsobilost; **partial** ~ částečná neschopnost, částečná invalidita; **total** ~ úplná neschopnost, plná invalidita; ~ **for work due to sickness** pracovní neschopnost z důvodu nemoci

**incarcerate** [inˈkaː(r)səreit] *(v)* sb. uvěznit, vsadit do vězení koho

**incarceration** [inˌkaː(r)səˈreišən] *(n)* uvěznění, vsazení do vězení

**in-career** [ˌinkəˈriə(r)] *(adj)* prováděný při zaměstnání

**incendiary** [inˈsendjəri] *(adj)* zápalný, žhářský; ~ **crime** trestný čin žhářství; ~ **fire** uměle založený požár

**incentive** [inˈsentiv] *(n)* popud, podnět; pohnutka, stimul i finanční; ~ **pay plan** am. stimulační mzdové schéma

**incentive** [inˈsentiv] *(adj)* stimulující, podnětný

**incept** [inˈsept] *(v)* vzniknout

**inception** [inˈsepšən] *(n)* 1 vznik 2 uzavření pojištění

**incest** [ˈinsest] *(n)* incest, krvesmilstvo

**incestuous** [inˈsestjuəs] *(adj)* týkající se incestu, krvesmilný; ~ **adultery** krvesmilné cizoložství; ~ **bastard** dítě zplozené v krvesmilstvu

**inchoate** [ˈinkəueit] *(adj)* 1 právně nedostatečný, nemající všechny náležitosti, neúplný; ~ **instrument** neúplný právní dokument n. úkon; ~ **right** neúplné právo vynálezce na jeho vynález v průběhu patentového řízení 2 počáteční, nevyvinutý; neúplný; ~ **crime** počáteční trestný čin vedoucí k dalším trestným činům

**inchoative** [ˈinkəueitiv] *(adj)* počáteční, formativní

**incidence** [ˈinsidəns] *(n)* 1 výskyt 2 dopad; rozsah působnosti; zatížení; ~ **of customs duties** celní zatížení; ~ **on the interpretation of st.** dopad na výklad čeho

**incident** [ˈinsidənt] *(n)* 1 událost, incident; pojistná událost 2 důsledek; ~ **of a divorce proceeding** důsledek rozvodového řízení

**incidental** [ˌinsiˈdentəl] *(adj)* to st. 1 provázející co, spojený, související s čím; **risk** ~ **to employment** riziko zvýšený stupeň nebezpečí spojené s prací 2 vedlejší; ~ **expenses** vedlejší výdaje; ~ **use** vedlejší využití budov 3 náhodný, nahodilý ♦ ~ **beneficiary** obmyšlený n. obdarovaný věřitel

**incitation** [ˌinsaiˈteišən] *(n)* to st. podněcování k čemu; ~ **to violence** podněcování k násilí

**incite** [inˈsait] *(v)* st./sb. to (do) st. podněcovat co/koho k čemu; vyvolat co

**incitement** [inˈsaitmənt] *(n)* podněcování; podnět, popud, stimul; ~ **to racial hatred** podněcování k rasové nenávisti

**inclose** *(brit.* **enclose)** [inˈkləuz] *(v)* st. ohradit, uzavřít co; ~**d lands** uzavřené ohrazené pozemky

**inclosure** *(brit.* **enclosure)** [inˈkləužə(r)] *(n)* umělá uzávěra pozemků, budovy

**include** [inˈkluːd] *(v)* st. zahrnovat, obsahovat co; ~**d offence** trestný čin konzumovaný jiným trestným činem

**including** [inˈkluːdiŋ] *(prep)* st. včetně čeho

**inclusion** [in'klu:žən] *(n) in* st. zahrnutí do čeho, obsažení v čem; **~ of an area** zapojení / zařazení oblasti

**inclusive of** [in'klu:ziv,əv] *(prep)* včetně, v to počítaje

**income** ['inkəm] *(n)* **1** příjem; **accrued ~** dosud nevyplacený / neinkasovaný příjem; **deferred ~** příjem předem např. předplacené nájemné; **gross ~** hrubý příjem; **net ~** čistý příjem; **operating ~** provozní příjem; **shifting ~** přenášený / únikový příjem; **tax-table ~** příjem podle tabulkové daně; **taxable ~** zdanitelný příjem; **unearned ~** příjem z investic; **~ basis** daňový základ; **~ payment** výplata příjmu služného, honoráře, mzdy; **~ statement** přiznání příjmů za účelem zdanění; **~ tax** daň z příjmu; **~ tax return** písemné přiznání daně z příjmu, daňové přiznání; **~-maintenance program** program na udržení příjmů obyvatelstva **2** důchod, výnos; **national ~** národní důchod; **~ bond** důchodová obligace

**incomeless** ['inkəmləs] *(adj)* jsoucí bez příjmu, nemající příjem

**incoming** ['inkamiŋ] *(adj)* nově přicházející / zvolený; budoucí; **~ committee** nově zvolený výbor; **~ tenant** budoucí nájemce

**incompatibility** ['inkəm,pætə'biləti] *(n)* neslučitelnost; vzájemný nesoulad, nedostatek souladu v manželství

**incompatible** [,inkəm'pætəbl] *(adj) with* st. neslučitelný s čím; manželé jsoucí rozdílných povah

**incompetence** [in'kompitəns, *am.* -'kampə-] *(n)* neschopnost, nezpůsobilost

**incompetency** [in'kompitənsi, *am.* -'kampə-] *(n)* **1** právní neschopnost, nezpůsobilost **2** nedostatečné právnické vzdělání **3** nepříslušnost, nekompetentnost soudního, úředního orgánu

**incompetent** [in'kompitənt, *am.* -'kampə-] *(adj)* **1** nezpůsobilý, nemající kvalifikaci; **~ to testify against sb.** nezpůsobilý svědčit proti komu **2** neschopný, slabý; **~ government** slabá vláda **3** nepřípustný; nepříslušný; **~ evidence** nepřípustný důkaz; **~ testimony** nepřípustné svědectví

**incomplete** [,inkəm'pli:t] *(adj)* neúplný, nedokončený; **~ transfer** nedokonaný převod

**incompliance** [,inkəm'plaiəns] *(n)* neústupnost

**incomprehensible** [in,kompri'hensəbl, *am.* -,kamprə-] *(adj)* nepochopitelný

**inconclusive** [,inkən'klu:siv] *(adj)* **1** neprůkazný; **~ testimony** neprůkazné svědectví **2** bezvýchodný, nekonečný; **~ debate** bezvýchodná diskuse / rozprava

**incongruous** [in'koŋgruəs, *am.* -'kaŋ] *(adj)* nesouhlasný; nepřiměřený; neslučitelný, odporující

**inconsistency** [,inkən'sistənsi], **inconsistence** [,inkən'sistəns] *(n)* **1** neslučitelnost **2** rozpornost **3** nedůslednost, nepevnost v názorech, jednání

**inconsistent** [,inkən'sistənt] *(adj) with* st. **1** vzájemně neslučitelný, jsoucí v rozporu s čím; **be ~ with an article** být v rozporu s článkem / paragrafem; **unless there is something in the subject or context ~ with the same** přibl. pokud není uvedeno jinak **2** nedůsledný, nestálý v názorech, činech

**inconvenience** [,inkən'vi:njəns] *(n)* nepohodlí, potíž; **~ sustained by the plaintiff** potíže / problémy snášené žalobcem

**inconvenient** [,inkən'vi:njənt] *(adj)* nevhodný, nevyhovující

**inconvertible** [,inkən'və:(r)təbl] *(adj)* nesměnitelný, nekonvertibilní o měně

**incorporate** [in'ko:(r)pərət] *(adj)* **1** včleněný do korporace **2** zapsaný do obchodního rejstříku; **~ body** korporace

**incorporate** [in'ko:(r)pəreit] *(v)* st. (dát) zapsat společnost do obchodního rejstříku; založit společnost; **~d company** *am.* akciová společnost

**incorporation** [in,ko:(r)pə'reišən] *(n)* **1** utvoření / legální ustavení obchodní společnosti; **articles of ~** *am.* zakládací listina korporace obchodní společnosti; **certificate of ~** osvědčení o registraci korporace **2** *brit.* nostrifikace vysokoškolského diplomu **3** začlenění, včlenění, zařazení

**incorporator** [in'ko:(r)pəreitə(r)] *(n)* **1** zakladatel / zakládající společník obchodní společnosti **2** *am.* zakládající člen akciové společnosti

**incorporeal** [,inko:(r)'po:riəl] *(adj)* nehmotný; **~ chattels** nehmotné statky duševní vlastnictví; **~ rights** nehmotná práva např. podat žalobu; **~ property** nehmotné statky

**incorrigibility** [in,koridžə'biləti, *am.* -,kari-] *(n)* nenapravitelnost; nepolepšitelnost; nepoučitelnost

**incorrigible** [in'koridžəbl, *am.* -'kari-] *(adj)* nenapravitelný, nepolepšitelný; těžko vychovatelný; **~ criminal** nenapravitelný zločinec

incorrupt [ˌinkə'rapt], incorrupted [ˌinkə-'raptid] *(adj)* 1 neúplatný 2 bezvadný, bezchybný

incorruptible [ˌinkə'raptəbl] *(adj)* nepodplatitelný

incorruptibility ['inkəˌraptə'biləti] *(n)* 1 neúplatnost, nepodplatitelnost 2 neporušitelnost, nezničitelnost

incorruption [ˌinkə'rapšən] *(n)* neúplatnost, nepodplatitelnost

increase ['inkri:s] *(n)* zvýšení, přírůstek; zvětšení objemu; vzestup; ~ in crime vzestup zločinnosti

increase [in'kri:s] *(v)* st. 1 zvýšit, zvětšit co 2 vzrůst, zvýšit se

increasingly [in'kri:siŋli] *(adv)* stále více, vzrůstající měrou

increment ['inkrimənt] *(n)* zvýšení; přírůstek; zisk; příplatek

incriminate [in'krimineit] *(v)* sb. obvinit, udat; inkriminovat, usvědčit koho

incrimination [inˌkrimi'neišən] *(n)* obviňování, inkriminace

incroachment [in'krəučmənt] *(n)* VIZ *encroachment*

inculpable [in'kalpəbl] *(adj)* nevinný

inculpate ['inkalpeit] *(v)* sb. obvinit koho, vznést obvinění proti komu, přisoudit vinu komu

inculpation [ˌinkal'peišən] *(n)* 1 obvinění, inkriminace 2 výčitka, výtka

inculpatory [in'kalpətəri] *(adj)* obviňující důkaz

incumbency [in'kambənsi] *(n)* 1 výkon funkce 2 doba výkonu funkce, funkční období

incumbent [in'kambənt] *(n)* osoba vykonávající funkci / zastávající úřad / jsoucí ve funkci

incumbent [in'kambənt] *(adj)* úřadující, vykonávající funkci; ~ president úřadující současný prezident; it is ~ upon him je to jeho povinností

incur [in'kə:(r)] */rr/ (v)* st. 1 být / stát se odpovědným, mít odpovědnost; ~ responsibility towards sb. mít odpovědnost vůči komu 2 utrpět co; způsobit, přivodit (si) co; ~ loss or injury utrpět ztrátu nebo škodu; any expenses ~red in the recovery of overdue books všechny výdaje způsobené vymáháním knih s uplynulou výpůjční lhůtou

incursion [in'kə:(r)šən] *(n)* 1 nájezd, vpád; ~ into the territory vpád / náhlý útok na území 2 proniknutí, vniknutí 3 nápor

indebted [in'detid] *(adj) to* sb. zadlužený, dlužící komu; zavázaný komu

indebtedness [in'detidnis] *(n)* 1 zadluženost, celková výše dluhů 2 zavázanost

indecency [in'di:sənsi] *(n)* neslušnost, nemravnost, obscénnost; public ~ *přibl.* nemravná činnost na veřejnosti *např.* obnažování, prodej pornografie

indecent [in'di:sənt] *(adj)* neslušný, nemravný; ~ assault omezování osobní svobody ženy mužem, nikoliv prokázané znásilnění; ~ behaviour nepřístojné chování; ~ exposure exhibicionismus; ~ gesture obscénní gesto; ~ prints pornografie; ~ words hrubá slova, nadávky

indecisive [ˌindi'saisiv] *(adj)* nerozhodný; váhavý, kolísavý; ~ evidence neurčitý důkaz

indeed [in'di:d] *(adv)* opravdu, samozřejmě, skutečně

indefeasibility [indiˌfi:zə'biləti] *(n)* nedotknutelnost, nezcizitelnost, nezadatelnost práv

indefeasible [ˌindi'fi:zəbl] *(adj)* nedotknutelný, nezcizitelný, nezadatelný

indefensibility [indəˌfensə'biləti] *(n)* neudržitelnost; nehajitelnost, neomluvitelnost

indefensible [ˌindi'fensəbl] *(adj)* neomluvitelný; neudržitelný, nehajitelný

indemnification [inˌdemnifi'keišən] *(n)* odškodnění; odškodné; náhrada škody; pojistné plnění

indemnify [in'demnifai] *(v)* 1 sb. odškodnit koho, uhradit škodu komu 2 *from / against* st. pojistit, zajistit proti čemu; ~ against a loss pojistit / zajistit proti ztrátě; keep the landlord ~fied against st. chránit pronajímatele před čím, odškodňovat pronajímatele za co 3 *for* st. zbavit koho odpovědnosti za co

indemnity [in'demnəti] *(n)* 1 odškodnění, náhrada škody; pojistné plnění; ~ against liability odškodnění za neplnění; ~ bond závazek odškodnit; ~ contract slib odškodnění 2 zajištění, zabezpečení; letter of ~ záruční list 3 beztrestnost; act of ~ amnestie, omilostnění

indenture [in'denčə(r)] *(n)* 1 úřední doklad, listina se známkami pravosti; articles of ~ tovaryšská smlouva 2 smlouva o vzájemném převodu nemovitostí dvou a více stran 3 smlouva o správě k věrné ruce; hypoteční smlouva

independence [ˌindi'pendəns] *(n)* nezávislost, samostatnost; the ~ of superior judges nezávislost vyšších soudců; Declaration of I~

*am.* Prohlášení nezávislosti; **I~ Day** *am.* Den nezávislosti státní svátek USA 4. července

**independency** [ˌindi'pendənsi] *(n)* nezávislé území, nezávislý stát

**independent** [ˌindi'pendənt] *(adj)* nezávislý, samostatný; **~ audit** úřední revize účtů; **~ authority** nezávislý orgán; **~ republic** nezávislá republika

**independently** [ˌindi'pendəntli] *(adv)* nezávisle, samostatně; **vote ~** hlasovat samostatně

**indeterminate** [ˌindi'tə:(r)minət] *(adj)* neurčitý; nejasný; **~ sentence** odsouzení na neurčitou dobu délka ponechána na vězeňských orgánech

**index** ['indeks], *(pl)* **indices** [ˌindi'si:z] **1** index, ukazatel; **cost-of-living ~** index životních nákladů; **~ crime / offence** statisticky dokladovaný zločin ve zprávách FBI **2** znak, znamení

**index** ['indeks] *(v)* st. **1** opatřit co indexem; **~ed new value insurance** indexové pojištění na novou hodnotu **2** valorizovat co

**indexation** [ˌindek'seišən] *(n)* valorizace

**indexing** ['indeksiŋ] *(n)* valorizování mzdy, důchodů, dluhů apod. s ohledem na inflaci

**indicate** ['indikeit] *(v)* st. **1** naznačit co **2** označit co, ukazovat **3** vyjadřovat co

**indication** [ˌindi'keišən] *(n)* **1** označení **2** znamení čeho **3** údaj **4** indikace

**indicia** [in'di:šiə] *(pl, lat)* nepřímý důkaz, indicie; **~ of title** dokument dosvědčující vlastnický nárok

**indict** [in'dait] *(v)* sb. *for / on a charge of / with* st. (ob)vinit, (ob)žalovat, obviňovat koho z čeho

**indictable** [in'daitəbl] *(adj)* obvinitelný, žalovatelný; **~ offence** závažný trestný čin; **investigation into ~ offences** vyšetřování závažných trestných činů

**indictment** [in'daitmənt] *(n)* **1** formální obvinění vypracované velkou porotou; **try upon ~** soudně projednávat s formálním obviněním **2** obžaloba; **joint ~** společná obžaloba více pachatelů; **bill of ~** *am.* obžaloba předkládaná velké porotě; **nub of the ~** jádro / podstata obžaloby

**indigent** ['indidžənt] *(adj)* nuzný, chudý, potřebný; **~ defendant** obhájce ex officio

**indignities** [in'dignətiz] *(pl) to* sb. špatné zacházení s kým

**indirect** [ˌindi'rekt, -dai-] *(adj)* nepřímý; **~ costs** nepřímé náklady; **~ election** nepřímé volby;

**~ evidence** nepřímý důkaz; **~ expenses** režijní náklady, všeobecná režie; **~ tax** nepřímá daň

**indiscriminate** [ˌindi'skriminət] *(adj)* nerozlišující, nedělající rozdíly; nerozlišený, pomíchaný

**indiscriminately** [indi'skriminətli] *(adv)* bez rozdílu, bez rozlišení

**indispensable** [ˌindi'spensəbl] *(adj)* nepostradatelný; **~ foundation** nepostradatelný základ

**individual** [ˌindi'vidjuəl, *am.* -džuəl] *(n)* jednotlivec, jedinec, osoba; **rights and duties of ~s** práva a povinnosti jednotlivců

**individual** [ˌindi'vidjuəl, *am.* -džuəl] *(adj)* **1** individuální, osobní; **~ needs** osobní potřeby; **~ opinion** osobní názor; **~ rights and freedoms** osobní práva a svobody **2** jednotlivý; **~ aspects** jednotlivé aspekty

**indorse** *(brit.* **endorse**) [in'do:(r)s] *(v)* st. indosovat co, podepsat co na rubu; převést co rubopisem; napsat co na rubu papíru; **the writ was ~d with details of the plaintiffs claim** na rubu soudního podání byly napsány detaily žalobního nároku

**indorsee** *(brit.* **endorsee**) [ˌindo:(r)'si:] *(n)* indosát, příjemce cenného papíru

**indorsement** *(brit.* **endorsement**) [in'do:(r)smənt] *(n)* **1** podepsání na rubu, indosování; převod rubopisem, indosament; **blank ~** blanketní rubopis; **irregular ~** indosování mimo posloupnost právního titulu **2** *brit.* detailní poznámky na soudním spise zejm. ohledně žalobního nároku

**indorser** *(brit.* **endorser**) [in'do:(r)sə(r)] *(n)* indosant, převodce

**induce** [in'dju:s, *am.* -'du:s] *(v)* **1** sb. *to do* st. přimět, přinutit koho udělat co **2** st. přivodit, způsobit, navodit, vyvolat co; odvodit co; **~d abortion** interupce; vyvolaný potrat

**inducement** [in'dju:smənt, *am.* -'du:s-] *(n)* popud, podnět, pohnutka, motiv; stimul

**induct** [in'dakt] *(v)* sb. uvést koho do funkce / úřadu

**induction** [in'dakšən] *(n)* uvedení do funkce / úřadu

**indulgence** [in'daldžəns] *(n)* **1** *to* sb., *for* st. shovívavost vůči komu, porozumění pro co **2** *in* st. oddávání se, holdování čemu, záliba v čem

**indulgent** [in'daldžənt] *(adj) of / towards* sb./st. shovívavý k komu/čemu, chápající, mající pochopení pro koho/co

**industrial** [in'dastriəl] *(adj)* **1** průmyslový; **~ design** průmyslový design / vzor; **~ development** průmyslový rozvoj; **~ property** průmyslové vlastnictví **2** pracovní; pracovněprávní; **~ accident** pracovní úraz; **~ conscription** pracovní povinnost; **~ disease** nemoc z povolání; **~ law** pracovní právo; **~ legislation** pracovní zákonodárství; **~ relations** pracovněprávní vztahy; **I~ Relations Act** *brit.* zákon o pracovněprávních vztazích; **~ tribunal** soud pro pracovní spory

**industry** ['indəstri] *(n)* průmysl; průmyslové odvětví; **nationalised ~ies** znárodněná průmyslová odvětví; **gradual reconversion of the arms ~** postupná přeměna zbrojního průmyslu

**inebriate** [in'i:briət] *(n)* alkoholik; opilec

**inebriate** [in'i:briət] *(adj)* opilý

**inebriation** [i,ni:bri'eišən], **inebriety** [,ini:'braiəti] *(n)* opilost, nadměrné pití alkoholických nápojů; alkoholismus, opilství

**ineffective** [,ini'fektiv] *(adj)* neúčinný; nepůsobivý; neschopný

**inefficacy** [in'efikəsi] *(n)* neúčinnost zákonů

**inefficiency** [,ini'fišənsi] *(n)* neschopnost; nedostatek výkonnosti

**inefficient** [,ini'fišənt] *(adj)* neschopný; nedostatečně výkonný; neúčinný

**ineligibility** [in,elidžə'biləti] *(n)* zákonná nezpůsobilost být zvolen do úřadu n. jmenován do funkce

**inequality** [,ini:'kwoləti, *am.* -'kwa-] *(n)* nerovnost

**inequitable** [,in'ekwitəbl] *(adj)* nespravedlivý; **~ taxation** nespravedlivé zdanění

**inequity** [in'ekwəti] *(n)* nespravedlnost, nespravedlivost

**inerrable** [in'erəbl], **inerrant** [in'erənt] *(adj)* neomylný

**inert** [i'nə:(r)t] *(adj)* netečný; nečinný

**inertia** [i'nə:(r)šjə] *(n)* netečnost; nečinnost

**inevitable** [in'evitəbl] *(adj)* nevyhnutelný; **~ accident** vyšší moc, neodvratitelná nehoda; **~ element** nevyhnutelný prvek

**inexpugnable** [,inik'spagnəbl] *(adj)* nenapadnutelný, nevyvratitelný, nezvratný

**infamous** ['infəməs] *(adj)* **1** hanebný; neblaze proslulý; **~ crime** trestný čin z nízkých a nečestných pohnutek **2** bezprávný; zbavený občanských práv

**infamy** ['infəmi] *(n)* zbavení občanských práv, ztráta cti jako následek odsouzení

**infancy** ['infənsi] *(n)* neplnoletost

**infant** ['infənt] *(n)* nezletilec

**infanticide** [in'fæntisaid] *(n)* vražda novorozeněte

**infeasibility** [in,fi:zə'biləti] *(n)* neproveditelnost, neuskutečnitelnost

**infection** [in'fekšən] *(n)* nákaza, infekce

**infectious** [in'fekšəs], **infective** [in'fektiv] *(adj)* nakažlivý, přenosný, infekční

**infer** *(v)* st. **from** [in'fə:(r),frəm] /rr/ st. odvodit, vyvodit z čeho; **~ed from conduct** jsoucí konkludentním činem, odvozený z chování

**inference** ['infərəns] *(n)* výpověď dedukovaná z jiného tvrzení, logický důsledek, dedukce

**inferential** [,infə'renšəl] *(adj)* deduktivní, získaný úsudkem; **~ evidence** nepřímý důkaz, indicie; **~ facts** odvozené skutečnosti

**inferior** [in'fiəriə(r)] *(adj)* služebně nižší, podřízený; **~ court** nižší soud; **~ tribunal** nižší soud; **~ in authority to sb.** podřízený komu

**inferiority** [in,fiəri'orəti] *(n)* **1** podřízenost **2** pocit méněcennosti

**infidelity** [,infi'deləti] *(n)* nevěra, cizoložství; případ nevěry

**infield** ['infi:ld] *(n)* pozemky v bezprostřední blízkosti farmy

**infinitely** ['infinitli] *(adv)* nekonečně; **~ various** nekonečně rozmanitý

**infirmity** [in'fə:(r)məti] *(n)* stařecká vetchost, slabost, ochablost

**inflation** [in'fleišən] *(n)* inflace; **rate of ~** míra inflace; **~ proof** chráněný proti účinkům inflace

**inflexible** [in'fleksəbl] *(adj)* **1** neohebný **2** neměnitelný; **~ decree** neměnný předpis, neměnné nařízení

**inflict** [in'flikt] *(v)* sb./st. **1 with** st. postihnout koho/co čím; způsobit co; **~ injuries** způsobit škody; **~ the whipping** zasadit ránu, provádět bití; **injuries negligently ~d** škody způsobené z nedbalosti **2** *(up)on* sb. uvalit, uložit co komu; **~ a punishment** stanovit trest; **~ the death penalty upon sb.** uložit komu trest smrti

**infliction** [in'flikšən] *(n)* **1** (z)působení, zavinění; **~ of damage** způsobení škody; **~ of mental anguish** způsobení psychických útrap **2** uvalení, uložení *trestu*; **~ of a fine** uložení pokuty

**influence** ['influəns] *(n)* *upon* st. vliv na co;

**predominant** ~ převažující vliv; **undue** ~ nepatřičný vliv, nátlak; **exercise an** ~ uplatňovat / používat vliv
**influence** ['influəns] *(v)* sb./st. mít vliv, působit na koho/co, ovlivnit koho/co; ~ **an effect** ovlivnit výsledek
**influential** [ˌinflu'enšəl] *(adj)* vlivný, mající vliv; významný
**influx** ['inflaks] *(n)* příval, příliv
**inform** [in'fo:(r)m] *(v)* sb. 1 *of / about / on* st. informovat koho o čem 2 *against / upon* sb. udat, oznámit, denuncovat koho
**informal** [in'fo:(r)ml] *(adj)* neformální, neoficiální; neúřední
**informant** [in'fo:(r)mənt] *(n)* informátor
**information** [ˌinfo:(r)'meišən] *(jen sg)* 1 informace; **process the** ~ zpracovat informace 2 obžaloba pachatele bez formálního obvinění, tj. bez splnění formálních náležitostí 3 udání; **lay / lodge the** ~ **against sb. with the police** udat koho policii
**informer** [in'fo:(r)mə(r)] *(n)* udavač, denunciátor; policejní informátor
**infraction** [in'frækšən] *(n)* porušení práva, smlouvy
**infringe** [in'frindž] *(v)* st. 1 porušit, nedodržet co; přestoupit co; ~ **an oath** porušit přísahu; ~ **a patent** porušit patentovou ochranu; ~ **a rule** porušit normu; ~ **a treaty** nedodržet mezinárodní smlouvu; **infringing user** neoprávněný uživatel 2 *(up)on* st. rušivě zasahovat do čeho; ~ **upon the rights of sb.** zasahovat do práv koho
**infringement** [in'frindžmənt] *(n)* 1 porušení zákona, práva, smlouvy; nedodržení; **patent** ~ porušení patentové ochrany; ~ **of copyright** porušení autorského práva; ~ **of sovereignty** porušení / narušení suverenity; ~ **of trade mark** porušení obchodní známky 2 vniknutí
**ingenious** [in'dži:njəs] *(adj)* vynalézavý, důmyslný
**ingenuity** [ˌindži'nju:əti] *(n)* vynalézavost; důmyslnost
**ingoing** ['ingəuiŋ] *(n)* 1 odstupné při převzetí podniku za ponechaný inventář 2 nastoupení do úřadu
**ingress** ['ingres] *(n)* právo vstupu do objektu
**inhabitance** [in'hæbitəns] *(n)* obydlí
**inhabitancy** [in'hæbitənsi] *(n)* trvalé bydliště za účelem získání domovského práva

**inhabitant** [in'hæbitənt] *(n)* obyvatel
**inherent** [in'hiərənt] *(adj)* 1 inherentní; obsažený v čem, neodvozený; ~ **powers** neodvozené pravomoci; ~ **right** neodvozené / originální právo; ~ **in the notion** obsažený v názoru / teorii 2 základní, podstatný
**inherit** [in'herit] *(v)* st. *from* sb. 1 (z)dědit co po kom 2 být dědicem čeho
**inheritability** [inˌheritə'biləti] *(n)* způsobilost dědit
**inheritance** [in'heritəns] *(n)* dědictví; pozůstalost; ~ **duty** dědické poplatky; ~ **tax** dědická daň
**inheritor** [in'heritə(r)] *(n)* dědic
**inheritress** [in'heritris], **inheritrix** [in'heritriks] *(n)* dědička
**inhibition** [ˌinhi'bišən] *(n)* 1 právní překážka 2 zákaz; ~ **to the exercise of power** zákaz výkonu moci 3 pokyn soudce nepokračovat ve věci
**inhuman** [in'hju:mən] *(adj)* nehumánní, nelidský; ~ **treatment** nelidské zacházení např. jako důvod k rozvodu
**iniquitous** [i'nikwətəs] *(adj)* zločinný, zlotřilý; nespravedlivý
**initial** [i'nišəl] *(adj)* počáteční, první; ~ **appearance** první dostavení se k soudu po zatčení; ~ **fee** počáteční poplatek; ~ **rent** první platba nájemného; ~ **single costs** počáteční jednorázové náklady
**initiation** [iˌniši'eišən] *(n)* 1 započetí, zahájení 2 uvedení do funkce ♦ ~ **of bills** zákonodárná iniciativa
**initiative** [i'nišiətiv] *(n)* 1 iniciativa; **implementation of** ~s realizace iniciativ 2 právo iniciovat návrhy zákonů, zákonodárná iniciativa
**injudicial** [ˌindžu:'dišəl] *(adj)* neprávnický; nemající právní formu
**injunction** [in'džaŋkšən] *(n)* soudní zákaz n. příkaz obžalovanému zdržet se čeho; **interlocutory** ~ jednorázový časově omezený soudní příkaz obžalovanému zdržet se čeho; **mandatory** ~ soudní příkaz / zákaz obžalovanému učinit co; **perpetual** ~ trvalý soudní příkaz obžalovanému; **prohibitory** ~ soudní příkaz / rozhodnutí nepodnikat určitou věc; ~ **against birth control** zákaz prevence početí, zákaz antikoncepce; **vacate the** ~ zrušit soudní zákaz / příkaz

**injunctive** [in'džaŋktiv] *(adj)* zakazující, přikazující

**injure** ['indžə(r)] *(v)* sb./st. 1 zranit koho 2 poškodit koho/co, způsobit újmu komu/čemu **injured** ['indžə(r)d] *(adj)* 1 poškozený; zraněný; ~ **party** poškozená strana; ~ **worker** pracovník, jenž utrpěl úraz 2 uražený, dotčený, ukřivděný; ~ **husband** ukřivděný manžel; ~ **vanity** uražená ješitnost

**injurious** [in'džuəriəs] *(adj)* nactiutrhačný; škodlivý; nebezpečný; ~ **falsehood** nactiutrhačná lež mající za následek škodu; ~ **to the public** společensky nebezpečný

**injury** ['indžəri] *(n)* 1 poškození; škoda, újma; **~ies negligently inflicted** škody způsobené z nedbalosti; **claims for ~ies** nároky ze škod; **reparation for the** ~ náhrada škody; **incur** ~ utrpět škodu; **inflict ~ies** způsobit škody; **suffer ~ies** utrpět škody 2 zranění, úraz; **bodily** ~ fyzické zranění; **deadly** ~ ublížení na zdraví s následkem smrti; **industrial** ~ pracovní úraz; **personal** ~ zranění osoby; **incapacity for work due to** ~ pracovní neschopnost z důvodu zranění

**injustice** [in'džastis] *(n)* nespravedlnost; bezpráví, křivda; **work** ~ mít za následek nespravedlnost

**inland** ['inlənd] *(n)* vnitrozemí; **I~ Revenue** brit. daňový úřad; státní příjem z daní a poplatků; ~ **transport** kontinentální doprava

**in-law** ['inlo:] *(adj)* příbuzný z manželovy / manželčiny strany; **brother-~** švagr; **daughter-~** snacha; **father-~** tchán; **mother-~** tchýně; **sister-~** švagrová; **son-~** zeť

**in-laws** ['inlo:z] *(pl)* příbuzní z manželovy, manželčiny strany

**inmate** ['inmeit] *(n)* obyvatel, nájemník; chovanec; vězeň

**inn** [in] *(n)* 1 hospoda 2 angl. pův. budova londýnské právnické koleje která vznikla z pův. zájezdních hospod, kde byli ubytováni studenti práv; **I~s of Chancery** brit. pův. budovy právnických kolejí v Londýně; nyní sídla solicitorů právníků nevystupujících u soudu; **I~s of Court** brit. budovy čtyř londýnských společností barristerů (Inner Temple, Middle Temple, Gray's Inn, Lincoln's Inn)

**innermost** ['inə(r)məust] *(adj)* nejvnitřnější, nejskrytější

**innocence** ['inəsəns] *(n)* nevina; ~ **of an accused person** nevina obviněné osoby; **decide the issue of guilt or** ~ rozhodnout otázku viny či neviny; **determine the** ~ **of sb.** určit čí nevinu; **presume** ~ **of an accused person** předpokládat nevinu obžalované osoby

**innocent** ['inəsənt] *(n)* nevinný člověk

**innocent** ['inəsənt] *(adj)* nevinný; ~ **passage** pokojný průchod / průjezd; ~ **purchaser** nabyvatel v dobré víře; ~ **tresspasser** narušitel cizího práva provinilec, jenž si není vědom nezákonnosti svého jednání např. osoba vstoupivší na pozemek jiného aniž ví, že vstup na tento pozemek je zakázán

**innuendo** [inju:'endəu] *(n)* dvojsmyslná narážka

**inofficious** [,inə'fišəs] *(adj)* neplatný; ~ **testament** neplatná závěť pomíjející zákonné dědice

**inquest** ['inkwest] *(n)* 1 soudní vyšetřování 2 potvrzení totožnosti mrtvého; **coroner's** ~ ohledání mrtvoly 3 vyšetřující komise; ~ **of office** úřední vyšetřování

**inquire** [in'kwaiə(r)] *(v)* of / about / on st. zeptat se, informovat se na co

**inquirer** [in'kwaiərə(r)] *(n)* 1 tazatel 2 vyšetřovatel

**inquiry** [in'kwaiəri] *(n)* (on) st. vyšetřování, šetření čeho, vyhledávání v trestním řízení; **preliminary** ~ předběžné šetření / vyšetřování; **court of** ~ vyšetřovací soud; ~ **agent** brit. soukromý detektiv

**inquisitorial** [inkwizi'toəriəl] *(adj)* vyšetřující, vyšetřovací; **this mode of procedure, in which the parts of judge and prosecutor are performed by the same person, is styled the** ~ způsob řízení, při němž jsou funkce vyšetřovatele a soudce vykonávány jednou osobou, se nazývá vyšetřovací

**inquorate** ['inkwərət] *(adj)* neusnášeníschopný

**insane** [in'sein] *(adj)* 1 duševně nemocný 2 nesmyslný, nerozumný, nemožný

**insanity** [in'sænəti] *(n)* duševní choroba, nepříčetnost; ~ **as defence to crime** duševní choroba jako důvod obhajoby

**inscribe** [in'skraib] *(v)* st. napsat, vypsat co; **~d share** akcie na jméno

**inscriptions** [in'skripšənz] *(pl)* registrované cenné papíry na jméno

**insecurity** [,insi'kjuərəti] *(n)* nedostatek bezpečnosti / jistoty; nejistota, nestálost

**insensate** [in'senseit] *(adj)* 1 bezcitný, necitlivý 2 nerozumný, pošetilý 3 brutální, nelidský

**insensible** [in'sensibl] *(adj)* necitlivý; necitelný, bezcitný

**insider** [in'saidə(r)] *(n)* zasvěcená osoba; ~ **trading** obchodování s akciemi osobou důvěrně obeznámenou

**insist** [in'sist] *(v) (up)on* st./sb. 1 trvat na čem 2 naléhat na koho

**insistence** [in'sistəns], **insistency** [in'sistənsi] *(n) upon* st. trvání na čem; neústupné vyžadování čeho

**insistent** [in'sistənt] *(adj)* vytrvalý, neústupný; neodbytný

**insobriety** [ˌinsəu'braiəti] *(n)* opilství

**in so far** [ˌinsəu'faː(r)] *(con)* do té míry, že

**insolvency** [in'solvənsi], **insolvence** [in'solvəns] *(n)* 1 finanční nezpůsobilost plnit své závazky, insolvence; platební neschopnost 2 *brit.* úpadek, bankrot právnické osoby; ~ **proceeding** konkursní řízení

**insolvent** [in'solvənt] *(adj)* insolventní, nezpůsobilý hradit finanční závazky; jsoucí v bankrotu; ~ **estate** předlužený majetek; ~ **law** zákon o konkursu; **the company became** ~ společnost zbankrotovala

**insomuch** [ˌinsəu'mač] *(con)* do té míry

**inspection** [in'spekšən] *(n)* 1 inspekce, kontrola 2 důkladná prohlídka, prozkoumání; ~ **of documents** nahlédnutí do spisů

**inspector** [in'spektə(r)] *(n)* celní, policejní inspektor; dozorčí úředník

**install** *(am.* **instal** */ll/)* [in'stoːl] *(v)* sb./st. 1 uvést koho do úřadu / funkce 2 instalovat co

**installation** [ˌinstə'leišən] *(n)* slavnostní uvedení do úřadu

**instalment** *(am.* **installment)** [in'stoːlmənt] *(n)* 1 splátka; ~ **loan** půjčka na splátky; ~ **plan / sale** prodej na splátky 2 instalace, instalování

**instance** ['instəns] *(n)* 1 příklad; **for** ~ na příklad 2 stupeň, instance; **case of first** ~ případ projednávaný první instancí; **court of first** ~ soud první instance

**instant** ['instənt] *(adj)* okamžitý, bezprostřední; náhlý; naléhavý; ~ **court** náhlý soud; ~ **need of help** naléhavá potřeba pomoci

**instantaneous** [ˌinstən'teinjəs] *(adj)* okamžitý; ~ **death** okamžitá smrt

**instantly** ['instəntli] *(adv)* okamžitě, ihned, bezodkladně

**instead** [in'sted] *(adv)* obv. na konci výpovědi jako náhrada, místo toho; raději

**instead of** [in'sted ˌəv] *(prep)* sb./st místo koho/čeho

**instigate** ['instigeit] *(v)* sb./st. podněcovat, vyprovokovat koho/co; zahájit co; ~ **proceedings**

zahájit řízení; ~ **prosecution** zahájit trestní řízení

**instigation** [ˌinsti'geišən] *(n)* 1 podněcování; ~ **to murder** podněcování k vraždě 2 podnět

**instigator** ['instigeitə(r)] *(n)* podněcovatel

**instinct** ['instiŋkt] *(n)* instinkt, pud

**instinctive** [in'stiŋktiv] *(adj)* instinktivní, pudový; bezděčný

**institute** ['institjuːt, *am.* 'instətuːt] *(n)* 1 ústav 2 zásada; základní zákon; institut

**institute** ['institjuːt, *am.* 'instətuːt] *(v)* st./sb. 1 zřídit, ustavit, založit co; ~ **new government** ustavit novou vládu 2 zahájit co; ~ **civil proceedings** zahájit občanské řízení; ~ **criminal proceedings** zahájit trestní řízení; ~ **an inquiry** zahájit vyšetřování; ~ **a prosecution** zahájit trestní stíhání; ~ **reforms** zavést reformy 3 ustanovit koho jako dědice

**institution** [ˌinsti'tjuːšən, *am.* ˌinstə'tuːšən] *(n)* 1 instituce, zařízení; **educational** ~ školské zařízení, vzdělávací instituce; **national** ~ státní instituce; **secular** ~ světská instituce 2 právní institut; **legal** ~ právní institut

**instruct** [in'strakt] *(v)* sb. poučit, instruovat koho

**instruction** [in'strakšən] *(n)* instrukce, pokyn; příkaz; návod; **obey** ~**s** řídit se pokyny

**instrument** ['instrumənt] *(n)* 1 nástroj; ~ **of evidence** nástroj dokazování 2 písemný právní úkon; dokument; právní instrument; **commercial** ~ cenný papír; **negotiable** ~**s** papíry převoditelné rubopisem / indosamentem; **statutory** ~ zákonný předpis; ~ **of assignment** převodní listina; ~ **of proxy** listina o ustanovení zástupce; ~**s of ratification** ratifikační listiny

**instrumentality** [ˌinstrumən'tæləti] *(n)* 1 prostřednictví 2 prostředník

**insufficiency** [ˌinsə'fišənsi] *(n)* 1 nedostatečnost; ~ **of evidence to support verdict** nedostatečnost důkazů podporujících výrok poroty jako důvod pro zahájení nového řízení 2 nedostatečná kvalifikace; ~ **for an office** nedostatečná kvalifikace pro funkci

**insufficient** [ˌinsə'fišənt] *(adj)* nedostatečný, nepostačující

**insult** ['insalt] *(n)* urážka

**insult** [in'salt] *(v)* sb. urazit, urážet koho

**insulting** [in'saltiŋ] *(adj)* urážlivý

**insurable** [in'šuərəbl] *(adj)* pojistitelný; pojistný

**insurance** [in'šuərəns] *(n)* 1 pojištění; pojist-

ka; **accident** ~ pojištění pro případ nehody; **all-risk** ~ sdružené pojištění; **cooperative** ~ vzájemné pojištění; **crime** ~ pojištění proti následkům trestných činů; **deposit** ~ pojištění vkladů; **endowment** ~ pojištění pro případ smrti n. dožití; **fire** ~ pojištění pro případ požáru; **fleet policy** ~ pojištění vozového parku v majetku jednoho vlastníka; **group** ~ kolektivní / skupinové pojištění; **health** ~ **system** systém zdravotního pojištění; **joint life** ~ sdružené životní pojištění dvou a více osob splatné při smrti první z nich; **last survivor** ~ životní pojištění dvou a více osob najednou splatné po smrti posledního z nich; **liability** ~ pojištění z odpovědnosti za škodu; **life** ~ životní pojištění; **medical** ~ zdravotní pojištění; **mortgage** ~ pojištění pro případ hypotéky; **retirement income** ~ důchodové (při)pojištění; **social** ~ **system** systém sociálního pojištění; **worker's compensation** ~ *přibl.* úrazové pojištění pracujících hrazené zaměstnavatelem; ~ **against loss or damage** škodní pojištění; ~ **against natural hazards** živelní pojištění; ~ **against robbery** pojištění pro případ vloupání; ~ **against theft** pojištění pro případ krádeže; ~ **of medical expenses** pojištění léčebných výloh; ~ **of stocks** pojištění zásob; ~ **adjuster** likvidátor škod; ~ **agent** pojišťovací agent; ~ **broker** nezávislý pojišťovací agent s některými právy likvidátora škod; pojišťovací makléř; ~ **certificate** pojistka; ~ **contract** pojistná smlouva; ~ **cover(age)** pojistné krytí; ~ **fraud** pojišťovací podvod; ~ **market** pojistný / pojišťovací trh; ~ **policy** pojistka, pojistná smlouva; ~ **premium** pojistná prémie hrazená pojištěncem pojistiteli; pojistné; ~ **stock** pojistný kmen; ~ **valuation** přepočet pojistného; **law of social** ~ právo sociálního pojištění **2** plnění pojistné smlouvy **3** pojišťovnictví
**insure** [in'ʃuə(r)] *(v)* st./sb. pojistit co/koho
**insured** [in'ʃuə(r)d] *(n)* pojištěný, pojištěná osoba, pojištěnec
**insured** [in'ʃuə(r)d] *(adj)* pojistný; pojištěný; ~ **accident** pojistná událost; ~ **amount** pojistná částka; ~ **event / loss** pojistná událost; ~ **risk** pojistné riziko; ~ **value** pojistná hodnota
**insurer** [in'ʃuərə(r)] *(n)* pojistitel, pojišťovací společnost; **reimbursement of the** ~**s** peněžitá náhrada pojištěným ze strany pojistitele

**insurrection** [ˌinsə'rekʃən] *(n)* povstání, vzpoura
**intact** [in'tækt] *(adj)* nedotčený, neporušený; ~ **estate** neporušený majetek
**intake** ['inteik] *(n)* přijímání / nábor nových lidí do zaměstnání; nově přijatá osoba
**intangible** [in'tændžəbl] *(adj)* nehmotný; ~ **asset** nehmotný majetek, subjektivní právo; ~ **goods** nehmotné statky; ~ **property** vlastnictví k nehmotným statkům, nehmotný majetek; ~ **tax** daň z nehmotného majetku
**integration** [ˌintə'greiʃən] *(n)* integrace, sjednocení, ucelení; včlenění, začlenění, zapojení
**integrity** [in'tegrəti] *(n)* **1** poctivost, bezúhonnost **2** celistvost, integrita; **physical** ~ fyzická integrita
**intellectual** [ˌintə'lekčuəl] *(adj)* duchovní, duševní, rozumový, intelektuální; ~ **property** duševní vlastnictví
**intelligence** [in'telidžəns] *(n)* **1** inteligence **2** zpravodajská činnost; **Central I**~ **Agency, CIA** *am.* Ústřední zpravodajská služba; ~ **officer** důstojník rozvědky; ~ **service** výzvědná služba, rozvědka
**intelligent** [in'telidžənt] *(adj)* inteligentní, rozumný ♦ ~ **surveillance** sledování
**intend** [in'tend] *(v)* st. zamýšlet, mít v úmyslu co
**intended** [in'tendid] *(adj)* úmyslný, zamýšlený; ~ **insult** úmyslná urážka; **whether the result is** ~ zda je následek úmyslný
**intendment** [in'tendmənt] *(n)* úmysl, záměr; ~ **of law** úmysl zákona / zákonodárce
**intent** [in'tent] *(n)* úmysl, záměr; **general** ~ **of the legislator** obecný záměr zákonodárce; **without** ~ neúmyslně, bez úmyslu ♦ **to the** ~ **that** v tom smyslu, že
**intention** [in'tenšən] *(n)* záměr, úmysl; **true** ~ pravý záměr; **rectitude of our** ~**s** správnost našich záměrů
**intentional** [in'tenšənl] *(adj)* úmyslný; ~ **abortion** úmyslný potrat; ~ **damage** úmyslně spáchaná škoda; ~ **torts** úmyslně spáchané občanskoprávní delikty, úmyslná porušení práva
**interact** [ˌintər'ækt] *(v)* vzájemně působit, ovlivňovat; vzájemně reagovat
**interaction** [ˌintər'ækšən] *(n)* vzájemné působení / ovlivňování; vzájemná součinnost
**inter alia** [ˌintər'eiliə] *(lat)* mezi jiným, kromě jiného
**intercede** [ˌintə(r)'si:d] *(v)* for / on behalf of

sb. *with* sb. zakročit v čí prospěch u koho; intervenovat, přimluvit se za koho u koho **intercession** [ˌintə(r)'seʃən] *(n)* intervence, přímluva, prosba, zakročení **intercourse** ['intə(r)koː(r)s] *(n) between / with* sb. 1 *obec.* styk; **commercial** ~ obchodní styk 2 pohlavní styk; **sexual** ~ pohlavní styk **interdepartmental** [ˌintə(r)di'paː(r)tməntl] *(adj)* meziresortní **interdependence** [ˌintə(r)di'pendəns], **interdependency** [ˌintə(r)di'pendənsi] *(n)* vzájemná závislost **interdependent** [ˌintə(r)di'pendənt] *(adj)* vzájemně závislý; ~ **world of today** vzájemně závislý současný svět **interdict** ['intə(r)dikt] *(n)* 1 *skot.* soudní zákaz, zápověď; interdikt 2 církevní klatba **interdict** [ˌintə(r)'dikt] *(v) (from doing)* st. *to* sb. zakázat co komu **interdiction** [ˌintə(r)'dikʃən] *(n)* 1 zákaz, interdikt 2 zbavení způsobilosti k právním úkonům **interdictory** [ˌintə(r)'diktəri] *(adj)* zakazující; ~ **decree** zakazující předpis **interest** ['intrist] *(n)* 1 subjektivní právo / nárok; **life** ~ doživotní právo na co; **possessory** ~ právo ze zajištění s odevzdáním věci; **security** ~ právo ze zajištění; **united in** ~ nerozlučné společenství ve při na straně žalovaných 2 *on* st. úrok z čeho; **back** ~ nedoplatek úroků; **compound** ~ složitý úrok, úrok z úroků; ~ **on deposit** úrok ze zálohy; ~ **on late payment** úrok z prodlení; ~ **charges** daň z úroků; ~ **equalization tax** vyrovnávací daň; ~ **free loan** bezúročná půjčka; ~ **rate** úroková sazba / míra; ~ **running** úročení 3 zisk, podíl; **majority / minority** ~ většinový / menšinový podíl 4 důsledek, následek; **torts where the invasion is of less tangible** ~ občanskoprávní delikty, u nichž porušení práva má méně zřejmý následek 5 zájem; **in the** ~ **of** sb. v zájmu koho; **in the public** ~ ve veřejném zájmu; **pay** ~ **to** st. věnovat pozornost čemu **interests** ['intrists] *(pl)* zájmy; **general** ~ obecné zájmy; **individual** ~ osobní zájmy; **represent the** ~ zastupovat zájmy **interfere** [ˌintə(r)'fiə(r)] *(v)* 1 *with* st. vadit, překážet komu/čemu; ~ **with a sentence** mařit výkon rozsudku 2 *in* st. zasahovat do čeho; **Parliament had to** ~ parlament musel zasáhnout

3 střetávat se, křížit se; **interfering claims** křížící se nároky **interference** [ˌintə(r)'fiərəns] *(n)* zasahování, vměšování; překážení, bránění; **political** ~ **in** st. politické zasahování do čeho; ~ **with contractual relations** zasahování do smluvních vztahů; **cause** ~ **with person** způsobit zásah proti osobě **intergovernmental** [ˌintə(r)gav(r)n'mentl] *(adj)* mezivládní; ~ **agencies** mezivládní agentury / orgány **interim** ['intərim] *(n)* prozatímní dohoda; mezidobí **interim** ['intərim] *(adj)* (pro)zatímní, dočasný; předběžný; provizorní; ~ **officer** dočasný úředník; ~ **order** prozatímní příkaz; ~ **receipt** prozatímní stvrzenka **interior** [in'tiəriə(r)] *(n)* vnitrozemí; **Department of the I~ / I~ Department** *am.* Ministerstvo pro vnitřní záležitosti spravující např. rybářský, hornický, lesnický průmysl, národní parky, geologický průzkum, záležitosti Indiánů, atd. **interior** [in'tiəriə(r)] *(adj)* vnitřní; vnitrozemský **interlocutory** [ˌintə'lokjutəri, am. intər'lakjəto(ː)ri] *(adj)* prozatímní, mezitímní; předběžný; ~ **appeal** prozatímní odvolání; ~ **injunction** jednorázový časově omezený soudní předběžný příkaz obžalovanému zdržet se čeho; ~ **judgment** mezitímní rozsudek, předběžné opatření; ~ **order** mezitímní příkaz **intermediary** [ˌintə(r)'miːdjəri] *(n)* zprostředkovatel **intermediate** [ˌintə(r)'miːdjət] *(adj)* zprostředkující; zasahující do řízení **intermediation** ['intə(r)ˌmiːdi'eiʃən] *(n)* zprostředkování **intermittent** [ˌintə(r)'mitənt] *(adj)* přerývaný, přerušovaný **intern** ['intəː(r)n], **internee** [ˌintə(r)'niː] *(n)* internovaná osoba **intern** [in'təː(r)n] *(v)* sb. internovat koho **internal** [in'təː(r)nl] *(adj)* vnitřní; vnitrostátní; ~ **evidence** inherentní důkaz; ~ **revenue** (vnitro)státní příjmy z daní a poplatků; **I~ Revenue Code** *am.* daňový zákoník; **I~ Revenue Service** *am.* daňový úřad; ~ **security** vnitrostátní bezpečnost; ~ **tariffs** vnitřní cla; ~ **waters** vnitřní / vnitrostátní vody **internally** [in'təː(r)nli] *(adv)* uvnitř, vnitřně **international** [ˌintə(r)'næʃənl] *(adj)* mezinárodní, internacionální; ~ **body** mezinárodní or-

gán; ~ **community** mezinárodní společenství; ~ **convention** mezinárodní konvence / smlouva / úmluva; ~ **conventional law** mezinárodní smluvní právo; **I~ Court of Justice** *(OSN)* Mezinárodní soudní dvůr; ~ **criminal law** mezinárodní trestní právo; ~ **disputes** mezinárodní spory; ~ **jurist** specialista v oblasti mezinárodního práva; **I~ Labour Office** *(OSN)* Mezinárodní organizace práce; ~ **law** mezinárodní právo veřejné; **I~ Law Association** Sdružení mezinárodního práva; **I~ Law Commission** *(OSN)* komise pro mezinárodní právo; ~ **medium of exchange** mezinárodní platební prostředek; ~ **peace, security and justice** mezinárodní mír, bezpečnost a spravedlnost; ~ **person** subjekt mezinárodního práva; ~ **relations** mezinárodní vztahy; ~ **river** mezinárodní řeka; ~ **stock** mezinárodní cenný papír / akcie; ~ **treaty** mezinárodní smlouva; ~ **tribunal** mezinárodní soud / tribunál

**interparliamentary** ['ɪntə(r)ˌpɑː(r)lə'mentəri] *(adj)* meziparlamentní; **I~ Union** Meziparlamentní unie

**interpersonal** [ˌɪntə(r)'pəː(r)sənl] *(adj)* mezilidský, interpersonální

**interpose** [ˌɪntə(r)'pəʊz] *(v)* st. **1** vsunout co; dodatečně podat co; ~ **veto** použít práva veto, vetovat **2** zasáhnout, vložit se do sporu; zprostředkovat co; ~ **between two quarrelling persons** vložit se do sporu mezi dvěma osobami

**interposition** [ˌɪntə(r)pə'zɪʃən] *(n)* **1** zásah, intervence, zakročení **2** *between* st. zprostředkování s cílem urovnání sporu mezi čím

**interpret** [ɪn'təː(r)prɪt] *(v)* st. vykládat, intepretovat co; ~ **legislation** vykládat zákony / legislativu; ~ **the meaning** vyložit smysl / význam

**interpretation** [ɪnˌtəː(r)prɪ'teɪʃən'] *(n)* interpretace, výklad; **authentic** ~ autentický výklad; **statutory** ~ výklad zákonů; ~ **clause** právní definice, výklad pojmu; ~ **of statutes** výklad zákonů; **incidence on the ~ of st.** dopad na výklad čeho; **rules of** ~ pravidla vykládání zákona

**interpretive** [ɪn'təː(r)prɪtɪv], **interpretative** [ɪn'təː(r)prɪtətɪv] *(adj)* interpretační, týkající se výkladu; ~ **method** interpretační metoda

**interregnum** [ˌɪntə(r)'regnəm] *(n)* mezivládí; bezvládí

**interrogate** [ɪn'terəʊgeɪt] *(v)* sb. vyslýchat koho;

klást otázky komu; ~ **a witness** vyslýchat svědka

**interrogation** [ɪnˌterəʊ'geɪʃən] *(n)* výslech, vyslýchání; dotazování se

**interrogator** [ɪn'terəʊgeɪtə(r)] *(n)* vyšetřovatel

**interrogatories** [ˌɪntə'rogətəriz, *am.* -'ragə-] *(pl)* písemný soudní dotazník

**interrogatory** [ˌɪntə'rogətəri, *am.* -'ragə-] *(adj)* vyšetřovací

**interstate** [ˌɪntə(r)'steɪt] *(adj)* **1** *obec.* mezistátní **2** *am.* mezistátní v rámci USA; ~ **commerce** *am.* obchod mezi státy USA; ~ **law** *am.* kolizní právo mezi státy USA

**intervene** [ˌɪntə(r)'viːn] *(v)* *in* st. zasahovat, zakročit do čeho, intervenovat; ~ **in civil proceedings** zasáhnout do občanskoprávního řízení / občanského procesu; ~ **in litigation** zasáhnout do soudního sporu

**intervention** [ˌɪntə(r)'venʃən] *(n)* intervence, zásah, vměšování

**interview** ['ɪntə(r)vjuː] *(n)* rozhovor; **record of the** ~ záznam rozhovoru

**inter vivos** [ˌɪntə(r)'vaɪvəs] *(lat)* mezi živými; **gift** ~ dar za života dárce; **transfer** ~ převod za života majitele

**intestacy** [ɪn'testəsi] *(n)* dědění ze zákona není-li závěť

**intestate** [ɪn'testət] *(adj)* intestátní, týkající se dědění ze zákona; neodkázaný v závěti; ~ **estate** zděděný majetek nikoliv na základě závěti, ale ze zákona; ~ **succession** dědictví / dědění ze zákona

**intimidate** [ɪn'tɪmɪdeɪt] *(v)* sb. *into doing / to do* st. zastrašit, strachem dohnat koho k čemu; ~ **a witness to appear before the court** zastrašovat svědka, aby se nedostavil k soudu

**intimidation** [ɪnˌtɪmɪ'deɪʃən] *(n)* protiprávní donucení; hrozba; vydírání hrozbou

**intimidator** [ɪn'tɪmɪdeɪtə(r)] *(n)* zastrašovatel, vyhrožovatel

**intoxicated** [ɪn'tɒksɪkeɪtɪd] *(adj)* jsoucí pod vlivem alkoholu n. drog

**intoxication** [ɪnˌtɒksɪ'keɪʃən, *am.* -ˌtɑksə-] *(n)* opilost; intoxikace; otrava omamnou látkou

**intra vires** [ˌɪntrə'vaɪrəs] *(lat)* v rámci oprávnění

**intrinsic** [ɪn'trɪnsɪk] *(adj)* vnitřní; inherentní; ~ **evidence** důkaz získaný výslechem skutečného svědka; ~ **value** skutečná hodnota věci samé bez ohledu na vnější faktory

introduce [ˌintrə'dju:s] *(v)* st./sb. 1 zavést co
2 předložit co; představit co/koho
introduction [ˌintrə'dakšən] *(n)* 1 úvod, uvedení do problematiky; ~ **to EC law** úvod do práva
ES 2 formální předložení zákona v parlamentu
introductory [ˌintrə'daktəri] *(adj)* úvodní; předběžný, přípravný
intromission [ˌintrəu'mišən] *(n)* skot. neoprávněné zasahování
intruder [in'tru:də(r)] *(n)* vetřelec; nepřátelský / rušivý element
intrusion [in'tru:žən] *(n)* 1 nežádoucí pronikání; vniknutí; vstoupení, vstup; **territorial** ~ nezákonné vniknutí na cizí území
2 *(up)on* st./sb. vetření se kam, obtěžování
koho; ~ **on sb.'s privacy** obtěžování koho
v soukromí
inure [i'njuə(r)] *(v)* vstoupit v platnost
invade [in'veid] *(v)* st. 1 vpadnout, napadnout
co, podniknout invazi kam 2 poškodit, porušit
co; ~ **sb.'s rights** poškodit čí práva
invader [in'veidə(r)] *(n)* útočník, vetřelec
invalid [in'vælid] *(adj)* neplatný; neúčinný;
~ **copyright** neplatné autorské právo, neplatná
ochrana autorským právem
invalidation [inˌvæli'deišən] *(n)* zbavení platnosti
invalidity [ˌinvə'lidəti] *(n)* neplatnost
invariably [in'veəriəbli] *(adv)* pravidelně, vždy
invasion [in'veižən] *(n)* 1 porušení cizího práva;
~ **of privacy** porušení / narušení soukromí;
~ **of the right of privacy** porušení práva na
soukromí; **the ~ is of a less tangible interest**
porušení práva má méně zjevný následek
2 invaze
invention [in'venšən] *(n)* vynález; **patent of ~**
patent na vynález; **disclose an ~** uveřejnit
vynález
inventive [in'ventiv] *(adj)* vynalézavý, tvořivý;
~ **step** novost, vynález
inventor [in'ventə(r)] *(n)* vynálezce
inventory [in'ventəri] *(n)* seznam, soupis, inventář
inveracity [ˌinvə'ræsəti] *(n)* nepravdivost, lež,
lživost
invest [in'vest] *(v)* 1 st. investovat, vložit co
2 **be ~ed with** st. mít co, být vybaven čím;
**the president is ~ed with certain political
powers** prezident má určité politické pravomoci
investigate [in'vestigeit] *(v)* sb./st. vyšetřovat

koho/co; ~ **a complaint** vyšetřovat stížnost; ~**d
person** vyšetřovanec
investigation [inˌvesti'geišən] *(n)* vyšetřování;
**preliminary** ~ předběžné vyšetřování; ~ **into
indictable offences** vyšetřování závažných
trestných činů; ~ **of title** ověření právního
titulu zcizitele nemovitosti; **be under** ~ být
předmětem vyšetřování; **conduct an** ~ vést
vyšetřování; **make preliminary** ~ provádět
předběžné vyšetřování
investigative [in'vestigeitiv], **investigatory**
[in'vestigeitə(r)] *(adj)* vyšetřovací
investigator [in'vestigeitə(r)] *(n)* 1 vyšetřovatel
2 am. detektiv; **private** ~ soukromý detektiv
investment [in'vestmənt] *(n)* investice; ~ **company** investiční společnost; ~ **portion of
premium** spořící složka pojistného; ~ **property** majetek koupený pro zisk; ~ **tax credit**
investiční daňový úvěr; ~ **trust** investiční
společnost
inviolability [inˌvaiələ'biləti] *(n)* nedotknutelnost; ~ **of diplomatic envoys** nedotknutelnost
diplomatických zástupců; ~ **of private property** nedotknutelnost soukromého vlastnictví
inviolable [in'vaiələbl] *(adj)* neporušitelný; nedotknutelný
invite [in'vait] *(v)* sb. *to do* st. vyzvat koho k čemu
invitee [ˌinvai'ti:] *(n)* osoba oprávněně vstoupivší na cizí pozemek na pozvání
invoice ['invois] *(n)* faktura, účet; **issue an** ~
vystavit fakturu
invoice ['invois] *(v)* st. fakturovat co, vystavit
fakturu na co
invoke [in'vəuk] *(v)* uplatnit, uplatňovat, použít
např. faktů z jiné trestní věci jako důkazu; **to** ~
**depositions or evidence** použít výpovědi or
důkazy dovolávat se jich
involuntary [in'voləntəri, am. -'val-] *(adj)* 1 mimovolný, neúmyslný; ~ **manslaughter** neúmyslné zabití 2 nedobrovolný; ~ **confession** nedobrovolné přiznání; ~ **conversion**
nedobrovolný převod; ~ **conveyance** převod
majetku bez přivolení majitele; ~ **lien** zástavní / zadržovací právo vzniklé bez souhlasu majitele;
~ **servitude** nevolnictví
involve [in'volv, am. -'val-] *(v)* sb./st. 1 zahrnovat
koho/co; ~ **one person's ceasing to be legally
a member of his own family** zahrnovat to,
že osoba přestává být právně členem své
vlastní rodiny; ~ **penalty** mít za následek trest
2 jít o koho/co, týkat se koho/čeho; **an internal**

**matter is ~d** jde o vnitřní záležitost; **disputes ~ing the national government** spory týkající se národní vlády

**involved** [in'volvd, *am.* -'val-] *(adj)* příslušný, diskutovaný; **issues ~** příslušné otázky; **problems ~** problémy, o které jde; diskutované problémy

**involvement** [in'volvmənt, *am.* -'val-] *(n) in* st. zapojení se do čeho, angažovanost v čem

**invulnerable** [in'valnərəbl] *(adj)* nezranitelný; nenapadnutelný

**IOU** ['ai‚ou'ju:] *(abbrev) I owe you* formule v dlužních úpisech uznání dluhu

**ipso facto** [‚ipsəu'fæktəu] *(lat)* tím samým faktem, už tím

**irreconcilable** [i'rekənsailəbl] *(adj)* nesmiřitelný, neusmiřitelný o vztahu mezi manželi vedoucím k rozluce; **~ differences** nesmiřitelné rozdíly

**irrecoverable** [‚iri'kavərəbl] *(adj)* nenahraditelný, navždy ztracený; nedobytný; **~ debt** nedobytná pohledávka

**irrecusable** [‚iri'kju:zəbl] *(adj)* nezamítnutelný, neodmítnutelný; **~ evidence** nezamítnutelný důkaz

**irredeemable** [‚iri'di:məbl] *(adj)* neodčinitelný, nenapravitelný; **~ loss** neodčinitelná ztráta

**irrefragable** [i'refrəgəbl] *(adj)* nevyvratitelný, nezvratný, nesporný; neporušitelný

**irrefutable** [‚iri'fju:təbl, i'refjutəbl] *(adj)* nevyvratitelný; **~ evidence** nevyvratitelný důkaz; **~ presumption** nevyvratitelná domněnka

**irrelevance** [i'relevəns], **irrelevancy** [i'relevənsi] *(n)* nepodstatnost, nevýznamnost, irelevantnost

**irrelevant** [i'relevənt] *(adj)* nepodstatný, nezávažný, bezvýznamný, irelevantní; **~ allegation** nepodstatné tvrzení; **~ evidence** nepodstatný důkaz

**irremovable** [‚iri'mu:vəbl] *(adj)* nesesaditelný, neodstranitelný z funkce

**irreparable** [i'repərəbl] *(adj)* nenapravitelný; **~ harm** nenapravitelná škoda; **~ injury** zranění s trvalými následky

**irreproachable** [‚iri'prəučəbl] *(adj)* bezúhonný; dokonalý

**irrespective of** [‚iri'spektiv‚ov] *(prep)* st. bez ohledu, nehledě na co

**irresponsibility** ['iri‚sponsə'biləti, *am.* -‚span-] *(n) práv. i obec.* neodpovědnost

**irresponsible** [‚iri'sponsəbl, *am.* -'span-] *(adj) práv. i obec.* neodpovědný

**irretrievable** [‚iri'tri:vəbl] *(adj)* neodčinitelný, nenapravitelný; **~ breakdown of marriage** nenapravitelný rozpad manželství jako důvod k zahájení rozvodového řízení

**irreversible** [‚iri'və:(r)səbl] *(adj)* nezvratný; **~ implications** nezvratné následky

**irrevocable** [i'revəkəbl] *(adj)* neodvolatelný, nezrušitelný; **~ beneficiary clause** pojišť. doložka o neodvolatelném obmyšlení; **~ letter of credit** nezrušitelný akreditiv

**issuable** ['isju:əbl, *am.* 'išju:əbl] *(adj)* **1** určený k vydání / emisi; emitovatelný **2** sporný, problematický **3** očekávaný zisk

**issue** ['isju:, *am.* 'išju:] *(n)* **1** otázka, problém, sporný bod; **crucial ~** rozhodující / velmi důležitá otázka; **~s involved** příslušné otázky; **~ of fact** faktická / meritorní otázka, skutkový stav; **~ of guilt or innocence** otázka viny či neviny; **~ of law** právní otázka; **~ of patent** udělení patentu; **at ~** sporný; **point in ~** projednávaná otázka; **bring an ~ to trial** podat věc k soudu; **debate all major policy ~s** debatovat o všech důležitých politických otázkách; **raise an ~** vznést otázku / problém **2** vydání; emise; **date of ~** datum vydání; **place of ~** místo vydání; **~ of policy** vyhotovení pojistky ♦ **a rights ~** *(brit)* předkupní právo stávajících akcionářů na novou emisi akcií **3** potomstvo

**issue** ['isju:, *am.* 'išju:] *(v)* **1** vydat co; emitovat co; publikovat, zveřejnit co; vystavit co; **~ an invoice** vystavit fakturu; **~ shares** vydat / emitovat akcie **2** *from* st. pocházet odkud, z rodiny, být potomkem koho

**issuer** ['isju:ə, *am.* 'išju:ər] *(n)* vydavatel, emitent

**item** ['aitəm] *(n)* položka / bod v soupise, plánu, programu; **~ on the agenda** bod v programu schůze

**itemize** ['aitəmaiz] *(v)* st. rozložit co na jednotlivé položky

**itinerant** [i'tinərənt, ai'ti-] *(adj)* cestující, putující; **~ justice** výjezdní / putovní soudce; **~ vendor** obchodní cestující

**ius cogens** [‚jus'kəugəns] *(lat)* kategorická norma mezinárodního práva; kogentní norma

# J

**J.** [džei] *(abbrev)* *Justice*; **Smith, J.** čteme: **Mr Justice Smith** ctihodný soudce Smith (soudce Vrchního soudu)
**jackal** ['džækəl, 'džæko:l] *(n)* pomocník, náhončí
**jactitation** [ˌdžækti'teišən] *(n)* falešné předstírání, lživé tvrzení; ~ **of marriage** předstírání manželství
**jail** ['džeil] *(n)* vězení, trestnice, žalář; **breaking** ~ útěk z vězení; **serve** ~ **sentence** odpykat si trest ve vězení
**jailbird** ['džeilbə:(r)d] *(n)* kriminálník, notorický zločinec
**jail(-)break** ['džeilbreik] *(n)* útěk z vězení
**jail-delivery** [ˌdžeildi'livəri] *(n)* hromadný útěk z vězení
**jailer** ['džeilə(r)] *(n)* vězeňský dozorce
**jangle** ['džæŋgl] *(n)* hlučná hádka
**jaywalking** ['džeiwo:kiŋ] *(n)* přestupek přecházení silnice mimo přechod
**J.D.** [ˌdžei'di:] *(abbrev)* *Juris Doctor, Doctor of Jurisprudence* doktor práv
**jealous** ['dželəs] *(adj)* *of* sb. žárlivý, žárlící na koho
**jealousness** ['dželəsnəs], **jealousy** ['dželəsi] *(n)* *of / towards* sb. žárlivost na koho / vůči komu
**jeopardize** ['džepə(r)daiz] *(v)* st. ohrozit, vystavit nebezpečí co
**jeopardy** ['džepə(r)di] *(n)* **1** nebezpečí; **put in** ~ **of life or limb** vystavit nebezpečí života či zranění **2** nebezpečí usvědčení z trestného činu, potrestání a odsouzení; **double** ~ zákaz dvojího stíhání pro tutéž věc
**jettison** ['džetisən] *(n)* shození části nákladu do moře v případě nebezpečí lodi
**jive** ['džaiv] *(n)* *col. am.* tráva, dříví, maruška, marie marihuanová cigareta
**job** [džob, *am.* džab] *(n)* práce, zaměstnání; ~ **bias** pracovní diskriminace, diskriminace v pracovněprávních otázkách; ~ **evaluation** pracovní hodnocení
**job** [džob, *am.* džab] *(v)* **1** konat příležitostné práce **2** *in* st. zprostředkovat koupi, prodej; dělat makléře, spekulovat na burze; ~ **in bills** spekulovat v cenných papírech **3** sb. *into* st. protekcí dostat kam do zaměstnání
**jobber** ['džobə, *am.* 'džabər] *(n)* **1** burzovní senzál, dohodce; makléř **2** překupník

**jobbery** ['džobəri, *am.* 'džab-] *(n)* politická, veřejná korupce
**jobless** ['džobləs, *am.* 'džab-] *(adj)* nezaměstnaný, jsoucí bez práce; ~ **insurance** pojištění pro případ nezaměstnanosti
**jobsheet** ['džobši:t, *am.* 'džab-] *(n)* pracovní list, přehled dosavadních zaměstnání
**John Doe** [ˌdžon'dəu] fiktivní osoba, žalobce při soudním jednání
**join** ['džoin] *(v)* st. **1** vstoupit do čeho; nastoupit do práce; ~ **the European Community** vstoupit do ES **2** spojit, sdružit co; ~ **hands** podat si ruce; **be** ~**ed to** st. být spojen s čím
**joinder** ['džoində(r)] *(n)* spojení, sloučení; **collusive** ~ tajně dohodnuté spojení; ~ **of action** sloučení žalob v jednu, společná žaloba; ~ **of claims** sloučení nároků, společné nároky; ~ **of indictments** sloučení obžalob, společná obžaloba; ~ **of offenses** obvinění ze dvou a více trestných činů; ~ **of parties** společenství v rozepři, procesní společenství; ~ **of remedies** sloučení opravných prostředků
**joint** ['džoint] *(n)* **1** spoj, spojení **2** *col.* joint marihuanová cigareta
**joint** ['džoint] *(adj)* společný, spojený; sdružený; kolektivní; ~ **action** společná žaloba více žalobců n. proti více žalovaným; ~ **and several liability** společná a nerozdílná / solidární odpovědnost; ~ **ballot** společné hlasování obou komor parlamentu; ~ **capital** akciový kapitál; ~ **committee** meziresortní komise; společný výbor obou komor parlamentu; ~ **costs** sdružené náklady; ~ **debtors** spoludlužníci; ~ **defence** společná obrana; ~ **estate** společný majetek; ~ **feasor in pari delicto** spolupachatel trestného činu; ~ **heir** spoludědic; ~ **liability** spoluodpovědnost, solidární odpovědnost; ~ **life insurance** pojištění sdružených životů, životní pojištění dvojice; ~ **owners** spoluvlastník; ~ **policy** kolektivní / hromadná pojistka; ~ **procuration** kolektivní prokura; ~ **stock** akciový kapitál; ~ **stock company** akciová společnost; ~ **tenancy** spoluvlastnictví půdy, společný majetek; ~ **tax return** společné daňové přiznání; ~ **venture** podnik se zahraniční účastí, společný podnik
**jointly** ['džointli] *(adv)* společně; ~ **and severally** společně a nerozdílně

**jointure** ['dʒoinčə(r)] *(n)* vdovské věno; vyvdaný majetek

**joker** ['dʒəukə(r)] *(n)* únikové ustanovení ve smlouvě n. zákoně umožňující jeho jiný výklad n. neplatnost

**joyriding** ['dʒoiraidiŋ] *(n)* trestný čin použití cizího vozidla k projížďce

**J.P.** [‚dʒei'pi:] *(abbrev) Justice of the Peace* smírčí soudce

**judge** ['dʒadž] *(n)* soudce; **circuit** ~ soudce obvodního soudu; **eminent** ~ význačný / významný soudce; **ex officio** ~ soudce z moci úřední; **federal** ~ federální soudce; **junior** ~ nižší soudce; **puisne** ~ nižší soudce; **senior** ~ vyšší soudce; **single** ~ samosoudce; **superior** ~ vyšší soudce; ~ **advocate** vojenský soudce; **J~ Rapporteur** *(ES)* soudce-zpravodaj; ~ **made law** soudcovské právo

**judge** ['dʒadž] *(v)* st. soudit, soudně rozhodovat co; ~ **legal disputes** soudit právní spory

**judgement** ['dʒadžmənt] *(n)* **1** názor, mínění **2** soudní rozhodnutí, rozsudek

**judgeship** ['dʒadžšip] *(n)* soudcovský úřad

**judgment** ['dʒadžmənt] *(n)* soudní rozhodnutí; rozsudek; **appealable** ~ rozsudek, proti němuž je přípustné odvolání; **default** ~ kontumační rozsudek; **dormant** ~ nečinný / spící rozsudek; **final** ~ pravomocný konečný rozsudek; **foreign** ~ cizí rozsudek; **interlocutory** ~ mezitímní rozsudek; **personal** ~ rozsudek proti osobě; **reasoned** ~ odůvodněný rozsudek; ~ **by default** kontumační rozsudek, odsouzení v nepřítomnosti, rozsudek pro zmeškání; ~ **by nihil dicit** *přibl.* kontumační rozsudek v řízení, kde se žalovaná strana neobhajovala; ~ **of conviction** odsuzující rozsudek; ~ **of death** rozsudek smrti; ~ **on merits** rozsudek ve věci; ~ **debt** vykonatelná soudem uznaná pohledávka; ~ **execution** výkon rozsudku; ~ **lien** zadržovací právo založené rozsudkem; ~ **roll** soudní spis; ~ **summons** příkaz k soudnímu předvedení; **arrest of** ~ odložení rozsudku; **enforcement of foreign** ~ výkon / prosazení cizího rozsudku; **estoppel by** ~ překážka uplatnění žalobního nároku rozsudkem; **award** ~ vynést rozsudek; **consider the** ~ poradit se o rozsudku; **deliver a** ~ vynést rozsudek; **enter a** ~ vykonat rozsudek; **give** ~s vynášet rozsudky; **quash a** ~ zrušit rozsudek; **rest a** ~ **upon st.** opírat rozhodnutí / rozsudek o co; ~ **is final**

**and without appeal** rozsudek je pravomocný konečný a není proti němu přípustné odvolání

**judicable** ['dʒu:dikəbl] *(adj)* podléhající soudní pravomoci

**judicature** ['dʒu:dikəčə(r)] *(n)* **1** soudní moc **2** soudcovský stav **3** soud **4** funkční období soudce

**judicial** [dʒu:'dišəl] *(adj)* soudní, justiční, judiciální; ~ **authorities** soudní orgány; ~ **authority** soudní moc; ~ **branch** soudní odvětví; ~ **circuit** soudní okres / obvod; ~ **cognizance** soudní pravomoc; **J~ Committee of Privy Council** *brit.* Soudní výbor královské Soukromé rady *nejvyšší* soud pro britské kolonie a *dominia*; ~ **corporal punishment** tělesný trest vynesený soudem; ~ **decision** soudní rozhodnutí; ~ **dicta** soudní výrok; ~ **district** soudní okres / obvod; ~ **error** justiční omyl; ~ **immunity** soudcovská imunita; ~ **inquiry** soudní vyšetřování; ~ **lien** soudní zástavní právo; ~ **notice** soudní oznámení; ~ **office** funkce v soudnictví, soudní funkce; ~ **order** soudní příkaz; ~ **organization** organizace soudnictví; ~ **power** soudní moc; ~ **precedent** precedent, precedenční soudní rozhodnutí; ~ **proceeding** soudní řízení; ~ **responsibility** odpovědnost soudce; ~ **review** soudní přezkoumání / revize; ~ **sale** soudní dražba; ~ **separation** soudní odluka manželů; ~ **settlement of disputes** soudní / právní řešení sporů; ~ **sitting** soudní zasedání; ~ **system** systém soudní moci; **holder of** ~ **office** úředník v oblasti soudnictví

**judiciary** [dʒu:'diši‚əri] *(n)* **1** soudnictví, justice **2** soudní moc

**jugular** ['dʒagjulə(r)] *(adj)* vražedný, zabijácký

**junior** ['dʒu:njə(r)] *(adj)* mladší; hodnostně nižší; podřízený; ~ **interest** právní nárok podřízený jinému nároku; ~ **minister** *přibl. brit.* tajemník ministra; ~ **mortgage** hypotéka podřízená jiné hypotéce

**jural** ['dʒu:rəl] *(adj)* právní, juristický; ~ **cause** právní kauza

**jurat** ['dʒuəræt] *(lat)* **1** „odpřisáhnul"; osvědčení o přísaze podepsané osoby jako dodatek k místopřísežnému prohlášení **2** *brit.* přísežný člen stálého porotního soudu

**juridical** [‚dʒuə'ridikəl] *(adj)* právní, soudní; ~ **person** právní subjekt; právnická osoba; ~ **sciences** právní vědy

**jurisconsult** ['dʒuəriskən‚salt] *(n)* právník, znalec práva

**jurisdiction** [ˌdžuəris'dikšən] *(n)* soudní pravomoc, jurisdikce; působnost soudu; výkon soudní pravomoci; **appellate ~** 1 jurisdikce v odvolacím řízení 2 odvolací / apelační soud; **summary ~** zkrácené / sumární řízení; **supervisory ~** kontrolní / dozorová soudní pravomoc; **excess of ~** překročení pravomoci; **~ in personam** soudní pravomoc nad osobou; **~ in rem** soudní pravomoc nad věcí; **plea to the ~** námitka nepříslušnosti; **assert local ~** prohlásit opodstatněnost / oprávněnost místní soudní moci; **exercise ~** uplatňovat soudní pravomoc / jurisdikci

**jurisprudence** [ˌdžuəris'pru:dəns] *(n)* právní věda, jurisprudence; **medical ~** soudní lékařství

**jurist** ['džuərist] *(n)* právník; právní vědec

**juristic** [ˌdžuə'ristik] *(adj)* právní, právnický; **~ theory** právní teorie

**juror** ['džuərə(r)] *(n)* porotce

**jury** ['džuəri] *(n)* porota; **advisory ~** poradní porota; **foreign ~** cizí porota z jiného okresu; **grand ~** *am.* velká porota svolávaná v některých trestních věcech; **hung ~** zablokovaná porota neschopná se dohodnout na výroku; **petit ~** obvyklá dvanáctičlenná porota působící v trestních a některých civilních věcech; **trial ~** porota v hlavním líčení; **~ box** místo pro porotu, lavice poroty; **~ commissioner** úředník pověřený sestavením poroty; **~ duty / service** činnost porotce; **~ trial** proces s porotou; **criminal trial by ~** trestní proces s porotou; **member of the ~** porotce, člen poroty; **verdict of the ~** výrok poroty; **bring a case before a ~** předložit případ / věc porotě; **discharge the ~** rozpustit porotu; **sum up the evidence for the benefit of the ~** shrnout pro porotu svědecké výpovědi / důkazy

**juryman** ['džuərimən], *(pl)* **-men** *(n)* člen poroty, porotce

**jurywoman** ['džuəriwumən], *(pl)* **-women** *(n)* členka poroty, porotkyně

**jus** [džas] *(lat)* právo; **~ in personam** [ˌdžasinpə(r)'səunəm] právo proti osobě; **~ in rem** [ˌdžasin'rem] právo ve věci; **~ naturale** ['džas,nætə'reili] přirozené právo; **~ privatum** [ˌdžaspri'veitəm] právo soukromé; **~ publicum** [ˌdžas'pablikəm] právo veřejné

**just** [džast] *(adj)* 1 spravedlivý; **~ compensation** spravedlivé odškodnění; **~ remuneration** spravedlivá odměna, spravedlivý plat; **~ sentence** spravedlivý trest; **~ title** spravedlivý titul; **~ war** spravedlivá válka 2 správný; **it is ~ to do st.** je správné udělat co 3 oprávněný, odůvodněný; **~ powers** oprávněné pravomoci; **~ value** opravdová hodnota majetku pro účely zdanění

**justice** 1 ['džastis] *(n)* spravedlnost; justice, soudnictví; **criminal ~** trestní soudnictví; **natural ~** přirozené právo; **substantial ~** podstatná / skutečná spravedlnost; **administration of ~** výkon spravedlnosti / justice; **conception of ~** koncepce spravedlnosti; **court of ~** soudní dvůr; **Ministry of J~** ministerstvo spravedlnosti; **bring st. to ~** pohnat co k soudu; **dispense ~** vykonávat spravedlnost; **do ~ to sb.** učinit komu po právu, učinit spravedlnosti zadost

**justice** 2 ['džastis] *(n)* soudce; **Associate J~** *am.* soudce Nejvyššího soudu; **Chief J~** *am.* předseda Nejvyššího soudu; **lay ~ of the peace** laický smírčí soudce; **Lord Chief J~ of England** *brit.* předseda Královského soudu; **Lord J~** *brit.* soudce Nejvyššího soudu; **Lord J~ of Appeal** *brit.* soudce Odvolacího soudu; **J~ of Assize** *brit.* soudce porotního soudu; **~'s clerk** soudní úředník; **~'s courts** smírčí soudy; **clerk to the ~s** soudní úředník

**justiceship** ['džastisšip] *(n)* soudcovský úřad

**justiciary** [dža'stišiəri] *(n)* soudnictví, justice; **Court of J~** *skot.* Nejvyšší trestní soud

**justifiable** ['džastifaiəbl] *(adj)* omluvitelný; ospravedlnitelný; **~ cause** ospravedlnitelný důvod; **~ homicide** zabití v sebeobraně, důvodné zabití; **~ offence** nutná sebeobrana

**justification** [ˌdžastifi'keišən] *(n)* 1 ospravedlnění 2 důkaz pravdy při trestném činu pomluvy

**justify** ['džastifai] *(v)* st. 1 ospravedlnit co 2 oprávnit co; **~ its existence** opravňovat jeho existenci

**juvenile** ['džu:vənail] *(n)* mladistvý, mladistvá osoba

**juvenile** ['džu:vənail] *(adj)* mladistvý, nedospělý, týkající se mladistvých; **~ court** soud pro mladistvé; **~ delinquency** kriminalita mladistvých; **~ delinquent** mladistvý pachatel; **~ offender** mladistvý pachatel; **~ office** policista pracující na úseku delikvence mladistvých

**juxta** ['džaksta] *(lat)* poblíž, blízko; **~ ratam** [ˌdžakstə'reitəm] v poměru

# K

**K.B.** [ˌkeiˈbiː] *(abbrev)* *King's Bench* *brit.* Královský soud
**K.C.** [ˌkeiˈsiː] *(abbrev)* *King's Counsel* *brit.* Královský soudní rada
**keep** */kept, kept/* [kiːp, kept] *(v)* st./sb. **1** ponechat si co; **~ st.** overdue ponechat si co po uplynutí lhůty **2** dodržet co; **~ one's word** dodržet slovo; **duty to ~ the peace** povinnost dodržovat klid **3** udržovat co; **~ in line with st.** udržovat ve shodě / v souladu s čím; **~ in repair** udržovat pronajatý majetek v bezvadném stavu; **~ in secret** udržovat v tajnosti **4** zadržovat, držet koho; **~ as a prisoner** držet jako vězně **5** vést, evidovat co; **~ accounts** vést účty / účetnictví; **~ files / register** vést evidenci; **~ records** vést záznamy ♦ **~ the landlord indemnified against st.** chránit vlastníka před čím, odškodňovat vlastníka za co; **~ a disorderly house** provozovat veřejný dům
**keeper** [ˈkiːpə(r)] *(n)* **1** držitel; **~ of a dog** chovatel nikoliv majitel psa **2** hlídač, dozorce, strážce; **K~ of the Great Seal** *brit.* Lord kancléř, strážce velké státní pečetě
**keeping** [ˈkiːpiŋ] *(n)* **1** provozování; **~ a gambling house** provozování herny **2** zachování, uchování
**key** [kiː] *(n)* **1** klíč; **House of K~s** parlament na ostrově Man; **~ money** *brit.* záloha na nájemné u nového nájemníka při převzetí klíčů **2** klávesa např. na klávesnici počítače
**key** [kiː] *(adj)* klíčový, významný, důležitý; **~ question** klíčová otázka ♦ **~ rate** základní pojistná sazba
**kickback** [ˈkikbæk] *(n)* nezákonná provize za zprostředkování obchodu obvykle placená státním úředníkům
**kidnap** [ˈkidnæp] *(n)* únos
**kidnap** [ˈkidnæp] */pp/* *(v)* sb. unést koho
**kidnap(p)er** [ˈkidnæpə(r)] *(n)* únosce
**kidnapping** [ˈkidnæpiŋ] *(n)* únos; **~ for ransom** únos pro výkupné
**kill** [kil] *(v)* sb. zabít, zabíjet koho

**killer** [ˈkilə(r)] *(n)* vrah; zabiják, profesionální vrah
**killing** [ˈkiliŋ] *(n)* zabití; vražda; usmrcení; **~ by misadventure** zabití nešťastnou náhodou
**kin** [kin] *(n)* *(pojí se se slovesem v pl)* pokrevní příbuzenstvo, nejbližší rodina; **next of ~** nejbližší příbuzný / příbuzní
**kind** [ˈkaind] *(n)* druh; stupeň, třída; **different ~s of law** různé druhy práva; **hearing of quasi-judicial ~** jednání kvasisoudního druhu; **~ of work** druh práce
**kindred** [ˈkindrid] *(n)* pokrevní příbuzenství; **~s of** příbuzenstvo, příbuzní
**king** [kiŋ] *(n)* král; **K~'s Bench Division** *brit.* Královský soud; **K~'s Counsel** *brit.* královský rada titul udělený monarchou zasloužilým barristerům; **K~'s Speech** *brit.* trůnní řeč ♦ **turn ~'s evidence** svědčit proti spoluviníkům ve prospěch obžaloby
**kingdom** [ˈkiŋdəm] *(n)* království
**kinship** [ˈkinšip] *(n)* pokrevní příbuzenství
**kinsman** [ˈkinsmən], *(pl)* **-men** *(n)* příbuzný
**kinswoman** [ˈkinzˌwumən], *(pl)* **-women** *(n)* příbuzná
**kite** [ˈkait] *(n)* planá směnka; směnka z ochoty; fiktivní obchodní papír
**kite(-)mark** [ˈkaitmaː(r)k] *(n)* *brit.* značka jakosti výrobek odpovídající normám
**knight** [ˈnait] *(n)* *brit.* rytíř šlechtický titul
**knighthood** [ˈnaithud] *(n)* **1** rytířský titul **2** rytířskost **3** rytířství
**knock-for-knock agreement** [ˈnokfə(r)ˌnokəˈgriːmənt, *am.* ˈnakfə(r)ˌnak-] *brit.* dohoda dvou pojišťoven o vzájemné nežalovatelnosti, o zřeknutí se postihu
**know-how** [ˈnəuhau] *(n)* právem chráněná znalost technického postupu, dovednost, informovanost, know-how
**knowingly** [ˈnəuiŋli] *(adv)* úmyslně, záměrně
**knowledge** [ˈnolidž] *(sg)* znalost(i), vědomost(i); **carnal ~** sexuální styk; **general ~** všeobecné znalosti; všeobecné vzdělání
**known** [ˈnəun] *(adj)* známý; **~ heirs** známí dědicové

# L

**label** ['leibl] *(n)* nálepka, visačka, štítek
**label** ['leibl] */ll/ (v)* st. označit, opatřit co nálepkou / etiketou / štítkem
**labour** *(am.* **labor)** ['leibə(r)] *(n)* 1 práce; pracovní síla; **cheap** ~ levná pracovní síla; **forced / hard** ~ nucená práce jako forma trestu; **manual** ~ manuální práce 2 dělnictvo; pracovní síla; **casual** ~ příležitostní dělníci; **(un)skilled** ~ (ne)kvalifikovaná pracovní síla 3 představitelé dělnictva; odbory; ~ **leader** odborový předák; **L**~ **Organization** *am. přibl.* odborová organizace; ~ **union** odborový svaz
**labour** *(am.* **labor)** ['leibə(r)] *(adj)* pracovní; ~ **camp** pracovní tábor jako nápravné zařízení; ~ **code** zákoník práce; ~ **contract** pracovní smlouva; ~ **dispute** pracovní spor; ~ **law** pracovní právo; ~ **legislation** pracovní zákonodárství; ~ **picketing** stávková hlídka; ~ **protection** bezpečnost práce; ~ **relation** pracovněprávní vztah; ~ **standards** pracovní normy; ~**-management relations** *přibl.* pracovněprávní vztahy; **compulsory** ~ **service** pracovní povinnost ◆ **L**~ **Exchange** zprostředkovatelna práce; pracovní úřad
**labour** *(am.* **labor)** ['leibə(r)] *(v) for* st. usilovat, snažit se o co; ~ **a jury** snažit se ovlivnit porotu
**labourer** ['leibərə(r)] *(n)* nekvalifikovaný dělník; **farm** ~ zemědělský dělník
**laches** ['leičiz] *(sg)* 1 nedbalost, nedbalé uplatnění práva n. nároku 2 zmeškání uplatnění práva či nároku; opomenutí; **estoppel by** ~ opomenutí uplatnit nárok ve správnou dobu a na správném místě 3 zanedbání povinné péče
**lack** [læk] *(v) (n)* nedostatek, nouze; potřeba; ~ **of correlation** nepřítomnost vzájemného vztahu / korelace; ~ **of education** nedostatek vzdělání; ~ **of funds** nedostatek financí / peněz; ~ **of jurisdiction** nedostatečná soudní pravomoc
**lack** [læk] *(v)* st. postrádat, nemít co
**lade** */laded, laden / laded/* ['leid, 'leidid, 'leidn] *(v)* st. naložit co na loď, železnici
**lading** ['leidiŋ] *(n)* náklad; **bill of** ~ nákladní list, konosament
**lag** [læg] *(n)* 1 doba trestu 2 kriminálník
**lagger** ['lægə(r)] *(n) slang.* kriminálník, recidivista

**laird** ['leə(r)d] *(n) skot.* statkář, zeman
**laisser-faire** [,leisei'fə:(r)] *(fr)* teorie nezasahování *např.* do ekonomiky ze strany vlády
**laisser-passer** [,leisei'pæsei] *(fr)* propustka
**lame duck** [,leim'dak] *(n) dosl.* chromá kachna 1 funkcionář před koncem svého volebního období, jenž nemůže být znovu zvolen; ~ **president** prezident, jenž nemůže být znovu zvolen na konci svého volebního období, tudíž bez odpovídající politické síly 2 spekulant na burze, jenž přecenil své možnosti
**land** ['lænd] *(n)* 1 půda; **agricultural** ~ zemědělská půda; **open** ~ volná nezastavěná půda; **dumping of waste materials on** ~ skládka odpadových materiálů na půdě; **lease of** ~ pronájem půdy; **use of** ~ využití půdy; ~ **certificate** osvědčení o vlastnictví půdy; ~ **pollution** znečištění půdy; ~ **left derelict by mining operations** půda zdevastovaná po důlní činnosti 2 pozemek; **piece of** ~ pozemek, část půdy; ~ **agency** 1 správcovská firma spravující pozemky 2 realitní kancelář; ~ **certificate** výpis z pozemkové knihy; výpis z evidence nemovitostí; ~ **court** pozemkový soud; ~ **law** pozemkové právo; ~ **register** pozemková kniha; ~ **registration** systém evidence nemovitostí; **L**~ **Registry** *brit.* pozemkový úřad; ~ **relations** pozemkové vztahy; ~ **rent** pozemková renta; ~ **tax** pozemková daň 3 pozemní; ~ **warfare** pozemní válka
**landbank** ['lændbæŋk] *(n) am.* zemědělská banka
**landed** ['lændid] *(adj)* 1 osoba vlastnící půdu; ~ **proprietor** statkář, farmář, vlastník půdy 2 dodací, splatný při dodání do přístavu; ~ **cost of merchandise** cena zboží franko přístav určení
**landing** ['lændiŋ] *(n)* přistání; přístaviště; ~ **card** vstupní karta vyplňuje cestující při vstupu do země; ~ **charges** vyloďovací poplatky
**land-jobber** ['lænd,džobə, *am.* -,džabər] *(n)* spekulant s půdou
**landlady** ['lænd,leidi] *(n)* pronajímatelka, bytná; paní domácí
**land-locked** ['lænd,lokt] *(adj)* uzavřený, chráněný; ~ **country** vnitrozemský stát; ~ **sea** uzavřené moře

**landlord** ['lændlo:(r)d] *(n)* **1** vlastník nemovitosti **2** pronajímatel; pan domácí

**landmark** ['lændma:(r)k] *(n)* hraniční / pomezní kámen; výrazný prvek v krajině ♦ **~ decision** legislativní rozhodnutí s váhou precedentu

**landowner** ['lændəunə(r)] *(n)* majitel půdy; statkář

**language** ['læŋgwidž] *(n)* jazyk; **international** **~s** světové jazyky; **offensive ~** nadávky; **official ~s** úřední jazyky; **working ~s** pracovní jazyky

**lapse** ['læps] *(n)* **1** chyba, omyl; **~ of justice** justiční omyl **2** vypršení, promlčení, propadnutí práva, nároku, lhůty; prekluze práva; storno; **~ of policy** zánik pojistky z důvodu neplacení splátek; **~ allowed** možnost storna; **~ value** hodnota při stornu **3** propadnutí odkazu obmyšlený zemřel dříve než odkazce

**lapse** ['læps] *(v)* st. **1** zaniknout pro neplacení; propadnout; promlčet co; zrušit co; **~ a policy** zrušit pojistku pro neplacení; **right to the property has ~d** právo k majetku zaniklo; **2** *to* sb. přejít na koho, připadnout komu; **the estate ~d to the state** majetek připadl státu

**lapsed** ['læpst] *(adj)* promlčený; propadlý; zaniklý; zrušený; **~ legacy** propadlý odkaz; **~ passport** propadlý pas

**larcener** ['la:(r)sinə(r)] *(am.* **larcenist** ['la:rsənist]) *(n)* zloděj

**larcenous** ['la:sinəs, *am.* 'la:rsənəs] *(adj)* zlodějský; mající prvky krádeže; **~ intent** úmysl krást

**larceny** ['la:(r)səni] *(n)* krádež, odcizení majetku; **aggravated ~** krádež s přitěžujícími okolnostmi; **compound ~** kvalifikovaná krádež; **constructive ~** krádež s dedukovaným úmyslem krást; **grand ~** velká krádež nad určitou finanční částku; **mixed ~** krádež s přitěžujícími okolnostmi; **petit ~** bagatelní / drobná krádež; **~ by extortion** krádež, jíž předcházela hrozba / výhrůžka fyzického násilí okradené osobě; **~ by fraud** krádež podvodem

**large** ['la:(r)dž] *(n)* volnost, svoboda; **at ~** 1 jsoucí na svobodě; **escaper at ~** uprchlý vězeň na svobodě 2 zeširoka, zevrubně; všeobecně, celkově; **discuss the matter at ~** zevrubně prodiskutovat záležitost 3 *am.* v celé volební oblasti, ve většině volebních obvodů; **a Congressman at ~** *am.* člen Sněmovny reprezentantů zvolený v naprosté

většině volebních okresů; **a member elected at ~** poslanec zvolený ve většině obvodů

**large** ['la:(r)dž] *(adj)* velký, rozsáhlý, objemný; **~ fortune** velký majetek; **~ population** velký počet obyvatel, početné obyvatelstvo

**lascivious** [lə'si:viəs] *(adj)* lascívní, oplzlý, nemravný, obscénní; **~ cohabitation** nemravné soužití

**last** [la:st] *(adj)* **1** poslední, konečný; **~ illness** smrtelná choroba; **~ in – first out (LIFO)** 1 při propuštění z důvodu nadbytečnosti jsou propuštěni nejdříve služebně nejmladší 2 stanovení ceny akcií podle nejnovějšího nákupního kursu; **~ plea** poslední slovo obžalovaného; **~ resort** poslední / nejvyšší instance; **~ statement** poslední slovo obžalovaného; **~ will** závěť, poslední vůle, testament sepsaný jako poslední před smrtí; **~ but not least** v neposlední řadě; **~ but one** předposlední ♦ **lender of the ~ resort** centrální banka úvěrující obchodní banky **2** minulý; **~ year** minulý rok

**last** [la:st] *(v)* **1** trvat, pokračovat **2** vydržet

**lata culpa** [,leitə'kalpə] *(lat)* hrubá nedbalost, hrubá chyba

**late** */later, latest; latter, last/* ['leit, 'leitə(r), 'leitist, 'lætə(r), 'la:st] *(adj)* **1** pozdní; **~ charges** úroky z prodlení; **~ delivery** pozdní sankcionované dodání zboží; **~ fee** poplatek za zmeškanou zásilku; **interest on ~ payment** úrok z prodlení **2** bývalý, předešlý; **the ~ prime minister** minulý předseda vlády

**late** ['leit] *(adv)* pozdě

**latent** ['leitənt] *(adj)* latentní, skrytý; **~ ambiguity** skrytá dvojznačnost; **~ defect** skrytá vada

**latter** ['lætə(r)] *(adj) (the former the ~)* druhý ze dvou, ten druhý *(první – druhý)*; pozdější

**launch** ['lo:nč, *am.* 'la:nč] *(v)* st. **1** podat co; **~ a protest against the government** podat protest proti vládě **2** dát se do čeho; začít co; **~ a campaign** spustit kampaň; **the Party was ~ed** strana zahájila činnost

**launder** ['lo:ndə(r), *am.* 'la:n-] *(v) slang.* prát špinavé peníze

**laundering** ['lo:ndəriŋ, *am.* 'la:n-] *(n)* praní špinavých peněz

**law** [lo:] *(n)* právo; **adjective ~** procesní právo; **administrative ~** správní právo; **alien ~** cizinecké právo; **ambassadorial ~** diplomatické právo; **Anglo-Saxon ~** anglosaské právo; **business ~** obchodní právo; **canon ~** kanonické právo katolické církve; **case ~** precedenční právo; **civil** ~ civilní právo; **club** ~ pěstní právo, právo silnějšího; **commercial** ~ obchodní právo; **common** ~ obyčejové právo angloamerické soudcovské právo; **company** ~ právo společností; **comparative** ~ srovnávací právo, právní komparatistika; **competition** ~ soutěžní právo; **constitutional** ~ ústavní právo; **consular** ~ konzulární právo; **consumer** ~ spotřebitelské právo; **conveyancing** ~ právo majetkových převodů; **criminal** ~ trestní právo; **customs** ~ celní právo; **diplomatic** ~ diplomatické právo; **domestic** ~ vnitrostátní právo; **E.E.C.** ~ právo EHS; **ecclesiastical** ~ církevní právo; **European Union** ~ právo Evropské unie; **family** ~ rodinné právo; **feudal** ~ feudální právo; **foreign exchange** ~ devizové právo; **general** ~ obecné právo; **Hebrew** ~ hebrejské / židovské právo; **industrial** ~ pracovní právo; **international** ~ mezinárodní právo veřejné; **labour** ~ pracovní právo; **land** ~ pozemkové právo; **lynch** ~ právo lynče; **maritime** ~ námořní právo; **martial** ~ válečné právo, stanné právo; **material** ~ hmotné právo; **matrimonial** ~ manželské právo; **mercantile** ~ / **merchant** ~ obchodní právo; **military** ~ vojenské právo; **municipal** ~ zemské vnitrostátní právo; **national** ~ vnitřní právo státu, vnitrostátní právo; **natural** ~ přirozené právo; **non-military** ~ jiné než vojenské právo; **particular** ~ partikulární právo; **patent** ~ patentové právo; **patrimonial** ~ majetkové právo týkající se dědičného majetku; **penal** ~ trestní právo; **planning** ~ brit. plánovací právo soubor norem upravující územně plánovací politiku; **political** ~ předpisy regulující politickou činnost; **positive** ~ platné / pozitivní právo; **private** ~ soukromé právo; **procedural** ~ procesní právo; **property** ~ majetkové právo; **public** ~ veřejné právo; **remedial** ~ přibl. procesní právo; soubor zákonů poskytujících nápravu; **Roman** ~ římské právo; **sea** ~ mořské právo; **social security** ~ právo sociálního zabezpečení; **space** ~ kosmické právo; **special** ~ zvláštní právo; **statute** ~ statutární psané právo; **strict** ~ právo v úzkém slova smyslu; **substantive** ~ hmotné právo; **substantive** ~ **of tort** hmotné právo občanskoprávních deliktů; **tacit** ~ přirozené právo; **town and country planning** ~ brit. územně plánovací právo ve městech a na venkově; **trade** ~ obchodní právo, živnostenské právo; **unenacted** ~ nepsané /

nepublikované právo; **unwritten** ~ nepsané právo; ~ **of the air** letecké právo, kosmické právo; ~ **of contract** smluvní / závazkové právo; ~ **of equity** právo spravedlnosti / ekvity; ~ **of highways** silniční právo; ~ **of merchants** obchodní právo; ~ **of nations** mezinárodní právo veřejné; ~ **of nature** přirozené právo; ~ **of obligation** závazkové právo; ~ **of procedure** procesní právo; ~ **of property** majetkové / vlastnické právo; ~ **of the sea** mořské právo; ~ **of social insurance** právo sociálního pojištění; ~ **of substance** hmotné právo; ~ **of succession** dědické právo; ~ **of tort / torts** právo občanskoprávních deliktů; ~ **of the world** světové právo; ~ **and order** právní pořádek; ~ **breaker** delikvent; ~ **centre** brit. bezplatná právní poradna; ~ **lords** brit. práva znalí lordi členové nejvyššího odvolacího soudu v Anglii; ~ **martial** výjimečný stav, stanné právo; ~ **officer** právní úředník; ~ **student** student oboru právo; ~ **system** právní systém; ~ **term** právnický termín; **basis of the** ~ základ práva; **body of** ~ soubor práva; **branch of** ~ právní odvětví, obor práva; **concept of** ~ pojem práva, právní pojem; **conflict of** ~s mezinárodní právo soukromé; **exclusion of foreign** ~ vyloučení cizího práva; **fusion of** ~ splynutí / spojení práva; **ignorance of** ~ 1 právní omyl 2 neznalost práva; **kinds of** ~ druhy práva; **nature and function of** ~ podstata a funkce práva; **question of** ~ právní otázka; **rule of** ~ 1 zákonnost 2 právní norma; **sources of** ~ prameny práva; **system of** ~ právní systém; **in point of** ~ z právního hlediska; **codify the** ~ kodifikovat právo; **enforce the** ~ prosazovat právo, uplatňovat právo; **preserve** ~ chránit právo, uchovat právo; **read** ~ brit. studovat právo

♦ **L**~ **List** brit. výroční seznam baristerů a solicitorů; **L**~ **Society** brit. Sdružení solicitorů

**law** 2 [lo:] (n) zákon; **antitrust** ~s protimonopolní zákony; **consumer protection** ~ zákon na ochranu spotřebitele; **election** ~ volební zákon; **enacted** ~ vydaný psaný zákon; **organic** ~ základní zákon, ústava; ~ **of supply and demand** zákon nabídky a poptávky; ~s **of war** válečné zákony; ~s **relating to family life** zákony vztahující se k rodinnému životu; ~ **digest** sbírka zákonů; ~ **making** vydávání zákonů, legislativní normotvorba; ~ **making power** pravomoc vydávat zákony; ~ **making**

**treaty** normativní mezinárodní smlouva; **authority of** ~ moc zákona; **code of all the** ~s kodex všech zákonů; **code of** ~ zákoník; **force of** ~ síla zákona; **intendment of a** ~ úmysl zákona / zákonodárce; **strength of a** ~ síla zákona; **in accordance with / according to** n. **by / pursuant to / under the** ~ podle zákona, v souladu se zákonem; **ammend the** ~ novelizovat zákon; **be implied by** ~ být samozřejmé na základě zákona; **break a** ~ porušit / přestoupit zákon; **enforce** ~s uvést zákony v platnost; **make** ~s tvořit zákony; **observe** ~s dodržovat zákony; **pass** ~s schvalovat zákony; **permitted by the** ~ povolený ze zákona; **put the** ~s **into writing** sepsat zákony

**law** ³ [lo:] *(n)* soud; **action at** ~ soudní žaloba; **court of** ~ soud, soudní dvůr; ~ **of the case** *přibl.* konečné soudní rozhodnutí ve věci; ~ **clerc** *am.* spolupracovník soudce vybíraný z nejlepších studentů právnických fakult; ~ **court** soud; ~ **costs / expenses** soudní výlohy; ~ **reports** 1 sbírky soudních precedenčních rozhodnutí 2 soudní protokoly; ~ **suit** soudní proces

**law(-)breaker** ['lo:ˌbreikə(r)] *(n)* porušovatel zákona

**law(-)breaking** ['lo:ˌbreikiŋ] *(n)* porušení práva / zákona

**lawful** ['lo:fʊl] *(adj)* zákonný, platný podle práva; zákonem povolený; ~ **age** plnoletost, zletilost; ~ **arrest** oprávněné zadržení / zajištění; ~ **entry** oprávněný vstup; ~ **orders** zákonné předpisy; ~ **origin** zákonný původ; ~ **representative** oprávněný zástupce; ~ **requirement** oprávněný požadavek

**lawfully** ['lo:fʊli] *(adv)* podle zákona, právoplatně, pravomocně; ~ **married** setrvávající v zákonném manželství

**lawfulness** ['lo:fʊlnəs] *(n)* zákonnost, zákonitost

**law(-)giver** ['lo:ˌgivə(r)] *(n)* zákonodárce

**lawless** ['lo:lis] *(adj)* nezákonný, protiprávní, neoprávněný, bezprávný

**law(-)maker** ['lo:ˌmeikə(r)] *(n)* zákonodárce

**law(-)making** ['lo:ˌmeikiŋ] *(adj)* zákonodárný; ~ **body** zákonodárný orgán

**lawsuit** ['lo:sju:t, *am.* 'lo:su:t] *(n)* soudní pře, případ, proces

**lawyer** ['lo:jə(r)] *(n)* praktický právník, advokát; **commercial** ~ komerční právník; **company** ~ podnikový právník; **cross-examine a witness**

**through one's** ~ podrobit svědka křížovému výslechu prostřednictvím svého právníka

**lay** ['lei] *(adj)* laický; světský; ~ **assessor** *brit.* soudní znalec ne právník; ~ **client** klient neznalý práva; ~ **judge** přísedící, soudce z lidu; ~ **justice of the peace** laický smírčí soudce; ~ **lord** *brit.* lord bez právnického vzdělání; ~ **peer** šlechtic bez právnického vzdělání; **single** ~ **justice** laický samosoudce

**lay** */laid, laid/* ['lei, leid] *(v)* *st.* 1 *(up)on* sb. uložit co komu; ~ **charges** uložit poplatky; ~ **damages** vyčíslit a stanovit škodu; ~ **an embargo on trade** uvalit obchodní embargo; ~ **an obligation** uložit povinnost / závazek 2 *down* st. 1 stanovit, vytvořit co 2 složit funkci; ~ **down a procedure** stanovit postup 3 *st. before* předložit co; ~ **a proposal before the House** předložit návrh zákona sněmovně ♦ ~ **a claim to an estate** činit si nárok na majetek; ~ **the damage** odhadnout výši škody; ~ **in debt** uvrhnout do dluhů; ~ **papers** *brit.* informovat Dolní sněmovnu z titulu ministra; ~ **a bill upon the table** dát návrh zákona na pořad jednání

**layman** ['leimən], *(pl)* **-men** *(n)* laik ne právník

**LC** [el'si:] *(abbrev)* *Lord Chancellor brit.* Lord kancléř

**L/C** [el'si:] *(abbrev)* *letter of credit* akreditiv

**LCJ** [ˌelsi:'dʒej] *(abbrev)* *Lord Chief Justice brit.* nejvyšší soudce

**lead** [li:d] *(n)* vodítko, stopa při policejním pátrání

**lead** */led, led/* [li:d, led] *(v)* 1 st./sb. *to* st. vést co/koho k čemu; ~ **a campaign** vést kampaň; ~ **a meeting** vést schůzi; ~ **onwards to** st. vést k čemu 2 *for* st./sb. vystupovat před soudem; zastupovat koho; ~ **for the prosection** zastupovat obžalobu, vést obžalobu ♦ **L~ of the House** *brit.* kabinetní ministr hlavní mluvčí vlády ve sněmovně

**leadership** ['li:də(r)šip] *(n)* vedení; vůdcovství

**leading** ['li:diŋ] *(adj)* vedoucí, hlavní, základní; ~ **case** zásadní soudní rozhodnutí, precedent; precedenční případ; ~ **question** sugestivní otázka

**leader** ['li:də(r)] *(n)* 1 vůdce; představitel; **majority / minority** ~ *am.* zvolený vůdce / mluvčí většiny / menšiny ve Sněmovně reprezentantů n. Senátu 2 hlavní obhájce n. advokát; ~ **for the defence** obhájce vystupující u soudu

**league** [li:g] *(n)* liga, sdružení; **L~ of Arab States** Liga arabských států

leak [li:k], **leakage** ['li:kidž] *(n)* únik tajných, zpravodajských informací; **premeditated** ~ předem připravený záměrný únik informací
**leak** [li:k] *(v)* st. vyzradit, prozradit tajnou informaci; dostat se / proniknout na veřejnost
**leap-frog** ['li:pfrog, *am.* -frag] *(n)* přeskočení; předběhnutí; obratné obejití; ~ **procedure** předání věci vyšší instanci, než přísluší
**learned** ['lə:(r)nid] *(adj)* učený; **my** ~ **friend** můj učený přítel vzájemné oslovení právníků u soudu
**lease** [li:s] *(n)* **1** nájem nemovitosti; pacht; **concurrent** ~ paralelní nájem; **graduated** ~ valorizovaný nájem; **gross** ~ paušální nájem; **master** ~ hlavní nájem; **parol** ~ nájem na základě ústní dohody; **perpetual** ~ trvalý nájem na dobu neurčitou; ~ **of land** pronájem půdy **2** nájemní smlouva; **head** ~ první nájemní smlouva mezi vlastníkem a nájemcem; **occupational** ~ nájemní smlouva; **parol** ~ ústní nájemní smlouva; **after the date of this** ~ po vstoupení této nájemní smlouvy v platnost; **expiration of the** ~ vypršení nájemní smlouvy; **subject matter of the** ~ předmět nájemní smlouvy; **term of** ~ nájemní lhůta, doba pronájmu; **terminate the** ~ ukončit nájemní smlouvu
**lease** [li:s] *(v)* st. *from* sb. pronajmout, dát do nájmu co; najmout si co od koho; ~ **back** zpětně si pronajmout, tj. prodat nemovitost a poté si ji pronajmout; ~ **equipment** pronajmout si zařízení
**leaseable** ['li:səbl] *(adj)* pronajímatelný
**lease(-)back** ['li:sbæk] *(n)* zpětný pronájem odkoupení nemovitosti a pronajmutí bývalému vlastníkovi
**leasehold** ['li:shəuld] *(n)* **1** nájem nemovitého majetku se závazkem **2** držba nemovitosti se závazkem; ~ **value** hodnota úroků z držby pozemků v nájmu
**leaseholder** ['li:shəuldə(r)] *(n)* nájemce; pachtýř
**leave** [li:v] *(n)* **1** dovolení, povolení; ~ **of absence** dočasné uvolnění z povinnosti; ~ **of court** povolení soudu; ~ **and licence** obrana proti žalobě ve věci úmyslného zásahu do cizího práva; **by your** ~ s vaším svolením **2** dovolená; účelové volno; **maternity** ~ mateřská dovolená; **sick** ~ nepřítomnost na pracovišti z důvodu nemoci
**leave** */left, left/* [li:v, left] *(v)* st. **1** opustit co, odejít odkud; ~ **home** odejít z domova **2** nechat, zanechat co; ~ **land derelict** ne-

chat půdu zdevastovanou; ~ **a legacy** zanechat odkaz, odkázat jmění; ~ **litter in public place** nechávat odpadky na veřejném místě; ~ **no issue** zemřít bez potomků; **doubts which are left** pochybnosti, které zůstávají **3** *off* nechat, skončit, přestat
**lecture** ['lekčə(r)] *(n)* přednáška
**ledger** ['ledžə(r)] *(n)* hlavní účetní kniha
**left-luggage** [‚left'lagidž] *(adj)* určený pro úschovu zavazadel; ~ **locker** automatická zavazadlová schránka; ~ **office** úschovna zavazadel
**leftover** [‚left'əuvə(r)] *(n)* **1** zbytek, přebytek **2** přežitek
**left-wing** [‚left'wiŋ] *(adj)* levicový
**legacy** ['legəsi] *(n)* odkaz, dědictví; **lapsed** ~ propadlý odkaz; **pecuniary** ~ peněžní odkaz; **residuary** ~ zbytkový odkaz; **universal** ~ univezální odkaz veškerého majetku; ~ **duty / tax** dědická daň
**legal** [1] ['li:gəl] *(adj)* právní; ~ **act** právní úkon; ~ **advice** právní porada, právní rada; ~ **adviser** právní poradce; ~ **aid** právní porada, právní pomoc; ~ **capacity** způsobilost k právním úkonům; ~ **compulsion** právní nátlak / donucení; ~ **concepts** právní pojmy; ~ **conscience** právní vědomí; ~ **consequences** právní důsledky; ~ **continuity** právní kontinuita; ~ **department** právní oddělení; ~ **detriment** právní újma; ~ **disability** nezpůsobilost k právním úkonům; ~ **constraints** právní omezení; ~ **dispute** právní spor; ~ **duty** právní povinnost; ~ **effects** právní účinky; ~ **estoppel** právní překážka uplatnění žalobního nároku; ~ **ethics** právní etika; ~ **excuse** právní omluva; ~ **expenses** výlohy právní ochrany; ~ **expert** právní odborník / expert; ~ **force** právní síla; ~ **fraud** právní podvod; ~ **ground** právní podklad; ~ **history** dějiny práva; ~ **impossibility** právní nemožnost plnění; ~ **injury** právní újma; ~ **institution** právní institut; ~ **interests** věcná práva k věci cizí; ~ **malice** zneužití práva; ~ **matters** právní záležitosti; ~ **nature** právní podstata; ~ **obligation** právní závazek; ~ **opinion** právní názor; ~ **order** právní řád; ~ **payment** platba na základě právního důvodu; ~ **person** právní subjekt; právnická osoba; ~ **personality** právní subjektivita; ~ **question** právní otázka; ~ **regulations** právní úprava, právní předpisy; ~ **relations** právní vztahy;

**~ relationship** právní vztah; **~ remedy** právní opravný prostředek; **~ rules** právní normy; **~ subject** právní subjekt; **~ system** právní systém; **~ title** právní nárok; **~ tradition** právní tradice; **~ sanction** právní sankce; **~ wrong** porušení práv jiné osoby; **consider a ~ matter** zabývat se právní záležitostí ◆ **~ holiday** státem uznaný svátek

**legal** ² ['li:gəl] *(adj)* zákonný; **~ age** zletilost, zákonný věk; **~ assignment** zákonné postoupení práva, cese ze zákona; **~ duty** zákonná povinnost; **~ heir** zákonný dědic; **~ liability** zákonná odpovědnost; **~ limit** zákonné omezení; **~ measures** zákonná opatření; **~ obligation** zákonná povinnost; **~ owner** zákonný majitel; **~ possessor** zákonný držitel; **~ representative** zákonný zástupce; **~ rights and duties** zákonná práva a povinnosti; **~ tender** zákonné platidlo; **~ term** zákonné období

**legal** ³ ['li:gəl] *(adj)* soudní; **~ action** soudní žaloba; **~ charges / costs / expenses** soudní poplatky; **~ dispute** soudní spor; **~ figure** osoba vystupující v oblasti soudnictví; **~ medicine** soudní lékařství; **~ notice** soudní oznámení; **~ officer** soudní úředník; **~ proceeding** soudní řízení; **~ separation** soudní rozluka manželů; **~ warrant** soudní příkaz; **enforce by ~ action** vynutit soudní cestou

**legal** ⁴ ['li:gəl] *(adj)* právnický; **~ entity** právnická osoba; **~ literature** právnická literatura; **~ profession** právnické povolání, právnická profese; **~ technicality** právnická formální stránka, právnická formalita

**legality** [li:'gæləti] *(n)* zákonnost, legálnost

**legalization** [ˌli:gəlai'zeišən] *(n)* **1** uzákonění **2** úřední / soudní ověření

**legally** ['li:gəli] *(adv)* právně, z právního hlediska; **~ binding** právně závazný; **~ married** setrvávající v zákonném / právoplatném manželství; **~ responsible** právně odpovědný

**legate** [li'geit] *(v)* st. odkázat co

**legatee** [ˌlegə'ti:] *(n)* legatář, odkazovník, právní nástupce

**legator** [li'geitə(r)] *(n)* pořizovatel závěti, testátor

**legislate** ['ledžisleit] *(v)* vydávat zákony; **~ for the United Kingdom** vydávat zákony pro Spojené království; **~ on certain matters** vydávat zákony týkající se určitých záležitostí

**legislation** [ˌledžis'leišən] *(n)* **1** zákonodár-ství, legislativa; **domestic ~** vnitrostátní zákonodárství; **labour ~** pracovní zákonodárství; **~ on taxation** daňové zákonodárství **2** zákony; **subordinate ~** podzákonné právní předpisy; **apply ~** aplikovat zákony; **approve ~** schvalovat zákony; **interpret ~** vykládat zákony; **repeal ~** zrušit zákon

**legislative** ['ledžislətiv] *(adj)* zákonodárný, legislativní; **~ branch** zákonodárná složka, zákonodárné odvětví; **~ capacity** zákonodárná funkce; **~ design** záměr zákonodárce; **~ functions** zákonodárné funkce; **~ immunity** poslanecká imunita; **~ intent** úmysl / záměr zákonodárce; **~ power** zákonodárná moc; **~ programme** zákonodárný program; **~ rule** podzákonný právní předpis; **sole ~ body** jediný zákonodárný orgán; **supreme ~ authority** nejvyšší zákonodárný orgán

**legislator** ['ledžisleitə(r)] *(n)* zákonodárce; **ultimate ~** nejvyšší zákonodárce / zákonodárný orgán

**legislature** ['ledžisleičə(r)] *(n)* zákonodárný orgán, zákonodárné orgány; **will of the ~** vůle zákonodárných orgánů

**legitimacy** [li'džitiməsi] *(n)* **1** manželský původ **2** správnost, platnost; zákonnost, oprávněnost, legitimnost; **~ of the application** legitimnost podání

**legitimate** [li'džitimət] *(adj)* legitimní; oprávněný; zákonný; manželského původu; **~ child** dítě manželského původu; **~ claim** zákonný nárok

**legitimate** [li'džitimeit] *(v)* st. uznat co za zákonné, legitimovat co

**leisure** ['ležə(r)] *(n)* volný čas

**lend** */lent, lent/* [lend, lent] *(v)* st. *to* sb. půjčit komu co; propůjčovat co

**lender** ['lendə(r)] *(n)* věřitel; půjčovatel ◆ **~ of the last resort** centrální banka úvěrující obchodní banky

**lend(-)lease** ['lendli:s] *(n)* půjčka a pronájem

**length** [leŋθ] *(n)* délka; **~ of notice** výpovědní lhůta

**lesion** ['li:žən] *(n)* poškození, újma

**less** ¹ [les] *(adj, adv)* menší; méně

**less** ² [les] *(prep)* méně, bez, mínus

**lessee** [le'si:] *(n)* nájemce; pachtýř

**lesser** ['lesə(r)] *(adj)* menší; **~ act** méně závažný čin

**lessor** [le'so:(r)] *(n)* pronajímatel, propachtovatel

**let** [let] *(n)* pronájem, pronajmutí
**let** */let, let/* [let, let] *(v)* **1** st. pronajmout co; **house to ~** dům k pronajmutí **2** *off* sb. propustit bez trestu, nechat koho vyváznout; **the offender was ~ off with a fine** pachatel vyvázl pouze s pokutou
**lethal** ['li:θəl] *(adj)* smrtelný, smrtící; **~ dose** smrtící dávka
**let-pass** ['let‚pa:s] *(n)* propustka
**letter** 1 ['letə(r)] *(n) brit.* pronajímatel
**letter** 2 ['letə(r)] *(n)* **1** úřední, oficiální listina; **dead ~** zastaralý zákon; **~ rogatory** žádost soudu jinému soudu o právní pomoc; **~ of acceptance** akcept; **~ of administration** soudní ustanovení správce pozůstalosti; **~s of adoption** listina o adopci; **~ of application** písemná žádost; **~ of appointment** jmenovací dekret; **~ of attorney** plná moc; **~ of credence** pověřovací listiny; **~ of credit** akreditiv; **~ of health** prohlášení o zdravotním stavu; **~ of hypothecation** zástavní list; **~ of indemnity** záruční list; **~ of intent** předběžná smlouva; **~ of lien** zástavní list; **~ of marque and reprisal** jímací právo, průkaz zmocnění k zajmutí lodi; **~ of request** žádost cizímu soudu o předání důkazů; **~ of resignation** výpověď daná pracovníkem **2** písmeno; **block ~** tiskací n. hůlkové písmeno
♦ **~ of the law** litera zákona
**letting** ['letiŋ] *(n)* pronájem; **~ agency** realitní kancelář zabývající se pronájmy
**level** ['levl] *(n)* úroveň, stupeň; **~ of pollution** stupeň znečištění
**leverage** ['li:vəridž] *(n) am.* spekulace na zisk s vypůjčenými penězi
**levy** ['levi] *(n)* **1** zabavení majetku **2** získání peněz ze zabaveného majetku **3** odvod peněz; poplatky; odváděné daně; **capital ~** daň z majetku; **import ~** dovozní daň; **~ies on agricultural imports** poplatky za dovoz zemědělských produktů
**levy** ['levi] *(v)* st. **1** vybírat, vymáhat co; odvádět co; **~ impositions imposed upon the owner** vymáhat poplatky uložené vlastníkovi; **reference to VAT shall include any tax of a similar nature substituted for, or ~ied in addition to, Value Added Tax** odvolávka na DPH zahrnuje jakoukoli obdobnou daň, která nahrazuje DPH nebo která je odváděna v souvislosti s DPH navíc **2** zabavit, obstavit co; vykonat exekuci čeho; **~ execution on**

**sb.'s property** vykonat exekuci majetku koho **3** vyhlásit co; podat co; **~ a protest against st.** podat protest proti čemu; **~ war** vyhlásit válku
**lewd** ['lu:d] *(adj)* pornografický; obscénní, lascívní; **~ person** nemravný člověk
**lex** [leks] *(lat)* právo; **~ fori** [‚leks'fo:rai] právo místa, kde se případ projednává; **~ loci actus** ['leks‚ləusai'æktəs] právo místa, kde došlo k právnímu úkonu; **~ loci contractus** ['leks‚ləusaikən'træktəs] právo místa, kde byla uzavřena smlouva; **~ loci delicti** ['leks‚ləusaidə'likti:] právo místa, kde byl spáchán trestný čin; **~ situs** [‚leks'saitəs] právo místa, kde se nachází nemovitost
**liabilities** [‚laiə'bilətiz] *(pl)* účetní pasíva; dluhy; **meet the ~** splatit dluhy
**liability** [‚laiə'biləti] *(n)* **1** odpovědnost jejíž neexistence je postižitelná sankcí; závazek, ručení; **absolute ~** absolutní odpovědnost; **contractual ~** smluvní odpovědnost; **joint ~** spoluodpovědnost, solidární odpovědnost; **joint and several ~** společná a nerozdílná odpovědnost; závazek společný a nerozdílný; **limited ~** omezené ručení; **statutory ~** statutární odpovědnost, odpovědnost ze zákona; **strict ~** přesně vymezená odpovědnost; **tortious ~** právní odpovědnost za občanskoprávní delikty; **vicarious ~** odpovědnost v zastoupení; **~ for damages** odpovědnost za náhradu škody; **~ for defects** odpovědnost za vady; **~ for reparations** odpovědnost za náhradu škody; **~ on borrowings** závazek ze zápůjčky; **~ clause** ustanovení ve stanovách obchodní společnosti vymezující ručení; **~ insurance** pojištění odpovědnosti za škodu; **disclaim ~** popřít odpovědnost **2** povinnost; **~ of indemnity** povinnost nahradit škodu; **~ to pay taxes** povinnost platit daně
**liable** ['laiəbl] *(adj)* **1** *for* st. *to* sb. odpovědný za co; **~ for sb.'s acts** odpovědný za své činy; **~ to anyone** odpovědný komukoliv; **make sb. criminally ~ for failing to take measures** činit koho trestně odpovědným za to, že nepřijal opatření; **render sb. ~ to pay** učinit koho odpovědným zaplatit / za placení **2** *to* st. podléhající; podrobený čemu; **~ to duty** podléhající clu; **~ to penalty** podléhající pokutě; **~ to tax** podléhající zdanění, zdanitelný; **render the previous payment ~ to**

**forfeiture** způsobit, že předcházející platba propadne

**libel** ['laibl] *(n)* písemná pomluva, nactiutrhání; **seditious** ~ psaná výzva ke svržení vlády nezákonnou cestou; **action for** ~ žaloba pro urážku na cti

**libel** ['laibl] */ll/ (v) against* sb. zveřejnit pomluvu proti komu; veřejně koho očernit

**libellous** *(am.* **libelous)** ['laibləs] *(adj)* urážlivý, nactiutrhačný; ~ **per quod** urážlivý výrok jehož urážlivost musí záviseí na kontextu; ~ **per se** zjevně urážlivý výrok, výrok urážlivý sám o sobě

**liberal** ['librəl] *(adj)* liberální; volný; ~ **construction** volný výklad

**liberalize** ['librəlaiz] *(v)* st. liberalizovat, zmírnit, rozšířit co; ~ **immigration laws** liberalizovat přistěhovalecké zákony

**liberation** [ˌlibə'reišən] *(n)* osvobození

**liberty** ['libə(r)ti] *(n)* svoboda; **fundamental** ~**ies** základní svobody; **religious** ~ náboženská svoboda; ~ **of a contract** smluvní volnost; **at** ~ na svobodě o vězni

**library** ['laibrəri] *(n)* knihovna; **law** ~ právnická knihovna

**licence** *(am.* **license)** ['laisəns] *(n)* **1** *for / to do* st. oprávnění, licence, povolení, koncese; **compulsory** ~ nucená licence; **driver's** ~ *am.* řidičský průkaz; **driving** ~ *brit.* řidičský průkaz; **game** ~ povolení k prodeji zvěřiny; **gaming** ~ oprávnění provozovat hernu; **gun** ~ zbrojní pas; **import** ~ dovozní povolení; **liquor** ~ povolení k prodeji alkoholických nápojů; ~ **agreement** licenční smlouva; ~ **fee / tax** poplatek za přidělení licence / koncese; ~ **of right** souhlas majitele patentu k jeho využití daný předem **2** povolení k předčasnému propuštění z výkonu trestu

**license** ['laisəns] *(v)* sb. *to do* st. dát komu povolení / oprávnění / koncesi dělat co

**licensed** ['laisənst] *(adj)* koncesovaný, oprávněný, mající licenci

**licensee** [ˌlaisən'si:] *(n)* osoba mající oprávnění vstoupit na cizí pozemek; osoba nabývající práva z licence, uživatel licence

**licencing** ['laisənsiŋ] *(adj)* licenční, týkající se licence / oprávnění / koncese; ~ **agreement** licenční dohoda; ~ **authorities** 1 licenční úřad 2 dopravní inspektorát; ~ **hours** doba, kdy je

**povolen** prodej alkoholu; ~ **power** pravomoc udělovat oprávnění / licence

**licensor, licenser** ['laisənsə(r)] *(n)* udělovatel licence

**licit** ['lisit] *(adj)* zákonem dovolený; oprávněný; zákonný

**lie** ['lai] *(n)* lež, nepravda; ~ **detector** detektor lži

**lie** 1 */lied, lied, lying/* ['lai, laid, laiŋ] *(v) about* st. lhát o čem

**lie** 2 */lay, lain, lying/* ['lai, lei, lein, laiŋ] *(v)* **1** ležet, spočívat; **the decision** ~**s with the judge** rozhodnutí spočívá na soudci **2** *under* st. být podroben čemu; ~ **under an obligation** být zavázán / povinen, mít závazek; ~ **under a sentence of death** být odsouzen k smrti; ~ **under the suspicion of murder** být v podezření z vraždy **3** být právně přípustný; povolovat, připouštět se podle práva; **no appeal** ~**s against the decision** proti tomuto rozhodnutí není odvolání ♦ ~ **upon the table** *brit.* být předložen Dolní sněmovně; **the petition** ~**s upon the table** žádost byla předložena Dolní sněmovně

**lien** ['liən, *am.* 'li:n] *(n) on* st. zástavní / zadržovací / retenční právo k čemu; **equitable** ~ zadržovací právo podle ekvity; **maritime** ~ námořní zadržovací právo; **possessory** ~ posesorní držební retenční právo držení věci do okamžiku vyrovnání dluhu; ~ **of attachment** zadlužení zabaveného majetku; ~ **of a covenant** zástavní právo smluvní; **letter of** ~ zástavní list; ~ **creditor** zástavní věřitel; **exercise a** ~ uplatnit retenční právo

**lienable** ['liənəbl, *am.* 'li:n-] *(adj)* podléhající retenčnímu právu

**lieu** [lju:] *(fr)* místo (ve spojení); ~ **tax** daň placená místo jiné daně; **in** ~ **of** st. místo čeho; **give sb. two months' salary in** ~ **of notice** vyplatit komu dvouměsíční plat místo výpovědní lhůty

**life** ['laif], *(pl)* **lives** [laivz] *(n)* **1** život; **annuity for** ~ doživotní renta; ~ **expectancy** průměrná délka života; **risk** ~ **and limb** riskovat život a zranění; **throughout** ~ během trvání života **2** funkční období; **the** ~ **of Parliament** funkční období parlamentu **3** platnost; existence; doba trvání; ~ **of the agreement** doba trvání / platnost dohody; ~ **of a loan** splatnost půjčky

**life** [laif] *(adj)* **1** životní; ~ **assurance / insurance** životní pojištění; ~ **interests** životní zájmy **2** doživotní; trvající po dobu života; **~ annuity** doživotní renta / důchod; **~ estate** doživotní majetkové právo k nemovitosti; **~ imprisonment** trest doživotí; **~ interest** doživotní právo; **~ peer** *brit.* „doživotní" peer, jemuž byl udělen šlechtický titul pouze po dobu jeho života; **~ tenancy** doživotní držba; **~ tenure** doživotní držba; **salaried ~ peer** doživotní peer pobírající plat

**LIFO** ['laifəu] *(abbrev) Last in – First out* **1** při propuštění z důvodu nadbytečnosti jsou propuštěni nejdříve služebně nejmladší **2** stanovení ceny akcií podle nejnovějšího nákupního kursu

**lift** [lift] *(v)* st. **1** zrušit co; přerušit co; **~ the blockade** zrušit blokádu; **~ the ban on import** zrušit zákaz dovozu; **~ restrictions** zrušit omezení **2** odejmout, sejmout co; **~ the fingerprints** sejmout otisky prstů

**light** [lait] *(n)* světlo; **ancient ~s** právo volného výhledu; **passage of ~ and air** přístup průchod světla a vzduchu

**light** [lait] *(adj)* **1** lehký; nedůležitý; **~ causes** nedůležité příčiny; **~ mortality** podúmrtnost **2** nízkokalorický, dietní; s nízkým obsahem alkoholu n. tabáku

**like** [laik] *(adj)* podobný; stejný; **the ~ rights** podobná práva

**likely** ['laikli] *(adj, adv)* pravděpodobný; pravděpodobně; **most ~** s největší pravděpodobností

**likelihood** ['laiklihud] *(n)* pravděpodobnost; **~ of confusion** pravděpodobnost záměny při použití ochranné známky

**limb** [lim] *(n)* rameno; **~ of the law** rameno spravedlnosti; **escape with life and ~** vyváznout se zdravou kůží; **put in jeopardy of life and ~** vystavit nebezpečí života n. zdraví

**limit** ['limit] *(n)* omezení, mez, limit; překážka; **credit ~** úvěrový limit; **lending ~** omezení výše půjčky; **~s on expenditure** omezení výdajů; **~ order** omezující příkaz

**limit** ['limit] *(v)* st. omezit, vymezit, limitovat co; **~ the damages** omezit náhradu škody / odškodné; **~ the use of st.** omezit použití čeho

**limitation** [ˌlimi'teišən] *(n)* **1** *(up)on* st. omezení; omezenost; **~ on the number of terms** omezení počtu funkčních / volebních období; **~s upon state powers** omezení kompetencí / pravomocí státu; **impose a ~ on st.** stanovit omezení pro co **2** promlčení; **~ of action** promlčení žaloby; **~ of time** promlčecí doba; **title by ~** vydržený právní titul

**limited** ['limitid] *(adj)* omezený, limitovaný; **~ administration** omezená správa; **~ admissibility** omezená přípustnost důkazů, svědectví; **~ by share** společnost s ručením omezeným; **~ company** společnost s ručením omezeným na akcie; **~ construction** zužující výklad; **~ guaranty** omezená záruka; **~ intepretation** zužující výklad; **~ liability** omezené ručení; **~ monarchy** konstituční monarchie; **~ partner** komanditista; **~ partnership** komanditní společnost; **~ powers** omezené pravomoci / kompetence

**line** [lain] *(n)* **1** linie, čára; **~ of demarcation** demarkační čára **2** rodová linie, rodokmen; **descendant in the direct ~** potomek v linii přímé ♦ **in ~ with st.** ve shodě, v souladu s čím

**lineal** ['liniəl] *(adj)* přímý; **~ ancestor** přímý předek; **~ consanguinity** pokrevní příbuzenství v linii přímé; **~ descent** přímý potomek; **~ heir** přímý dědic

**lineup** ['lainap] *(n)* postavení do řady za účelem skupinové rekognice při identifikaci pachatele svědkem

**link** [liŋk] *(n)* spojení, pojítko; **~s between local authorities and the central government** spojení mezi místními úřady a ústřední správou

**link** [liŋk] *(v)* st. *with* st. spojovat / spojit co s čím

**liquid** ['likwid] *(adj)* likvidní, snadno zpeněžitelný; v hotovosti; **~ assets** likvidní aktiva; **~ debt** likvidní dluh; **~ pension** likvidní důchod

**liquidate** ['likwideit] *(v)* st. **1** vyrovnat, zaplatit dluh, zlikvidovat pohledávku splacením **2** zrušit, (z)likvidovat, odstranit co

**liquidated** ['likwideitid] *(adj)* **1** zjištěný, určený, stanovený; **~ damages** stanovená náhrada škody **2** zaplacený, zproštěný závazku; likvidovaný; **~ claim** likvidovaný požadavek; **~ debt** likvidovaný dluh

**liquidating** ['likwideitiŋ] *(adj)* likvidační; **~ dividend** likvidační dividenda; **~ price** likvidační cena; **~ trust** likvidační trust

**liquidation** [ˌlikwi'deišən] *(n)* **1** vyrovnání, uhrazení, splacení, likvidace pohledávek **2** úpadek, bankrot **3** odstranění, fyzická likvidace, likvidování

**liquidator** ['likwideitə(r)] *(n)* likvidátor firmy v úpadku

**liquidity** [li'kwidəti] *(n)* finanční likvidita, hotové peníze

**lis** [lis] *(lat. gen.* **litis, akuz.** **litem**) soudní spor, proces; ~ **mota** [ˌlis'məutə] započatý spor; ~ **pendens** [ˌlis'pendenz] spor započatý dosud neuzavřený

**list** [list] *(n)* seznam, soupis; katalog; **free** ~ seznam zboží nepodléhajícího dovoznímu clu; ~ **of foreign exchange** kursovní lístek; ~ **price** katalogová cena

**list** [list] *(v)* st. vyjmenovat, uvést co, udělat seznam čeho; zaregistrovat co

**listed** ['listid] *(adj)* **1** památkově chráněný; ~ **buildings** chráněné objekty **2** uvedený na burzovním seznamu; ~ **securities** kotované cenné papíry obchodovatelné podle burzovního seznamu

**listening** ['lisniŋ] *(adj)* odposlouchávací; poslouchající; ~ **device** odposlouchávací zařízení; ~ **service** odposlouchávací služba

**listing** ['listiŋ] *(n)* seznam, soupis, zaznamenání; registrace; ~ **agent** záznamový agent realitní kanceláře; ~ **agreement** záznamová dohoda o prodeji nemovitosti

**literacy** ['litərəsi] *(n)* gramotnost; ~ **qualification** cenzus / podmínka gramotnosti

**literal** ['litərəl] *(adj)* **1** doslovný; ~ **rule** pravidlo doslovnosti v intepretaci zákonů **2** písemný; ~ **proof** písemný důkaz

**literally** ['litərəli] *(adv)* doslova

**litigable** ['litigəbl] *(adj)* sporný, projednávaný soudně

**litigant** ['litigənt] *(n)* sporná strana, strana ve sporu

**litigate** ['litigeit] *(v)* soudit se, vést spor

**litigation** [ˌliti'geišən] *(n)* soudní spor; **civil** ~ občanský soudní spor; **general** ~ spor v běžné věci; **tort** ~ občanskoprávní soudní spor, soudní pře ve věci občanskoprávních deliktů; **actualities of** ~ fakta soudního sporu; **go to** ~ **with sb.** jít do sporu, soudit se s kým; **intervene in** ~ zasáhnout do soudního sporu

**litigator** ['litigeitə(r)] *(n)* advokát v civilních věcech

**litter** ['litə(r)] *(n)* odpadky; ~ **abatement programme** program odstraňování domovního odpadu; **leave** ~ **in public place** ponechávat odpadky na veřejném místě

**littering** ['litəriŋ] *(n)* odhazování odpadků, znečišťování veřejných prostor

**live** [liv] *(v)* žít, bydlet; ~ **beyond one's means**

žít si nad poměry; ~ **within one's means** žít si úměrně svým výdělkům

**live-born** [ˌlaiv'bo:(r)n] *(adj)* plod živě narozený

**livery** ['livəri] *(n)* **1** odevzdání, převzetí majetku; ~ **of seisin** slavnostní odevzdání držby půdy **2** členství v cechu; ~ **company** cechovní společnost **3** půjčovna aut, motocyklů, kol, lodí **4** pro výrobce typický znak výrobku

**livery** ['livəri] *(adj)* pronajímatelný, najímatelný; ~ **conveyance** vozidlo používané k dopravě veřejnosti

**livestock** ['laivstok] *am.* -stak] *(n)* živý inventář na farmě – skot, koně, ovce; ~ **breeding** chov koní, ovcí, skotu; ~ **insurance** pojištění domácích hospodářských zvířat

**living** ['liviŋ] *(n)* živobytí, žití; ~ **apart** život manželů odděleně

**L(.)J(.)** [el'džej] *(abbrev)* **1** *Lord Justice of Appeal brit.* soudce u odvolacího soudu; **Smith LJ** čteme: **Lord Justice Smith 2** *am. Law Judge* soudce **3** *Law Journal* Právnický časopis

**LL** [el'el] *(abbrev)* *laws* práva; právní

**LL.B.** [ˌelel'bi:] *(abbrev)* *Bachelor of Laws* nižší stupeň právnického vzdělání bakalář

**LL.D.** [ˌelel'di:] *(abbrev)* *Doctor of Laws* doktor práv nejvyšší akademická hodnost právníka

**LL.M.** [ˌelel'em] *(abbrev)* *Master of Laws* magistr práv

**load** ['ləud] *(n)* **1** náklad; břemeno; zatížení; ~ **capacity** nosnost, dovolené zatížení **2** *slang.* dávka drogy

**load** ['ləud] *(v)* st. naložit, zatížit co

**loaded** ['ləudid] *(adj) slang.* nadrogovaný, nadopovaný

**loading** ['ləudiŋ] *(n)* **1** náklad; nakládání; ~ **capacity** ložný prostor **2** přirážka; ~ **for collection costs** přirážka za inkasní náklady; ~ **for expenses** přirážka na krytí nákladů; ~ **for management** správní přirážka

**loan** ['ləun] *(n)* půjčka; **bridge / bridging** ~ překlenovací půjčka; **call** ~ vypověditelná půjčka; **collateral** ~ půjčka se zárukou; **construction** ~ stavební půjčka; **installment** ~ půjčka na splátky; **soft** ~ bezúročná půjčka; **unsecured** ~ nezajištěná půjčka; ~ **capital** základní kapitál; ~ **contract** smlouva o půjčce; ~ **interest** úroky z půjčky; ~ **for use** výpůjčka

**loan-holder** ['ləunˌhəuldə(r)] *(n)* držitel půjčky; majitel hypotéky

**loan-office** ['ləun,ofis] *(n)* zastavárna, půjčovna peněz

**loanshark** ['ləun,ša:(r)k] *(n) am.* lichvář

**loansharking** ['ləun,ša:(r)kiŋ] *(n) am.* lichvářství

**loan-society** [,ləunsə'saiəti] *(n)* vzájemná úvěrová společnost

**lobby** ['lobi, *am.* 'labi] *(n)* **1** místnost v Dolní sněmovně, kde poslanci přijímají své voliče **2** nátlaková skupina v parlamentu prosazující své zájmy ♦ ~ **correspondent** *brit.* parlamentní dopisovatel

**lobbying** ['lobiiŋ, *am.* 'lab-] *(n)* **1** setkání voličů s poslanci **2** ovlivňování činnosti poslanců **3** kuloárové jednání

**lobbyism** ['lobiizm, *am.* 'lab-] *(n)* lobbismus, zákulisní ovlivňování např. poslanců

**local** ['ləukəl] *(adj)* místní, lokální; obecní; ~ **agreements** místní dohody; ~ **authority councils** rady obecních úřadů / orgánů; ~ **call** místní hovor; ~ **customs** místní obyčeje; ~ **elections** místní volby, volby do obecních orgánů; ~ **government** místní správa; ~ **law** lokální právo týkající se určitého území; ~ **planning policy** místní územně plánovací politika; ~ **referendum** místní referendum; ~ **remedies** národní právní prostředky v mezinárodním právu; ~ **requirements** místní požadavky; ~ **rules** místní pravidla, normy s místní platností; ~ **self-government** místní samospráva; ~ **services** místní služby; ~ **usage** místní úzus / zvyklosti; ~ **tax** obecní dávka / poplatek / daň

**locality** [ləu'kæləti] *(n)* lokalita; ~ **in question** příslušná lokalita

**locally** ['ləukəli] *(adv)* místně, v místě; ~ **elected councils** rady volené v místě

**locatio** [ləu'keišəu] *(lat)* (pro)nájem; ~ **custodiae** [ləu,keišəuka'stəudiə] trvalý pronájem péče a služeb; ~ **operis** [ləu,keišəuəu'pərəs] smlouva o dílo; ~ **rei** [ləu,keišəu'ri:ai] věcný nájem

**location** [ləu'keišən] *(n)* **1** umístění, poloha **2** pronájem, pronajmutí

**lockdown** ['lokdaun, *am.* 'lak-] *(n)* dočasné omezení pohybu vězňů v reakci na předchozí útěk n. vzpouru

**lock(-)in** ['lokin, *am.* 'lak-] *(n)* stávka na pracovišti

**lock(-)out** ['lokaut, *am.* 'lak-] *(n)* výluka, vysazení; **illegal** ~ nezákonné přerušení práce nátlak

zaměstnavatele na zaměstnance, aby přistoupili na jeho podmínky

**lock(-)up** ['lokap, *am.* 'lak-] *(n)* místo pro výkon vazby, vězení

**loco parentis** [,ləukəupə'rentəs] *(lat)* na místo rodiče; **place one person in** ~ **to another** ustanovit jednu osobu na místo rodiče jiné osoby

**locus** ['ləukəs] *(lat)* místo; ~ **contractus** [,ləukəskən'træktəs] místo uzavření smlouvy; ~ **delicti** [,ləukəsdə'liktai] místo spáchání trestného činu; ~ **rei sitae** ['ləukəs,riai'saitiə] místo, kde se nachází věc v žalobě proti věci; ~ **sigilli** (L.S.) [,ləukəs sə'džilai] místo pro pečeť

**lodge** [lodž, *am.* ladž] *(v)* st. **1** podat co; ~ **an appeal** podat odvolání; ~ **an application with the commission** předložit / předat žádost komisi; ~ **a claim** uplatnit nárok; ~ **a protest against sb./st.** podat protest proti komu/čemu **2** dát, uložit, umístit co; ~ **securities as collateral** dát cenné papíry jako zástavu bance za půjčku

**lodger** ['lodžə, *am.* 'ladžər] *(n)* (pod)nájemník

**lodging** ['lodžiŋ, *am.* 'la-] *(n)* ubytování; **board(ing) and** ~ byt a strava, ubytování a stravování

**log(-)book** ['logbuk, *am.* 'lag-] *(n)*, **1** technický průkaz vozidla **2** palubní deník letadla, lodi

**loitering** ['loitəriŋ] *(n)* otálení, lelkování; ~ **with intent** sjednávání sexuálních služeb za pomalé chůze na ulici

**long-continuing** [,loŋkən'tin(j)uiŋ] *(adj)* dlouhotrvající, dlouhodobý; ~ **disablement** dlouhodobá neschopnost pracovat / pracovní neschopnost

**long-distance** [,loŋ'distəns] *(adj)* dálkový; ~ **call** meziměstský hovor

**long(-)term** ['loŋtə:(r)m] *(adj)* dlouhodobý

**look out** [,luk'aut] *(v)* for st. dávat pozor na co hl. v dopravě

**loophole** ['lu:phəul] *(n)* mezera usnadňující vyhnout se čemu; **tax** ~ mezera v daňových zákonech umožňující neplacení části daní; ~ **in the law** mezera v zákoně

**loosely** ['lu:sli] *(adv)* volně

**loot** [lu:t] *(n)* loupež, krádež cenností během nepokojů, válkou

**lord** [lo:(r)d] *(n) brit.* lord; **law** ~**s** *brit.* práva znalí lordi, lordi právníci; **L**~ **Advocate** *skot.* generální prokurátor; **L**~ **High Chancellor**

of G. **Britain** *brit.* Nejvyšší lord kancléř; **L~ Chancellor** *brit.* lord kancléř, tj. ministr spravedlnosti a předseda Horní sněmovny; **L~ Chief Justice** *brit.* nejvyšší soudce; **L~s Justices of Appeal** *brit.* soudci Nejvyššího odvolacího soudu; **L~ President of the Privy Council** *brit.* Lord předseda Státní rady; **L~ Privy Seal** *brit.* Lord strážce pečeti; **L~s Spiritual** *brit.* duchovní lordi biskupové a arcibiskupové Sněmovny lordů; **L~s Temporal** *brit.* světští lordi lordi Sněmovny lordů, kteří svůj titul dědí nebo jim je udělen po dobu jejich života; **L~s of Appeal** *brit.* lordi členové Nejvyššího odvolacího soudu; **the L~s** *brit.* Sněmovna lordů; **the House of L~s** *brit.* Sněmovna lordů

**lordship** [ˈlo:(r)dšip] *(n)* majetek, pravomoc lordství; hodnost lordstvo

**lose** */lost, lost/* [lu:z, lost] *(v)* st. ztratit co; prohrát spor; zruinovat, zničit co; **~ the action** prohrát spor; **~ confidence** ztratit důvěru; **~ a seat** ztratit mandát; **~ by a small number of votes** prohrát malým rozdílem hlasů; **~ narrowly** prohrát těsným rozdílem hlasů; **get lost** ztratit se, zabloudit

**loss** [los, *am.* las] *(n)* ztráta, újma, škoda; **~ of earning capacity** ztráta výdělečné schopnosti; **payment of ~** plnění pojistné částky; **proof of ~** oznámení o pojistné události; **~ through delay** škoda způsobená prodlením; **~ adjustor** *pojišť.* likvidátor škod; **~ burden** *pojišť.* škodní břemeno; **~ experience** *pojišť.* škodní průběh; **~ frequency** *pojišť.* četnost škod; **~ payee** příjemce platby; **~ ratio** *pojišť.* poměr škod, škodní kvóta; **~ reserve** ztrátová rezerva; **incur ~** utrpět ztrátu; **make good a ~ to sb.** nahradit ztrátu komu

**lossproof** [ˈlospru:f, *am.* ˈlas-] *(adj)* zajištěný proti ztrátě

**lot** [lot, *am.* lat] *(n)* **1** podíl na dědictví **2** položka při dražbě **3** *brit.* daň, poplatek **4** *am.* parcela pro stavbu

**lounge** [ˈlaundž] *(n)* hala letištní, hotelová apod.

**low-level** [ləuˈlevl] *(adj)* prováděný na nízké úrovni; **~ use of force** použití síly nižšího stupně

**lower** [ˈləuə(r)] *(adj)* nižší; **L~ House** Dolní sněmovna Isle of Man

**loyal** [ˈloiəl] *(adj)* **1** loajální, věrný **2** čestný, poctivý; legální

**loyalty** [ˈloiəlti] *(n)* věrnost, spolehlivost, loajalita; **~ check** prověrka spolehlivosti; **~ oath** přísaha věrnosti

**L.R.** [elˈa:(r)] *(abbrev)* *law reports* sbírky soudních rozhodnutí

**L.S.** [elˈes] *(abbrev)* *Locus Sigilli* (*lat*) místo pro pečeť

**LSAT** [elˈsæt] *(acron)* *Law School Admission Test* *am.* jednotná písemná zkouška pro přijetí na právnické fakulty v USA a Kanadě

**Ltd.** [eltiˈdi:] *(abbrev)* *limited company* společnost s ručením omezeným není totožná s českou s. r. o.

**lucid** [ˈlu:sid] *(adj)* jasný, průhledný; **~ interval** světlý okamžik

**lucrative** [ˈlu:krətiv] *(adj)* výnosný, lukrativní; **~ office** výnosné místo

**lump-sum** [ˈlampˌsam] *(n)* paušální částka

**lump-sum** [ˈlampˌsam] *(adj)* jednorázový, paušální, úhrnný; **~ alimony** úhrnné výživné vyplacené jednorázově; **~ benefit** jednorázová dávka; **~ compensation** paušální náhrada škody; **~ grant** jednorázová podpora; **~ payment** jednorázová platba; **~ premium** jednorázové pojistné

**luxury** [ˈlakšəri] *(n)* luxus; **~ tax** daň z luxusu

**lynch** [linč] *(n)* poprava bez soudu, lynčování; **~ law** právo lynče, trest lynčování

# M

mace ['meis] *(n)* **1** žezlo jako symbol moci obou sněmoven brit. Parlamentu **2** obušek policisty
mace-proof ['meispru:f] *(adj)* chráněný před zatčením
machinate ['mækineit] *(v)* st. provádět machinace s čím; manipulovat s čím, tajně připravovat co; ~ **the overthrow of the government** tajně připravovat svržení vlády
machinations [ˌmæki'neišənz] *(pl)* machinace, intriky, pikle; **attempts to counter their** ~ pokusy zabránit jejich intrikám / zvrátit jejich podlé plány
machinator ['mækineitə(r)] *(n)* intrikán
machine [mə'ši:n] *(n)* **1** mašinerie; **party** ~ stranická mašinerie **2** stroj
machinery [mə'ši:nəri] *(n)* **1** stroje, strojový park např. farmy **2** mechanismus; mašinerie; ~ **of criminal justice** mechanismus trestního řízení / trestní justice
made ['meid] *(pred)* udělaný, provedený, vykonaný, podaný
madhouse ['mædhauz] *(n)* ústav pro duševně choré; blázinec
madman ['mædmən], *(pl)* **-men** *(n)* šílenec
magisterial [ˌmædži'stiəriəl] *(adj)* úřednický, úřední; policejní; ~ **precinct** policejní okrsek jako správní jednotka; ~ **rank** úřednická hodnost
magistracy ['mædžistrəsi] *(n)* **1** obec. veřejní činitelé, funkcionáři na nižší správní úrovni **2** soudní n. policejní úředníci u smírčích soudů a v řízení o méně závažných trestných činech n. v přípravné fázi řízení o závažných trestných činech
magistrate ['mædžistrət, 'mædžistreit] *(n)* **1** soudce nižšího soudu; smírčí n. policejní soudce; **lay** ~ neplacený smírčí soudce bez právnického vzdělání; **stipendiary** ~ placený smírčí soudce-právník; **~s' clerk** úředník u smírčího soudu radící ve věcech právních a procesních; **~s' court** 1 brit. nižší soud s omezenou jurisdikcí zabývající se méně závažnými trestnými činy a předběžným vyšetřováním o závažných trestných činech 2 am. policejní soud **2** úředník, funkcionář
magnicide ['mægnisaid] *(n)* vražda významné osobnosti
magnus, magna, magnum ['mægnəs, 'mægnə, 'mægnəm] *(lat)* velký, velká, velké; **Magna C(h)arta** [ˌmægnə'ka:(r)tə] *(lat)* angl. Velká

listina svobod; **magna culpa** [ˌmægnə'kalpə] velká vina, hrubá nedbalost
maiden ['meidn] *(n)* neprovdaná mladá žena; ~ **name** jméno za svobodna, rodné jméno ženy ♦ ~ **speech** brit. první řeč nového poslance v Dolní sněmovně
mail ¹ ['meil] *(n)* pošta; poštovní zásilka; **registered** ~ doporučená zásilka; ~ **cover** zadržování a cenzura pošty; ~ **fraud** poštovní podvod použití poštovních zásilek k podvodu; ~ **order** objednávka zboží poštou; ~ **order divorce** am. rozvod poštou
mail ² ['meil] *(n)* skot. dávka, daň; nájemné
mail ['meil] *(v)* st. poslat co poštou
mailable ['meiləbl] *(adj)* vhodný pro poštovní přepravu, doručitelný poštou
main ['mein] *(adj)* hlavní; ~ **organ** hlavní orgán; ~ **parts** hlavní části
mainland ['meinlənd] *(n)* pevnina; ~ **of Scotland** skotská pevnina
mainour, manner ['mænə(r)] *(n)* kradená věc nalezená u zloděje; **be taken with the** ~ být přistižen s kradenou věcí
maintain [mein'tein] *(v)* sb./st. **1** zachovávat, udržovat co; pokračovat v čem; ~ **the action** udržovat žalobu, tj. v ní pokračovat; ~ **international peace** zachovávat mezinárodní mír a bezpečnost **2** trvat na čem; ~ **sb.'s innocence** trvat na čí nevině **3** podporovat koho/co formou výživného
maintenance ['meintənəns] *(n)* **1** udržení, zachování; ~ **of order** dodržování veřejného pořádku; ~ **of peace** udržení míru; ~ **fees** *(AP)* udržovací poplatky copyrightu **2** údržba; **road construction and** ~ výstavba a údržba silnic **3** placení výživného; ~ **of the family** prostředky na výživu a chod rodiny; ~ **pending suit** dočasné výživné do ukončení rozvodového řízení; **separation and** ~ **agreement** dohoda o odluce a výživném; dohoda o odstupném; ~ **order** soudní příkaz k vyživovací povinnosti **4** protiprávní podpora procesní strany
major ['meidžə(r)] *(n)* plnoletá / zletilá osoba
major ['meidžə(r)] *(adj)* **1** závažný, důležitý; hlavní; ~ **crimes** závažné trestné činy; ~ **governmental policies** hlavní politic-

ká linie vlády; ~ **questions** závažné otázky
**2** plnoletý, zletilý
**majority** [mə'džorəti] *(n)* **1** většina; **absolute** ~
absolutní většina; **bare** ~ nepatrná většina;
**competent** ~ potřebná většina; **overall** ~ **of
seats** naprostá většina křesel; **Protestant** ~
protestantská většina; ~ **interest** majoritní
většinový podíl v akciové společnosti; ~ **leader**
vůdce parlamentní většiny; ~ **opinion** názor
většiny; ~ **rule** princip většiny; ~ **stock-
holder** většinový akcionář; ~ **verdict** výrok
většinou hlasů; ~ **vote** většinové hlasová-
ní, rozhodnutí většinou hlasů; **two-thirds** ~
dvoutřetinová většina; **command a** ~ mít
většinu; **obtain big ~ies in some seats**
získat některá křesla velkou většinou hlasů
**2** plnoletost, zákonný věk
**make** */made, made/* [meik, meid] *(v)* st. (u)dělat,
vytvořit, vyrobit, učinit co; ~ **alterations to
st.** provést změny čeho; ~ **an appointment**
1 učinit jmenování 2 sjednat schůzku; ~ **an
assignment for the benefit of creditors** po-
stoupit majetek ve prospěch věřitelů; ~ **an
award** vynést rozhodnutí; ~ **a break with
sb.** přerušit styky s kým; ~ **brief com-
ments** stručně komentovat; ~ **a code** vytvo-
řit / sestavit zákoník; ~ **a contract** uzavřít
smlouvu; ~ **a decision** učinit rozhodnutí,
rozhodnout; ~ **default** 1 nesplnit závazek
2 být v prodlení 3 nedostavit se k sou-
du; ~ **good st.** 1 napravit co 2 nahradit
co; ~ **good the damage** nahradit škodu
3 splnit co; ~ **good a promise** splnit slib
4 dokázat, doložit co; ~ **good allegations**
doložit tvrzení; ~ **good a charge** dokázat
obvinění; ~ **house** vytvořit kvorum; ~ **instal-
ations** zavést / provést instalaci; ~ **laws** vy-
dávat zákony; ~ **legislative changes** provést
legislativní změny; ~ **measures** činit opatření;
~ **a motion** podat návrh; ~ **oath** přísahat;
~ **payment** provést platbu; ~ **peace** uzavřít
mír; ~ **preliminary investigation** provádět
předběžné vyšetřování; ~ **protest** vznášet pro-
test; ~ **provisions for st.** vydat ustanovení
týkající se čeho; ~ **regulations** vydávat směr-
nice / předpisy; ~ **revolt** bouřit se, vzbouřit
se; ~ **rules** vydávat / tvořit pravidla / normy;
~ **a speech** pronést řeč u soudu; ~ **use of
st.** využít, použít co; ~ **st. clear** vyjasnit,
objasnit co; ~ **sb. criminally liable** činit koho
trestně odpovědným; ~ **st. void** zrušit co

♦ ~ **into st.** změnit, přeměnit co; ~ **out st.**
prokázat, dokázat co; ~ **st. over** převést co na
koho; ~ **up st.** sestavit, skládat co, tvořit co;
~ **up for st.** nahradit co
**maladministration** ['mæləd‚mini'streišən]
*(n)* neschopnost a korupce nezákonnost ve
veřejné správě; nekompetentní špatná správa
**mala fide** [‚meilə'faidi, *am.* ‚mælə-] *(lat)* ve zlém
úmyslu, ve zlé víře
**mala in se** [‚meiləin'si:, *am.* ‚mælə-] *(lat)* zlý sám
o sobě
**malapportionment** [‚mælə'po:(r)šənmənt]
*(n)* nesprávné rozdělení do volebních obvodů
**malconduct** ['mæl‚kondakt, *am.* ‚kan-] *(n)* zne-
užití úřední moci, nepoctivost ve veřejné
správě; špatné chování
**male** [meil] *(n)* muž, osoba tvor mužského
pohlaví; ~ **child** dítě mužského pohlaví; ~
**premium band** sazby pojistného pro muže;
~ **prison** vězení pro muže; ~ **sex** mužské
pohlaví
**malefaction** [‚mæli'fækšən] *(n)* závažné poruše-
ní práva; trestný čin
**malefactor** ['mælifæktə(r)] *(n)* zločinec, jenž byl
odsouzen
**malfeasance** [mæl'fi:zəns] *(n)* protiprávní úkon
/ jednání / chování, trestný čin, přestoupení
zákona
**malfeasant** [mæl'fi:zənt] *(adj)* v rozporu se zá-
konem, protizákonný, trestný
**malfunction** [mæl'faŋkšəns] *(adj)* špatná funk-
ce
**malice** ['mælis] *(n)* zlá vůle, potměšilost, zlo-
volnost; **actual** ~ výslovná zlovolnost; **con-
structive** ~ konkludentní / dedukovaná zlo-
volnost; **express** ~ jasný / zřejmý zlý úmysl
zabít, skutečná zlovolnost; **preconceived / pre-
meditated** ~ promyšlený zlý úmysl; ~ **afore-
thought** kvalifikovaný předem promyšlený zlý úmy-
sl spáchat nezákonný čin; ~ **in fact** výslovná
zlovolnost; ~ **in law** úmyslné konání nezákon-
ného činu bez spravedlivé příčiny
**malicious** [mə'lišəs] *(adj)* zlovolný, zlomyslný,
konaný ve zlém úmyslu; ~ **abandonment**
svévolné opuštění manželky; ~ **accusation** zlo-
volné obvinění podané ve zlém úmyslu; ~ **damage**
úmyslná zlovolná škoda; ~ **killing** úmyslné
zlovolné zabití; ~ **mischief** zlovolná nepravost,
úmyslné poškození; ~ **motive** zlovolný motiv;
~ **prosecution** křivé obvinění, žaloba podaná
ve zlém úmyslu, zlovolné soudní stíhání;

~ **trespass** úmyslné zlovolné porušení cizího práva; ~ **wounding** úmyslné zranění
**maliciously** [mə'liʃəsli] *(adv)* ve zlém úmyslu
**malinger** [mə'liŋdžə(r)] *(v)* simulovat nemoc též duševní
**malingerer** [mə'liŋgərə(r)] *(n)* simulant
**malingering** [mə'liŋgəriŋ] *(n)* simulování
**malpractice** [mæl'præktis] *(n)* 1 zanedbání povinné péče při výkonu povolání; **legal** ~ zanedbání povinné péče právníkem 2 zneužití úřední moci
**maltreat** [mæl'tri:t] *(v)* sb. špatně zacházet s kým, ubližovat komu
**maltreatment** [mæl'tri:tmənt] *(n)* 1 nesprávná léčba, nesprávné ošetřování pacienta lékařem 2 týrání
**malum in se** [ˌmeiləmin'si:, *am.* ˌmæl-] *(lat)* protiprávné samo o sobě
**malversation** [ˌmælvə(r)'seišən] *(n)* zneužití úřední moci; zpronevěra veřejných peněz
**man** [mæn], *(pl)* **men** *(n)* 1 muž 2 člověk
**manage** ['mænidž] *(v)* st. 1 řídit, vést, kontrolovat co; **managing clerk** *pojišť.* vrchní disponent 2 zvládnout co
**management** ['mænidžmənt] *(n)* 1 řízení; spravování; ~ **of the national economy** řízení národního hospodářství; ~ **accountant** provozní účetní; ~ **agreement** provozní smlouva; ~ **stock** správní kapitál 2 vedení; ředitelství; **top** ~ nejvyšší představitelé podniku; **middle** ~ vedoucí odborů, oddělení a úseků; **junior** ~ vedoucí nejmenších organizačních jednotek podniku a zástupci vedoucích; ~ **of a company** vedení společnosti; ~ **consultant** podnikový poradce
**manager** ['mænidžə(r)] *(n)* 1 ředitel; vedoucí pracovník 2 správce 3 prokurista, disponent
**mandamus** [mæn'deiməs] *(lat)* „nařizujeme"; soudní příkaz; **order of** ~ příkaz nižšímu soudu, aby vykonal něco, co náleží k jeho povinnostem; **writ of** ~ soudní příkaz nižšímu soudu (úřadu) vykonat věc patřící do jeho povinností
**mandatary** ['mændətəri] *(n)* zmocněnec, plnomocník, mandatář, příkazník
**mandate** ['mændeit] *(n)* zmocnění, mandát; příkaz, nařízení, směrnice; **bank** ~ bankovní podpisový vzor
**mandator** ['mændeitə(r)] *(n)* zmocnitel, příkazce, mandant
**mandatory** ['mændətəri] *(adj)* kogentní, imperativní, obsahující právní příkaz; závazný;

~ **injunction** soudní příkaz / zákaz obžalovanému učinit co; ~ **instructions** povinné poučení poroty soudcem; ~ **insurance** zákonné pojištění; ~ **order** závazný soudní příkaz; ~ **provision** závazné ustanovení zákona; ~ **referendum** mandatorní referendum; ~ **rider** povinné připojištění; ~ **statute** závazný právní předpis; zákon opatřený sankcí
**manhood** ['mænhud] *(n)* 1 zákonem stanovená dospělost 2 mužské obyvatelstvo; ~ **suffrage** volební právo pro muže
**manifest** ['mænifest] *(n)* seznam, soupis lodního nákladu; **passanger** ~ seznam cestujících na lodi, v letadle
**manifest** ['mænifest] *(adj)* zřejmý, zjevný; ~ **necessity** zjevná nezbytnost; ~ **weight of evidence** zřejmá tíha důkazů
**manifest** ['mænifest] *(v)* st. prokázat, dokazovat co; ~ **the guilt of the defendant** prokázat vinu obžalovaného
**mankind** [mæn'kaind] *(n)* lidstvo
**manner** ['mænə(r)] *(n)* 1 způsob; **the** ~ **in which** ... způsob, jakým ... 2 kradená věc; **taken with the** ~ zadržen s kradenou věcí
**manor** ['mænə(r)] *(n)* dědičný velkostatek; panské sídlo
**mansion** ['mænšən] *(n)* panské sídlo
**manslaughter** ['mænˌslo:tə(r)] *(n)* zabití člověka v afektu nebo z nedbalosti; **involuntary** ~ neúmyslné zabití z nedbalosti; **voluntary** ~ úmyslné zabití v afektu
**manslayer** ['mænsleiə(r)] *(n)* vrah, zabiják
**mantle** [mæntl] *(n)* plášť, kryt; **under the** ~ **of** st. zahalený čím
**manual** ['mænjuəl] *(n)* 1 příručka, manuál 2 *am.* jednací a procedurální řád obou sněmoven Kongresu
**manual** ['mænjuəl] *(adj)* manuální, ruční; ~ **delivery** předání z ruky do ruky; ~ **labour** manuální práce
**manufacture** [ˌmænju'fækčə(r)] *(n)* výroba
**manufacture** [ˌmænju'fækčə(r)] *(v)* st. vyrábět co; **manufacturing corporation** výrobní podnik
**manuscript** ['mænjuskript] *(n)* rukopis
**many-sided** [ˌmeni'saidid] *(adj)* mnohostranný; ~ **affairs** mnohostranné záležitosti
**marauder** [mə'ro:də(r)] *(n)* 1 voják dopouštějící se plenění, nájezdník 2 zběh
**margin** ['ma:(r)džin] *(n)* 1 marže rozdíl mezi prodejní a kupní cenou 2 okraj, hranice

**3** rozdíl mezi tržní a nominální hodnotou půjčky; ~ **list** stanovení výpůjčních limitů

**marginal** ['ma:(r)džinəl] *(adj)* okrajový, hraniční; ~ **seat** křeslo v parlamentu získané těsnou většinou hlasů

**marihuana, marijuana, mariguana** [‚mæri-'hwa:nə] *(n)* marihuana, *(lat)* Cannabis sativa L.

**marine** [mə'ri:n] *(adj)* mořský; námořní; ~ **carrier** námořní dopravce; ~ **insurance** námořní pojištění; ~ **pollution** znečištění moře

**marital** ['mæritl] *(adj)* manželský; ~ **agreement** manželská dohoda; ~ **consent** souhlasné prohlášení, jímž vzniká manželství; ~ **portion** manželský podíl; ~ **privileges** 1 brit. právo manželů nesvědčit proti sobě navzájem 2 am. manželské výsady majetkové, sexuální apod.; ~ **property** přibl. bezpodílové spoluvlastnictví; ~ **rights and duties** práva a povinnosti manželů; ~ **status** rodinný stav

**maritime** ['mæritaim] *(adj)* námořní; mořský; **International M~ Organization** Mezinárodní námořní organizace; ~ **court** námořní soud; ~ **law** mořský zákon; námořní právo; ~ **lien** zástavní právo k námořní lodi; ~ **tort** námořní delikt

**mark** [ma:(r)k] *(n)* značka, známka; **assay** ~ punc; **deceptive** ~ klamná známka; **kite** ~ brit. značka kvality odpovídající normám; **trade** ~ obchodní známka

**mark** [ma:(r)k] *(v)* **1** off st. 1 odměřit co 2 vyznačit co 3 odškrtnout co **2** up st. am. dát připomínky k návrhu zákona

**markdown** ['ma:(r)kdaun] *(n)* sleva, snížení ceny

**marked** ['ma:(r)kt] *(adj)* výrazný, zřetelný; označený; ~ **escalation** výrazná eskalace, výrazné stupňování; ~ **money** označené peníze

**markedly** ['ma:(r)kidli] *(adv)* významně, zřetelně

**market** ['ma:(r)kit] *(n)* **1** trh; **common** ~ společný trh; **open** ~ **rent** volné tržní nájemné; **public** ~ veřejný trh; ~ **analysis** analýza trhu; ~ **order** tržní příkaz k burzovním obchodům; ~ **overt** brit. otevřený trh, tržiště; ~ **price** tržní cena; ~ **quotations** tržní kotace; ~ **research** průzkum trhu; ~ **share** podíl na trhu, tržní podíl; ~ **value** tržní hodnota **2** poptávka

**marketable** ['ma:(r)kətəbl] *(adj)* prodejný; zci-

zitelný; tržní; obchodovatelný; ~ **securities** obchodovatelné cenné papíry

**marking** ['ma:(r)kiŋ] *(n)* označování, značení; ~ **of products** značení výrobků

**marque** ['ma:(r)k] *(n)*: **letters of ~ and reprisal** jímací právo, zmocnění k zajmutí lodi

**marriage** ['mæridž] *(n)* manželství; sňatek; **putative** ~ zdánlivé manželství; **sham** ~ sňatek naoko za účelem získání občanství; **valid** ~ platné manželství; **void** ~ absolutně neplatné manželství; **voidable** ~ zrušitelné relativně neplatné manželství; **by convenience** formální sňatek za účelem získání občanství; **breakdown of** ~ rozvrat manželství; **contracting and annulment of** ~ uzavření a zrušení manželství; **jactitation of** ~ předstírané manželství; **legal effects of** ~ právní účinky manželství; **parties to a** ~ strany uzavírající manželství; **promise of** ~ zasnoubení, příslib manželství; **solemnization of** ~ slavnostní uzavření manželství; **termination of** ~ skončení manželství; ~ **articles** svatební smlouva; ~ **brokerage** dohazování manželství; ~ **ceremony** obřad uzavření manželství; ~ **certificate** potvrzení o uzavření manželství, oddací list; ~ **licence** povolení k sňatku; ~ **portion** věno; ~ **promise** manželský slib; ~ **rate** sňatečnost, počet uzavřených manželství; ~ **records** zápisy o uzavřených sňatcích, přibl. matrika; ~ **settlement** majetkové vyrovnání / vypořádání budoucích manželů před uzavřením manželské smlouvy, manželská smlouva; ~ **contract** uzavřít manželství

**married** ['mærid] *(adj)* provdaná, ženatý

**marry** ['mæri] *(v)* sb. uzavřít sňatek s kým; oženit se s kým, vdát se za koho

**mart** ['ma:(r)t] *(n)* tržiště, trh; obchodní středisko

**martial** ['ma:(r)šəl] *(adj)* válečný; ~ **court** válečný soud; ~ **law** výjimečný stav, stanné právo

**Mary Jane** [‚mæri'džein] col. maruška, marie marihuana

**mass** [mæs] *(adj)* masový, hromadný; ~ **destruction weapons** zbraně hromadného ničení; ~ **emigration** masová emigrace; ~ **movement** masové hnutí

**massacre** ['mæsəkə(r)] *(n)* hromadná vražda, masakr

**master** ['ma:stə(r), am. 'mæ-] *(n)* **1** zaměstnavatel, šéf **2** název některých úředníků n. funkcí; ~ **of a ship** kapitán, velitel obchodní lodi; **M~ of**

the **Rolls** _brit._ předseda občanského kolegia Odvolacího soudu a zároveň vrchní archivář **master** ['ma:stə(r), _am._ 'mæ-] _(adj)_ hlavní, řídící; dominantní; ~ **agreement** vzorová pracovní smlouva; ~ **cover** globální pojištění; ~ **lease** hlavní nájemní smlouva upravující další podnájmy; ~ **policy** rámcová pojistka; sdružené zdravotní a životní pojištění skupiny osob, z nichž každá má osvědčení o příslušnosti k pojištěné skupině, nikoliv samostatnou pojistnou smlouvu **match** [mæč] _(v)_ sb./st. **1** vyrovnat se komu **2** porovnat s čím; ~ **precedent** najít vhodný precedens **3** odpovídat čemu **material** [mə'tiəriəl] _(n)_ materiál; **dumping of waste** ~**s on land** skládka odpadových materiálů na půdě; **reclamation of waste** ~**s** znovuzpracování a recyklace odpadových materiálů; **reclaim waste** ~**s** znovu zpracovat odpadový materiál; **recover waste** ~**s** regenerovat / opětně zpracovat odpadové materiály; **recycle waste** ~**s** recyklovat / znovu použít odpadové materiály **material** [mə'tiəriəl] _(adj)_ **1** podstatný, významný; ~ **allegation** závažné obvinění; ~ **evidence** podstatný závažný důkaz; ~ **fact** podstatná skutečnost; ~ **witness** korunní svědek **2** hmotný, fyzický; věcný; ~ **damage** věcná škoda; ~ **defect** vada materiálu; ~ **expenses** věcné výdaje; ~ **law** hmotné právo **materials** [mə'tiəriəlz] _(pl)_ imise; ~ **from flood-water** imise z povodňových vod; **deposition of** ~ **from the atmosphere** skládka imisí z ovzduší **maternity** [mə'tə:(r)nəti] _(n)_ mateřství; ~ **benefit system** systém dávek v mateřství; ~ **grant** podpora v mateřství; ~ **leave** mateřská dovolená **matricide** ['meitrisaid] _(n)_ vražda vlastní matky **matrilateral** [ˌmætri'lætərəl] _(adj)_ pocházející z matčiny strany **matrimonial** [ˌmætri'məunjəl] _(adj)_ manželský; ~ **action** návrh na zrušení manželství rozvodem; ~ **causes** manželské spory; ~ **cohabitation** manželské soužití; ~ **law** manželské právo; ~ **regime** vlastnické vztahy v manželství **matrimony** ['mætriməni] _(n)_ manželství, svazek manželský **matter** ['mætə(r)] _(n)_ **1** záležitost, věc, předmět; skutečnost; **economic and social** ~**s** hospodářské a sociální záležitosti; **disregarded** ~**s** irelevantní skutečnosti; **legal** ~**s**

právní záležitosti; **subject** ~ **of an invention** podstata vynálezu; **subject** ~ **of the lease** předmět nájemní smlouvy; ~ **in controversy** předmět sporu; ~ **in issue** sporný bod; ~ **of common knowledge** notorieta, obecně známá skutečnost; ~ **of fact** skutkové zjištění, co se dá zjistit smysly při důkazním řízení, co svědčí vypoví, že viděli n. slyšeli; ~ **of law** právní otázka, věc práva; ~ **of substance** podstatná věc; **consider a legal** ~ zabývat se právní záležitostí; **settle the** ~ vyřídit záležitost **2** látka; **polluting** ~ znečišťující látka, imise; **discharges of polluting** ~ **into st.** vypouštění imisí do čeho **mature** [mə'tjuə, _am._ -'tu:r, -'ču:r] _(adj)_ **1** splatný; ~ **note** splatná směnka **2** vyzrálý, zralý **mature** [mə'tjuə, _am._ -'tu:r, -'ču:r] _(v)_ **1** dozrát, vyzrát; ~ **into a contract** vyzrát ve smlouvu **2** _fin._ dospět, nabýt splatnosti **maturity** [mə'tjuərəti, _am._ -'tu:r, -'ču:r] _(n)_ **1** splatnost pohledávky; ~ **of the policy** splatnost pojistky; ~ **date** datum splatnosti; ~ **value** hodnota pohledávky v den její splatnosti **2** zralost, dospělost **maximum** ['mæksiməm] _(adj)_ maximální, nejvyšší možný; ~ **length of imprisonment** horní hranice trestu odnětí svobody; ~ **term** nejvyšší trest odnětí svobody **mayhem** ['meihem] _(n)_ **1** těžká újma na zdraví jako důvod požadavku náhrady škody **2** vzpoura, nepokoje **mayor** ['meə(r)] _(n)_ starosta, primátor; **Lord M**~ primátor Londýna **mayoralty** ['meərəlti] _(n)_ úřad starosty / primátora; starostenství **mean** [mi:n] _(adj)_ **1** střední, jsoucí ve středu; ~ **reserve** střední stav zásob **2** zlomyslný; nepoctivý, nečestný; podlý, hanebný **mean** /meant, meant/ [mi:n, ment] _(v)_ st. **1** mínit, zamýšlet co **2** znamenat co **meaning** ['mi:niŋ] _(n)_ smysl, význam; **plain** ~ jasný / srozumitelný význam; **within the** ~ **of an article** ve znění článku **means** [mi:nz] _(sg i pl)_ **1** prostředek, prostředky; **peaceful** ~ pokojné prostředky, pokojná cesta; **subsidiary** ~ pomocné prostředky; ~ **of delivery of such weapons** nosiče takových zbraní; ~ **of production** výrobní prostředky ♦ **by** ~ **of st.** prostřednictvím, pomocí čeho; **by no** ~ v žádném případě, rozhodně ne **2** finanční prostředky; **available** ~ likvidní prostředky majetkové prostředky, které jsou pohotově; **Ways and M~ Committee** *brit.* rozpočtový výbor Dolní sněmovny Parlamentu, *am.* rozpočtový výbor Sněmovny reprezentantů; **~ statement** prohlášení nouze jako podmínka k bezplatné právní pomoci; **~ test** zjištění finanční potřebnosti *osoby*; **~-tested program** program na zjišťování prostředků k dosažení obživy

**measure** [ˈmeʒə(r)] *(n)* míra; měřítko; mez, hranice; **~ of damages** měřítko systém výpočtu škody; **~ of value** měřítko hodnoty

**measure** [ˈmeʒə(r)] *(v)* st. (z)měřit co

**measures** [ˈmeʒə(r)z] *(pl)* opatření; **enforcement ~** donucovací opatření; **legal ~** zákonná opatření; **precautionary ~** preventivní opatření; **safety ~** bezpečnostní opatření; **make ~** činit opatření; **take ~** přijmout / učinit opatření

**mediate** [ˈmiːdiət] *(adj)* nepřímý, zprostředkovaný; **~ powers** nepřímé pravomoci

**mediate** [ˈmiːdieit] *(v)* st. *between* sb. dělat prostředníka v čem mezi kým

**mediation** [ˌmiːdiˈeišən] *(n)* zprostředkování mezi spornými stranami

**mediator** [ˈmiːdieitə(r)] *(n)* zprostředkovatel, prostředník *zejm.* v pracovních sporech

**medical** [ˈmedikəl] *(adj)* lékařský; **~ benefits** dávky poskytované v souvislosti s léčením; **~ care** lékařská péče; **~ certificate** potvrzení o nemoci, nemocenský lístek; **~ examiner** soudní lékař; úřední posudkový lékař; **~ jurisprudence** soudní lékařství; **~ malpractice** zanedbání povinné péče

**medium** [ˈmiːdjəm], *(pl)* **media** [ˈmiːdjə] prostředek; **~ of circulation** oběživo, oběžný prostředek

**medium** [ˈmiːdjəm] *(adj)* střední, prostřední, průměrný

**meet** /met, met/ [miːt, met] *(v)* st./sb. **1** setkávat se s kým/čím, scházet se s kým; **~ in private** scházet se na neveřejném zasedání; **~ peacefully** pokojně se scházet; **~ three times a year** scházet se třikrát za rok **2** hradit co; uspokojovat co; **~ a claim** uhradit nárok; **~ conditions** plnit podmínky; **~ the costs** hradit výdaje; **~ the needs** uspokojovat potřeby

**meeting** [ˈmiːtiŋ] *(n)* zasedání, schůze, setkání; **called ~** mimořádně svolaná schůze; **regular ~** pravidelná schůzka, řádné zasedání; **~ in camera** neveřejné zasedání *soudu*, zasedání za zavřenými dveřmi; **~ of the Government** schůze / zasedání vlády; **arrange the ~** svolat schůzi

**member** [ˈmembə(r)] *(n)* **1** člen; **alternate / alternative ~** náhradník; **full-fledged ~** plnoprávný člen; **individual ~s of st.** jednotliví členové *čeho*; **non-permanent ~s** nestálí členové; **permanent ~s** stálí členové; **~ of family** člen rodiny, rodinný příslušník; **~ of the international community** člen mezinárodního společenství; **~ of the jury** porotce, člen poroty **2** poslanec; **directly elected M~s** poslanci volení přímou volbou; **M~ of Congress** *am.* poslanec Kongresu pouze Sněmovny reprezentantů, ne Senátu; **M~ of Parliament** *brit.* poslanec Dolní sněmovny; **return one M~ to the House of Commons** *brit.* zvolit jednoho poslance do Dolní sněmovny

**membership** [ˈmembə(r)šip] *(n)* **1** členství; **~ card** členská legitimace; **~ fee** členský příspěvek; **~ of committees** členství v komisích / výborech; **~ of the European Community** členství v Evropském společenství; **~ of the same family** příslušnost k téže rodině **2** členská základna; **the ~ numbers 500** členská základna má / čítá 500 členů **3** personální složení orgánu

**memorandum** [ˌmeməˈrændəm], *(pl)* **memoranda** [ˌmeməˈrændə] **1** prohlášení; memorandum; **~ of association** *brit.* společenská smlouva obchodní společnosti; **~ of satisfaction** prohlášení o splacení hypotéky **2** stručné písemné sdělení

**memorize** [ˈmeməraiz] *(v)* st. učit se nazpaměť čemu

**memory** [ˈmeməri] *(n)* paměť; **being of sound mind and ~** při plném duševním zdraví

**men** [men] *(pl)* lidé; **all ~ are created equal** všichni lidé si jsou od narození rovni

**menace** [ˈmenəs] *(n)* **1** hrozba, výhrůžka; nebezpečí; ohrožení **2** osoba, která je na obtíž

**mendacious** [menˈdeišəs] *(adj)* lživý, nepravdivý; vylhaný

**mendacity** [menˈdæsəti] *(n)* lživost, vylhanost, nepravdivost

**mendicant** [ˈmendikənt] *(n)* žebrák

**mens rea** [ˌmenzˈriːə] *(lat)* „vinná mysl", zlý úmysl jako základní předpoklad pro klasifikaci trestného činu

**mental** [mentl] *(adj)* duševní, psychický, mentální; **~ ability** duševní způsobilost; **~ anguish**

psychické útrapy, duševní muka; ~ **capacity** duševní schopnost; ~ **condition** psychický stav; ~ **disorder** duševní porucha; ~ **incapacity** duševní nezpůsobilost; ~ **irresponsibility** trestní neodpovědnost z důvodu duševní poruchy; ~ **reservation** mentální rezervace, výhrada skrytá před druhou smluvní stranou; ~ **treatment** psychiatrická léčba
**mentally** ['mentəli] *(adv)* duševně, psychicky; ~ **abnormal person** psychicky nenormální osobnost
**mention** ['menšən] *(v)* st. zmínit se o čem, uvést co
**MEP** [ˌemiː'piː] *(abbrev)* Member of the European Parliament poslanec Evropského parlamentu
**mercantile** ['məː(r)kəntail] *(adj)* obchodní; ~ **agency** obchodní jednatelství; ~ **law** obchodní právo; ~ **profit** obchodní zisk; ~ **speciality** obchodní listina
**merchandise** ['məː(r)čəndaiz] *(n)* zboží; **bulk** ~ hromadné zboží; ~ **in transit** tranzitní zboží
**merchandise** ['məː(r)čəndaiz] *(v)* obchodovat ve velkém
**merchant** ['məː(r)čənt] *(n)* kupec, obchodník; ~ **law** obchodní právo; ~ **marine** obchodní loďstvo
**mercy** ['məː(r)si] *(n)* **1** soucit, laskavost; ~ **killing** smrt ze soucitu, euthanasie **2** milosrdný skutek; milost; **prerogative of** ~ výsada britského ministra vnitra udělovat milost
**mere** ['miə(r)] *(adj)* pouhý; ~ **motion** akt z vlastní iniciativy; ~ **right** přibl. holé vlastnictví bez užívacího práva
**merge** ['məː(r)dž] *(v) into* st. splynout, spojit se v co, fúzovat
**merger** ['məː(r)džə(r)] *(n)* **1** sloučení, smísení věcí, commixtio; ~ **of law and equity** splynutí statutárního psaného práva a práva ekvity / spravedlnosti pro procesní účely; **M~ Treaty** *(ES)* Dohoda o sloučení **2** sloučení podniků, fúze; **bank** ~ bankovní fúze; **corporate** ~ fúze společností **3** začlenění, včlenění; ~ **clause** klauzule o začlenění nových podmínek do smlouvy
**merit** ['merit] *(n)* **1** podstata; ~**s of the case** skutková podstata věci **2** zásluha; ~ **award** / **bonus** odměna za dobrou práci; ~ **system** systém zásluh při povýšení státních zaměstnanců
**meritorious** [ˌmeri'toːriəs] *(adj)* **1** meritorní;

~ **defence** obhajoba jdoucí po podstatě věci **2** záslužný, chvályhodný
**mesne** [miːn] *(adj)* prostřední v časovém údobí; ~ **incumbrance** prostřední břemeno; ~ **profits** prostřední zisky
**message** ['mesidž] *(n)* vzkaz, sdělení, oznámení; poselství; **President's M~** am. prezidentovo poselství výroční zpráva o stavu Unie; **M~ for the Crown** brit. poselství Koruny
**mete** [miːt] *(n)* hranice pozemku, mez, hraniční kámen
**meter** ['miːtə(r)] *(n)* měřidlo, měřič, počítadlo spotřeby; ~ **rent** nájemné za měřidlo elektřiny, plynu, vody
**method** ['meθəd] *(n)* metoda, způsob; **accrual** ~ přírůstková metoda podle práva; **cash** ~ metoda podle platby / inkasa; ~ **of calculating remuneration** metoda výpočtu odměny (za práci); ~ **of payment** způsob platby; ~**s of prosecution** metody trestního stíhání; ~ **of settling disputes** metoda řešení sporů
**metropolitan** [ˌmetrə'politən, *am.* -'pal-] *(adj)* velkoměstský, metropolitní, městský; ~ **area** velkoměstská aglomerace; ~ **police** městská policie
**middle** [midl] *(adj)* střední, prostřední; ~ **age** střední věk; ~ **name** prostřední druhé křestní jméno
**midterm** ['midtə(r)m] *(n)* **1** polovina funkčního období **2** polovina období / lhůty; ~ **cancellation** předčasné storno
**midwife** ['midwaif] *(n)* porodní asistentka, porodní bába
**mighty** ['maiti] *(adj)* mocný
**migrate** [mai'greit] *(v) from* st. *to* st. přistěhovat se, migrovat odkud kam
**migration** [mai'greišən] *(n)* migrace, stěhování
**militant** ['militənt] *(n)* bojovník, bojující strana
**militant** ['militənt] *(adj)* ozbrojený, militantní; **armed** ~ ozbrojený bojovník
**military** ['militəri] *(adj)* vojenský; ~ **attaché** vojenský přidělenec; ~ **base** vojenská základna; ~ **bloc** vojenský blok; ~ **court of inquiry** vojenský vyšetřovací soud; ~ **discipline** vojenská disciplína / kázeň; ~ **duty** vojenská povinnost; ~ **government** vojenská vláda; ~ **law** vojenské právo; ~ **occupation** vojenská okupace; ~ **offence** vojenské přečiny; ~ **police** vojenská policie; ~ **secret** vojenské tajemství; ~ **service** vojenská služba; ~ **tribunal** vojenský tribunál / soud

**militia** [mi'li:šə] *(n)* domobrana, milice
**mill** [mil] *(n)* mlýn; ~ **privilege** mlecí právo; **grist of the lawyer's** ~ voda na právníkův mlýn
**mind** [maind] *(n)* mysl; smýšlení, názor; **being of sound** ~ **and memory** při plném duševním zdraví, tj. způsobilý je způsobilý sepsat platnou závěť; **state of** ~ stav mysli
**mind-bender** ['maindbendə(r)] *(n)* halucinogenní droga
**minder** ['maində(r)] *(n)* pečovatelka o děti
**mineral** ['minərəl] *(n)* nerost, minerál
**minimum** ['miniməm] *(adj)* minimální, nejnižší možný; ~ **charge** nejnižší sazba; ~ **lit** minimální parcela; ~ **sentence** nejnižší trest; ~ **term** nejnižší trest odnětí svobody; ~ **wage** nejnižší zákonem povolená mzda, minimální mzda
**mining** ['mainiŋ] *(n)* dolování, důlní činnost; ~ **claim** těžební nárok, právo dolovat na určitém pozemku; ~ **lease** pronájem dolu; ~ **operations** důlní činnost, provoz dolu; ~ **partnership** těžební obchodní společnost; ~ **rent** těžební nájemné
**minister** ['ministə(r)] *(n)* 1 ministr; **departmental** ~ *brit.* ministr v čele ministerstva; **foreign** ~ ministr zahraničí / zahraničních věcí; **junior** ~ *přibl.* tajemník ministra; **non-departmental** ~ *brit.* ministr bez portfeje; **Prime M~** *brit.* předseda vlády; ~ **of state** *přibl.* státní tajemník; ~ **without portfolio** ministr bez křesla / bez portfeje; **Council of M~s** *(ES)* Rada ministrů 2 diplomatický zástupce; **plenipotentiary** ~ zplnomocněný ministr 3 kněz, pastor
**ministerial** [,mini'stiəriəl] *(adj)* týkající se sboru ministrů, ministerský; ~ **level talks** rozhovory na úrovni ministrů
**ministry** ['ministri] *(n)* ministerstvo, *brit.* sbor ministrů; **M~ of Justice** ministerstvo spravedlnosti
**minor** ['mainə(r)] *(n)* nezletilá osoba, nezletilý
**minor** ['mainə(r)] *(adj)* 1 méně závažný; zanedbatelný; ~ **injury** lehké zranění; ~ **loss** zanedbatelná škoda; ~ **offence** méně závažný trestný čin; drobný delikt; ~ **statutory offence** méně závažné porušení zákona 2 nižší, menší; ~ **court** soud nižší instance 3 nezletilý, neplnoletý
**minority** [mai'norəti, *am.* mə-] *(n)* 1 menšina; **Catholic** ~ katolická menšina; ~ **parties**

menšinové politické strany zastoupené v parlamentě; ~ **shareholder** minoritní akcionář 2 nezletilost, neplnoletost
**mint** [mint] *(n)* mincovna; **the Royal M~** královská mincovna
**mint** [mint] *(v)* st. razit co; ~ **coins** razit mince
**minutes** ['minits] *(pl)* zápis z jednání, protokol; ~ **of the meeting** zápis ze schůze; **take** ~ dělat zápis
**minute(s)book** ['minit(s)buk] *(n)* kniha zápisů ze schůzí
**misadventure** [,misəd'venčə(r)] *(n)* nehoda, nešťastná náhoda; **death by** ~ smrt nešťastnou náhodou
**misapplication** [mis,æpli'keišən] *(n)* nesprávné použití; zpronevěra
**misapply** [,misə'plai] *(v)* st. 1 chybně aplikovat, nesprávně použít co 2 zneužít co
**misappropriate** [,misə'prəuprieit] *(v)* st. zneužít co; ~ **the trade secret** zneužít obchodní tajemství
**misappropriation** ['misə,prəupri'eišən] *(n)* zpronevěra peněz; zneužití, použití k nesprávnému účelu
**misbegotten** [,misbi'gotən] *(adj)* nemanželský, nelegitimní dítě
**misbehaviour** (*am.* **misbehavior**) [,misbi'heivjə(r)] *(n)* chování v rozporu s právem, protiprávní chování; špatné chování
**miscarriage** [,mis'kæridž] *(n)* 1 omyl ve výkonu spravedlnosti; ~ **of justice** justiční omyl 2 špatné hospodaření 3 nedoručení pošty 4 potrat
**miscellaneous** [misə'leiniəs] *(adj)* rozmanitý, různorodý, různý; ~ **provisions** různá ustanovení jako jedna ze závěrečných částí zákona
**mischarge** [,mis'ča:(r)dž] *(n)* špatné poučení poroty
**mischief** ['misčif] *(n)* 1 újma, škoda; ~ **rule** pravidlo újmy jedno z pravidel výkladu zákonů 2 protiprávní stav
**misconceive** [,miskən'si:v] *(v)* st. špatně pochopit co; nechápat, nerozumět čemu
**misconduct** [,mis'kondakt, *am.* -'kan-] *(n)* 1 zneužití úřední moci; nesprávné počínání ve funkci; **serious** ~ vážné úmyslné porušení úřední povinnosti; ~ **in office** úmyslné porušení úřední povinnosti 2 nesprávné chování
**misconduct** [,miskən'dakt] *(v)* st. 1 špatně řídit / vést co 2 zneužívat úřední moc

misconstruction [ˌmiskən'strakšən] *(n)* nesprávný výklad zákona

misconstrue [ˌmiskən'stru:] *(v)* st. špatně / nesprávně interpretovat zákon

misdemeanant [ˌmisdi'mi:nənt] *(n)* pachatel méně závažného trestného činu; provinilec, výtržník

misdemeanour *(am.* misdemeanor) [ˌmisdi-'mi:nə(r)] *(n)* přečin, méně závažný trestný čin

misdirect [ˌmisdi'rekt, *am.* -dai'-] *(v)* sb. nesprávně poučit porotu

misdirection [ˌmisdi'rekšən, *am.* -dai'-] *(n)* nesprávné poučení poroty, omyl v poučení poroty

mise [mi:z] *(n)* náklady, útraty, výdaje sporu

misfeasance [ˌmis'fi:zəns] *(n)* nesprávný výkon povinného chování, zneužití úřední moci

misinterpretation [misinˌtə:(r)pri'teišən] *(n)* nesprávný výklad zákona, vadný výklad

mislabel [ˌmis'leibl] */ll/ (v)* st. opatřit co nesprávnou etiketou, nesprávně označit co

mislead */misled, misled/* [ˌmis'li:d, -'led] *(v)* sb. oklamat koho, uvést koho v omyl

misleading [ˌmis'li:diŋ] *(adj)* zavádějící, klamný, nesprávný, falešný; ~ **information** zavádějící informace; ~ **practices** praktiky sloužící k oklamání

mismanagement [ˌmis'mænidžmənt] *(n)* špatné hospodaření, špatná správa, korupce

mispleading [ˌmis'pli:diŋ] *(n)* nesprávný procesní úkon

misprision [ˌmis'pri:žən] *(n)* **1** urážka veřejného činitele **2** zneužití úřední pravomoci **3** nepřekážení trestnému činu; ~ **of felony** neoznámení závažného trestného činu; ~ **of treason** neoznámení přípravy zrady jako trestného činu

misrepresentation [ˈmisˌreprizen'teišən] *(n)* uvedení v omyl; nepravý výklad; **wilful** ~ úmyslně vadný popis zboží

miss [mis] *(v)* sb./st. **1** zmeškat co; ~ **the opportunity** zmeškat / propást příležitost **2** postrádat koho/co

missing ['misiŋ] *(adj)* chybějící, pohřešovaný; ~ **persons** pohřešované osoby

mission ['mišən] *(n)* mise; poslání; poselství

mistake [mis'teik] *(n)* omyl, chyba, vada; **essential** ~ zásadní omyl; **mutual** ~ oboustranný omyl; ~ **in venue** zahájení věci u nepříslušného soudu; ~ **of fact** skutkový omyl; ~ **of law** právní omyl

mistaken [mis'teikən] *(adj)* mylný, chybný, nesprávný; ~ **identity** omyl v totožnosti

mistrial [ˌmis'traiəl] *(n)* vadný proces; zmateční soudní řízení

misunderstanding [ˌmisandə(r)'stændiŋ] *(n)* nepochopení, nedorozumění

misuse [ˌmis'ju:s] *(n)* zneužití práva; nesprávné použití

misuse [ˌmis'ju:z] *(v)* st. špatně / nesprávně (po)užít co; zneužít co/čeho

mitigate ['mitigeit] *(v)* st. zmírnit co; utišit co; ~ **the punishment** zmírnit trest

mitigating ['mitigeitiŋ] *(adj)* polehčující; ~ **circumstances** polehčující okolnosti

mitigation [ˌmiti'geišən] *(n)* snížení, zmírnění trestu; ~ **of damages** pravidlo pro žalovanou stranu přijmout opatření ke zmírnění škod; ~ **of punishment** zmírnění trestu

mittimus ['mitiməs] *(n)* zatykač; soudní příkaz k převzetí odsouzené osoby k výkonu trestu

mix [miks] *(v)* st. (s)míchat co; ~**ed commission** smíšená komise; ~**ed government** smíšená forma vlády

mob [mob] *(n)* dav; srocení lidu; gang, zločinecká parta; ~ **law** právo lynče; ~ **rule** vláda ulice; ~ **violence** davové násilí

mock [mok] *(adj)* simulovaný; falešný; ~ **trial** simulovaný proces pro výukové potřeby

moderate ['modəreit, *am.* 'mad-] *(v)* st. (z)mírnit, uklidnit, (z)tlumit co

modification [ˌmodifi'keišən, *am.* ˌmadə-] *(n)* úprava, změna, modifikace; ~ **form** změnový list

modus ['məudəs] *(lat)* způsob; ~ **habilis** [ˌməudəs'hæbəlis, -'heib-] platný způsob; ~ **operandi** ['məudəsˌopə'rændi] způsob fungování; způsob provedení zločinu

molest [məu'lest] *(v)* sb. sexuálně obtěžovat a vyhrožovat dítěti, ženě

molestation [ˌməulə'steišən] *(n)* sexuální obtěžování a vyhrožování

moment ['məumənt] *(n)* okamžik, moment; **at a crucial** ~ ve velmi důležitém / rozhodujícím okamžiku

monarch ['monək, *am.* 'manark] *(n)* panovník, monarcha

monarchy ['monə(r)ki, *am.* 'man-] *(n)* monarchie; **absolute** ~ absolutní monarchie; **constitutional** ~ konstituční monarchie; **hereditary** ~ dědičná monarchie

monetary ['manitəri] *(adj)* peněžní; měnový;

~ **bequest** odkaz peněžní hotovosti v poslední vůli; **M~ Fund** Měnový fond; ~ **reform** měnová reforma; ~ **unit** měnová jednotka **money** ['mani] *(sg)* (též *pl* **monies** ['moniz]) peníze; peněžní prostředky, fondy; **M~ Bills** *brit.* návrhy zákonů o daních a výdajích na veřejné účely; ~ **order** peněžní poukázka; **appropriation of** ~ přivlastnění peněz; **request** ~ **for st.** žádat peníze na co

**monition** [məu'nišən] *(n)* předvolání, obsílka

**monitor** ['monitə, *am.* 'manətər] *(v)* st. sledovat, kontrolovat co

**monocracy** [mə'nokrəsi, *am.* -'na-] *(n)* monokracie, jedinovláda

**monopoly** [mə'nopəli, *am.* -'na-] *(n)* monopol

**moonlight** ['mu:nlait] *(v) col.* přivydělávat si; melouchařit, dělat bokovky

**moonlighting** ['mu:nlaitiŋ] *(n) col.* boční příjem; melouchaření, přivydělávání si

**moot** [mu:t] *(n)* fiktivní právní případ na němž se učí studenti práv; **hold a** ~ vést diskusi o fiktivním případu

**moral** ['morəl, *am.* 'mar-] *(adj)* morální, mravní; ~ **duress** morální nátlak; ~ **right** morální právo; ~ **obligations** morální závazky; ~ **values** morální / mravní hodnoty

**moratorium** [ˌmorə'to:riəm, *am.* ˌmarə-] *(n)* moratorium, zmrazení

**morgue** ['mo:(r)g] *(n)* márnice

**mortal** ['mo:(r)tl] *(adj)* smrtelný; smrtelně nebezpečný; ~ **danger** smrtelné nebezpečí; ~ **wound** smrtelná rána

**mortality** [ˌmo:(r)'tæləti] *(n)* úmrtnost, mortalita; ~ **rate** křivka úmrtnosti; ~ **tables** pojišťovací úmrtnostní tabulky pro výpočet životní pojistky

**mortgage** ['mo:(r)gidž] *(n)* zástava, hypotéka; **amortized** ~ umořená hypotéka; **blanket** ~ sdružená hypotéka týkající se celého majetku; **fixed-rate** ~ hypotéka s pevnou úrokovou sazbou; **leasehold** ~ hypotéka jištěná podílem nájemce v pronajatém majetku; **purchase money** ~ hypotéka na půjčku; ~ **deed** zástavní list, hypotekární listina; ~ **bank** hypoteční banka; ~ **bond** hypotekární dluhopis, zástavní list; ~ **certificate** zástavní list; ~ **lien** hypoteční zástavní právo; ~ **loan** hypoteční půjčka; ~ **security** hypoteční jistota

**mortgagee** [ˌmo:(r)gi'dži:] *(n)* zástavní věřitel

**mortgager, mortgagor** [ˌmo:gi'džo:, *am.* 'mo:rgidžər] *(n)* zástavce, hypoteční dlužník

**mortmain** ['mo:(r)tmein] *(n)* mrtvá ruka, nezcizitelný pozemek

**most** [məust] *(adj., adv. 3. stupeň)* nejvíce; největší; ~ **favored nation clause** doložka nejvyšších výhod; **M~ Holy Father** Svatý otec, papež

**motherless** ['maðə(r)ləs] *(adj)* jsoucí bez matky, nemající matku

**motion** ['məušən] *(n)* **1** návrh; ~ **denied** návrh se zamítá; ~ **sustained** návrhu se vyhovuje; ~ **to dismiss** návrh na zproštění žaloby; ~ **to strike** návrh na vyškrtnutí; **file a** ~ podat písemný návrh; **make a** ~ podat návrh; **second a** ~ podpořit návrh; **table a** ~ 1 *brit.* přijmout návrh k diskusi 2 *am.* odložit návrh na neurčito; **on the** ~ **of sb.** na návrh koho **2** pohyb; posunek, gesto

**motive** ['məutiv] *(n)* motive, důvod, příčina

**motor** ['məutə(r)] *(n)* motor; motorové vozidlo; ~ **hull insurance** havarijní pojištění; ~ **third party insurance** pojištění zákonné odpovědnosti z provozu motorových vozidel; ~ **vehicle accident** dopravní nehoda

**mould** ['məuld] *(v) into* st. přetvářet, formovat v co

**mourning** ['mo:(r)niŋ] *(n)* smutek; **year of** ~ doba, po kterou se vdova po smrti manžela nesmí vdát

**movable** ['mu:vəbl] *(adj)* movitý; ~ **assets** movitý majetek; ~ **effects** svršky; ~ **estate** movitý majetek; ~ **goods** movitosti; ~ **property** movitý majetek

**movables** ['mu:vəblz] *(pl)* movité věci, movitý majetek, movitosti

**move** [mu:v] *(v)* **1** pohnout, hýbat; ~ **towards** st. blížit se, spět k čemu **2** požádat; ~ **the court in arrest of judgment** požádat soud o odložení rozsudku **3** žalovat; ~ **against sb.** žalovat koho

**movement** ['mu:vmənt] *(n)* **1** pohyb; **free** ~ **of labour, capital and services** volný pohyb pracovní síly, kapitálu a služeb; ~ **of persons** pohyb osob **2** hnutí; **concerted mass** ~ společné masové hnutí

**mover** ['mu:və(r)] *(n)* osoba podávající návrh na schůzi

**MP** [em'pi:] *(abbrev)* *Member of Parliament brit.* poslanec Parlamentu; **be elected an** ~ být zvolen poslancem

**muck-rake** ['makreik] *(v)* usilovně odkrývat korupci ve společnosti

**muck-raking** ['mʌkreikiŋ] *(n)* skandalizace, vyhledávání afér, ostouzení

**mug** [mag] *(n) slang.* **1** ksicht, huba, držka; ~ **shot** policejní fotografie **2** kriminálník, gangster

**mug** [mag] /gg/ *(v)* sb. napadnout, škrtit koho zezadu

**mugger** ['magə(r)] *(n)* násilník a zloděj

**mugging** ['magiŋ] *(n)* loupežné přepadení; **the robbery after a sudden attack is known as** ~ loupež, které předchází útok, se nazývá loupežné přepadení

**muggles** ['magləz] *(pl) slang.* maruška, marie, tráva, dříví marihuana v cigaretách

**mulct** [malkt] *(n)* **1** peněžitá pokuta **2** odsouzení k náhradě škody

**multilateral** [ˌmalti'lætərəl] *(adj)* mnohostranný; ~ **agreement** mnohostranná dohoda

**multi-member** [ˌmalti'membə(r)] *(adj)* s mnoha členy, mnohočlenný; ~ **constituency** volební obvod s více křesly v parlamentu

**multi(-)national** [ˌmalti'næšənl] *(adj)* mnohonárodní; mnohonárodnostní; nadnárodní; ~ **company** nadnárodní společnost; ~ **nation** mnohonárodnostní stát

**multiple** ['maltipl] *(adj)* **1** mnohočetný; ~ **entry visa** permanentní vstupní vízum; ~ **insurance** množné pojištění, sdružené pojištění; ~ **offence** trestný čin porušující dva zákony; ~ **sentence** úhrnný trest; ~ **taxation** úhrnné zdanění; ~**-member constituency** volební obvod, v němž se volí více poslanců **2** kolektivní, společný; ~ **counts** společná obžaloba; ~ **evidence** společný důkaz

**multiplicity** [ˌmalti'plisəti] *(n)* **1** rozmanitost; ~ **of sources** rozmanitost zdrojů **2** mnohočetnost

**multitude** ['maltitju:d, *am.* 'maltətu:d] *(n)* velké množství; početnost; ~ **of sources** velký počet zdrojů

**municipal** [mju:'nisipəl] *(adj)* obecní, komunální, městský; ~ **action** obecní opatření; ~ **bonds** obecní dluhopisy; ~ **council** městská n.

obecní rada; ~ **election** obecní volby; ~ **government** místní správa; ~ **law** obecní právo týkající se výhradně občanů; ~ **ordinance** obecně závazné nařízení orgánu místní správy; ~ **referendum** obecní referendum; ~ **taxes** místní daně ♦ ~ **law** zemské / vnitrostátní právo jako protiklad k mezinárodnímu právu

**municipality** ['mju:ˌnisi'pæləti] *(n)* **1** obec; samosprávný územní celek město **2** městský úřad, magistrát

**murder** ['mə:(r)də(r)] *(n)* úkladná vražda; **serial** ~ mnohonásobná vražda; ~ **of the first degree** kvalifikovaná vražda, tj. předem připravená, loupež, použití jedu, žhářství apod.; ~**s of the second degree** vraždy předem nepřipravené; ~ **squad** policejní oddělení vražd; **commit** ~ spáchat vraždu

**murder** ['mə:(r)də(r)] *(v)* sb. zavraždit koho

**murderee** [ˌmə:(r)də'ri:] *(n)* oběť vraždy, zavražděný

**murderer** ['mə:(r)dərə(r)] *(n)* vrah

**murderess** ['mə:(r)dəris] *(n)* vražedkyně

**murderous** ['mə:(r)dərəs] *(adj)* vražedný; ~ **intent** vražedný úmysl

**mutatis mutandis** [mju:'teitəsˌmju:'tændəs] *(lat)* s nutnými změnami v podrobnostech

**mutiny** ['mju:tini] *(n)* vzpoura vojska nebo námořnictva proti velitelům

**mutual** ['mju:čuəl] *(adj)* vzájemný, oboustranný; ~ **advantage** vzájemná výhoda; ~ **aid** vzájemná pomoc; ~ **combat** rvačka; ~ **fund** společný fond investiční společnosti; ~ **insurance company** vzájemná pojišťovna; ~ **mistake** vzájemný omyl; ~ **relations** vzájemné vztahy; ~ **relief association** vzájemná pojišťovna; ~ **rescission** vzájemné anulování smlouvy; ~ **savings bank** vzájemná spořitelna / záložna; ~ **understanding** vzájemné porozumění

**mutuality** [ˌmju:ču'æləti] *(n)* vzájemnost, oboustrannost; ~ **of obligation** vzájemnost závazku

**mysterious** [ˌmis'ti:əriəs] *(adj)* tajemný, záhadný; ~ **disappearance** záhadné zmizení osoby

# N

**N.A.** [en'ei] *(abbrev)* **1** *(lat) non allocatur* není dovoleno **2** *not applicable* není použitelné **3** *not available* není k dispozici
**naked** ['neikid] *(adj)* **1** ničím nepodložený, neověřený; ~ **assertion** prosté ničím nepodložené tvrzení; ~ **contract** prostá úmluva, nudum pactum; ~ **possession** detence nemovitosti nejslabší právní titul k nemovitosti; ~ **promise** pouhý slib bez úmyslu jej dodržet **2** jasný, nepokrytý, vyložený; **an act of** ~ **aggression** vyložená agrese **3** holý; nahý
**name** [neim] *(n)* **1** jméno; název; **assumed** ~ krycí jméno; **branch** ~ značkové jméno zboží; **christian** ~ křestní jméno; **commercial / business** ~ obchodní jméno / název; **corporate** ~ název společnosti; **distinctive** ~ rozlišující název; **family** ~ příjmení; **generic** ~ obecné rodové patentově nechráněné jméno / pojmenování genus proximus; **trade** ~ firemní jméno, název firmy; **give the** ~ uvést jméno; **in the** ~ **of the law** jménem zákona **2** pověst, prosluost
**name** [neim] *(v)* sb./st. **1** pojmenovat, nazvat koho/co; ~ **names** prozradit jména pachatelů **2** jmenovat koho do funkce; ~ **for the directorship** jmenovat do funkce ředitele
**nameless** ['neimləs] *(adj)* bezejmenný; neznámý; anonymní
**narrow** ['nærəu] *(adj)* úzký; omezený; ~ **resources** omezené finanční zdroje
**narrowly** ['nærəuli] *(adv)* jen tak tak; úzce, těsně; **lose** ~ prohrát těsným rozdílem hlasů
**nasciturus** ['næsi:tərəs] *(lat)* lidský plod v těle mateřském
**nation** ['neišən] *(n)* **1** národ; **the United N~s** *(OSN)* Spojené národy **2** stát; **multinational** ~ mnohonárodnostní stát **3** am. federace
**national** ['næšənl] *(n)* občan, státní příslušník; **~s of the same state** státní příslušníci téhož státu
**national** ['næšənl] *(adj)* **1** národní, národnostní; ~ **bank** národní banka; ~ **company** tuzemská národní společnost; ~ **currency** národní měna; ~ **defense** národní obrana; ~ **economy** národní hospodářství; ~ **income** národní důchod; ~ **liberation** národní osvobození; ~ **minority** národnostní menšina; ~ **origin** národnostní původ; ~ **treatment**

**1** právní postavení národů a národností **2** *(MPS)* zacházení s cizinci jako s vlastními občany **2** celostátní, vnitrostátní, státní; ~ **account** státní závěrečný účet; **N~ Audit Committee** brit. státní revizní úřad kontrolující hospodaření vládních orgánů a institucí; ~ **anthem** státní hymna; ~ **debt** státní dluh; ~ **domain** státní vlastnictví; ~ **election** celostátní volby; ~ **emblem** státní symbol; ~ **emergency** celostátní výjimečný stav; ~ **flag** státní vlajka; ~ **health service** státní zdravotní péče; ~ **institution** státní instituce; ~ **insurance** státní pojištění; ~ **law** vnitrostátní právo; ~ **planning policy** celostátní plánovací politika; ~ **propaganda** celostátní propaganda / propagování; ~ **requirements** celostátní požadavky; ~ **security** bezpečnost státu; ~ **sovereignty** svrchovanost národa, státní svrchovanost; ~ **waters** pobřežní vody patřící danému státu **3** am. federální; ~ **court** am. federální soud; ~ **government** am. federální vláda, tj. zákonodárná a výkonná moc; **N~ Labor Relations Act** am. Federální zákon o pracovních vztazích
**nationalist** ['næšənlist] *(n)* **1** vlastenec **2** nacionalista; **extreme** ~**s** extrémní nacionalisté
**nationality** [ˌnæšəˈnæləti] *(n)* **1** národnost **2** státní příslušnost, státní občanství; **double / dual** ~ dvojí občanství **3** vlastenectví, národovost
**nationalization** [ˌnæšnəlaiˈzeišən] *(n)* znárodnění
**nationalize** ['næšnəlaiz] *(v)* st./sb. **1** znárodnit co; **~d industries** znárodněná průmyslová odvětví **2** naturalizovat koho
**nationhood** ['neišənhud] *(n)* národovost; státnost
**nation-wide** ['neišənwaid] *(adj)* celonárodní; všelidový; ~ **vote** všelidové hlasování
**native** ['neitiv] *(n)* rodák; ~ **born** státní občan, jenž získal občanství narozením
**native** ['neitiv] *(adj)* rodilý, rodný; mateřský; ~ **language** mateřský jazyk; ~ **speaker** rodilý mluvčí
**NATO** ['neitəu] *(abbrev)* *North Atlantic Treaty Organization* Severoatlantický pakt
**natural** ['næčrəl] *(adj)* **1** přírodní; ~ **disaster** přírodní pohroma vyšší moc; ~ **monument** přírodní památka; ~**resources** přírodní zdroje

**2** přirozený; naturální; ~ **affection** přirozená náklonnost; ~ **allegiance** přirozená povinnost zachovávat věrnost státu; ~ **born citizen** státní občan, jenž získal občanství narozením; ~ **boundary** přirozená hranice; ~ **child** nemanželské dítě; ~ **cognation** pokrevní přírozené příbuzenství; ~ **death** přirozená smrt; ~ **justice** přirozené právo; ~ **language frontier** přirozené jazykové pomezí; ~ **law** přirozené právo; ~ **obligation** naturální obligace; ~ **person** fyzická osoba; ~ **premium** normální pojistné; ~ **rights** přirozená práva

**naturalization** [ˌnæčrlaiˈzeišən] *(n)* naturalizace udělení státního občanství cizinci

**naturalize** [ˈnæčrlaiz] *(v)* sb. naturalizovat koho (se), udělit státní občanství cizinci

**naturalized** [ˈnæčrlaizd] *(adj)* naturalizovaný, s uděleným státním občanstvím

**nature** [ˈneičə(r)] *(n)* **1** příroda; **conservation of** ~ ochrana přírody; **laws of** ~ přírodní zákony **2** povaha, podstata; **covert** ~ skrytá podstata; **cumbersome** ~ **of the process** těžkopádnost procesu; **legal** ~ právní podstata; ~ **and function of law** podstata a funkce práva; ~ **of the claim** povaha nároku

**naught** [noːt] *(n)* **1** nicota; **set at** ~ 1 pokládat za nic 2 porušit co 2 nula

**naval** [ˈneivəl] *(adj)* týkající se válečného loďstva; ~ **attaché** vojenský přidělenec zastupující válečné loďstvo; ~ **base** vojenská námořní základna; ~ **costs** výdaje na válečné loďstvo; **N~ Court** *brit.* námořní soud; ~ **law** námořní právo; **N~ Department** *am.* ministerstvo válečného námořnictva

**navigation** [ˌnæv3iˈgeišən] *(n)* plavba, navigace; **rules of** ~ plavební předpisy; ~ **servitude** plavební služebnost

**nay** [nei] *(adv)* ne, nikoliv hlas proti

**N.B.** [enˈbiː] *(abbrev) (lat) nota bene* dobře si všimni!

**neccessaries** [ˈnesəsəriz] *(pl)* základní životní potřeby

**necessary** [ˈnesəsəri] *(adj)* **1** nutný, nezbytný; ~ **and proper clause** *am.* klauzule „o nezbytném a správném"; čl. I, §8, odst. 18 Ústavy USA ustanovení dávající Kongresu pravomoc vydávat zákony nutné k výkonu jeho pravomocí; ~ **parties** nutné strany **2** (vy)nucený

**necessitate** [niˈsesiteit, *am.* nəˈ-] *(v)* st. **1** vynutit si co; ~ **a further examination** vynutit si další vyšetřování / šetření **2** vyvolat co

**necessity** [niˈsesəti, *am.* nəˈ-] *(n)* nutnost, nezbytnost; neodolatelné nutkání

**need** [niːd] *(n)* potřeba; nutnost; požadavek; **essential** ~ **for st.** základní potřeba čeho; **individual** ~ potřeba jednotlivce; **public** ~ veřejná potřeba; ~ **to plan the use of land** potřeba plánovat využití půdy; **meet the ~s** uspokojit potřeby, vyhovovat potřebám; **recognize the** ~ **for law** uznávat potřebu práva ◆ ~s **test** prokázání nemajetnosti

**need** [niːd] *(v)* st. potřebovat co; být v nouzi, strádat

**needful** [ˈniːdful] *(adj)* potřebný, nutný; nepostradatelný

**needless** [ˈniːdləs] *(adj)* zbytečný

**needy** [ˈniːdi] *(adj)* nuzný, potřebný, chudý

**ne exeat** [niːˈekziət] *(lat)* soudní zákaz vzdálení se, soudní zákaz opuštění země, místa

**negative** [ˈnegətiv] *(adj)* záporný; zakazující; zamítavý; ~ **act** zakazující normativní právní akt; ~ **averment** popření podstatného faktu, negativní tvrzení; ~ **prescription** promlčení; ~ **proof** vyvracející důkaz; ~ **statute** zakazující normativní právní akt; ~ **vote** hlas proti

**neglect** [niˈglekt] *(n)* zanedbání péče; opomenutí povinnosti; **culpable** ~ trestuhodné zanedbání; **willful (wilful)** ~ úmyslné neplnění vyživovací povinnosti, svévolné zanedbání; ~ **of duty** nesplnění povinnosti

**neglect** [niˈglekt] *(v)* sb./st. **1** zanedbat koho/co **2** opomenout co

**neglected** [niˈglektid] *(adj)* zanedbaný; opomíjený; ~ **child** zanedbané dítě

**neglectful** [niˈglektful] *(adj)* **1** zanedbaný **2** nedbalý, lhostejný

**negligence** [ˈneglidžəns] *(n)* nedbalost; způsobení škody z nedbalosti; **contributory** ~ spoluzavinění z nedbalosti; **criminal** ~ zločinná nedbalost jako příčina trestného činu; **culpable** ~ zanedbání povinné péče, trestná nedbalost; **gross** ~ hrubá nedbalost; **ordinary** ~ běžná nedbalost; **slight** ~ mírná nedbalost; **subsequent** ~ následná nedbalost; **wilful** ~ zlovolná nedbalost; **estoppel by** ~ překážka uplatnění žalobního nároku v důsledku nedbalosti

**negligent** [ˈneglidžənt] *(adj)* nedbalý; ~ **escape** útěk umožněný nedbalostí; ~ **homicide** usmrcení z nedbalosti při dopravní nehodě; ~ **manslaughter** zabití z nedbalosti bez vražedného úmyslu; ~ **offence** přečin z nedbalosti

**negligently** ['neglidžəntli] *(adv)* z nedbalosti, nedbale; **injuries** ~ **inflicted** škody způsobené z nedbalosti

**negotiability** [ni‚gəuš(j)ə'biləti] *(n)* obchodovatelnost, směnitelnost, převoditelnost

**negotiable** [ni'gəuš(j)əbl] *(adj)* převoditelný, zcizitelný, postupitelný, obchodovatelný; ~ **instruments** cenné papíry převoditelné rubopisem; ~ **papers** *obec.* převoditelné cenné papíry

**negotiate** [ni'gəušieit] *(v)* st. vyjednávat, sjednávat co; ~ **a contract** sjednat smlouvu; ~ **international treaties** sjednávat mezinárodní smlouvy

**negotiation** [ni‚gəuši'eišən] *(n)* 1 jednání, rozhovor; ~s **on bilateral basis** jednání na bilaterální bázi 2 vyjednávání, sjednávání 3 převod cenných papírů

**negotiator** [ni'gəušieitə(r)] *(n)* vyjednávač; smluvní strana

**neighbour** *(am.* **neighbor)** ['neibə(r)] *(n)* soused

**neighbour** *(am.* **neighbor)** ['neibə(r)] *(v)* sousedit

**neighbourhood** *(am.* **neighborhood)** ['neibə(r)hud] *(n)* sousedství; bezprostřední okolí; ~ **watch** *brit.* systém sousedských hlídek hl. proti vloupání

**neighbouring** *(am.* **neighboring)** ['neibəriŋ] *(adj)* sousedící ♦ ~ **rights** příbuzná práva

**nemine contradicente** ['neməni‚kontrədi'senti], **nem con** [‚nem'kon, *am.* -'kan] *(lat)* jednohlasně

**nemo dat quod non habet** ['ni:məu‚dæt‚kwəd 'non‚heibət] *(lat)* „nikdo nemůže dát, co nevlastní", nelze prodávat kradené zboží

**ne plus ultra** [‚neiplas'altra] *(lat)* nepřekonatelná překážka

**nepotic** [ne'potik, *am.* nə'patik] *(adj)* protekcionářský

**nepotism** ['nepətizm] *(n)* protežování, protekce příbuzných

**nepotist** ['nepətist] *(n)* protekcionář

**net(t)** [net] *(adj)* čistý příjem po všech srážkách, netto; ~ **assets** čistá aktiva v účetní knize, čisté jmění; ~ **estate** čisté nemovité vlastnictví; ~ **gains** čisté zisky; ~ **income** čistý příjem po zdanění; ~ **listing** čisté kotování; ~ **loss** čistá ztráta; ~ **operating income** čistý provozní příjem; ~ **proceeds** čistý výnos; ~ **profits** čisté disponibilní zisky; ~ **return** čistý zisk; ~ **sales** čistý obrat, čistá tržba; ~ **weight** hmotnost

netto; ~ **working capital** čistý provozní kapitál; ~ **yield** čistá výnosnost

**network** ['netwə:(r)k] *(n)* síť, systém; ~ **of relationships** systém vztahů

**neutrality** [nju:'træləti] *(n)* neutralita; ~ **proclamation** vyhlášení neutrality

**new** [nju:, *am.* nu:] *(adj)* nový; ~ **acquisition** nové získání / nabytí; nová akvizice; nový přírůstek; ~ **cause of action** nový důvod žaloby; ~ **issue** nová emise cenných papírů; ~ **matter** nová skutečnost / věc při řízení

**newly** ['nju:li, *am.* 'nu:li] *(adv)* nově; ~ **discovered evidence** nové důkazy

**next** [nekst] *(adj)* 1 nejbližší; ~ **of kin** pokrevní nejbližší příbuzní ♦ ~ **friend** zákonný zástupce 2 příští; další; ~ **term of office** další funkční období

**nickname** ['nikneim] *(n)* přezdívka; krycí jméno

**nihil dicit** [‚naihil'di:sit] *(lat)* „nic neříká"; odmítnutí výpovědi; **judgment by** ~ *přibl.* kontumační rozsudek v případě, že žalovaná strana se nehájí a nereaguje na obvinění

**nisi** ['naisai] *(lat)* ledaže, pokud ne; ~ **decree** mezitímní výnos

**no** [nəu] *(zápor)* ne; hlas proti; "**The Noes have it."** Návrh nebyl přijat, byl zamítnut.; **the Noes lobby** *brit.* chodba v Dolní sněmovně, kde se odevzdávají záporné hlasy

**noise** ['noiz] *(n)* hluk, hlučnost; **control over** ~ kontrola hlučnosti; **provisions relating to** ~ ustanovení týkající se hlučnosti

**nolle prosequi** [‚noli'pro:səkwai], **nol pros** [nol'pro:s] *(lat)* zastavení soudního řízení na žádost obžaloby

**nomenclature** [nəu'menkləčə(r)] *(n)* názvosloví; terminologie; ~ **of law** právní terminologie

**nominal** ['nominl, *am.* 'namənl] *(adj)* nominální, jmenovitý; ~ **interest rate** nominální úroková míra

**nominate** ['nomineit, *am.* 'namə-] *(v)* sb. jmenovat, nominovat koho

**nominating** ['nomineitiŋ, *am.* 'namə-] *(adj)* jmenovací; ~ **convention** *am.* shromáždění jmenující kandidáty na prezidentský úřad

**nomination** [‚nomi'neišən, *am.* ‚namə-] *(n)* jmenování, nominace; ~ **day** den, kdy jsou stanoveni kandidáti pro volby

**nominee** [‚nomi'ni:, *am.* ‚namə-] *(n)* ustanovený / jmenovaný kandidát

**non** [non, *am.* nan] *(lat)* zápor ne(-): ~ **assumpsit**

[ˌnonə'sampsət] popření, že obžalovaný dal slib; ~ **compos** [ˌnon'kompəs] nepříčetný; ~ **est factum** [ˌnonest'fæktəm] námitka, že listina nevyjadřuje skutečnou vůli toho, kdo ji zřídil; omyl v podstatě; ~ **est inventus** [ˌnonestin'ventəs] obžalovaný nebyl přistižen; ~ **liquet** [ˌnon'liːkwət] nejasný případ; ~ **placet** [ˌnon'pleisət] zamítnout; hlas proti; ~ **sequitur** [ˌnon'sekwətə(r)] není prokázáno
**non-acceptance** [ˌnonə'kseptəns, am. ˌnan-] (n) nepřijetí cizí směnky
**non-access** [non'ækses, am. nan-] (n) neexistence n. nedostatek pohlavního styku mezi manželi
**non-addict** [non'ædikt, am. nan-] (n) příležitostný narkoman
**non-admission** [ˌnonə'dmišən, am. ˌnan-] (n) nepřipuštění
**non(-)age** ['nəunidž] (n) nezletilost, neplnoletost
**non-aggression** [ˌnonə'grešən, am. ˌnan-] (n) neútočení; ~ **pact** pakt o neútočení
**non-aligned** [ˌnonə'laind, am. ˌnan-] (adj) politicky neangažovaný, neutrální; ~ **countries** nezúčastněné země, které nejsou členy žádných vojenských bloků
**non-amicable** [non'eimikəbl, am. nan-] (adj) nepřátelský; ~ **act** nevlídný akt
**non-appearance** [ˌnonə'piəriəns, am. ˌnan-] (n) nedostavení se k soudu
**non-arrestable** [ˌnonə'restəbl, am. ˌnan-] (adj): ~ **offence** trestný čin, za jehož spáchání nelze osobu zadržet bez zatykače
**non-bailable** [non'beiləbl, am. nan-] (adj) nepřipouštějící složení kauce
**non-belligerent** [ˌnonbə'lidžərnt, am. ˌnan-] (n) neválčící stát
**non-cabinet** [non'kæbinit, am. nan-] (adj) mimo kabinet, nekabinetní; ~ **minister** brit. ministr, jenž není členem Kabinetu
**non-cancellable** [non'kænsələbl, am. nan-] (adj) nezrušitelný o pojistce
**non-claim** [non'kleim, am. nan-] (n) neuplatnění nároku
**non-combatant** [non'kombətənt, am. ˌnan 'kam-] (n) civilista, neválčící strana
**non-compliance** [ˌnonkəm'plaiəns, am. ˌnan-] (n) with st. neuposlechnutí čeho
**non-confidence** [non'konfidəns, am. nan'kan-] (n) nedůvěra; ~ **vote** hlasování o vyslovení nedůvěry
**nonconforming** [ˌnonkən'foː(r)miŋ, am. ˌnan-]

(adj) neodpovídající, nevyhovující předpisům; ~ **lot** neodpovídající pozemek; ~ **use** neodpovídající použití
**non-consummation** [ˌnonkənsə'meišən, am. ˌnan-] (n) soužití bez pohlavního styku
**non-content** [non'kontənt, am. nan'kan-] (n) brit. hlas proti ve Sněmovně lordů
**non-contiguous** [ˌnonkən'tigjuəs, am. ˌnan-] (adj) nesousedící, nepříléhající; ~ **territories** am. zámořská území jednoho státu, např. Puerto-Rico
**non-county** [non'kaunti, am. nan-] (adj) netýkající se hrabství; ~ **borough** brit. město, jež nemá práva hrabství
**non-criminal** [non'kriminəl, am. nan-] (adj) jiný než trestněprávní; ~ **case** jiný než trestněprávní případ, netrestní věc
**non-delegable** [non'deligəbl, am. ˌnan-] (adj) nepřenosný, nedelegovatelný; ~ **duties** nepřenosné povinnosti
**non-delivery** [ˌnondi'livəri, am. ˌnan-] (n) nedodání zboží
**non-departmental** [ˌnondi'pa:(r)tməntl, am. ˌnan-] (adj) mimo ministerstvo, neministerský; ~ **minister** brit. ministr bez portfeje
**non-detachable** [ˌnondi'tæčəbl, am. ˌnan-] (adj) neoddělitelný; ~ **facilities** neoddělitelné příslušenství
**non-diplomatic** [ˌnondiplə'mætik, am. ˌnan-] (adj) jiný než diplomatický, nediplomatický; ~ **staff** nediplomatický personál, tj. nepožívající diplomatických imunit
**non(-)dischargeable** [ˌnondis'ča:(r)džəbl, am. ˌnan-] (adj) neprominutelný; ~ **debt** neprominutelný dluh
**non-disclosure** [ˌnondis'kləužə(r), am. ˌnan-] (n) neoznámení okolnosti
**non-execution** [ˌnonigze'kju:šən, am. ˌnanəg-] (n) nesplnění
**non-extradition** [ˌnonekstrə'dišən, am. ˌnan-] (n) nevydání pachatele trestného činu orgánům na území, kde byl čin spáchán
**nonfeasance** [non'fi:zəns, am. nan-] (n) opomenutí povinného jednání, zanedbání povinnosti
**non-fulfilment** [ˌnonful'filmənt, am. ˌnan-] (n) neplnění
**non-full** [non'ful, am. nan-] (adj) neplný, poloviční; ~ **sovereign** polosuverénní
**non-governmental** [ˌnongav(r)n'mentəl, am. ˌnan-] (adj) nevládní; ~ **organization** nevládní organizace

non-indictable [ˌnonin'daitəbl, am. ˌnan-] (adj) nežalovatelný; ~ offence méně závažný trestný čin

non(-)insurable [ˌnonin'šuərəbl, am. ˌnan-] (adj) nepojistitelný; ~ risk nepojistitelná událost

non-interference [nonˌintə(r)'fi:ərəns, am. nan-] (n) nezasahování

non-intervention [nonˌintə(r)'venšən, am. nan-] (n) nezasahování

non-joinder [non'džoində(r), am. nan-] (n) 1 opominutí vedlejšího účastníka sporu 2 opominutí důvodu

non-jury [non'džuəri, am. nan-] (adj) případ nepatřící před porotu

non-leviable [non'leviəbl, am. nan-] (adj) soudně neobstavitelné

non-mailable [non'meiləbl, am. nan-] (adj) vyloučený z poštovní přepravy

non-mandatory [non'mændətəri, am. nan-] (adj) dispozitivní; ~ rule dispozitivní norma

non-military [non'militəri, am. nan-] (adj) nevojenský, jiný než vojenský; ~ law jiné než vojenské právo

non-negotiable [ˌnonnə'gəušjəbl, am. ˌnan-] (adj) nepřevoditelný; ~ instruments nepřevoditelné cenné papíry

non-observance [ˌnonəb'zə:(r)vəns, am. ˌnan-] (n) nedodržování příkazu, předpisu atd.

non(-)payment [non'peimənt, am. nan-] (n) ne(za)placení dluhu

non-performance [ˌnonpə(r)'fo:(r)məns, am. ˌnan-] (n) neplnění

non-permanent [non'pə:(r)mənənt, am. nan-] (adj) nestálý; ~ member nestálý člen

non-professional [ˌnonprə'fešənl, am. ˌnan-] (adj) nikoliv placený, nikoliv zaměstnaný; ~ consul honorární konzul

non-profit [non'profit, am. nan'prafit-] (adj) neziskový; am. ~ association / corporation / brit. ~ making organization nezisková společnost / organizace charitativní, vzdělávací

non-proliferation ['nonprəuˌlifə'reišən, am. 'nan-] (n) nešíření, nerozšiřování; ~ treaty smlouva o nešíření jaderných zbraní

non-punishable [non'panišəbl, am. nan-] (adj) beztrestný; netrestatelný

non-recognition [nonˌrikə'gnišən, am. nan-] (n) neuznání

non(-)recourse [non'riko:(r)s, am. nan-] (n) bez postihu; ~ debt dluh bez postihu; ~ loan

půjčka bez postihu; ~ to the use of force použití síly bez postihu

non-recurring [ˌnonri'kə:riŋ, am. ˌnan-] (adj) neopakovatelný, nenávratný

non-resident [non'rezidənt, am. nan-] (n) nemající trvalý pobyt; ~ alien cizinec bez trvalého pobytu a občanství

non-self-governing ['nonˌself'gavə(r)niŋ, am. 'nan-] (adj) nesamosprávný; ~ territory nesamosprávné území

nonsuit [non'su:t, am. nan-] (n) odmítnutí žaloby

non-taxable [non'tæksəbl, am. nan-] (adj) nezdanitelný

non-term [non'tə:(r)m, am. nan-] (n) soudní prázdniny

non-user [non'ju:zə(r), am. nan-] (n) nepoužívání

non-violent [non'vaiələnt, am. nan-] (adj) nenásilný; ~ direct action nenásilný čin; ~ protest nenásilný protest

non-warranty [non'worənti, am. nan-] (n) doložka vymezující ručení

normal ['no:(r)məl] (adj) normální, obyčejný, běžný; ~ duties běžné povinnosti

normative ['no:(r)mətiv] (adj) normotvorný, normativní; jsoucí podle normy

notarial [nəu'teəriəl] (adj) notářský, notářsky vyhotovený; ~ acts notářské úkony; ~ will závěr notářsky sepsaná

notary ['nəutəri] (n) notář; ~ public veřejný notář; ~'s statement notářská ověřovací / osvědčovací doložka

note ['nəut] (n) 1 úřední listina; dlužní úpis; poukázka; berth ~ smlouva o pronájmu části lodi; consignment ~ konsignace; delivery ~ dodací list; demand ~ směnka splatná na požádání; installment ~ splátkový úpis; joint and several ~ solidární úpis; joint ~ spojená směnka; mortgage ~ hypoteční směnka; negotiable ~ převoditelný úpis; promissory ~ vlastní směnka slib, závazek vyplatit uvedenou sumu v uvedeném čase stanovené osobě; time ~ časově omezená směnka 2 poznámka; zápis; ~s of judicial decisions zápisy sbírka soudních rozhodnutí; ~ of protest protestní poznámka; ~ form forma poznámky 3 diplomatická nóta 4 bankovka; ~ forger padělatel bankovek

note ['nəut] (v) st. 1 poznamenat co 2 všimnout si čeho, věnovat pozornost čemu 3 protestovat co, cenný papír; ~ a bill protestovat směnku

notice ['nəutis] (n) 1 výpověď ze zaměstnání; length / period of ~ výpovědní lhůta; give

~ dát výpověď; **receive** ~ dostat výpověď; **serve a** ~ **on sb.** dát komu výpověď; **terminate employment by** ~ ukončit pracovní poměr výpovědí **2** oznámení; předběžné upozornění, výzva; hlášení, zpráva; **public** ~ veřejná vyhláška; **reasonable** ~ důvodné upozornění; **respective copyright** ~ řádná autorská doložka; **written** ~ písemné oznámení, písemná zpráva; ~ **in lieu of service** *přibl.* předvolání veřejným vyhlášením; ~ **in writing** písemné předvolání; ~ **of action** notifikace žaloby oznámení, že určitý majetek je předmětem sporu; ~ **of appeal** odvolání; ~ **of dishonor** oznámení o neakceptaci směnky; ~ **of excusable delay** oznámení o prominutelném zpoždění; ~ **of determination** zpráva o úředním, znaleckém nálezu; ~ **of motion** oznámení o návrhu soudu; ~ **of trial** oznámení o soudním řízení; ~ **to appear** předvolání; ~ **to plead** upozornění na nutnost dostavit se k soudu a hájit se; ~ **to quit** oznámení o výpovědi nájemníkovi; **compliance with** ~**s** vyhovění žádostem o nápravu nedostatků; **serve a** ~ **of appeal** podat odvolání

**notifiable** [ˈnəutifaiəbl] *(adj)* úředně sdělitelný
♦ ~ **offence** *brit.* trestný čin, který bude soudit Korunní soud

**notification** [ˌnəutifiˈkeiʃən] *(n)* úřední sdělení, oznámení; ~ **of claim** ohlášení škody

**notify** [ˈnəutifai] *(v) of* st. úředně oznámit, sdělit co; informovat o čem

**notoriety** [ˌnəutəˈraiəti] *(n)* obecně známá věc, notorieta

**notorious** [nəuˈtoːriəs] *(adj)* obecně známý; neblaze proslulý

**notwithstanding** [ˌnotwiθˈstændiŋ, *am.* ˌnat-] *(prep)* přes, nehledě na

**novation** [nəˈveiʃən] *(n)* novace, obnovení smlouvy

**noxious** [ˈnokʃəs, *am.* ˈnak-] *(adj)* **1** škodlivý, zhoubný **2** nechutný

**nub** [nab] *(n)* jádro, podstata; ~ **of the indictment** jádro / podstata obvinění

**nuclear** [ˈnjuːkliə(r)] *(adj)* jaderný; ~ **armament**

jaderný potenciál; ~ **warfare** jaderná válka; ~ **weapons** jaderné zbraně; ~**-free zone** bezjaderné pásmo

**nucleus** [ˈnjuːkliəs] *(n)* jádro; **the Cabinet is the** ~ **of government** *brit.* Kabinet je jádrem vlády

**nude** [njuːd] *(adj)* **1** nahý **2** holý; prostý; ~ **contract** prostá úmluva, holá smlouva, nudum pactum

**nuisance** [ˈnjuːsəns] *(n)* rušení; nepřístojnost, nepřípustné zasahování; obtěžování; **highway** ~ dopravní přestupek; **permanent** ~ trvalé nepřípustné obtěžování / rušení; **private** ~ **1** porušení vlastnického n. nájemního práva **2** porušení sousedských práv; **public** ~ výtržnost na veřejnosti, ohrožení veřejného zájmu; ~ **per se** chování, které je vždy kvalifikováno jako výtržnost / nepřístojnost; **commit a** ~ **against sb.'s neighbour** porušit sousedská práva; nezákonně zasáhnout do užívání pozemku patřícího komu

**null** [nal] *(adj)* nulitní; ~ **and void** od počátku neplatný

**nullification** [ˌnalifiˈkeiʃən] *(n)* prohlášení za neplatné; zbavení účinnosti, anulování

**nullify** [ˈnalifai] *(v)* st. prohlásit co za neplatné od samého počátku

**nullity** [ˈnaləti] *(n)* zmatečnost; neplatnost; ~ **marriage** neplatnost manželství

**number** [ˈnambə(r)] *(n)* **1** počet; **large** ~ **of offences** vysoký počet trestných činů; ~ **of the population** počet obyvatel; ~ **of Representatives** *am.* počet členů Sněmovny reprezentantů; ~ **of terms** počet funkčních období **2** velké množství; ~ **of different senses** mnoho různých významů **3** číslo; **company registration** ~ identifikační číslo organizace (IČO)

**nuncio** [ˈnanʃiəu] *(n)* nuncius

**nuptial** [ˈnapʃəl] *(adj)* svatební, snubní

**N.Y.S.E.** [naiˈsiːiː] *(abbrev)* New York Stock Exchange *am.* burza cenných papírů na Wall Street v New Yorku

# O

**oath** ['əuθ], *pl* ['əuðz] *(n)* přísaha, přísežný slib; **decisive / decisory** ~ rozhodná / rozhodující přísaha; **extrajudicial** ~ mimosoudní přísaha; **false** ~ křivá přísaha; **judicial** ~ soudní přísaha, přísaha před soudem; **loyalty** ~ slib věrnosti státu v souvislosti s veřejnou funkcí; **official** ~ / ~ **of office** slib přísaha úředníka n. funkcionáře před nástupem do úřadu n. funkce, že bude plnit povinnosti podle svého nejlepšího vědomí a svědomí; **pauper's** ~ / **poor debtor's** ~ manifestační přísaha n. místopřísežné prohlášení o chudobě, tudíž o potřebě veřejné pomoci; **promissory** ~ zavazující přísaha; **purgatory** ~ očistná přísaha; **voluntary** ~ dobrovolná mimosoudní přísaha; ~ **in litem** přísaha v soudním sporu; ~ **of allegiance / loyalty** slib věrnosti státu, přísaha věrnosti; poslanecký slib; ~ **of calumny** přísaha proti nactiutrhání; ~ **rite** ceremonie spojená s přísahou; **declaration upon** ~ přísežné prohlášení; **in lieu of an** ~ místopřísežně; **on** ~ pod přísahou; **under the** ~ **of secrecy** pod pečetí mlčenlivosti, sub rosa; **administer an** ~ **to sb.** vzít koho pod přísahu; **bind by** ~ zavázat přísahou; **break one's** ~ nedodržet / porušit svou přísahu; **put sb. (up)on** ~ vzít koho pod přísahu; **swear / take / make / tender an** ~ přísahat, odpřisáhnout, učinit přísežný slib

**obdurate** ['obdjurət, *am.* 'ab-] *(adj)* zatvrzelý, zarytý; tvrdohlavý, neústupný

**obedience** [ə'bi:djəns] *(n)* poslušnost, podrobení se; podřízenost; **in** ~ **to orders** podle rozkazů / příkazů

**obedient** [ə'bi:djənt] *(adj)* poslušný; oddaný

**obey** [ə'bei] *(v)* sb./st. (u)poslechnout koho/co, řídit se čím; ~ **instructions** poslouchat / řídit se pokyny; ~ **judgment** podrobit se rozsudku; ~ **lawful orders** řídit se zákonnými příkazy

**obiter dictum** [,obitə(r)'diktəm, *am.* ,abit-], *(pl)* **dicta** ['diktə] *(lat)* **1** méně podstatná část soudního rozhodnutí nemající sílu precedentu; faktická poznámka soudce **2** mimochodem řečeno, příležitostně řečené

**obituary** [ə'bitjuəri, *am.* ə'bičuəri] *(n)* **1** matrika zemřelých **2** nekrolog

**object** ['obdžikt, *am.* 'abdžəkt] *(n)* **1** předmět; ~ **insured** předmět pojištění; ~ **of an action** předmět žaloby; ~ **of relations** před-

mět vztahů **2** cíl, účel; ~ **of a statute** cíl / smysl zákona; **the** ~ **is not completely attained** cíle není zcela dosaženo; **pursue the same** ~ sledovat stejný cíl ♦ ~**s clause** ustanovení ve společenské smlouvě o předmětu a účelu činnosti obchodní společnosti

**object** [əb'džekt] *(v)* **to / against** st./sb. namítat, mít námitky proti čemu/komu; protestovat proti čemu/komu; ~ **to a juror** protestovat proti podjatosti porotce

**objection** [əb'džekšən] *(n)* námitka; ~ **in point of fact** faktická námitka; ~ **in point of law** právní námitka; ~ **overruled** námitka se zamítá; ~ **sustained** námitka se připouští; **consider the** ~ přezkoumat námitku; **make / raise / take an** ~ vznést námitku, protestovat

**objectionable** [əb'džekšənbl] *(adj)* **1** problematický, sporný **2** nevyhovující **3** nežádoucí; ~ **foreigner** nežádoucí cizinec

**objective** [əb'džektiv] *(n)* cíl; **conflicting** ~**s** rozporné cíle; **achieve a number of** ~**s** dosáhnout mnoha cílů

**objective** [əb'džektiv] *(adj)* objektivní; ~ **impossibility of performance** objektivní nemožnost plnění

**objector** ['obdžektə, *am.* 'ab-] *(n)* oponent, odpůrce; **conscientious** ~**s** odpůrci vojenské služby z důvodu svědomí, náboženství atd.

**obligate** ['obligeit, *am.* 'ablə-] *(v)* st. zejm. am. právně zavázat koho, učinit pro koho povinným ze zákona

**obligatio** [,obli'geišiəu, *am.* ,abli-] *(lat)* závazek; ~ **civilis** [~ 'sivələs] civilní právní závazek; ~ **ex contractu** [~ ,ekskən'træktə] smluvní závazek

**obligation** [,obli'geišən, *am.* ,abli-] *(n)* **1** závazek, povinnost; **accessory** ~ vedlejší / akcesorní závazek; **contractual** ~ smluvní závazek; **divisible / indivisible** ~ dělitelný / nedělitelný závazek; **express** ~ výslovný závazek; **heritable** ~ dědičný závazek; **implied** ~ předpokládaný závazek; **joint** ~ společný závazek; **moral** ~ morální závazek; **penal** ~ sankční závazek; **personal** ~ osobní závazek; **principal** ~ hlavní závazek; **pure** ~ nepodmíněný závazek; **reciprocal** ~**s** vzájemné oboustranné závazky / povinnosti; **several** ~ individuální závazek; **solidary** ~ solidární závazek; **~s entailed by membership of st.** povinnosti vyplývající ze členství v čem; **~ under contract** smluvní závazek; **breach of the ~s** porušení / nedodržení závazků; **failure to meet ~s** neplnění závazků; **fulfilment of ~s** plnění závazků; **in pursuance of an** ~ při plnění závazku; **~ not to permit or suffer such an act** povinnost nepřipustit či nestrpět takové jednání; **~ to disclose** povinnost oznámit; **assume an** ~ převzít závazek; **carry out the ~s** plnit závazky / povinnosti; **commit a breach of the ~s** porušit / nedodržet závazky; **comply with the ~s** podrobit se závazkům; **entail an** ~ uložit povinnost; **govern ~s** upravovat závazky; **guarantee the ~s** ručit za závazky; **impose an** ~ uložit závazek; **lay / put sb. under an** ~ uložit komu povinnost / závazek, zavázat koho; **perform one's ~s** plnit své závazky / povinnosti; **waive an** ~ netrvat na / zříci se závazku 2 obligace, dluhopis

**obligatory** [o'bligətəri, am. ə'bligətəri] (adj) závazný; povinný; **~ idemnification** povinné odškodnění; **~ reinsurance** obligatorní zajištění; **~ self-insurance** povinná spoluúčast, povinné samopojištění

**oblige** [ə'blaidž] (v) o. s./sb. to st. 1 zavázat se / koho k čemu 2 přinutit, donutit koho k čemu; **be ~d to do st.** být nucen k čemu, muset udělat co

**obligee** [‚obli'dži:, am. ‚abli-] (n) 1 strana zavazující, věřitel; oprávněný ze závazku osoba, v jejíž prospěch se uzavírá závazek 2 odškodněná strana v pojištění

**obligor** [‚obli'go:(r)] (n) 1 dlužník, závazná strana, povinný osoba zavazující se 2 odškodňující strana v pojištění

**obliterate** [ə'blitəreit] (v) st. 1 vymazat, zahladit, zlikvidovat co; **~ footprints** likvidovat stopy 2 zamazat, přeškrtat co

**obliteration** [ə‚blitə'reišən] (n) zahlazení, smazání, likvidování stop

**oblivion** [ə'bliviən] (n) 1 zapomnění; amnestie; oficiální ignorování trestného činu; **Act of O~** zákon o politické amnestii 2 zapomnětlivost

**oblivious** [ə'bliviəs] (adj) of / to st. 1 zapomnětlivý na co 2 nedbající, nehledící na co; **~ to the peacetime practice of espionage** nedbající na špionáž v době míru

**obmutescence** [obmju:'tesəns, am. abmju:-] (n) zatvrzelé mlčení

**obmutescent** [əb'mju:təsənt] (adj) zatvrzele mlčící

**obnoxious** [əb'nokšəs, am. -'nak-] (adj) závadný; škodlivý, nepřijatelný; urážlivý; vysoce nežádoucí

**obreption** [əb'repšən] (n) podvodné nabytí věci/práva, obrepce

**obrogation** [əbrəu'geišən] (n) zrušení zákona přijetím zákona opačného

**obscene** [əb'si:n] (adj) nemravný, obscénní, sprostý; **~ language** neslušná mluva, hrubý výraz; **~ libel** obscénní urážka na cti; **~ publication** pornografie; **prohibit broadcasting of ~ matters** zakázat vysílání materiálů porušujících mravnost / proti mravnosti

**obscenity** [əb'senəti] (n) obscénnost, nemravnost, neslušnost; **~ laws** zákony proti pornografii; **pandering of ~** obstarávání pornografické literatury

**obscure** [əb'skjuə(r)] (adj) 1 nezřetelný, špatně zřetelný; zkreslený 2 tmavý, temný 3 bezvýznamný, obyčejný

**obscure** [əb'skjuə(r)] (v) st. zkreslit co; **~d for ideological reasons** zkreslen z ideologických důvodů

**obsecrate** ['obsikreit, am. 'absə-] sb. zapřísahat koho

**obsecration** [‚obsi'kreišən, am. ‚absə-] (n) zapřísahání, úpěnlivá prosba

**observance** [əb'zə:(r)vəns] (n) 1 dodržení, dodržování; **strict ~** přísné dodržování; **~ of the Convention** dodržování Konvence; **~ of the covenants** dodržování závazků; **~ of treaties and agreements** dodržování a plnění mezinárodních smluv a dohod 2 plnění, konání závazků, povinností 3 zachování

**observant** [əb'zə:(r)vənt] (adj) zachovávající, dodržující; plnící; opatrný, pozorný

**observation** [‚obzə:(r')veišən, am. ‚abz-] (n) 1 poznatek z pozorování, postřeh 2 pozorování; **~ camp** karanténní tábor 3 poznámka, komentář

**observe** [əb'zə:(r)v] (v) st./sb. 1 dodržovat, zachovávat co; **~ the Constitution** dodržovat ústavu; **~ etiquette** dodržovat společenská pravidla; **~ the law** zachovávat právo; **~ a treaty** dodržet mezinárodní smlouvu; **failure to ~ the correct procedure** nedodržování správného postupu 2 pozorovat co/koho

**observer** [əb'zə:(r)və(r)] *(n)* pozorovatel
**obsession** [əb'seʃən] *(n)* posedlost, utkvělá myšlenka; obscese
**obsolescence** [ˌobsəu'lesns, *am.* ˌabsə'-] *(n)* obsolence, zastarávání; vyjití z užívání
**obsolete** ['obsəli:t, *am.* 'absə-] *(adj)* obsolentní; fakticky neužívaný; neplatný
**obstacle** ['obstəkl, *am.* 'ab-] *(n)* překážka
**obstruct** [əb'strakt] *(v)* st. bránit čemu, mařit, zabrzdit co, stát v cestě čemu; **~ an officer** mařit úřední výkon; **~ justice** bránit v přístupu k soudu, bránit výkonu spravedlnosti; **~ mails** *am.* zadržovat poštovní zásilky jako trestný čin; **~ the passage of the bill** bránit přijetí návrhu zákona; **~ proceedings of legislature** mařit zákonodárný proces
**obstruction** [əb'strakʃən] *(n)* bránění, maření, překážení; obstrukce; **~ to navigation** bránění v plavbě; **~ of the police** maření policejního zásahu
**obstructive** [əb'straktiv] *(adj)* of / to st. překážející čemu, zdržující co; obstrukční
**obtain** [əb'tein] *(v)* st. **1** získat, obdržet co; **~ big majorities in some seats** získat některá křesla velkou většinou hlasů; **~ by deception / fraud** získat majetek podvodem; **~ most votes** získat nejvíce hlasů; **~ pecuniary advantage by deception** podvodně získat finanční výhodu; **~ redress** získat odškodnění, obdržet náhradu **2** existovat jako právní norma; **this right does not ~ in judicial proceedings** v soudním řízení toto právo neexistuje; **a rule obtaining in international law** pravidlo existující v mezinárodním právu
**obtainable** [əb'teinəbl] *(adj)* dosažitelný
**obtainment** [əb'teinmənt] *(n)* zisk; **fraudulent ~** podvodný zisk
**obtest** [əb'test] *(v)* zapřísahat; protestovat, prohlašovat; volat za svědka
**obtestation** [əbtes'teiʃən] *(n)* zapřísahání; prohlašování
**obtrusion** [əb'tru:ʒən] *(n)* násilné vtírání, obtěžování; násilnost, násilí
**obtrusive** [əb'tru:siv] *(adj)* vtíravý, vlezlý, obtěžující; násilnický
**obversion** [əb'və:(r)ʃən] *(n)* protikladný závěr; obměna
**obviate** ['obvieit, *am.* 'ab-] *(v)* st. vyhnout se čemu; zbavit se čeho, odstranit co
**obvious** ['obviəs, *am.* 'ab-] *(adj)* zřejmý, oči-

vidný; **~ danger** zřetelné / zřejmé nebezpečí; **~ choice** jasná volba; **~ risk** jasné / zřetelné riziko; **make st. ~** dát jasně najevo, učinit zřejmým co
**occasion** [ə'keiʒən] *(n)* **1** příležitost **2** záminka; podnět **♦ for the ~** za tímto účelem; **on ~** příležitostně
**occasion** [ə'keiʒən] *(v)* st./sb. *to do* st. **1** způsobit co, být příčinou čeho; **~ actual bodily harm** způsobit těžké ublížení na zdraví **2** donutit, přimět koho k čemu
**occasional** [ə'keiʒənl] *(adj)* příležitostný; **~ criminal** příležitostný pachatel; **~ license** jednorázové povolení prodeje alkoholických nápojů na určitém místě a v určité době
**occupancy** ['okjupənsi, *am.* 'ak-] *(n)* **1** držení, držba; nabytí vlastnictví přisvojením **2** pronajmutí, nastěhování se; **with immediate ~** k okamžitému nastěhování **3** *(MP)* zabrání majetku jiného státu
**occupant** ['okjupənt, *am.* 'ak-] *(n)* **1** držitel, uživatel; nájemník; **general ~** obecný držitel / uživatel / nájemník **2** faktický vládce, okupant
**occupation** [ˌokju'peiʃən, *am.* ˌak-] *(n)* **1** držba, držení / detence; pronájem; **actual ~** reálná držba **2** zabrání, okupace; **~ regime** okupační režim
**occupation** [ˌokju'peiʃən, *am.* ˌak-] *(n)* povolání, zaměstnání; **~ franchise** volební právo získané výkonem povolání v urč. místě; **~ tax** profesní daň, daň z podnikání; **engage in any other ~** zabývat se jakýmkoliv jiným zaměstnáním
**occupational** [ˌokju'peiʃənl, *am.* ˌak-] *(adj)* **1** týkající se držby tj. pronájmu majetku; **~ lease** nájemní smlouva **2** pracovní, týkající se výkonu zaměstnání, zaměstnanecký; **~ accident** pracovní úraz; **~ disease** nemoc z povolání; **~ hazards** rizika spojená s výkonem povolání; **~ pension scheme** systém podnikového penzijního (při)pojištění
**occupier** ['okjupaiə, *am.* 'akjupaiər] *(n)* držitel pozemku s příslušenstvím; nájemce, nájemník; **~'s liability** odpovědnost držitele / nájemce pozemku vůči osobám na pozemek vstoupivším
**occupy** ['okjupai, *am.* 'ak-] *(v)* st. **1** zaujímat, zabírat co; **~ a position** zaujmout postavení **2** zmocnit se čeho, obsadit co; **squatters ~ied the building** neoprávněné osoby nezákonně obsadili budovu

occur [ə'kə:(r)] /rr/ (v) (to sb.) **1** přihodit se, stát
se **2** vyskytovat se **3** přijít na mysl (komu)
**occurrance** (am. **occurence**) [ə'karəns] (n)
**1** příhoda, neočekávaná událost **2** výskyt, vznik;
~ **of insurance event** vznik pojistné události
**octroi** ['oktrwa:, am. oktr'wa:, 'oktroi] (n)
**1** akcíz, daň z dovozu do města **2** výběrčí daně
**odd** [od, am. ad] (adj) **1** lichý **2** zbylý, přebýva-
jící **3** jednotlivý ♦ ~ **child** nemanželské dítě;
~ **jobs** příležitostná práce; ~ **lot** drobná partie
méně než 100 akcií, zvláštní podíl; ~ **lot doctrine**
am. pravidla, podle nichž je možné osobu
uznat za plně invalidní s ohledem na nemožnost
jejího zapojení do pracovního a společenského života;
~ **lot order** objednávka méně než sto akcií,
drobná partie
**odd-jobbing** ['oddžobiŋ, am. 'addžabiŋ] (n) vy-
konávání příležitostné práce
**odds** [odz, am. adz] (pl) **1** naděje, vyhlídky,
šance **2** nepřízeň osudu ♦ **be at** ~ **with sb.**
**on st.** nesouhlasit s kým v čem, hádat se s kým
o čem; **make** ~ even vyrovnat rozdíly; **it is**
**no** ~ na tom nezáleží, je to jedno
**offence** (am. **offense**) [ə'fens] (n) jakékoliv poru-
šení norem trestního n. správního práva, trest-
ný čin, přečin, přestupek; **capital** ~ hrdelní
zločin; **criminal** ~ trestný čin; **continuing**
~ pokračující trestný čin; **inchoate** ~ trestný
čin vedoucí k jinému trestnému činu; **indict-
able** ~ závažný trestný čin; **minor** ~ méně
závažný trestný čin, drobný delikt; **minor**
**statutory** ~ méně závažné porušení psaného
zákona; **multiple** ~ několikanásobný trestný
čin; **notifiable** ~ brit. závažný trestný čin pro-
jednávaný Korunním soudem; **passport** ~ trestný
čin falšování úředních dokumentů; **pollution**
~s přestupky týkající se znečištění; **serious**
~ závažný trestný čin; **statutory** ~ trestný
čin jako porušení psaného zákona, nikoliv obyčejového
práva; ~ **against morality** mravnostní delikt;
~ **against the person** trestný čin proti osobě;
~ **against property** majetkový trestný čin;
~ **against public order** trestný čin proti ve-
řejnému pořádku; ~ **against the state** zločin
proti státu např. zrada; ~ **of violence** násilný
trestný čin; **investigation into indictable** ~s
vyšetřování závažných trestných činů; **accuse**
**of an** ~ obžalovat z trestného činu; **arrest for**
**an** ~ zatknout / uvěznit pro trestný čin; **charge**
**with an** ~ obvinit z trestného činu; **convict**
**of an** ~ odsoudit pro trestný čin; **suspect of**

**an** ~ podezírat z trestného činu; **try for an** ~
soudit pro trestný čin; **try for the same** ~
vést trestní řízení pro týž trestný čin; **try** ~s
soudně projednávat trestné činy
**offend** [ə'fend] (v) against st. spáchat přečin
proti čemu; porušit co; ~ **against the law**
porušit zákon
**offender** [ə'fendə(r)] (n) pachatel; **alleged** ~
údajný pachatel; **assisting** ~ spolupachatel;
**convicted** ~s odsouzení pachatelé; **persist-
ent** ~ recidivista; **professional** ~ profesio-
nální zločinec; **young adult** ~ delikvent ve
věku blízkém věku mladistvých; **young** ~
mladistvý delikvent; **apprehension of** ~s
vzetí pachatelů do vazby; **person of the** ~
osoba / osobnost pachatele; **treatment of** ~s
zacházení s pachateli
**offensive** [ə'fensiv] (adj) **1** útočný; urážlivý,
hrubý; ~ **language** nadávky, hrubé vyjadřo-
vání; ~ **weapon** útočná zbraň **2** týkající se
trestného činu
**offer** ['ofə, am. 'afər] (n) nabídka; oferta; **irre-
vocable** ~ nezrušitelná neodvolatelná nabídka;
**public exchange** ~ veřejná burzovní nabídka;
~ **and acceptance** nabídka a přijetí nabídky
jako podmínka uzavření kupní smlouvy, oferta a
akceptace; ~ **for sale** nabídka prodeje akcií;
~ **of jobs** nabídka práce; ~ **price** nabídková
cena; **on** ~ na prodej; **accept an** ~ přijmout
nabídku
**offer** ['ofə, am. 'afər] (v) st. **1** předložit,
nabízet co; ~ **evidence** předložit důkaz(y)
**2** projevit co; ~ **resistance** klást odpor
**offeree** [ˌofə'ri:, am. ˌafə'ri:] (n) adresát nabídky,
akceptant
**offering** ['ofəriŋ, am. 'af-] (n) nabídka; nabídnu-
tí; emise akcií; ~ **circular** nabídkový oběžník
pro emise akcií; ~ **price** nabídková cena při první
n. druhé emisi akcií
**offeror** ['ofərə, am. 'afərər] (n) nabízející, ofe-
rent, navrhovatel
**office** ['ofis, am. 'af-] (n) **1** úřad, funkce; **civil** ~
státní úřad, státní funkce; **judicial** ~ úřad v
oblasti soudnictví; **patent** ~ patentový úřad;
**public** ~ státní úřad / funkce; ~ **of honour**
čestná funkce; ~ **of profit** placená funkce;
~ **of the public prosecution** prokuratura,
úřad státního žalobce; ~ **copy** 1 úřední opis
2 kopie, jež zůstává ve spisech; ~ **holder**
funkcionář, úředník; ~ **hours** úřední hodiny;
**continuance in** ~ setrvání v úřadu / ve funkci;

discharge of his ~ výkon jeho funkce; **term of** ~ funkční období; **hold** ~ být ve funkci; **retain** ~ ponechat si / podržet si úřad / funkci; **take up** ~ převzít úřad, ujmout se úřadu **2** kancelář, úřad; **branch** ~ pobočka; **exchange** ~ směnárna; **head / main / principal** ~ sídlo správní rady společnosti; ~ **attorney** advokát připravující věc k projednání, ale nevystupující před soudem; ~ **audit** revize daňového přiznání finančním úřadem; ~ **building** administrativní budova; ~ **staff** administrativní aparát; ~ **supplies** kancelářské potřeby; **allowance for secretarial and** ~ **expenses** příspěvek na administrativní výdaje **3** brit. ministerstvo; **Foreign O~** Ministerstvo zahraničí; **Home O~** Ministerstvo vnitra; **Scottish O~** Ministerstvo pro Skotsko; **Welsh O~** Ministerstvo pro Wales
**office-bearer** ['ofis₁beərə(r), am. 'af-], **office--holder** ['ofis₁həuldə(r), am. 'af-] (n) funkcionář, držitel úřadu / funkce
**officer** ['ofisə, am. 'afəsər] (n) **1** úřední osoba, funkcionář; **chief** ~ nejvyšší úředník; **customs** ~ úředník celní správy; **information** ~ úředník pro styk s veřejností; **Law O~s** brit. čtyři nejvyšší funkce státního zastupitelství generální prokurátor a jeho náměstek pro Anglii a Wales, generální prokurátor a jeho náměstek pro Skotsko; **probation** ~ probační úředník; **public legal** ~ státní soudní úředník; **public** ~ státní úředník; ~ **of the state** státní úředník **2** důstojník; **police** ~ policejní důstojník; **warrant** ~ dozorčí důstojník **3** výkonný vedoucí pracovník akciové společnosti
**official** [ə'fišəl] (n) státní / vládní úředník, činitel, funkcionář; **customs** ~ celní úředník; **high** ~s vysocí státní úředníci; **minor** ~ nižší vládní úředník; **senior** ~s nejvyšší činitelé
**official** [ə'fišəl] (adj) úřední, oficiální; ~ **bond** úřední závazek / slib / záruka; ~ **business** úřední záležitost; ~ **channels** úřední cesta; ~ **contradiction** oficiální dementi; ~ **document** úřední listina; ~ **institution** oficiální instituce; ~ **language** úřední jazyk; ~ **oath** služební přísaha; ~ **misconduct** vadné chování úřadu; ~ **rate** úřední kurs; ~ **receiver** správce konkursní podstaty; ~ **record** úřední záznam; ~ **secret** služební n. státní tajemství; ~ **statement** oficiální prohlášení; ~ **use** úřední účel; **in an** ~ **capacity** z moci úřední; **under**

~ **seal** pod celní uzávěrou, opatřený pečetí celnice
**off-license** ['of₁laisəns] (n) brit. povolení prodávat lihoviny přes ulici
**offset** ['ofset] (n) **1** protinárok; vzájemná žaloba **2** vyrovnání položek v účetní knize; ~ **account** protiúčet
**offset** /offset, offset/ [of'set, of'set] /tt/ (v) st. vyrovnat, vyvážit co; ~ **the costs** vyrovnat výdaje
**off-shore** [of'šo:(r)] (adj) pobřežní; ~ **insurance** pojištění pobřežních rizik
**offspring** ['ofspriŋ] (n) potomek, potomci, potomstvo
**off-street** [of'stri:t] (adv) mimo ulici; ~ **car parks** parkoviště mimo ulici
**OHMS** [ou'ejč₁em'es] (abbrev) On Her Majesty's Service k službám Jejího Veličenstva
**old** [əuld] (adj) starý; ~ **law** staré již neúčinné právo; **O~ Bailey** angl. budova Ústředního trestního soudu v Londýně
**old-age** [əuld'eidž] (adj) starobní; ~ **benefits** dávky ve stáří; ~ **disability insurance** am. pojištění pro případ invalidity ve stáří; ~ **pension** starobní důchod; ~ **pensioner** starobní důchodce
**olograph** [₁olə'gra:f, am. -'græf] (n) vlastnoručně napsaná listina
**olographic** [₁olə'græfik] (adj) vlastnoručně psaný; ~ **testament** vlastnoručně sepsaná závěť
**ombudsman** ['ombudzmən], (pl) **-men** ombudsman úředník zabývající se stížnostmi občanů na orgány státní správy
**omissible** [əu'misibl] (adj) pominutelný, vypustitelný, zanedbatelný
**omission** [ə'mišən] (n) opomenutí, zanedbání; **errors and** ~s **excepted (e. & o. e.)** s výhradou případných omylů na faktuře; **supply an** ~ napravit opomenutí
**omit** [ə'mit] /tt/ (v) (to do) st. **1** vypustit, vynechat co; **be** ~**ed from the list** být vynechán na seznamu **2** opomenout co udělat, pominout co
**omittance** [ə'mitəns] (n) zdržení ze čeho; opomenutí, zapomenutí
**omnibus** ['omnibəs] (lat) „pro všechny"; souhrnný; ~ **bill** souhrnný návrh zákona upravující více než dvě problematiky; ~ **clause** souhrnná doložka poslední vůle o převedení veškerého majetku; ~ **hearing** souhrnné řízení
**omnium** ['omniəm, am. 'am-] (n) celek, celková skupina; ~ **policy** jednotná pojistka

**on** [on] *(prep)* na; k; ~ **account of** st./sb. 1 kvůli čemu, z důvodu čeho 2 na účet koho; ~ **the agreed date** ke sjednanému dni; ~ **all fours** naprosto shodný; ~ **behalf of sb.** jménem / v zastoupení koho; ~ **call** na požádání; ~ **default** v prodlení; ~ **demand** na požádání; směnka na viděnou; ~ **file** ve spisech; na seznamu, v evidenci; ~ **or before** do určitého dne včetně; ~ **sale** na prodej

**one** [wan] *(adj)* jeden; ~ **justice** samosoudce

**onerous** ['onərəs, *am.* 'an-] *(adj)* **1** nevýhodný, nerovný o smlouvě, zatížený jednostranným závazkem; onerózní; ~ **contract** výrazně jednostranně nevýhodná smlouva **2** úplatný, provedený za úplatu; ~ **title** titul udělený za úplatu **3** obtížný, těžký

**one-sided** [wan'saidid] *(adj)* jednostranný; ~ **interpretation** jednostranný výklad

**o.n.o.** [ˌəuen'əu] *(abbrev) or near offer* nebo blízký nabídce směrem dolů; **asking price: £200** ~ požadovaná cena 200 liber nebo o něco málo méně

**onus** ['əunəs] *(n)* břemeno; ~ **probandi** ['əunəsprə'bændai] / **of proof / of proving** důkazní břemeno

**onward** ['onwə(r)d, *am.* 'an-] *(adv)* kupředu, dopředu, vpřed; dále

**open** ['əupən] *(adj)* **1** otevřený; volný; ~ **account** otevřený nezaplacený účet; ~ **air** venku, v přírodě; ~ **credit** otevřený běžný účet; ~ **force** prosté násilí; ~ **land** volná nezastavěná půda; ~ **letter of credit** neomezený akreditiv; ~ **market price** volná tržní cena; ~ **prison** vězení se zvláštním volným režimem; ~ **sea** volné moře; ~ **treaty** otevřená smlouva pro další strany ♦ ~ **checque** běžný nekřížovaný šek; ~ **verdict** výrok koronera neuvádějící důvod smrti **2** veřejný; ~ **bid** veřejná nabídka v dražbě; ~ **court** veřejné líčení; ~ **vote** veřejné hlasování; **in** ~ **court** za přítomnosti veřejnosti, veřejně **3** rámcový; ~ **cover** rámcové pojištění; ~ **policy** rámcová pojistka

**open** ['əupən] *(v)* st. otevřít, zahájit co; ~ **the case** začít projednávat případ / věc; ~ **a court** zahájit soudní projednávání; ~ **Parliament** zahájit zasedání parlamentu; ~ **a session** zahájit zasedání

**open-ended** [ˌəupən'endid] *(adj)* otevřený, časově neomezený; ~ **lease** nájem na dobu neurčitou; ~ **mortgage** otevřená hypotéka

**opening** ['əupəniŋ] *(n)* zahájení, otevření; ~ **of the case** zahájení projednávání případu / věci ♦ **job** ~s volná místa

**opening** ['əupəniŋ] *(adj)* zahajovací, úvodní; ~ **bid** první nabídka na vyvolávací cenu; ~ **ceremony** slavnostní zahájení; ~ **clause** úvodní ustanovení, obecné ustanovení; ~ **entry** první položka na účtu; ~ **remark** úvodní poznámka; ~ **statement** nástupní projev, vstupní prohlášení

**open-minded** [ˌəupən'maindid] *(adj)* nepředpojatý, nezaujatý

**open-mindedness** [ˌəupən'maindidnəs] *(n)* nepředpojatost, objektivnost

**operate** ['opəreit, *am.* 'ap-] *(v)* st. **1** fungovat **2** působit, účinkovat **3** řídit, provozovat co; obsluhovat co

**operating** ['opəreitiŋ, *am.* 'ap-] *(adj)* **1** provozní; ~ **budget** provozní rozpočet; ~ **costs / expenses** provozní režijní výdaje; ~ **lease** provozní účelový nájem; ~ **loss** provozní ztráta; ~ **margin** provozní rezerva; ~ **profit** provozní zisk **2** fungující

**operation** [opə'reišən, *am.* ˌap-] *(n)* **1** činnost; fungování; provoz; **mining** ~s důlní činnost; **waste disposal** ~s činnost spojená s odstraňováním odpadů; ~s **manager** provozní ředitel; ~ **manual** provozní předpisy **2** účinnost, platnost; ~ **of a contract** účinnost smlouvy; **rule in** ~ platná norma; **come into** ~ vstoupit v platnost **3** působení, účinek; ~ **of a drug** účinek drogy / léku; **by the** ~ **of law** působením práva **4** pracovní postup, práce, operace; **building** ~s stavební práce; **franchising** ~ prodej licence / koncese ♦ **be in** ~ 1 být v platnosti 2 fungovat

**operational** [opə'reišənl, *am.* ˌap-] *(adj)* operační, provozní; ~ **costs / expenditures** provozní náklady / výdaje; ~ **risk** provozní riziko; **fully** ~ v plném provozu

**operative** ['opərətiv, *am.* 'ap-] *(adj)* **1** platný, účinný; ~ **rule** účinná právní norma; **become** ~ nabýt účinnosti **2** podstatný; rozhodný; ~ **part** rozhodná / podstatná část právního úkonu; ~ **words** podstatná část písemného právního úkonu

**opinion** [ə'pinjən] *(n)* **1** názor, mínění, stanovisko; **adverse** ~ nepříznivé stanovisko; **concurring** ~ při senátním rozhodování souhlasné stanovisko soudce, separátní votum shodné s ostatními co do závěrů, odlišné co do důvodů; **disclaimer** ~ odmítavé stanovisko; **dissenting** ~ při senátním rozhodování stanovisko soudce hlasujícího proti přijatému rozhodnutí; **public** ~ veřejné mínění; **qualified** ~ podmíněné stanovisko s výhradou; **~s on legal questions** vyjádření k právním otázkám; ~ **evidence / testimony** svědectví o názoru / stanovisku; ~ **poll / research** průzkum veřejného mínění; **give advisory ~s** poskytnout odbornou radu, odborně poradit **2** posudek, dobrozdání, expertiza; **expert** ~ znalecký posudek; **legal** ~ právní posudek; ~ **evidence** 1 znalecké dobrozdání 2 výpověď svědka o tom, co si myslí, nikoliv o tom, čeho byl svědkem **3** přesvědčení, zásada; **decent respect to the ~s of mankind** opravdová úcta k zásadám lidstva

**opportunity** [ˌɒpəˈtjunəti, am. ˌapərtˈ(j)uːnəti] *(n)* příležitost, možnost

**oppose** [əˈpəuz] *(v)* st. čelit, bránit (se) čemu, odporovat čemu; **failure to ~ st.** neschopnost čelit čemu; **police ~d the granting of bail** policie byla proti udělení kauce

**opposed** [əˈpəuzd] *(adj)* protikladný, protichůdný

**opposing** [əˈpəuziŋ] *(adj)* protichůdný, antagonistický; nepřátelský

**opposite** [ˈɒpəzit, am. ˈap-] *(n)* opak, protiklad

**opposite** [ˈɒpəzit, am. ˈap-] *(adj)* protější, opačný; protichůdný, protikladný; ~ **party** protistrana nezpůsobilá řádně svědčit

**opposite** [ˈɒpəzit, am. ˈap-] *(adv, prep)* (na)proti

**opposition** [ˌɒpəˈzišən, am. ˌap-] *(n)* opozice

**oppression** [əˈprešən] *(n)* nátlak, útisk, utlačování, utiskování

**oppressive** [əˈpresiv] *(adj)* utiskovatelský, tyranský; nespravedlivý

**oppressor** [əˈpresə(r)] *(n)* tyran, despota; utiskovatel

**oppugn** [ɒˈpjuːn, am. əˈ-] *(v)* st. veřejně popírat, vyvracet co

**oppugnant** [ɒˈpagnənt, am. əˈ-] *(n)* odpůrce

**opt** [ɒpt, am. apt] *(v)* sb. zvolit, vybrat koho, optovat

**optant** [ˈɒptənt, am. ˈaptənt] *(n)* optant osoba vykonávající právo opce

**option** [ˈɒpšən, am. ˈap-] *(n)* **1** volba; alternativa; **at the ~ of sb.** podle volby koho; **no ~s** není volby n. alternativy; **have ~s** mít možnost volby **2** právo volby, ~ **of**

**fine** právo zaplatit pokutu místo odnětí svobody; **without the** ~ bez práva volby zda zaplatit pokutu či být odsouzen k trestu odnětí svobody **3** opce; předkupní právo; **call** ~ možnost nákupu akcií za určitou cenu; **commodity future** ~ termínovaná komoditní opce; **put** ~ možnost prodeje akcií za urč. cenu; **seller's** ~ opční prodej; **share** ~ právo obchodovat s akciemi za určitou cenu; **stock** ~ právo koupit zaměstnanecké akcie; ~ **contract** smlouva o obchodování akciemi za fixní cenu; ~ **spread** opční rozpětí; ~ **to purchase** předkupní právo, opční koupě

**optional** [ˈɒpšənl, am. ˈap-] *(adj)* fakultativní, nepovinný; dobrovolný

**oral** [ˈɔːrəl] *(adj)* ústní; ~ **argument** vystoupení před soudem; ústní zdůvodnění; ~ **confession** ústní doznání / přiznání; ~ **contract** ústní dohoda; ~ **evidence** ústní svědectví; ~ **proceedings** ústní jednání

**orally** [ˈɔːrəli] *(adv)* ústně; **make the contract** ~ uzavřít smlouvu ústně

**ordain** [ɔːˈdein] *(v)* st. **1** stanovit, nařídit co **2** ustanovit/určit co

**order** [ˈɔː(r)də(r)] *(n)* **1** příkaz; závazné rozhodnutí; **cash** ~ pokladní příkaz; **community service** ~ příkaz k veřejně prospěšné službě; **court** ~ soudní příkaz; **demolition** ~ demoliční příkaz; **discretionary** ~ makléři na uváženou ohledně nákupu akcií; **domestic court ~s** příkazy domácího / vnitrostátního soudu; **family provision ~s on death** rozhodnutí o zajištění rodiny v případě smrti živitele; **final** ~ konečné rozhodnutí, konečný příkaz; **interlocutory** ~ mezitímní příkaz; **lawful** ~ zákonný příkaz; **open** ~ trvalý příkaz makléři; **purchase** ~ objednávka, kupní příkaz; **stop-payment** ~ příkaz k zastavení plateb; **superior** ~ vyšší příkaz; **winding up** ~ likvidační soudní příkaz; **O~s in Council** brit. nařízení královské Soukromé rady Privy Council, druh pramenů psaného práva; ~ **for costs** příkaz k úhradě; ~ **for custody** 1 rozhodnutí o předání dítěte do opatrovnické péče 2 rozhodnutí o vazbě; ~ **for delivery-up** příkaz k vydání věci; ~ **for financial relief** rozhodnutí pro finanční pomoc / vyrovnání; ~ **nisi** podmíněný příkaz; ~ **of certiorari** příkaz k předložení věci vyšší instanci k přezkoumání; ~ **of court** soudní příkaz; ~ **of the day** voj. denní rozkaz; ~ **of discharge** soudní příkaz vyvazující osobu z konkursu; ~ **of filiation** rozhodnutí o určení otcovství; ~ **of mandamus** příkaz nižšímu soudu, aby vykonal, co náleží k jeho povinnostem; ~ **of prohibition** příkaz, jímž vyšší soud přikazuje nižšímu zastavit řízení z důvodů jeho nepříslušnosti; **by ~ of a court of law** na základě příkazu soudu; **obey lawful ~s** řídit se zákonnými příkazy **2** pořádek; pořadí; **historical** ~ historické pořadí; **public** ~ veřejný pořádek, výhrada veřejného pořádku; **acts contrary to the ~** činy proti veřejnému pořádku **3** řád; **legal** ~ právní řád **4** vyhláška ministerstva **5** *(SmP)* řad; ~ **bill of lading** konosament / námořní nákladní list na jméno nebo na řad; ~ **document** listina na řad; ~ **instrument** cenný papír na řad; **pay the seller or ~** zaplaťte prodávajícímu nebo na řad; **payable to, or to the ~ of, a specified person** splatný na stanovenou osobu nebo na její řad ♦ **money** ~ peněžní poukázka; **standing** ~ 1 stálý bankovní příkaz 2 *přibl.* jednací řád parlamentu; **point of** ~ faktická poznámka o procedurální záležitosti; ~ **paper** 1 *brit.* pořad jednání zákonodárného sboru 2 cenný papír na řad

**order** [ˈoː(r)də(r)] *(v)* *(to do)* st. nařídit (aby udělal), přikázat co; ~ **a clear, systematic code of all the laws to be made** nařídit, aby byl pořízen jasný systematický kodex všech zákonů; ~ **dissolution of Parliament** nařídit rozpuštění parlamentu

**order-book** [ˈoː(r)də(r)buk] *(n)* **1** kniha zakázek / objednávek **2** *brit.* kniha návrhů přihlášených k projednání v Dolní sněmovně

**orderly** [ˈoː(r)də(r)li] *(adj, adv)* uspořádaný, systematický; řádný; **Elections are now conducted in an ~ manner.** Volby jsou nyní konány řádným způsobem.

**ordinance** [ˈoː(r)dinəns] *(n)* vládní nařízení, výnos, místní vyhláška; **municipal** ~ městská vyhláška

**ordinary** [ˈoː(r)dinəri] *(n)* ordinář, biskup; soudce; **Lord O~** *skot.* právoplatný soudce jeden z pěti soudců Nejvyššího soudu

**ordinary** [ˈoː(r)dinəri] *(adj)* **1** obyčejný, průměrný, běžný; řádný, obvyklý, pravidelný; ~ **care** řádná péče; ~ **expenses** běžné výdaje; ~ **income** běžný příjem; ~ **loss** běžná ztráta; ~ **proceeding** řádný proces; ~ **risks** běžná rizika; ~ **share** kmenová akcie; ~ **share holder**

řádný akcionář; ~ **theft** prostá krádež; **in** ~ **circumstances** za obvyklých okolností **2** právoplatný, pravomocný; **ex officio**; ~ **written law** platný psaný zákon

**organ** [ˈoː(r)gən] *(n)* orgán; **central** ~ ústřední orgán; **deliberative** ~ poradní orgán; **legislative** ~ zákonodárný orgán; **main** ~ hlavní orgán; **principal judicial** ~ hlavní soudní orgán; **respective** ~ příslušný orgán; **state** ~ státní orgán; **supreme** ~ **of state power** nejvyšší orgán státní moci

**organic** [oː(r)ˈgænik] *(adj)* **1** organický **2** základní, používající; ~ **law** základní zákon, ústava; ~ **limitation** ústavní omezení; ~ **statute** základní zákon, ústava

**organization** [ˌoː(r)gənaiˈzeišən] *(n)* **1** organizace, uspořádání; **judicial** ~ organizace soudnictví; ~ **of the State** uspořádání státu **2** organizace, instituce; **charitable** ~ charitativní organizace; **governmental** ~s vládní organizace; **the Food and Agriculture O~** *(OSN)* Organizace pro zemědělství a výživu; **the International Labour O~** *(OSN)* Mezinárodní organizace práce; **the United Nations Educational, Scientific and Cultural O~ (UNESCO)** *(OSN)* Organizace pro vzdělání, vědu a kulturu OSN

**organize** [ˈoː(r)gənaiz] *(v)* st. organizovat co; ~**d crime** organizovaná kriminalita / zločinnost; ~**d labour** odborově organizovaní dělníci; **the state is ~d on territorial basis** stát je organizován na územním principu

**origin** [ˈoridžin, *am.* ˈarədžin] *(n)* původ, vznik; **ethnic** ~ etnický původ; **national** ~ národnostní původ; **certificate of** ~ osvědčení o původu zboží; **country of** ~ země původu; **indication of** ~ označení původu zboží

**original** [əˈridžinəl] *(adj)* původní; originální; ~ **copy** originál spisu, dokumentu; ~ **evidence** originální / pravé důkazy; ~ **jurisdiction** jurisdikce v první instanci; ~ **promise** pravý slib

**originate** [əˈridžineit] *(v)* *in* st. **1** mít počátek v čem; **originating process** počáteční / prvotní proces **2** vzniknout v čem; **money bills must** ~ **in the House of Commons** *brit.* zákony týkající se státního rozpočtu musí vzniknout v Dolní sněmovně

**origination** [əˌridžiˈneišən] *(n)* původ, počátek; vznik; uvedení v život; ~ **clause** klauzule o vzniku / původci zákonů v USA

**orphan** [ˈoː(r)fən] *(n)* sirotek; ~**'s annuity** sirotčí důchod; **~'s deduction** sirotčí srážka daňový odečet při dani z nemovitosti pro osiřelé dítě; **~' s court** sirotčí soud

**orphanage** [ˈoː(r)fənidž] *(n)* osiřelost; **~ part** sirotčí podíl

**orphaned** [ˈoː(r)fənd] *(adj)* osiřelý

**ostensible** [osˈtensəbl, *am.* asˈ-] *(adj)* 1 zdánlivý; předstíraný, údajný; **~ agency** *přibl.* nezmocněné / zdánlivé jednatelství; **~ authority** domnělé oprávnění; **~ ownership** domnělé vlastnictví; **~ partner** zdánlivý společník 2 nápadný, okázalý

**otherwise** [ˈaðə(r)waiz] *(adv)* jinak; **~ disqualified** jinak nezpůsobilý; **except as ~ stated** s výjimkou případů, kdy je uvedeno jinak; **unless ~ agreed** není-li dohodnuto jinak

**ouster** [ˈaustə(r)] *(n)* vypuzení z držby

**out** [aut] *(adv)* mimo; **~ of action** vyřazený z činnosti, nefungující; **~ of court settlement** mimosoudní smír; **~ of order** nefungující; **~ of service** mimo provoz; **~ of wedlock** mimomanželský, nemanželský

**outbid** */outbid, outbid/* [ˈautbid, ˈautbid] */dd/* *(v)* nabídnout více; předražit nabídku

**outclearing** [ˈautˌkliəriŋ] *(n)* zaslání směnek do zúčtovací banky

**outer** [ˈautə(r)] *(adj)* vnější; **~ space** kosmický prostor ♦ **O~ Bar** mladší právníci baristři

**outgiving** [ˈautgiviŋ] *(n)* prohlášení pro veřejnost, veřejné prohlášení

**outgoings** [ˈautˌɡəuiŋz] *(pl)* režijní výdaje n. náklady *např.* v souvislosti s údržbou nemovitosti

**outlaw** [ˈautloː] *(n)* osoba mimo zákon, psanec

**outlaw** [ˈautloː] *(v)* st./sb. 1 postavit co/koho mimo zákon 2 prohlásit co za nezákonné, zbavit co platnosti

**outline** [ˈautlain] *(n)* nástin, přehled

**outline** [ˈautlain] *(v)* st. nastínit, načrtnout co; **~ broad policies** nastínit obecnou politickou linii

**outplacement** [ˈautpleismənt] *(n)* převedení zaměstnance do jiného zaměstnání

**outrage** [ˈautreidž] *(n)* 1 násilí, násilný čin 2 *against / (up)on* st. těžká urážka koho

**outrage** [ˈautreidž] *(v)* sb./st. těžce urazit, pobouřit koho/co; **~ public opinion** pobouřit veřejné mínění

**outrageous** [autˈreidžəs] *(adj)* 1 násilnický, urážlivý; nelidský; **~ cruelty** bestialita; **~ treatment** nelidské zacházení 2 bezmezný, překračující všechny meze

**outside** [ˌautˈsaid] *(adj)* vnější, venkovní; **~ director** externí ředitel; **~ factors** vnější faktory

**outside** [ˌautˈsaid] *(adv, prep)* mimo, venku; **~ the area** mimo území

**outstanding** [ˌautˈstændiŋ] *(adj)* 1 dosud nevyřízený, nezaplacený, nerozhodnutý; **~ balance** nevyrovnaná bilance; **~ claim** nevyřízená nezaplacená škoda; **~ debts** nesplacené dluhy; **~ liabilities** nevyřízené závazky; **~ orders** nevyřízené objednávky; **~ premium** dlužné pojistné; **~ requirements** dosud nesplněné požadavky 2 skvělý, vynikající; výrazný

**outstandings** [ˌautˈstændiŋz] *(pl)* dluhy, nevyrovnané položky; pohledávky

**outvote** [ˌautˈvəut] *(v)* sb. hlasováním odvolat, nezvolit koho; **the chairman was ~d** předseda nebyl při hlasování zvolen

**outwards** (*am.* **outward**) [ˈautwə(r)dz] *(adv)* navenek, vně, směrem ven; **clearance ~** celní odbavení při vývozu; **~ reinsurance** cedované / pasivní zajištění

**overall** [ˈəuvərɔːl] *(adj)* celkový, souhrnný; **~ majority of seats** naprostá většina křesel

**overall** [ˈəuvərɔːl] *(adv)* celkově, úhrnně

**overbalance** [ˌəuvə(r)ˈbæləns] *(n)* převaha; nevyváženost

**overbalance** [ˌəuvə(r)ˈbæləns] *(v)* st. více než vyvážit

**overbid** */overbid, overbid/* [ˌəuvə(r)ˈbid, ˌəuvə(r)ˈbid, ˌəuvə(r)ˈbid] */dd/* *(v)* přeplatit co, nabídnout za co více

**overcharge** [ˌəuvə(r)ˈčaː(r)dž] *(n)* neúměrně nezákonně zvýšený poplatek za přepravu, přirážka, příplatek

**overcharge** [ˌəuvə(r)ˈčaː(r)dž] *(v)* st. předražit co; účtovat příliš vysokou cenu

**overcome** */overcame, overcome/* [ˌəuvə(r)ˈkam, -ˈkeim, -ˈkam] *(v)* st. přemoci, zdolat co, zvítězit nad čím; **~ presumption** vyvrátit domněnku

**overdraft** [ˌəuvə(r)ˈdraːft, *am.* -ˈdræft] *(n)* debetní saldo; šek na částku přesahující hotovost

**overdraw** */overdrew, overdrawn/* [ˌəuvə(r)ˈdroː, -ˈdruː, -ˈdrəun] *(v)* st. přetáhnout účet, vybrat více než je vklad

**overdrawal** [ˌəuvə(r)ˈdroːəl] *(n)* přečerpání úspor; krátkodobý úvěr

**overdue** [ˌəuvə(r)ˈdjuː] *(adj)* prošlý, zpožděný; dříve splatný, jsoucí po lhůtě splatnosti; **~ books** knihy s uplynulou výpůjční lhůtou;

**keep books ~** ponechat si knihy po uplynutí výpůjční lhůty
**overhead** ['əuvə(r)hed] *(adj)* režijní; **~ costs** režijní náklady
**overheads** ['əuvə(r)hedz] *(pl)* režijní výdaje / náklady
**overissue** [,əuvə(r)'isju:, *am.* -'išju:] *(n)* nadměrně velká emise cenných papírů
**over-insurance** [,əuvə(r)'inšuərəns] *(n)* nadpojištění, přepojištění
**overlap** [,əuvə(r)'læp] */pp/ (v)* st. **1** přesahovat, překrývat co **2** kolidovat s čím
**overpayment** [,əuvə(r)'peimənt] *(n)* přeplatek
**override** */overrode, overriden/* [,əuvə(r)'raid, -'rəud, -'ridən] *(v)* st. **1** převážit nad čím; **overriding commission** superprovize **2** odsunout stranou co
**overrider** [,əuvə(r)'raidə(r)] *(n)* superprovize
**overrule** [,əuvə(r)'ru:l] *(v)* st. **1** zamítnout co; **objection ~d** námitka se zamítá **2** zrušit co, rozhodnutí jiným rozhodnutím; **his veto may be ~d** jeho veto může být zrušeno
**oversight** ['əuvə(r)sait] *(n)* přehlédnutí; omyl, nedopatření, opomenutí, nedbalost
**overstep** [,əuvə(r)'step] */pp/ (v)* st. překročit, přehnat co; **~ sb.'s power** překročit svou pravomoc
**overt** ['əuvə:(r)t, 'əuvət] *(adj)* veřejný, zjevný; otevřený; **~ act** zjevný čin
**overtime** ['əuvə(r)taim] *(adv)* přesčas; **work ~** pracovat přesčas; **~ ban** zákaz práce přesčas; **~ wage** mzda za práci přesčas
**overturn** ['əuvə(r)tə:(r)n] *(n)* politický převrat

**overturn** [,əuvə(r)'tə:(r)n] *(v)* st. **1** prohlásit co za neústavní **2** zrušit rozsudek při odvolání
**overwhelming** [,əuvə(r)'welmiŋ] *(adj)* naprostý, zdrcující, ohromný; **~ majority** drtivá většina
**owe** [əu] *(v)* st. *to* sb. **1** vděčit komu za co **2** dlužit komu co **3** být povinován / zavázán komu čím; **~ allegiance to the Crown** být povinován věrností vůči britské Koruně; **the duty to support ~d by members of the family to one another** povinnost vzájemně se podporovat, kterou jsou členové rodiny vzájemně vázáni
**owelty** ['əulti] *(n)* rovnost, vyrovnání; **~ of exchange** vyrovnání směny; **~ of partition** vyrovnání rozdělení majetku, podílu
**owing** ['əuiŋ] *(adj)* dlužný, povinný, zavázaný
**owing to** ['əuiŋ,tə] *(adv)* st. z důvodu, kvůli, následkem čeho
**own** [əun] *(adj)* vlastní; **~ retention** vlastní vrub
**own** [əun] *(v)* st. vlastnit, mít co
**owner** ['əunə(r)] *(n)* vlastník, majitel; **equitable ~** ekvitní vlastník; **joint ~s** podíloví spoluvlastníci; **record ~** doložený vlastník; **reputed ~** domnělý vlastník
**ownership** ['əunə(r)šip] *(n)* **1** vlastnictví; **bonitary ~** *(ŘP)* lat. bona = majetek vlastnictví k majetku; **equitable ~** *(PEq)* spravedlivé vlastnictví; **joint ~ / ~ in common** spoluvlastnictví **2** vlastnická práva
**oyer** [oie(r)] *(fr)* vyslechnout **1** soudní vyšetřování **2** trestní řízení ♦ **~ and terminer** *brit.* vyslechnout a rozhodnout výzva porotcům, aby vyslechli případ a rozhodli o něm

# P

pacific [pə'sifik] *(adj)* pokojný, klidný, mírový; ~ **settlement of disputes** pokojné řešení sporů

pacification [ˌpæsifi'keišən] *(n)* uklidnění, zklidnění; zjednání pořádku a klidu; mírová smlouva

pack [pæk] *(v)* st. **1** balit, zabalit co; **packing list** průvodka zásilky **2** předstírat, simulovat **3** napodobit, zfalšovat, podvrhnout co ♦ ~ **a jury** ovlivnit výběr porotců ve svůj prospěch

package ['pækidž] *(n)* obal; balík, jednokusová zásilka; kontejner ♦ ~ **deal** 1 soubor návrhů k projednání 2 souhrnná transakce

package ['pækidž] *(v)* st. zabalit co do obalu

packaging ['pækidžiŋ] *(n)* balení výrobku; obalová technika; ~ **of products** balení výrobků ♦ ~ **of policies** sdružování rizik v pojistné smlouvě

packing ['pækiŋ] *(n)* obal, balení zboží

pact [pækt] *(n)* pakt, dohoda, smlouva; **electoral** ~ předvolební dohoda dvou stran vzájemně si nekonkurovat; **non-aggression** ~ pakt o neútočení; **nude** ~ prostá úmluva nežalovatelná, nudum pactum; **obligatory** ~ obligační neformální dohoda

pactional ['pækšənl] *(adj)* týkající se dohody / smlouvy; smluvní

pactitious ['pæktišəs] *(adj)* stanovený smlouvou, smluvený

paederasty ['pi:dəræsti] *(n)* pederastie homosexuální náklonnost k nedospělým chlapcům

page [peidž] *(n)* am. mladý zaměstnanec v administrativě Kongresu

paid-in ['peidin] *(adj)* vložený, zaplacený; ~ **capital** vložený kapitál; ~ **surplus** zaplacený přebytek rozdíl v nominální a reálné hodnotě akcie

paid-up ['peidap] *(adj)* splacený, vložený; ~ **insurance** redukované pojištění; splacené pojištění; ~ **policy** pojistka zproštěná od placení pojistného; ~ **stock** splacené akcie

pain ['pein] *(n)* **1** trest; ~**s and penalties** tresty a pokuty; ~ **of death** trest smrti **2** bolest(i)

pair [peə(r)] *(n)* dohoda dvou poslanců Dolní sněmovny zastupující strany vzájemně v opozici nehlasovat o návrhu, tudíž nebýt přítomen ve Sněmovně v době hlasování nehlasující poslanec opačné parlamentní strany;

he was not able to find a ~ so he had to come back from Paris to attend the debate nemohl najít nehlasujícího opozičního poslance, tudíž se musel vrátit z Paříže, aby se účastnil rozpravy

pairing-off ['peəriŋˌof] *(n)* dohoda dvou poslanců opačných parlamentních stran nehlasovat o návrhu zákona a tím nebýt povinen účastnit se zasedání, negativní volba druh

palimony ['pæliməni] *(n)* výživné stanovené soudem pro partnerku mimo manželství

palm [pa:m] *(n)* dlaň; ~ **prints** otisky dlaní

palm *(v)* off ['pa:mˌof] sb./st. vydávat se za jinou osobu a takto obelhat koho

pandects ['pændekts] *(pl)* pandekty sbírka římského práva; starořímská digesta

pander ['pændə(r)] *(n)* kuplíř(ka); prostitut

pander ['pændə(r)] *(v)* sb. **1** dělat kuplíře **2** uspokojovat smyslné touhy koho

pandering ['pændəriŋ] *(n)* obstarávání, zaopatřování; ~ **of obscenity** obstarávání pornografické literatury

panel [pænl] *(n)* **1** porota, seznam porotců **2** skot. obžalovaný **3** grémium, správní výbor

panel [pænl] */ll/ (v)* sb. skot. obžalovat, postavit koho před soud

papacy ['peipəsi] *(n)* papežství, papežský trůn

papal ['peipəl] *(adj)* papežský; ~ **state** papežský stát; ~ **supremacy** papežská svrchovanost

paper ['peipə(r)] *(n)* **1** listina, doklad, dokument, průkaz; **ballot** ~ hlasovací lístek; **order** ~ písemný program jednání Dolní sněmovny **2** cenný papír; **bank** ~ bankovní směnka; **negotiable** ~ obchodovatelný cenný papír; ~ **credit** směnečný úvěr; ~ **loss** pokles neprodaných aktiv; ~ **money / currency** bankovky; ~ **profit** nerealizovaný zisk z investic n. cenných papírů **3** papír, list papíru; noviny; **headed** ~ hlavičkový papír; **engrossment / judicature** ~ zvláštní silný papír pro čistopis soudních spisů; **free / giveaway** ~ noviny distribuované zdarma financované z reklam **4** referát, krátká seminární písemná práce, pojednání **5** disertace **6** přednáška

papers ['peipə(r)z] *(pl)* **1** akta, písemnosti, obecný název pro soudní písemné materiály, listiny; dokumenty, doklady; **customs** ~ celní dokumenty; **VAT** ~ doklady o zaplace-

ní DPH; ~ **on the case** materiály o případu; ~ **on the fraud** materiály o podvodu **2** doklady, průkaz; **identification / identity** ~s osobní doklady, průkaz totožnosti
**parade** [pə'reid] *(n)* přehlídka ♦ **identification / identity** ~ identifikace pachatele ve skupině osob prováděná přímým svědkem n. obětí, „předváděčka"
**paragraph** ['pærəgra:f, *am.* -ˌgræf] *(n)* odstavec, článek
**paralegal** [ˌpærə'li:gəl] *(n)* úředník s neúplným n. alternativním právnickým vzděláním pracující pod dohledem právníka
**parallel** ['pærəlel] *(adj)* souběžný, paralelní; ~ **citation** paralelní odkaz
**paramount** ['pærəmaunt] *(adj)* **1** vrcholný, nejvyšší; ~ **convention** vrcholná konvence **2** prvořadý, rozhodující, nejdůležitější; nadřazený; ~ **equity** preferovaný / nadřazený ekvitní nárok; ~ **title** nadřazený právní titul
**paraphernalia** [ˌpærəfə(r)'neiljə] *(pl)* **1** osobní majetek **2** vlastní manželčino jmění mimo věna, parafernálie
**pardon** [pa:(r)dn] *(n)* milost, odpuštění, prominutí; **absolute / free / unconditional** ~ udělení milosti spojené se zahlazením odsouzení s výmazem, plná amnestie; **conditional** ~ omezená milost; podmíněné propuštění; **general** ~ všeobecná amnestie, generální pardon; **partial** ~ částečná milost; zmírnění trestu; ~ **attorney** *am.* úředník ministerstva spravedlnosti zabývající se milostmi
**pardon** [pa:(r)dn] *(v)* st. prominout co; udělit milost; **pardoning power** právo udělovat milost
**pardonable** ['pa:(r)dnənbl] *(adj)* podléhající amnestii
**parent** ['peərənt] *(n)* **1** rodič; **relationship of** ~ **and child** vztah rodiče a dítěte **2** zdroj, původce; ~ **case** precedent; ~ **company / corporation** mateřská společnost vlastnící více než 50 % akcií jiné akciové společnosti
**parentage** ['peərəntidž] *(n)* příbuzenství v přímé vzestupné linii; rodičovství
**parental** [pə'rentl] *(adj)* rodičovský; ~ **consent** soudem požadovaný souhlas rodičů s právním úkonem jejich nezletilého dítěte; ~ **liability** právní odpovědnost rodičů za činy svých nezletilých dětí; ~ **powers** rodičovské pravomoci; ~ **request** žádost rodičů; ~ **rights** rodičovská práva stanovená zákonem

**parenthood** ['peərənthud] *(n)* rodičovství; otcovství
**parenticide** [pə'rentisaid] *(n)* **1** otcovrah **2** vražda otce
**parent-in-law** ['peərəntinˌlo:] *(n)* tchán; tchýně
**parentis** [pə'rentəs] *(lat)*: **in loco** ~ [inˌləukəupə'rentəs] na místo rodiče, na místě rodičů, na místě otce; **place sb. in loco** ~ ustanovit koho na místo rodiče
**parentless** ['peərəntləs] *(adj)* osiřelý, jsoucí bez rodičů
**pari causa** [ˌpærai'ko:zə] *(lat)* s rovným právem, rovnoprávný v nárocích
**pari delicto** [ˌpæraidə'liktəu] *(lat)* ve stejné vině, stejně vinný
**pari passu** [ˌpærai'pæsju:] *(lat)* rovnocenně, bez rozdílu, stejně
**parish** ['pæriš] *(n)* **1** farnost; ~ **church** farní kostel **2** nejnižší administrativní jednotka místní správy, *přibl.* obec; ~ **constable** *brit.* obecní strážník; ~ **council** obecní místní zastupitelstvo; ~ **register** obecní farní matrika
**parity** ['pærəti] *(n)* **1** rovnost, rovnocennost; stejná hodnota; ~ **basis** zásada rovnosti **2** měnová parita; ~ **of exchange** oficiální přepočítací kurs; ~ **prices** paritní / rovnostní ceny; **the pound fell to** ~ **with the dollar** libra spadla na úroveň dolaru, tj. jedna libra se rovná jednomu dolaru
**park** [pa:(r)k] *(n)* park; **car** ~ parkoviště
**parking** ['pa:(r)kiŋ] *(n)* parkoviště; ~ **lot** parkoviště; ~ **offences** přestupky spojené s nesprávným parkováním
**parley** ['pa:(r)li] *(n)* diskuse, debata, jednání; vyjednávání
**parliament** ['pa:(r)ləmənt] *(n)* parlament; **European P~** *(ES)* Evropský parlament; **Act of P~** *brit.* zákon parlamentu; **contempt of P~** pohrdání parlamentem; **dissolution of P~** rozpuštění parlamentu; **Houses of P~** sněmovny parlamentu; **life of a P~** funkční období parlamentu; **Member of P~** *brit.* poslanec parlamentu; **session of P~** zasedání parlamentu; **supremacy of P~** nejvyšší moc / supremace parlamentu; **dissolve P~** rozpustit parlament; **prorogue P~** odročit zasedání parlamentu; **summon P~** svolat parlament
**parliamentarian** [ˌpa:(r)ləmen'teəriən] *(n)* **1** zkušený člen parlamentu **2** *am.* poslanec jeden ve Sněmovně reprezentantů a jeden

v Senátu odpovědný za procedurální otázky 3 **parlamentář**, vyjednávač mezi válčícími stranami
**parliamentary** [ˌpɑː(r)ləˈmentəri] *(adj)* 1 parlamentní; stanovený zákonem; celostátní; ~ **committee** parlamentní výbor; ~ **counsel / draftsman** právník připravující paragrafované znění návrhů zákonů; P~ **elections** parlamentní volby; ~ **law** jednací řád parlamentu; ~ **or parochial impositions** celostátní nebo obecní poplatky; ~ **party** parlamentní strana; P~ **privilege** právo poslance vystupovat v parlamentě, aniž je žalovatelný pro urážku na cti; P~ **procedure** parlamentní procedura, způsob práce parlamentu; P~ **Sovereignty** parlamentní svrchovanost 2 parlamentární; ~ **law** parlamentární právo zabývající se procedurálními otázkami činnosti parlamentu a dalších rozhodujících těles
**parochial** [pəˈrəukijəl] *(adj)* obecní, místní, lokální
**parol** [pəˈrəul] *(adj)* ústní, verbální; ~ **evidence** ústní / verbální důkaz / důkazy / svědectví; ~ **promise** ústní úmluva / dohoda
**parole** [pəˈrəul] *(n)* 1 podmínečné propuštění z vězení; ~ **board** *brit.* poradní výbor ministra vnitra doporučující podmínečné propuštění; P~ **Commission** *am.* vládní Komise pro podmínečná propuštění 2 přerušení trestu, dočasné propuštění z vězení na krátkou dobu 3 vyšetřování na svobodě ♦ ~ **officer** sociální kurátor mající dohled nad podmínečně propuštěnými; **put sb. on** ~ propustit koho na čestné slovo
**parolee** [ˌpərəuˈliː] *(n)* podmíněně propuštěná osoba
**parricide** [ˈpærisaid] *(n)* 1 otcovražda, matkovražda, vražda rodičů 2 vlastizrada
**part** [pɑː(r)t] *(n)* 1 část, součást; **component** ~ 1 součást 2 součástka; **constitutional** ~ ústavní součást; ~ **of their duties** součást jejich povinností 2 strana ve sporu ♦ **on the** ~ **of sb.** ze strany / na straně koho
**part** [pɑː(r)t] *(adj)* dílčí, částečný; ~ **payment** dílčí splátka, částečná výplata; ~ **performance** dílčí plnění; částečné splnění
**part** [pɑː(r)t] *(v)* 1 **with** předat, zbavit se; darovat; ~ **with possession** zbavit se držby, předat držbu 2 rozdělit, oddělit (se)
**partial** [ˈpɑː(r)šəl] *(adj)* 1 částečný, dílčí, částkový, alikvotní; ~ **disablement** částečná invalidita; ~ **eviction** částečné vypuze-

ní z držby; ~ **incapacity** částečná nezpůsobilost; ~ **insurance** zlomkové pojištění; ~ **loss** částečná ztráta; *pojišť.* zlomkové odškodnění; ~ **payment** částečná úhrada; ~ **release** částečné vyvázání z hypotéky 2 *soudce* předpojatý, zaujatý
**partiality** [ˌpɑː(r)šiˈæləti] *(n)* to / for / towards sb./st. předpojatost vůči komu/čemu, stranění komu/čemu
**participant** [ˌpɑː(r)ˈtisipənt] *(n)* účastník
**participate** *(v)* **in** [ˌpɑː(r)ˈtisipeitin] st. (z)účastnit se čeho; **all those participating** všichni účastníci
**participation** [pɑː(r)ˌtisiˈpeišən] *(n) in* st. 1 účast na čem 2 podíl na čem; ~ **in profits** podíl na zisku; ~ **loan** sdružená půjčka; ~ **mortgage** sdružená hypotéka
**participator** [ˌpɑː(r)ˈtisipeitə(r)] *(n)* účastník
**particular** [pəˈtikjulə(r)] *(n)* podrobnost, jednotlivost, detail
**particular** [pəˈtikjulə(r)] *(adj)* 1 individuální, jednotlivý, konkrétní; ~ **custom** místní obyčej; ~ **lien** konkrétní zadržovací právo existující do vyrovnání dluhu za zadržovanou věci 2 zvláštní, speciální, dílčí; ~ **average** škoda na lodi či nákladu, kterou nese vlastník poškozené věci; ~ **law** partikulární právo 3 podrobný, detailní ♦ **in** ~ zvláště, zejména
**particularize** [pə(r)ˈtikjuləraiz] *(v)* st. 1 rozparcelovat pozemky 2 specifikovat, precizovat co; zacházet do detailů
**particulars** [pə(r)ˈtikjulə(r)z] *(pl)* podrobný seznam, soupis, detaily *případu*; ~ **of criminal charges** jednotlivé skutky žaloby, výčet obvinění; ~ **of sale** soupis věcí na prodej
**parting** [ˈpɑː(r)tiŋ] *(n)* spolčení; ~ **with possession** spolčení se v držbě
**parting** [ˈpɑː(r)tiŋ] *(adj)* dělící, rozdělující
**partition** [ˌpɑː(r)ˈtišən] *(n)* 1 jakékoliv rozdělení nemovitého majetku; **deed of** ~ smlouva o rozdělení majetku; ~ **of succession** rozdělení dědictví 2 parcelace půdy držené spolunájemci 3 oddělení, sekce
**partition** [ˌpɑː(r)ˈtišən] *(v)* st. oddělit, rozdělit co; přepažit, přehradit co
**partly** [ˈpɑː(r)tli] *(adv)* částečně, z části
**partner** [ˈpɑː(r)tnə(r)] *(n)* společník, obchodní partner; **dormant** ~ tichý společník; **general** ~ komplementář; hlavní partner; **junior** ~ společník vlastnící menšinový / malý podíl ve firmě; **limited** ~ komanditista, společník

ručící do výše svého vkladu; **nominal** ~ nominální partner, jehož jméno se uvádí v souvislosti s podnikáním společnosti; **ostensible** ~ zdánlivý partner; **senior** ~ společník vlastnící většinový / velký podíl; **silent / sleeping** ~ tichý společník; **special** ~ komanditista

**partner** ['pa:(r)tnə(r)] *(v) with* sb./st. spojit se, sdružit se s kým/čím

**partnership** ['pa:(r)tnə(r)šip] *(n)* **1** partnerství, společenství, spolupráce; **work in** ~ **with the U.N.** pracovat společně s OSN **2** obchodní společnost, sdružení, konsorcium, partnerství; **general / universal** ~ všeobecné partnerství se stejným podílem na zisku a ztrátách; **limited** ~ komanditní společnost; obchodní společnost s ručením omezeným; **particular** ~ partnerství pro konkrétní / jednotlivou věc; **secret** ~ tajné partnerství; **statutory** ~ partnerství podle / na základě zákona; **unlimited** ~ společnost s ručením neomezeným; ~ **at / in will** společnost na dobu neurčitou podle přání; **articles of** ~ společenská smlouva; ~ **agreement** partnerská smlouva; ~ **assets** jmění patřící společnosti; ~ **association** partnerská asociace, společnost s ručením omezeným; ~ **certificate** osvědčení o uzavření partnerství; ~ **deed** společenská smlouva, smlouva o sdružení; **dissolve a** ~ rozpustit společnost **3** spoluúčast

**part-owner** ['pa:(r)təunə(r)] *(n)* spoluvlastník, spolumajitel

**part-proprietor** [ˌpa:(r)tprə'praiətə(r)] *(n)* spolumajitel

**part-time** [ˌpa:(r)t'taim] *(n)* snížený / zkrácený pracovní úvazek

**part-time** [ˌpa:(r)t'taim] *(adj)* na zkrácený úvazek; ~ **agent** pojišť. náborář na částečný úvazek; ~ **job** zaměstnání na zkrácený úvazek

**party** ['pa:(r)ti] *(n)* **1** strana politická; **form a political** ~ vytvořit politickou stranu **2** strana / účastník smlouvy, řízení, jednání; **adverse** ~ protistrana; **aggrieved** ~ poškozený; dotčená strana; **contracting** ~ účastník smlouvy, smluvní strana; **high contracting** ~ies vysoké smluvní strany; **injured** ~ poškozená strana; **the other** ~ druhý účastník; **third** ~ies třetí strany nikoliv smluvní; ~ **to an action** strana ve sporu; ~ **to a contract** smluvní strana; ~ies **to the Convention** účastnické strany Konvence; ~ies **to a marriage** strany uzavírající manželství; **be a** ~ **to a**

**case** být zúčastněnou stranou v případu / věci **3** společnost přátel, zábava, večírek ♦ **working** ~ pracovní skupina; ~ **wall of the property** společná zeď mezi sousedícími majetky **party** ['pa:(r)ti] *(adj)* stranický; ~ **affiliation** členství ve straně; ~ **discipline** stranická disciplína; ~ **machine** stranická mašinerie; ~ **membership** členská základna určité strany; ~ **whip** přibl. předseda poslaneckého klubu parlamentu

**pass** [pa:s, *am.* pæs] *(n)* propustka

**pass** [pa:s, *am.* pæs] *(v)* st. **1** přijmout, schválit, odhlasovat co; ~ **an act** odhlasovat zákon; ~ **a bill** schválit návrh zákona; ~ **laws** schvalovat zákony; ~ **a resolution** přijmout rezoluci; ~ **a statute** přijmout zákon; **the resolution does not** ~ rezoluce není přijata **2** vynechat; ~ **a dividend** nevyplatit dividendy v příslušném roce

**pass** [pa:s, *am.* pæs] *(v)* st. *(up)on* sb. vynést, vyslovit rozsudek, rozhodnutí; ~ **judgment** vynést rozsudek; ~ **a sentence on sb.** vynést rozsudek o trestu nad kým, uložit trest komu

**pass** *(v)* **for** ['pa:sˌfo(r), *am.* 'pæs-] st. být čím, být považován za co; ~ **for an authority** platit za autoritu

**pass** *(v)* **in** ['pa:sˌin, *am.* 'pæs-] st. předložit šek bance

**pass** *(v)* **off** ['pa:sˌof, *am.* 'pæs-] *as* sb. podvodně se vydávat za koho

**pass** *(v)* (st.) **to** ['pa:sˌtu, *am.* 'pæs-] sb. postoupit (co) komu, přejít na koho; ~ **the title to an estate to sb.** postoupit nárok na dědictví komu; **the throne** ~ed **to Elizabeth II** panovnictví přešlo na Alžbětu II; **title** ~es **by delivery** právní titul přechází předáním

**passage** ['pæsidž] *(n)* **1** přijetí, schválení, uzákonění; ~ **of a bill** přijetí návrhu zákona **2** průjezd, průchod; ~ **and running of utilities** průchod a průtok dodávek vody, elektřiny, plynu apod.; ~ **of light and air** průchod světla a vzduchu **3** právo průchodu / průjezdu **4** pasáž, úryvek textu

**passing off** ['pa:siŋˌof, *am.* 'pæ:siŋ] *(n)* podvodné nezákonné použití obchodní známky

**passive** ['pæsiv] *(adj)* pasívní, netečný; trpný; ~ **income** pasívní příjem; ~ **loss** pasívní ztráta

**passport** ['pa:spo:(r)t, *am.* 'pæs-] *(n)* **1** cestovní pas, průkaz, propustka, povolení; ~ **offence** trestný čin falšování úředních listin; ~ **restrictions** omezení při vydávání cestovních pasů

**2** *(MP)* oprávnění k pohybu během válečného stavu

**patent** ['peitənt, *am.* 'pætənt] *(n)* **1** udělení oprávnění; **letters** ~ veřejná listina **2** patent na vynález; **confirmation** ~ zaváděcí patent; **utility** ~ patent na užitný vzor; ~ **of addition** dodatkový patent; ~ **of importation** importační patent; ~ **of invention** patent na vynález; **infringment of** ~ porušení patentové ochrany, zásah do patentového práva; **register of** ~**s** patentový rejstřík; ~**-examining procedure** patentní průzkumové řízení; ~ **applied for / pending** patent v průběhu patentového řízení, o který bylo zažádáno a který nebyl dosud udělen; **forfeit a** ~ nechat patent propadnout, pozbýt patent pro neplacení

**patent** ['peitənt, *am.* 'pætənt] *(adj)* **1** patentový, patentační, týkající se patentu; ~ **agent** patentový zástupce; ~ **application** patentová přihláška; ~ **attorney** patentový právní zástupce; ~ **deed** patentová listina; ~ **law** patentové právo; ~ **life** doba platnosti patentu; **P~ Office** patentový úřad; ~ **pooling** patentové sdružení o vzájemné výměně licence; ~ **protection** patentová ochrana; ~ **specification** popis patentu, patentační spis **2** naprostý, úplný; ~ **defect** zjevná vada; ~ **lie** naprostá lež

**patentee** [ˌpeitən'ti:, *am.* ˌpætən-] *(n)* osoba, jíž byl udělen patent, nositel / držitel patentu

**paternal** [pə'tə:(r)nl] *(adj)* otcovský; ~ **property** otcovský majetek po předcích z otcovy strany

**paternity** [pə'tə:(r)nəti] *(n)* otcovství; ~ **action / suit** žaloba o určení otcovství; **establish the** ~ **of a child** určit / stanovit otcovství k dítěti

**patient** ['peišənt] *(adj)* trpělivý

**patrial** ['peitriəl, *am.* 'pæt-] *(n)* státní příslušník původem

**patriality** [ˌpeitri'æləti, *am.* ˌpæt-] *(n)* nárok na státní příslušnost daný původem

**patricide** ['pætrisaid] *(n)* **1** otcovražda **2** otcovrah

**patrimonial** [ˌpætri'məunjəl] *(adj)* **1** dědický, dědičný; rodinný **2** majetkový; ~ **law** majetkové právo týkající se dědičného majetku

**patrimony** ['pætriməni] *(n)* **1** dědictví **2** dědičný majetek

**patrol** [pə'trəul] *(n)* hlídka, stráž; dohled; **on foot** ~ na policejní pochůzce

**patrol** [pə'trəul] */ll/ (v)* hlídat, střežit, hlídkovat

**patrolman** [pə'trəulmən], *(pl)* **-men** *(n) am.* policista pochůzkář, strážník

**patronage** ['pætrənidž] *(n)* **1** klientela, zákaznictvo **2** pravomoc přidělovat vládní funkce n. udělovat vyznamenání

**pattern** ['pætə(r)n] *(n)* **1** vzor, model; ~ **of behaviour** model chování; **follow the** ~ řídit se vzorem **2** charakter, typ

**pattern** ['pætə(r)n] *(adj)* typický, příkladný; vzorný, ideální

**pauper** ['po:pə(r)] *(n)* nemajetný člověk pobírající podporu; ~**'s oath** manifestační přísaha n. místopřísežné prohlášení o chudobě, a tudíž potřebě veřejné pomoci, přísaha nemajetného

**pauperism** ['po:pərizm] *(n)* nouze, nemajetnost, chudoba

**pauperize** ['po:pəraiz] *(v)* sb. přivést koho na mizinu; ochudit, zbídačit koho

**pawn** [po:n] *(n)* zástava, záruka; **put st. in** ~ dát co do zastavárny; **take st. out of** ~ vyzvednout co ze zastavárny

**pawn** [po:n] *(v)* st. dát co do zastavárny

**pawnbroker** ['po:nˌbrəukə(r)] *(n)* zastavárník, majitel zastavárny

**pawnbroking** ['po:nˌbrəukiŋ] *(n)* půjčování peněz do zástavy

**pawnee** [po:'ni:] *(n)* zástavní věřitel, držitel zástavy

**pawnor** ['po:nə(r)] *(n)* zástavce, zastavitel

**pawnshop** ['po:nšop, *am.* -šap] *(n)* zastavárna

**pawn-ticket** ['po:ntikət] *(n)* lístek ze zastavárny, zástavní lístek

**pay** [pei] *(n)* **1** mzda, plat; **equal** ~ stejná mzda; **holiday** ~ plat za dovolenou; **hourly** ~ časová mzda **2** dávka, dávky; **sick / sickness** ~ nemocenská, nemocenské dávky; **unemployment** ~ podpora v nezaměstnanosti

**pay** [pei] *(adj)* výplatní; platový; finanční; mzdový; ~ **cheque** mzdový šek, jímž je výplata poukázána na konto zaměstnance; ~ **clerk** mzdový účetní; ~ **day** výplatní den; ~ **grade** platové zařazení; ~ **record** mzdový arch; ~ **rise** zvýšení mezd

**pay** */paid, paid/* [pei, peid] *(v)* st. platit, zaplatit, splatit, vyplácet co; ~ **expenses** zaplatit výdaje; ~ **remuneration** vyplácet odměnu za práci; ~ **taxes** platit daně; ~ **at piece-work rates** vyplácet úkolovou mzdu; **paid to date** zaplaceno do, k datu ♦ ~ **attention to st.** věnovat pozornost čemu; ~ **honours** vzdávat čest; **it** ~**s him** vyplácí se mu to

**pay** /paid, paid/ **back** [ˌpeiˈbæk, ˌpeidˈbæk] (v) st. vyplatit, zaplatit co, dluh
**pay** /paid, paid/ **down** [ˌpeiˈdaun, ˌpeidˈdaun] (v) st. zaplatit co, složit peníze hotově / v hotovosti
**pay** /paid, paid/ **in** [ˌpeiˈin, ˌpeidˈin] (v) st. vložit / poukázat peníze kam
**pay** /paid, paid/ **off** [ˌpeiˈof, ˌpeidˈof] (v) sb. vyplatit koho a propustit
**pay** /paid, paid/ **out** [ˌpeiˈaut, ˌpeidˈaut] (v) st. vyplatit co; ~ **out wages** vyplatit mzdy
**payable** [ˈpeiəbl] (adj) **1** splatný; ~ **after sight** splatný na viděnou; ~ **in advance** splatný předem; ~ **in arrear** dodatečně splatný; ~ **in equal shares** splatný rovným dílem; ~ **on delivery** splatný při dodání; ~ **on demand** splatný na požádání / na viděnou; ~ **to bearer** splatný na doručitele; ~ **to order** splatný na řad **2** výnosný, rentabilní; ~ **enterprise** výnosný podnik
**paydown** [ˈpeidaun] (n) částečná úhrada, částečné splacení půjčky
**PAYE system** [peiˈiːˌsistəm] (abbrev) pay-as--you-earn / -go system daňový systém, kdy daň z příjmu strhává a odvádí plátce mzdy / zaměstnavatel
**payee** [ˌpeiˈiː] (n) osoba, jíž je placeno, věřitel; adresát poštovní poukázky; trasant
**payer, payor** [ˈpeiə(r)] (n) plátce, osoba mající povinnost platit; směnečník, trasát, dlužník; **payor bank** am. povinná banka
**paying** [ˈpeiiŋ] (adj) **1** povinný platit; ~ **bank** povinná banka **2** výnosný, rentabilní
**payload** [ˈpeiləud] (n) mzdové náklady
**paymaster** [ˈpeiˌmaːstə, am. ˈpeiˌmæstər] (n) pokladník; **P~ General** brit. hlavní pokladník Ministerstva financí
**payment** [ˈpeimənt] (n) **1** (za)(s)placení, splatnost; platba, výplata; **actual** ~ skutečná platba; **advance** ~ platba předem; **balloon** ~ poslední splátka podstatně vyšší než předcházející; **contingent** ~ nahodilá platba; **equitable** ~ platba na základě slušnosti; **deferred** ~s odložené platby, odklad pateb, prodloužená doba splatnosti; **extended time** ~ odklad splácení; **legal** ~ platba na základě právního důvodu; **part** ~ částečná úhrada, částečné zaplacení / splnění; **unmatured** ~ platba před lhůtou splatnosti; **voluntary** ~ dobrovolné zaplacení / plnění; ~ **by installment** placení ve splát-

kách; ~ **in advance** platba předem; ~ **in arrears** dodatečná dlužná platba; ~ **in cash** platba v hotovosti; ~ **into court** plnění do soudního depozita; ~ **in due course** zaplacení / úhrada v době splatnosti; ~ **in excess** přeplatek; ~ **of premium** placení pojistného; ~ **on account** zálohová platba na účet; ~ **on invoice** platba na fakturu; **on** ~ za poplatek, za vstupné; **date of** ~ **for money rent** den splatnosti nájemného; **receipt of** ~ připsání platby na účet; **terms of** ~ platební podmínky; **make** ~ splatit částku, uhradit / provést platbu; **make periodic** ~s **to the court** poukazovat soudu pravidelné platby; **render the previous** ~ **liable to forfeiture** způsobit, že předcházející platba propadne **2** splnění dluhu; **clearance of a** ~ vyrovnání dluhu **3** plnění pojistné částky; ~ **of a loss** plnění pojistné částky
**pay-off** [ˈpeiof] (n) **1** vyrovnání / splacení dluhu **2** doplatek k výplatě
**payout** [ˈpeiaut] (n) výplata
**pay(-)roll** [ˈpeirəul] (n) výplatní listina; celkové mzdy; ~ **tax** daň ze mzdy odváděná zaměstnavatelem
**peace** [piːs] (n) **1** mír; ~ **conference** mírová konference; ~ **keeping** zajišťování / udržování míru; ~ **treaty** mírová smlouva; ~**-loving** mírumilovný; **conclude / make** ~ uzavřít mír **2** klid i veřejný, právní jistota; **order,** ~ **and well-being of society** veřejný pořádek, klid a blaho společnosti; **breach of the** ~ porušení veřejného klidu, výtržnictví; ~ **officer** strážce veřejného pořádku **3** smír; **Justice of the P~ (JP)** smírčí soudce
**peaceful** [ˈpiːsful] (adj) pokojný, klidný; mírový; ~ **means** mírové prostředky, pokojná cesta; ~ **purposes** mírové účely; ~ **resolution** pokojné / mírové řešení; ~ **settlement of disputes** pokojné / mírové řešení sporů nevojenské
**peacekeeping** [ˈpiːsˌkiːpiŋ] (n) dohled nad zachováváním příměří / míru
**peace-officer** [ˈpiːsˌofisə(r), am. -ˌafə-] (n) strážce / udržovatel veřejného pořádku
**peacetime** [ˈpiːstaim] (n) mír, období míru
**peculate** [ˈpekjuleit] (v) st. zpronevěřit, defraudovat co
**peculation** [ˌpekjuˈleišən] (n) zpronevěra, defraudace
**peculator** [ˈpekjuleitə(r)] (n) defraudant
**peculiar** [piˈkjuːljə(r)] (adj) **1** zvláštní; osobitý,

mimořádný; ~ **relationship** zvláštní vztah
**2** typický, charakteristický, příznačný
**peculiarity** [ˌpikju:liˈærəti] *(n)* zvláštnost, charakteristický rys
**pecuniary** [piˈkju:niəri] *(adj)* peněžní, peněžitý, finanční; ~ **benefits** finanční hmotný prospěch; ~ **bequest / legacy** peněžní odkaz; ~ **condition** finanční situace; ~ **gain** finanční zisk; ~ **injury** finanční majetková újma; ~ **loss / damages** finanční újma, majetková ztráta
**peddle** [pedl] *(v)* st. pokoutně nabízet / prodávat drogy
**peddler** *(brit.* **pedlar)** [ˈpedlə(r)] *(n)* **1** pokoutný prodejce, obchodník, pouliční prodavač **2** *am.* podomní obchodník
**peer** [ˈpiə(r)] *(n)* **1** *brit.* peer šlechtic a člen Sněmovny lordů; **hereditary** ~ peer s dědičným nárokem na šlechtický titul a členství ve Sněmovně lordů; **lay** ~ laický peer neprávník; **life** ~ doživotní peer, jemuž byl šlechtický titul a nárok na členství ve Sněmovně lordů udělen po dobu jeho života; **salaried life** ~ doživotní peer pobírající plat **2** rovnocenný člověk stejné kvality; **without** ~ jedinečný, nesrovnatelný
**peerage** [ˈpiəridž] *(n)* peerství šlechtický stav; šlechta; **disclaim one's** ~ zřeknout se svého peerství
**peeress** [ˈpiəris] *(n)* peerka šlechtična
**peerless** [ˈpiə(r)ləs] *(adj)* jedinečný, s ničím nesrovnatelný
**penal** [pi:nl] *(adj)* trestní, penální; ~ **action** obžaloba, trestní řízení; ~ **bill** trestní žaloba; ~ **bond** smluvní pokuta; ~ **clause** *přibl.* penále, smluvní pokuta; ~ **code** trestní zákoník; ~ **court** trestní soud; ~ **institution** nápravné zařízení; ~ **law** trestní právo; ~ **laws** trestní zákony; ~ **policy** trestní politika; ~ **proceedings** trestní řízení; ~ **servitude** odpykání trestu na svobodě spojené s nucenou prací; ~ **sum** částka smluvní pokuty; ~ **system** penitenciární systém
**penalization** [ˌpi:nəlaiˈzeišən] *(n)* potrestání, pokutování, penalizace
**penalize** [ˈpi:nəlaiz] *(v)* sb./st. **1** potrestat koho uložením pokuty, penalizovat koho **2** učinit co trestným, prohlásit co za trestné
**penalty** [ˈpenlti] *(n)* **1** pokuta, smluvní pokuta, penále; ~ **clause** doložka o pokutě v případě neplnění smlouvy; **increase** ~**ies for pollution offences** zvýšit pokuty za přestupky týkající se znečištění; **pay** ~ zaplatit pokutu

**2** trest; **death** ~ trest smrti; **extreme** ~ nejvyšší trest, trest smrti; **commute the death** ~ **to a long prison term** změnit trest smrti na trest odnětí svobody na mnoho let; **remit** ~**ies** prominout tresty
**pend** [pend] *(v)* st. **1** nechat co nerozhodnuté **2** odložit rozhodnutí o čem
**pendency** [ˈpendənsi] *(n)* nevyřízenost, nerozhodnutost; projednávání; **during the** ~ **of the suit** během projednávání žaloby
**pendent** [ˈpendənt] *(adj)* dosud projednávaný a nerozhodnutý, nevyřízený ♦ *am.* ~ **jurisdiction** přesahující pravomoc mezi státním a federálním soudem
**pendente lite** [penˌdentiˈlaiti] *(lat)* v průběhu jednání ve věci, dokud spor nebyl rozhodnut
**pending** [ˈpendiŋ] *(adj)* případ / věc dosud v jednání, dosud nerozhodnutý; **action** ~ dosud projednávaná žaloba; **patent** ~ dosud neudělený patent; ~ **loss** dosud nevyřízená škoda
**pending** [ˈpendiŋ] *(prep)* během, v průběhu; **maintenance** ~ **suit** výživné pro manželku po dobu rozvodového řízení
**penitentiary** [ˌpeniˈtenšəri] *(n)* velká, státní věznice, nápravněvýchovné zařízení
**penitentiary** [ˌpeniˈtenšəri] *(adj)* vězeňský; ~ **offence** trestný čin, za který je uložen trest odnětí svobody
**penology** [pi:ˈnolədži, *am.* -ˈnal-] *(n)* nauka o výkonu trestu a jeho účincích, penologie
**pension** [ˈpenšən] *(n)* starobní důchod; **old-age / retirement** ~ starobní důchod; ~ **entitlement** nárok na důchod; ~ **fund** penzijní fond; ~ **right** nárok na důchod; ~ **scheme** systém důchodového zabezpečení; **file for** ~ zažádat o starobní důchod
**pensionable** [ˈpenšənəbl] *(adj)* mající nárok na důchod, opravňující k odchodu do důchodu; ~ **age** důchodový věk
**pensioner** [ˈpenšənə(r)] *(n)* starobní důchodce
**penury** [ˈpenjuri] *(n) of* st. velký nedostatek čeho; nouze, chudoba
**people** [pi:pl] *(n)* lidé; lid; národ, stát
**people-in-law** [ˌpi:plinˈlo:] *(pl)* rodiče manžela / manželky
**per** [pə(r)] *(lat)* podle, na, během; ~ **annum** [pərˈænəm] ročně, za rok; ~ **autre vie** [pərˈo:tə(r)ˌvii] po dobu života jiné osoby; ~ **caput / capita** [pə(r)ˈkæpət / ˈkæpətə] na hlavu, na osobu; ~ **curiam** [pə(r)ˈkju:riəm] soudní cestou, prostřednictvím soudu; ~ **diem**

[pə(r)'daiəm / di:əm] denně; ~ **diem allowance** diety na služební cestě; ~ **incuriam** [ˌpərin'kju:riəm] nepozorností, nedbalostí; ~ **invoice** podle faktury; ~ **procuration(em)** / **proxy** / **pro** per prokura, v zastoupení, plná moc prokuristy; ~ **se** [pə(r)'si: / sei] samo o sobě; ~ **stirpes** [pə(r)'stə:(r)piz] dědění podle rodu

**perceive** [pə(r)'si:v] *(v)* st. 1 vnímat co 2 chápat, uvědomit si co

**percentage** [pə(r)'sentidž] *(n)* procento, procentní sazba; ~ **deductible** *pojišť.* franšíza, procentuální spoluúčast; ~ **reinsurance** *pojišť.* podílové zajištění

**perceptible** [pə(r)'septəbl] *(adj)* (roze)znatelný, patrný, zřetelný, postřehnutelný

**perception** [pə(r)'sepšən] *(n)* 1 vnímání 2 chápání 3 vybírání nájemného / dluhu

**percolate** ['pə:(r)kəleit] *(v) into* st. vsáknout do čeho; proniknout, infiltrovat kam

**peremption** [pə'rempšən] *(n)* zamítnutí žaloby; odmítnutí; prohlášení za neplatné

**peremptory** [pə'remptəri] *(adj)* 1 peremptorní; rezolutní; kogentní, imperativní; neodvolatelný; ~ **exceptions** peremptorní námitky vedoucí k zamítnutí žaloby; ~ **rule** kogentní norma, donucovací předpis, kategorický příkaz 2 konečný, pevně stanovený; ~ **day** konečně, pevně stanovené datum soudního řízení bez možnosti jeho odkladu; ~ **undertaking** závazek žalobce přednést věc soudu na příštím zasedání 3 peremptorní, naléhavý, neodkladný; ~ **challenge** naléhavá námitka proti porotci bez udání důvodu

**perfect** ['pə:(r)fikt] *(adj)* bezvadný, dokonalý, mající všechny právní náležitosti; ~ **instrument** bezvadná právní listina splňující všechny náležitosti; ~ **title** bezvadný právní titul

**perfidious** [pə(r)'fi:diəs] *(adj)* zrádný, proradný, věrolomný, podlý, bezcharakterní

**perfidy** ['pə:(r)fidi] *(n)* zrada; proradnost, bezcharakternost, podlost, perfidie

**perforce** [pə(r)'fo:(r)s] *(adv)* nutně, nezbytně, chtě nechtě

**perform** [pə(r)'fo:(r)m] *(v)* st. 1 vykonat, splnit, předvést co; ~ **a function** vykonávat funkci; ~ **major tasks** plnit hlavní úkoly; ~ **one's obligations** plnit své závazky / povinnosti; ~ **one's task** plnit svůj úkol; ~ **a trademark search** vykonat šetření ochranné známky

2 spáchat, provést co; ~ **an illegal act** spáchat protiprávní / nezákonný čin

**performance** [pə(r)'fo:(r)məns] *(n)* 1 (s)plnění smlouvy, slibu, závazku; **part** ~ částečné (s)plnění; ~ **of duties** plnění povinností; **day of** ~ den plnění; ~ **bond** záruka splnění; **discharge by** ~ zánik smlouvy jejím splněním; **impossibility of** ~ nemožnost plnění; **place of** ~ místo plnění 2 výkon, vykonaná práce 3 zaplacení dluhu

**perfunctory** [pə(r)'faŋktəri] *(adj)* 1 povrchní, ledabylý; ~ **inspection** formální kontrola 2 jsoucí bez zájmu, apatický, netečný

**peril** ['peril] *(n)* nebezpečí, riziko; **maritime** ~s / ~s **of the sea** námořní rizika

**peril** ['peril] */ll/ (v)* ohrozit, vydat v nebezpečí

**perilousness** ['periləsnəs] *(n)* mimořádná nebezpečnost, riskantnost

**period** ['piəriəd] *(n)* doba, období, lhůta, doba trvání; **perpetuity** ~ období omezené převoditelnosti majetku; ~ **of cancellation** výpovědní doba u pojištění; ~ **of cover** doba krytí pojistky; ~ **of execution of contract** doba plnění smlouvy; ~ **of holding over** období držení věci nad původně sjednanou dobu, prodloužená lhůta; ~ **of indemnity** doba ručení za způsobenou škodu; ~ **of insurance** pojistné období; ~ **of limitation** promlčecí lhůta; ~ **of notification** lhůta pro oznámení pojistné události; **total** ~ **of protection** celková ochranná lhůta

**periodic(al)** [ˌpiəri'odik(əl), *am.* -'adik(əl)] *(adj)* periodický, pravidelně se opakující; ~ **alimony** opakující se výživné; ~ **premium** běžné opakující se pojistné

**perish** ['periš] *(v)* zahynout, zemřít; zničit, zkazit

**perishable** ['perišəbl] *(adj)* podléhající zkáze, rychle se kazící; ~ **goods** zboží podléhající rychlé zkáze

**perishables** ['perišəblz] *(pl)* rychle se kazící zboží

**periwig** ['periwig] *(n)* paruka právníka

**perjure** ['pə:(r)džə(r)] *(v)* o.s. dopustit se křivopřísežnictví, křivě přísahat

**perjured** ['pə:(r)džə(r)d] *(adj)* křivopřísežný; ~ **testimony** křivopřísežné svědectví

**perjurer** [pə:(r)džərə(r)] křivopřísežník

**perjurious** [pə(r)'džuəriəs] *(adj)* křivopřísežný

**perjury** ['pə:(r)džəri] *(n)* křivé svědectví, křivá

přísaha; **commit** ~ spáchat trestný čin křivé přísahy
**permanent** [ˈpəː(r)mənənt] *(adj)* stálý, trvalý; ~ **abode** trvalé / stálé bydliště; ~ **disablement** trvalá pracovní neschopnost; ~ **employment** trvalé zaměstnání; zaměstnání na dobu neurčitou; ~ **health insurance** nemocenské pojištění; ~ **injury** trvalé zranění, trvalá újma; ~ **member** stálý člen; ~ **neutrality** trvalá neutralita; ~ **retirement** trvalý odchod do starobního důchodu
**permissible** [pə(r)ˈmisəbl] *(adj)* dovolený, přípustný
**permission** [pə(r)ˈmišən] *(n)* oprávnění, povolení, dovolení; **express or implied** ~ výslovné či konkludentní mlčky předpokládané povolení; **accord a** ~ vydat / udělit povolení
**permissive** [pə(r)ˈmisiv] *(adj)* dovolený, přípustný; ~ **counterclaim** přípustný protinárok / protinávrh ♦ ~ **waste** škoda na majetku způsobená neprováděnou údržbou, poškozování z nedbalosti
**permit** [ˈpəː(r)mit] *(n)* **1** povolení, písemný souhlas; **building** ~ stavební povolení; **enter** ~ vstupní vízum; **export / import** ~ vývozní n. dovozní povolení; **labour / work** ~ pracovní povolení; ~ **of transit** průjezdní / tranzitní vízum; ~ **card** *am.* povolení vydané odborovou organizací pro nečlena odborů, umožňující zaměstnavateli ho zaměstnat; ~ **system** povolovací systém **2** propustka
**permit** [pə(r)ˈmit] */tt/ (v)* st. **1** povolit, dovolit co; ~**ted by the law** povolený ze zákona **2** tolerovat co
**permutation** [ˌpəː(r)mjuːˈteišən] *(n)* výměna; směna jedné věci za druhou; změna, záměna
**pernancy** [ˈpəː(r)nənsi] *(n)* příjem, přijetí, obdržení
**pernicious** [pə(r)ˈnišəs] *(adj)* zhoubný
**pernor** [ˈpəː(r)nə(r)] *(n)* příjemce; ~ **of profits** příjemce zisků z pozemků
**peroration** [ˌperəˈreišən] *(n)* shrnutí řeči / proslovu; dlouhý projev
**perpetrate** [ˈpəː(r)pətreit] *(v)* st. spáchat co, dopustit se čeho; ~ **a crime** dokonat trestný čin
**perpetration** [ˌpəː(r)pəˈtreišən] *(n)* spáchání / dopuštění se / dokonání trestného činu
**perpetrator** [ˈpəː(r)pətreitə(r)] *(n)* pachatel; ~ **for criminal act** pachatel trestného konání / jednání; **cope with** ~**s** umět se vypořádat s pachateli, zvládnout pachatele

**perpetual** [pə(r)ˈpetjuəl, *am.* -ˈpečuəl] *(adj)* pokračující, trvalý, nekonečný; ~ **injunction** trvalý soudní zákaz obžalovanému; ~ **insurance** trvale platné pojištění; ~ **neutrality** trvalá neutralita; ~ **succession** věčná posloupnost bez nutnosti převodu titulu
**perpetuity** [ˌpəː(r)piˈtjuəti, *am.* ˌpəː(r)pəˈtuːəti] *(n)* omezená převoditelnost majetku; nezcizitelný majetek, věčná annuita ♦ **in** ~ trvale
**perquisite** [ˈpəː(r)kwizit] *(n)* naturální požitek, naturálie; nepeněžní přídavek k platu
**perquisition** [ˌpəː(r)kwiˈzišən] *(n)* domácí policejní prohlídka
**persistence** [pə(r)ˈsistəns] *(n)* naléhavost, neodbytnost; vytrvalost
**persistent** [pə(r)ˈsistənt] *(adj)* vytrvalý, neústupný, neodstranitelný; ~ **criminal / offender** recidivista; ~ **effects** trvalé následky
**person** [ˈpəː(r)sn] *(n)* osoba; **accused** ~ obžalovaný, obžalovaná osoba; obviněný, obviněná osoba; **aggrieved** ~ osoba dotčená / poškozená; **artificial / fictitious** ~ právnická osoba; **guilty** ~ viník; **juristic** ~ účastník řízení; **legal** ~ právní subjekt; **natural** ~ fyzická osoba; ~ **in loco parentis** osoba na místě rodičů; ~ **in possession** držitel; ~ **of the offender** osoba pachatele; **litigant in** ~ sporná strana vystupující bez právního zástupce; **at the hands of another** ze strany druhé osoby; **address the court in** ~ promluvit k soudu osobně; **interfere with** ~ zasahovat proti osobě
**personal** [ˈpəː(r)snl] *(adj)* osobní, personální; individuální; **absolute** ~ **authority** absolutní osobní moc; ~ **accident policy** individuální úrazová pojistka; ~ **belongings** osobní náležitosti, majetek, svršky; ~ **chattels / effects** osobní movitý majetek, svršky; ~ **curriculum** individuální studijní program; ~ **description** popis osoby; ~ **income** osobní příjem; ~ **identification number** rodné číslo; ~ **immunity** nedotknutelnost osoby; ~ **injury** zranění; ~ **insurance** individuální osobní pojištění; ~ **liability** osobní zákonná odpovědnost za plnění závazku; ~ **property** **1** veškeré vlastnictví kromě vlastnictví k nemovitostem **2** veškerá vlastnická práva kromě vlastnických práv k nemovitostem; ~ **representative** představitel zůstavitele, jemuž je pozůstalost odevzdána do správy, správce pozůstalosti, osobní zmocněnec; ~ **research** vlastní průzkum / výzkum;

**~ responsibility** osobní odpovědnost; **~ social services** osobní sociální služby; **~ things** osobní věci; **~ union** personální unie
**personals** [ˈpəː(r)snlz] *(pl)* osobní věci
**personality** [ˌpəː(r)səˈnæləti] *(n)* 1 osobnost; **~ traits** charakterové vlastnosti 2 právní subjektivita; právní status; **legal ~** právní subjektivita; **corporate ~** právní subjektivita společnosti; **separate legal ~** samostatná právní subjektivita
**personally** [ˈpəː(r)snəli] *(adv)* osobně, pokud jde o mne
**personalty** [ˈpəː(r)snəlti] *(n)* osobní vlastnictví, movitý majetek; **pure ~** osobní věci
**persona non grata** [pəː(r)ˈsəunəˌnonˈɡrætə] *(lat)* nežádoucí osoba
**personate** [ˈpəː(r)səneit] *(v)* sb. 1 vydávat se podvodně za koho 2 ztělesňovat koho
**personation** [ˌpəː(r)səˈneišən] *(n)* protiprávní osvojení si cizí osobnosti, vydávání se za jinou osobu
**personator** [ˈpəː(r)səneitə(r)] *(n)* osoba protiprávně se vydávající za jinou, podvodník
**personnel** [ˌpəː(r)səˈnel] *(pl)* 1 personál, zaměstnanci; **auxiliary ~** pomocný personál; **~ turnover** fluktuace, pohyb pracovníků 2 osobní oddělení
**personnel** [ˌpəː(r)səˈnel] *(adj)* osobní, personální, kádrový; **~ department** osobní oddělení; **~ director / manager** personální šéf, ředitel personálního odboru; **~ clerk** personalista, úředník osobního oddělení
**perspective** [pəː(r)ˈspektiv] *(n)* perspektiva, výhled
**persuade** [pə(r)ˈsweid] *(v)* sb. *of / to do* st. přesvědčit koho o čem / aby udělal co
**persuasive** [pə(r)ˈsweisiv] *(adj)* přesvědčivý, přesvědčovací; **~ efficacy** přesvědčivá účinnost / působivost; **~ precedent / authority** přesvědčivý precedent nikoliv závazný
**pertain** [pə(r)ˈtein] *(v)* *to* st. patřit, (při)náležet, příslušet k čemu; **lands pertaining to the property** pozemky náležející k nemovitosti; **the law pertaining to public order** zákon vztahující se k veřejnému pořádku
**pertinence** [ˈpəː(r)tinəns], **pertinency** [ˈpəː(r)tinənsi] *(n)* příslušenství, pertinence
**pertinent** [ˈpəː(r)tinənt] *(adj)* týkající se koho, vztahující se k čemu
**pertinents** [ˈpəː(r)tinənts] *(pl) brit.* příslušenství
**perverse** [pə(r)ˈvəː(r)s] *(adj)* 1 výrok poro-

ty nedbající výsledků vyšetřování; **~ verdict** výrok poroty nedbající pokynů soudce 2 zvrácený, zvrhlý, zrůdný 3 nepříznivý, nepříhodný; nepřátelský
**perversion** [pə(r)ˈvəː(r)šən] *(n)* 1 perverze, zvrhlost, úchylnost, zvrácenost 2 překroucení, zkomolení; zvrácení
**perversity** [pə(r)ˈvəː(r)səti] *(n)* perverznost, zvrácenost, úchylnost
**pervert** [pə(r)ˈvəː(r)t] *(v)* st. změnit, zvrátit co, zasáhnout do čeho; **attempt to ~ the course of justice** pokus zvrátit soudní rozhodnutí podplácením, vydíráním
**petit** [pəˈtiː, *am.* ˈpeti:] *(adj)* malý, nepodstatný; **~ jury** malá porota, tj. běžná porota o 12 členech; **~ larceny** drobná krádež; **~ treason** „malá zrada" např. vražda manžela manželkou n. pána sluhou
**petition** [pəˈtišən] *(n)* žádost; prosba; návrh na zahájení řízení; žaloba, podání; **bankruptcy ~** návrh na soudní prohlášení konkursu; **divorce ~** žádost o rozvod; **voluntary ~ for bankruptcy** návrh na prohlášení úpadku z iniciativy úpadce; **winding-up ~** žádost o soudní likvidaci společnosti z důvodu úpadku; **~ for clemency** žádost o milost; **file a ~ for bankruptcy** podat návrh na prohlášení konkursu
**petition** [pəˈtišən] *(v)* sb. *for / to do* st. žádat koho o / aby udělal co; **~ the government for st.** žádat vládu o co
**petitionary** [pəˈtišənəri] *(adj)* petiční, týkající se žádostí
**petitioner** [pəˈtišənə(r)] *(n)* žadatel, navrhovatel, žalobce
**petitory** [ˈpetitəri] *(adj)* podléhající řádnému soudnímu projednání; **~ action** žaloba s právním nárokem, petitorní žaloba; reivindikace, vlastnická žaloba
**pettifog** [ˈpetifog, *am.* -fag] */gg/ (v)* 1 vést neseriózní advokátskou praxi 2 mít málo právních případů
**pettifogger** [ˈpetifogə, *am.* ˈpetəˌfagər] *(n)* pokoutný advokát zabývající se nečistými právními praktikami
**pettifoggery** [ˈpetifogəri, *am.* ˈpetəˌfagəri] *(n)* kličkování mezi paragrafy, právnické kličky a finty; pokoutná advokátní praxe
**petty** [ˈpeti] *(adj)* drobný, malý; bezvýznamný, banální; **~ case** bagatelní věc, méně závažný případ; **~ cash** drobné mince; drobná hotovost; **~ crime** méně závažný trestný čin;

**~ jury** malá porota, tj. běžná porota o 12 členech; **~ larceny** drobná krádež; **~ offence** drobný delikt, méně závažný trestný čin; **~ theft** drobná krádež ♦ **~ session** jednání smírčího n. nižšího magistrátního soudu bez poroty

**pewage** [ˈpjuːidž], **pew-rent** [ˈpjuːrent] *(n)* nájemné za kostelní lavici

**phantom** [ˈfæntəm] *(adj)* domnělý, vymyšlený; **~ voters** vymyšlení voliči

**phase** [ˈfeiz] *(n)* stadium, etapa, fáze; **final ~** poslední stadium

**phenomenon** [fəˈnɒminən, *am.* -ˈnamə-], *(pl)* **phenomena** [fəˈnɒminə, *am.* -ˈnamə-] jev, fenomén; **social ~** společenský jev

**philanderer** [fiˈlændərə(r)] *(n)* záletník

**philippic** [fiˈlipik] *(n)* bojovný projev, prudká bojovná řeč, filipika

**phobia** [ˈfəubjə] *(n)* fobie, úzkostná obava, chorobná bázeň

**phoney** [ˈfəuni] *(n) hov.* falzifikát, padělek

**phrase** [ˈfreiz] *(n)* slovní obrat, slovní spojení; rčení, úsloví; fráze

**physical** [ˈfizikəl] *(adj)* fyzický, hmotný; **~ cruelty** fyzické násilí; **~ damage** hmotná škoda; **~ depreciation** fyzické znehodnocení / snížení ceny; **~ disability** tělesná invalidita; **~ fact** hmotná skutečnost; **~ harm** fyzická újma; **~ impossibility** objektivní nemožnost; **~ incapacity** fyzická neschopnost; impotence; **~ inspection** zdravotní prohlídka; **~ inventory** věcná inventura; **~ labour** manuální práce

**P.H.V.** [ˌpieičˈviː] *(abbrev) (lat) pro hac vice* pro tento účel, případ

**picket** [ˈpikit] *(v)* **1** rozestavit hlídky **2** demonstrovat pomocí hesel

**pickets** [ˈpikits] *(pl)* **1** stávková / protestní hlídka **2** demonstranti nesoucí hesla

**picketing** [ˈpikitiŋ] *(n)* držení stávkových hlídek s cílem zveřejnění pracovního sporu

**pickings** [ˈpikiŋz] *(pl)* výtěžek / zisk z nezákonné činnosti např. krádeže

**pickpocket** [ˈpik,pokit, *am.* -ˌpakit] *(n)* kapesní zloděj

**pick-up** [ˈpikap] *(n)* zatčení, zajištění, zadržení

**piece** [piːs] *(n)* kus, část; **~ of advice** jedna rada; **~ of information** jedna informace; **~ of land** pozemek; **~ of news** jedna zpráva

**piece(-)work** [ˈpiːswəː(r)k] *(n)* práce v úkolu; **~ rate** úkolová sazba; **pay at a ~ rate** platit úkolovou mzdu

**pignorative** [ˈpignərətiv] *(adj)* zástavní; **~ contract** smlouva o zástavě nemovité věci

**pilferage** [ˈpilfəridž], **pilfering** [ˈpilfəriŋ] *(n)* krádeže drobných mincí n. malých věcí

**pilferer** [ˈpilfərə(r)] *(n)* drobný zloděj, zlodějíček

**pimp** [pimp] *(n)* pasák, kuplíř; udavač

**pin-money** [ˈpin,mani] *(n)* kapesné manželky poskytované manželem na ošacení

**pipe** [paip] *(n)* potrubí, vedení trubek; **lay ~s** klást potrubí

**piracy** [ˈpairəsi] *(n)* **1** pirátství; **air ~** vzdušné pirátství **2** porušení autorského práva

**pistol** [pistl] *(n)* pistole, revolver

**pistol** [pistl] */ll/ (v)* (za)střelit, střílet z pistole

**pistol-whip** [ˈpistlwip] */pp/ (v)* sb. udeřit / bít koho pažbou pistole

**pitfall** [ˈpitfoːl] *(n)* léčka, past

**pittance** [ˈpitəns] *(n)* almužna, výdělek žebráka

**P.J.** [ˌpiːˈdžei] *(abbrev) presiding judge, presiding justice* předseda senátu

**placate** [pləˈkeit] *(v)* sb./st. uklidnit, (u)tišit, (u)smířit koho/co

**place** [pleis] *(n)* místo; **designated ~** určené místo; **public ~** veřejné místo, veřejně přístupný prostor; **another / the other place** *brit.* „ta druhá sněmovna", tj. pojmenování Sněmovny lordů při rozpravě v Dolní sněmovně; **~ of abode** trvalé bydliště; **~ of birth** místo narození; **~ of business** místo podnikání / výkonu práce; **~ of contract** místo uzavření smlouvy; **~ of employment / of work** pracoviště; **in a ~ of sb.** na místě koho; **in a public ~** na veřejném místě; **~ lands** vymezené pozemky; **keep the ~ looking beautiful** udržovat místo tak, aby vypadalo krásně ♦ **take ~** konat se, uskutečnit se

**place** [pleis] *(v)* **1** st. *(on* st.*)* uložit, umístit co *(kam)*; ponechat co; **~ the burden of proving a criminal charge on the prosecution** ponechat důkazní břemeno obvinění z trestného činu na obžalobě; **~ control on st.** uložit kontrolu na čím; **~ a duty on sb.** uložit povinnost komu; **~ a mortgage** zatížit hypotékou; **~ (up)on the register / record** zapsat do seznamu, zaregistrovat **2** sb. ustanovit koho; **~ one person in loco parentis to another** ustanovit jednu osobu na místo rodiče jiné osoby **3** uložit, deponovat co; investovat co ♦ **~ under contract** smluvně zavázat

**place** *(v)* st. **before** [ˌpleisbiˈfoː(r)] sb. předložit

co komu; ~ **the accusation before the proper judicial authorities** předložit obžalobu příslušným soudním orgánům
**placement** ['pleismənt] *(n)* pracovní umístění; rozmístění; pobyt; investice
**placer** ['pleisə(r)] *(n)* rýžoviště drahých kovů; ~ **claim** pozemek přidělený k rýžování
**plagiarism** ['pleidžjərizm] *(n)* plagiát, plagiátorství
**plagiarist** ['pleidžjərist] *(n)* plagiátor
**plagiary** ['pleidžjəri] *(n)* plagiátor
**plain** [plein] *(adj)* **1** jasný, srozumitelný, zřejmý; ~ **error** zřejmý omyl; ~ **meaning** jasný / srozumitelný význam **2** jednoduchý, prostý, obyčejný; ~ **facts** jednoduchá / holá fakta
**plainclothes** [,plein'kləuð] *(adj)* v civilu; ~ **police** policisté v civilu
**plaint** [pleint] *(n)* civilní žaloba, podání
**plaintiff** ['pleintif] *(n) (OP)* žalobce, navrhovatel, žalující strana v civilních věcech
**plank** [plæŋk] *(n)* položka v politickém volebním programu
**planning** ['plæniŋ] *(n)* plánování; **comprehensive** ~ všestranné plánování; **strategic** ~ strategické plánování; **transport** ~ plánování dopravy; ~ **of waste disposal operations** plánování činností týkajících se likvidace odpadů
**planning** ['plæniŋ] *(adj)* plánovací; ~ **board / commission** komise pro územní plánování a rozhodnutí; ~ **law** plánovací právo soubor norem upravujících územněplánovací politiku; ~ **permission** *brit.* územní rozhodnutí; stavební povolení
**plant** [pla:nt, *am.* plænt] *(n) slang.* **1** policejní špicl, policií nasazený člověk **2** tajný policejní dohled, dozor **3** úmyslně vytvořená falešná stopa **4** přechovávání kradeného zboží
**plausibility** [,plo:zə'biləti] *(n)* hodnověrnost, přijatelnost důkazů, svědka
**plausible** ['plo:zəbl] *(adj)* přijatelný, hodnověrný
**plc, PLC, Plc** [,pi:el'si:] *(abbrev) public limited company* veřejná obchodní společnost s akciemi obchodovatelnými na burze
**plea** [pli:] *(n)* žalobní odpověď, obhajoba, obrana; námitka; soudní proces, spor; **common** ~ civilní spor / proces; **criminal** ~ obrana v trestním řízení; **false / sham** ~ předstíraná / zdánlivá obrana; **negative** ~ popírající obrana; **special** ~ obrana s uvedením nových

skutečností; ~ **of excessive leniency** námitka přehnané shovívavosti; ~ **of guilty** doznání viny; ~ **in bar** vylučující obrana; ~ **in discharge** obrana pro zrušení důvodu k žalobě; ~ **in mitigation** obrana s cílem snížit výši trestu; ~ **to the jurisdiction** námitka nepříslušnosti; ~ **bargaining / negotiations** dojednávání obrany mezi obžalovaným a žalobcem přiznání viny v některých bodech obžaloby další jsou státním zástupcem staženy n. je uloženo nižší trest
**plead** */am. pled, pled/* [pli:d, pled] *(v)* **1** vystupovat před soudem; **fit to** ~ mentálně způsobilý vystupovat před soudem **2** pronášet obžalobu **3** vést obhajobu **4** přiznat (se), doznat (se); ~ **guilty (to an offence)** přiznat vinu (za trestný čin); ~ **not guilty (to an offence)** prohlašovat se za nevinného, popírat vinu (za trestný čin); ~ **sb. guilty** prohlásit koho vinným **5** odvolávat se na co; ~ **ignorance** odvolávat se na neznalost; ~ **statute** odvolávat se na zákon
**pleader** ['pli:də(r)] *(n)* mladší právní zástupce v soudním řízení
**pleading** ['pli:diŋ] *(n)* přelíčení, proces; ~ **and procedure** občanské právo procesní
**pleadings** ['pli:diŋz] *(pl)* **1** procesní materiály, spisy; písemná žaloba **2** předběžné řízení
**plebiscite** ['plebisit, *am.* 'plebəsait] *(n)* plebiscit, veřejné / lidové hlasování; **decide by** ~ rozhodnout na základě plebiscitu
**pledge** [pledž] *(n)* ruční zástava, rukojemství; záruka; **unredeemed** ~ nevyplacená zástava
**pledge** [pledž] *(v)* **1** o.s. *(to* sb.*)* zavázat se (komu); **be ~d to comply with the decisions of the Court** být povinen podrobit se rozhodnutí soudu; **we mutually** ~ **to each other our lives** vzájemně se zavazujeme svými životy **2** st. zaručit čím, dát co do zástavy
**pledgee** [ple'dži:] *(n)* zástavní věřitel
**pledgeor, pledger, pledgor** ['pledžə(r)] *(n)* zástavce, dlužník
**plenary** ['pli:nəri] *(n)* plenární schůze / zasedání
**plenary** ['pli:nəri] *(adj)* **1** plenární, valný, všeobecný; ~ **meeting** plenární schůze; ~ **session** plenární zasedání **2** naprostý, úplný, celkový, neomezený; ~ **action** úplné a formálně přesné soudní projednávání případu; ~ **admission / confession** naprosté přiznání; ~ **jurisdiction** plná soudní pravomoc / jurisdikce; ~ **powers** plné pravomoce / kompetence;

**~ suit** civilní věc projednávaná po předložení úplných soudních spisů
**plenipotentiary** [ˌplenipə'tenšəri] *(n)* zmocněnec; zplnomocněný velvyslanec / zástupce
**plot** [plot, *am.* plat] *(n)* **1** spiknutí **2** malý pozemek
**plot** [plot, *am.* plat] */tt/ (v)* st. spiknout se, intrikovat; zosnovat, připravit; **~ a murder** zosnovat vraždu
**plottage** ['plotidž, *am.*' plat-] *(n)* stanovení hodnoty pozemku
**plump** [plamp] *(v) for* st. bezvýhradně hlasovat pro co
**plunder** ['plandə(r)] *(n)* **1** zabavený majetek zajatého nepřítele; 'kořist, lup **2** plenění, drancování
**plunder** ['plandə(r)] *(v)* st. **1** plenit, drancovat co **2** zpronevěřit co
**plunderage** ['plandəridž] *(n) (NP)* zpronevěra zboží na lodi
**plurality** [ˌpluə'ræləti] *(n)* většina, větší počet hlasů; **simple ~** prostá většina hlasů
**poach** [pəuč] *(v) (up)on* st. pytlačit na čem
**poacher** ['pəučə(r)] *(n)* pytlák
**poaching** ['pəučiŋ] *(n)* trestný čin pytláctví
**pocket** ['pokit, *am.* 'pakət] *(n)* kapsa; **~ veto** *am.* „kapesní veto" nečinnost prezidenta ve věci přijetí či odmítnutí návrhu zákona
**pocket** ['pokit, *am.* 'pakət] *(v)* st. **1** kontrolovat, mít v rukou co **2** vetovat co
**pocket-picking** ['pokitˌpikiŋ, *am.* 'pakət-] *(n)* kapsářství
**poena** ['pi:nə] *(lat)* trest, potrestání; pokuta; **sub ~** pod pokutou; pod hrozbou trestu se dostavit k soudu
**point** [point] *(n)* bod, věc, otázka; hledisko; **social ~ of view** společenské hledisko; **technical ~** odborná / technická otázka; **~ reserved** odložená / vyhrazená otázka; **~ in question** dotyčná / příslušná věc, věc, o kterou jde; **~ of fact** faktická otázka; **~ of law** právní otázka / hledisko; **~ of order** faktická procedurální otázka; **in ~ of law** z právního hlediska; **similarity on many ~s** podobnost v mnoha věcech; **come to the ~** přejít k hlavnímu bodu; **take sb.'s ~** souhlasit s kým
♦ **"On a ~ of order, Mr Chairman."** „Technická poznámka, pane předsedo."
**point** [point] *(v) out / to* st. (po)ukázat na co, uvést co
**pointless** ['pointləs] *(adj)* zbytečný, nesmyslný

**poison** [poizn] *(n)* jed
**poison** [poizn] *(v)* sb./st. otrávit, zabít jedem koho; otrávit co
**poisoning** ['poizniŋ] *(n)* travičství
**poisonous** ['poiznəs] *(adj)* jedovatý
**police** [pə'li:s] *(n)* policie; **register with the ~** policejně se přihlásit k pobytu; **report to the ~** hlásit (se) na policii
**police** [pə'li:s] *(adj)* policejní; **~ / magistrates' court** policejní nejnižší trestní soud; **~ forces** policie, policejní sbor; **~ justice** soudce policejního soudu v méně významných trestních věcech; **~ magistrate** soudce v méně významných trestních věcech n. policejních přestupcích; **~ office** *brit.* policejní komisařství; **~ officer** 1 policista, strážník 2 policejní úředník; **~ precinct** policejní okrsek / obvod; **~ registration form** policejní přihláška k pobytu; **~ squad** policejní oddíl; **~ station** policejní stanice / služebna; **~ supervision** policejní dozor; **~ wagon** policejní automobil
**policeman** [pə'li:smən], *(pl)* **-men** *(n)* policista
**policing** [pə'li:siŋ] *(n)* policejní dohled nad dodržováním pořádku; **community ~** občanské hlídky kontrolující dodržování pořádku
**policy** ¹ ['polisi, *am.* 'paləsi] **1** zásady politiky, politická linie, politika; **agricultural ~** zemědělská politika; **budgetary ~** rozpočtová politika; **common ~** společná politika; **financial ~** finanční politika; **foreign ~** zahraniční politika; **penal ~** trestní politika; **planning ~** plánovací politika; **public ~** veřejný zájem / pořádek; **~ of law** právní politika; **~ proposals** návrhy týkající se politiky; **Government's broad ~ies** celková politická linie vlády; **major governmental ~ies** hlavní politická linie vlády; **~ies of the government** vládní politika / politická linie; **enforce national ~** prosadit celostátní politickou linii; **scrutinize government ~** zkoumat vládní politiku **2** taktika, postup, plán
**policy** ² ['polisi, *am.* 'paləsi] *(n)* pojištění obecně; pojistka; **assessable ~** zúčastněné pojištění, při němž může být pojistník odpovědný pojišťovně za ztráty přesahující její rezervy; **blanket ~** sdružené / paušální / všeobecné pojištění; **endowment ~** smíšené životní pojištění; **extended ~** prodloužené / rozšířené pojištění trvající ještě po uplynutí pojistného období; **floating / floater ~** globální / rámcová pojistka; **life insurance ~** pojištění pro život, životní pojistka; **master ~**

základní / hlavní pojistka při hromadném sdruženém pojištění; **open** ~ rámcová pojistka, v níž není stanovena hodnota pojištěného předmětu; **participating** ~ účastnické pojištění; **term / time** ~ termínované pojištění; **voyage** ~ cestovní pojištění; ~ **of insurance** pojistka; ~ **client** pojištěný; ~ **coverage** pojistné krytí; ~ **fee** poplatek za pojistnou smlouvu; ~ **holder** pojistník, pojištěnec, majitel pojistky; ~ **rating** výpočet pojistného; ~ **value** peněžní hodnota pojistky v okamžiku jejího případného zrušení; ~ **year** pojistný rok; **establish / make / take out a** ~ sjednat pojištění, uzavřít pojistku

**political** [pə'litikəl] *(adj)* politický; ~ **asylum** politický azyl; ~ **bands** politické svazky; ~ **connection** politické spojení; ~ **corporation** politická korporace; ~ **crime / offence** politický trestný čin; ~ **environment** politické prostředí; ~ **law** veřejné n. státní právo; ~ **party** politická strana; ~ **practices** politická praxe; ~ **prisoner** politický vězeň; ~ **rights** politická práva; ~ **trial** politický proces / spor

**politician** [,poli'tišən, *am.* ,palə-] *(n)* politik, státník

**politics** ['politiks, *am.* 'palətiks] *(n)* politika jako umění vládnout; politologie

**polity** ['poləti, *am.* 'palə-] *(n)* forma vlády, politické / státní zřízení

**poll** [pəul] *(n)* **1** volební seznam; **on the** ~ ve volebním seznamu **2** volič; ~ **tax** daň z hlavy, kterou platí všechny osoby s volebním právem bez ohledu na stav majetku – zakázaná Ústavou USA, zavedená v UK **3** volby; hlasování; účast na volbách; **heavy** ~ velká účast na volbách; **light / low / poor** ~ nízká účast na volbách **4** výsledky voleb; **declaration of the** ~ oznámení výsledků voleb **5** předvolební odhady, průzkum veřejného mínění ♦ **deed** ~ listina o jednostranném právním úkonu

**poll** [pəul] *(v)* sb./st. **1** vybrat jednoho po druhém z určitého množství osob **2** získat volební hlasy **3** zjišťovat názor jednotlivců; **polling the jury** jmenovité dotazování členů poroty na jejich stanovisko ve věci rozsudku **4** zapsat koho do volebního seznamu **5** hlasovat (pro koho)

**pollicitation** [,polisi'teišən, *am.* ,palə-] *(n)* jednostranná předem odvolatelná nabídka uzavření smlouvy; jednostranný odvolatelný slib

**polling** ['pəuliŋ] *(n)* **1** hlasování, volby; ~ **booth** hlasovací box, plenta; ~ **day** den

voleb; ~ **station** volební místnost **2** provádění předvolebních průzkumů

**polls** [pəulz] *(pl)* volební místnost; **go to the** ~ jít volit / k volbám

**pollster** ['pəulstə(r)] *(n)* **1** osoba kladoucí otázky při průzkumu veřejného mínění **2** sčítač odevzdaných hlasů

**pollutant** [pə'lu:tənt] *(n)* znečišťující substance / látka

**pollute** [pə'lu:t] *(v)* st. znečišťovat co; **polluting matter** znečišťující látka

**polluter** [pə'lu:tə(r)] *(n)* znečišťovatel

**pollution** [pə'lu:šən] *(n)* znečištění; **air** ~ znečištění ovzduší; **land** ~ znečištění půdy; **water** ~ znečištění vody; **control of marine** ~ **from ships** kontrola znečištění moře způsobeného loděmi; **control over air and water** ~ kontrola týkající se znečištění ovzduší a vody; **level of** ~ **in the tidal Thames** stupeň znečištění Temže za přílivu; ~ **offences** přestupky týkající se znečištění

**polyandrist** [,poli'ændrist, *am.* ,pali-] *(n)* žena mající několik manželů

**polyandry** ['poliændri, *am.* 'pali-] *(n)* mnohomužství

**polygamy** [pə'ligəmi] *(n)* polygamie

**polygraph** ['poligra:f, *am.* 'paligræf] *(n)* detektor lži

**pool** [pu:l] *(n)* **1** obchodní sdružení, syndikát **2** společný vklad / kapitál **3** rozdělení obchodních sfér **4** *přibl.* kartelová dohoda

**pool** [pu:l] *(v)* spojit, složit dohromady, dát do společného fondu; užívat společně; postupovat společně; sdružit se ke společnému ne vždy zákonnému postupu

**poor** [puə(r)] *(adj)* **1** chudý, nemajetný; ~ **debtor's oath** manifestační přísaha, prohlášení o stavu chudoby a tudíž potřebě veřejné pomoci **2** slabý, špatný, malý; ~ **quality** špatná n. nízká kvalita

**poor-relief** [,puəri'li:f] *(n)* sociální podpora

**poppy** ['popi, *am.* 'papi] *(n)* mák; opium

**popular** ['popjulə, *am.* 'papjələr] *(adj)* **1** lidový; ~ **disapproval** nesouhlas lidu; ~ **sovereignty** suverenita lidu, právo na sebeurčení **2** všeobecný, všelidový; ~ **elections** všeobecné volby; ~ **vote** všelidové hlasování **3** populární

**populate** ['popjuleit, *am.* 'papjə-] *(v)* st. zalidnit, osídlit co

**population** [,popju'leišən, *am.* ,papjə-] *(n)* obyvatelstvo, populace; **number of the ~ of the State** počet obyvatel státu; **~ cenzus** sčítání lidu

**porn, porno** [ˈpoː(r)n(ə)] *(n)* pornografie, pornografické dílo; **~ shop** obchod s pornografiemi

**pornography** [poːˈnogrəfi, *am.* porˈnagrəfi] *(n)* pornografie

**port** [poː(r)t] *(n)* přístav; **home ~** domovský přístav; **~ of destination** přístav určení; **~ of discharge** přístav vykládky / vyložení; **~ of entry** celní přístav; **~ of registry** přístav, kde je loď zapsána do lodního rejstříku; **~ authority** přístavní správa; **~ toll** přístavní poplatek

**portage** [ˈpoː(r)tidž] *(n)* dopravné; odměna za přepravu; odměna nosiči

**porterage** [ˈpoː(r)təridž] *(n)* **1** odměna nosiči **2** doručné

**portfolio** [ˌpoː(r)tˈfəuljəu] *(n)* **1** ministerský úřad; **Minister without P~** ministr bez křesla / bez portfeje **2** portfolio, zásoba cenných papírů; kmen; stav investic; **~ income** příjem do portfolia

**portion** [ˈpoː(r)šən] *(n)* **1** část, kus **2** podíl **3** věno; **marriage ~** věno

**portionless** [ˈpoː(r)šənləs] *(adj)* bez věna

**position** [pəˈzišən] *(n)* **1** postavení, funkce **2** stanovisko, postoj; **reach common ~s** dospět ke společným stanoviskům **3** pracovní zařazení

**positive** [ˈpozətiv, *am.* ˈpaz-] *(adj)* **1** pozitivní, kladný **2** platný, pozitivní; **~ international law** platné / pozitivní mezinárodní právo; **~ law** platné / pozitivní právo; **~ prescription** vydržení **3** přímý; **~ evidence / proof** přímý důkaz ♦ **~ wrong** protiprávní úkon

**possess** [pəˈzes] *(v)* st. mít, vlastnit, držet co, mít v držbě co

**possession** [pəˈzešən] *(n)* **1** držba; držení; **absolute ~** neomezená držba; **actual ~** faktická držba; **adverse ~** bezprávná držba; **constructive ~** právní držba; **naked ~** holá držba bez zřejmého titulu; **open ~** zjevná neskrývaná držba; **unlawful ~ of drugs** nezákonné držení drog; **vacant ~** uvolněná držba věc, kterou vlastník n. nájemce opustil; **wrongful ~** neoprávněná držba; **person in ~** osoba mající v držbě, držitel; **reduction in ~** zpětné nabytí držby; **unity of ~** splynutí držby; **be in ~ of st.** mít v držbě co **2** majetek; **chose in ~** hmotný majetek ve skutečné držbě

**possessive** [pəˈzesiv] *(adj)* vlastnický, majetkový; **~ action** žaloba o znovunabytí držby

**possessory** [pəˈzesəri] *(adj)* **1** vlastnický **2** týkající se držby, posesorní; **~ action** žaloba, jíž se žalobce domáhá ochrany své držby *n.* uvedení v držbu; **~ claim** držební nárok; **~ interest** právo ze zajištění s odevzdáním věci; **~ lien** posesorní zadržovací právo; **~ title** posesorní právní titul získaný nepřetržitou držbou

**possibility** [ˌposəˈbiləti, *am.* ˌpasə-] *(n)* možnost; **bare / naked ~** pouhá možnost bez titulu

**possible** [ˈposəbl, *am.* ˈpa-] *(adj)* možný; vhodný, přijatelný

**post** [pəust] *(n)* pošta; **P~ Office Department** ministerstvo pošt

**post** [pəust] *(v)* st. **1** oznámit, zveřejnit, vyvěsit co **2** zaknihovat, převést účetní položku

**postage** [ˈpəustidž] *(n)* poštovné, porto

**postal** [ˈpəustəl] *(adj)* poštovní; **~ order** poštovní / peněžní poukázka

**post-conviction** [ˌpəustkənˈvikšən] *(adj)* po odsouzení; **~ remedy** opravný prostředek proti odsuzujícímu rozsudku

**postdate** [ˌpəustˈdeit] *(v)* st. postdatovat, opatřit pozdějším datem co

**post-entry** [ˌpəustˈentri] *(n)* dodatečný zápis položky

**posterior** [posˈtiəriə(r), *am.* pas-] *(n)* zadek, zadnice; **bare ~** holý / nahý zadek

**posterior** [posˈtiəriə(r), *am.* pas-] *(adj)* to st. pozdější, následující

**posteriority** [posˌtiəriˈorəti, *am.* pəsˌteəriˈorəti] *(n)* následnost, pozdější výskyt

**posterity** [posˈterəti, *am.* pas-] *(n)* potomci, potomstvo

**post facto** [ˌpəustˈfæktəu] *(lat)* po činu; dodatečně

**post(-)factum** [ˌpəustˈfæktəm] *(lat)* následný čin / úkon

**post-free** [ˌpəustˈfriː] *(adj)* dopravovaný vyplaceně, zdarma

**postgraduate** [ˌpəustˈgrædjuit, *am.* ˌpəustˈgrædžuət] *(n)* posluchač postgraduálního studia

**postgraduate** [ˌpəustˈgrædjuit, *am.* ˌpəustˈgrædžuət] *(adj)* postgraduální

**posthumous** [ˈpostjuməs] *(adj)* **1** narozený po smrti otce; **~ child** pohrobek **2** posmrtný; **~ work** posmrtné dílo

**postmark** [ˈpəustmaː(r)k] *(n)* poštovní razítko

**postmaster** [ˈpəustˌmaː(r)stə(r)] *(n)* poštmistr,

přednosta poštovního úřadu; **P~ General** *am.*
Generální ředitel pošt
**post-mortem** ['pəust,mo:(r)təm] *(lat)* ohledání
mrtvoly, pitva; **~ examination** ohledání mrtvoly
**post-natal** [ˌpəust'neitl] *(adj)* postnatální, po narození
**postnuptial** [ˌpəust'napšəl] *(adj)* (po)svatební; **~ agreement / settlement** svatební smlouva
**postpone** [pə'spoun] *(v)* odložit, odročit, odsunout na pozdější dobu
**postponement** [pəs'pounmənt] *(n)* odročení, odklad, odložení na pozdější dobu
**post-trial** [ˌpəus'traiəl] *(adj)* po skončení prvostupňového řízení; **~ motions** návrhy přednesené po skončení prvostupňového řízení
**pot** [pot, *am.* pat] *(n) col.* tráva, dříví, marie, maruška marihuana
**potential** [pə'tenšəl] *(adj)* možný, přicházející v úvahu, potenciální
**pothead** ['pothed] *col.* silný kuřák trávy marihuany
**pound** [paund] *(n)* **1** ohrada pro dobytek; **~ breach** vloupání do ohrady za účelem krádeže dobytka **2** libra
**pourveyor** [pə(r)'veiə(r)] *(n)* kupec; nákupčí královské domácnosti
**poverty** ['povəti, *am.* 'pavərti] *(n)* chudoba; **~ affidavit** místopřísežné prohlášení o chudobě jako podklad pro přidělení obhájce na státní útraty
**POW** [ˌpi:əu'dablju:] *(abbrev)* prisoner-of-war válečný zajatec
**power** ¹ ['pauə, *am.* 'pouər] *(n)* **1** moc; **legislative ~** zákonodárná moc; **special public ~ of coercion** zvláštní veřejná donucovací moc; **state ~** státní moc; **~ of appointment** plná moc v souvislosti s majetkovými záležitostmi; **~ of attorney** plná moc zástupce; **check of the ~** kontrola moci; **~ politics** politika z pozice síly; **be in ~** být u moci **2** pravomoc, kompetence, oprávnění; **enforcement ~** prováděcí oprávnění; **exclusive ~** výlučná pravomoc; **express ~** výslovně uvedené oprávnění; **taxing ~** pravomoc ukládat daně; **~ of alienation** oprávnění zcizit; **~ of disposition** právo disponovat; **~ of eminent domain** právo státu vyvlastňovat ve veřejném zájmu; **~ of sale** oprávnění prodat; **~ of termination** oprávnění skončit, vypovědět; **~ to initiate legislation** zákonodárná iniciativa; **entrust sb. with the ~ of approving st.**

pověřit koho pravomocí schvalovat; **coexecute one's ~** vykonávat svou pravomoc
**power** ² ['pauə, *am.* 'pouər] *(n)* elektřina; **~ production** výroba elektřiny; **supply ~** dodávat elektřinu
**powerful** ['pauəful, *am.* 'pouərfəl] *(adj)* mocný, silný; **~ mass movement** silné masové hnutí
**powers** ¹ ['pauəz, *am.* 'pouərz] *(pl)* kompetence, pravomoci; **appendant / appurtenant ~** akcesorická / připojená oprávnění; **collateral ~** vedlejší pravomoce; **discretionary ~** diskreční pravomoci; **just ~** oprávněné / spravedlivé pravomoci; **limited ~** omezené pravomoci / kompetence; **parental ~** rodičovské pravomoci; **specific ~** zvláštní pravomoci; **~ of the government** pravomoci / kompetence vlády; **~ to carry out some functions** pravomoci vykonávat určité funkce; **confer specific ~ and duties of local authorities on sb.** převést specifické pravomoci a povinnosti místních úřadů na koho; **delegate ~** delegovat pravomoci; **extend ~** rozšířit pravomoci / kompetence; **set out ~ and duties for sb.** stanovit pravomoci a povinnosti komu
**powers** ² ['pauəz, *am.* 'pouərz] *(pl)* mocnosti; **~ of the earth** mocnosti Země; **the Great P~** velmoci
**p.p.** [pi:'pi:] *(lat, abbrev)* per procurationem v zastoupení
**p.p.** [pi:'pi:] *(v) (lat, abbrev)* per procurationem podepsat v zastoupení; **the secretary ~'d the letter** tajemník podepsal dopis v zastoupení
**practicable** ['præktikəbl] *(adj)* **1** použitelný, upotřebitelný; **~ waste materials** použitelné odpadové materiály **2** možný; **this is ~** toto je možné
**practical** ['præktikəl] *(adj)* praktický; **~ purposes** praktické cíle
**practice** ['præktis] *(n)* praxe, zvyklost; praktika, obvyklá metoda; **business ~** obchodní uzance / praxe; **convenient ~** vhodná / vyhovující praxe; **political ~s** politická praxe, politické praktiky; **~ acts** procesní zákony; **~ of the trade** obchodní uzance / praxe; **rule of ~** praktické pravidlo; **differences remain in law and ~** zůstávají rozdíly v právu a právní praxi
**practise** ['præktis] *(v)* vykonávat praxi, praktikovat
**practising** ['præktisiŋ] *(adj)* praktikující, vykonávající praxi; **~ barrister** advokát vykonáva-

jící praxi; ~ **certificate** osvědčení povolující vykonávat praxi solicitora; ~ **lawyer** právník vykonávající soukromou právní praxi nikoliv soudce **practitioner** [præk'tišnə(r)] *(n)* praktik; profesionál, odborník; **general** ~ právní zástupce v běžných věcech; ~ **in law** právní zástupce **pre-admonish** [ˌpri:əd'moniš, *am.* -'maniš] *(v)* předem upozornit, varovat **pre-admonition** [ˌpri:ædmə'nišən] *(n)* předběžné upozornění, varování **preamble** [pri:'æmbl] *(n)* preambule, úvod, předmluva **pre-appoint** [ˌpri:ə'point] *(v)* sb. předběžně jmenovat koho; ~**ed evidence** předem stanovené dokazování **pre-appointment** [ˌpri:ə'pointmənt] *(n)* předběžné jmenování **pre-audience** [pri:'o:djəns] *(n)* právo právníka být vyslechnut jako první / přednostně **precarious** [pri'keəriəs] *(adj)* nejistý, pochybný, nezaručený; riskantní; choulostivý, prekérní; ~ **loan** výprosa půjčka závislá na vůli druhé osoby **precaution** [pri'ko:šən] *(n)* předběžný zákrok, opatření; opatrnost **precautionary** [pri'ko:šənəri] *(adj)* preventivní; ~ **measures** preventivní opatření **precedence** [pri:'si:dəns, *am.* 'presədəns], **precedency** [pri:'si:dənsi, *am.* 'presədənsi] *(n)* přednost; přednostní právo; **take ~ over domestic law** mít přednost před vnitrostátním právem **precedent** ['presidənt, *am.* 'presədənt] *(n)* precedent, precedens, precedenční rozhodnutí; **binding ~** závazný precedent; **judicial ~** precedent, precedenční soudní rozhodnutí; **persuasive ~** přesvědčivý precedent nikoliv závazný; ~**s afforded by history** precedenty, které skýtá historie; **rules of ~** precedenční normy **precedent** [pri'si:dənt] *(adj)* předcházející, předchozí; ~ **condition** předchozí podmínka **precedential** [ˌpresə'denšəl] *(adj)* precedenční; přednostní; ~ **case** případ mající význam precedentu **precept** ['pri:sept] *(n)* **1** nařízení; předpis obv. stanovující vybírání místních daní a poplatků; ~ **of law** právní norma; ~**s of the Nuremburg Charter** ustanovení Norimberské charty **2** písemný příkaz; ~ **of attachment** příkaz k obstavení majetku; příkaz k zatčení **precinct** ['pri:siŋkt] *(n)* **1** *am.* okrsek, ob-

vod policejní, volební; **election** ~ volební obvod **2** *brit.* oblast n. území se zvláštním určením; **pedestrian** ~ pěší zóna; **shopping** ~ nákupní zóna obvykle s vyloučením dopravy **precise** [pri'sais] *(adj)* přesný; pravý, správný **precision** [pri'sižən] *(n)* přesnost; ~ **of thought** přesnost myšlení **preclude** [pri'klu:d] *(v)* sb. *from* st. předem zabránit komu v čem; zamezit komu co **preclusion** [pri'klu:žən] *(n)* prekluze, vyloučení; zamezení, zabránění; ~ **order** příkaz k vyloučení **preclusive** [pri'klu:siv] *(adj)* předem vylučující, znemožňující; preventivní **precognition** [ˌpri:kog'nišən, *am.* -kag'-] *(n)* předběžný výslech svědků **precondition** [ˌpri:kən'dišən] *(n)* předběžná podmínka, předpoklad **precontract** [ˌpri:kən'trækt] *(n)* předběžná smlouva jako záruka pro uzavření řádné smlouvy, smlouva o budoucí smlouvě **predecease** [ˌpri:di'si:s] *(v)* zemřít jako první **predecessor** ['pri:disesə, *am.* 'predəˌsesər] *(n)* předchůdce, předek; ~ **in title** právní předchůdce **predicability** [ˌpredikə'biləti] *(n)* schopnost o něčem vypovídat **predict** [pri'dikt] *(v)* st. předpovídat, prorokovat co **prediction** [pri'dikšən] *(n)* předpověď, proroctví; **make ~** předpovídat **predisposition** [pri:ˌdispə'zišən] *(n)* sklon, náchylnost, predispozice **predominant** [pri'dominənt, *am.* -'damə-] *(adj)* převažující; ~ **influence** převažující vliv **predominantly** [pri'dominəntli, *am.* -'damə-] *(adv)* převážně, hlavně **predominate** [pri'domineit, *am.* -'damə-] *(v)* *over* st. převládat, převažovat nad čím **pre-elect** [pri:i'lekt] *(v)* sb. předem zvolit koho **pre-empt** [pri:'empt] *(v)* st. předkupovat, získat předkupem / předem co **pre-emption** [pri:'empšən] *(n)* předkupní právo, předkup, přednostní právo koupě; ~ **right** právo na přednostní nabytí / získání **pre-engagement** [ˌpri:in'geidžmənt] *(n)* dřívější závazek **pre-estimate** [pri:'estimeit] *(v)* udělat předběžný rozpočet **prefer** [pri'fə:(r)] */rr/* *(v)* st. *over* st. dát přednost čemu před čím, mít raději co

**preference** ['prefərəns] *(n) over* st. 1 přednost před čím 2 přednostní nakládání; preference; ~ **share** prioritní / preferenční akcie poskytující jejich držiteli výhody před ostatními; **express** ~**s** vyjádřit preference **preferential** [,prefə'renšəl] *(adj)* přednostní, preferenční; ~ **assignment** preferenční převod, postup, cese ve prospěch věřitelů; ~ **claim** přednostní nárok věřitelů při konkursním řízení; ~ **creditor** preferovaný věřitel; ~ **debt / claim** přednostní pohledávka; přednostně vyrovnaný dluh; ~ **payment** preferenční platba; ~ **tariff** *am.* preferenční celní sazebník ukládající nižší clo na zboží ze zemí, pro něž platí doložka nejvyšších výhod; ~ **treatment** *(MPS)* preferenční režim
**preferred** [pri'fə:(r)d] *(adj)* mající přednost, upřednostněný, preferovaný, prioritní; ~ **creditor** přednostní věřitel; ~ **docket** *am.* seznam soudních případů k projednání seřazených podle naléhavosti; ~ **stock** prioritní akcie
**pregnancy** ['pregnənsi] *(n)* těhotenství; **plea of** ~ námitka těhotenství vedoucí k odložení výkonu trestu
**prejudge** [pri'džadž] *(v)* st. předem si udělat názor, prejudikovat
**prejudication** [,pri:džudi'keišən] *(n)* prejudice, prejudikát; prejudiciální spor; předčasné odsouzení
**prejudice** ['predžudis] *(n)* 1 předsudek, zaujatost, prejudice; **racial** ~ rasové předsudky; ~ **of judge** podjatost soudce; **without** ~ **to any other rights** aniž jsou dotčena jiná práva 2 újma, škoda
**prejudice** ['predžudis] *(v)* sb. ublížit, uškodit komu; ~ **sb.'s claim** poškodit čí nárok
**prejudicial** [,predžu'dišəl] *(adj)* poškozující, předpojatý, škodlivě ovlivňující; ~ **error** podstatný omyl v soudním řízení ovlivňující rozhodnutí; ~ **publicity** poškozující publicita, zveřejnění případu v médiích před jeho projednáváním poškozující obžalovaného
**preliminary** [pri'limənəri] *(adj)* 1 předběžný; ~ **complaint** přípravná žaloba; ~ **evidence** předběžné důkazy nezbytné k zahájení řízení; ~ **hearing** předběžné projednávání obžaloby; předběžný výslech; ~ **injunction** předběžný soudní příkaz / zákaz; ~ **inquiry** předběžné vyšetřování, předběžný výslech; ~ **investigation** předběžné vyšetřování; ~ **ruling** předběžné rozhodnutí Evropského soudního dvora;

~ **warrant** předběžný soudní příkaz k dostavení se k předběžnému projednávání případu, předběžný zatykač 2 úvodní, vstupní; ~ **article** úvodní článek
**pre-marital** [pri:'mæritl] *(adj)* předmanželský; ~ **agreement** předmanželská smlouva
**premature** [,premə'tjuə, *am.* ,pri:mə'tu:r, -'ču:r] *(adj)* předčasný, ukvapený; nedozrálý
**premeditate** [pri:'mediteit] *(v)* st. předem promyslit, předem uvážit co; ~**d design** promyšlený záměr zabít / zavraždit; ~**d murder** úkladná předem promyšlená vražda
**premeditation** [pri:,medi'teišən] *(n)* záměr, předem uvážený úmysl
**premise** ['premis] *(n)* výchozí soud, premisa
**premises** ['premisiz] *(pl)* 1 provozní prostory, provoz, zařízení, provozovna; pozemky s příslušenstvím a budovami; **business / commercial** ~ prostory pro obchodní účely; provozovna; **demised** ~ převáděné pozemky s příslušenstvím; **housing and utility** ~ domovní a provozní prostory; **Offices, Shops and Railway P~ Act** *brit.* zákon o úřadech, obchodech a železničních provozech; ~ **to be demised** pozemky s příslušenstvím, jejichž držba má být převedena; **seizure of the** ~ obsazení budovy / objektu 2 vylíčení daného stavu v úvodu smlouvy, preambule; předpoklady, soudy, premisy
**premise** [pri'maiz] *(v)* st. uvést co předem / v úvodu
**premium** ['pri:mjəm] *(n)* 1 pojistné; **advance** ~ pojistné předem; **unearned** ~ zálohované pojistné; ~ **amount** částka pojistného; ~ **billing** předpis pojistného; ~ **discount** sleva na pojistném; ~ **due** splatné pojistné; ~ **expansion** vývoj pojistného; ~ **holiday** přerušení placení pojistného; ~ **income** inkaso pojistného; ~ **loan** půjčka zajištěná pojistkou; ~ **note** pojistná směnka; ~ **reduction for no claims** sleva na pojistném za bezeškodní průběh; ~ **refund** vratka pojistného, bonifikace; ~ **reversal** storno pojistného; ~ **statement** vyúčtování pojistného 2 odměna, příplatek ke mzdě 3 *brit.* poplatek / taxa pronajímateli za umožnění nájmu
**prenotion** [pri:'nəušən] *(n)* předpojatost, předsudek
**pre-nuptial** [pri:'napšəl] *(adj)* předmanželský; ~ **agreement** předmanželská dohoda
**preoccupation** [pri:,okju'peišən, *am.* -,akjə-] *(n)*

1 předpojatost, zaujatost 2 velké zaujetí, zájem, starost; **understandable** ~s pochopitelný velký zájem
**prepaid** [pri:'peid] *(adj)* předplacený; placený předem; ~ **expenses** zálohované výdaje; ~ **income** zálohovaný příjem; ~ **interest** předem zaplacený úrok; ~ **legal services** předem zaplacené právní služby
**preparation** [ˌprepə'reišən] *(n)* příprava; připravování
**prepare** [pri:'peə(r)] *(v)* st. připravit co
**prepayment** [pri:'peimənt] *(n)* platba předem, frankoplatba; ~ **clause** doložka o platbě předem
**preponderance** [pri:'pondərəns, *am.* -'pan-] *(n)* 1 *over* st. převažování, převaha nad čím; ~ **of evidence** převaha důkazů jedné strany 2 převážná část, většina
**preponderate** [pri:'pondəreit, *am.* -'pan-] *(v) over* st. převažovat, převládat nad čím
**prerequisite** [pri:'rekwizit] *(n)* nezbytná podmínka, předpoklad
**prerogative** [pri:'rogətiv, *am.* -'rag-] *(n)* 1 privilegium, výsada; prerogativ, výhradní právo; ~ **of mercy** právo udělit milost; **Royal P~** královské privilegium 2 absolutní moc 3 souhrn pravomocí; ~ **law** právo privilegií, prerogativ
**prerogative** [pri:'rogətiv, *am.* -'rag-] *(adj)* 1 výsadní, privilegovaný; ~ **powers** výsadní pravomoce vlády; ~ **writ** *angl.* královský soudní příkaz v závažných trestních věcech; ~ **writ of habeas corpus** soudní příkaz nařizující předvedení osoby k soudu 2 týkající se věcí pozůstalostních; ~ **court** církevní soud pro věci pozůstalostní
**prescribe** [pri:'skraib] *(v)* st. 1 stanovit, předepsat co; ~**d limits** předepsaná omezení 2 dělat si nárok z důvodu dlouhodobého užívání
**prescription** [pri:'skripšən] *(n)* 1 vydržení, vydržené právo; **negative** ~ promlčení; **positive** ~ vydržení 2 stanovení, předpis 3 lékařský předpis
**prescriptive** [pri:'skriptiv] *(adj)* nařizující, normativní; vydržený; ~ **easement** vydržená služebnost; ~ **right** právo vzniklé vydržením, vydržené právo
**presence** ['prezəns] *(n)* přítomnost; **in the** ~ **of sb.** za přítomnosti koho
**present** ['prezənt] *(adj)* 1 přítomný, existují-

cí, současný, nynější, tento; ~ **conveyance** okamžitá dispozice s nemovitostí; ~ **estate** existující majetek; ~ **interest** existující právo k majetku; ~ **value** současná hodnota; **be** ~ **být přítomen 2** platný; ~ **Code** platný zákoník
**present** 1 [pri'zent] *(v)* st. předložit co; ~ **evidence** předložit důkazy; ~ **a statement of fact** předložit faktickou výpověď; **presenting bank** prezentující banka
**present** 2 [pri'zent] *(v)* sb. 1 představit oficiálně koho, např. panovníkovi 2 *for* st. navrhnout, doporučit koho na místo, do funkce
**presentable** [pri'zentəbl] *(adj)* žalovatelný
**presentation** [ˌprezən'teišən] *(n)* 1 předložení, předání; ~ **of a bill of exchange** prezentace směnky; ~ **of credentials** předání pověřovacích listin; **payable on** ~ splatný po předložení 2 podání žaloby 3 prohlášení; vystoupení
**presentee** [ˌprezən'ti:] *(n)* obdarovaná osoba, příjemce daru
**pre-sentence** [pri'sentəns] *(adj)* předcházející odsouzení; ~ **investigation** vyšetřování předcházející odsouzení; ~ **report** podrobná charakteristika zdůvodňovaného jako pomůcka soudce pro vynesení rozsudku
**presenter** [pri'zentə(r)] *(n)* předkladatel cizí směnky
**presentment** [pri'zentmənt] *(n)* 1 obžaloba; přísežné prohlášení poroty 2 předložení, prezentace obchodovatelného cenného papíru; ~ **of a bill of exchange** prezentace směnky
**preservation** [ˌprezə(r)'veišən] *(n)* zachování, záchrana; ~ **of the countryside** zachování krajiny; ~ **order** příkaz k záchraně budovy, porostu apod.
**preserve** [pri'zə:(r)v] *(v)* st. zachovat, chránit co; ~ **law** chránit / uchovat právo; **preserving trees** zachování stromů
**preside** [pri'zaid] *(v) over* st. předsedat čemu, řídit co; ~ **over the House** předsedat sněmovně; **presiding judge** předseda senátu
**presidency** ['prezidənsi] *(n)* 1 prezidentský úřad 2 předsednictví; ~ **of the European Community** předsednictví v Evropském společenství
**president** 1 ['prezidənt] *(n)* prezident hlavu státu; **sitting P~** úřadující prezident; **P~ elect** *am.* zvolený prezident, jenž dosud nenastoupil do úřadu; **P~ for the time being** současný prezident; **choose a P~ in a national election** zvolit prezidenta v celonárodních volbách

president 2 ['prezidənt] (n) 1 předseda, prezident soudu; P~ of the Court prezident Mezinárodního soudního dvora 2 brit. ministr; P~ of the Board of Education ministr školství; P~ of the Board of Trade ministr zahraničního obchodu

presidential [ˌprizi'denšəl, am. ˌprezə'-] (adj) prezidentský; ~ appointment jmenování učiněné prezidentem; ~ electors am. volitelé zástupci jednotlivých států volící prezidenta; ~ powers prezidentské pravomoci; ~ year am. rok, v němž se konají prezidentské volby

presidium [pri'sidiəm] (n) předsednictvo, prezídium

press [pres] (n) tisk; ~ agent tiskový mluvčí; ~ conference tisková konference; ~ release komuniké pro tisk

pressure ['prešə(r)] (n) 1 tlak, nátlak; ~ group nátlaková skupina; ~ politics nátlaková politika 2 tíseň

presumably [pri'zju:məbli] podle všeho, dejme tomu, že

presume [pri'zju:m] (v) st. předpokládat co; ~ the innocence of the accused předpokládat nevinu obviněného

presumption [pri'zʌmpšən] (n) předpoklad, domněnka, presumpce; conclusive ~ nevyvratitelná domněnka konkrétní hmotně právní norma; inconsistent ~s navzájem si odporující domněnky; irrefutable ~ nevyvratitelná domněnka; procedural ~ procesní domněnka; rebuttable / refutable ~ domněnka vyvratitelná důkazy; statutory ~ zákonná domněnka; ~ of death domněnka smrti; ~s of fact skutkové domněnky; ~ of innocence presumpce neviny; ~ of law právní domněnka; ~ of legitimacy domněnka legitimnosti; ~ of validity domněnka platnosti; destroy a ~ vyvrátit domněnku

presumptive [pri'zʌmptiv] (adj) předpokládaný, domnělý, presumptivní; ~ evidence nepřímý důkaz; ~ loss předpokládaná újma; ~ trust domnělý trust

pretence (am. pretense) [pri'tens] (n) 1 záminka, údajný důvod; on false ~s pod falešnými záminkami; under ~ of st. pod záminkou čeho 2 nárok nikoliv právní

pretend [pri'tend] (v) to st. dělat si nárok, aspirovat na co; ~ to completeness dělat si nárok na úplnost

pretender [pri'tendə(r)] (n) údajný majitel; nárokující osoba

pretension [pri'tenšən] (n) neoprávněný nárok

pretermission [ˌpri:tə(r)'mišən] (n) vynechání, opomenutí

pretermit [ˌpri:tə(r)'mit] /tt/ (v) sb./st. opomenout, přeskočit koho/co v závěti; ~ted heir opomenutý dědic

pretext ['pri:tekst] (n) záminka, předstíraný důvod

pre-trial [pri:'traiəl] (n) přípravné řízení, předběžné líčení; ~ custody vyšetřovací vazba; ~ review schůzka sporných stran v civilní věci před zahájením řízení

prevail [pri'veil] (v) 1 (among / in st.) převažovat (v čem, kde), převládat (kde); equity ~s právo spravedlnosti převládne; prevailing party strana ve sporu, v jejíž prospěch se ubírá soudní projednávání věci 2 upon sb. to do st. přesvědčit koho, aby udělal co; counsel ~ed upon the judge to grant an adjournment obhájce přesvědčil soudce, aby odročil jednání

prevailing [pri'veiliŋ] (adj) převažující, převládající

prevalence ['prevələns] (n) převažování, prevalence; převaha

prevaricate [pri'værikeit] (v) vytáčet se, vymlouvat se, kličkovat

prevarication [priˌværi'keišən] (n) vytáčka, klička

prevent [pri'vent] (v) 1 sb. from doing st. zabránit, zamezit komu v čem 2 předcházet, bránit čemu; ~ bribery and corruption zamezit uplácení a korupci; ~ crime předcházet trestným činům

prevention [pri'venšən] (n) of st. prevence, předcházení čemu; fire ~ protipožární prevence; ~ of crime trestní prevence; ~ of criminal offences prevence trestných činů

preventive [pri'ventiv] (adj) preventivní, předběžný; ~ custody / detention předběžné zadržení, ochranná vazba; ~ justice justice zaměřená na předcházení trestným činům, právní prevence

previous ['pri:viəs] (adj) předchozí, předcházející, dřívější

price [prais] (n) cena; cost ~ výrobní cena; current ~ běžná cena; retail ~ maloobchodní cena; ~ adjustment regulace cen; ~ fixing and tying stanovení a vázání cen; ~ relief /

**support** cenová intervence; **abate a** ~ snížit cenu
**price** [prais] *(v)* st. stanovit cenu čeho
**pricing** ['praisiŋ] *(n)* stanovení / vytváření cen; **common** ~ protiprávní úmluva více prodejců ohledně jednotných cen; ~ **policy** cenová politika
**pride** [praid] *(n)* hrdost; pýcha; ~ **of place** 1 čestné místo 2 povýšenost, nadutost
**prima facie** [ˌpraimə'feiši:] *(lat)* zjevný, notorický; na prvý pohled; ~ **case** evidentní právní případ; ~ **evidence** evidentní důkaz; ~ **tort** zjevný delikt
**primaries** ['praiməri:z] *(pl)* am. primární volby, primárky
**primarily** ['praimərili] *(adv)* **1** hlavně, zejména **2** původně
**primary** ['praiməri] *(adj)* základní, hlavní, prvořadý, přímý, primární; ~ **allegation** hlavní tvrzení / výpověď; ~ **beneficiary** hlavní obmyšlený; ~ **election** am. primární volby, primárky; ~ **evidence** přímý důkaz; ~ **insurance coverage** bezprostřední pojistné krytí; ~ **responsibility** přímá / primární odpovědnost; ~ **obligation** primární závazek; ~ **powers** původní oprávnění; ~ **rights** základní práva; ~ **share** kmenová akcie
**prime** [praim] *(adj)* první, hlavní, nejdůležitější; ~ **contractor** hlavní dodavatel; ~ **maker** první výstavce směnky; **P~ Minister** předseda vlády
**prime-ministerial** ['praimˌmini'steəriəl] *(adj)* vztahující se k ministerskému předsedovi; ~ **government** vláda ministerského předsedy
**primogeniture** [ˌpraiməu'dženiča(r)] *(n)* prvorozenectví, primogenitura
**primus inter pares** ['praiməsˌintə(r)'peirəs] *(lat)* první mezi rovnými obv. o ministerském předsedovi
**principal** ['prinsəpəl] *(n)* **1** hlava firmy; šéf; vedoucí; zaměstnavatel, představený; majitel podniku **2** zmocnitel; komitent, příkazce **3** hlavní pachatel, viník; ~ **in the first degree** hlavní pachatel; ~ **in the second degree** spolupachatel **4** hlavní dlužník **5** základní vklad n. půjčka bez úroků; ~ **and interest** jistina s úroky
**principal** ['prinsəpəl] *(adj)* **1** základní, hlavní; ~ **fact** základní skutečnost; ~ **judicial organ** hlavní soudní orgán; ~ **legal systems**

**of the world** hlavní světové právní systémy; ~ **residence** hlavní sídlo; trvalé bydliště **2** principiální
**principle** ['prinsəpl] *(n)* zásada, princip; **fundamental** ~s základní zásady / principy; ~**s of conveyancing law** zásady práva majetkových převodů; **in** ~ v podstatě
**print** [print] *(n)* otisk, stopa
**prior** ['praiə(r)] *(adj)* **1** dřívější, předchozí, předcházející; ~ **art** známý stav techniky v patentním řízení; **upon** ~ **notice** na základě předchozího upozornění; ~ **restraint** předběžné odmítnutí **2** přednostní; ~ **claim** přednostní nárok; ~ **creditor** přednostní věřitel
**prior to** ['praiə(r)ˌtu] *(adv)* st. před čím; ~ **to his appointment** před jeho jmenováním do funkce
**priority** [prai'orəti] *(n)* priorita, naléhavá věc, přednost; **convention** ~ nařízená priorita; ~ **application** prioritní přihláška; **demand as highest** ~ požadovat jako nejvyšší prioritu; **take** ~ **over st.** být nadřazený nad čím
**prison** [prizn] *(n)* vězení; **open** ~ vězení s volným režimem pro pachatele nejméně závažných trestných činů; **top secret** ~ vězení se zvýšenou ostrahou pro recidivisty a odsouzené ve třetí nápravné skupině; ~ **breaking** trestný čin útěku z vězení; ~ **rules** vězeňský řád; ~ **service** vězeňství; ~ **system** vězeňská soustava, systém vězeňství; **put sb. in** ~ dát / vsadit koho do vězení; **serve** ~ **sentence** odpykávat trest vězení; **visit sb. in** ~ navštívit koho ve vězení
**prison-breach** ['priznˌbri:č] *(n)* útěk z vězení
**prisoner** ['priznə(r)] *(n)* **1** vězeň, osoba zbavená svobody; ~ **of conscience / state** politický vězeň; ~**-of-war (POW)** válečný zajatec **2** obžalovaný; ~ **at the bar** obžalovaný při hlavním líčení před soudem
**privacy** ['praivəsi] *(n)* soukromí; ~ **of correspondence** listovní tajemství; ~ **laws** zákony na ochranu soukromí; **invasion of** ~ zasahování do soukromí tiskem apod.; **right of** ~ právo na soukromí
**private** ['praivit] *(n)* vojín, voják bez hodnosti
**private** ['praivit] *(adj)* soukromý, neveřejný; ~ **attorney** občanský zmocněnec; ~ **bill** návrh zákona týkající se jednotlivce n. omezené skupiny lidí; ~ **defence** nutná obrana; ~ **company** soukromá společnost jejíž akcie nejsou obchodovatelné na burze; ~ **effects** osobní majetek, svršky; ~ **foundation** soukromá nadace; ~ **international law** mezinárodní právo soukro-

mé; ~ **law** soukromé právo; ~ **meeting** neveřejné zasedání; ~ **member's bill** návrh zákona podaný jednotlivým poslancem; ~ **nuisance** 1 narušení práv jedné osoby či několika osob 2 porušení sousedských práv; ~ **property** soukromý majetek; ~ **trust** svěřenství ve prospěch určité osoby n. určitých osob; ~ **wrong** soukromoprávní delikt; **deliberate in** ~ radit se na uzavřeném / neveřejném zasedání; **meet in** ~ scházet se na neveřejném zasedání

**privation** [prai'veišən] (n) zbavení, odnětí; negativní jev; nepřístojnost

**privilege** ['privilidž] (n) privilegium, výsada; výhradní právo; **absolute** ~ jednání ve veřejném zájmu jako omluvný důvod pro trestný čin; **evidentiary** ~ průkazné privilegium; **qualified** ~ plnění právní povinnosti jako omluvný důvod po trestný čin urážky na cti; **veto** ~ právo veta; ~ **tax** daň z výsady; ~ **from arrest** vazební imunita; **breach of** ~ porušení poslanecké imunity; **motion of the highest** ~ návrh nejvyšší důležitosti; **writ of** ~ příkaz k propuštění privilegované osoby; **enjoy diplomatic** ~**s** mít diplomatické výsady; **exercise the veto** ~ uplatňovat právo veta

**privilege** ['privilidž] (v) sb./st. udělit výsadu komu/čemu, upřednostnit koho/co; ~**d debts** přednostní dluhy; ~**d evidence** privilegované důkazy

**privity** ['privəti] (n) 1 společenství zájmu; vzájemný n. sukcesívní právní vztah ke stejným majetkovým právům; ~ **of blood** pokrevní společenství zájmu; ~ **of estate** společenství zájmu z vlastnictví; ~ **of possession** společenství zájmu z držby 2 smluvní společenství zájmu; ~ **of contract** smluvní společenství zájmu, vztah mezi smluvními stranami 3 vědomí, povědomí, vědomost, znalost

**privy** ['privi] (adj) 1 tajný, skrytý; ~ **seal** brit. královská tajná pečeť; **Lord P~ Seal** brit. Lord strážce tajné pečeti 2 soukromý, osobní; **P~ Council** brit. královská, tajná Soukromá rada; **Lord President of the P~Council** brit. Lord předseda Soukromé rady 3 zasvěcený

**prize** [praiz] (n) 1 cena, odměna, prémie 2 válečná kořist; ~ **goods** ukořistěné zboží

**pro** [prəu] (lat) pro; ~ **bono publico** [prəu,bəunəu'pablikəu] pro veřejné blaho; ~ **donato** [,prəudə'neitəu] jako dar; ~ **forma invoice** [prəu,fo:(r)mə'invois] předběžná faktura; ~ **posse suo** [prəu,po:-

si:'suəu] podle svých sil; ~ **rata temporis** [prəu,reitə'tempərəs] poměrným dílem; ~ **tanto** [prəu'tæntəu] za tolik, za co možná nejvíce; ~ **tem / tempore** [prəu'tem / tempəri:] dočasně; ~ **and con / ~s and cons** důvody pro a proti

**probability** [,probə'biləti, am. ,prabə'-] (n) pravděpodobnost; ~ **of loss or damage** pravděpodobnost vzniku škody

**probable** ['probəbl, am. 'prabə-] (adj) pravděpodobný; předpokládaný; ~ **cause** pravděpodobná příčina; ~ **consequence** pravděpodobný následek

**probate** ['prəubit, am. 'proubeit] (n) 1 obec. záležitosti týkající se správy majetku v souvislosti s dědictvím; ~ **bond** písemná záruka vykonavatele závěti v pozůstalostním řízení, že bude řádně plnit své povinnosti; ~ **code** dědický zákoník; ~ **court** soud zabývající se pozůstalostními záležitostmi vyplývajícími ze závěti, např. správa majetku, opatrovnictví nezletilých dětí atd.; ~ **duty** dědická daň; ~ **estate** pozůstalost; ~ **judge** pozůstalostní soudce; ~ **jurisdiction** soudní pravomoc v pozůstalostních záležitostech např. správa majetku, opatrovnictví nezletilých dětí atd.; ~ **proceeding** pozůstalostní řízení 2 osvědčení poslední vůle; závěť 3 soudní potvrzení dědictví 4 záležitosti n. řízení týkající se náhradní rodinné péče v důsledku např. úmrtí rodičů

**probation** [prə'beišən, am. prou-] (n) 1 důkaz; dokazování 2 zkušební doba / lhůta při nástupu do zaměstnání 3 probace typ podmíněného odsouzení; ~ **officer** probační úředník uznávající vězně způsobilým k předčasnému propuštění a vykonávající nad ním dohled; sociální kurátor; **on** ~ odsouzení na zkušební dobu; **put sb. on** ~ odsoudit koho podmínečně

**probational** [prə'beišənl, am. prou-], **probationary** [prə'beišnəri, am. prou-] (adj) zkušební, na zkoušku; ~ **period** zkušební doba při podmínečném propuštění

**probationer** [prə'beišnə(r), am. prou-] (n) 1 podmínečně propuštěný vězeň propuštěn na svobodu pro dobré chování a zbytek trestu je mu prominut 2 podmíněně odsouzený

**probative** ['prəubətiv] (adj) 1 průkazný; ~ **evidence** dostatečně průkazný důkaz; ~ **facts** průkazné skutečnosti; ~ **value** důkazní hodnota 2 zkušební, na zkoušku

**problem** ['probləm, am. 'pra-] (n) problém, po-

tíž; **economic** ~s ekonomické problémy / potíže; **housing** ~ bytový problém; **humanitarian** ~s humanitární problémy; ~ **of litter** problém odpadků; **solve urgent social** ~s řešit naléhavé sociální problémy
**procedural** [prə'si:džərəl] *(adj)* procesní; procedurální; ~ **due process** řádný právní postup; ~ **law** procesní právo
**procedure** [prə'si:džə(r)] *(n)* **1** řízení, soudní proces; **appelate** ~ odvolací řízení; **arbitral / arbitration** ~ rozhodčí řízení; **civil** ~ občanský proces, občanské řízení; **criminal** ~ trestní proces / řízení; **undertake arbitration** ~ předat spor k rozhodnutí arbitru / rozhodci **2** proces, postup, procedura; **complaints / grievance** ~ postup při vyřizování pracovněprávních stížností; **dismissal** ~ postup při výpovědi ze zaměstnání ze strany zaměstnavatele; **Parliamentary** ~ parlamentní procedura, způsob práce parlamentu; **question of** ~ procedurální otázka; **rules of** ~ jednací řád
**proceed** [prə'si:d] *(v)* **1** *against* sb. soudně zakročit proti komu, soudně stíhat koho **2** *with* st. pokračovat, postupovat v čem; uskutečnit, provést co; ~ **further with** st. dále pokračovat v čem
**proceeding** [prə'si:diŋ], *(pl)* **proceedings** [prə'si:diŋz] **1** způsob a forma projednávání věcí před soudem; **civil** ~s občanskoprávní řízení, občanský proces; **collateral** ~ souběžné řízení; **committal** ~ řízení o vině a trestu, řízení ve věci; **criminal** ~s trestní řízení; **domestic** ~ projednávání domácích sporů; **legal** ~ soudní řízení; **summary** ~ zkrácené / sumární řízení; ~ **before the Court of Justice** řízení u Mezinárodního soudního dvora; ~s **in arbitration** arbitrážní řízení; ~s **in a court of law** řízení u soudu, soudní řízení; ~ **on committal by magistrates** řízení ve věci, která byla postoupena nižším soudem k rozhodnutí; ~s **resume** proces pokračuje po přerušení; **abandon civil** ~s odvolat občanské řízení; **conduct legal** ~s vést soudní řízení; **institute civil** ~s zahájit občanské řízení; **take** ~s zahájit řízení **2** zápis z jednání; **conference** ~s zápis z jednání konference
**proceeds** [prə'si:dz] *(pl)* výtěžek, výnos; zisk; příjmy; **account for** ~ vyúčtovat / účetně doložit zisk

**process** ['prəuses, *am.* 'prases] *(n)* proces, řízení; postup, průběh; předvolání k soudu; **due** ~ **of law** **1** zákonný výkon státní moci **2** v soudním řízení všechny zákonné podmínky procesu; **final** ~ poslední předvolání; **irregular** ~ vadné předvolání k soudu; **judicial** ~ postup soudu; **original** ~ předvolání na počátku řízení; **summary** ~ zkrácené / sumární řízení; **void** ~ absolutně neplatné / vadné / zmatečné předvolání; ~ **patent** patent na výrobní postup; ~ **server** doručitel předvolání
**process** ['prəuses, *am.* 'prases] *(v)* st. zpracovat co; ~ **information** zpracovat informace
**processing** ['prəusesiŋ, *am.* 'pras-] *(n)* zpracování; **food** ~ potravinářský průmysl; ~ **tax** prvozpracovatelská daň
**procession** [prə'sešən] *(n)* průvod, procesí; **public** ~ veřejný průvod
**proclaim** [prə'kleim] *(v)* st. vyhlásit, prohlásit co; ~ **amnesty** vyhlásit amnestii
**proclamation** [ˌprokləˈmeišən, *am.* ˌprak-] *(n)* vyhlášení, prohlášení; ~ **of independence** vyhlášení nezávislosti; ~ **of neutrality** vyhlášení neutrality
**proctor** ['proktə, *am.* 'praktər] *(n)* **1** zástupce v řízení záležitostí n. v soudních věcech; **Queen's P**~ královský solicitor pro věci manželské a pozůstalostní **2** univerzitní úředník dohlížející na dodržování kázně
**procuracy** ['prokjurəsi, *am.* 'prak-] *(n)* plná moc, prokura
**procuration** [ˌprokjuəˈreišən, *am.* ˌprak-] *(n)* **1** zplnomocnění osoby **2** generální zmocnění k zastoupení podniku, prokura; **joint** ~ kolektivní prokura **3** kuplířství
**procurator** ['prokjuəreitə(r), *am.* 'prakjər-] *(n)* **1** *(OP)* zmocněnec osoby k jednání jejím jménem **2** zástupce; **P**~ **Fiscal** *skot.* státní zástupce rozhodující o trestním stíhání údajného pachatele
**procure** [prə'kjuə(r)] *(v)* st. **1** prosadit co, dosáhnout čeho; sb. *to do* donutit koho k čemu; ~ **the remedying of the breach of the covenant** dosáhnout opravného prostředku v souvislosti s porušením závazku; ~ **the witness to commit perjury** donutit svědka ke křivému svědectví; **inability to** ~ **the legislation** neschopnost prosadit legislativu **2** opatřit, zjednat co; ~ **to be paid** dát plnou moc k zaplacení **3** zahájit soudní řízení **4** zabývat se kuplířstvím

**procurement** [prə'kjuə(r)mənt] *(n)* **1** dodání, zprostředkování; zásobování **2** státní dodávky; ~ **contract** smlouva o vládních dodávkách **3** kuplířství

**procurer** [prə'kjuərə(r)] *(n)* **1** opatřovatel, dodavatel **2** kuplíř

**procuress** [prə'kjuərəs] *(n)* **1** kuplířka **2** dodavatelka, zprostředkovatelka

**produce** ['prodju:s, *am.* 'prad(j)u:s] *(n)* **1** výrobek, výrobky; výroba; ~ **of estate** výroba statků **2** zemědělské produkty; ~ **exchange** plodinová burza

**produce** [prə'dju:s] *(v)* st. **1** vyrobit, produkovat co **2** způsobit, vytvořit co; ~ **coincidence** vytvořit shodu; **result** ~**d by negligence** následek způsobený nedbalostí ♦ ~ **alibi** zajistit si alibi; ~ **interest** nést úroky

**producer** [prə'dju:sə(r)] *(n)* výrobce, producent; tvůrce

**product** ['prodakt, *am.* 'pra-] *(n)* **1** výrobek, produkt; **marking of** ~**s** značení výrobků; **packaging of** ~**s** balení výrobků; **packing of** ~**s** obal výrobků; **unsafe or poor quality** ~**s** nespolehlivé nebo nekvalitní výrobky; ~ **liability** právní odpovědnost výrobce za výrobek / zboží **2** produkt, objem, výnos; **gross national** ~ hrubý národní produkt

**production** [prə'dakšən] *(n)* výroba, produkce; **power** ~ výroba elektřiny; ~ **costs** výrobní náklady; ~ **manager** výrobní ředitel ♦ ~ **of suit** předložení žaloby

**profess** [prə'fes] *(v)* st. **1** říkat, tvrdit co **2** vyznávat co; ~ **religion** vyznávat náboženství

**profession** [prə'fešən] *(n)* povolání, profese; **legal** ~ právnické povolání

**professional** [prə'fešənl] *(adj)* **1** profesionální, týkající se zaměstnání, stavovský; ~ **association** profesionální sdružení; ~ **liability** odpovědnost při výkonu povolání; ~ **offender** profesionální zločinec **2** odborný; ~ **witness** soudní znalec jako svědek

**profit** ['profit, *am.* 'prafit] *(n)* **1** užitek, prospěch **2** zisk, výdělek; **clear** ~ čistý zisk; **gross** ~ hrubý zisk; **loss of** ~ ušlý zisk; **margin of** ~ zisková přirážka, marže; **net** ~ čistý zisk po odečtení režie a daní; **operating** ~ provozní zisk; **surplus** ~ přebytek zisku; ~ **and loss report** výsledovka; ~ **commission** zisková provize ♦ ~**s a prendre** [prãndr] *přibl.* věcná břemena; ~**s a rendre** [rãndr] *přibl.* reálná břemena, věc-

něprávní povinnost poskytovat nějaká plnění *např.* nájmy a služby

**profit** ['profit, *am.* 'prafit] *(v)* **by** / **from** st. mít zisk / prospěch / užitek z čeho

**profitability** [,profitə'biləti, *am.* ,prafi-] *(n)* ziskovost, rentabilita

**profitable** ['profitəbl, *am.* 'pra-] *(adj)* výhodný, prospěšný, užitečný

**profiteer** [,profi'tiə(r), *am.* ,pra-] *(n)* lichvář; šmelinář

**profiteering** [,profi'tiəriŋ, *am.* ,pra-] *(n)* lichva

**profound** [prə'faund] *(adj)* hluboký, vážný, opravdový, naprostý

**profoundly** [prə'faundli] *(adv)* naprosto, zcela; ~ **different** zcela odlišný

**programme** (*am.* **program**) ['prəugræm] *(n)* program; **comprehensive litter abatement** ~ celkový program snižování množství odpadků; **government** ~ vládní program; **income-maintenance** ~ program zaměřený na udržení příjmů; **legislative** ~ zákonodárný program; **means-tested** ~ program na zjišťování prostředků k dosažení obživy; **technical assistance** ~ program technické pomoci

**progress** ['prəugres, *am.* 'pragres] *(jen sg.)* pokrok, pokroky

**progressive** [prəu'gresiv] *(adj)* **1** pokrokový **2** vzrůstající, vzestupný; ~ **tax** progresívní daně

**prohibit** [prə'hibit] *(v)* st. zakázat co; ~ **the sale of arms** zakázat prodej zbraní; ~**ed acts** nedovolené jednání postižitelné sankcí; ~**ed degrees** stupně příbuzenství vylučující uzavření platného manželství mezi sebou

**prohibiter, prohibitor** [prə'hibitə(r)] *(n)* osoba zakazující / vydávající zákazy

**prohibition** [,prəui'bišən] *(n)* **against** st. **1** zákaz čeho; **absolute** ~ absolutní zákaz **2** soudní příkaz vyššího soudu nižšímu zastavit řízení z důvodu nepříslušnosti; **order of** ~ příkaz, jímž vyšší soud přikazuje nižšímu zastavit řízení z důvodů nepříslušnosti

**prohibitive** [prə'hibətiv] *(adj)* zabraňující, prohibitivní; ~ **impediments** manželské překážky, jejichž nerespektování nese sankci, nikoliv neplatnost manželství

**prohibitory** [prə'hibitəri] *(adj)* prohibiční; ~ **injunction** soudní příkaz k odstranění závadného stavu

**prolicide** ['prəulisaid] *(n)* vražda dítěte zejm. novorozence

**promiscuity** [ˌpromisˈkjuəti, *am.* ˌpramis-] *(n)*
1 směs, směsice, promíšenost 2 sexuální promiskuita
**promiscuous** [prəˈmiskjuəs] *(adj)* promíchaný, promíšený; promiskuitní
**promise** [ˈpromis, *am.* ˈpra-] *(n)* slib, příslib; **aleatory** ~ odvážný / aleatorní slib; **fictitious** ~ nepravý / fiktivní slib; **naked** ~ pouhý slib bez úmyslu jej dodržet; **parole** ~ ústní úmluva, ústní dohoda; ~ **of marriage** (pří)slib manželství; **breach of** ~ porušení slibu
**promise** [ˈpromis, *am.* ˈpra-] *(v)* st. (při)slíbit co
**promisee** [ˌpromiˈsi:, *am.* ˌpra-] *(n)* 1 osoba, jíž je učiněn slib; oprávněný ve smlouvě o budoucí smlouvě 2 adresát směnky
**promisor** [ˈpromisə(r), ˌpromiˈso:(r), *am.* ˈpra-] *(n)* 1 osoba, která učinila slib; zavázaný ve smlouvě o budoucí smlouvě 2 výstavce směnky
**promissory** [ˈpromisəri, *am.* ˈpra-] *(adj)* slibující, obsahující slib; ~ **estoppel** překážka uplatnění žalobního nároku založená na slibu; ~ **fraud** podvod, jemuž předcházel falešný slib; ~ **note** vlastní směnka slib/závazek vyplatit uvedenou sumu v uvedeném čase stanovené osobě; ~ **warranty** smluvní záruka
**promote** [prəˈməut] *(v)* 1 st. podporovat co; ~ **advancement** podporovat pokrok; ~ **respect for human rights** podporovat úctu k lidským právům; ~ **the sale** podporovat prodej; ~ **a society's values** podporovat hodnoty společnosti 2 sb. povýšit koho 3 poprvé předložit návrh zákona 4 založit; ~ **a new company** založit novou společnost
**promoter** [prəˈməutə(r)] *(n)* 1 profesionální zakladatel obchodní společnosti 2 navrhovatel, podporovatel 3 spekulant
**promotion** [prəˈməuʃən] *(n)* 1 podpora, podporování, povznesení čeho 2 povýšení koho ♦ ~ **man** zprostředkovatel, agent
**promotional** [prəˈməuʃənl] *(adj)* 1 týkající se povýšení; ~ **civil service exams** zkoušky, jejichž složení podmiňuje pracovní postup státních zaměstnanců 2 náborový, propagační
**promptly** [ˈpromptli, *am.* ˈpram-] *(adv)* okamžitě, pohotově
**promulgate** [ˈproməlgeit, *am.* ˈpram-] *(v)* st. vyhlásit, zveřejnit, oznámit co, promulgovat
**promulgation** [ˌproməlˈgeiʃən, *am.* ˌpram-] *(n)* vyhlášení, oznámení, ohlášení, promulgace
**promulgator** [ˈproməlgeitə(r), *am.* ˈpram-]

*(n)* vyhlašovatel, oznamovatel zprávy, vyhlášky, zákona
**pronounce** [prəˈnauns] *(v)* st. 1 vyhlásit, prohlásit, oznámit co 2 vyslovit se, vyjádřit se; ~ **in favour of / for sb.** vyslovit se v čí prospěch; ~ **a judgment against sb.** přednést rozsudek v neprospěch koho / proti komu
**proof** [pru:f] *(n)* důkaz jako výsledek dokazování; **affirmative** ~ usvědčující / potvrzující důkaz; **conclusive** ~ nezvratný důkaz; **documentary** ~ písemný důkaz; **negative** ~ ospravedlňující důkaz; **positive** ~ usvědčující důkaz; ~ **beyond a reasonable doubt** důkaz nade vši pochybnost, nesporný důkaz; ~ **of claim** 1 místopřísežné prohlášení věřitele o výši dlužné částky, na niž má nárok v konkursním řízení 2 průkaznost nároku na plnění pojistné částky; ~ **of debt** důkaz dluhu; ~ **of facts** faktický důkaz, důkaz faktů; ~ **of loss** oznámení o pojistné události; důkaz ztráty / škody; ~ **of marriage** důkaz manželství; **burden / onus of** ~ důkazní břemeno; **degree of** ~ stupeň průkazu; **standard of** ~ měřítko důkazu; **capable of** ~ dokazatelný, prokazatelný; **in** ~ **of st.** na důkaz čeho; **give the** ~ **to the court** předložit důkaz soudu
**proof** [pru:f] *(adj)* odolný, chráněný; ~ **against bribe** nepodplatitelný, nekorumpovatelný
**proofless** [ˈpru:fləs] *(adj)* nepodložený, nedoložený
**propaganda** [ˌpropəˈgændə, *am.* ˌprapə-] *(n)* propaganda; **national** ~ celostátní propaganda / propagování
**proper** [ˈpropə, *am.* ˈprapər] *(adj)* vhodný, náležitý, řádný; ~ **care** náležitá péče; ~ **evidence** řádný důkaz, důkazní prostředek; ~ **lookout** řádná pozornost řidiče dopravního prostředku; ~ **regulation** vhodná právní úprava, správné řízení; **necessary and ~ clause** *am.* „klauzule o nezbytném a správném" čl. I, § 8, odst. 18 Ústavy USA, ustanovení dávající Kongresu pravomoc vydávat zákony nutné k výkonu jeho pravomocí
**properly** [ˈpropə(r)li, *am.* ˈpra-] *(adv)* řádně, správně, náležitě
**propertied** [ˈpropə(r)tid, *am.* ˈpra-] *(adj)* majetný, vlastnící nemovitý majetek
**property** [ˈpropəti, *am.* ˈpra-] *(n)* majetek; majetkové právo; vlastnictví; pozemky s příslušenstvím; předmět nájmu; reality; **adjoining** ~ sousedící pozemky s příslušenstvím;

**beneficial** ~ požívání / užívání majetku; **common** ~ obecní majetek; **community** ~ bezpodílové spoluvlastnictví; **general** ~ všeobecné majetkové právo; **industrial** ~ průmyslové vlastnictví; **intangible** ~ vlastnictví k nehmotným statkům; **intellectual** ~ duševní vlastnictví; **mislaid** ~ odložený majetek; **movable** ~ movitý majetek; **personal** ~ veškerý osobní majetek kromě nemovitostí; **private** ~ soukromý majetek; **public** ~ veřejný majetek; **qualified** ~ podmíněné majetkové právo; **real** ~ nemovitosti; **tangible** ~ hmotné statky; **alteration to the** ~ změny provedené na nemovitosti; **direct assessment on the** ~ přímý odhad nemovitosti; **enjoyment of the** ~ užívací právo k majetku; **forfeiture of** ~ propadnutí majetku; **law of** ~ majetkové právo; **rights in** ~ majetková n. vlastnická práva; **the whole of the** ~ nemovitost jako celek; ~ **agent** realitní agent; ~ **insurance** pojištění nemovitého majetku; ~ **law** majetkové právo; ~ **market** trh s nemovitostmi; ~ **owned in common** bezpodílové spoluvlastnictví; ~ **qualification** cenzus majetku; ~ **relations** majetkové vztahy; ~ **right** práva k majetku hmotnému i nehmotnému; ~ **settlement** majetkové vyrovnání / uspořádání; ~ **tax** majetková daň, daň z majetku; **excavate the** ~ **along the line of junction** provést výkop na pozemku podél dělící čáry mezi sousedními pozemky **2** vlastnost, schopnost; **essential** ~ **of government** základní vlastnost / schopnost vlády
**propitiator** [prə'pišieitə(r)] *(n)* (u)smiřovatel
**proponent** [prə'pəunənt] *(n)* navrhovatel, navrhující, zastánce návrhu
**proportion** [prə'po:(r)šən] *(n)* poměr; poměrná část, podíl; **in** ~ **to population** v poměru k počtu obyvatel
**proportional** [prə'po:(r)šənl] *(adj)* poměrný, úměrný; ~ **allotment** poměrné dělení; ~ **representation** poměrné zastoupení; **compensation** ~ **to his injury** náhrada úměrná jeho újmě
**proportionment** [prə'po:(r)šənmənt] *(n)* poměrné rozdělení, úměrné uspořádání
**proposal** [prə'pəuzl] *(n)* **1** návrh, nabídka; **implementation of** ~s realizace návrhů; **improvement** ~ zlepšovací návrh; **policy** ~s návrhy týkající se politiky, politické návrhy; ~s **for expenditure** návrhy na výdaje **2** nabídka k sňatku

**propose** [prə'pəuz] *(v)* st. navrhnout co, předložit návrh; ~ **sb. for a position of** navrhnout koho do funkce; ~**d legislative programme** navržený legislativní program
**proposition** [,propə'zišən, *am.* ,prapə-] *(n)* návrh, navrhnutí, navržení; projekt
**propound** [prə'paund] *(v)* st. **1** předložit závěť k úřednímu ověření **2** předložit co k diskusi / úvaze
**proprietary** [prə'praiətəri] *(n)* **1** vlastník, majitel, držitel výlučného právního titulu k věci **2** vlastnictví, majetkové právo
**proprietary** [prə'praiətəri] *(adj)* majetkový; vlastnický; ~ **information** majetkové informace; ~ **lease** vlastnický nájem; ~ **rights** vlastnická práva; **many rights and duties are not** ~ mnohá práva a povinnosti se netýkají majetku ◆ ~ **capacity** postavení podnikatele
**proprietor** [prə'praiətə(r)] *(n)* vlastník, majitel; **part-**~ spolumajitel
**proprietorial** [prə,praiə'to:riəl] *(adj)* vlastnický; majetkový; ~ **rights** vlastnická práva
**proprietorship** [prə'praiətə(r)šip] *(n)* vlastnictví, vlastnické právo; výhradní majetkové právo; ~ **of copyright** výhradní autorské právo
**propriety** [prə'praiəti] *(n)* vhodnost, správnost, náležitost
**propter** ['proptə(r), *am.* 'prap-] *(lat)* z důvodu, kvůli
**prorate** [prəu'reit] *(v)* st. úměrně / poměrně rozdělit co
**prorogation** [,prəurə'geišən] *(n)* přerušení a odročení zasedání parlamentu
**prorogue** [prə'rəug] *(v)* st. přerušit a odložit co na pozdější dobu, odročit; **the Queen** ~s **Parliament** královna odročuje zasedání parlamentu
**proscribe** [prəu'skraib] *(v)* sb./st. **1** vyloučit koho ze společnosti, postavit koho mimo zákon **2** veřejně odsoudit, zakázat, proskribovat co
**proscription** [prəu'skripšən] *(n)* **1** zákaz, proskripce, proskribování **2** odsouzení k smrti, postavení mimo zákon
**prosecute** ['prosikju:t, *am.* 'prasəkju:t] *(v)* sb./st. **1** trestně stíhat koho; provádět soudní řízení ve věci čeho; ~ **a claim** soudně vymáhat nárok; ~ **a crime** stíhat trestný čin; ~ **in criminal cases** stíhat v trestních věcech; **prosecuting attorney / counsel** prokurátor; **prosecuting witness** žalující svědek **2** dále vést co, pokračovat v čem; ~ **the investigation** pokračovat ve vyšetřování

**prosecution** [ˌprosiˈkjuːšən, *am.* ˌprasə-] *(n)* **1** trestní stíhání; **criminal** ~ stíhání v trestní věci; **malicious** ~ trestní stíhání na základě křivého obvinění, žaloby podané ve zlém úmyslu; **methods of** ~ metody trestního stíhání; **approve a** ~ schválit / potvrdit trestní stíhání; **conduct a** ~ vést trestní stíhání; **institute a** ~ zahájit trestní stíhání **2** *(TP)* obžaloba; **functions of the** ~ funkce obžaloby; **witnesses for the** ~ svědkové obžaloby; **grant** ~ **an advantage over the defence** poskytnout obžalobě výhodu nad obhajobou **3** *(OP)* žaloba **4** *přibl.* prokuratura, státní zastupitelství; státní žalobce, prokurátor; **counsel for the** ~ prokurátor; **Director of Public P~s** *brit.* vrchní státní zástupce **5** *přibl.* prokuratura

**prosecutor** [ˈprosikjuːtə, *am.* ˈprasəkjuːtər] *(n)* státní zástupce; žalobce; prokurátor

**prosecutrix** [ˈprosikjuːtriks, *am.* ˈprasə-] *(n)* státní zástupkyně / žalobkyně, prokurátorka

**prospect** [ˈprospekt, *am.* ˈpra-] *(n)* výhled; naděje, šance; **electoral ~s of a party** volební perspektivy / vyhlídky / šance politické strany

**prospective** [prəˈspektiv] *(adj)* budoucí, perspektivní; eventuální, možný; ~ **claims** možné náhrady

**prospectus** [ˈprospektəs, *am.* ˈpras-] prospekt obchodní společnosti představující a nabízející poprvé své akcie veřejnosti

**prostitute** [ˈprostitjuːt, *am.* ˈprastə-] *(n)* prostitutka; prostitut

**prostitution** [ˌprostiˈtjuːšən, *am.* ˌprastə-] *(n)* prostituce

**protect** [prəˈtekt] *(v)* **1** sb./st. *from / against* st./sb. chránit, ochraňovat koho/co před čím/kým / proti čemu/komu; ~ **the consumer** chránit spotřebitele; ~ **the environment** chránit životní prostředí; ~ **human rights** chránit lidská práva **2** st. krýt, honorovat směnku

**protection** [prəˈtekšən] *(n)* **1** ochrana; **consumer** ~ ochrana spotřebitele; **consumer** ~ **laws** zákony na ochranu spotřebitele; **environmental** ~ ochrana životního prostředí; **patent** ~ patentová ochrana; ~ **order** ochranný příkaz; ~ **against a specific risk** ochrana v případě zvláštní sociální události; ~ **of health at work** ochrana zdraví při práci; ~ **of human rights** ochrana lidských práv; ~ **of privacy** ochrana soukromí; **total period of** ~ celková ochranná doba; **writ of** ~ průvodní list; **give the employee wider** ~ poskyt-

nout zaměstnanci větší ochranu ♦ ~ **money** peníze za ochranu placené obchodníky za vnucenou ochranu jako forma vydírání **2** úplatky policii za neobtěžování; ~ **racket** nezákonný vyděračský gang požadující peníze za „ochranu" **2** *am.* osvědčení o státním občanství USA pro osoby odjíždějící do zahraničí pracovat

**protective** [prəˈtektiv] *(adj)* ochranný; ~ **custody** ochranná vazba; ~ **order** příkaz chránit; ~ **tariff** ochranný celní tarif

**protector** [prəˈtektə(r)] *(n)* **1** ochránce; pasák **2** protektor

**protectorate** [prəˈtektərit] *(n)* protektorát

**protest** [ˈprəutest] *(n)* **1** nesouhlas, protest; námitka; **non-violent** ~ nenásilný protest; **deed of** ~ písemný protest; **in** ~ **at st.** na / jako protest proti čemu; ~ **march** protestní pochod **2** stížnost, odvolání, rekurs **3** směnečný protest úřední osvědčení, že směnka nebyla proplacena; **supra** ~ akceptace směnky po protestaci; ~ **fee** poplatek za protestování; **notice of** ~ oznámení o protestu; **waiver of** ~ vzdání se protestu

**protest** [prəˈtest] *(v)* **1** *against* st./sb. protestovat, namítat, vznášet námitky proti čemu/komu **2** protestovat směnku

**protestation** [ˌprəutesˈteišən] *(n)* formální pření nějakého tvrzení v soudním řízení; prohlašování, ujišťování

**protester, protestor** [prəˈtestə(r)] *(n)* **1** osoba protestující směnku **2** protestující / odporující osoba

**protract** [prəˈtrækt] *(v)* st. úmyslně zdržovat, prodlužovat, zpomalovat diskusi, projednávání

**protraction** [prəˈtrækšən] *(n)* úmyslné zdržování, prodlužování diskuse, jednání

**provable** [ˈpruːvəbl] *(adj)* dokazatelný, prokazatelný; ~ **claim** prokazatelný nárok

**prove** [pruːv] *(v)* st. dokázat, prokázat co; ~ **an alibi** dokázat alibi; ~ **a criminal charge** dokázat obvinění z trestného činu; ~ **sb.'s claim** prokázat čí nárok; ~ **sb.'s guilt** dokázat vinu koho; ~ **the guilt of the accused beyond reasonable doubt** prokázat vinu obžalovaného nade vši pochybnost / mimo pochybnost; ~ **to the satisfaction of the court** uspokojivě dokázat před soudem; **approach ~s unsatisfactory** přístup se ukáže neuspokojivým / nevyhovujícím; **until the contrary is ~d** dokud není prokázán opak

**prove** *(v)* **for** [ˌpruːvˈfoː(r)] st. prokázat a žádat co; ~ **for a claim** prokázat a nárokovat proplacení dluhu

**prove** *(v)* **up** [ˌpruːˈvʌp] st. dokázat svůj nárok na co

**provide** [prəˈvaid] *(v)* **1** st. zajistit co; ~ **access to** st. zajistit přístup k čemu; ~ **a safe system of work** zajistit bezpečný systém práce; ~ **full control over** st. zajišťovat plnou kontrolu nad čím; ~ **new guards for** st. zajistit novou ochranu čeho; ~ **off-street car parks** zajistit parkoviště / parkovací plochy mimo ulice **2** st. poskytovat co; ~ **public services** poskytovat veřejné služby; ~ **the means of carrying on the work of government** poskytovat prostředky na činnost vlády **3** st. pořídit, sestavit co; ~ **a new code of law** pořídit nový kodex práva **4** *that* stanovit, že ...; **the Act ~s that ...** zákon říká, že ...; **~d by law** stanoveno zákonem

**provide** *(v)* **against** [prəˌvaidəˈgenst] st. chránit před čím, proti čemu, zabránit čemu

**provide** *(v)* **for** [prəˌvaidˈfoː(r)] st. stanovit co, pamatovat na co, učinit ustanovení pro co; ~ **for a control system** učinit opatření / přijmout ustanovení pro kontrolní systém; ~ **for the treatment of offenders** stanovit, jak zacházet s pachateli; **all matters especially ~d for in the Charter** všechny záležitosti, které jsou zvláště uvedeny v Chartě pro které jsou zvláštní ustanovení v Chartě

**provided** [prəˈvaidid] *(con)* za předpokladu, že / jestliže

**provided that** [prəˈvaididˌðæt] *(con)* za předpokladu, že / jestliže

**providence** [ˈprovidəns, *am.* ˈpraː-] *(n)* obezřetnost, prozíravost; prozřetelnost; **Divine P~** božská prozřetelnost

**providing** [prəˈvaidiŋ] *(conj)* jestliže, za předpokladu, že, pod podmínkou

**province** [ˈprovins, *am.* ˈpraː-] *(n)* provincie

**provision** ¹ [prəˈviʒən] *(n)* ustanovení zákona, smlouvy; **contrary ~** opačné ustanovení; **consequential ~s** následná ustanovení; **fundamental ~s** základní ustanovení; **general ~s** obecná ustanovení; **property and financial ~s** ustanovení týkající se majetku a financí; **~s as to incapacity for work** ustanovení týkající se pracovní neschopnosti; **~s as to pension rights** ustanovení týkající se nároků na důchod; ~ **of sick pay** ustanovení týkající se nemocenského; **~s of the Statute** ustanovení

Statutu Mezinárodního soudního dvora; **make ~s for** st. vydat ustanovení týkající se čeho

**provision** ² [prəˈviʒən] *(n)* **1** zajištění, obstarání, poskytnutí čeho; **family ~ orders on death** rozhodnutí o zajištění rodiny v případě smrti živitele; ~ **for old age** starobní zabezpečení; ~ **of gas, water and electricity** zajištění dodávky plynu, vody a elektřiny; ~ **of museums and art galleries** zajišťování provozu muzeí a uměleckých galerií **2** zajištění případného dluhu

**provisional** [prəˈviʒənl] *(adj)* dočasný, prozatímní; provizorní; ~ **certificate** prozatímní osvědčení; ~ **injunction** provizorní soudní příkaz / zákaz; ~ **remedy** provizorní soudní opatření; ~ **rule** *přibl.* dispozitivní norma; ~ **seizure** prozatímní zabavení; ~ **specification** prozatímní popis patentu

**proviso** [prəˈvaizəu] *(n)* podmínka, výminka, výhrada dvoustranného právního aktu, na němž obvykle závisí platnost úkonu

**provisory** [prəˈvaizəri] *(adj)* podmíněný, podmínečný s výhradou

**provost** [ˈprovəst, *am.* ˈpraː-] *(n) skot.* starosta

**proximate** [ˈproksimit, *am.* ˈpraksəmit] *(adj)* blízký, bezprostřední; ~ **cause** bezprostřední příčina; ~ **consequence / result** bezprostřední následek / výsledek; ~ **damages** bezprostřední náhrada škody

**proximity** [prokˈsiməti, *am.* prak-] *(n)* blízkost; ~ **of blood** pokrevní blízké příbuzenství

**proxy** [ˈproksi, *am.* ˈpraksi] *(n)* **1** zmocněnec, plnomocník, zástupce; ~ **marriage** sňatek v zastoupení **2** písemné zmocnění, písemná plná moc; **instrument of ~** listina o ustanovení zástupce; **be ~ for / stand ~ for** sb. zastupovat koho

**prudence** [ˈpruːdəns] *(n)* opatrnost, prozíravost; rozvážnost, prozíravost

**prudent** [ˈpruːdənt] *(adj)* obezřetný, opatrný; rozvážný, uvážlivý

**prudential** [pruːˈdenʃəl] *(adj)* **1** *am.* zaopatřovací, finanční; ~ **committee** finanční poradní výbor

**psepfology** [pseˈfolədʒi, *am.* -ˈfal-] *(n)* věda zabývající se volbami, volební procedurou atd.

**psychosis** [saiˈkəusis] *(n)* psychóza

**psychotherapy** [ˌsaikəuˈθerəpi] *(n)* psychoterapie

**public** [ˈpablik] *(n)* veřejnost; **in ~** na veřejnosti, veřejně

**public** ¹ ['pablik] *(adj)* veřejný; společenský; **~ administration** veřejná správa; **~ affairs** veřejné záležitosti; **~ agent** veřejný činitel; **~ benefit** veřejný prospěch; **P~ Bills** *brit.* návrhy zákonů týkající se věcí veřejných, tj. celé společnosti; **~ company** veřejná obchodní společnost, jejíž akcie jsou obchodovatelné na burze; **~ convenience** veřejná prospěšnost; **~ corporation** veřejnoprávní korporace; **~ defender** veřejný obhájce; **~ domain** veřejný majetek, veřejné vlastnictví; **~ enemy** společensky nebezpečný živel; **~ entity** veřejnoprávní jednotka; **~ expenditures** veřejné výdaje; **~ good** společenské dobro; **~ health** zdravotnictví; **~ hearing** veřejné slyšení / projednávání; **~ highway / road** veřejná cesta; **~ house** hostinec; **~ interest** veřejný zájem; **~ interest immunity** nedotknutelnost veřejného zájmu; **~ international law** mezinárodní právo veřejné; **~ law** veřejné právo; **~ life** veřejný život; **~ meeting** veřejné zasedání; **~ need** veřejná potřeba; **~ notary** veřejný notář; **~ nuisance** narušení veřejného pořádku, výtržnost; **~ opinion research** průzkum veřejného mínění; **~ order** veřejný pořádek; **~ passage** veřejný průchod; **~ peace** veřejný klid; **~ place** veřejně přístupné místo; **~ policy** zásady slušnosti, zásady spolužití; **~ policy limitation** omezení z důvodu veřejného zájmu; **~ power of coercion** veřejná donucovací moc; **~ procession** veřejný průvod; **~ purpose** veřejný účel; **~ safety** veřejná bezpečnost; **~ sale** veřejná dražba; **~ services** veřejné / veřejně prospěšné služby; **~ tender** veřejná soutěž na státní, obecní dodávky; **~ trial** veřejný trestní proces; **~ trust** *přibl.* fond, nadace; **~ use** veřejné použití / užívání; **~ utility** veřejně prospěšný podnik; **~ violence** veřejné násilí; **work in the ~ domain** dílo již nechráněné autorským právem; **in the ~ interest** ve veřejném / obecném zájmu; **~ welfare** prosperita / blahobyt veřejnosti; **be of ~ importance** být důležitý pro veřejnost

**public** ² ['pablik] *(adj)* státní; **P~ Accounts Committee** *brit.* výbor Dolní sněmovny pro státní účty; **~ agency** státní orgán vytvořený pro konkrétní účel; **~ appointment** státní úřad do něhož se dosazuje jmenováním; **~ appropriation** příděl ze státního rozpočtu; **~ authority** státní orgán; **~ debt** státní dluh; **~ funds** státní peněžní prostředky; **~ grant** státní dotace;

**~ holiday** úředně stanovený státní svátek den pracovního klidu; **~ legal officer** státní soudní úředník; **~ money** státní peníze; **~ office** státní úřad; **~ officer** úřední osoba; **~ organization** státní organizace; **~ prosecutor** prokurátor, státní žalobce; **~ purse** státní pokladna; **~ revenues** státní příjmy; **~ seal** státní pečeť; **at the ~ expense** na státní útraty

**publication** [ˌpabliˈkeišən] *(n)* zveřejnění, uveřejnění; vydání, publikování

**publicity** [pabˈlisəti] *(n)* veřejnost, publicita; propagace

**publish** ['pabliš] *(v)* st. **1** vydat, publikovat co **2** veřejně ohlásit, oznámit co

**pudicity** [pjuːˈdisəti] *(n)* pohlavní zdrženlivost, cudnost, umírněnost

**puff** [paf] *(n)* nafouknutá reklama

**puffer** ['pafə(r)] *(n)* osoba placená majitelem nemovitosti účastnící se dražby, která nadsazenými nabídkami zvyšuje dražební cenu nemovitosti

**puffing** ['pafiŋ] *(n)* neopodstatněná nadsazená informace o kvalitě zboží

**puisne** ['pjuːni] *(adj)* nižší hodnosti; **~ judge** nižší soudce ♦ **~ mortgage** hypotéka bez úschovy zástavní listiny

**punish** ['paniš] *(v)* sb./st. trestat koho/co

**punishability** [ˌpanišəˈbiləti] *(n)* stíhatelnost, trestnost

**punishable** ['panišəbl] *(adj)* trestný, trestatelný; **a crime ~ by the state** trestný čin, který stát trestá

**punishment** ['panišmənt] *(n)* **1** trest; **capital ~** trest smrti; **corporal ~** tělesný trest; **cumulative ~** úhrnný trest; **degrading ~** ponižující / zahanbující trest; **discriminatory ~** diskriminační trest; **judicial corporal ~** tělesný trest vynesený soudem; **severe ~** přísný trest; **execution of a ~** výkon trestu; **have recourse to a ~** uchýlit se k trestu; **impose a ~ on sb.** uložit trest komu; **inflict a ~** stanovit trest; **retain a ~** zachovat / ponechat trest; **sentence to ~** odsoudit k trestu; **the ~ amounts to torture** trest se rovná mučení **2** potrestání

**punitive** ['pjuːnitiv] *(adj)* represívní, trestní, penální; **~ damages** náhrada škody plnící represívní / trestní funkci; **~ expedition** trestná výprava; **~ statute** trestní majetkový zákon; **be ~** být represívní

**pupilage** ['pjuːpəlidž] *(n)* *brit.* jednoletá koncipientská praxe pro výkon funkce baristera

**purchase** ['pə:(r)čəs] *(n)* nákup, koupě; nabytí, získání jinak než dědictvím; **contingent ~** 1 náhodná / nahodilá koupě 2 budoucí událostí podmíněná koupě; **completion of ~** uskutečnění koupě; **contract of ~** kupní smlouva; **~ on trial** koupě na zkoušku; **~ agreement** dohoda o koupi, kupní smlouva; **~ cost** pořizovací cena; **~ money** kupní cena; **~ order** objednávka, nákupní příkaz; **~ price** nabývací / pořizovací hodnota, kupní cena; **~ tax** brit. daň z obratu; **they were stuck with the ~** zakoupenou věc si museli ponechat

**purchase** ['pə:(r)čəs] *(v)* st. koupit co; nabýt, získat co jinak než dědictvím

**purchaser** ['pə:(r)čəsə(r)] *(n)* kupující, nabyvatel mezi živými; **bona fide ~** nabyvatel v dobré víře

**purchasing** ['pə:(r)čəsiŋ] *(adj)* týkající se koupě / nákupu; **~ agent** nákupčí; **~ power** kupní síla; **~ public** zákazníci, spotřebitelé

**pure** [pjuə(r)] *(adj)* čistý; holý, prostý; čirý ♦ **~ accident** nehoda zaviněná vyšší mocí; **~ endowment** pojištění pouze pro případ dožití; **~ personalty** osobní věci; **~ premium** ryzí pojistné

**purport** ['pə:(r)po(r)t] *(n)* zjevný smysl, záměr, účel

**purported** ['pə:(r)po(r)tid] *(adj)* domnělý, údajný

**purpose** ['pə:(r)pəs] *(n)* účel, cíl; **practical ~s** praktické cíle; **reading ~** účel / cíl čtení; **for electoral ~s** pro volební účely; **for peaceful ~s** pro mírové účely; **for this ~** za tímto účelem; **of ~** s cílem; **serve human ~s** sloužit lidem

**purposeful** ['pə:(r)pəsful] *(adj)* záměrný, úmyslný; smysluplný

**purposeless** ['pə:(r)pəsləs] *(adj)* neúmyslný; nesmyslný, neúčelný

**purse** [pə:(r)s] *(n)* 1 peněženka 2 pokladna, peněžní fond; **public ~** státní pokladna

**purse-bearer** ['pə:(r)s‚beərə(r)] *(n)* pokladník

**pursuable** [pə(r)'s(j)u:əbl] *(adj)* 1 pronásledovatelný, stíhatelný 2 proveditelný, uskutečnitelný

**pursuance** [pə(r)'s(j)u:əns] *(n)* konání, plnění, provádění; **in ~ of an obligation** při plnění závazku

**pursuant to** [pə(r)'s(j)u:ənt‚tu] *(adv)* st. podle čeho, shodně s čím, na základě čeho; **be sen-**

**tenced ~ to section 56** být odsouzen k trestu podle paragrafu 56

**pursue** [pə(r)'s(j)u:] *(v)* st. 1 provádět, provozovat co; **~ the examination** 1 uskutečnit / provést zkoumání 2 pokračovat ve zkoumání 2 sledovat co, dbát / pečovat o co; **~ the same object** sledovat stejný cíl 3 stíhat, žalovat co

**pursuer** [pə(r)'s(j)u:ə(r)] *(n)* žalobce, stěžovatel; pronásledovatel

**pursuit** [pə(r)'s(j)u:t] *(n)* 1 snaha, úsilí o získání čeho; **~ of happiness** usilování o štěstí 2 pronásledování, stíhání; žaloba, soudní spor 3 povolání, činnost 4 cíl, sledování, provozování

**pursuits** [pə(r)'s(j)u:ts] *(pl)* záležitosti, obchody

**purvey** [pə(r)'vei] *(v) for* sb. dodávat zboží komu, zásobovat koho

**purveyance** [pə(r)'veiəns] *(n)* dodávání, zásobování potravinami

**purveyor** [pə(r)'veiə(r)] *(n)* dodavatel, zásobovatel

**purview** ['pə:(r)vju:] *(n)* 1 normativní část zákonného textu 2 rozsah, obor, kompetence

**pusher** ['pušə(r)] *(n)* slang. pokoutní obchodník s narkotiky

**put** [put] *(n)* opční prodej, opce; **~ bond** opční prodej obligace; **~ option** opční prodej

**put** */put, put/* [put, put] *(v):* **~ an end to st.** skončit s čím, ukončit co; **~ limits on expenditure** omezovat výdaje; **~ the matter to vote** dát o věci hlasovat; **~ the proposal to sb.** předložit návrh komu; **~ aside st.** ponechat stranou co; **~ in a bid** dát nabídku; **~ in jeopardy of life or limb** vystavit nebezpečí života nebo zranění / úrazu; **~ an item on the agenda** zařadit otázku do programu jednání; **~ an embargo on trade** uvalit embargo na obchod

**putative** ['pju:tətiv] *(adj)* domnělý, putativní; **~ father** údajný otec nemanželského dítěte; **~ marriage** zdánlivé / putativní manželství; **~ spouse** domnělý manžel, domnělá manželka

**pyramiding** [pi'ræmədiŋ] *(n)* nezákonné využití úložek nových investorů k zaplacení úroků investorům dřívějším

**pyromania** [‚paiərəu'meiniə] *(n)* náklonnost ke žhářství, pyromanie

**pyromaniac** [‚paiərəu'meiniæk] *(n)* pyroman, žhář

# Q

**Q(.)B(.)** [ˌkjuːˈbiː], **Q(.)B(.)D(.)** [ˌkjuːbiːˈdiː] *(abbrev) Queen's Bench Division brit.* Královský soud součást Nejvyššího soudu

**Q(.)C(.)** [ˌkjuːˈsiː] *(abbrev) Queen's Counsel brit.* Královský právní rada

**Q.S.** [ˌkjuːˈes] *(abbrev) Quarter Session* čtvrtletní soudní zasedání

**quadrennial** [kwəˈdreniəl] *(adj)* čtyřletý, konající se ve čtyřletém intervalu; ~ **election** volby jednou za čtyři roky

**qualifiable** [ˈkwolifaiəbl, *am.* ˈkwalə-] *(adj)* posouditelný, kvalifikovatelný; vymezitelný, určitelný

**qualification** [ˌkwolifiˈkeišən, *am.* ˌkwalə-] *(n)* **1** schopnost; způsobilost, kvalifikace; **elect judges on the basis of their ~s** volit soudce podle jejich kvalifikace **2** omezení, určité vymezení, požadavek, cenzus; oprávnění na základě splnění čeho; **age** ~ požadavek dosažení určitého věku, cenzus věku, oprávnění na základě dosažení určitého věku; **education** ~ požadavek / předpoklad vzdělání; **electoral** ~ volební cenzus, způsobilost volit; **property** ~ cenzus majetku; **residence** ~ požadavek / cenzus pobytu na / v určitém místě

**qualificatory** [ˈkwolifikətəri, *am.* ˈkwalə-] *(adj)* **1** omezující **2** kvalifikační

**qualified** [ˈkwolifaid, *am.* ˈkwalə-] *(adj)* **1** způsobilý, kvalifikovaný; oprávněný; ~ **elector / voter** volič splňující všechny zákonné podmínky, aby mohl volit; ~ **for st.** způsobilý k čemu ♦ ~ **privilege** plnění právní povinnosti jako omluvný důvod při trestném činu urážky na cti **2** přesně stanovený, vymezený, kvalifikovaný; ~ **acceptance** omezená / podmíněná akceptace směnky; ~ **fee** stanovený poplatek; ~ **majority** kvalifikovaná většina, tj. přesně stanovený počet **3** podmíněně přijatý; upravený z důvodu nedostatků; vadný; ~ **account** chybné účty; ~ **auditor's / audit report / opinion** účetní revize odhalující nedostatky

**qualify** [ˈkwolifai, *am.* ˈkwalə-] *(v)* st./sb. **1** posoudit, kvalifikovat co; podmínit co z důvodu závady **2** oprávnit, kvalifikovat koho, učinit koho způsobilým **3** blíže určit, vymezit co; ~ **a rule** vymezit působnost právní normy; **qualifying period of residence** cenzus pobytu, stanovená délka trvalého pobytu jako podmínka pro

dosažení určitého oprávnění **4** *for st.* mít oprávnění pro co; ~ **for unemployment pay** být oprávněn k pobírání podpory v nezaměstnanosti **5** *as* sb. získat vzdělání / kvalifikaci jako kdo; vykonat kvalifikační zkoušky pro práci koho; ~ **as a solicitor** získat kvalifikaci pro práci solicitora

**qualitative** [ˈkwolitətiv, *am.* ˈkwalə-] *(adj)* jakostní, kvalitativní

**quality** [ˈkwoləti, *am.* ˈkwal-] *(n)* jakost, kvalita; **fair** ~ ucházející jakost; **finest** ~ nejlepší jakost; **good** ~ dobrá jakost; **poor** ~ nízká kvalita; **poor ~ products** nekvalitní výrobky; **water** ~ kvalita vody ♦ ~ **of estate** forma majetkového vlastnictví

**quango** [ˈkwaŋɡəu] *(abbrev) quasi(-antonomous)-non-governmental organization brit.* polovládní instituce / orgán zodpovědný např. za granty univerzitám apod.

**quantifiable** [ˈkwontifaiəbl, *am.* ˈkwantə-] *(adj)* měřitelný, kvantitativně vyměřitelný

**quantification** [ˌkwontifiˈkeišən, *am.* ˌkwantə-] *(n)* stanovení množství, kvantitativní vyjádření

**quantity** [ˈkwontəti, *am.* ˈkwant-] *(n)* množství, kvantita ♦ **bill of** ~ / ~**ies** stavební projekt, rozpočet na stavbu; **surveyor of** ~ / ~**ies** stavební dozor

**quantum meruit** [ˈkwontəmˈmeruət] *(lat)* spravedlivá odměna za vykonanou práci, tj. kolik si zaslouží, zasloužené množství

**quantum valebant** [ˈkwontəmvəˈliːbænt] *(lat)* přiměřená cena, tj. tolik, kolik měl hodnotu, cenu

**quarantine** [ˈkworənti:n, *am.* ˈkwa-] *(n)* karanténa

**quarrel** [ˈkworəl, *am.* ˈkwa-] *(n)* spor, hádka, pře; ~ **at law** soudní spor

**quarrel** [ˈkworəl, *am.* ˈkwa-] /ll/ *(v)* hádat se, přít se, dostat se do sporu

**quarter** [ˈkwoː(r)tə(r)] *(n)* **1** čtvrtina, čtvrť **2** milost, pardon; **ask for** ~ prosit o milost poraženého vítěze v boji na smrt

**quarter** [ˈkwoː(r)tə(r)] *(v)* sb. *(up)on* sb. ubytovat koho u koho

**quarterage** [ˈkwoː(r)tərɪdž] *(n)* **1** ubytovné, ubytování, ubikace **2** čtvrtletní příjem, mzda, poplatek

**quarterly** ['kwo:(r)tərli] *(n)* čtvrtletník
**quarterly** ['kwo:(r)tərli] *(adj, adv)* čtvrtletní; čtvrtletně; ~ **charge for electricity** čtvrtletní inkaso za elektřinu; ~ **report** čtvrtletní zpráva
**quarters** ['kwo:(r)tə(r)z] *(pl)* ubytování; ubikace, ubytovna
**quash** ['kwoš, *am.* kwaš] *(v)* st. zrušit, anulovat co, prohlásit co za neplatné; ~ **an indictment** zrušit n. stáhnout obžalobu; ~ **a judgment** zrušit rozsudek; ~ **a verdict** zrušit výrok
**quasi-** ['kwa:zi, *am.* 'kweizai, 'kwo:zi] *(pref)* přibližně, jako, podobně, analogicky; **~-contract** právní akt s některými znaky platné smlouvy; **~-easement** povinnost vlastníka pozemku udržovat rozhradu se sousedním pozemkem např. plot; **~-judicial** kvazisoudní jednání, slyšení vedené jinou osobou než soudcem; **~-judicial act** kvazisoudní úkon provedený jinou osobou než soudcem; **~-tort** chování zakládající deliktní odpovědnost, ale které není kvalifikováno jako občanskoprávní delikt
**quasidelict** [,kwa:zi'di:likt, *am.* ,kweizai-, ,kwo:zi-] *(n)* čin nevykazující všechny náležitosti trestného činu, ale zakládající závazek obdobný závazku z trestného činu
**quay** [ki:] *(n)* nábřeží, přístaviště; **legal** ~ nábřeží / přístaviště s celnicí
**quayage** ['ki:idž] *(n)* nábřežné, poplatek za použití nábřeží
**queen** [kwi:n] *(n)* královna; ~ **consort** manželka krále; ~ **regnant** panující královna; **Q~'s Bench Division** *brit.* Královský soud jako jedna část brit. Nejvyššího soudu; **Q~'s Counsel** *brit.* Královský rada; **Q~'s Proctor** královský solicitor ve věcech manželských a pozůstalostních; **Q~'s Speech** královská zahajovací řeč při zahájení zasedání parlamentu
**quest** [kwest] *(n)* **1** *for* st. hledání čeho **2** pátrání, šetření
**question** ['kwesčən] *(n)* otázka; problém; věc, záležitost; výslech; **all major Community ~s** všechny důležité otázky týkající se Společenství; **key** ~ klíčová otázka; **leading** ~ sugestivní otázka; **legal** ~ právní otázka; **the most vital** ~ nejdůležitější otázka; **political** ~ politická otázka; **locality in** ~ příslušná lokalita; ~ **at issue** sporná otázka; ~ **of confidence** otázka důvěry; ~ **of fact** faktická otázka; ~ **of law** právní otázka; ~ **of procedure** procedurální otázka; ~ **time** doba vyměřená pro interpelace; **without** ~ bez námitek;

**determine ~s of law** rozhodovat o právních otázkách; **raise a** ~ vznést otázku
**question** ['kwesčən] *(v)* sb./st. **1** vyslýchat koho; ~ **the defendant** vyslýchat obžalovaného **2** zpochybnit co; ~ **the reliability of the witness** zpochybnit spolehlivost svědka
**questionable** ['kwesčənəbl] *(adj)* sporný, problematický; pochybný, podezřelý
**questioning** ['kwesčəniŋ] *(n)* dotazování; výslech
**questionnaire** [,kwestiə'neə, *am.* ,kwesčə'ner] *(n)* dotazník
**question-time** ['kwesčəntaim] *(n)* doba vyhrazená pro interpelace v parlamentě
**quick** [kwik] *(adj)* rychlý, hbitý; pohotový; ~ **assets** pohotové prostředky, likvidní aktiva
**quid pro quo** [,kwidprəu'kwəu] *(lat)* **1** odměna, odplata **2** záměna dvou věcí
**quiescence** [kwai'esns], **quiescency** [kwai'esnsi] *(n)* klid, nehybnost
**quiescent** [kwai'esnt] *(adj)* nehybný, v klidu
**quiet** ['kwaiət] *(n)* klid, ticho
**quiet** ['kwaiət] *(adj)* tichý, klidný; neformální; ~ **enjoyment** klidná držba bez rušivých zásahů
**quietus** [kwai'i:təs] *(n)* zaplacení dluhu; stvrzenka, kvitance o zaplacení dluhu
**quit** [kwit] *(pred)* *of* st. prost, zbaven čeho; **be / get** ~ **of sb.** zbavit se koho
**quit** /quitted / quit, quitted / quit/ [kwit, 'kwitid, kwit] *(v)* **1** nechat, opustit, odejít, odjet **2** dát výpověď; **notice to** ~ výpověď daná pronajímatelem z bytu, zaměstnání
**quitclaim** ['kwitkleim] *(n)* vzdání se nároku; postoupení závazku; ~ **deed** postupní listina
**quo jure** [,kwəu'džuəri:] *(lat)* jakým právem, z jakého titulu
**quorate** ['kwo:rət] *(adj)* mající kvórum; ~ **meeting** usnášeníschopná schůze
**quorum** ['kwo:rəm, *am.* 'kwourəm] *(n)* kvórum, potřebný počet osob k hlasování; usnášeníschopnost; **have a** ~ být usnášeníschopný
**quota** ['kwəutə] *(n)* poměrný díl, příděl, kontingent, kvóta; ~ **share reinsurance** kvótové zajištění
**quotation** [kwəu'teišən] *(n)* **1** citát, citace **2** ocenění, stanovení výše ceny; kvótování; kotace **3** návrh sazeb pojistného
**quote** [kwəut] *(v)* st. **1** citovat, uvést co **2** zaznamenat kurs, kotovat akcii **3** ohodnotit penězi

**quotient** [ˈkwəʊʃənt] *(n)* podíl, kvocient; ~ **verdict** podílový verdikt, výrok poroty, jímž je uloženo zaplatit peněžitou částku určenou průměrem návrhů jednotlivých porotců **quo warranto** [ˌkwəʊwəˈræntəu] *(lat)* podle jakého práva **1** *brit.* soudní příkaz k uvedení

právního důvodu; **writ of** ~ soudní příkaz k uvedení právního důvodu **2** řízení ve věci zneužívání pravomoci **q.v.** *(abbrev, lat) quod vide* [ˌkwodˈvaidiː] **"which see"** Což viz!

# R

**R.** [aː(r)] *(abbrev)* *Regina, Rex* královna, král
**rabbinical** [ræˈbinikəl] *(adj)* rabínský; ~ **divorce** rozvod posvěcený rabínem
**race** 1 [reis] *(n)* **1** závod(y); **arms** ~ závody ve zbrojení; **curb the arms** ~ omezit závody ve zbrojení; **end the arms** ~ skončit závody ve zbrojení; **put an end to arms** ~ skoncovat se závody ve zbrojení **2** *am.* postup, stálý pohyb vpřed, tok ♦ *am.* ~**-recording statutes** zákon o přednostní registraci převodních listin a tím získání kvalitnějšího titulu pro následné nabyvatele
**race** 2 [reis] *(n)* **1** rasa, plemeno; ~ **relations** vztahy mezi rasami; ~ **riots** rasové nepokoje; **deny a right on account of** ~ upřít právo z důvodu odlišné rasy **2** rod, původ
**race-hatred** [ˌreisˈheitrid] *(n)* rasová nenávist
**racial** [ˈreišəl] *(adj)* rasový; ~ **discrimination** rasová diskriminace; ~ **hatred** rasová nenávist; ~ **prejudice** rasové předsudky; ~ **violence** rasové násilí; **incitement to** ~ **hatred** podněcování rasové nenávisti
**racism** [ˈreisizəm] *(n)* rasismus
**racist** [ˈreisist] *(n)* rasista
**racket** [ˈrækit] *(n)* **1** organizované vydírání, vyděračství, gangsterství; **be in on a** ~ účastnit se vydírání **2** překupnictví, šmelina, kšeftování, pokoutní obchodování; **run a cheap ticket** ~ kšeftovat s levnými vstupenkami
**racketeer** [ˌrækəˈtiə(r)] *(n)* **1** vyděrač **2** překupník, šmelinář, kšeftař; podvodník
**racketeer** [ˌrækəˈtiə(r)] *(v)* sb./st. **1** vydírat koho **2** kšeftovat, šmelinařit s čím
**racketeering** [ˌrækəˈtiəriŋ] *(n)* spolčení k vyděračství n. jinému nedovolenému donucení; **political** ~ politické machinace; ~ **activity** provozování organizovaného vyděračství
**rack-rent** [ˈrækrent] *(n)* **1** lichvářské silně přemrštěné nájemné, nadměrný nájem **2** *brit. také* plné roční nájemné
**rack-renter** [ˈrækˌrentə(r)] *(n)* pronajímatel za lichvářské nájemné
**radical** [ˈrædikəl] *(n)* **1** *politický* radikál **2** základ, princip
**radical** [ˈrædikəl] *(adj)* **1** zásadní, důkladný; rozhodný, nekompromisní **2** radikální, buřičský

**raid** [reid] *(n)* *on* st. **1** nepřátelský nájezd; přepad, přepadení; ~ **on the bank** ozbrojené přepadení banky **2** zásah policie, razie; ~ **on a gambling** razie v hráčském doupěti ♦ **make a** ~ **on** st. svévolně převést / přesunout peníze, výtěžek z daní, zisky apod.
**raid** [reid] *(v)* st. **1** přepadnout a ukrást, (vy)loupit, (vy)plenit co **2** udělat zátah na co
**raider** [ˈreidə(r)] *(n)* útočník; zloděj, lupič
**railage** [ˈreilidž] *(n)* **1** dopravné po železnici **2** přeprava po železnici
**railroad** [ˈreilrəud] *(n)* železnice; ~ **bill of lading** železniční nákladní list; ~ **police** železniční policie
**railroad** [ˈreilrəud] *(v)* st. *am.* nechat návrh zákona rychle projít legislativním procesem, tj. omezit rozpravu a námitky opozice
**railway** [ˈreilwei] *(n)* železnice; ~ **premises** železniční provozy
**raise** [reiz] *(v)* st. **1** vyslovit, přednést, vznést co; ~ **a claim to** st. vznést nárok na co; ~ **an issue** přednést otázku / problém a vyvolat debatu; ~ **objection** namítat, uplatnit n. vznést námitku; ~ **a point of order** vystoupit s procedurální připomínkou; ~ **a protest** vznést protest, protestovat; **a matter cannot be** ~**d in Parliament** záležitost nemůže být přednesena v parlamentu **2** způsobit, vyvolat co; ~ **discontent** vzbudit nespokojenost; ~ **a presumption** vyvolat domněnku; ~ **a skin** způsobit otok kůže; ~ **suspicion** vzbudit podezření **3** zrušit co; ~ **blockade** zrušit blokádu **4** zvýšit co; ~ **the height of** st. stavebně zvýšit co; ~**d check** přepsaný šek, jehož částka na čelní straně byla nezákonně zvýšena bez vědomí výstavce **5** opatřit (si), sehnat, získat, inkasovat co, *hl. peníze*; ~ **funds / money** získat / opatřit peníze; ~ **a loan** za obtížné situace dostat půjčku; ~ **revenue** vybírat daně **6** *sb.* povýšit koho; ~ **a man to the peerage** povýšit člověka do šlechtického stavu **7** dedukovat, vyvodit co; ~ **a promise** dedukovat závazek daný konkludentním činem; ~ **a use** *(PEq)* dedukovat užívací právo při převodu bez protiplnění
**random** [ˈrændəm] *(adj)* náhodný; namátkový; ~ **error** náhodná chyba / vada
**range** [reindž] *(n)* **1** okruh, škála, řada, rozsah;

**~ of choice** nabízený výběr; **~ of visibility / vision** dohlednost; **set out a wide ~ of powers and duties** stanovit široký okruh pravomocí a povinností **2** pásmo **range** ['reindž] *(v)* **1** seřadit, uspořádat; srovnat **2** *from...to; between* st. být, pohybovat se v rozmezí; kolísat; **price ~s between 100 and 300** cena se pohybuje mezi 100 a 300 **ranger** ['reindžə(r)] *(n) brit.* královský lesník; *am.* lesník, lesní správce **Rangers** ['reindžə(r)z] *(pl)* jízdní policie **rank** [ræŋk] *(n)* **1** hodnost *např.* v ozbrojených složkách **2** pořadí **3** společenské postavení **rank** [ræŋk] *(adj)* nadměrný; **~ rate of interest** nadměrná úroková míra **ranking** ['ræŋkiŋ] *(n)* hodnocení, klasifikace, řazení; **~ of creditors** klasifikace věřitelů podle platebních preferencí **ranking** ['ræŋkiŋ] *(adj)* služebně nejstarší **ransack** ['rænsæk] *(v)* st. důkladně prohledat co; vybrakovat, vyplenit co **ransom** ['rænsəm] *(n)* **1** výkupné; **hold sb. to ~** mít / držet v zajetí koho a chtít za něj výkupné **2** *(MP)* vyplacení nepřítelem zabaveného majetku; **~ bill** výkupný list **ransom** ['rænsəm] *(v)* sb./st. platit výkupné za koho/co, vykoupit, vyplatit koho/co **ransom-bill** ['rænsəmbil], **ransom-bond** ['rænsəmbond] *(n)* výkupný list lodi **ransomless** ['rænsəmləs] *(adj)* jsoucí bez výkupného **rape** [reip] *(n)* **1** znásilnění; **statutory ~** pohlavní zneužívání jako trestný čin kvalifikovaný zákonem; **~ shield law** zákon na ochranu oběti znásilnění; **be guilty of ~** být vinen trestným činem znásilnění **2** násilný zábor cizího území ♦ **~ of the forest** *brit.* lesní pych **rape** [reip] *(v)* sb. znásilnit, dopustit se znásilnění koho **rapid** ['ræpid] *(adj)* rychlý, prudký **rapidly** ['ræpidli] *(adv)* rychle **rapine** ['ræpain, *am.* 'ræpin] *(n)* loupež; plenění, drancování **RAR** [,a:(r)ei'a:(r)] *(abbrev) am. revenue agent's report* zpráva daňového poradce poplatníkovi v souvislosti s úpravami jeho daní na základě revize účtů **ratability** [,reitə'biləti] *(n) brit.* zdanitelnost místními poplatky, postižitelnost dávkami / daněmi hl. nemovitostí **ratable, rateable** ['reitəbl] *(adj)* **1** *brit.* zdanitelný místními poplatky **2** vyměřitelný, stano-

vitelný cenou, ohodnotitelný; **~ estate / property** odhadnutelný majetek **rate** [reit] *(n)* **1** sazba, tarif; podíl, poměr, procento; míra; kurs; **birth ~** porodnost; **bank ~** diskontní sazba; **commodity ~** sazba za přepravu určitého druhu zboží; **conversion ~** přepočítací kurs; **death ~** úmrtnost; **discount ~** diskontní sazba; **divorce ~** rozvodovost; **fixed ~** pevná sazba; **flat ~** paušální sazba; **freight ~** sazba za dopravné; **full ~** plná sazba; **insurance ~** sazby pojistného; **interest ~** úroková míra; **legal ~** zákonná úroková míra; **marriage ~** sňatečnost; **national ~** národní sazba sazba stanovená pro každou zemi ES; **postage ~** porto, poštovné; **yearly ~ of rent** roční výše nájemného, roční nájemné; **~ of exchange** devizový směnný kurs; **~ of interest** úroková míra; **~ of remuneration** sazba pro odměňování; **~ of return** míra návratnosti; **~ adjusting** úprava sazeb; **~ base** základní sazba; **~ schedule / tariff** sazebník, tarifní sazba **2** počet; **annual ~** roční počet; **approximate ~** přibližný počet **3** *brit.* místní poplatek, dávka z nemovitosti; **Uniform Business R~** *brit.* Jednotná obchodní daňová sazba; **~(-)payer** poplatník dávky **rate** [reit] *(v)* st. **1** odhadnout majetek pro potřeby místního zdanění, ohodnotit co; stanovit cenu čeho **2** vypočítat, vyměřit, stanovit sazbu čeho **ratification** [,rætifi'keišən] *(n)* **1** ratifikace; **~ of treaties and agreements** ratifikace mezinárodních smluv a dohod **2** dodatečné schválení právního úkonu **ratifications** [,rætifi'keišənz] *(pl)* ratifikační listiny **ratify** ['rætifai] *(v)* st. ratifikovat co; ratifikovat mezinárodní smlouvy **rating** ['reitiŋ] *(n)* **1** *brit.* místní zdanění nemovitostí; **void ~ relief** neplatná daňová úleva **2** tarifování, stanovení / určení sazeb; **tax ~** určení daňové sazby; **~ schedule** pravidla pro kalkulaci pojistného; **~ system** systém kalkulace pojistného **3** stanovení / ohodnocení způsobilosti; **credit ~** odhad úveruschopnosti **ratio** ['reišiəu] *(n)* **1** poměr, procento; koeficient **2** *(lat)* rozum, chápání; podstata; **~ decidendi** ['reišiəu,desə'dendai] odůvodnění rozsudku, důvod rozhodnutí část soudního rozhodnutí mající sílu precedentu; **~ legis** [,reišiəu'li:džəs] *(lat)* duch / smysl zákona **ration** ['ræšən] *(n)* denní dávka, příděl

**rational** ['ræʃənl] *(adj)* rozumný, logický, racionální; ~ **doubt** rozumná pochybnost

**rationale** [,ræʃə'na:l, *am.* -'næl] *(n)* odůvodnění, logický výklad; základ, princip

**rattening** ['rætəniŋ] *(n)* odborářské šikanování s cílem donutit ke vstupu do odborů

**ravish** ['ræviš] *(v)* sb. 1 znásilnit koho 2 násilím unést koho 3 uchvátit, uvést do vytržení koho

**ravisher** ['rævišə(r)] *(n)* násilník

**ravishment** ['rævišmənt] *(n)* 1 znásilnění 2 únos 3 nadšení, extáze ♦ ~ **of ward** sňatek nezletilce bez souhlasu zákonného zástupce

**re** [ri:] *(lat)* ohledně, o, ve věci; věc; ~ **your inquiry of June 25** ve věci Vašeho dotazu ze dne 25. června; **in** ~ ve věci

**reach** [ri:č] *(v)* st. 1 dostat se, dorazit kam; ~ **the station** dojít / dojet na nádraží 2 dospět k čemu, dosáhnout čeho; ~ **an agreement** dosáhnout dohody; ~ **common positions** dospět k společným stanoviskům; ~ **a decision** dospět k rozhodnutí; ~ **an understanding** dosáhnout porozumění

**react** [ri:'ækt] *(v)* 1 *(up)on* sb./st. ovlivňovat, působit na koho/co 2 *to* st./sb. odpovídat, reagovat na co/koho

**reaction** [ri:'ækšən] *(n)* reakce, odezva; zpětné působení

**read** */read, read/* [ri:d, red] *(v)* st. 1 číst co 2 přednášet, vykládat co 3 *brit.* studovat co; ~ **law** studovat právo 4 projednávat co; **the bill is** ~ **for the third time** návrh zákona je projednáván potřetí ♦ **if the list** ~**s** st. jestliže je na seznamu co

**readability** [,ri:də'biləti] *(n)* srozumitelnost; čitelnost

**readjournment** [,ri:ə'džə:(r)mənt] *(n)* opětný / opakovaný odklad, další odročení

**readjust** [,ri:ə'džast] *(v)* st. přepracovat, znovu upravit co

**readjustment** [,ri:ə'džastmənt] *(n)* 1 nové přepracování, nová úprava 2 *am.* mimosoudní náprava

**readmission** [,ri:əd'mišən] *(n)* znovupřijetí, znovupřipuštění

**readmit** [,ri:əd'mit] */tt/* *(v)* st. znovu / opakovaně / opětovně připustit / přiznat / dovolit co

**ready** ['redi] *(adj)* připravený; ochotný; ~, **willing and able buyer** kupující finančně způsobilý jednat a disponovat účty

**reaffirm** [,ri:ə'fə:(r)m] *(v)* st. opětovně / znovu potvrdit co; znovu ujistit

**reaffirmation** [,ri:æfə(r)'meišən] *(n)* opětovné / nové potvrzení, znovustvrzení; opětovné ujištění; ~ **agreement** dohoda o opětovném potvrzení vyrovnání dluhu ještě během konkursního řízení

**real** [riəl] *(adj)* 1 skutečný, pravý; reálný, věcný; ~ **authority** věcná pravomoc; ~ **burden** věcné břemeno; ~ **defence** věcná obhajoba; ~ **earnings** reálné výdělky; ~ **evidence** věcný důkaz; ~ **income** skutečný / reálný příjem; ~ **injury** věcná materiální škoda; ~ **party in interest** věcně zainteresovaná strana; ~ **value** skutečná hodnota; ~ **wages** reálné mzdy; **in** ~ **terms** skutečně, vlastně 2 nemovitý, realitní; ~ **action** žaloba o vydání nemovitosti; ~ **chattels** věci nemovité; ~ **estate** nemovitosti, reality; ~ **estate broker** obchodník nemovitostmi, realitní agent; ~ **estate tax** daň z nemovitosti; ~ **property** nemovitý majetek; práva k nemovitostem; ~ **register** pozemková kniha; ~ **rights** práva k nemovitostem; ~ **things** *(ObyčP)* nemovitosti

**reality** [ri:'æləti] *(n)* skutečnost, reálnost, opravdovost

**realizable** ['riəlaizəbl] *(adj)* realizovatelný, obchodovatelný; ~ **assets** realizovatelný kmenový majetek

**realization** [,riəlai'zeišən] *(n)* 1 představa; pochopení 2 realizace, zobchodování majetku

**realize** ['riəlaiz] *(v)* st. 1 uvědomit si co 2 finančně realizovat co, tj. směnit majetek na peníze; zaplatit, splatit, účtovat; ~**d gain** realizovaný zisk; ~**d loss** realizovaná ztráta 3 získávat příjmy z investic(e)

**reallocation** [,ri:ælə'keišən] *(n)* přerozdělení

**realm** [relm] *(n)* 1 sféra, oblast; ~ **of possibility** meze možností, hranice možného 2 říše, království

**realtor** ['riəltə(r)] *(n)* am. majitel realitní kanceláře; realitní agent

**realty** ['riəlti] *(n)* nemovitost

**reappoint** [,ri:ə'point] *(v)* sb. znovu koho jmenovat do funkce, opětovně dosadit koho

**reappointment** [,ri:ə'pointmənt] *(n)* opětovné / opětné jmenování / dosazení do funkce

**reapportionment** [,ri:ə'po:(r)šənmənt] *(n)* přerozdělení volebních obvodů

**reappraisal** [,ri:ə'preizəl] *(n)* přehodnocení; nové ocenění

**rear** [riə(r)] *(n)* zadní část / trakt objektu

**rearrange** [ˌriːəˈreindʒ] (v) st. nově / opětovně uspořádat / organizovat co; předělat co

**rearrangement** [ˌriːəˈreindʒmənt] (n) nová úprava; předělání, nové uspořádání

**reason** [riːzn] (n) důvod, příčina; **by ~ of st.** z důvodu čeho; **give ~s for st.** zdůvodnit, odůvodnit co

**reason** [riːzn] (v) **1** that namítat, že; uvést jako důvod; odůvodnit, vysvětlit **2** logicky myslet

**reasonable** [ˈriːznəbl] (adj) **1** rozumný, přiměřený; náležitý; **~ amount of benefit and profit** přiměřená míra prospěchu a zisku; **~ and probable cause** dostatečný přiměřený a pravděpodobný důvod ospravedlňující podezření; **~ care** náležitá péče; **~ cause** dostatečný důvod; **~ certainty** přiměřená jistota; **~ compensation** přiměřená náhrada; **~ excuse** dostatečná omluva postačující omluvný důvod, ospravedlnění; **~ force** přiměřená síla při nutné obraně; **~ ground** dostatečný důvod; **~ price** přiměřená cena; **~ time** přiměřená doba / lhůta; **rule of ~ certainty** zásada přiměřené jistoty umožňující odškodnit budoucí útrapy a bolesti, pouze dá-li se předpokládat, že v důsledku škody nastanou **2** důvodný; **~ belief** důvodná domněnka; **~ doubt** důvodné pochyby; **~ notice** důvodné upozornění; **~ suspicion** důvodné podezření ◆ **beyond ~ doubt** nade vši pochybnost

**reasoning** [ˈriːznɪŋ] (n) úvaha, zdůvodnění, argumentace; **logical ~** logická argumentace

**reassemble** [ˌriːəˈsembl] (v) znovu se shromáždit / sejít

**reassert** [ˌriːəˈsəː(r)t] (v) st. znovu tvrdit / prohlašovat co; prosadit, zajistit si co, práva

**reassertion** [ˌriːəˈsəː(r)ʃən] (n) opětovné prohlášení / tvrzení

**reassess** [ˌriːəˈses] (v) st. znovu ohodnotit, ocenit co

**reassessment** [ˌriːəˈsesmənt] (n) nové ocenění majetku pro potřeby zdanění, nový odhad

**reassign** [ˌriːəˈsain] (v) st. postoupit, převést co zpět

**reassignment** [ˌriːəˈsainmənt] (n) zpětný postup pohledávky, zpětný převod

**reassurance** [ˌriːəˈʃuərəns] (n) **1** opětovné ujištění **2** znovupojištění

**reassure** [ˌriːəˈʃuə(r)] (v) sb. opětovně ujistit koho

**rebate** [ˈriːbeit] (n) rabat, diskont, sleva; **~ rent** sleva na nájemném rozdíl doplácen státem ze sociálních důvodů

**rebate** [riˈbeit] (v) st. oslabit co, zmírnit účinek čeho

**rebellion** [riˈbeljən] (n) vzpoura, rebelie

**rebut** [riˈbat] /tt/ (v) st. **1** zvrátit, vyvrátit co; uvést protidůkazy; **~ the assertions** vyvrátit tvrzení **2** odmítnout co

**rebuttable** [riˈbatəbl] (adj) vyvratitelný; **~ presumption** vyvratitelná domněnka

**rebuttal** [riˈbatl], **rebutment** [riˈbatmənt] (n) vyvracení důkazů; replika žalobce na závěrečný návrh žalovaného; **~ evidence** protidůkaz(y), důkaz(y) vyvracející jiný důkaz

**rebutter** [riˈbatə(r)] (n) **1** protidůkaz; vyvracení důkazů **2** osoba vyvracející tvrzení / důkaz

**recall** [ˈriːkɔːl] (n) **1** am. předčasné odvolání z funkce **2** povolání zpět, opětovné svolání **3** stažení výrobku z trhu

**recall** [riˈkɔːl] (v) sb./st. **1** am. předčasně odvolat z funkce koho; zrušit, anulovat co; **~ a judgment** revokovat, zrušit rozsudek **2** vzpomenout (si) na, upamatovat se na koho/co; **~ words** připomenout si slova, upamatovat se na slova **3** opětovně zavolat, povolat, svolat koho; **be ~ed to debate the financial crisis** být svolán k rozpravě o finanční krizi; **~ the witness to the witness box** povolat svědka zpět na svědeckou lavici

**recant** [riˈkænt] (v) st. odvolat co oficiálně a veřejně

**recaption** [riːˈkæpʃən] (n) opětovné zmocnění se věci nezákonně odňaté

**recapture** [riːˈkæpʧə(r)] (n) **1** znovunabytí; opětovné získání / dosažení **2** zabavení, dodatečné uhrazení odkladu daně n. úlevy; **~ of depreciation** zabavení odpisů; **~ of investment tax credit** zabavení odkladu daně pro investiční účely

**recapture** [riːˈkæpʧə(r)] (v) st. znovu získat / dobýt co; znovu ukořistit co

**receipt** [riˈsiːt] (n) **1** potvrzení o příjmu peněz, kvitance, stvrzenka; **rent ~** potvrzení o zaplacení nájemného; **book of ~s** pokladní blok **2** přijetí, příjem, obdržení; **~ of payment** připsání platby na účet; **acknowledge ~ of st.** potvrdit příjem čeho; **itemize the ~s and expenditures** rozepsat příjmy a vydání na jednotlivé položky

**receivable** [riˈsiːvəbl] (adj) **1** pro soud přijatelný; **~ evidence** přijatelné důkazy **2** nezaplacený, nevyrovnaný; **account ~** nevyrovnaný účet; **bills ~** směnečné pohledávky

receive [ri'si:v] *(v)* st./sb. 1 obdržet, dostat co; ~ **a notice** dostat výpověď; ~ **sentence** být odsouzen; ~ **a written notice** obdržet písemné oznámení 2 přijmout koho/co 3 přechovávat kradené věci
receiver [ri'si:və(r)] *(n)* 1 svěřenecký správce zastavené věci ustanovený zástavním věřitelem; konkursní správce; likvidátor 2 přechovávač kradeného zboží, překupník 3 pokladník, výběrčí; **R~ General** brit. daňový úředník v hrabství
receivership [ri'si:və(r)šip] *(n)* konkursní správcovství
receiving [ri'si:viŋ] *(adj)* týkající se konkursu; ~ **order** soudní rozhodnutí o prohlášení konkursu
recess [ri'ses] *(n)* přestávka při zasedání; ~ **for deliberation** přestávka na poradu; ~ **of the Senate** přestávka v jednání Senátu; **be in ~** mít přestávku v zasedání; **take a ~** přerušit jednání, udělat přestávku
recess [ri'ses] *(v)* st. přerušit, odročit co; udělat přestávku
recession [ri'sešən] *(n)* hospodářský pokles výroby, obchodu, ústup konjunktury; deprese
recessional [ri'sešənl] *(adj)* týkající se parlamentních prázdnin
recessionary [ri'sešənəri] *(adj)* týkající se hospodářského poklesu
recharge [ri:'ča:(r)dž] *(v)* sb. with st. znovu obvinit, obžalovat koho z čeho
recidivism [ri'sidivizəm] *(n)* recidiva, recidivita
recidivist [ri'sidivist] *(n)* recidivista
recipient [ri'sipiənt] *(n)* příjemce, adresát
reciprocal [ri'siprəkəl] *(adj)* vzájemný, reciproční; ~ **concessions** vzájemné ústupky; ~ **contract** vzájemná / synalagmatická smlouva zakládající práva a povinnosti pro obě smluvní strany; ~ **dealing** reciproční obchodování; ~ **obligations** povinnosti / závazky na obou stranách, reciproční závazky; ~ **promises** reciproční sliby / závazky; ~ **trade** vzájemný mezinárodní obchod; ~ **trust** vzájemná správa svěřeného majetku; ~ **wills** vzájemné / reciproční závěti dvou a více osob
reciprocate [ri'siprəkeit] *(v)* st. udělat oplátkou co; vzájemně vyměnit co
reciprocity [,resi'prosəti], am. -'pra-] *(n)* vzájemnost, reciprocita; vzájemná výměna
recision, rescission [ri'sižən] *(n)* odstoupení od smlouvy, anulování, zneplatnění; **right of**

~ **právo na odstoupení od smlouvy;** ~ **of contract** odstoupení od smlouvy
recital [ri'saitl] *(n)* úvodní část smlouvy, obžaloby, listiny
recite [ri'sait] *(v)* st. udělat výčet všech faktů, uvést ve výčtu skutečnosti
reckless ['rekləs] *(adj)* bezohledný, nedbalý, velmi nepozorný; nebezpečný; ~ **disregard** bezohledné porušování práva, povinnosti jiné osoby; ~ **driving** bezohledná jízda, nepozorné řízení vozidla, porušování dopravních předpisů při řízení; ~ **homicide** zabití z nedbalosti např. při provozu vozidla; ~ **misconduct** protiprávní nedbalé konání či opomenutí při plnění povinností s vědomím možných škodlivých následků
recklessness ['rekləsnis] *(n)* bezohlednost, nedbalost; riskantnost; nezodpovědnost
reclaim [ri'kleim] *(v)* st. 1 regenerovat, znovu zpracovávat co; ~ **waste material** znovu zpracovávat odpadový materiál 2 požadovat zpět náhradou, reklamovat co
reclaimable [ri'kleiməbl] *(adj)* reklamovatelný; vymahatelný, získatelný zpět
reclaimant [ri'kleimənt] *(n)* stěžovatel
reclamation [,reklə'meišən] *(n)* 1 regenerace, opětné zpracování; rekultivace, zúrodnění; ~ **of waste materials** opětné zpracování odpadových materiálů; **R~ Act** am. zákon o zúrodňování půdy 2 stížnost, námitka; reklamace
recognition [,rekəg'nišən] *(n)* 1 uznání; ~ **de facto** uznání de facto stavem věci; ~ **de jure** uznání de jure zákonem; ~ **of government** uznání vlády; ~ **of insurgency** uznání za povstalce; ~ **of nation** uznání národa; **extent of legal** ~ rozsah právního uznání; **in ~ of public service** jako uznání za veřejnou službu 2 přiznání; ~ **of gain and loss** přiznání zisků a ztrát
recognizance [ri'kognizəns, am. -'kag-] *(n)* 1 uznání povinnosti před soudem 2 závazek, písemná záruka, slib; **personal** ~ slib obžalovaného dostavit se k soudu; **enter into** ~ podepsat záruku
recognize ['rekəgnaiz] *(v)* st. poznat co; právně uznat co; ~ **the need for law** uznání potřebu práva
recognized ['rekəgnaizd] *(adj)* uznávaný, respektovaný; přiznaný
recognizee [ri,kogni'zi:, am. -,kag-] *(n)* adresát slibu / závazku

**recollect** ¹ [ˌrekəˈlekt] *(v)* st. vybavit si v paměti co, upamatovat se na co

**recollect** ² [ˌriːkəˈlekt] *(v)* st. opětovně inkasovat / vybrat co

**recollection** [ˌrekəˈlekšən] *(n)* vzpomínání při svědectví

**recommend** [ˌrekəˈmend] *(v)* st. doporučit co

**recommendation** [ˌrekəmenˈdeišən] *(n)* doporučení; přímluva; **controversial** ~ sporné / diskutabilní doporučení; **accept** ~ přijmout doporučení; **implement** ~s uskutečnit / realizovat doporučení; **on the** ~ **of sb.** na základě doporučení koho

**recommendatory** [ˌrekəˈmenˈdətəri] *(adj)* doporučující

**recommit** ¹ [ˌriːkəˈmit] */tt/ (v)* st. am. vrátit návrh zákona zpět výboru k projednání

**recommit** ² [ˌriːkəˈmit] */tt/ (v)* st. znovu spáchat trestný čin

**recommittal** [ˌriːkəˈmitl] *(n)* am. vrácení návrhu zákona do výboru k projednání

**recommittment** [ˌriːkəˈmitmənt] *(n)* opětovné spáchání trestného činu, recidiva

**recompense** [ˈrekəmpens] *(v)* st. *to* sb. nahradit co komu, dát náhradou co komu; ~ **a loss** odškodnit újmu

**reconcile** [ˈrekənsail] *(v)* sb. (u)smířit koho

**reconciliation** [ˌrekənsiliˈeišən] *(n)* **1** smír, (u)smíření; ~ **of spouses** smír manželů **2** srovnání, narovnání; ~ **statement** potvrzení zůstatků

**reconnaissance** [riˈkonisəns, *am.* -ˈkanə-] *(n)* průzkum, prozkoumání, obhlídka, rekognoskace

**reconsider** [ˌriːkənˈsidə(r)] *(v)* st. znovu zvážit / uvážit co; dát co znovu na pořad jednání; *am.* dát znovu hlasovat o návrhu zákona, jenž prošel těsnou většinou

**reconsideration** [riːkənˌsidəˈreišən] *(n)* **1** přezkoumání; autoremedura **2** nové projednání

**reconstitution** [riːˌkonstiˈtjuːšən, *am.* riːˌkanstəˈtuːšən] *(n)* reorganizace; opětovné ustanovení, rekonstituce

**reconstruction** [ˌriːkənˈstrakšən] *(n)* rekonstrukce; obnova, znovuvybudování; ~ **of a crime** rekonstrukce trestného činu

**recontinuance** [ˌriːkənˈtinjuəns] *(n)* znovunabytí nehmotného dědictví

**reconvention** [ˌriːkənˈvenšən] *(n)* kontražaloba, protižaloba

**reconversion** [ˌriːkənˈvəː(r)šən] *(n)* zpětná pře-

měna, rekonverze; **gradual** ~ **of the arms for peaceful purposes industry** postupná přeměna zbrojního průmyslu k mírovým účelům

**re(-)convict** [ˌriːkənˈvikt] *(v)* sb. znovu odsoudit koho

**re(-)conviction** [ˌriːkənˈvikšən] *(n)* opětovné odsouzení; **the** ~ **rate is rising** křivka druhých a dalších odsouzení stoupá

**record** [ˈrekoːd, *am.* ˈrekərd] *(n)* **1** záznam, zápis, protokol; **court** ~ soudní protokol; **criminal** ~ trestní rejstřík; **judicial** ~ soudní zápis; **police** ~s policejní záznamy; **the prisoner's past** ~ předchozí záznam o obžalovaném; **public** ~ veřejná listina; **verbatim** ~ stenografický záznam; ~ **of judgment** písemné vyhotovení rozsudku; ~ **on appeal** protokol pro odvolací řízení; ~ **commission** archivační komise; ~ **notice** oznámení o registraci listiny, práva; ~ **title** právní titul potvrzený v pozemkové knize; **Public R~ Office** brit. Státní archiv; **debts of** ~ soudně zaprotokolované a tudíž vymahatelné dluhy; **diminution of** ~ zkrácený záznam soudního protokolu pro účely odvolání; **estoppel by** ~ překážka uplatnění žalobního nároku vyplývající ze spisu; **trial by** ~ řízení na základě soudního spisu; **title of** ~ registrovaný vlastnický titul; **have a** ~ mít záznam v trestním rejstříku; **keep a** ~ vést záznamy; **make a** ~ **of st.** pořídit záznam čeho **2** záznam na elektronickém médiu

**record** [riˈkoː(r)d] *(v)* st. zaznamenat co; nahrát co; ~ **dialogues** zaznamenat / nahrát rozhovory

**recorder** [riˈkoː(r)də(r)] *(n)* **1** zapisovatel **2** am. nižší soudce s jurisdikcí v trestních věcech **3** am. správní úředník registrující právní instrumenty např. smlouvy, výměr hypotéky

**recording** [riˈkoː(r)diŋ] *(n)* **1** nahrávání, zaznamenání na médium, nahrávka **2** zapsání, registrování; ~ **acts** zákony o registraci

**records** [ˈrekoːdz, *am.* ˈrekərdz] *(pl)* záznamy, písemnosti, akta, kartotéka

**recoup** [riˈkuːp] *(v)* **1** *for* st. odškodnit, nahradit škodu za co **2** srazit, odečíst část dluhu

**recoupment** [riˈkuːpmənt] *(n)* **1** náhrada, odškodnění za ztrátu soudnímu ziskem **2** odečtení části dluhu; započtení souvisejících pohledávek

**recourse** [riˈkoː(r)s] *(n)* **1** postih, regres; právní prostředek; odvolání, rekurs; **excessive** ~ výjimečný právní prostředek; ~ **loan** půjčka s regresem; **have** ~ **to a punishment** odvolat se proti trestu **2** opora, útočiště; **have** ~ **to a**

**court of law** obrátit se na soud, uchýlit se k soudu

**recover** [ri'kavə(r)] *(v)* st. **1** soudní cestou dostat zpět co, dostat náhradu za co; ~ **damages** dostat náhradu škody **2** vymáhat co; **be entitled to ~ the money** 1 mít právo dostat náhradu 2 mít právo vymáhat peníze **3** regenerovat, opětovně zpracovat; ~ **waste materials** opětně zpracovat odpadové materiály

**recoverable** [ri'kavərəbl] *(adj)* **1** uhraditelný, splatný; uhrazený, placený **2** dobytný, vymahatelný; žalovatelný; ~ **debt** žalovatelná pohledávka; **all sums to be ~ as rent in arrear** všechny částky vymahatelné jako dlužné nájemné

**recovery** [ri'kavəri] *(n)* **1** vymáhání; ~ **of debts** vymáhání dluhů; ~ **of overdue books** vymáhání knih s uplynulou výpůjční lhůtou **2** soudně stanovená náhrada, obnovení práva; **final** ~ konečné rozhodnutí o náhradě škody **3** úhrada; ~ **of arrears rent** úhrada dlužného nájemného **4** *pojišť.* postih, regres

**recreation** [,rekri'eišən] *(n)* **1** rekreace; ~ **of town dwellers** rekreace obyvatel měst **2** obnova, obnovení

**recriminate** [ri'krimineit] *(v)* sb. rekriminovat koho, vznést protiobvinění proti komu

**recrimination** [ri,krimi'neišən] *(n)* vzájemné obvinění, vzájemná žaloba zejména v rozvodovém řízení, rekriminace

**recriminative** [ri'kriminətiv], **recriminatory** [ri'kriminətəri] *(adj)* rekriminační, obsahující protiobvinění

**recruitment** [ri'kru:tmənt] *(n)* přijímání, nábor zaměstnanců

**rectifiable** ['rektifaiəbl] *(adj)* odčinitelný, napravitelný, korigovatelný

**rectification** [,rektifi'keišən] *(n)* **1** soudní oprava písemné smlouvy **2** oprava, náprava, korekce; ~ **of boundaries** korigování / korekce hranic; ~ **of register** korekce rejstříku

**rectify** ['rektifai] *(v)* st. napravit, odčinit co; ~ **a mistake** odčinit omyl, chybu; ~ **the violation** odčinit násilí

**rectitude** ['rektitju:d] *(n)* **1** správnost, řádnost **2** poctivost; ~ **of intentions** poctivost úmyslů / záměrů

**rectus in curia** [,rektəsin'kju:riə] *(lat)* očištěný soudem

**recurrence** [ri'karəns] *(n)* **1** opakovaná skuteč-

nost, opětovný výskyt **2** hledání východiska, snaha o řešení

**recusal** [ri'kju:səl] *(n)* odvolání soudce n. poroty pro podjatost

**recycle** [ri:'saikl] *(v)* st. recyklovat, znovu použít co pro výrobu

**recycling** [ri:'saikliŋ] *(n)* of st. recyklace, opětné použití čeho ve výrobě; ~ **of waste materials** recyklace odpadových materiálů

**red** [red] *(adj)* červený, rudý; ~ **box** brit. červený kožený kufřík pro doručování vládních dokumentů ministrům; **R~ Cross** Červený kříž; ~ **scare** rudá hrozba komunistické nebezpečí; ~ **tape** 1 červená stužka jíž jsou svazovány úřední dokumenty 2 byrokracie, byrokratický postup ♦ ~ **handed** při činu; ~ **herring** 1 falešná stopa 2 am. předběžný prospekt jako reklama k prodeji cenných papírů

**reddition** [rə'dišən] *(n)* vzdání se; uznání nároku na věc, které se někdo vzdal

**redeem** [ri'di:m] *(v)* st. **1** umořit, amortizovat co **2** vykoupit, vyplatit co; ~ **bonds** splatit dluhopisy; ~ **a mortgage** splatit hypotéku **3** kompenzovat co **4** vrátit platnost čemu

**redeemable** [ri'di:məbl] *(adj)* **1** vyplatitelný, splatitelný, odkoupitelný; obnovitelný; ~ **rights** vykoupením obnovitelná práva **2** umořitelný, amortizovatelný; ~ **bond** umořitelná obligace; ~ **stock** umořitelná akcie **3** nahraditelný, kompenzovatelný

**redemise** [ri:'dimaiz] *(n)* opětovný převod majetku; opětovné pronajmutí

**redemption** [ri'dempšən] *(n)* **1** zpětná koupě; ~ **period** výkupní lhůta **2** umoření dluhu; amortizace, splacení; ~ **before the due date** splacení před datem splatnosti; ~ **by instalments** umoření dluhu splátkami **3** vykoupení hypotéky

**redhibition** [,redhi'bišən] *(n)* zrušení koupě pro vadu zboží

**redhibitory** [,redhi'bitəri] *(adj)* týkající se zrušení koupě; ~ **action** žaloba o zrušení koupě z důvodu vady; ~ **defect** vada opravňující k vrácení zboží

**rediscount** [ri:'diskaunt] *(n)* reeskont, rediskont sleva slevněného

**rediscount** [ri:'diskaunt] *(v)* st. opětovně diskontovat, rediskontovat co

**redistribution** [ri:,distri'bju:šən] *(n)* opětovné rozdělení; přerozdělení

**reditus** ['reditəs] *(lat)* příjem, zisk; renta, důchod; nájem

**redlining** ['redlainiŋ] *(n)* úvěrová diskriminace

**redraft** [riː'draːft] *(n)* návratná směnka, ritrata

**redraft** [riː'draːft] *(v)* st. přepsat, přeformulovat co; nově koncipovat co

**redress** [ri'dres] *(n)* náprava, náhrada, odškodnění; ~ **of grievances** kladné vyřízení stížností; **obtain** ~ obdržet náhradu / odškodné; **seek** ~ požadovat náhradu

**redress** [ri'dres] *(v)* st. napravit, odčinit co; nahradit škodu

**reduce** [ri'djuːs] *(v)* st./sb. 1 snížit, redukovat co; ~ **imports** snížit dovoz; ~ **the level of pollution** snížit stupeň znečištění 2 podmanit si, podrobit si co/koho

**reduced** [ri'djuːst] *(adj)* redukovaný; snížený, zlevněný

**reduction** [ri'dakʃən] *(n)* 1 snížení, zmenšení, redukce; ~ **of capital** snížení kapitálu; ~ **of term** redukce doby; ~ **value** redukční hodnota 2 sleva, zlevnění 3 přeměna, převedení, dovedení; ~ **to possession** přeměna / převedení ve vlastnictví; ~ **to practice** dovedení do praktického využití

**redundance** [ri'dandəns] *(n)* přebytek, hojnost; nadbytečnost, přebytečnost

**redundancy** [ri'dandənsi] *(n)* 1 nadstav, nadbytečnost v zaměstnání; ~ **payment** odškodné při výpovědi z důvodu nadbytečnosti 2 nepodstatné věci v soudním přednesu, právním instrumentu apod.

**redundant** [ri'dandənt] *(adj)* nadbytečný, zbytečný; přebývající

**reefer** ['riːfə(r)] *col.* tráva, dříví, maruška, marie marihuanová cigareta

**re-elect** [riːi'lekt] *(v)* sb. znovu koho zvolit; ~ **sb. for the second term** zvolit koho na druhé funkční období

**re-election** [riːi'lekʃən] *(n)* znovuzvolení

**re-enact** [riːi'nækt] *(v)* st. znovu přijmout zákon, ustanovení; rekonstruovat trestný čin

**re-enactment** [riːi'næktmənt] *(n)* nové přijetí zákona; převzetí ustanovení z dřívějšího zákona

**re-enforce** [ˌriːin'foː(r)s] *(v)* st. znovu uvést co v platnost, obnovit platnost čeho

**re-enter** [riː'entə(r)] *(v)* st. znovu vstoupit v držení čeho, znovu vstoupit v právo

**re-entrance** [riː'entrəns], **re-entry** [riː'entri] *(n)* návrat, opětovné nastoupení v právo

**re-examination** [ˌriːigˌzæmi'neiʃən] *(n)* opětovný výslech svědka po křížovém výslechu

**re-examine** [ˌriːig'zæmin] *(v)* sb. podrobit vlastního svědka druhému výslechu

**refer** *(v)* **to** 1 [ri'fəː(r)ˌtu] */rr/* st. 1 týkat se čeho, vztahovat se k čemu 2 zmiňovat se o čem, odkazovat na co ♦ **hereinafter ~red to as the Convention** dále jen konvence formulka ve znění právního dokumentu

**refer** *(v)* st. **to** 2 [ri'fəː(r)ˌtu] */rr/* sb. předložit komu co; ~ **the complaint to the tribunal** předložit stížnost soudu; ~ **the dispute to a court of law** předložit spor soudu; **the case is ~red to the court** věc je předložena soudu ♦ ~ **the cheque to the drawer** vrátit šek jenž není krytý výstavci

**refer** *(v)* **to** 3 [ri'fəː(r)ˌtu] */rr/* sb. *for* st. obrátit se na koho s čím; ~ **to a court of law for guidance** obrátit se na soud se žádostí o radu

**referee** [ˌrefə'riː] *(n)* 1 odborný znalec, expert; **official** ~ soudní znalec 2 *am.* rozhodčí, soudce, arbitr; pomocný soudní úředník; ~ **in bankruptcy** rozhodčí v konkursním řízení 3 ručitel, garant

**reference** ['refərəns] *(n)* 1 *přibl.* rozhodčí doložka 2 pověření nižšího soudního úředníka n. auditora soudním úkonem; **terms of** ~ kompetence, pravomoce vyplývající z pověření 3 doporučení, reference; **letter of** ~ doporučující dopis 4 *to* sb./st. postoupení, předložení věci komu/čemu; **by a** ~ **to arbitration** postoupením arbitráži; **by means of a** ~ **to sb.** předložením komu 5 *to* st. odkaz k čemu, na co; číslo jednací

**referendum** [ˌrefə'rendəm] *(n)* 1 veřejné hlasování, referendum; **consultative** ~ poradní referendum; **mandatory** ~ závazné referendum; **municipal** ~ místní referendum; ~ **on the abolition of capital punishment** referendum o / ohledně zrušení trestu smrti 2 *(MP)* žádost diplomatického zástupce jeho vládě o vyjádření k problému

**referential** [ˌrefə'renʃəl] *(adj)* *to* st. vztahující se, odkazující k čemu

**reflect** [ri'flekt] *(v)* st. 1 odrážet co 2 přemýšlet, uvažovat o čem

**reform** [ri'foː(r)m] *(n)* 1 reforma; **electoral** ~ volební reforma 2 náprava

**reform** [ri'foː(r)m] *(v)* st./sb. 1 napravit, reformovat, zlepšit co/koho 2 přetvořit, předělat co

**reformation** [ˌrefə(r)'meiʃən] *(n)* 1 přepraco-

vání smlouvy s ohledem na nové okolnosti; soudní oprava **2** přetvoření, předělání
**reformative** [ri'fo:(r)mətiv] *(adj)* nápravný; ~ **training** nápravná výchova
**reformatory** [ri'fo:(r)mətəri] *(n)* nápravné zařízení, polepšovna
**reformulate** [ri:'fo:(r)mjuleit] *(v)* st. přeformulovat co, říci co jinými slovy
**reformulation** [ri:ˌfo:(r)mju'leišən] *(n)* přeformulování
**refrain** [ri'frein] *(v) from* st. zdržet se čeho, vyhnout se čemu; ~ **from force** zdržet se použití síly
**refresh** [ri'freš] *(v)* st./sb. osvěžit co/koho; občerstvit koho
**refresher** [ri'frešə(r)] *(n)* poplatky právnímu zástupci za druhý a další den soudního jednání
**refugee** [ˌrefju'dži:] *(n)* uprchlík, emigrant
**refund** ['ri:fand] *(n)* splacení / vrácení peněz; **tax** ~**s** vrácení daní; ~ **claim** 1 *pojišť.* škodová vratka **2** požadavek refundace vrácení přeplacených daní
**refund** [ri:'fand] *(v)* st. zaplatit, nahradit, refundovat co
**refunding** [ri:'fandiŋ] *(n)* refinancování
**refundment** [ri:'fandmənt] *(n)* refundace, zaplacení
**refusable** [ri'fju:zəbl] *(adj)* zamítnutelný, odmítnutelný
**refusal** [ri'fju:zəl] *(n)* odmítnutí, zamítnutí; **right of (first)** ~ právo prvního odmítnutí; předkupní právo
**refuse** ['refju:s] *(n)* odpad, odpadky; ~ **collection** sběr odpadků; ~ **disposal** odvoz odpadků
**refuse** [ri'fju:z] *(v)* st. odmítnout, zamítnout co; ~ **an imputation** vyvrátit obvinění; ~ **the royal assent** odmítnout udělit královský souhlas; ~ **such consent** odmítnout takový souhlas; ~ **to sign the bill** odmítnout podepsat návrh zákona
**refutability** [ˌrefjutə'biləti] *(n)* vyvratitelnost
**refutable** ['refjutəbl] *(adj)* vyvratitelný, vývratný; ~ **presumption** vyvratitelná domněnka
**refutal** [ri'fju:təl], **refutation** [ˌrefju'teišən] *(n)* popření / popírání / vyvracení důkazů
**refute** [ri'fju:t] *(v)* st. dokázat omyl / mylnost čeho, vyvrátit co
**regain** [ri'gein] *(n)* opětovné získání, znovunabytí
**regain** [ri'gein] *(v)* st. znovu získat, nabýt co; znovu dosáhnout čeho

**regard** [ri'ga:(r)d] *(v)* st. **1** týkat se čeho **2** považovat za co; ~ **family as a basic social unit** považovat rodinu za základní společenskou jednotku **3** cenit si čeho
**regarding** [ri'ga:(r)diŋ] *(prep)* ohledně, kvůli, vzhledem k; pokud se týká; **a treaty** ~ st. smlouva týkající se čeho, smlouva o čem
**regardless of** [ri'ga:(r)dləsˌov] *(prep)* nehledě, bez ohledu na
**regicide** ['redžisaid] *(n)* královražda
**regime** [rei'ži:m] *(n)* režim; **colonialist** ~ kolonialistický režim; **fascist** ~ fašistický režim; ~ **of serving a sentence** režim výkonu trestu
**regina** [ri'džainə] *(n)* královna; koruna zastoupená státním žalobcem v trestních věcech; **R**~ v. Jones Koruna versus Jones
**region** ['ri:džən] *(n)* kraj, region
**regional** ['ri:džənl] *(adj)* krajský, oblastní, regionální; ~ **authorities** krajské úřady; ~ **pact** regionální úmluva; ~ **services** krajské služby
**register** ['redžistə(r)] *(n)* **1** rejstřík, seznam, soupis, registr; **annual** ~ **of electors** každoroční seznam voličů; **companies'** ~ obchodní rejstřík; **electoral** ~ volební seznam; **land** ~ pozemková kniha; **Lloyd's** ~ lodní rejstřík Lloydovy pojišťovací společnosti; **parish** ~ obecní matrika; ~ **of charges** rejstřík poplatků z nemovitostí; ~ **of patents** patentový rejstřík; ~ **of ships** lodní rejstřík; **R**~ **Office** matrika; **be entered / placed on the** ~ být zapsán do seznamu **2** *am.* úředník pověřený vedením rejstříku; ~ **in bankruptcy** registrátor ve věci bankrotu; ~ **of deeds** registrátor smluvních převodů
**register** ['redžistə(r)] *(v)* sb./st. zapsat, zaprotokolovat co; registrovat, zapsat koho; ~ **a death** zapsat úmrtí; ~ **a marriage** zaregistrovat sňatek; ~ **a trademark** zapsat / zaregistrovat ochrannou známku; ~**ed shares / stock** akcie na jméno; **be** ~**ed in the annual register of electors** být zapsán v každoročním seznamu voličů; **be** ~**ed on the electoral roll** být zapsán ve volebním seznamu / na seznamu voličů; **by** ~**ed mail / post** poslaný doporučeně
**registered** ['redžistə(r)d] *(adj)* registrovaný, evidovaný, zapsaný; ~ **check** registrovaný šek; ~ **office** sídlo společnosti; ~ **securities** registrované cenné papíry; ~ **stock** registrovaná akcie; ~ **trademark** registrovaná ochranná známka
**registrar** [ˌredži'stra:, *am.* 'redžistrær] *(n)*

**1** úředník odpovídající za vedení rejstříku, registrační úředník, registrátor; **R~ of Companies** *brit.* úředník obchodního rejstříku; **~ of deeds** úředník registrující převodní listiny; **R~ of Trademarks** úředník pověřený vedením rejstříku ochranných známek **2** matrikář, oddávající úředník; **district ~** okresní matrikář; **R~ General** *brit.* hlavní matrikář

**registration** [ˌredžiˈstreišən] *(n)* registrace, zapsání; **company ~ number** *brit.* identifikační číslo organizace; **compulsory ~** přihlašovací povinnost; **certificate of ~** potvrzení o registraci; **~ fee** zápisné; **~ number** poznávací značka auta; **~ statement** registrační výkaz o nabídce cenných papírů

**registry** [ˈredžistri] *(n)* rejstřík; seznam, registr; matriční úřad, matrika; registrační úřad; **Land R~** *brit.* pozemkový úřad; **~ of deeds** *am.* rejstřík pozemkových listin; **probate ~** probační úřad

**regnant** [ˈregnənt] *(adj)* panující, kralující

**regress** [ˈriːgres] *(n)* **1** opětovný vstup; návrat; **free entry, egress and ~** právo volného vstupu, východu a návratu do budovy **2** náhrada, právo na náhradu, regres; znovunabytí majetku

**regress** [riˈgres] *(v)* st. vrátit co do původního stavu, jít zpět

**regret** [riˈgret] *(n)* lítost, žal, smutek; **deep ~** hluboká lítost

**regret** [riˈgret] */tt/ (v)* st. litovat, želet čeho

**regular** [ˈregjulə(r)] *(adj)* pravidelný; řádný, odpovídající předpisům / zákonům; **~ course of business** běžný pracovní postup; **~ election** řádné volby; **~ forces** stálé pravidelné ozbrojené síly; **~ meeting** řádná schůze; **~ meetings** pravidelné schůzky, pravidelná setkání; **~ nomination** řádné jmenování; **~ passport** řádný cestovní pas; **~ session** řádné zasedání; **~ on its face** na prvý pohled zákonný

**regularization** [ˌregjuləraiˈzeišən] *(n)* zákonná úprava, uzákonění

**regulate** [ˈregjuleit] *(v)* st. **1** řídit, usměrňovat, regulovat co; **~ prices by supply and demand** regulovat ceny prostřednictvím nabídky a poptávky **2** zákonem upravovat co

**regulation** [ˌregjuˈleišən] *(n)* **1** řízení, regulování; regulace; **proper ~ of a community** správné řízení společnosti; **~ lights** světelné

signály **2** nařízení, předpis, směrnice; **~ charge** správní poplatek

**regulations** [ˌregjuˈleišənz] *(pl)* **1** předpisy, směrnice, nařízení, vyhlášky; **fire ~** požární předpisy; **legal ~** právní předpisy; **safety ~** předpisy bezpečnosti práce; **traffic ~** dopravní předpisy; **~ annexed to the Convention** směrnice / předpisy doplňující Konvenci; **set of ~** soubor předpisů; **make ~ under the authority of an Act of Parliament** vydávat předpisy na základě zákona parlamentu **2** nařízení ES

**regulatory** [ˈregjulətəri] *(adj)* řídící, usměrňující, regulující; regulační

**rehabilitate** [ˌriːəˈbiləteit] *(v)* sb./st. ospravedlnit, rehabilitovat koho/co

**rehabilitation** [ˌriːəˌbiləˈteišən] *(n)* rehabilitace, navrácení práv

**rehabilitative** [ˌriːəˈbilətətiv] *(adj)* týkající se nápravy / rehabilitace; **~ alimony** odstupné n. výživné za účelem efektivního zařazení rozvedené osoby do společnosti např. rekvalifikací

**rehear** */reheard, reheard/* [riːˈhiə(r), riˈhəː(r)d] *(v)* sb./st. znovu projednat co; konat nové přelíčení ve věci čeho

**re(-)hearing** [riːˈhiəriŋ] *(n) of the case* znovuprojednání případu/věci, nové přelíčení / stání

**reign** [ˈrein] *(v)* kralovat; **the Queen ~s but does not rule** královna kraluje, ale nevládne

**reimburse** [ˌriːimˈbəː(r)s] *(v)* uhradit vzniklé náklady, odškodnit, refundovat

**reimbursement** [ˌriːimˈbəː(r)smənt] *(n)* peněžitá náhrada nákladů / výdajů; hojení; refundace; **~ of the insurers** peněžitá náhrada pojištěncům

**reimpose** [ˌriːimˈpəuz] *(v)* st. znovu vyhlásit, znovu zavést co

**reimposition** [riːˌimpəˈzišən] *(n)* opětovné uložení / vyhlášení, znovuzavedení; **~ of taxes** znovuzavedení daní

**reincorporation** [riːˌinkoːpəˈreišən, *am.* -karpə-] *(n)* nové zaregistrování podniku v obchodním rejstříku

**reinstall** [ˌriːinˈstoːl] *(v)* sb. znovu obsadit koho do funkce

**reinstal(l)ment** [ˌriːinˈstoːlmənt] *(n)* opětovné dosazení do funkce

**reinstate** [ˌriːinˈsteit] *(v)* st./sb. uvést / navrátit co do původního stavu; opětovně dosadit do funkce

**reinstatement** [ˌriːinˈsteitmənt] *(n)* **1** naturální

restituce, uvedení nemovitosti do původního stavu; **full** ~ **cost** náklady na plnou naturální restituci **2** obnovení platnosti, znovuuvedení v platnost; ~ **clause** obnovovací doložka **3** opětovné dosazení do funkce
**reinsurance** [ˌriːinˈʃuərəns] *(n)* zajištění; ~ **accepted** převzaté zajištění; ~ **commission** zajišťovací provize; ~ **company** zajišťovna; ~ **deposit** zajistná záruka, kauce; ~ **premium** zajistné; ~ **treaty** zajišťovací smlouva
**reinsure** [ˌriːinˈʃuə(r)] *(v)* st./sb. pojistit pojišťujícího, zajistit co/koho
**reinsured** [ˌriːinˈʃuə(r)d] *(n)* zajistník; cedent
**reinsurer** [ˌriːinˈʃuərə(r)] *(n)* zajistitel, zajišťovatel
**reintroduce** [ˌriːintrəˈd(j)uːs] *(v)* st. znovu zavést co
**reinvestigate** [ˌriːinˈvestigeit] *(v)* st. znovu vyšetřit co; provést nové šetření čeho
**reinvestiture** [ˌriːinˈvestiʧə(r)] *(n)* opětovné uvedení do úřadu / funkce
**reiterate** [riːˈitəreit] *(v)* st. znovu opakovat co; ~ **st. in the judgment** znovu zdůraznit co v rozsudku
**reject** [ˈriːʤekt] *(n)* vrácené vadné zboží
**reject** [riːˈʤekt] *(v)* st. zamítnout co, nedat souhlas k čemu; ~ **a takeover bid** odmítnout nabídku na převzetí společnosti; ~ **a treaty** nedat souhlas k mezinárodní smlouvě
**rejectable** [riːˈʤektəbl] *(adj)* zamítnutelný; odmítnutelný
**rejection** [riːˈʤekʃən] *(n)* zamítnutí, odmítnutí; ~ **of an appeal** zamítnutí odvolání
**rejoinder** [riˈʤoində(r)] *(n)* replika odpověď na žalobní odpověď
**relapse** [riˈlæps] *(v)* into st. znovu propadnout čemu, znovu upadnout do čeho; ~ **into crime** stát se recidivistou
**relate** [riˈleit] *(v)* to st. týkat se čeho, vztahovat se k čemu, souviset s čím
**related** [riˈleitid] *(adj)* spřízněný, příbuzný; týkající se, související; **drug-~ offences** trestné činy související s drogami; ~ **claim** související nárok; ~**party transaction** transakce mezi příbuznými; ~ **by marriage** spřízněný sňatkem, sešvagřený
**relation** [riˈleiʃən] *(n)* **1** vztah; **in ~ to st.** ve vztahu k čemu ♦ ~ **back** zpětná platnost **2** příbuzný; **blood** ~ pokrevný příbuzný
**relations** [riˈleiʃənz] *(pl)* **1** vztahy smluvní i příbuzenské; styky; **contractual** ~ smluvní vztahy;

**foreign** ~ zahraniční styky; **friendly** ~ přátelské vztahy; **industrial** ~ pracovní vztahy; **Industrial R~ Act** brit. zákon o pracovních vztazích; **international** ~ mezinárodní vztahy; **labour** ~ pracovní vztahy; **land** ~ pozemkové vztahy; **property** ~ majetkové vztahy; **public** ~ styk s veřejností; **self-administration** ~ samosprávné vztahy; **interference with contractual** ~ zásah do smluvních vztahů; **develop friendly** ~ rozvíjet přátelské vztahy **2** příbuzní
**relationship** [riˈleiʃənʃip] *(n)* vztah; **peculiar** ~ zvláštní vztah; ~ **between employer and employee** vztah mezi zaměstnavatelem a zaměstnancem; ~ **of husband and wife** vztah manžela a manželky; ~ **of parent and child** vztah rodiče a dítěte
**relative** [ˈrelətiv] *(n)* příbuzný, příbuzná osoba
**relative** [ˈrelətiv] *(adj)* **1** příbuzný; vztahující se; ~ **fact** vztahující se skutečnost **2** relativní, poměrný; ~ **majority** poměrná většina
**relator** [riˈleitə(r)] *(n)* veřejný žalobce
**relax** [riˈlæks] *(v)* st. uvolnit, snížit co; ~ **the restrictions** uvolnit omezení
**relaxation** [ˌriːlækˈseiʃən] *(n)* uvolnění, zmírnění; ~ **of international tension** zmírnění mezinárodního napětí
**release** [riˈliːs] *(n)* **1** vzdání se práva, nároku; prominutí dluhu n. jiné povinnosti; ~ **of mortgage** osvobození hypotéky **2** dohoda o narovnání závazků; **deed of** ~ listina o propuštění ze závazku / o narovnání závazků **3** propuštění, uvolnění; zproštění; **conditional** ~ podmínečné propuštění; **work** ~ trest odnětí svobody s uvolňováním pro docházku do práce; ~ **on license** propuštění na čestné slovo; ~ **on own recognizance** propuštění obžalovaného z vazby na slib pod podmínkou, že se bude podle potřeby dostavovat k výslechům k soudnímu přelíčení **4** převod, postoupení práva; ~ **of dower** převod vdovského podílu **5** povolení zveřejnění v tisku
**release** [riˈliːs] *(v)* sb./st. **1** propustit koho na svobodu; osvobodit koho/co; ~ **goods from customs** osvobodit zboží od cla; ~ **on bail** propustit na kauci; ~ **sb. from liability** zbavit koho právní odpovědnosti **2** uvolnit co; povolit zveřejnění čeho **3** převést, přepsat, postoupit co **4** vzdát se nároku na co
**releasee** [riˌliːˈsiː] *(n)* **1** osoba propuštěná ze

závazku 2 nový majitel na něhož je převáděn majetek

**releaser, releasor** [ri'li:sə(r)] *(n)* **1** osoba propouštějící ze závazku **2** převoditel, osoba vzdávající se majetku převodem

**relegable** ['religəbl] *(adj)* postupitelný, převoditelný

**re(-)let** */-let, -let/* [ri:'let, -let] */tt/ (v)* pronajmout již pronajaté, sekundárně pronajmout

**relevance** ['relavəns], **relevancy** ['relavənsi] *(n)* závažnost, důležitost, význam, relevantnost

**relevant** ['relavənt] *(adj)* **1** závažný, důležitý, relevantní; **~ documents** závažné doklady; **~ evidence** důležitý / podstatný důkaz; **~ fact** významná skutečnost; **~ information** důležitá informace **2** příslušný, relevantní; **~ market** příslušný trh; **~ review date** příslušný kontrolní den

**reliability** [ri͵laiə'biləti] *(n)* spolehlivost

**reliable** [ri'laiəbl] *(adj)* spolehlivý

**reliance** [ri'laiəns] *(n) upon* sb./st. **1** důvěra v koho/co; **firm ~** pevná důvěra **2** možnost spolehnout se, spolehnutí se na koho/co

**reliant** [ri'laiənt] *(adj) on* st./sb. odkázaný na co/koho; spoléhající se na co/koho

**relics** ['reliks] *(pl)* pozůstatky, ostatky

**relict** ['relikt] *(n)* vdova, vdovec

**relief** [ri'li:f] *(n)* **1** úleva; **void rating ~** neplatná daňová úleva **2** podpora, pomoc; **~ in / of unemployment** podpora v nezaměstnanosti **3** žalobní prosba, opravný prostředek, remedura

**relieve** [ri'li:v] *(v)* **1** sb. poskytnout pomoc komu; odlehčit komu **2** sb. *of* st. zbavit koho funkce, propustit koho z místa **3** *from / of* st. zbavit, zprostit čeho; **~ sb. from / of liability** zprostit koho odpovědnosti / závazku

**religion** [ri'lidžən] *(n)* náboženství, náboženské vyznání; **offence against ~** trestný čin proti církvi

**religious** [ri'lidžəs] *(adj)* náboženský, religiózní; **~ freedom / liberty** náboženská svoboda, svoboda vyznání; **~ qualification** požadavek / cenzus vyznání; **~ use** charitativní použití / účel

**relinquish** [ri'liŋkwiš] *(v)* st. **1** vzdát se čeho; uvolnit místo; **~ company directorship** vzdát se místa ve správní radě společnosti / funkce ředitele společnosti **2** odstoupit od čeho, přenechat, opustit co; zříci se čeho

**relinquishment** [ri'liŋkwišmənt] *(n)* zřeknutí se, vzdání se, opuštění práva

**reluctance** [ri'laktəns] *(n)* neochota, nechuť, zdráhání, odpor

**reluctant** [ri'laktənt] *(adj)* neochotný, zdráhavý, zpěčující se

**rely** [ri'lai] *(v) (up)on* sb./st. spoléhat se na koho/co

**remain** [ri'mein] *(v)* zůstat, setrvat; **~ neutral** zachovat neutralitu; **~ in existence** nadále existovat; **~ in force** zůstat platným / v platnosti

**remainder** [ri'meində(r)] *(n)* **1** zbytkový majetek; **charitable ~** zůstatek n. dar pro charitativní účely **2** zbytek, zbývající část; **~ of the application** zbývající část / zbytek podání **3** čekatel, substituční dědic **4** budoucí majetek, držba, právo; čekatelství; **contingent ~** podmíněné čekatelství; **executed ~** vykonané čekatelství; **vested ~** nezrušitelné čekatelství; **~ man** substituční dědic

**remaindership** [ri'meində(r)šip] *(n)* nárok na budoucí držbu, budoucí nabytí práva

**remand** [ri'ma:nd, *am.* ri'mænd] *(n)* **1** vyšetřovanec ve vazbě **2** vrácení do vyšetřovací vazby; **prisoner on ~** vyšetřovanec; **~ centre / prison** vazební vězení

**remand** [ri'ma:nd, *am.* ri'mænd] *(v)* sb. poslat koho do vazby; **~ sb. in custody** vzít koho do vyšetřovací vazby

**remarkable** [ri'ma:(r)kəbl] *(adj)* pozoruhodný

**remarriage** [ri:'mæridž] *(n)* nový sňatek, nové manželství

**remarry** [ri:'mæri] *(v)* sb. uzavřít nový sňatek s kým, znovu se provdat za koho, znovu se oženit s kým

**remedial** [ri'mi:djəl] *(adj)* nápravný, opravný, remediální; **~ action** žaloba na plnění; **~ law** procesní právo

**remedy** ['remədi] *(n)* **1** právní prostředek, opravný prostředek; náprava; **~ for violence** prostředek k uplatnění práva v případě použití násilí; **~ over** postupitelná náprava; **grant of ~ies** postoupení / udělení právních prostředků **2** léčebný prostředek

**remedying** ['remədi:iŋ] *(n)* uplatnění právního / opravného prostředku; **procure the ~ of the breach of covenant** dosáhnout opravného prostředku pro porušení závazku

**reminder** [ri'maində(r)] *(n)* upomínka; **~ before court action** předžalobní upomínka; **~ fee** upomínací výlohy; **~ notice** upomínka remise [ri'maiz] *(v)* postoupit, převést právo, majetek

remission [ri'mišən] *(n)* 1 zřeknutí se práva 2 prominutí dluhu; úleva, remise

remit [re'mit] */tt/* st. 1 odpustit, prominout co; ~ **(a part of) penalties** prominout tresty (část trestů); ~ **a sentence** změnit uložený trest 2 postoupit, odeslat co; ~ **for sentence to the Crown Court** odeslat k uložení trestu ke Královskému soudu

remitment [ri'mitmənt] *(n)* 1 poukázání / poslání peněz 2 poslání zpět do vazby

remittal [ri'mitl] *(n)* poukázání od jedné instance k druhé

remittance [ri'mitəns] *(n)* 1 poukázaná částka, úhrada 2 odeslání, poukázání peněz

remittee [ˌremi'ti:] *(n)* adresát úhrady

remitter [ri'mitə(r)] *(n)* konvalidace právního titulu

remittor [ri'mitə(r)] *(n)* poukazce, remitent

remnant ['remnənt] *(n)* zbytek; ~ **rule** pravidlo zbytku při stanovení stavebních parcel

remonstrance [ri'monstrəns] *am.* -'man-] *(n)* stížnost, protest

remorse [ri'mo:(r)s] *(n)* 1 výčitky svědomí 2 lítost, soucit

remote [ri'məut] *(adj)* vzdálený časově i místně; ~ **cause** druhotná / vzdálená / nepřímá příčina; ~ **damage** neočekávané a nepředvídatelné druhotné následky nedbalostního přestupku n. trestného činu, nepřímé škody; ~ **possibility** vzdálená možnost

remoteness [ri'məutnis] *(n)* vzdálenost, odlehlost; ~ **of damage** odlehlost časová následnost vzniku škody; ~ **of evidence** nedostatečnost důkazu

removable [ri'mu:vəbl] *(adj)* odstranitelný; sesaditelný

removal [ri'mu:vəl] *(n)* 1 odstranění; přesunutí; ~ **of causes** přesun věcí / případů do jurisdikce jiných soudů 2 odložení 3 sesazení, propuštění, odvolání; ~ **from office** zbavení funkce; **address for** ~ návrh na odvolání

remove [ri'mu:v] *(v)* st./sb. odstranit co/koho, sejmout co; **he was ~d for embezzling** byl odvolán pro zpronevěru

remunerate [ri'mjunəreit] *(v) for* st. uhradit, zaplatit, nahradit co

remuneration [riˌmjunə'reišən] *(n)* odměna, odměňování; ~ **for work done** odměna za vykonanou práci; **scale or rate of** ~ stupnice n. sazba pro odměňování; **calculate the** ~ vypočítat odměnu; **pay** ~ vyplácet odměnu; **be entitled to** ~ mít nárok na odměnu

remunerative [ri'mjunərətiv] *(adj)* výnosný

render ['rendə(r)] *(n) zast.* břemeno, úvazek

render ['rendə(r)] *(v)* st./sb. *to* st. 1 poskytovat, dávat, vynést, skýtat co; ~ **an account** předložit účet, vyúčtovat; ~ **assistance** poskytovat pomoc; ~ **faithful service** věrně sloužit; ~ **judgment** vynést rozsudek; ~ **verdict** vyhlásit výrok poroty a poskytnout jej soudu; **redering of accounts** výkaznictví, skládání účtů 2 vydat koho čemu; ~ **the guilty person to punishment by the State** vydat viníka potrestání ze strany státu 3 způsobit co; **the state of health of the witness ~s his appearance in court impossible** zdravotní stav svědka způsobuje, že se nemůže dostavit k soudu 4 sb./st. *liable to* st./*to do* st. vystavit koho/co čemu, způsobit, že se musí; ~ **sb. liable to pay** vystavit koho zaplacení, způsobit, že někdo musí zaplatit; ~ **the previous payment liable to forfeiture** způsobit, že předcházející platba propadne

rendition [ren'dišən] *(n)* 1 vydání; vrácení; **interstate** ~ vydání pachatele státu v rámci USA, v němž byl spáchán trestný čin; ~ **of judgment** vyhlášení rozsudku 2 poskytnutí, poskytování; ~ **of services** poskytování služeb

renegotiation ['ri:nəˌgəuši'eišən] *(n)* opětovné projednání podmínek; **R~ Act** *am.* zákon o posuzování státních zakázek

renew [ri'nju:] *(v)* st. 1 obnovit co 2 prodloužit, prolongovat co; ~ **a contract** prodloužit smlouvu

renewable [ri'nju:əbl] *(adj)* obnovitelný; prolongovatelný, prodloužitelný

renewal [ri'nju:əl] *(n)* obnova; obnovení, reaktivace; ~ **commission** inkasní provize při prodloužení pojištění; ~ **of contract** obnovení n. prodloužení smlouvy; ~ **premium** pojistné při obnovení pojistné smlouvy; následné pojistné

renounce [ri'nauns] *(v)* st. 1 vypovědět co; ~ **a treaty** *(MP)* vypovědět mezinárodní smlouvu 2 odmítnout co; vzdát se, zříknout se čeho; ~ **a will** odmítnout dědit ze závěti není-li výhodná a požadovat dědický podíl ze zákona; ~ **probate** odmítnout funkci vykonavatele závěti renouncee [ˌrinaunˈsiː] *(n)* odstoupivší od smlouvy

renouncement [riˈnaunsmənt] *(n)* vzdání se, zřeknutí se práva

rent [rent] *(n)* nájemné; platba nájemného; renta; **additional** ~ dodatečná platba nájemného; **base** ~ základní nájemné; **initial** ~ počáteční platba nájemného; **meter** ~ nájemné za měřidlo vody, elektřiny; **net** ~ čisté nájemné; **open market** ~ tržní nájemné; **rack** ~ lichvářské nájemné; **yearly** ~ roční platba nájemného; ~ **action** žaloba o zaplacení dlužného nájemného; ~ **in arrear** dlužná částka nájemného; ~ **control** správní kontrola výše nájemného, regulace nájemného; ~ **exclusive of VAT** nájemné bez DPH; ~ **rebate / allowance** sociální příspěvek na nájemné; ~ **restrictions** regulace nájemného; ~ **review** úprava nájemného; ~ **strike** stávka nájemníků; **for** ~ k pronajmutí

rent [rent] *(v)* st. pronajmout si, vzít co do pronájmu

rental [rentl] *(n)* nájemné, činže

rental [rentl] *(adj)* nájemní, týkající se nájemného; ~ **value of property** nájemní hodnota nemovitosti

rent-charge [ˈrentˌčaː(r)dž] *(n)* reálné břemeno; dědičné nájemné

rent-collector [ˈrentkəˌlektə(r)] *(n)* výběrčí nájemného

rent-day [ˈrentdei] *(n)* den splatnosti nájemného

renter [ˈrentə(r)] *(n)* nájemce; pachtýř

rent-free [ˌrentˈfriː] *(adj)* nepodléhající povinnosti platit nájemné

rent-rebate [ˌrentˈriːbeit] *(n)* sleva na nájemném

rent(-)roll [ˌrentˈrəul] *(n)* soupis nájemného; celkový příjem z nájemného

renunciation [riˌnansiˈeišən] *(n)* vzdání se, zřeknutí se čeho; ~ **of force or threat of force** zřeknutí se síly n. hrozby silou; ~ **of the use of nuclear weapons** nepoužití jaderných zbraní; ~ **of war** zřeknutí se války

renvoi, renvoy [renˈvoi] *(n)* **1** odkaz, odkazovací norma; postoupení věci jinému soudu **2** vyhoštění, vypovězení

reopen [riːˈəupən] *(v)* st. znovu zahájit, obnovit co; ~ **a case** obnovit řízení; ~ **the murder inquiry** opět zahájit vyšetřování vraždy

reorganization [riːˌoː(r)gənaiˈzeišən] *(n)* **1** reorganizace **2** úprava kapitálového systému společnosti

repair [riˈpeə(r)] *(n)* oprava, údržba; fyzický stav nemovitosti; **wants of** ~ potřeby související s udržováním dobrého fyzického stavu nemovitosti; **keep in** ~ udržovat v dobrém stavu

repair [riˈpeə(r)] *(v)* st. opravit, spravit, napravit co

repairs [riˈpeə(r)z] *(pl)* stavební opravy; **execute** ~ **to** st. provést opravy na čem, opravit co

reparation [ˌrepəˈreišən] *(n)* **1** reparace **2** náhrada škody, odškodnění; **Uniform Crime Victim R~ Act** am. jednotný zákon o odškodnění obětí trestných činů; ~ **for the injury** náhrada škody; **liability for** ~s právní odpovědnost za náhradu škody

repass [riːˈpaːs, am. -ˈpæs-] *(v)* st. znovu schválit, přijmout co; ~ **a bill** znovu přijmout návrh zákona

repatriate [riːˈpætrieit] *(v)* sb. repatriovat, vrátit koho

repatriation [riːˌpætriˈeišən] *(n)* repatriace

repay /-paid, -paid/ [riːˈpei, -ˈpeid] *(v)* st. znovu (za)platit co

repeal [riˈpiːl] *(n)* derogace, zrušení právní normy přijetím nového zákona; **express** ~ nahrazení zákona novým zákonem, jenž výslovně ruší platnost předchozího; **implied** ~ implicitní zrušení předcházejícího zákona vyplývající z jeho podstaty

repeal [riˈpiːl] *(v)* st. odvolat, zrušit co; prohlásit co za neplatné; ~ **legislation** zrušit zákon; ~ **the statute** zrušit zákon

repeat [riˈpiːt] *(v)* st. (z)opakovat co; ~ed **offender** recidivista

repeater [riˈpiːtə(r)] *(n)* recidivista

repel [riˈpel] /ll/ *(v)* st. **1** zahnat, zapudit co **2** odrazit co; ~ **invasions** odrazit invaze **3** odmítnout, zamítnout co

repetition [ˌrepəˈtišən] *(n)* žaloba o vrácení omylem vyplacených peněz

repetitiveness [riˈpetətivnis] *(n)* opakování, opakovanost

rephrase [riːˈfreiz] *(v)* st. přeformulovat, jinak formulovat co

replace [riˈpleis] *(v)* st./sb. **1** nahradit co/koho **2** vrátit, splatit co; ~ **a sum of money** splatit finanční částku

replacement [riˈpleismənt] *(n)* náhrada; splacení dluhu; ~ **in kind** náhrada in natura

replevin [riˈplevin] *(n)* **1** žaloba na vydání neprávem odňaté věci ♦ **personal** ~ žaloba o propuštění osoby z vězení **2** vydání obstaveného majetku proti záruce,

zaplacení soudních výloh; ~ **bond** záruka soudního příkazu a navrácení zabavené věci
**replevy** [ri'plevi] *(v)* st. 1 vydat původnímu majiteli neprávem odňatou věc proti záruce 2 získat zpět neprávem odňatou věc proti záruce
**replication** [ˌrepli'keišən] *(n)* 1 replika, odpověď žalobce 2 autorská kopie
**reply** [ri'plai] *(n)* odpověď; **deliver a** ~ sdělit / doručit odpověď
**reply** [ri'plai] *(v)* 1 odpovědět 2 namítat, odporovat
**report** [ri'po:(r)t] *(n)* 1 zpráva, výkaz; **annual** ~ výroční zpráva; **auditor's** ~ revizní zpráva; **special** ~ zvláštní zpráva; **consider** ~s posoudit zprávy; **request** ~s vyžadovat zprávy; **submit** ~s předložit zprávy; ~ **of non delivery** zpráva o nedoručitelnosti 2 protokol, úřední zápis přelíčení ♦ **law** ~s sbírka soudních rozhodnutí 3 posudek; **expert's** ~ znalecký posudek; **pre-sentence** ~ podrobná charakteristika obžalovaného jako pomůcka soudce pro vynesení rozsudku 4 **against** sb./st. stížnost, hlášení na koho/co, udání na koho
**report** [ri'po:(r)t] *(v)* st. 1 znovu předložit návrh zákona 2 oznámit, ohlásit co; ~ **on st.** referovat o čem; ~ **for st.** udat, žalovat co, stěžovat si na co ♦ ~**ed case** případ obsažený ve Sbírce soudních případů
**reporter** [ri'po:(r)tə(r)] *(n)* 1 soudní zapisovatel; zpravodaj 2 sbírka soudních rozhodnutí; **Supreme Court R**~ *am.* Sbírka rozhodnutí Nejvyššího soudu
**repossess** [ˌri:pə'zes] *(v)* st. znovu držet, vlastnit co
**repossession** [ˌri:pə'zešən] *(n)* opětovné přivlastnění
**reprehension** [ˌrepri'henšən] *(n)* napomenutí, důtka; výtka
**represent** 1 [ˌrepri'zent] *(v)* sb./st. 1 zastupovat koho/co; představovat, reprezentovat koho/co; ~ **the principal legal systems of the world** zastupovat hlavní světové právní systémy; **be** ~**ed in st.** být zastoupen v čem 2 vylíčit, znázornit, představit co
**represent** 2 [ˌri:pri'zent] *(v)* st. znovu předložit co k projednání, schválení, proplacení
**representation** [ˌreprizən'teišən] *(n)* 1 zastoupení, reprezentace; **proportional** ~ poměrné zastoupení; **the R**~ **of the People**

**Act** *brit.* zákon o zastoupení lidu 2 vylíčení skutečností; údaje, fakta; **false** ~ záměrné uvedení falešných / nepravdivých údajů; **material** ~ vylíčení podstatných skutečností; ~ **of the case** vylíčení případu; **complete the** ~ **of the case** dokončit vylíčení případu ♦ **promissory** ~ závazné prohlášení; **make** ~**s** stěžovat si
**representative** [ˌrepri'zentətiv] *(n)* 1 představitel, zástupce; **authorized** ~ zplnomocněný zástupce, zplnomocněnec; **commercial** ~ obchodní zástupce; **legal** ~ zákonný zástupce; **personal** ~ osobní zmocněnec; **wholesale** ~ obchodní zástupce prodávající ve velkém, velkoobchodník; **send** ~**s** vyslat zástupce 2 *am.* člen Sněmovny reprezentantů; **House of R**~**s** *am.* Sněmovna reprezentantů
**representative** [ˌrepri'zentətiv] *(adj)* zastupitelský; zástupný; ~ **action** zástupná žaloba; ~ **body** zastupitelský orgán; ~ **capacity** způsobilost zastupovat; ~ **democracy** zastupitelská demokracie; ~ **government** parlamentní vláda
**repressive** [ri'presiv] *(adj)* potlačovatelský; represívní; ~ **measures** represívní opatření
**reprieve** [ri'pri:v] *(n)* odložení / odklad výkonu trestu
**reprieve** [ri'pri:v] *(v)* sb. odložit komu výkon trestu
**reprimand** ['reprima:nd, *am.* -mænd] *(n)* úřední, oficiální důtka, pokárání
**reprimand** ['reprima:nd, *am.* -mænd] *(v)* sb. vyslovit komu úřední důtku
**reprisal** [ri'praizəl] *(n)* 1 odveta, odplata; **letters of marque and** ~ jímací právo, zmocnění k zajmutí lodi 2 odškodnění; **special** ~ speciální odškodnění
**reprisals** [ri'praizəlz] *(pl)* represálie
**reproduction** [ˌri:prə'dakšən] *(n)* kopírování, reprodukce; **mechanical** ~ **rights** zakoupená práva pořizovat mechanické kopie; ~ **of copyright material is banned by law** kopírování materiálu chráněného autorským právem je ze zákona zakázáno
**republic** [ri'pablik] *(n)* republika; **independent** ~ nezávislá republika; **parliamentary** ~ parlamentní republika; **presidential** ~ prezidentská republika
**republican** [ri'pablikən] *(adj)* republikánský; ~ **form of government** republikánská forma vlády; ~ **government** *am.* republikánská vláda

**repudiate** [ri'pju:dieit] *(v)* sb./st. 1 rozvést se s manželkou 2 odmítnout, neuznat co; ~ **a contract** odmítnout plnit smluvní závazky 3 vypovědět pojistku
**repudiation** [ri‚pju:di'eišən] *(n)* 1 vypovězení smlouvy před jejím plněním 2 odmítnutí práva n. funkce; ~ **of a contract** odmítnutí splnění smluvního závazku 3 rozvod z viny manželky 4 vypovězení pojistky
**repugnance** [ri'pagnəns], **repugnancy** [ri'pagnənsi] *(n)* 1 rozpor několika tvrzení jejich neslučitelnost, nesoulad 2 odpor, antipatie
**repugnant** [ri'pagnənt] *(adj)* to / with st. odporující čemu, neslučitelný s čím
**repulse** [ri'pals] *(v)* vyvrátit žalobu
**repurchase** [ri:'pə:(r)čəs] *(n)* zpětná koupě, odkoupení
**repurchase** [ri:'pə:(r)čəs] *(v)* st. koupit co zpět, odkoupit co
**reputable** ['repjutəbl] *(adj)* 1 ceněný, oceňovaný 2 uznávaný, vážený; ~ **citizen** vážený občan
**reputation** [‚repju'teišən] *(n)* pověst, jméno, reputace, renomé; **professional** ~ profesionální pověst / reputace
**reputed** [ri'pju:tid] *(adj)* údajný, zdánlivý, domnělý; ~ **father** domnělý otec; ~ **ownership** předpokládané vlastnictví
**request** [ri'kwest] *(n)* požadavek, žádost; ~ **for admission** žádost o doznání stanovisko jedné strany ohledně předmětu sporu, který má druhá strana buď popřít n. s ním souhlasit; žádost o připuštění důkazů; ~ **for instructions** žádost o poučení poroty
**request** [ri'kwest] *(v)* st. žádat, požadovat, vyžadovat co; ~ **advice** vyžadovat radu; ~ **money for st.** vyžadovat peníze na co; ~ **reports** vyžadovat zprávy
**require** [ri'kwaiə(r)] *(v)* st. žádat, požadovat, vyžadovat co; ~ **approval** vyžadovat souhlas; ~ **concurrence of all its parts** vyžadovat souhlas všech tří částí britského parlamentu; ~ **new buildings to conform to st.** požadovat, aby nové budovy odpovídaly čemu / byly v souladu s čím; ~ **technical expertise** vyžadovat odborný posudek; ~ **a two-third majority for ratification** vyžadovat dvoutřetinovou většinu pro ratifikaci; ~**d by law** podle práva povinný, právem požadováno; ~**d reserves** povinné rezervy
**requirement** [ri'kwaiə(r)mənt] *(n)* požadavek;

**additional** ~**s** dodatečné požadavky; ~ **contract** podmíněná smlouva s příslibem kupujícího, že požadované zboží a služby bude odebírat výlučně od druhé smluvní strany; **meet the** ~**s** splnit požadavky
**requisite** ['rekwizit] *(n)* požadavek, potřeba, nezbytnost
**requisite** ['rekwizit] *(adj)* požadovaný; ~ **capacity** požadovaná způsobilost
**requisition** [‚rekwi'zišən] *(n)* 1 psaná, oficiální žádost, požadavek 2 oficiální výzva vládě cizího státu k vydání zločince
**requital** [ri'kwaitl] *(n)* for st. 1 odškodnění, kompenzace 2 odplata, trest za co
**requite** [ri'kwait] *(v)* st. 1 splatit, oplatit co 2 odškodnit, kompenzovat co
**res** [ri:z] *(lat)* věc; ~ **adjudicata** ['ri:zæd‚džudi'keitə] věc pravomocně rozhodnutá; ~ **derelicta** ['ri:z‚derə'liktə] opuštěná věc; ~ **fungibiles** [‚ri:zfən'džibəliz] zastupitelné věci; ~ **gestae** [ri:z'džesti:] skutková podstata; ~ **incorporales** ['ri:zin‚ko:(r)pə'reiliz] nehmotné věci; ~ **judicata** ['ri:z‚džudi'keitə] věc pravomocně rozsouzená; ~ **nullius** ['ri:znə'laiəs] ničí věc
**rescind** [ri'sind] *(v)* st. odstoupit od smlouvy, anulovat smlouvu; ~ **the contract** odstoupit od smlouvy; ~ **the decree nisi** zrušit prozatímní rozsudek
**rescission** [ri'sižən] *(n)* zrušení, anulování; ~ **of contract** zrušení od samého počátku / anulování / odstoupení od smlouvy
**rescissory** [ri'sisəri] *(adj)* odvolací, rušící; ~ **damages** zrušovací odškodnění
**rescue** ['reskju:] *(n)* 1 záchrana, vysvobození 2 násilné osvobození vězně, únos z vězení 3 násilné a protiprávní zmocnění se věci
**rescue** ['reskju:] *(v)* sb./st. 1 zachránit koho/co 2 protiprávně osvobodit vězně z vězení 3 znovu se zmocnit čeho
**research** [ri'sə:(r)č] *(n)* průzkum; výzkum; **personal** ~ vlastní průzkum / výzkum
**reseizure** ['ri:si:žə(r)] *(n)* opětovné zabavení věci n. zatčení osoby
**reselection** [‚ri:sə'lekšən] *(n)* opětovný výběr; **undergo a** ~ **process** projít dalším výběrem
**reseller** [ri:'selə(r)] *(n)* překupník
**resemblance** [ri'zembləns] *(n)* podoba, podobnost; **bear no** ~ **to st.** nepodobat se čemu
**resemble** [ri'zembl] *(v)* sb./st. podobat se, být podobný komu/čemu

reservation [ˌrezə(r)'veišən] *(n)* výhrada ke smlouvě; **mental** ~ tajná výhrada; ~ **on signature** výhrada při podpisu, podpis s výhradou; **under** ~**s** s výhradami

reserve [ri'zə:(r)v] *(n)* rezerva, zásoba; **bad debt** ~ rezerva pro nedobytné pohledávky; **bank** ~**s** bankovní rezervy; **depreciation** ~ odpisová rezerva; **hidden** ~**s** skryté rezervy; ~ **for outstanding / pending claims** rezerva pro nevyřízené škody; ~ **clause** výhradní klauzule; ~ **ratio** poměr rezerv

reserve [ri'zə:(r)v] *(v)* st. **1** rezervovat, vyhradit co; ~**d rights of the states** *am.* výlučná vyhrazená práva jednotlivých států USA nikoliv federace **2** ponechat, podržet si co; ~ **the right** podržet si právo **3** vyhradit si co, právo ♦ ~**d onus of proof** obrácení důkazního břemene

reset /-*set*, -*set*/ [ri:'set, -set] /tt/ *(v)* sb./st. ukrývat koho/co, přechovávat zločince, kradené zboží

resetter [ri:'setə(r)] *(n)* překupník, přechovávač

resettlement [ri:'setlmənt] *(n)* obnovení klidu / pořádku

reside [ri'zaid] *(v)* **1** bydlet, mít trvalé bydliště **2** *in / with* st. spočívat, tkvít, ležet v čem; **the burden of proof** ~**s with the plaintiff** důkazní břemeno spočívá na žalobci

residence ['rezidəns] *(n)* **1** bydliště; ~ **in the constituency** trvalé bydliště ve volebním obvodu; ~ **permit** povolení k pobytu; ~ **qualification** cenzus pobytu, požadavek trvalého bydliště **2** rezidence

resident ['rezidənt] *(n)* **1** trvale bydlící občan **2** *(MP)* rezident

resident ['rezidənt] *(adj)* trvale bydlící; ~ **representative** stálý zástupce; ~ **alien** cizinec s povolením k trvalému pobytu; ~ **alien permit** povolení k trvalému pobytu pro cizince; **be** ~ **in** mít trvalé bydliště kde

residual [ri'zidjuəl] *(adj)* zbytkový, zbývající; ~ **value** zbytková hodnota

residuary [ri'zidjuəri] *(adj)* zbytkový; zbývající; ~ **bequest** zůstatek pozůstalosti; ~ **estate** zůstatek pozůstalosti, zbytkové dědictví po splacení všech poplatků a dávek; ~ **legatee** univerzální legatář

residue ['rezidju:] *(n)* **1** zůstatek, zbytek; ~ **of the term** zbytek nájemní lhůty **2** pozůstatek

resign [ri'zain] *(v) from* st. odstoupit z funkce, rezignovat na funkci; **he has ~ed with effect from July 1** dal výpověď k 1. červenci

resign [ri:'sain] *(v)* st. znovu podepsat co

resignation [ˌrezig'neišən] *(n)* **1** vzdání se funkce / místa; výpověď daná pracovníkem; **letter of** ~ výpověď daná pracovníkem **2** rezignace; odstoupení; ~ **of the government** rezignace vlády

resist [ri'zist] *(v)* st./sb. **1** vydržet co **2** odporovat, odolávat čemu/komu **3** ubránit se čemu/komu; zmařit co; ~ **an attempt** zmařit pokus; **resisting arrest** kladení odporu při zatýkání; **resisting an officer** maření úředního výkonu

resistance [ri'zistəns] *(n)* odpor, odolnost

resistant, resistent [ri'zistənt] *(adj)* odolný, odolávající; kladoucí odpor

resolution [ˌrezə'lu:šən] *(n)* **1** rezoluce; **UN** ~**s** rezoluce OSN; **implementation of the UN** ~**s** provádění / uskutečňování rezolucí OSN; **pass the** ~ přijmout / schválit rezoluci **2** řešení; **peaceful** ~ pokojné / mírové řešení; ~ **of disputes** řešení sporů **3** usnesení; formální rozhodnutí; **concurrent** ~ paralelní usnesení v obou komorách parlamentu; **corporate** ~ firemní rozhodnutí; **joint** ~ společné usnesení obou komor parlamentu

resolutive [ˌrezə'lju:tiv], resolutory [ˌrezə-'lju:təri] *(adj)* vyvazující; rozluční; ~ **condition** rozvazovací podmínka končící smlouvu

resolve [ri'zolv, *am.* -'zalv] *(v)* st. **1** vyjasnit, vyřešit co; ~ **a dispute** řešit spor **2** rozhodnout co; předsevzít si co

resort ['ri:zo:(r)t] *(n)* útočiště; **court of last** ~ nejvyšší instance; **lender of the last** ~ centrální banka půjčující obchodním bankám

resort ['ri:zo:(r)t] *(v) to* st. uchýlit se k čemu

resource [ri'so:(r)s] *(n)* zdroj, zásoba; záloha, zajištění

resources [ri'so:(r)siz] *(pl)* **1** zdroje; **natural** ~ přírodní zdroje; **conservation of natural** ~ ochrana přírodních zdrojů; **conserve natural** ~ chránit přírodní zdroje **2** finanční prostředky, fondy; **apportionment of public** ~ rozdělování veřejných zdrojů

respect [ri'spekt] *(n)* **1** úcta, respekt; **decent** ~ **to the opinions of mankind** opravdová úcta k zásadám lidstva; **promote** ~ **for human rights and fundamental freedoms** podporovat úctu k lidským právům a základním svobodám **2** ohled, hledisko; **in** ~ **of st.** ohledně čeho; **in other** ~**s** v jiných ohledech; **with** ~

**to st.** s ohledem na co, vzhledem k čemu; **treat with** ~ zacházet / jednat s respektem
**respect** [ri'spekt] *(v)* st. respektovat co; ~ **principles** respektovat zásady
**respective** [ri'spektiv] *(adj)* 1 příslušný, vlastní; řádný; ~ **copyright notice** řádná autorská doložka 2 jdoucí v pořadí
**respectively** [ri'spektivli] *(adv)* v tomto pořadí; samostatně od každého zvlášť; **draw their financial support from the trade unions and industry** ~ získávat finanční podporu zvlášť od odborů a zvlášť od průmyslových podniků
**respite** ['respait, *am.* 'respit] *(n)* odklad, odročení; odklad popravy; ~ **of appeal** odklad odvolání
**respond** [ri'spond, *am.* -'spand] *(v) to* st. odpovědět, odpovídat na co
**respondeat superior** [ri¡spondiətsə'pi:əriə(r)] *(lat)* „nechť odpovídá vyšší" pravidlo, že za jednání podřízeného je odpovědný jeho nadřízený
**respondent** [ri'spondənt, *am.* -'span-] *(n)* odpůrce v rozvodovém řízení
**responsibility** [ri¡sponsə'biləti, *am.* -¡span-] *(n)* odpovědnost; **collective** ~ kolektivní odpovědnost; **criminal** ~ trestní odpovědnost; **delictual** ~ odpovědnost za delikty; **departmental** ~**ies** ministerské povinnosti; **diminished** ~ snížená odpovědnost / příčetnost; **direct** ~ přímá odpovědnost; **personal** ~ osobní odpovědnost; **primary** ~ **for st.** přímá odpovědnost za co; **State** ~ odpovědnost státu; ~ **of eviction** břemeno zbavení držby břemeno zákonného vypuzení nezákonných držitelů; **allocate** ~ stanovit odpovědnost; **assume direct** ~ převzít přímou odpovědnost; **assure** ~ převzít odpovědnost; **be charged with** ~ **for st.** mít uloženu odpovědnost za co; **confer on the Security Council primary** ~ **for st.** pověřit Radu bezpečnosti přímou odpovědností za co; **decline / disclaim** ~ **for st.** odmítnout odpovědnost; **incur** ~ **towards sb.** vystavit se odpovědnosti vůči komu; **take the** ~ převzít odpovědnost
**responsible** [ri'sponsəbl, *am.* -'span-] *(adj)* odpovědný, zodpovědný; ~ **government** politicky a právně odpovědná vláda; ~ **for st.** odpovědný za co; ~ **to sb.** odpovědný komu; ~ **to the electorate** odpovědný voličům; **make sb.** ~ **for st.** činit koho odpovědným
**responsive** [ri'sponsiv, *am.* -'span-] *(adj)* vníma-

vý, citlivý; odpovídající, reagující; ~ **pleading** odpověď sporné strany
**rest** [rest] *(n)* 1 zbytek, zbývající část 2 odpočinek, klid; **have a** ~ odpočinout si 3 přestávka v řízení
**rest** [rest] *(v)* st. 1 odpočívat 2 skončit obhajobu / obžalobu 3 *(up)on* st. být založen na čem, být odůvodněn čím 4 *with* st./sb. záležet na čem/kom; být v rukou koho
**restatement** [ri:'steitmənt] *(n)* nová formulace; nové prohlášení; **R~ of Law** *am.* novelizace práva / právního systému
**restitute** ['restitʃu:t] *(v)* st. navrátit co majiteli; odškodnit
**restitution** [¡resti'tʃu:šən] *(n)* náhrada, odškodnění; rehabilitace; ~ **of conjugal rights** obnovení manželských práv
**restoration** [¡restə'reišən] *(n)* navrácení; obnovení; opětovné uvedení do funkce
**restore** [ri'sto:(r)] *(v)* st. 1 obnovit, znovu zavést co; ~ **international peace** obnovit mezinárodní mír; ~ **to former position** navrátit co do původního stavu 2 uvést zpět, restituovat co; ~ **to usefulness land left derelict by mining operations** rekultivovat půdu zdevastovanou důlní činností 3 navrátit původnímu majiteli
**restrain** [ri'strein] *(v) (from)* st. 1 bránit (v čem) 2 kontrolovat co, mít pod kontrolou co 3 sb. zavřít, dát koho do vězení
**restraining** [ri'streiniŋ] *(adj)* omezující; bránící; ~ **order** omezující příkaz soudní zákaz styku manželů během rozvodového řízení; ~ **powers** omezující pravomoc
**restraint** [ri'streint] *(n)* 1 omezení; **unlawful** ~ nezákonné omezování svobody; **pay / wage** ~ mzdová regulace; ~ **of marriage** podmínka omezující uzavření manželství; ~ **of trade** omezení svobodného obchodu; ~ **on alienation** omezení zcizení 2 překážka, bránění 3 držení, zadržení; vazba 4 embargo ♦ **be under** ~ být zbaven svéprávnosti; **under** ~ pod exekucí
**restrict** [ri'strikt] *(v)* st. omezit co
**restricted** [ri'striktid] *(adj)* omezený; ~ **data** údaje omezeno pro služební potřebu; ~ **surplus** omezený zisk; ~ **treaty** *(MP)* uzavřená smlouva
**restriction** [ri'strikšən] *(n)* omezení, restrikce; **quantitative** ~**s** kvantitativní omezení; **rent** ~ regulace nájemného; **reporting** ~**s** ome-

zení zveřejňování informací o případu; ~ of
lending activities omezení úvěrových aktivit;
~ imposed by the statute omezení stanovená
zákonem
restrictive [ri'striktiv] (adj) omezující, ome-
zovací; ~ covenant omezovací ustanovení
smlouvy; ~ indorsement restriktivní indoso-
vání omezující převoditelnost; ~ practices court
zvláštní soud ve věcech kartelových; ~ speed
omezená rychlost
result [ri'zalt] (n) výsledek, následek, důsledek;
as a ~ of st. jako důsledek čeho; whether the
~ is intended or produced by negligence
zda následek je úmyslný n. způsobený nedba-
lostí
result (v) from [ri'zalt‚frəm] st. vyplývat z čeho
result (v) in [ri'zalt‚in] st. mít za následek co
resulting [ri'zaltin] (adj) from st. vyplývající
z čeho; ~ powers odvozené pravomoci vyplýva-
jící z jiných pravomocí; ~ trust právní domněnka
zřízení svěřenství; odvozené svěřenství
resume [ri'zju:m] (v) st. 1 pokračovat v čem;
proceedings ~ proces pokračuje po přerušení
2 znovu zaujmout co; opět nabýt čeho
resummons [ri:'samənz] (n) druhé předvolání
k soudu, nová soudní obsílka
resumption [ri'zampšən] (n) 1 opětovné zahá-
jení po přerušení 2 opětovné nabytí / získání
resurrender [ri'sarendə(r)] (n) opětovné odstou-
pení od pozemku
retail ['ri:teil] (n) maloobchod, obchod v drob-
ném
retail ['ri:teil] (adj) maloobchodní, týkající se
obchodování v malém; ~ book krámská kni-
ha; ~ business obchodování v malém; ~ deal-
er obchodník v drobném, maloobchodník;
~ price maloobchodní cena
retailer ['ri:teilə(r)] (n) maloobchodník
retain [ri'tein] (v) st./sb. 1 udržet, pone-
chat si co; ~ office ponechat si / podržet
si úřad / funkci; ~ a punishment zacho-
vat / ponechat trest; ~ed earnings zadrže-
né příjmy; retaining lien zádržné břemeno
2 mít právního zástupce; retaining fee záloha
palmáre
retainer [ri'teinə(r)] (n) 1 záloha palmáre
2 zadržení čeho; right of ~ retenční / zadr-
žovací právo 3 požádání o pomoc právního
zástupce
retaliation [ri‚tæli'eišən] (n) odplata, represe,
protiopatření

retaliatory [ri'tæliətəri] (adj) odvetný; ~ evic-
tion odvetné zabavení; ~ law zákonné proti-
opatření proti cizím společnostem
retention [ri'tenšən] (n) 1 zadržení vě-
ci; retenční právo 2 zachování, podrže-
ní; favour the ~ být pro zachování čeho
3 pojišt. spluúčast; vlastní vrub
retire [ri'taiə(r)] (v) 1 odejít do starobního důcho-
du 2 odebrat se, odejít; ~ for deliberation
odebrat se k poradě ♦ retiring member
odstupující člen
retirement [ri'taiə(r)mənt] (n) 1 odchod do
starobního důchodu; disability ~ odchod do
invalidního důchodu; ~ age věková hrani-
ce pro odchod do starobního důchodu, dů-
chodový věk; ~ pension starobní důchod
2 odebrání se poroty k poradě o verdiktu
3 stažení, zrušení; ~ of securities stažení
cenných papírů z oběhu
retortion (am. retorsion) [ri'to:(r)šən] (n) retor-
ze, protiopatření, odplata, odvetné opatření
retract [ri'trækt] (v) st. 1 vzít zpět, odvolat co
2 revokovat, zrušit co 3 from st. odstoupit od
čeho
retraction [ri'trækšən] (n) odvolání, zpětvzetí
retreat [ri'tri:t] (n) 1 ústup; couvnutí 2 úkryt
♦ ~ to the wall zvláštní případ oprávněné
sebeobrany
retrenchment [ri'trenčmənt] (n) snížení / ome-
zení / zkrácení výdajů / nákladů
retrial [ri'traiəl] (n) obnova řízení, nový proces
retribution [‚retri'bju:šən] (n) trest, odplata,
odveta
retroact [‚retrəu'ækt] (v) zpětně působit, reago-
vat
retroaction [‚retrəu'ækšən], retroactivity
[‚retrəuæk'tivəti] (n) zpětná působnost / účin-
nost, retroaktivita
retroactive [‚retrəu'æktiv] (adj) retroaktivní,
zpětně účinný; ~ effect zpětná účinnost; ~ law
retroaktivní / zpětně působící zákon; ~ insur-
ance pojištění se zpětnou platností; they re-
ceived a pay rise ~ to last January obdrželi
zvýšení platu se zpětnou účinností od ledna
retrocede [‚retrəu'si:d] (v) st. odstoupit co pů-
vodnímu majiteli, navrátit, znovu postoupit co
retrocession [‚retrəu'sešən] (n) retrocese, opět-
né postoupení, navrácení; zpětný postup
retrospective [‚retrəu'spektiv] (adj) 1 zaměřený
do minulosti 2 zpětně účinný, retroaktivní;
~ law retroaktivní / zpětně působící zákon

**retry** [riːˈtraɪ] *(v)* st. znovu projednat co soudně, vést nové trestní řízení; ~ **the case** znovu případ / věc soudně projednat
**return** [riˈtəː(r)n] *(n)* 1 návrat, vrácení; ~ **commission** vratka provize; ~ **premium** vrácené pojistné, vratka 2 přiznání; zpráva; **tax** ~ daňové přiznání; **VAT** ~ přiznání DPH 3 oplátka, odměna; **in** ~ **for st.** za co, na oplátku čeho 4 *on* st. příjem, výnos; ~ **on capital employed** výnos vloženého kapitálu; ~ **on equity** čistý příjem z majetku, kapitálová návratnost; ~ **on investment** roční výnos z investic, investiční návratnost 5 zpráva o volebních výsledcích; ~ **day** termín pro kontrolu volebních výsledků 6 zvolení poslancem parlamentu
**return** [riˈtəː(r)n] *(v)* sb./st. 1 zvolit koho; ~ **a member to the House of Commons** *brit.* zvolit poslance do Dolní sněmovny; **returning officer** volební komisař 2 vyhlásit co; ~ **a verdict of guilty** vyhlásit výrok o vině; ~ **a verdict of not-guilty** vyhlásit výrok o nevině / zprošťující výrok 3 vrátit co 4 přiznat daně
**reunification** [riːˌjunifiˈkeɪʃən] *(n)* znovusjednocení, opětovné sjednocení
**reunion** [riːˈjuːnjən] *(n)* sraz, schůzka, setkání
**revaluation** [riˌvæljuˈeɪʃən] *(n)* nové ocenění, přehodnocení
**reveal** [riˈviːl] *(v)* st. odhalit, odkrýt, prozradit co; ~ **a secret** prozradit tajemství
**revelation** [ˌrevəˈleɪʃən] *(n)* 1 odhalení, odkrytí; **press** ~ odhalení tiskem 2 prozrazení
**revendication** [riˌvendiˈkeɪʃən] *(n)* žaloba na vydání věci
**revenge** [riˈvendʒ] *(n)* msta, pomsta; odplata
**revenge** [riˈvendʒ] *(v)* sb./st. pomstít koho/co
**revenue** [ˈrevənjuː] *(n)* příjem, důchod; výnos; **customs** ~ výnos cel; **federal** ~ příjmy z federálních daní; **Inland R~** *brit.* daňový úřad; **Internal R~ Code** *am.* Zákon o důchodech příjmech a dani; **Internal R~ Service** *am.* daňový úřad; fiskus; **public** ~ veřejný důchod / příjem; ~ **account** účet ztráty a zisku; ~ **act** daňový zákon; ~ **officer** celní n. finanční úředník; ~ **ruling** rozhodnutí daňového úřadu; ~ **stamp** *přibl.* kolek; ~ **tariff** finanční celní sazebník
**reversal** [riˈvəː(r)səl] *(n)* zvrat; zrušení, změna rozhodnutí
**reverse** [riˈvəː(r)s] *(n)* obrácení, zvrat, opak

**reverse** [riˈvəː(r)s] *(v)* st. změnit, zvrátit co; zrušit co
**reversed** [riˈvəː(r)st] *(adj)* obrácený, otočený; negativní; zrušený o rozsudku
**reversion** [riˈvəː(r)ʃən] *(n)* právo návratu do dřívějšího stavu v případě, že po smrti doživotního držitele není určen právní nástupce a nemovitost se vrací původnímu majiteli; **estate in** ~ navrácení majetku původnímu majiteli
**reversionary** [riˈvəː(r)ʃnəri] *(adj)* týkající se budoucího práva; ~ **annuity** důchod na dožití; ~ **interest** právo návratu k právnímu titulu; ~ **heir** substituční / následný dědic; ~ **interest** právo návratu v případě, že po smrti doživotního držitele není určen právní nástupce se vrací původnímu majiteli; ~ **lease** uzavření nájemní smlouvy, jež začne platit v budoucnu; ~ **right** právo dědice autorských práv po smrti autora
**reversioner** [riˈvəː(r)ʃənə(r)] *(n)* čekatel; substituční dědic
**revert** [riˈvəː(r)t] *(v)* *to* st./sb. opět připadnout komu, přejít zpět na co/koho
**reverter** [riˈvəː(r)tə(r)] *(n)* zpětný nápad, návrat do dřívějšího stavu
**review** [riˈvjuː] *(n)* 1 přezkoumání, přezkum, revize; **judicial** ~ soudní přezkoumání / přezkum; **rent** ~ úprava nájemného; **bill of** ~ *(PEq)* žaloba o přezkoumání rozhodnutí; **court of** ~ odvolací soud; **be subject to** ~ podléhat přezkoumání; **be under** ~ být zkoumán 2 prominutí zbytku trestu
**review** [riˈvjuː] *(v)* st. přezkoumat, kontrolovat, revidovat co
**revise** [riˈvaɪz] *(v)* st. přezkoumat, revidovat co; opravit co; ~ **the convention** revidovat konvenci
**revision** [riˈviʒən] *(n)* 1 přezkoumání, revidování; ~ **of statutes** přepracované / novelizované zákony 2 přezkoušení, opakování
**revisory** [riˈvaɪzəri] *(adj)* 1 opravný; ~ **power** opravná pravomoc 2 kontrolní, revizní; ~ **function** kontrolní funkce
**revival** [riˈvaɪvəl] *(n)* 1 obnovení, oživení; ~ **of action** obnovení žaloby 2 opětovné vstoupení v platnost, restituce; ~ **of statutes** zákony o obnovení platnosti
**revocable** [ˈrevəkəbl] *(adj)* odvolatelný, zrušitelný; ~ **credit** odvolatelný úvěr; ~ **letter of credit** zrušitelný akreditiv; ~ **transfer** odvolatelný převod; ~ **trust** zrušitelné svěřenectví
**revocation** [ˌrevəˈkeɪʃən] *(n)* revokace, zrušení,

odvolání; ~ of probate soudní zrušení dědictví ze závěti; ~ of will zrušení závěti odkazcem
revoke [ri'vəuk] (v) st. 1 vzít zpět, odvolat, zrušit co; ~ the law revokovat / zrušit zákon; until ~d až do odvolání 2 zříci se čeho
revolving [ri'volviŋ, am. -'valv-] (adj) revolvingový, obnovující se, tj. stále se spotřebovávající a obnovující, doplňující; ~ credit revolvingový úvěr; ~ letter of credit obnovující se akreditiv
revulsion [ri'valšən] (n) 1 from st. distancovat se od čeho 2 of st. from st. rychlé, náhlé stažení čeho odkud
reward [ri'wɔ:(r)d] (n) 1 finanční odměna, náhrada; mzda, výdělek 2 užitek, prospěch
rhetoric ['retərik] (n) řečnictví, rétorika
RICO ['raikəu, ˌa:rai'si:əu] (abbrev) Racketeer Influenced and Corrupt Organizations am. Vyděračské a podvodné organizace; R~ laws zákony pro boj s organizovaným zločinem
rid /ridded / rid, rid / ridded/ [rid, ridid, rid] /dd/ (v) st. of st. zbavit co čeho, vyčistit co od čeho; get / be ~ of st./sb. zbavit se čeho/koho
rider ['raidə(r)] (n) 1 dodatek, příloha; výhrada, doplněk zákona 2 změna ustanovení pojistky, pojistný dodatek, doplňovací pojistné podmínky; připojištění
rifle ['raifl] (n) puška, ručnice
rifle-shot ['raifl̩ˌšot, am. -ˌšat] (n) výstřel z pušky
rig [rig] (n) podvod, trik; švindl
rig [rig] /gg/ (v) st. podvodně zmanipulovat, ovládnout machinacemi co; ~ the stock market provádět burzovní machinace
right [rait] (n) právo, nárok, oprávnění; civil ~s občanská práva; corporate ~s práva právnické osoby; entrenched ~s pevně zakotvená práva; essential ~s základní práva; ex ~s brit. jsoucí bez předkupního práva na novou emisi akcií; exclusive ~ výlučné právo; grazing ~ právo pást dobytek; human ~s lidská práva; individual ~s osobní práva; legal ~s zákonná práva; marital ~s manželská práva; pension ~ nárok na důchod; prerogative ~ právo na absolutní moc; prescriptive ~ právo vzniklé vydržením; remaining ~s zbytková práva; unalienable ~s nezcizitelná práva; woman's ~s ženská práva; ~ acquired nabytá práva; ~ in property majetková práva; Bill of R~s am. Listina práv prvních deset dodatků k Ústavě; guardian of the ~s strážce práv; a ~s issue brit. předkupní právo stávajících akcionářů

na novou emisi akcií; ~ in action předmět právního sporu; ~ in rem 1 věcné právo 2 absolutní právo; ~ of action žalobní právo; ~ of appeal právo odvolat se; ~ of assembly právo shromažďovací; ~ of asylum právo azylu; ~ of audience právo na slyšení u soudu; ~ of conscience svoboda svědomí; ~ of defence právo na obranu; ~ of disposal dispoziční právo; ~ of eminent domain právo státu vyvlastňovat ve veřejném zájmu; ~ of entry právo ujmout se držby pozemku; ~ of first refusal předkupní právo; ~ of initiative právo iniciativy; ~ of lieu zadržovací právo; ~ of passage právo průchodu / průjezdu; ~ of possession právo držby; ~ of preference právo přednosti pro některé věřitele; ~ of priority právo přednosti; ~ of privacy právo na soukromí; ~ of redemption právo umoření; ~ of survivorship právo přeživšího na podíl zemřelého společníka; ~ of trial by jury právo na proces s porotou; ~ of way právo cesty průchodu, průjezdu, služebnost; ~ to be elected právo být volen; ~ to education právo na vzdělání; ~ to elect právo volit; ~ to exemption právo na zproštění; ~ to a fair trial právo na spravedlivý proces; ~ to fly flag právo na vlajku; ~ to life právo na život; ~ to maintenance in old age právo na zabezpečení ve stáří; ~ to rest and leisure právo na odpočinek; ~ to settlement pojišť. právo na plnění; ~ to social insurance právo na sociální zabezpečení; ~ to the last speech právo posledního slova u soudu; ~ to travel právo cestovat; ~ to work právo na práci; extinction of a ~ zánik práva; of ~ po právu, právem; affect the ~s in property ovlivnit majetková práva; consider legal ~s and duties vzít v úvahu zákonná práva a povinnosti; create ~s in property založit majetková práva; exercise ~ uplatňovat právo; infringe the ~s porušit práva; safeguard the ~s zajistit práva; secure the ~s zabezpečit práva; undertake the ~s and duties vzít na sebe práva a povinnosti
right [rait] (adj) pravý; správný, vhodný
right [rait] (v) o.s. pomoci si k právu
rightful ['raitful] (adj) oprávněný, zákonný, správný podle práva; ~ claimant zákonný žalobce; ~ owner zákonný vlastník
right-holder ['raithəuldə(r)] (n) nositel práva u nehmotných statků; držitel práva

**rightly** ['raitli] *(adv)* plným právem, po právu

**rigid** ['ridžid] *(adj)* ztrnulý, ztuhlý; přísný, nekompromisní; ~ **adherence to st.** přísné lpění na čem, dodržování čeho

**rigor mortis** [ˌraigə(r)'mo:(r)tis] *(lat)* posmrtná ztuhlost, rigor mortis

**riot** ['raiət] *(n)* rvačka, výtržnost; demonstrace s výtržností; **race ~s** rasové nepokoje; **incitement to** ~ podněcování k veřejným nepokojům; **the R~ Act** zákon proti srocování

**riotous** ['raiətəs] *(adj)* výtržnický; ~ **conduct** výtržnictví

**riparian** [rai'peəriən] *(adj)* pobřežní, vztahující se k břehu řeky jako součást vlastněného pozemku; ~ **owner** majitel pobřežního pozemku; ~ **rights** práva majitele pobřežního pozemku

**ripe** [raip] *(adj)* zralý, uzrálý; ~ **for judgment** zralý k soudnímu rozhodnutí

**ripen** ['raipən] *(v)* uzrát, dozrát; ~ **into a contract** vyvinout se ve smlouvu

**rise** [raiz] *(n)* **1** začátek, počátek, objevení se; **give** ~ **to st.** dát vzniknout, dát podnět k čemu **2** vzestup, zvýšení platu, cen; **ask for a** ~ žádat o zvýšení platu;

**rise** */rose, risen/* ['raiz, rəuz, rizən] *(v)* **1** vstát **2** zvedat se, vystupovat **3** přerušit zasedání parlamentu; **rising of court** přerušení zasedání soudu

**risk** [risk] *(n)* **1** riziko, nebezpečí; ~ **capital** riziková investice **2** pojistná, sociální událost; **insured ~s** pojistná rizika; **benefits for long-term** ~ dávky při dlouhodobé sociální události; ~ **assessment** ocenění rizika; ~ **factor** tarifní proměnná; ~ **premium** rizikové pojistné; ~ **process** průběh rizika

**risk** [risk] *(v)* st. riskovat co; odvážit se čeho

**risk-money** ['riskˌmani] *(n)* ztratné pokladníka; kauce

**ritual** ['ritjuəl], *am.* 'ričuəl] *(n)* obřad, rituál

**rival** ['raivəl] *(n)* protivník, konkurent; ~ **candidates** soupeřící kandidáti

**road** [rəud] *(n)* cesta, silnice; **public** ~ veřejná cesta; **laws of the** ~ pravidla silničního provozu; ~ **agent** silniční lupič; ~ **districts** správa silnic; ~ **traffic accident** dopravní nehoda

**road-toll** ['rəudtəul] *(n)* mýtné, mýto

**roadworthiness** ['rəudˌwə:(r)ðinis] *(n)* schopnost jízdy, způsobilost k jízdě

**roadworthy** ['rəudˌwə:(r)ði] *(adj)* způsobilý jízdy / k jízdě

**rob** [rob, *am.* rab] */bb/ (v)* sb./st. oloupit, okrást koho, vyloupit co; spáchat loupež

**robber** ['robə(r), *am.* 'rab-] *(n)* loupežník, zloděj, lupič

**robbery** ['robəri, *am.* 'rab-] *(n)* loupež; **aggravated** ~ nebezpečná ozbrojená loupež s přitěžujícími okolnostmi; **armed** ~ ozbrojená loupež; **highway** ~ silniční loupež; ~ **under arms** ozbrojená loupež

**Robert's Rules of Order** ['robə(r)tsˌru:lzəv 'o:(r)də(r)] pravidla vedení a řízení jakéhokoliv zasedání s rozhodovací pravomocí sdružení, členské schůze, politické strany n. parlamentu, pův. USA, nyní rozšířené do celého anglicky mluvícího světa

**roguery** ['rəugəri] *(n)* gaunerství, lotrovství, ničemnost

**role** [rəul] *(n)* role, postavení, funkce; **in her constitutional** ~ ve své zákonodárné funkci

**roll** [rəul] *(n)* **1** svitek papíru **2** soudní spis, zápis; matrika, archív; **judgment** ~ soudní spis; **tax** ~ daňový seznam; **Master of the R~s** *brit.* státní soudní archivář **3** seznam; **electoral** ~ volební seznam, seznam voličů; ~ **call** hlasování podle jmen

**Roman** ['rəumən] *(adj)* římský; **R~ law** římské právo

**roomer** ['ru:mə(r)] *(n)* pronajímatel

**roorback** ['ru:ə(r)bæk] *(n)* předvolební lež

**root** [ru:t] *(n)* kořen, původ, počátek; ~ **of title** původ právního titulu; ~ **words** slova se stejným základem

**roster** ['rəustə(r)] *(n)* seznam, soupis; přehled

**rotation** [rəu'teišən] *(n)* střídání, rotace; ~ **in office** střídání ve funkci

**round** [raund] *(adj)* kulatý, okrouhlý; ~ **seal** kulatá pečeť; kulaté razítko; ~ **table meeting** schůzka u kulatého stolu

**roundsman** ['raundzmən], *(pl)* -**men** *(n) am.* policista, pochůzkář

**roving** ['rəuviŋ] *(adj)* mající zvláštní poslání; ~ **ambassador** vyslanec se zvláštním posláním; ~ **commission** zplnomocnění / pověření pro neohraničenou oblast

**rowdy** ['raudi] *(n)* výtržník, chuligán, pouliční násilník

**royal** ['roiəl] *(adj)* královský; st. **assent** královský souhlas; ~ **prerogative** souhrn královských pravomocí a výsad; **chief** ~ **officer** nejvyšší královský úředník; **give the R~ Assent** udělit královský souhlas

**royalty** ['roiəlti] *(n)* **1** autorský honorář; tantiema **2** patentový poplatek; **inventor's** ~ poplatek z patentu; ~ **free** volný, bez licenčního poplatku
**rubbish** ['rabiš] *(n)* odpadky, odpad; **dump** ~ složit / uskladnit odpadky
**rudiment** ['ru:dimənt] *(n)* základ, zásada; **the** ~**s of law** základy práva
**rudimental** ['ru:dimentl] *(adj)* základní, elementární
**rule** [ru:l] *(n)* **1** pravidlo, norma; předpis, nařízení, zákon; **banking** ~**s** bankovní pravidla; **cardinal** ~ základní pravidlo; **customary** ~ zvykové pravidlo, zvyková norma; **encoded** ~ norma obsažená v zákoníku; **family car / purpose / service** ~ zásada, že vlastník vozidla je odpovědný za škodu způsobenou provozováním vozidla členem rodiny; **fundamental** ~ základní pravidlo; **gag** ~ pravidlo omezující dobu pro rozpravu o návrhu zákona; **general** ~ obecné pravidlo; **genuine** ~ **of law** skutečná právní norma; **golden** ~ zlaté pravidlo v interpretaci zákonů; **literal** ~ pravidlo doslovnosti v interpretaci zákonů; **body of** ~**s** soubor norem / pravidel; **exception to the** ~ výjimka z pravidla; **set of** ~**s** soubor norem / pravidel; ~**s and regulations** *am.* odvozené právní předpisy nižší právní síly, podzákonné předpisy; ~**s governing st.** normy upravující co; ~**s of action** 1 pravidla jednání / konání 2 žalobní pravidla; **R**~ **of Civil Procedure** pravidla občanského řízení, občanský procesní řád; ~**s of common law** pravidla obyčejového práva; ~**s of court** soudní řád; **R**~ **of Criminal Procedure** trestní řád; ~ **of etiquette** společenské pravidlo, pravidlo etikety; ~**s of evidence** pravidla dokazování / důkazního řízení; ~ **of law** 1 právní norma 2 zákonnost; ~**s of practice** prováděcí předpisy, praktická pravidla; ~**s of precedent** precedenční normy; **apply the** ~**s of evidence** aplikovat / užívat pravidla dokazování; **begin direct** ~ zahájit přímé řízení; **break a** ~ porušit pravidlo; **make** ~**s** tvořit pravidla / předpisy; **as a** ~ zpravidla; **under the** ~ **of law** na základě zákona **2** vláda; **direct** ~ přímá vláda; **Margaret Thatcher's iron** ~ železná vláda M. Thatcherové; **under his** ~ za jeho vlády **3** jednací řád; ~**s of procedure** procesní řád
**rule** [ru:l] *(v)* **1** rozhodovat, nařídit; **the judge** ~**d that...** soudce rozhodl, že... **2** vládnout; **the Queen reigns but does not** ~ královna kraluje, ale nevládne
**ruler** ['ru:lə(r)] *(n)* **1** vládce, vladař **2** řídící princip
**ruling** ['ru:liŋ] *(n)* soudní rozhodnutí, nález, nařízení, výnos; **preliminary** ~ předběžné opatření; **follow a** ~ **in the future** řídit se v budoucnu soudním rozhodnutím; **give** ~ vydat soudní rozhodnutí
**run** /ran, run/ [ran, ræn, ran] /nn/ *(v)* st. **1** řídit, vést co; ~ **a campaign** vést kampaň **2** trvat; **the lease** ~**s for twenty years** nájemní smlouva je na dobu dvaceti let **3** mít platnost na určitém území; **writ** ~**s throughout the county** příkaz platí pro celé hrabství
**run** /ran, run/ /nn/ *(v)* **against** [,ranə'geinst, ,rænə'-] sb. kandidovat proti komu
**run** /ran, run/ /nn/ *(v)* **for** ['ran,fo(r), 'ræn,-] st. kandidovat; ~ **for presidency** kandidovat v prezidentských volbách
**runaway** ['ranəwei] *(n)* **1** uprchlík **2** dezertér
**running** ['raniŋ] *(adj)* **1** běžný; provozní; ~ **account** běžný účet; ~ **conditions** provozní podmínky; ~ **policy** trvalé pojištění
**rural** ['ruərəl] *(adj)* venkovský, vesnický; ~ **areas** venkovské oblasti; ~ **district** okres
**ruse** [ru:z] *(n)* lest, úskok; ~ **of war** válečná lest
**rustler** ['raslə(r)] *(n)* zloděj dobytka
**rustling** ['rasliŋ] *(n)* trestný čin krádeže dobytka

# S

**s.** [es] *(abbrev)* **1** *section* paragraf; oddíl, část **2** *see* viz **3** *statute* zákon
**sabotage** ['sæbəta:ž] *(n)* sabotáž
**sabotage** ['sæbəta:ž] *(v)* st. **1** sabotovat co **2** provádět sabotáž proti čemu
**sac** [sæk] *(n)* soudní pravomoc statkáře
**sack** [sæk] *(n)* pytel, vak ♦ **get the ~** *col.* být vyhozen ze zaměstnání, dostat vyhazov
**sack** [sæk] *(v)* sb. *col.* vyhodit koho ze zaměstnání
**sacking** ['sækiŋ] *(n)* col. propuštění, vyhození z práce, vyhazov
**sacramentum** [ˌsækrə'mentəm] *(lat)* přísaha
**sacrifice** ['sækrifais] *(n)* oběť; ztráta
**sacrilege** ['sækrilidž] *(n)* svatokrádež
**sadism** ['sædizəm] *(n)* sadismus
**sadist** ['sædist] *(n)* sadista
**sadistic** ['sædistik] *(adj)* sadistický; zvrhlý
**safe** [seif] *(n)* trezor, sejf, bezpečnostní schránka
**safe** [seif] *(adj)* **1** bezpečný, jistý; ~ **investment** jisté / bezpečné investice; ~ **limit of speed** nejvyšší bezpečná rychlost; ~ **load** bezpečné zatížení; ~ **margin** tolerance, rozpětí; ~ **place to work** bezpečné pracoviště; ~ **seat** jisté křeslo v parlamentu získané výraznou většinou **2** bezpečnostní; ~ **deposit** bezpečnostní schránka
**safebreaker** ['seifˌbreikə(r)] *(n)* kasař
**safeguard** ['seifˌga:(r)d] *(n)* **1** garance, záruka **2** ochrana; ~ **against illegal traders** ochrana proti nezákonnému obchodu
**safeguard** ['seifˌga:(r)d] *(v)* st. zajistit, zabezpečit co; chránit co; ~ **interests** chránit zájmy; ~ **the rights** zajistit práva
**safety** ['seifti] *(n)* **1** bezpečnost, bezpečí; **fire** ~ požární bezpečnost; ~ **appliance / device / equipment / installations** bezpečnostní zařízení; ~ **code** bezpečnostní pravidla; ~ **lock** bezpečnostní zámek; ~ **margin** bezpečnostní marže; bezpečnostní rozpětí; ~ **measures / precautions** bezpečnostní opatření; ~ **regulations** bezpečnostní předpisy; ~ **at work** bezpečnost při práci; ~ **of the employees** bezpečnost zaměstnanců; **effect their** ~ zajistit jejich bezpečí **2** spolehlivost
**sag** [sæg] *(n)* pokles cen
**salability** [ˌseilə'biləti] *(n)* prodejnost

**salable** ['seiləbl] *(adj)* prodejný, schopný odbytu; ~ **value** přiměřená prodejní hodnota
**salacity** [sə'læsəti] *(n)* oplzlost, lascívnost, obscénnost
**salaried** ['sælərid] *(adj)* honorovaný, pobírající plat; ~ **life peer** doživotní peer pobírající plat
**salary** ['sæləri] *(n)* plat; odměna za služby
**salary** ['sæləri] *(v)* sb. dávat komu plat, honorovat koho
**sale** [seil] *(n)* **1** prodej; **anticipated** ~ očekávaný prodej; **bulk** ~ prodej ve velkém; **cash** ~ prodej za hotové / proti platbě; **conditional** ~ podmíněný prodej; **consignment** ~ komisionářský prodej; **credit** ~ prodej na úvěr; **execution** ~ exekuční prodej; **fictitious** ~ prodej na oko; **forced** ~ nucený prodej; **fraudulent** ~ podvodný prodej; **installment** ~ am. prodej na splátky; **judicial** ~ soudní prodej, dražba; **public** ~ veřejný prodej v dražbě, na inzerát; **tax** ~ prodej nemovitostí jako úhrada nezaplacených daní; **bill of** ~ kupní smlouva; **conditions / terms of** ~ prodejní podmínky; **contract of** ~ kupní smlouva, smlouva o prodeji; **deed of** ~ kupní smlouva týkající se nemovitosti; ~ **and leaseback** prodej a zpětný pronájem; ~ **by auction** dražba, prodej v dražbě; ~ **by commission** **1** komisionářský prodej, prodej za provizi **2** prodej věci z příkazu vlastníka; ~ **by sample** prodej podle vzorků; ~ **on credit** prodej na úvěr, prodej na půjčku; ~ **of goods** **1** obchodní kupní smlouva **2** prodej zboží **2** výprodej, odprodej za nižší cenu
**sales** [seilz] *(pl)* **1** tržba, obrat; odbyt; **gross** ~ hrubý odbyt; **net** ~ čistý odbyt; ~ **department** odbytové oddělení; ~ **invoice** odbytová faktura; ~ **tax** daň z obratu **2** prodej; ~ **agreement / contract** dohoda / smlouva o prodeji zboží, kupní smlouva; ~ **representative** obchodní zástupce **3** výprodej ♦ ~ **commission** zprostředkovatelská provize; ~ **network** síť obchodních zástupců
**salient** ['seiljənt] *(adj)* význačný, hlavní, charakteristický; ~ **feature** charakteristický rys
**salubrious** [sə'lu:briəs] *(adj)* zdravý, zdraví prospěšný; ~ **housing** zdravé bydlení
**salutation** [ˌsælju:'teišən] *(n)* pozdrav, oslovení

salvage ['sælvidž] (n) 1 odměna poskytovaná osobám zachránivším loď n. její náklad v nebezpečí; **equitable** ~ spravedlivá odměna; ~ **charges** poplatek za záchranu; ~ **claim** nárok na odměnu při záchraně; ~ **expenses** náklady na záchranu; ~ **operation** záchranná operace; ~ **value** zachráněná hodnota; ~ **vessel** záchranná loď 2 zboží, majetek, jenž zbyl po pojistné události např. požáru; ~ **value** zbytková hodnota; **a sale of flood** ~ **items** prodej věcí zbylých po povodni

salvation [sæl'veišǝn] (n) spása, spasení

salvo ['sælvǝu] (n) výhrada; mentální rezerva

salvor ['sælvǝ(r)] (n) zachránce potápějící se lodi

same [seim] (adj) stejný, totožný, identický; ~ **invention** identický vynález; ~ **offence** stejný trestný čin

sample ['sa:mpl, am. 'sæmpl] (n) vzorek; **blood** ~ krevní vzorek; **random** ~ náhodný vzorek; **urine** ~ vzorek moči; **sale by** ~ prodej podle vzorků, vzorkový prodej; **poll a** ~ **group of voters** dotazovat se vzorku voličů v rámci předvolební kampaně

sample ['sa:mpl, am. 'sæmpl] (v) odebrat vzorek; ~ **the suspect's breath** přibl. nechat podezřelého fouknout do balónku

sanction ['sæŋkšǝn] (n) 1 oficiální, úřední schválení, potvrzení; ratifikace; **with the** ~ **of the committee** se schválením výboru 2 donucovací předpis / prostředek, sankce, postih; **criminal** ~ trestní postih 3 (MP) sankce; **economic** ~s ekonomické sankce; **impose / lift** ~s **on a country** uvalit sankce na zemi

sanction ['sæŋkšǝn] (v) st./sb. 1 schválit, potvrdit, ratifikovat co; ~ **the expenditure** schválit výdaje; ~ed **rights** nezadatelná práva; **be** ~d **by settled practice** být potvrzen ustálenou praxí 2 učinit co závazným n. zákonným, ratifikovat co 3 sankcionovat, uvalit sankce na co/koho

sanctuary ['sæŋktjuǝri, am. -kču:ǝri] (n) útočiště, útulek; azyl

sane [sein] (adj) mentálně zdravý

sanguinary ['sæŋgwinǝri] (adj) krvavý

sanitary ['sænitǝri] (adj) zdravotní, zdravotnický, hygienický; ~ **code** hygienické předpisy, hygienická vyhláška; ~ **facility** sociální zařízení

sanitation [,sæni'teišǝn] (n) hygiena, ozdravování; hygienická zařízení

sanity ['sæniti] (n) duševní zdraví; ~ **hearing** soudní zjišťování mentální způsobilosti v rámci předběžného šetření; ~ **trial** soudní řízení ve věci duševní způsobilosti

sap [sæp] (n) am. obušek, pendrek

satellite ['sætǝlait] (n) družice; **artificial** ~ umělá družice

satisfaction [,sætis'fækšǝn] (n) 1 uspokojení pohledávky; **memorandum of** ~ prohlášení o splacení hypotéky; ~ **of debt** zaplacení dluhu; ~ **of judgment** doklad o výkonu / splnění rozsudku uspokojením pohledávky; ~ **of mortgage** doklad o vyplacení hypotéky; ~ **piece** stvrzenka / potvrzení o vyrovnání; **enter** ~ zapsat zaplacení dluhu 2 zadostiučinění, satisfakce; uspokojení, vyhovění; **contract of** ~ smlouva ke spokojenosti; **show to the** ~ **of the court** dokázat před soudem, tj. prokázat ke spokojenosti soudu

satisfactory [,sætis'fæktǝri] (adj) vyhovující, splňující všechny podmínky, uspokojivý; ~ **evidence** uspokojivý / dostatečný důkaz; ~ **location** vyhovující poloha / umístění

satisfiable ['sætisfaiǝbl] (adj) uspokojitelný; odškodnitelný; odčinitelný

satisfy ['sætisfai] (v) sb./st. 1 uspokojit koho/co, vyhovět komu/čemu; splnit co; ~ **conditions** splnit podmínky; ~ **judgment** splnit povinnost uloženou rozsudkem; ~ **a jury** přesvědčit porotu; ~ **term** splnit před vypršením lhůty 2 **be satisfied that** o soudu dojít odůvodněně k závěru, mít za prokázané; být přesvědčen; **the court is** ~**ied that the company is unable to pay its debts** soud má za prokázané, že společnost není schopna platit své dluhy

savage ['sævidž] (n) hrubián, surovec

savage ['sævidž] (adj) divoký; surový, krutý; ~ **revenge** brutální pomsta

save [seiv] (v) 1 sb./st. from st. (za)chránit koho/co před čím 2 zachovat, uchovat, zachránit co 3 šetřit, spořit

save [seiv] (con) ledaže, pokud ne, jestli ne; ~ **by way of an assignment of st.** leda postoupením / cestou postoupení čeho

save [seiv] (prep) kromě, vyjma, mimo, s výjimkou, s výhradou; ~ **the following exceptions** s výhradou následujících výjimek; ~ **to the extent that such VAT is recoverable by the landlord** s výjimkou případů, kdy DPH hradí vlastník / pronajímatel

saving ['seiviŋ] (adj) 1 šetřící, spořící; **daylight**

~ **time** letní čas   **2** spořitelní; ~ **account**
spořitelní účet   **3** obsahující výhradu / vý-
minku; ~ **clause** zákonná výjimka, výjimka z
obecného ustanovení zákona
**savings** ['seiviŋz] *(pl)* úspory, spoření; ~ **ac-
count** spořitelní účet; ~ **bank** spořitelna; ~
**bond** ukládací cenný papír; ~ **notes** krátkodobé
depozitní certifikáty, spořitelní směnky
**saw** */sawed, sawn / sawed/ (v)* **off** [səu'of, səud,
səun] st. odříznout pilou, upilovat; **sawed-off
shot gun** puška s upilovanou / krátkou hlavní
**say about** [ˌseiə'baut] *(adv) am.* víceméně, při-
bližně
**S.C.** [es'si:] *(abbrev) same case / cause* tentýž
případ zkratka vložená mezi dva odkazy
**sc.** ['sæiliset] *(lat. abbrev) scilicet* to jest
**scab** [skæb] *(n)* pracovník nečlen odborů dostáva-
jící nižší mzdu než stanovily odbory; stávkokaz
neúčastnící se stávky, kterou vyhlásily odbory
**scaffold** ['skæfəld] *(n)* popravní lešení; poprava
**scaffolding** ['skæfəldiŋ] *(n)* stavební lešení
**scale** [skeil] *(n)*   **1** měřítko, rozsah; **on a
large** ~ ve velkém měřítku   **2** stupnice, tarif;
~ **of charges** sazebník poplatků; ~ **of salaries**
mzdový tarif; ~ **or rate of remuneration**
stupnice nebo sazba pro odměňování; ~ **order**
odstupňovaná objednávka
**scalper** ['skælpə(r)] *(n) am.* spekulant na burze
cenných papírů
**scan** [skæn] */nn/ (v)* st. projít, prozkoumat co;
~ **the whole text for other words you want
to remember** projděte celý text a hledejte
další slova, která si potřebujete zapamatovat
**scanning** ['skæniŋ] *(n)* zběžné pročtení textu
**scandal** ['skændl] *(n)* skandál; pomluva; pohor-
šení
**scandalous** ['skændələs] *(adj)* pohoršující;
skandální; ~ **treatment** pohoršlivé zacházení
**scarcity** ['skeə(r)səti], **scarceness** ['skeə(r)snis]
*(n)* nedostatek, malé množství; vzácnost; ~
**value of the shares** hodnota omezeně do-
stupných akcií spadajících pod předkupní právo
stávajících akcionářů
**scat** [skæt] *(n) brit.* pozemková daň; poplatek
**scatter** ['skætə(r)] *(v)* st.   **1** rozptýlit co; ~ **build-
ings throughout the countryside** rozptýlit
stavby po krajině   **2** zmařit co
**schedule** ['šedju:l, *am.* 'skedžu:l] *(n)*   **1** dodatek,
dovětek, doložka k listině n. zákonu upřesňující
a vysvětlující hlavní dokument   **2** plán n. program
akcií; **ahead of** ~ dříve, než stanoví program

**3** seznam, soupis; **rate** ~ sazebník; **S~ A** *brit.*
daňový sazebník A týkající se daní z nemovitostí;
**S~ B** *brit.* daňový sazebník B týkající se daně
z lesních porostů; **S~ C** *brit.* daňový sazebník C
týkající se daní ze zisku z vládních akcií; **S~ D** *brit.*
daňový sazebník D týkající se daní z podnikání; **S~
E** *brit.* daňový sazebník E týkající se daní z příjmu
z mezd a důchodů; **S~ F** *brit.* daňový sazebník F
týkající se daní ze zisků z dividend; ~ **of creditors**
seznam věřitelů
**schedule** ['šedju:l, *am.* 'skedžu:l] *(v)* st.   **1** pořídit
seznam / soupis čeho; zahrnout do seznamu /
soupisu   **2** naplánovat co; ~ **a meeting** naplá-
novat schůzku
**scheduled** ['šedju:ld, *am.* 'skedžu:ld] *(adj)* se-
psaný, uvedený v seznamu; plánovaný; ~
**charges** daňové sazby; ~ **injury** v zákoně
uvedený pracovní úraz, za který náleží zákonná
finanční náhrada; ~ **prices** ceny podle sazebníku;
~ **property** majetek sepsaný pro potřeby pojiš-
tění; seznam pojištěného majetku
**scheme** [ski:m] *(n)* soustava, systém; ~ **schéma**;
**benefit** ~ dávkové schéma; **pension** ~ sys-
tém důchodového zabezpečení; ~ **to defraud**
podvodný plán
**scholar** ['skolə, *am.* 'skalər] *(n)* vědec, vzděla-
nec, učenec
**science** ['saiəns] *(n)* věda, nauka; **generaliz-
ing** ~ zobecňující věda; **juridical** ~**s** právní
vědy; **social** ~**s** společenské vědy
**sciendum est** [sai'endəmˌest] *(lat)* je nutné vě-
dět; všimněte si
**scienter** [sai'entə(r)] *(n)* vědomý čin
**scientific** [ˌsaiən'tifik] *(adj)* vědecký, odborný;
přírodovědecký; ~ **field** oblast vědy, vědecká
oblast
**scilicet** ['si:lisət, 'sailiset] *(lat)* to jest
**scold** [skəuld] *(n)* výtržník, grobián, hulvát
**scope** [skəup] *(n)* rámec; rozsah, šíře; ~ **of
authority** rozsah pravomocí / oprávnění; ~ **of
employment** náplň práce; ~ **of obligation**
rozsah povinnosti; **sufficiently general in** ~
dostatečně široké co do rozsahu / možností;
**within the** ~ **of** st. v rámci čeho
**scot** [skot] *(n)* poplatek; daň, dávka
**scrap** [skræp] *(n)* rvačka, pranice; prudká hádka
**scratch** [skræč] *(v)* st. škrtnout kandidáta; ~ **the
ticket** škrtnout kandidáta na volebním lístku
**scratcher** ['skræčə(r)] *(n) am.* padělatel
**scrawl** [skro:l] *(n)* škrábanice, klikyháky, maza-
nice

screen [skri:n] *(n)* přepážka, zástěna, plenta ve volební místnosti

screen [skri:n] *(v)* sb. prověřit koho; (per)lustrovat koho; ~ **candidates** prověřit kandidáty ve volbách

screening ['skri:niŋ] *(n)* prověřování; kontrola; perlustrace, lustrování

scrip [skrip] *(n)* prozatímní stvrzenka při upisování dividend; ~ **dividend** stvrzenka na dividendu

script [skript] *(n)* originál

scrivener ['skrivənə(r)] *(n)* písař, sepisovatel právních listin; notář

scroll [skrəul] *(n)* 1 svitek, role 2 stuha, pás na listinách 3 pergamen, listina

scrupulous ['skru:pjuləs] *(adj)* svědomitý, úzkostlivý, přepečlivý

scrutator [skru:'teitə(r)] *(n)* kontrolor

scrutineer [ˌskru:ti'niə(r)] *(n)* skrutátor, sčitatel hlasů

scrutinize ['skru:tinaiz] *(v)* st. 1 zkoumat co podrobně 2 sčítat hlasy

scrutiny ['skru:tini] *(n)* 1 kontrola, dohled 2 přezkoumání 3 sčítání hlasů, skrutinium

sea [si:] *(n)* moře; high ~ širé moře; ~-bed mořské dno; ~ law mořské právo

seal [si:l] *(n)* pečeť; úřední razítko; common / company' s / corporate ~ pečet společnosti, firemní pečeť / razítko; customs ~ celní uzávěra; great ~ státní pečeť; Lord Privy S~ *brit.* Lord strážce pečeti; privy ~ tajná pečeť fyzické či právnické osoby; public ~ úřední pečeť, úřední kulaté razítko; ~ of office úřední pečeť / razítko; contract made under ~ smlouva pod pečetí, formální smlouva; ~ verdict písemný výrok poroty opatřený pečetí

seal [si:l] *(v)* st. opatřit pečetí, zapečetit co; ~ a ballot box zapečetit volební urnu

sealed [si:ld] *(adj)* zapečetěný, opatřený pečetí; ~ instrument právní listina opatřená pečetí; ~ verdict zapečetěný výrok; ~ and delivered opatřený pečetí a předaný výraz používaný ke stvrzení smlouvy; ~ tenders / bids zapečetěné nabídky v soutěži, „obálková metoda"

sealing ['si:liŋ] *(n)* zapečetění a tím znepřístupnění, zaplombování; ~ of records zapečetění záznamů v trestním rejstříku

search [sə:(r)č] *(n)* 1 důkladná domovní n. osobní prohlídka; unlawful ~ nezákonná domovní n. osobní prohlídka; voluntary ~ dobrovolná prohlídka; power of ~ permanentní oprávnění k prohlídkám pro celní orgány; ~ incid-

ent to arrest prohlídka jako součást zatčení; ~-warrant příkaz k domovní prohlídce; unreasonable ~es and seizures neoprávněné domovní prohlídky, zadržování osob a konfiskace; ~ of premises ohledání místa 2 šetření; title ~ zkoumání právního titulu; ~s šetření právníka ve věci koupě-prodeje; ~ fee vyhledávací poplatek; perform a trademark ~ provést šetření ochranné známky

search [sə:(r)č] *(v)* st. prohlédnout, prohlížet co; ~ the area for clues prozkoumat okolí s cílem nalézt stopy trestného činu; ~ drivers at the customs post prohlížet / kontrolovat řidiče na celním přejezdu do jiné země; ~ files for a record of the sale prohlédnout materiály s cílem najít záznam o prodeji

seat [si:t] *(n)* 1 poslanecké křeslo, mandát; eligible ~ for sb. křeslo v parlamentu, na které má nárok kdo; marginal ~ křeslo v parlamentu získané těsnou většinou; safe ~ křeslo v parlamentu získané výraznou většinou; overall majority of ~s naprostá většina křesel; ~ on the board volné místo v komisi, na něž se kandiduje; win few ~s získat několik křesel 2 sídlo; county ~ *brit., ir.* sídlo hrabství; ~ of the national government sídlo národní vlády 3 členství v akciové n. komoditní burze

seat [si:t] *(v)* nastolit; zvolit za poslance

seaworthiness ['si:ˌwə:(r)ðinis] *(n)* způsobilost lodi k plavbě

seaworthy ['si:ˌwə:(r)ði] *(adj)* způsobilý k námořní plavbě

secede [si'si:d] *(v) from* st. odtrhnout se; vystoupit odkud, ze svazku; the American colonies ~d from Great Britain in 1776 americké kolonie se odtrhly od Velké Británie

secession [si'sešən] *(n)* vystoupení ze svazku, z federace; secese, odtržení, odloučení

seclusion [si'klu:žən] *(n)* izolace, izolování

second ['sekənd] *(adj)* druhý; podružný, druhotný; ~ ballot druhé kolo hlasování; ~ degree crime méně závažný trestný čin; ~ degree murder vražda bez přitěžujících okolností nepřipravená předem; ~ lien druhotné zástavní právo; S~ Reading druhé čtení, tj. druhé (detailní) projednávání návrhu zákona následované rozpravou

second ['sekənd] *(v)* sb./st. podpořit koho/co, jako nezbytná podmínka pro zařazení bodu / návrhu na program schůze / jednání – jedno z pravidel anglo-amerického jednacího řádu Robert's Rule of Order; ~ a candidate podpořit návrh na kandidáta;

**~ a motion** podpořit návrh aby se o něm mohlo diskutovat

**secondarily** [ˈsekəndərili] *(adv)* druhotně, sekundárně

**secondary** [ˈsekəndəri] *(adj)* **1** druhotný, sekundární; **~ beneficiary** sekundární příjemce dávky, druhotný beneficient; **~ distribution** sekundární prodej; **~ easement** sekundární úleva; **~ lender** sekundární půjčovatel skupující hypotéky od bank; **~ liability** sekundární odpovědnost; **~ meaning** druhotný význam **2** vedlejší; **~ evidence** vedlejší důkaz(y); **~ obligation** akcesorický závazek; **~ strike** vedlejší stávka podporující hlavní stávku

**seconder** [ˈsekəndə(r)] *(n)* podporovatel návrhu; **the motion could not be put because the proposer could not find a ~ for it** návrh nemohl být podán, protože navrhující nenašel podporu mezi ostatními účastníky

**second-hand** [ˌsekəndˈhænd] *(adj)* nepřímý, přejatý, z druhé ruky; **~ evidence** nepřímý důkaz

**secrecy** [ˈsiːkrəsi] *(n)* utajení, utajování

**secret** [ˈsiːkrit] *(n)* tajemství; **military ~** vojenské tajemství; **official ~** státní tajemství; **keep a ~** mít / chovat tajemství; **misappropriate the trade ~** zneužít obchodní tajemství

**secret** [ˈsiːkrit] *(adj)* tajný, utajovaný; neveřejný; **~ agent** tajný agent; **~ ballot** tajné hlasování; **~ diplomacy** tajná diplomacie; **~ lien** tajné břemeno; **~ partner** tichý společník; **~ service** tajná služba; **~ session** uzavřené zasedání bez přítomnosti veřejnosti, tisku; **~ treaty** tajná mezinárodní smlouva; **~ vote** tajné hlasování; **keep st. ~ from sb./st.** uchovat co v tajnosti před kým/čím

**secretarial** [ˌsekrəˈteəriəl] *(adj)* sekretářský, administrativní; **allowance for ~ and office expenses** příspěvek na administrativní výdaje

**secretariat** [ˌsekrəˈteəriət] *(n)* sekretariát; **the S~** *(OSN)* Sekretariát

**secretary** [ˈsekrətəri] *(n)* **1** tajemník, sekretář státní služba, nikoliv vládní funkce; **Cabinet S~** tajemník Kabinetu; **honorary ~** jednatel občanského sdružení; **Permanent S~** stálý vrchní ministerský státní tajemník; **S~ General of the UN** generální tajemník OSN; **S~ of Embassy** tajemník velvyslanectví **2** ministr; **S~ of the Interior** *am.* ministr vnitra; **S~ of State 1** *am.* ministr zahraničí **2** *brit.* ministr důležitého ministerstva např. obrany, zahraničí; člen Kabinetu; **S~ of State for**

**Foreign and Commonwealth Affairs** *brit.* ministr zahraničí; **S~ of State for Social Services** *brit.* ministr sociálních věcí; **S~ of Treasury** *am.* ministr financí

**sectarian** [sekˈteəriən] *(adj)* sektářský

**section** [ˈsekšən] *(n)* **1** díl, část ♦ **S~ of land** *am.* jedna čtvereční míle územní členění **2** článek, paragraf; odstavec; oddíl **3** oddělení, odbor; **legal ~** právní oddělení; **passport ~** konzulární pasové oddělení

**sector** [ˈsektə(r)] *(n)* sektor, oblast podnikání; **public ~** veřejný sektor znárodněná průmyslová odvětví

**secular** [ˈsekjulə(r)] *(adj)* světský, sekulární; **~ business** světské obchody / podnikání; **~ institution** světská instituce; **~ tribunal** světský soud

**secure** [siˈkjuə(r)] *(adj)* **1** bezpečný, jistý; neměnný; **~ borders** zajištěné hranice; **~ investment** bezpečná investice; **~ job** bezpečné zaměstnání; **~ place** bezpečné místo **2** *against* st. jistý, bezpečný před čím, jsoucí bez obav před čím

**secure** [siˈkjuə(r)] *(v)* st. **1** zajistit, zabezpečit co; **~ rights** zajistit práva; **~ the succession** zachovat následnictví **2** jistit, zajistit, zaručit co zástavou, zárukou; **~ a loan** jistit půjčku, ručit za půjčku

**secured** [siˈkjuə(r)d] *(adj)* zajištěný zástavou n. zárukou; **~ bond** zajištěný dluhopis; **~ creditor** zajištěný věřitel mající např. v držení hypotéku za svou pohledávku; **~ debts** zajištěné dluhy; **~ loan** zajištěná půjčka; **~ party** zajištěný účastník; **~ transaction** zajištěná transakce

**securities** [siˈkjuːrətiz] *(pl)* cenné papíry; **consolidated ~** konsolidované cenné papíry dostatečné ke stažení více emisí dluhopisů z oběhu; **convertible ~** převoditelné cenné papíry; **exempt ~** od registrace osvobozené cenné papíry; **gilt-edged / government ~** *brit.* zajištěné cenné papíry; **listed ~** kotované registrované cenné papíry; **~ broker** makléř s cennými papíry; **~ exchange** burza cenných papírů; **~ market** trh cenných papírů; **~ offering** nabídka cenných papírů; **~ trader** obchodník cennými papíry

**security** [siˈkjuːrəti] *(n)* **1** jistota, zabezpečení; **social ~** právo sociálních věcí **2** bezpečnost; **airport ~** letištní bezpečnostní služba; **top ~ prison** vězení s nejvyšší ostrahou; **~ Council** *(OSN)* Rada bezpečnos-

ti; ~ **guard** člen bezpečnostní služby; **endanger international** ~ ohrozit mezinárodní bezpečnost; **maintain international** ~ zachovat mezinárodní bezpečnost; **restore international** ~ obnovit mezinárodní bezpečnost 3 dlužní úpis, obligace, cenný papír; jistina; záruka, zajištění; **assessable** ~ zdanitelný cenný papír; **collateral** ~ vedlejší zajištění zastavení majetku s cílem zajištění půjčky; **counter** ~ protizáruka; **equity** ~ kmenový cenný papír; **exempted** ~ od registrace osvobozený cenný papír; **government / public** ~ státní vládní cenný papír; **junior** ~ podřízený cenný papír; **listed** ~ kotovaný cenný papír; **marketable** ~ obchodovatelný cenný papír; **outstanding** ~ neproplacený cenný papír; **personal** ~ osobní záruka; **redeemable** ~ umořitelný cenný papír; **senior** ~ nadřazený cenný papír; **short-term** ~ krátkodobý depozitní certifikát; **unlisted** ~ neregistrovaný / nekotovaný cenný papír; ~ **by bond** záruka složením hotovosti n. jistiny; ~ **for a debt** zajištění za dluh; ~ **agreement** zajišťovací / zástavní smlouva; ~ **deposit** záruční vklad / úložka; ~ **exchange** burza cenných papírů; ~ **interest** právo ze zajištění, zástavní nárok; **stand** ~ **for sb.** zaručit se za koho
**sedition** [si'dišən] (n) 1 pobuřování, srocování 2 odtržení, secese
**seditious** [si'dišəs] (adj) štvavý, pobuřující, protistátní; ~ **conspiracy** spiknutí s cílem odtržení části území, protistátní spiknutí; ~ **libel** hanobení státu; písemná výzva ke svržení vlády nezákonnou cestou; ~ **speech** slovní výzva ke svržení vlády
**seduce** [si'dju:s] (v) sb. svést, zkazit koho
**seduction** [si'dakšən] (n) svedení (ženy)
**see** /saw, seen/ [si:, so:, si:n] (v) sb./st. 1 vidět koho/co 2 dohlédnout na koho/co
**seek** /sought, sought/ [si:k, so:t] (v) st. 1 usilovat, snažit se o co; ~ **to achieve objectives** usilovat o dosažení cílů 2 požadovat, žádat o co; ~ **affiliation** žádat o členství; ~ **damages for loss of revenue** žádat o náhradu škody za ztrátu zisku; ~ **permission** žádat povolení; ~ **redress** požadovat náhradu / odškodné 3 hledat, pátrat
**seem** [si:m] (v) zdát se, připadat
**segregate** ['segrigət] (adj) oddělený, odloučený; segregovaný
**segregate** ['segrigeit] (v) oddělit, segregovat

**segregation** [,segri'geišən] (n) oddělení, segregace na základě odlišné barvy pleti, národnosti, jiného náboženství atd.
**seisin, seizin** ['si:zin] (n) svobodný statek; právoplatná držba nemovitostí; pozemková držba; uvedení pozemku v držbu; **actual** ~ / ~ **in fact / in deed** skutečná držba; **constructive** ~ fiktivní držba; ~ **in law** právní držba
**seize** [si:z] (v) st./sb. 1 uvést co v držbu 2 vyvlastnit co; zabavit, zkonfiskovat co 3 zadržet, zatknout koho
**seized** [si:zd] (adj) zadržený
**seizor** ['si:zə(r)] (n) konfiskátor
**seizure** ['si:žə(r)] (n) 1 přivlastnění věci; přivlastněná věc; zabavení, konfiskace; obsazení nemovitosti; ~ **of the premises** obsazení budovy / objektu; ~ **of property** zabavení / zadržení majetku; **unreasonable** ~ **of property** bezdůvodné zabavení majetku; **immune from** ~ nezabavitelný 2 zadržení; zatčení; ~ **of person** zatčení osoby, uvalení vazby na osobu; ~ **of the staff** zadržení zaměstnanců; **unreasonable** ~ **of person** bezdůvodné zatčení ♦ **unreasonable searches and** ~**s** neoprávněné / bezdůvodné domovní prohlídky, zadržení osob a konfiskace
**seldom** ['seldəm] (adv) zřídka
**select** [si'lekt, am. sə'-] (adj) vybraný, zvolený; ~ **committee** zvláštní parlamentní výbor vybraný ze zástupců jednotlivých parlamentních stran zkoumající činnost minsterstva; **Defence S**~ **Committee** parlamentní výbor pro obranu
**select** [si'lekt, am. sə'-] (v) st. vybrat, zvolit co
**selection** [si'lekšən, am. sə'-] (n) selekce, výběr
**selective** [si'lektiv, am. sə'-] (adj) 1 výběrový, selektivní 2 konaný podle potřeby; ~ **service** am. vojenská povinnost
**self-administration** [selfəd,mini'streišən] (n) samospráva, autonomie
**self-constituted** [,self'konstitju:tid, am. -'kan-] (adj) samozvaný
**self-contained** [,selfkən'teind] (adj) soběstačný, samostatný
**self-dealing** [,self'di:liŋ] (n) sebezvýhodňování při podnikání
**self-defence** (am. **self-defense**) [,selfdi'fens] (n) sebeobrana
**self-destruction** [,selfdis'trakšən] (n) sebevražda
**self-determination** ['selfdi,tə:(r)mi'neišən] (n) sebeurčení

**self-employment** [ˌselfimˈploimənt] *(n)* samostatná nezávislá výdělečná činnost
**self-evident** [ˌselfˈevidənt] *(adj)* samozřejmý, zcela evidentní, zřejmý sám o sobě
**self-executing** [ˌselfˈeksikjuːtiŋ] *(adj)* automaticky a okamžitě vstupující v platnost
**self-governing** [ˌselfˈgavə(r)niŋ] *(adj)* samosprávný
**self-government** [ˌselfˈgavə(r)nmənt] *(n)* samospráva, autonomie; **local** ~ místní samospráva
**self-help** [ˌselfˈhelp] *(n)* mimosoudní svépomoc
**self-incrimination** [ˈselfˌinkrimiˈneišən] *(n)* sebeobvinění výpověď o skutečnosti, kterou se svědek sám stává podezřelý z trestného činu
**self-insurance** [ˌselfinˈšuərəns] *(n)* samopojištění; zřízení zvláštního fondu podnikem pro případ pojistné události
**self-murder** [ˌselfˈmɔː(r)də(r)] *(n)* sebevražda
**self-mutilation** [ˌselfmjuːtəˈleišən] *(n)* sebezmrzačení
**self-retained** [ˌselfriˈteind] *(adj)* zadržený; ~ **premium** zadržené pojistné
**self-retention** [ˌselfriˈtenšən] *(n)* vlastní vrub
**self-serving** [ˌselfˈsɔː(r)viŋ] *(adj)* sloužící ve vlastní prospěch; ~ **declaration** prohlášení ve vlastní prospěch
**self-slaughter** [ˌselfˈsloːtə(r)] *(n)* sebevražda
**self-sufficient** [ˌselfsəˈfišənt] *(adj)* soběstačný
**sell** */sold, sold/* [sel, səuld] *(v)* st. prodávat co, obchodovat čím; ~ **by hand** prodat z volné ruky
**seller** [ˈselə(r)] *(n)* prodávající, obchodník, prodejce; ~'s **option** opční prodej
**selling** [ˈseliŋ] *(n)* prodej, prodávání; **direct** ~ přímý prodej výroba-zákazník; **mail-order** ~ prodej na dobírku
**selling** [ˈseliŋ] *(adj)* obchodní, prodejní; prodávající; ~ **agent** obchodní zástupce; ~ **price** prodejní cena
**semble** [ˈsembl] *(fr)* zdá se, zdálo by se
**semi-legal** [ˌsemiˈliːgəl] *(adj)* pololegální
**semi-official** [ˌsemiəˈfišəl] *(adj)* polo--oficiální
**senate** [ˈsenit] *(n)* senát; **the S~** am. Senát horní komora Kongresu; **S~ Committee** am. výbor / komise Senátu
**Senator** [ˈsenitə(r)] *(n)* am. senátor, člen Senátu
**senatorial** [ˌsenəˈtoːriəl] *(adj)* senátorský, týkající se senátora
**send** */sent, sent/* [send, sent] *(v)* sb./st. poslat, odeslat, vyslat koho/co; ~ **cash on delivery (C.O.D.)** poslat na dobírku

**sender** [ˈsendə(r)] *(n)* odesílatel
**senior** [ˈsiːnjə(r)] *(adj)* **1** starší; hodností vyšší; ~ **counsel** vrchní právní zástupce; ~ **executive** nadřízený vedoucí; ~ **judge** hodností vyšší vrchní soudce; ~ **management** vrchní vedení podniku; ~ **officials** nejvyšší činitelé; ~ **partner** hlavní partner **2** přednostní; nadřazený; ~ **interest** přednostní nárok; ~ **lien** přednostní retenční právo; ~ **mortgage** přednostní hypotéka; ~ **security** nadřazený cenný papír
**seniority** [ˌsiːniˈorəti] *(n)* služební věk, hodnostní pořadí
**sense** [sens] *(n)* význam, smysl; **error of** ~ smyslový klam; **in a broad** ~ v širokém smyslu
**sensible** [ˈsensibl] *(adj)* **1** rozumný **2** jasný, zřetelný **3** citlivý
**sentence** [ˈsentəns] *(n)* rozsudek o trestu, odsouzení, trest; **appropriate** ~ přiměřený trest; **arbitration** ~ rozhodčí výrok; **concurrent** ~ konkurentní / paralelní trest; **consecutive** ~ konsekventní / konsekutivní trest; **deferred** ~ odložený trest; **definite / determinate** ~ určitý trest; **final** ~ konečný rozsudek; **flat** ~ paušální trest; **interlocutory** ~ prozatímní trest; **life** ~ odnětí svobody na doživotí; **minimum** ~ minimální trest, dolní hranice trestu; **presumptive** ~ předpokládaný trest; **short jail** ~ krátkodobý trest; **suspended** ~ rozsudek stanovující odložení n. dočasné pozastavení výkonu trestu, podmíněné odsouzení; **withheld** ~ upuštění od potrestání; ~ **in absentia** rozsudek vynesený v nepřítomnosti obžalovaného; **execution of the** ~ výkon rozsudku; **merger of** ~s sloučení trestů; **suspension of** ~ 1 odložení výkonu trestu 2 podmíněný trest; **impose** ~s ukládat tresty; **pass a** ~ **on sb.** vynést rozsudek nad kým, vyslovit trest komu; **pronounce** ~ vyhlásit rozsudek; **remit a** ~ změnit uložený trest; **remit for** ~ **to the Crown Court** odeslat k uložení trestu ke Královskému soudu; **serve a** ~ vykonávat trest; **serve a** ~ **of imprisonment** vykonávat trest odnětí svobody; **serve jail / prison** ~ vykonávat trest vězení; **undergo** ~ vykonávat trest
**sentence** [ˈsentəns] *(v)* sb. odsoudit koho, uložit komu trest; ~ **the guilty** odsoudit viníka; ~ **to punishment** odsoudit k trestu
**sentencer** [ˈsentənsə(r)] *(n)* osoba vynášející rozsudek

**sentencing** ['sentənsiŋ] *(n)* vynášení rozsudků; ukládání trestů; trestání; ~ **council** trestní senát; ~ **guidelines** trestní sazby pravidla pro ukládání trestů; ~ **structure** systém trestů
**separability** [ˌsepərə'biləti] *(n)* oddělitelnost, odlučitelnost; ~ **clause** smluvní klauzule o oddělitelnosti jednotlivých smluvních ustanovení
**separable** ['sepərəbl] *(adj)* oddělitelný, odlučitelný
**separate** ['sepərit] *(adj)* oddělený, samostatný; zvláštní; jednotlivý; ~ **action** samostatná žaloba; ~ **and apart** oddělený a odloučený; ~ **areas** oddělené oblasti; **S~ but Equal Doctrine** *am.* doktrína odděleného ale rovného ubytování z r.1896, kdy černoši jsou na veřejných místech odděleni od bělochů, ale jinak s nimi rovnoprávní; ~ **counts** jednotlivé body obžaloby; ~ **estate / property** oddělený majetek, oddělené vlastnictví jednoho z manželů; ~ **examination** oddělený výslech; ~ **functions** oddělené funkce; ~ **legal personality** samostatná právní subjektivita; ~ **maintenance / support** výživné partnera žijícího odděleně; ~ **opinion** separátní votum shodné s ostatními co do výsledku ale odlišné v důvodech; ~ **return** samostatné daňové přiznání; ~ **station** samostatné postavení / místo; ~ **trial** samostatné soudní řízení pro jednotlivé spolupachatele; **be outwardly** ~ být navenek oddělený
**separate** ['sepəreit] *(v)* sb./st. oddělit, odloučit koho/co
**separately** ['sepərətli] *(adv)* odděleně
**separation** [ˌsepə'reišən] *(n)* **1** odluka, rozluka; oddělení, odtržení; **judicial / legal** ~ soudní odluka / rozluka; ~ **agreement** dohoda o odluce / rozluce manželů, vyživovacích povinnostech a péči o děti; ~ **and maintenance agreement** dohoda o odluce / rozluce a výživném; ~ **order** soudní rozhodnutí o odluce / rozluce manželů a o péči o děti; ~ **from bed and board** odluka / rozluka od stolu a lože; ~ **of spouses** odluka manželů **2** rozdělení, oddělení; ~ **of patrimony** oddělení dědictví; ~ **of powers** rozdělení pravomocí, dělba moci; ~ **of witnesses** izolace svědků
**sequence** ['si:kwəns] *(n)* pořadí, sled; posloupnost
**sequential** [si:'kwenšəl] *(adj)* postupný, následující; následný
**sequester** [si:'kwestə(r)], **sequestrate** [si:'kwe-**streit]** *(v)* sb./st. oddělit, izolovat koho/co; zabavit, odejmout, konfiskovat co na základě soudního rozhodnutí; **~ed account** zablokovaný účet
**sequestration** [ˌsi:kwes'treišən] *(n)* **1** uložení do úschovy; zabavení, konfiskace, obstavení na základě soudního rozhodnutí **2** vnucená správa **3** izolace svědků
**sequestrator** ['si:kwəstreitə(r)] *(n)* nucený správce
**serial** ['siəriəl] *(adj)* pokračující; periodický; seriálový; ~ **bonds** periodické obligace; ~ **note** dluhopis splatný ve spátkách; ~ **rights** seriálová práva na publikování rukopisu po částech na pokračování
**seriatim** [ˌsiəri'eitim] *(lat)* jeden za druhým, odděleně, jednotlivě
**series** ['siəri:z] *(n)* série, řada; ~ **of Acts of Parliament** *brit.* řada zákonů parlamentu; ~ **of losses** hromadná škoda
**serious** ['siəriəs] *(adj)* vážný, závažný; ~ **(bodily) injury** těžké ublížení na zdraví; ~ **case** závažný případ; ~ **charge** závažné obvinění; ~ **miscarriage of justice** závažné porušení spravedlnosti; ~ **misconduct** závažné úmyslné porušení úřední povinnosti; ~ **offence** závažný trestný čin
**seriousness** ['siəriəsnis] *(n)* závažnost; nebezpečnost; ~ **of the conflict** závažnost / nebezpečnost konfliktu
**servant** ['sə:(r)vənt] *(n)* **1** zaměstnanec; **civil / public** ~ státní zaměstnanec, úředník ve státní službě; **~s of the bailee** zaměstnanci uschovatele zástavního věřitele; **the law of master and** ~ zaměstnanecké právo **2** sluha
**serve** ['sə:(r)v] *(v)* st./sb. **1** vykonávat trest; ~ **jail / prison sentence** vykonávat trest vězení; ~ **a sentence of imprisonment** vykonávat trest odnětí svobody; ~ **the term at home** vykonat trest doma, mít domácí vězení; ~ **three terms of imprisonment for robbery** být třikrát soudně trestán za loupež **2** sloužit čemu/komu; ~ **the cause of st.** sloužit věci čeho; ~ **the human purposes** sloužit lidem; ~ **as a warning** sloužit jako upozornění n. varování ♦ ~ **articles** *brit.* praktikovat v kanceláři solicitora **3** zastávat / vykonávat funkci; ~ **as one's own counsel** hájit se sám, vzdát se obhajoby jinou osobou; ~ **for a term of 9 years** zastávat funkci po volební, úřední období 9 let; ~ **on a jury** být po-

rotcem; ~ **without bond** vykonávat funkci vykonavatele závěti bez složené záruky zajišťující řádné plnění povinností, nikoliv ve vlastní prospěch **4** doručit, předat co úředně; ~ **a notice to sb.** dát komu výpověď; ~ **a writ of summons on the defendant** doručit soudní obsílku žalované straně **5** podávat, servírovat co

**service** ['sə:(r)vis] *(n)* **1** služba, úřad, zaměstnání; výkon služby / úřadu / zaměstnání; **civil** ~ státní služba; **community** ~ **order** odsouzení k veřejným pracím; **fire** ~ hasičská služba; **jury** ~ výkon funkce porotce; **prison** ~ vězeňství; **secular** ~ světská služba; **contract of** ~ pracovní smlouva s detailním vymezením povinností; ~ **passport** služební pas; ~ **regulations** služební předpisy; **render faithful** ~ věrně sloužit, poskytovat věrnou službu **2** servis, služba; ~ **charge** 1 manipulační poplatek bance za vedení účtu 2 poplatky za služby; ~ **contract** servisní smlouva o opravách a údržbě; ~ **occupation tax** daň z poskytovaných služeb; ~ **trade mark** značka služeb, servisní značka; ~ **warranty** servisní záruka, záruka na poskytované služby **3** doručování, úřední předání; obsílka; **personal** ~ osobní doručení; ~ **of notice** předání / doručení výpovědi; ~ **of process** doručení soudních písemností; ~ **of summons** doručování soudních obsílek / příkazů; **acknowledment of** ~ potvrzení o převzetí soudní obsílky

**services** ['sə:(r)visiz] *(pl)* služby; **financial** ~ finanční / peněžní služby; **health** ~ zdravotnické služby; **local** ~ místní služby; **personal social** ~ osobní sociální služby; **postal** ~ poštovní služby; **public** ~ veřejné služby; **regional** ~ regionální / krajské služby; **provide** ~ poskytovat služby; **supply** ~ zajišťovat služby

**servient** ['sə:(r)viənt] *(adj)* služebný; sloužící; ~ **tenement** držba zatížená břemenem, sloužící pozemek

**servitude** ['sə:(r)vitju:d] *(n)* **1** služebnost, reálné břemeno **2** nevolnictví; nucené práce; **involuntary** ~ nedobrovolná nucená práce; nevolnictví; **penal** ~ odsouzení k nuceným pracím

**servitus** ['sə:(r)vitəs] *(lat)* služebnost; ~ **luminum** ['sə:(r)vitəs'lu:minəm] služebnost světla; ~ **prospectus** [ˌsə:(r)vitəsprə'spektəs] služeb-

nost výhledu; ~ **viae** ['sə:(r)vitəsˌvai:] průchodní právo, právo průchodu / průjezdu **session** ['seʃən] *(n)* zasedání; soudní přelíčení; **closed** ~ neveřejné zasedání; **closing** ~ závěrečné zasedání; **joint** ~ společné zasedání obou komor parlamentu; **opening** ~ zahajovací zasedání; **regular** ~ řádné zasedání; ~ **of Parliament** zasedání parlamentu; ~ **laws** zákony přijímané parlamentem; **at the start of each annual** ~ na začátku každoročního zasedání parlamentu; **open a** ~ zahájit zasedání ♦ **Court of S**~ *skot.* Nejvyšší civilní soud

**sessions** ['seʃənz] *(pl)* soud; **petty** ~ magistrátní soud nejnižší stupeň s omezenou jurisdikcí

**set** [set] *(n)* soubor, soustava, sada; ~ **of exchange** sada směnek; ~ **of regulations** soubor předpisů; ~ **of rules** soubor norem / pravidel

**set** [set] *(adj)* stanovený, určený; předem připravený, vypracovaný

**set** /set, set/ [set, set] /tt/ *(v)* st. určit, stanovit, vymezit co; ~ **a price** stanovit cenu; ~ **precedent** ustanovit precedent; ~ **at liberty** osvobodit, vynést osvobozující rozsudek; ~ **into force retroactively** mít zpětnou platnost / účinnost; ~ **out powers and duties** stanovit pravomoci a povinnosti ♦ ~ **st. right** napravit, spravit co; ~ **at large / liberty** pustit na svobodu, osvobodit

**set** /set, set/ *(v)* **aside** [ˌsetə'said] zrušit, anulovat, revokovat co, prohlásit co za neplatné

**set** /set, set/ *(v)* **back** [set'bæk] st. zapsat, zaregistrovat co

**set** /set, set/ *(v)* **off** [set'of] st. vyrovnat, kompenzovat co

**set** /set, set/ *(v)* **out** [set'aut] st. vysvětlit, vyložit co

**set** /set, set/ *(v)* **up** [set'ap] st. *on* st. **1** postavit na čem; spolehlivě předkládat, tvrdit co **2** jmenovat, navrhnout za kandidáta

**setback** ['setbæk] *(n)* **1** překážka v postupu, nevýhoda **2** odstup od stavební čáry; ~ **line** linie / hranice odstupu od stavební čáry, tj. vymezení bezpečnostního pásma mezi stavbou a volně přístupným prostorem

**set-off** [set'of] *(n)* kompenzace vzájemných pohledávek; protinárok

**settle** [setl] *(v)* st. **1** urovnat, vyřídit, vyřešit co; ~ **disputes** řešit spory; ~ **the matter** urovnat / vyřešit záležitost; ~ **st. out of court** urovnat co mimosoudní cestou; **take action to** ~ **dispute** podniknout kroky k urovnání sporu

**2** (u)stanovit co; uspořádat, sestavit co; ~ **the agenda for meetings** sestavit program schůzí / jednání; ~ **the duration of st.** stanovit trvání čeho **3** vyrovnat závazek; ~ **the bill** zaplatit účet; ~ **a claim** *pojišť.* zlikvidovat škodu, poskytnout pojistné plnění; ~ **compensation** zaplatit náhradu škody; ~ **debt** vyrovnat / zaplatit dluh; **settling agent** likvidátor škod **4** usadit se kde

**settle** *(v)* st. **on** [setl'on] sb. dát připsat komu; majetkově vypořádat pro případ smrti, převést majetek pro případ smrti; **he ~d his property on his children** převedl majetek na své děti prostřednictvím svěřenectví

**settlement** ['setlmənt] *(n)* **1** dohoda, vyřešení, urovnání; **pacific ~ of disputes** pokojné / mírové řešení sporů **2** finanční, majetkové narovnání, vyrovnání, vypořádání; likvidace; **final ~** konečné vypořádání; **property ~s** majetková vyrovnání / uspořádání; ~ **date** termín likvidace objednávky akcií; ~ **statement** výkaz o vypořádání při prodeji nemovitostí **3** uspořádání; ustanovení postupné substituce na delší dobu **4** *pojišť.* plnění; **structured ~** odstupňované plnění; ~ **option** volba způsobů plnění při pojistné události, např. jednorázově, na splátky apod.

**settler** ['setlə(r)] *(n)* osadník, osídlenec

**settlor** ['setlə(r)] *(n)* dárce n. postupitel v listině o majetkovém vyrovnání; zřizovatel svěřenectví

**sever** ['sevə(r)] *(v)* st. oddělit co od čeho, rozdělit co

**severability** [ˌsevərə'biləti] *(n)* oddělitelnost, rozdělitelnost; ~ **clause** klauzule o oddělitelnosti jednotlivých ustanovení smlouvy

**severable** ['sevərəbl] *(adj)* (od)dělitelný, rozpojitelný; ~ **contract** rozpojitelná / rozdělitelná smlouva částečné plnění; ~ **statute** rozdělitelný zákon částečně neplatný

**several** ['sevərəl] *(adj)* **1** několik, pár **2** oddělený, individuální; nerozdílný; ~ **action** oddělená žaloba pro jednotlivé spolupachatele; ~ **inheritance** rozdělená pozůstalost; ~ **liability** samostatné ručení; **joint and ~ liability** společná a nerozdílná odpovědnost; společný a nerozdílný závazek např. může být žalován každý zvlášť n. skupina jako celek

**severally** ['sevərəli] *(adv)* individuálně, jednotlivě; nerozdílně ◆ **the covenants shall be deemed to be made by such persons jointly**

**and** ~ závazky splní tyto osoby společně a nerozdílně

**severalty** ['sevərəlti] *(n)* výlučné vlastnictví; **estate in** ~ majetek ve výlučném vlastnictví

**severance** ['sevərəns] *(n)* oddělení, odloučení, vyčlenění; ~ **of actions** rozdělení žaloby podle jednotlivých nároků; ~ **pay** odstupné, odměna vyplacená zaměstnavatelem při skončení pracovního poměru nikoliv z viny zaměstnance

**severe** [si'viə(r)] *(adj)* přísný, tvrdý, těžký; ~ **punishment** přísný trest; ~ **verdict** přísný výrok

**sex** [seks] *(n)* **1** pohlaví **2** sex

**sexploitation** [ˌseksploi'teišən] *(n)* komerční využívání erotiky

**sexual** ['seksjuəl], *am.* 'sekšu:əl] *(adj)* pohlavní, sexuální; ~ **abuse** pohlavní zneužívání; ~ **commerce / intercourse** pohlavní styk; ~ **crime** sexuální trestný čin při němž došlo k nezákonnému pohlavnímu styku; ~ **delinquency** sexuální zločinnost; ~ **discrimination** diskriminace na základě pohlaví; ~ **harassment** sexuální obtěžování slovy, gesty n. činy; ~ **offence** sexuální trestný čin; ~ **perversion** sexuální zvrácenost, perverze

**shade** [šeid] *(n)* stín

**shadow** ['šædəu] *(n)* stín; ~ **cabinet** stínový kabinet; **in the ~ of st.** ve stínu čeho

**shall** [šæl] *(v)* pomocné sloveso s významem povinnosti, závaznosti, rozkazu apod., nikoliv s významem budoucnosti

**sham** [šæm] *(n)* **1** klam, podvod **2** podvodník

**sham** [šæm] *(adj)* klamný, falešný; ~ **marriage** manželství „na oko" za účelem získání občanství; ~ **pleading** neoprávněná žaloba

**sham** [šæm] */mm/* *(v)* předstírat, simulovat, klamat, podvádět

**share** ['šeə(r)] *(n)* **1** obchodní (po)díl, účast; ~ **and** ~ **alike** rovným dílem; ~ **ceded in reinsurance** zajišťovaný podíl, zajišťovací kvóta; **payable in equal ~s** splatné rovným dílem **2** akcie; podíl; **bearer** ~ akcie na doručitele; **deferred ~s** odložené akcie kdy dividendy jsou vypláceny až po vyplacení ostatních; **inscribed** ~ akcie na jméno; **ordinary** ~ kmenová akcie; **preference ~s** preferenční akcie; **~s of limited companies** podíly společností s ručením omezeným; ~ **broker** burzovní makléř; ~ **capital** akciový kapitál; ~ **certificate** akciový certifikát; ~ **dealer** burzovní makléř;

**~ issue** vydání / emise nových akcií; **~ split** dělení akcií; **~ warrant** akcie
**share** [ˈʃeə(r)] *(v)* st. sdílet co, podílet se na čem
**shareholder** [ˈʃeə(r)ˌhəuldə(r)] *(n)* akcionář, podílník; **majority ~** většinový / majoritní akcionář; **minority ~** menšinový akcionář
**sharing** [ˈʃeəriŋ] *(n)* sdílení, podílení se; **~ of costs and/or expenses** *pojišt.* repartiční řízení
**sharp** [ʃa:p, *am.* ʃærp] *(adj)* **1** ostrý, příkrý, prudký; **~ rise in crimes of violence** prudký nárůst násilných trestných činů **2** jsoucí na hranici zákonnosti; **~ practice** praktiky na hranici zákonnosti
**sheet** [ʃi:t] *(n)* listina, list; arch; **balance ~** účetní rozvaha, bilanční arch
**shelf** [ʃelf], *(pl)* **shelves** [ʃelvz] police, regál ♦ **~ registration** registrace do zásoby; **put on the ~** dát stranou, odložit
**shelter** [ˈʃeltə(r)] *(n)* přístřeší, útočiště; domov
**sheriff** [ˈʃerif] *(n)* **1** *angl.* správní úředník hrabství **2** *skot.* hlavní soudce hrabství **3** *am.* nejvyšší správní úředník okresu; policejní úředník, šerif
**shew** /*shewed, shewn*/ [ʃəu, ʃəud, ʃəun] *(v)* st. = *show* ukázat co
**shield** [ʃi:ld] *(n)* ochrana, záštita; **~ laws** zákony o nezveřejnění zdrojů informací při soudním jednání
**shift** [ʃift] *(n)* změna; přenesení; **~ of responsibility** přenesení odpovědnosti
**shift** [ʃift] *(v)* st. přesunout, převést co; změnit co; **~ the burden of proof** přenést důkazní břemeno na druhou stranu
**shifting** [ˈʃiftiŋ] *(n)* změna; přechod, převod; substituce subjektu práva; **~ clause** klauzule o převodu majetku měnící dohodou právní stav, novace; **~ risk** pojištění zásob zboží bez ohledu na změny ve složení; **~ stock of merchandise** změna zásob zboží
**ship** [ʃip] *(n)* loď, plavidlo; **~ in distress** loď v krajní nouzi; **~ master** kapitán obchodní lodi; **~'s papers** lodní dokumenty; **~s' register / register of ~s** lodní rejstřík; **~ wreck** ztroskotání lodi
**ship** [ʃip] /*pp*/ *(v)* st. **1** nalodit (se) **2** zasílat co lodí
**shipment** [ˈʃipmənt] *(n)* odeslání; přeprava; dodávka, zásilka; **~ contract** expediční smlouva
**shipper** [ˈʃipə(r)] *(n)* **1** lodní zasílatel, exportér do zámoří; speditér v přístavu **2** zboží vhodné k námořní přepravě

**shipping** [ˈʃipiŋ] *(n)* **1** zasílatelská služba do zámoří **2** obchodní loďstvo; **~ articles** námořnická pracovní smlouva **3** lodní doprava; **~ charges** dopravní poplatky; **~ documents / papers** nákladní doklady; **~ order** expediční příkaz
**shire** [ˈʃaiə(r)] *(n)* brit. hist. hrabství; **the S~s** venkovská hrabství v centru Anglie
**shock** [ʃok, *am.* ʃak] *(n)* otřes, šok; trauma; **mental ~** duševní otřes
**shoddiness** [ˈʃodinis, *am.* ˈʃadinəs] *(n)* falšovanost, falešnost
**shoe** [ʃu:] *(n)* bota; **~ impression** otisk obuvi, stopa
**shoot** /*shot, shot*/ [ʃu:t, ʃot, *am.* ʃat] *(v)* (za)střelit; vystřelit
**shop** [ʃop, *am.* ʃap] *(n)* **1** obchod; **Offices, S~s and Railway Premises Act** brit. zákon o úřadech, obchodech a železničních provozech; **~ books** účetní knihy **2** dílna; **repair ~** opravárenská dílna ♦ **closed / union ~** systém, v němž zaměstnavatel hodlá zaměstnat pouze členy odborů v urč. profesích
**shop-breaker** [ˈʃopˌbreikə(r), *am.* ˈʃap-]**, shop-lifter** [ˈʃopˌliftə(r), *am.* ˈʃap-] *(n)* vykrádač obchodů, krámský zloděj
**shoplifting** [ˈʃopliftiŋ, *am.* ˈʃap-] *(n)* krádež v obchodě
**shopping** [ˈʃopiŋ, *am.* ˈʃap-] *(n)* nákup; nakupování; **~ facilities** nákupní zařízení; **~ precinct** brit. nákupní zóna
**short** [ʃo:(r)t] *(adj)* **1** nekrytý; **~ position** nekrytá pozice investora; **~ sale** nekrytý prodej věcí, které prodávající zatím nemá ve své držbě; kontremina **2** spekulativní **3** krátký, stručný; **~ lease** krátkodobý pronájem; **~ title** stručný název zákona; **~-term** krátkodobý
**shortage** [ˈʃo:(r)tidʒ] *(n)* nedostatek; **housing ~** nedostatek bytů
**shortfall** [ˈʃo:(r)tfo:l] *(n)* manko, schodek, deficit
**shorthand** [ˈʃo:(r)thænd] *(n)* těsnopis
**short-term** [ˈʃo:(r)tˌtə:(r)m] *(adj)* krátkodobý obv. kratší než rok
**shot** [ʃot, *am.* ʃæt] *(n)* výstřel, rána
**shot-gun** [ˈʃotgan, *am.* ˈʃat-] *(n)* brokovnice
**show** [ʃəu] *(n)* **1** výstava, výstavka zboží **2** ukázka, demonstrace; ukázání, zvednutí ruky; **~ cause order** příkaz k prokázání věci; **~ of hands** hlasování zvednutím ruky
**show** /*showed, shown*/ [ʃəu, ʃəud, ʃəun] *(v)* st.

ukázat, vykázat, prokázat co; uvést, předložit důvod; ~ **to the satisfaction of the court** dokázat před soudem

**sib** [sib] *(n) skot.* pokrevně příbuzný, sourozenec

**sick** [sik] *(adj)* nemocný; ~ **leave** pracovní neschopnost, zdravotní dovolená; ~ **pay** nemocenské, nemocenská dávka

**sickness** ['siknis] *(n)* nemoc; ~ **pay** nemocenské; ~ **table** tabulka nemocnosti; **incapacity to work due to** ~ pracovní neschopnost z důvodu nemoci

**side** [said] *(n)* strana; **defendant** ~ žalovaná strana; **plaintiff** ~ žalující strana

**side** [said] *(adj)* postranní, vedlejší; ~ **lines** vedlejší živnost; ~ **reports** neoficiální sbírky soudních rozhodnutí

**siege** [si:dž] *(n)* **1** sídlo **2** obklíčení, obléhání

**sight** [sait] *(n)* pohled, vidění; ~ **bill / draft** vista směnka, směnka na viděnou

**sign** [sain] *(n)* znamení, známka čeho; podpis; ~ **manual** vlastnoruční podpis

**sign** [sain] *(v)* st. podepsat co; ~ **Acts** podepisovat zákony; ~ **a bill** podepsat návrh zákona; ~ **one's name** podepsat se; ~ **judgment** podepsat rozsudek

**signatory** ['signətəri] *(n)* signatář, podepisující strana

**signature** ['signəčə(r)] *(n)* podpis; **blank** ~ podpis in bianco; **specimen** ~ vzorový podpis; **unauthorized** ~ neoprávněný podpis; ~ **card** podpisový vzor

**significance** [sig'nifikəns] *(n)* význam, důležitost; smysl

**significant** [sig'nifikənt] *(adj)* závažný, podstatný, důležitý

**signify** ['signifai] *(v)* st. **1** znamenat, značit co **2** naznačovat co

**silence** ['sailəns] *(n)* mlčení; ticho; **estoppel by** ~ překážka uplatnění žalobního nároku v důsledku mlčení; ~ **of the accused** právo obžalovaného mlčet při vyšetřování a soudním líčení; **the accused maintained** ~ obžalovaný mlčel

**silent** ['sailənt] *(adj)* **1** tichý; ~ **partner** tichý společník **2** němý; ~ **witness** němý svědek ověřené pravé fotografie

**similar** ['similə(r)] *(adj)* podobný, obdobný; ~ **happenings** podobné události

**similarity** [ˌsimi'lærəti] *(n)* podobnost, podoba, obdoba

**simple** [simpl] *(adj)* **1** prostý, jednoduchý; ~ **contract** prostá smlouva nikoliv pod pečetí;

~ **interest** jednoduchý úrok; ~ **kidnapping** prostý únos nikoliv dítěte n. pro výkupné; ~ **majority** prostá většina; ~ **negligence** nevědomá nedbalost; ~ **robbery** prostá loupež **2** jeden, jednotný; ~ **market** jednotný trh; ~ **state** unitární stát **3** jednorázový; ~ **premium** jednorázové pojistné

**simulate** ['simjuleit] *(v)* st. předstírat, simulovat co

**simulated** ['simjuleitid] *(adj)* simulovaný, předstíraný; falešný, fiktivní; ~ **contract** fiktivní smlouva; ~ **fact** zfalšovaná skutečnost při důkazním řízení; ~ **sale** fiktivní prodej

**simulation** [ˌsimju'leišən] *(n)* simulace, simulování; falzifikace, předstírání

**simultaneous** [ˌsiməl'teinjəs] *(adj)* současně probíhající, simultánní; ~ **death** současná smrt

**sine die** [ˌsaini'dai:] *(lat)* bez určení data / lhůty, na neurčito; **adjourn the hearing** ~ odročit jednání na neurčito

**sine qua non** [ˌsainikwa:'nəun] *(lat)* bezpodmínečně nutný, nezbytný

**single** [siŋgl] *(adj)* **1** jednotlivý; jeden; samostatný; ~ **cell** samovazba; ~ **creditor** samostatný věřitel; ~**-entry bookkeeping** jednoduché účetnictví; ~ **judge / justice** samosoudce; ~ **lay justice** laický samosoudce; ~**-member constituency** volební obvod s jedním křeslem v parlamentu; ~ **transferable vote** jednotlivý převoditelný hlas **2** jednotný; ~ **ballot election** volby s jednotnou kandidátkou; **S~ European Act** *(ES)* Jednotný evropský akt **3** svobodný neprovdaná, neženatý

**singly** ['siŋgli] *(adv)* samostatně; **sit** ~ rozhodovat věc samosoudcem

**singular** ['siŋgjulə(r)] *(adj)* **1** jednotlivý ♦ ~ **succession** singulární sukcese nástupnictví do určitých jednotlivých práv zůstavitele **2** jedinečný **3** lišící se

**sinister** ['sinistə(r)] *(adj)* nepoctivý, nečestný; nekalý

**sink** /*sank, sunk*/ [siŋk, sæŋk, saŋk] *(v)* st. in st. potopit, ponořit co (se) do čeho

**sinking** ['siŋkiŋ] *(adj)* **1** umořovací; ~ **fund** umořovací rezervní fond pro nepředvídatelnou budoucí událost; ~ **fund method of depreciation** metoda odpisů umořovacího fondu **2** klesající, klesavý; ~ **premium** klesavé pojistné; ~ **spell** přechodný pokles obchodu

**sister** ['sistə(r)] *(n)* sestra; ~ **corporation / company** sesterská společnost; ~-**in-law** švagrová
**sit** /sat, sat/ [sit, sæt] /tt/ *(v)* **1** sedět; zasedat; ~ **on the bench** být magistrátním soudcem; ~ **singly** rozhodovat věc samosoudcem; **the members** ~ poslanci zasedají; **sitting President** úřadující prezident **2** být poslancem; **she sat for a London constituency for ten years** byla poslankyní za londýnský obvod deset let
**site** [sait] *(n)* prostranství; místo stavby; parcela; **construction** ~ staveniště; ~ **clearance** vyčištění prostranství staveniště
**sit-in** ['sitin] *(n)* stávka vsedě
**sitting** ['sitiŋ] *(n)* zasedání; **judicial** ~**s** soudní zasedání; ~ **in bank** zasedání senátu všech soudců; ~ **in camera** neveřejné zasedání
**situate** ['sitjueit, *am.* 'sičueit] *(v)* *st.* umístit, situovat co; **be ~d** ležet, být umístěn
**situation** [ˌsitjuˈeišən, *am.* ˌsičuˈ-] *(n)* situace; ~ **of danger** nebezpečná situace, nebezpečné postavení vozidla
**size** [saiz] *(n)* velikost, rozměr; dimenze
**skill** [skil] *(n)* schopnost, dovednost; obratnost, zručnost
**skilled** ['skild] *(adj)* zručný, dovedný; odborně kvalifikovaný; ~ **labour** kvalifikovaná práce; ~ **witness** svědek-odborník, *přibl.* soudní znalec
**skim** [skim] /mm/ *(v)* *st.* přelétnout pohledem, zběžně pročíst co; ~ **through the text** přelétnout, zběžně prohlédnout text
**skiptracing** ['skiptreisiŋ] *(n)* vyhledávací služba pátrající po zmizelých dlužnících
**slander** ['sla:ndə, *am.* 'slændər] *(n)* ústní pomluva, urážka na cti, nactiutrhání; ~ **of title** pomluva v souvislosti s vlastnickým nárokem; ~ **action / action for** ~ žaloba pro urážku na cti
**slander** ['sla:ndə, *am.* 'slændər] *(v)* *sb.* urazit, pomluvit koho
**slanderous** ['sla:ndərəs, *am.* 'slænd-] *(adj)* pomlouvačný, nactiutrhačný; ~ **per se** výrok jsoucí bez dalšího pomlouvačný, nactiutrhačný sám o sobě; ~ **statement** pomlouvačné prohlášení
**slate** [sleit] *(n)* kandidátka, kandidátní listina
**slaughter** ['slo:tə(r)] *(n)* **1** brutální vražda **2** masakr, jatky **3** jatka
**slave** [sleiv] *(n)* otrok, nevolník; ~ **trade** obchod s otroky

**slavery** ['sleivəri] *(n)* otroctví
**slay** /slew, slain/ [slei, slu:, slein] *(v)* *sb.* zabít, zavraždit koho
**slayer** ['sleiə(r)] *(n)* vrah, zabiják
**sleeping** ['sli:piŋ] *(adj)* spící, tichý; ~ **investment** vklad tichého společníka; ~ **partner** tichý společník
**sliding** ['slaidiŋ] *(adj)* klouzavý, klouzající; pohyblivý; ~ **budget** alternativní rozpočet; ~ **commission** proměnná provize; ~ **scale** pohyblivá sazba
**slighting** ['slaitiŋ] *(adj)* urážlivý; pohrdavý
**slip** [slip] *(n)* **1** útržek, lístek obv. v námořním pojištění; makléřský pojistný návrh **2** chyba, omyl; ~ **rule** pravidlo soudního řádu Nejvyššího soudu povolující, že drobné omyly mohou být napravovány při líčení ♦ ~ **law** *am.* první samostatné a okamžité vydání nově přijatého zákona; ~ **opinion** soudní rozhodnutí samostatně publikované
**slot-machine** [ˌslotməˈši:n] *(n)* hrací automat
**slowdown** ['sləudaun] *(n)* zpomalení práce, činnosti jako forma protestu
**slur** [slə:(r)] *(n)* hanba, ostuda; osočení, hanobení
**slur** [slə:(r)] /rr/ *(v)* *sb.* osočovat, hanobit, pomlouvat koho
**slush** [slaš] *(n)* *am.* podplácení, korupce; ~ **fund** tajný „černý" fond pro uplácení
**small** [smo:l] *(adj)* malý; drobný; ~ **bond** drobná směnka pod 100 dolarů; ~ **change** drobné mince; ~ **claim** drobný nárok žaloba o částku nižší než 500 liber; ~ **claims court** soud zabývající se drobnými žalobami; ~ **loan** drobná půjčka; ~ **holding** malý zemědělský pozemek do 50 akrů
**smart-money** [ˌsma:(r)tˈmani] *(n)* **1** bolestné; odbytné **2** náhrada škody, penále
**smooth** [smu:ð] *(adj)* **1** hladký **2** plynulý
**smuggle** [smagl] *(v)* *st.* pašovat co; ~**d goods** pašované zboží
**smuggler** ['smaglə(r)] *(n)* pašerák
**smuggling** ['smagliŋ] *(n)* **1** pašeráctví, pašování; **arms** ~ pašování zbraní **2** prodej pašovaného zboží
**snatcher** ['snæčə(r)] *(n)* **1** zloděj, kapsář **2** konfiskátor nezaplacených věcí
**sneaking** ['sni:kiŋ] *(adj)* **1** pokoutný, podezřelý **2** nejasný, neurčitý; ~ **suspicion** neurčité podezření
**snifter** ['sniftə(r)] *(n)* narkoman čichač
**sober** ['səubə(r)] *(adj)* střízlivý

sober *(v)* up ['səubə(r)ˌap] vystřízlivět
soberness ['səubə(r)nis], sobriety [səu'braiəti]
*(n)* střízlivost; ~ test zkouška střízlivosti
social ['səušəl] *(adj)* společenský; sociální;
~ advantage společenská / sociální výhoda;
~ conditions společenské podmínky; ~ contract společenská smlouva; ~ environment
sociální prostředí; ~ field sociální oblast;
~ insurance sociální pojištění; ~ life společenský život; ~ matters sociální záležitosti;
~ ownership veřejné vlastnictví; ~ point of
view společenské / sociální hledisko; ~ problems sociální problémy; ~ relations společenské / sociální vztahy; ~ sciences sociální / společenské vědy; ~ security administration
správa sociálního zabezpečení; ~ services
sociální služby; ~ structure společenské zřízení; ~ worker sociální pracovník; basic ~
unit základní společenská / sociální jednotka;
personal ~ services osobní sociální služby
society [sə'saiəti] *(n)* společnost; spolek; building ~ stavební společnost, družstvo; human
~ lidská společnost; Law S~ *brit.* Právnická
společnost sdružující solicitory; interests of ~
zájmy společnosti; a ~'s values hodnoty
společnosti
sodomy ['sodəmi, *am.* 'sa-] *(n)* sodomie, nepřirozený sexuální styk mezi partnery různého si stejného
pohlaví jako možná příčina trestného činu
soft [soft, *am.* saft] *(adj)* měkký; jemný, poddajný; ~ currency měkká měna volně nesměnitelná; ~ drug měkká droga; ~ loan bezúročná
půjčka; ~ market přizpůsobivý trh
sole [səul] *(adj)* jediný, univerzální, výhradní;
~ actor doctrine zásada zmocňovatele odpovědného za činy svého zmocněnce; ~ agent
výhradní zmocněnec / zástupce; ~ cause jediná příčina; ~ heir univerzální dědic; ~ judge
samosoudce; ~ owner / proprietor univerzální vlastník; ~ proprietorship univerzální
vlastnictví; ~ source jediný zdroj; ~ trader
samostatný obchodník / živnostník
solely ['səulli] *(adv)* jenom, pouze
solemn ['soləm, *am.* 'sa-] *(adj)* slavnostní, obřadný; důležitý; závazný; ~ occasion důležitý
důvod; ~ oath slavnostní předepsaná přísaha;
~ writ závazný soudní příkaz
solemnity [sə'lemnəti] *(n)* 1 formálnost; obřad
2 soudní formalita
solemnization [ˌsoləmnai'zeišən, *am.* ˌsa-]

*(n)* konání slavnostního obřadu; ~ of
marriage slavnostní akt uzavření manželství
solemnize ['solemnaiz, *am.* 'sa-] *(v)* konat slavnostní obřad se všemi formalitami; ~ marriage
vstoupit do manželství před svědky a veřejně
solicit [sə'lisit] *(v)* st. 1 usilovně žádat, prosit
o co; vyprošovat co; ~ orders vyprošovat /
vnucovat objednávky 2 nabízet sexuální
služby za úplatu
solicitation [səˌlisi'teišən] *(n)* 1 naléhavá
prosba, doprošování se 2 akvizice, nábor
3 navádění, svádění k nekalé činnosti; ~ of bribe
navádění k úplatkářství
soliciting [sə'lisitiŋ] *(n)* trestný čin nabízení sexuálních služeb za úplatu; kuplířství
soliciting [sə'lisitiŋ] *(adj)* naléhavě prosící, nabízející; provádějící nábor; ~ agent *pojišť.*
náborový agent
solicitor [sə'lisitə(r)] *(n) brit.* solicitor advokát
připravující proces, ale nevystupující u soudu; duty
~ solicitor konající službu u magistrátního soudu;
S~-General *brit., am.* generální prokurátor
solidarity [ˌsoli'dærəti, *am.* ˌsalə'-] *(n)* společné
ručení, společná / solidární odpovědnost
solidary ['solidəri, *am.* 'salə-] *(adj)* svorný, solidární; ~ obligation solidární závazek
solitary ['solitəri, *am.* 'salə-] *(adj)* 1 samotný; ~ cell samotka, izolace; ~ confinement odsouzení k samovazbě 2 samotářský
3 osamělý
solution [sə'lu:šən] *(n)* 1 (vy)řešení 2 splnění
závazku, soluce
solve [solv, *am.* salv] *(v)* st. řešit, vyřešit, rozřešit
co; ~ problems řešit problémy
solvency ['solvənsi, *am.* 'salv-] *(n)* solventnost,
platební způsobilost plnit své závazky; ~ margin
marže / rozpětí platební schopnosti
solvent ['solvənt, *am.* 'salv-] *(n)* silné rozpouštědlo; ~ abuse čichání rozpouštědla jako druh
drogové závislosti
solvent ['solvənt, *am.* 'salv-] *(adj)* solventní,
finančně způsobilý
son-in-law ['saninlo:] *(n)* zeť
sordid ['so:(r)did] *(adj)* nečestný, nekalý, špinavý, podvodný; ~ gains nepoctivé zisky
sound [saund] *(n)* zvuk; zpráva, novina
sound [saund] *(adj)* 1 platný; ~ copyright platná autorská ochrana; ~ title platný právní titul
2 výborný, dobrý; zdravý; důvěryhodný;
~ advice rozumná vhodná rada; ~ business
finančně spolehlivé podnikání; ~ financial

**situation** výborná finanční situace; **~ health** pevné zdraví; **~ investments** dobře vložené investice; **~ mind** mentální zdraví; **~ value** přiměřená hodnota
**sound** [saund] *(v)* **1** znít, působit; **it ~s strange** zní to podivně **2** *in st.* týkat se, mířit k čemu; mít za základ co; **action is to ~ in damages** žaloba je určena k získání odškodnění
**soundness** ['saundnis] *(n)* přiměřenost, rozumnost; spolehlivost, solidnost; poctivost; výborný stav
**source** [sɔ:(r)s] *(n)* **1** zdroj, pramen; **authoritative ~** směrodatný zdroj; **fundamental ~** základní zdroj; **subsidiary ~** doplňkový / vedlejší zdroj; **~ of income** zdroj příjmu; **~s of law** prameny práva; **multiplicity of ~s** rozmanitost zdrojů; **multitude of ~s** velký počet zdrojů **2** podnik vyplácející dividendy
**sovereign** ['sovrin, *am.* 'savrən] *(n)* **1** panovník, vládce, monarcha **2** *brit.* zlatá mince v hodnotě 1 libry
**sovereign** ['sovrin, *am.* 'savrən] *(adj)* svrchovaný, suverénní; **~ equality** svrchovaná rovnost; **~ people** suverénní lid; **~ power / prerogative** absolutní / svrchovaná moc; **~ right** svrchované právo; **~ state** svrchovaný stát
**sovereignty** ['sovrinti, *am.* 'savrənti] *(n)* svrchovanost, suverenita, absolutní moc; **Parliamentary ~** parlamentní svrchovanost; **abuse of ~** narušení suverenity; **infringement of ~** porušení / narušení suverenity / svrchovanosti; **claim ~ over the offshore islands** vyžadovat svrchovanou moc nad pobřežními ostrovy; **exercise one's ~ internally and externally** uplatňovat svou suverenitu uvnitř státu i na mezinárodním poli; **have ~ over the territory** mít svrchovanou moc nad územím
**space** [speis] *(n)* **1** prostor, místo **2** mimozemský prostor; **outer ~** kosmický prostor; **~ law** kosmické právo
**spacecraft** ['speiskra:ft, *am.* -kræft] *(n)* kosmická loď
**spare** [speə(r)] *(adj)* volný, jsoucí navíc; nadbytečný; **~-time occupation** vedlejší zaměstnání
**spare** [speə(r)] *(v)* sb./st. ušetřit koho/co; jednat ohleduplně s kým/čím
**spatial** ['speišəl] *(adj)* prostorový; územní; **~ distribution of wealth** územní rozdělení bohatství

**speak** */spoke, spoken/* [spi:k, spəuk, spəukn] *(v)* mluvit, hovořit
**Speaker** ['spi:kə(r)] *(n)* **1** *am.* předseda Sněmovny reprezentantů Kongresu **2** *brit.* předseda Dolní sněmovny
**speaking** ['spi:kiŋ] *(adj)* hovořící, mluvící; **legally ~** z právnického hlediska ♦ **~ demurrer** námitka proti právní dostatečnosti důkazů; **~ motion** návrh na posouzení záležitostí mimo probíhajících soudní spor
**special** ['spešəl] *(adj)* zvláštní, speciální, mimořádný; **~ act** partikulární zákon; **~ exception** zvláštní výjimka; **~ grand jury** mimořádná velká porota; **~ jurisdiction** omezená speciální jurisdikce; **~ law** zvláštní zákon týkající se určité osoby, věci, skupiny osob a odlišující se od jiných v příslušné oblasti; **~ lien** speciální retenční právo týkající se konkrétního majetku; **~ passport** služební pas; **~ permit** zvláštní povolení; **~ pleading** **1** uvádění nových skutečností **2** zdůrazňování jedné stránky případu s cílem potlačit nepříznivé okolnosti; **~ registration** omezená registrace pouze ke konkrétním volbám; **~ session** zvláštní zasedání; **~ statistics** **1** důvěrná statistika **2** zvláštní statistika; **~ warranty** zvláštní omezená záruka
**specialize** *(v)* **in** ['spešəlaiz‚in] st. specializovat se na co
**specialized** ['spešəlaizd] *(adj) in* st. specializovaný, zaměřený na co; **~ agencies** specializované agentury / vládní instituce
**specialty** ['spešəlti] *(n)* smlouva ve formě veřejné listiny pod pečetí
**specific** [spə'sifik] *(adj)* specifický, zvláštní; konkrétní; **~ bequest / devise** zvláštní odkaz v závěti výslovně uvedená odkázaná výslovně uvedené osobě; **~ duty** zvláštní clo; **~ intent** konkrétní záměr; **~ performance** reálné konkrétní plnění smlouvy nařízené soudem
**specification** [‚spesəfi'keišən] *(n)* **1** *obec.* specifikace; přesný popis; **patent ~** popis patentu **2** vytvoření nové věci přepracováním jiné **3** výčet jednotlivých bodů obžaloby
**specify** ['spesifai] *(v)* st. přesně uvést, stanovit co; **~ explicitly / expressly** výslovně uvádět / stanovit; **~ the date of the arrival** upřesnit datum příjezdu; **~ied thing** věc individuálně určená; **in cases ~ied by law** v případech stanovených zákonem
**specimen** ['spesimən] *(n)* vzorek; **~ signature**

on a bank mandate vzorový podpis na podpisovém vzoru pro banku
**spectograph** ['spektəugra:f, *am.* -græf] *(n)* hlasový identifikátor
**speculation** [ˌspekju'leišən] *(n)* spekulace; spekulativní podnikání
**speculative** ['spekjulətiv] *(adj)* spekulační, spekulativní
**speculator** ['spekjuleitə(r)] *(n)* podnikavec; spekulant
**speech** [spi:č] *(n)* projev, řeč; **last** ~ poslední slovo u soudu; **Queen's** ~ **to Parliament** projev královny v parlamentu; ~ **from the throne** trůnní řeč; **freedom of** ~ svoboda projevu; **right to the last** ~ **at the trial** právo posledního slova v procesu; **make a** ~ pronést řeč / projev
**speech-writer** ['spi:čˌraitə(r)] *(n)* sestavovatel soudních řečí
**speed** [spi:d] *(n)* rychlost vozidla; ~ **limit** nejvyšší povolená rychlost
**speed** */sped, sped/* **up** [spi:d'ap, sped'ap] *(v)* st. urychlit, zrychlit co
**speeding** ['spi:diŋ] *(n)* překročení povolené rychlosti
**speedy** ['spi:di] *(adj)* rychlý, okamžitý, bezodkladný; ~ **execution** rychlé vykonání rozsudku; ~ **remedy** rychlá náprava; ~ **trial** bezodkladný soudní proces
**spend** */spent, spent/* [spend, spent] *(v)* st. utratit, vydávat / vynakládat peníze
**spending** ['spendiŋ] *(n)* výdaje; ~ **money** kapesné; **absorb about two-thirds of Community** ~ spotřebovat / pohltit asi dvě třetiny výdajů Společenství
**spendthrift** ['spendθrift] *(n)* marnotratník
**sphere** [sfiə(r)] *(n)* oblast, sféra; ~ **of influence** sféra vlivu
**spin-off** ['spinof] *(n) am.* **1** delimitace, vyčlenění majetku společnosti **2** vedlejší produkt
**spinster** ['spinstə(r)] *(n)* svobodná dosud neprovdaná žena
**spiritual** ['spiritjuəl, *am.* 'spiričuəl] *(adj)* duchovní; **Lords S~** *brit.* duchovní lordi biskupové a arcibiskupové ve Sněmovně lordů; ~ **power** duchovní moc
**split** [split] *(adj)* rozdělený, oddělený; ~ **order** dělený příkaz burzovnímu makléři k nákupu akcií
**split** */split, split/* [split, split] */tt/ (v)* st. rozdělit, rozštěpit co (se); ~ **a cause of action** vyloučit ze společného řízení, rozdělit soudní

řízení / žalobní důvod o určité věci bude jednáno zvlášť
**split-off** ['splitof] *(n)* vyčlenění, delimitace
**split-up** ['splitap] *(n)* rozdělení rozštěpením; rozpad, rozklad
**spoil** */spoilt / spoiled, spoilt / spoiled/* [spoil, spoilt, spoild] *(v)* **1** st. zničit, zkazit, poškodit, poničit co; **the shipment was spoiled by water** náklad byl zničen vodou; **spoilt ballot paper** neplatný hlasovací lístek špatně vyplněný **2** sb. rozmazlit koho
**spokesman** ['spəuksmən], **spokeswoman** ['spəuksˌwumən], **spokesperson** ['spəuksˌpə:(r)sən] *(n)* mluvčí
**spoliation** [ˌspəuli'eišən] *(n)* zničení věci jinou osobou než vlastníkem; úmyslné zničení důkazů
**spoliator** ['spəulieitə(r)] *(n)* ničitel; plenitel
**sponsor** ['sponsə, *am.* 'spansər] *(n)* **1** ručitel, garant **2** sponzor
**sponsor** ['sponsə, *am.* 'spansər] *(v)* sb./st. sponzorovat, financovat koho/co; ~ **an MP** sponzorovat volební kampaň poslance
**sponsorship** ['sponsəšip, *am.* 'spansər-] *(n)* sponzorování
**spontaneous** [ˌspon'teinjəs, *am.* ˌspan-] *(adj)* spontánní, samovolný; ~ **abortion** samovolný potrat; ~ **ignition / combustion** samovznícení
**spot** [spot, *am.* spat] *(n)* **1** místo, okamžik, chvíle; ~ **check** náhlá namátková kontrola; ~ **price** cena při okamžitém dodání, promptní cena; ~ **trading** promptní obchodování **2** promptní dodávka
**spouse** [spauz] *(n)* manžel, manželka; **conciliation of ~s** usmíření manželů
**spread** [spred] *(n)* rozptyl, rozpětí; rozšíření, rozšiřování
**spread** [spred] *(adj)* rozptýlený; rozložený
**spread** */spread, spread/* [spred, spred] *(v)* st. rozložit, roztáhnout, rozprostřít co; **the support is** ~ **fairly evenly throughout the country** podpora, pomoc je docela rovnoměrně rozložena po celé zemi
**spring** */sprang, sprung/* [spriŋ, spræŋ, spraŋ] *(v)* vyskočit; náhle se objevit, pocházet, pramenit; ~ **into being** náhle vzniknout ♦ **springing use** použití podmíněné budoucí událostí
**spurious** ['spjuəriəs] *(adj)* padělaný, falešný; podvržený, nepravý; ~ **bank bill** neautentická bankovní směnka

spy [spai] *(n)* špion; vyzvědač; špeh
spying ['spaiiŋ] *(n)* vyzvědačství, špionáž
squad [skwod, *am.* skwad] *(n)* **1** policejní oddíl / oddělení; **fraud ~** oddíl pro boj s hospodářskou kriminalitou; **homicide / murder ~** oddělení vražd; **rescue ~** záchranný oddíl **2** specializovaný oddíl; **fire ~** hasičský oddíl / sbor
squat [skwot, *am.* skwat] */tt/ (v)* neoprávněně vniknout a obsadit
squatter ['skwotə, *am.* 'skwatər] *(n)* osoba neoprávněně obsadivší budovu
squire ['skwaiə(r)] *(n)* **1** *am.* místní soudní úředník **2** *brit.* majorátní pán; velkostatkář
stable [steibl] *(adj)* stálý, stabilní; **~ currency** stabilní měna; **~ income** stálý příjem
staff [sta:f, *am.* stæf] *(sg)* zaměstnanci, personál; **detention / seizure of the ~** zadržení zaměstnanců
stage [steidž] *(n)* stadium, etapa, úsek; **~s of appeal** instanční postup při odvolání; **next ~ of negotiations** další stadium jednání
stake [steik] *(n)* *(in* st.) **1** uložení věci n. peněz u třetí osoby s podmínkou, že budou vydány za určitého předpokladu, např. výhry loterie, vsazená sázka **2** hmotný zájem (na čem)
stakeholder ['steik,həuldə(r)] *(n)* **1** depozitář peněz **2** osoba, u níž jsou uloženy peníze nebo věci v souvislosti se sázkou
stale [steil] *(adj)* propadlý, prošlý; **~ check** propadlý šek; **~ demand / claim** propadlý nárok
staleness ['steilnis] *(n)* prošlá lhůta, prošlost, propadlost
stamp [stæmp] *(n)* **1** razítko; **date ~** „datumka"; razítko s datem **2** kolek; **bill ~** kolek na směnce; **fee ~** kolek; **~ duty / tax** kolkovné **3** známka; **subscription ~** příspěvková známka
stamp [stæmp] *(v)* st. (o)razítkovat co; opatřit kolkem n. známkou co
stand [stænd] *(n)* **1** *intenzívní* kampaň **2** stanovisko k návrhu; **take a ~** zaujmout stanovisko **3** místo; stanoviště; **witness ~** lavice svědků v soudní síni; **take the ~** jít na lavici svědků svědčit; **take the ~ on st.** svědecky odpřisáhnout co
stand */stood, stood/* [stænd, stud] *(v)* **1** stát; **~ apart from st.** stát stranou čeho **2** kandidovat; **~ as MP** kandidovat na poslance; **~ as a candidate** kandidovat ve volbách; **~ for election** kandidovat ve volbách **3** být / existovat v určitém stavu, zůstat; **~ mute** mlčet; **the House ~s adjourned** zasedání sněmovny je odročeno; **the report ~s referred to the Finance Committee** zpráva je předána finančnímu výboru; **~ bail for sb.** zaručit se za koho u soudu, zaplatit za koho kauci
stand */stood, stood/ (v)* **aside** [,stændə'said, ,studə'-] **1** *sb.* vyloučit; **~ aside jurors** vyloučit porotce **2** ustoupit stranou
stand */stood, stood/ (v)* **by** [stænd'bai, stud'-] být přítomen, ale neúčastnit se diskuse, jednání
stand */stood, stood/ (v)* **down** [stænd'daun, stud'-] **1** stáhnout kandidaturu **2** opustit svědeckou lavici
stand */stood, stood/ (v)* **in for** [,stændin'fo:(r), ,studin'-] *sb.* zastupovat koho
stand */stood, stood/ (v)* **over** [stænd'əuvə(r), stud'-] odložit, odročit; **the case has been stood over to next month** případ byl odročen na příští měsíc
stand */stood, stood/ (v)* **up** [stænd'ap, stud'-] *for sb./st.* veřejně se postavit za koho/co, zastat se koho/čeho
standard ['stændə(r)d] *(n)* úroveň, standard; norma, měřítko, požadavky; **housing ~** úroveň bydlení; **living ~** životní úroveň; **production ~s** výrobní normy; **~ of care** standardní péče; **~ of need** norma potřebnosti pro poskytování státního příspěvku; **~ of proof** síla důkazů; **carry out st. to satisfactory ~s** vykonávat co na vyhovující úrovni; **conform to high ~s of design** odpovídat vysoké úrovni projektu, být v souladu s vysokou úrovní projektu; **set ~s for the quality** stanovit normy pro kvalitu
standard ['stændə(r)d] *(adj)* standardní, odpovídající normám, normální, obvyklý; **~ charge** obvyklý poplatek; **~ contract / form contract / agreement** vzorová smlouva; **~ deduction** standardní odpis; **~ rate** základní daňová sazba
standing ['stændiŋ] *(n)* **1** praxe, odborné působení, činnost; existence; **of long ~** starý, dávný **2** pevně zakořeněný; **practices of fairly long ~** praxe / praktiky trvající již poměrně dlouho; **chartered surveyor of not less than ten years ~** *brit.* úřední odhadce s více než desetiletou praxí **2** *dobrá* pověst, reputace; **company of good ~** společnost s velmi dob-

rou pověstí 3 postavení, pozice; způsobilost; ~ **to be sued** způsobilost být žalován
**standing** ['stændiŋ] *(adj)* stálý; obvyklý, zavedený; **S~ Advisory Council** stálé poradní kolegium; ~ **charges** pevné náklady; ~ **committee** stálá komise, stálý výbor ♦ ~ **order** 1 stálý platební příkaz 2 jednací řád např. parlamentu, soudu
**standpoint** ['stændpoint] *(n)* hledisko, stanovisko; **from the** ~ **of theory** z teoretického hlediska
**staple** [steipl] *(n)* výrobek, produkt, komodita, zboží; **law of the** ~ obchodní tržištní právo; **statute** ~ obchodní zákon
**stare decisis** [ˌsteəridəˈsaisəs] *(lat)* setrvat při rozhodnutí soud je vázán precedenčním rozhodnutím
**state** [steit] *(n)* 1 stát; **city** ~ městský stát; **member** ~ členský stát; **peace-loving** ~s mírumilovné státy; **unitary** ~ unitární stát; **vassal** ~ vazalský stát; ~**'s attorney** státní zástupce; ~**'s evidence** korunní svědek; **defence of the** ~ obrana státu; **functions of the** ~ funkce státu; **head of the** ~ hlava státu; **minister of** ~ *přibl.* státní tajemník; **offence against the** ~ trestný čin proti zákonné vládě státu; **in the name of the** ~ jménem státu 2 stav; ~ **of emergency** výjimečný stav; ~ **of facts** faktická verze; ~ **of health** zdravotní stav; ~ **of mind** duševní stav
**state** [steit] *(adj)* státní; ~ **administration** státní správa; ~ **agency** státní orgán; ~ **arbitration** státní arbitráž; ~ **auditor** *am.* auditor s působností v rámci státu revidující účty státních institucí, revizor státních účtů; ~ **authority** státní moc; ~ **bank** *am.* státní banka činná v rámci státu nikoliv celé federace; ~ **boundary** státní hranice; ~ **courts** *am.* soudy s jurisdikcí v rámci státu nikoliv celé federace; **S~ Department** *am.* Ministerstvo zahraničí; ~ **enterprise** státní podnik; ~ **law** *am.* státní právo jako kontrast k federálnímu; ~ **machinery** státní aparát; ~ **officer** státní činitel; ~ **organ** státní orgán; ~ **ownership** státní vlastnictví; ~ **paper** státní dokument; ~ **police** státní policie; ~ **power** státní moc; ~ **responsibility** odpovědnost státu; ~ **seal** státní pečeť; ~ **secret** státní tajemství; ~ **structure** členění státu; ~ **succession** sukcese, následnictví států; ~ **territory** státní území
**state** [steit] *(v)* st. uvést, konstatovat co; ~ **an account** vyúčtovat; ~ **purposes and principles** uvést cíle a zásady; ~ **rights and duties** uvést práva a povinnosti
**stated** ['steitid] *(adj)* stanovený, uvedený; určený; řádný; ~ **capital** zákonem předepsané jmění; ~ **value** nominální hodnota
**statehood** ['steithud] *(n)* státnost, státní suverenita
**stateless** ['steitləs] *(adj)* bez státní příslušnosti
**statement** ['steitmənt] *(n)* 1 prohlášení, výpověď; tvrzení; oznámení; **general average** ~ dispaš u společné lodní havárie; **notary's** ~ notářská ověřovací / osvědčovací doložka; **written** ~ písemné oznámení; ~ **of claim** stanovení žalobního nároku; ~ **of defence** žalobní odpověď; ~ **of fact** faktická výpověď, fakta; ~ **of loss** *pojišť.* havarijní certifikát, prohlášení o škodě; **make a** ~ učinit prohlášení 2 finanční výkaz; **bank** ~ bankovní výpis; **financial** ~ finanční výkaz; **future** ~ rozpočet; ~ **of account** výpis z účtu; ~ **of affairs** výkaz o finanční situaci podniku v konkursu; ~ **of condition** výkaz o finanční situaci; ~ **of income** výkaz příjmů; ~ **of means** prohlášení o finanční tísni s cílem získat bezplatnou právní pomoc
**statesman** ['steitsmən], *(pl)* **-men** *(n)* státník, politik
**statim** ['steitəm] *(lat)* ihned, okamžitě
**station** ['steišən] *(n)* 1 místo, postavení; **assume the separate and equal** ~ zaujmout samostatné a rovnoprávné postavení 2 stanice; **police** ~ policejní stanice; **railway** ~ železniční nádraží
**statistical** [stə'tistikəl] *(adj)* statistický; ~ **discrepancy** statistická nepřesnost
**statistics** [stə'tistiks] *(pl)* statistika; **vital** ~ statistika narození, úmrtí a sňatků
**status** ['steitəs] *(n)* statut, právní n. společenské postavení; **dominion** ~ statut / postavení dominia
**status quo** ['steitəsˌkwəu] *(lat)* současný stav
**status quo ante** ['steitəsˌkwəu'ænti] *(lat)* předchozí stav
**statute** ['stætjut, *am.* 'stæčut] *(n)* 1 zákon; **consolidating** ~ kompilace / svod / kompendium zákonů; **criminal** ~s trestní zákony; **declaratory** ~ prováděcí nařízení; **directory** ~ zákonný předpis neopatřený sankcí, doporučující norma; **mandatory** ~ zákon opatřený sankcí, lex perfecta; **perpetual** ~ věčný zákon; **temporary** ~ dočasný / prozatímní

zákon; **~s at large** sbírka zákonů; **~ of limitations** zákon o promlčení; **S~ Books** *brit.* platné zákonodárství; **re-enactment of such ~ for the time being in force** nové přijetí zákona prozatím platného **2** stanovy, statut; **S~ of the International Court of Justice** statut Mezinárodního soudního dvora ◆ **provision of the ~** 1 ustanovení statutu 2 ustanovení zákona

**statute-barred** ['stætjut‚ba:d, *am.* 'stæčut‚bard] *(adj)* promlčený; prekludovaný

**statutory** ['stætjutəri, *am.* 'stæčutori] *(adj)* zákonný, statutární, vyplývající ze zákona; veřejnoprávní; **~ books** záznamy povinně vedené společností; **~ company** statutární společnost, společnost ustavená na základě zákona; **~ copyright** zákonná autorská ochrana; **~ declaration** prohlášení o zákonnosti registrované společnosti; **~ exception** zákonná výjimka, výjimka ze zákona; **~ exposition** výklad zákona; **~ force** síla zákona; **~ holiday** zákonný nárok na dovolenou; **~ instrument** zákonný předpis; **~ interpretation** výklad zákonů; **~ law** statutární *psané* právo; **~ liability** statutární odpovědnost, odpovědnost ze zákona; **~ lien** retenční právo ze zákona; **~ obligation** závazek vyplývající ze zákona, statutární / zákonná povinnost; **~ offence** trestný čin uvedený v zákoně; **~ order** vládní nařízení; **~ penalty** 1 *(TP)* trest ze zákona 2 *(OP)* peněžitý trest, pokuta za nesplnění n. částečné splnění závazku; **~ rape** pohlavní zneužití; **~ release** obnovení *nájmu* ze zákona; **~ rules** *vládní* nařízení; **~ successor** zákonný nástupce; **~ undertaker** veřejnoprávní organizace, *ze zákona* oprávněná organizace *např.* dodávající *elektřinu, plyn;* **minor ~ offence** méně závažné porušení zákona; **exercise ~ powers** vykonávat statutární / zákonné pravomoci

**stay** [stei] *(n)* 1 zastavení, přerušení, odložení, odklad; **~ of execution** odklad výkonu rozhodnutí; **~ of proceedings** odklad řízení, přerušení řízení; **~ law** zákon o odkladu *výkonu;* **~ order** příkaz odložit / přerušit 2 pobyt

**stay** [stei] *(v)* st. zastavit, odložit, přerušit *co;* **~ an order** pozastavit *působnost* nařízení

**stead** [sted] *(n)* 1 místo; **in its ~** místo něj 2 výhoda, užitek

**steady** ['stedi] *(adj)* stabilní, stálý

**steal** [sti:l] *(n)* krádež; kradená věc

**steal** */stole, stolen/* [sti:l, stəul, stəuln] *(v)* st. *from sb.* ukrást co komu

**stealing** ['sti:liŋ] *(n)* krádež

**steering** ['stiəriŋ] *(adj)* řídící; **~ committee** řídící výbor

**step** [step] *(n)* krok; **take adequate ~s** podniknout vhodné kroky

**step** [step] */pp/ (v)* kráčet; stoupnout

**step** */pp/ (v)* **down** [step'daun] st. 1 snížit co 2 odstoupit

**step** */pp/ (v)* **up** [step'ap] 1 zvýšit co; zlepšit co 2 postoupit, být povýšen

**step-** [step] *(pref)* předpona označující nevlastního rodiče n. potomka; **~child** nevlastní dítě; **~father** nevlastní otec; **~mother** nevlastní matka; **~parent** nevlastní rodič

**stepparenthood** [step'pærənthud] *(n)* rodičovství nevlastních rodičů

**stick** */stuck, stuck/* [stik, stak] *(v)* 1 *with sb.* zůstat komu; **they were stuck with the purchase** koupenou věc si museli ponechat 2 *up* oloupit s použitím zbraně

**sticker** ['stikə(r)] *(n)* 1 lístek, cedulka 2 nálepka, lepící štítek

**stifle** [staifl] *(v)* udusit, utlumit, potlačit; utajit ◆ **~ a prosecution** upustit od stíhání

**stillborn** ['stilbo:(r)n] *(adj)* 1 mrtvě narozený; **~ child** dítě narozené mrtvé 2 od počátku nevydařený

**stipendiary** [stai'pendjəri] *(n)* osoba dostávající pravidelnou finanční odměnu

**stipendiary** [stai'pendjəri] *(adj)* placený, honorovaný; **~ estate** placený majetek; **~ magistrate** placený / honorovaný soudce *magistrátního soudu*

**stipulate** ['stipjuleit] *(v)* st. smluvně dohodnout, smluvit, stanovit, stanovit co; vyhradit, vymínit si co

**stipulated** ['stipjuleitid] *(adj)* dohodnutý; smluvní; **~ damages** smluvní pokuta; **~ number of years** sjednaný počet let; **~ premium** smluvní pojistné

**stipulation** [‚stipju'leišən] *(n)* smluvní klauzule / ustanovení; smluvní výhrada; článek smlouvy

**stipulator** ['stipjuleitə(r)] *(n)* smluvní strana; kontrahent

**stirps** [stə:(r)ps], *(pl)* **stirpes** ['stə:(r)pi:z] *(lat)* zakladatel rodu, předek

**stock** [stok, *am.* stak] *(n)* 1 zásoba; stav *zásob;* sklad; **closing ~** konečný stav zásob;

**housing** ~ bytový fond; **opening** ~ počáteční stav zásob; **surplus** ~s přebytkové zásoby; ~ **account** / **book** skladová účetní kniha; ~ **control** kontrola stavu zásob; ~ **keeper** skladník; ~ **valuation** hodnocení stavu zásob; **in** ~ na skladě; **out of** ~ vyprodáno 2 akcie, akciový kapitál; **authorized** ~ povolený akciový kapitál; **bank** ~ bankovní kapitál; **bonus** ~ prémiové akcie; **capital** / **common** / **corporate** ~ kmenové akcie, základní / kmenové jmění; **debenture** ~ neumořitelný dluhopis; **deferred** ~ akcie s odloženou dividendou; **floating** ~ obíhající akcie; **government** ~ státní cenné papíry; **growth** ~ růstové akcie; **issued** ~ emitované akcie; **joint** ~ akciový kapitál; **management** ~ správní kapitál; **nonvoting** ~ nehlasující akcie; **paid up** ~ splacené akcie; **par value** ~ akcie s fixní nominální hodnotou; **preferred** / **prior** ~ prioritní akcie; **public** ~ státní dluhopis; **redeemable** ~ umořitelné akcie; **registered** ~ registrované akcie; **trustee** ~ sirotčí cenný papír; **unlisted** ~ nekotované akcie; **voting** ~ hlasující akcie; ~ **broker** burzovní makléř; ~ **certificate** akciový certifikát; ~ **company** akciová společnost; ~ **exchange** burza cenných papírů; ~**exchange value** burzovní hodnota; ~ **list** burzovní lístek; ~ **market** trh cenných papírů; ~ **option** akciová opce; ~ **redemption** umořování akcií; ~ **right** upisovací právo; ~ **subscription** upisování akcií; ~ **transfer tax** daň z převodu akcií; ~ **warrant** potvrzení o právu nakoupit akcie; **pawn** ~ zastavit lombardovat cenné papíry 3 dobytek, užitkové domácí zvířectvo; ~ **breeder** / **farmer** chovatel dobytka; ~ **dealer** obchodník dobytkem

**stock** [stok, *am.* stak] *(v)* mít na skladě / v zásobě; zásobit

**stockholder** ['stok‚həuldə(r), *am.* 'stak‚-] *(n)* akcionář, podílník; ~**'s liability** ručení akcionáře

**stockjobber** ['stok‚džobə, *am.* 'stak‚džabər] *(n)* burzovní senzál, dohodce

**stockpile** ['stokpail, *am.* 'stak-] *(n)* zásoby, rezervy; válečný potenciál; **elimination of** ~s **of nuclear armaments** odstranění zásob jaderných zbraní

**stolen** ['stəulən] *(adj)* kradený

**stoner** ['stəunə] silný kuřák trávy marihuany

**stop** [stop, *am.* stap] */pp/ (v)* zastavit; ~ **and**

**search** / **frisk** oprávnění policie zastavit a prohledat osobu aniž je důkaz o trestném činu

**stop-order** [‚stop'o:(r)də(r), *am.* ‚stap-] *(n)* 1 příkaz k zastavení výplaty šeku 2 příkaz realizovat akcie v cenovém limitu

**stoppage** ['stopidž, *am.* 'stap-] *(n)* zastavení, zaražení; ~ **of work** přerušení práce, stávka ◆ ~ **at source** strhávání daně plátcem

**stopping** ['stopiŋ, *am.* 'stap-] *(n)* ukončení, skončení, pozastavení

**storage** ['sto:ridž] *(n)* 1 skladování, uskladnění 2 skladné, poplatek za uskladnění 3 sklad, skladiště

**store** [sto:(r)] *(n)* 1 záloha, zásoba, sklad; rezerva; **in** ~ na skladě 2 obchodní dům, obchod; **chain-**~ filiálka; **co-operative** ~ družstevní obchod

**strait-jacket** [streit'džækit] *(n)* svěrací kazajka

**strange** [streindž] *(adj)* podivný, divný, zvláštní, neobvyklý; cizí

**stranger** ['streindžə(r)] *(n)* cizinec, cizí / neznámá osoba; třetí osoba; ~ **to the offender** pro pachatele neznámá osoba

**strategic** [strə'ti:džik] *(adj)* strategický; ~ **planning** strategické územní plánování

**stray** [strei] *(n) brit.* 1 právo nechat volně pást na společné pastvině 2 odúmrť

**stream** [stri:m] *(n)* proud; tok, potok ◆ ~ **of commerce** obchodní zboží v oběhu

**strength** [streŋθ] *(n)* síla; ~ **of conviction** síla přesvědčení; ~ **of a law** síla zákona

**stress** [stres] *(n)* 1 tlak 2 důraz; **lay** ~ **on st.** klást důraz na co

**stress** [stres] *(v)* st. zdůraznit co; ~ **the cumulative effect of st.** zdůraznit narůstající účinek čeho

**stretch** *(v)* **back** [streč'bæk] *to* sahat do minulosti, pocházet z

**strict** [strikt] *(adj)* přesně vymezený, přesný; přísný; ~ **construction** / **interpretation** zužující výklad; ~ **duties** přesně vymezené povinnosti; ~ **implementation** přesné provádění; ~ **law** právo v úzkém slova smyslu; ~ **liability** přesně vymezená / absolutní odpovědnost; ~ **observance** přísné dodržování; ~ **scrutiny** **test** zkouška přísného zkoumání

**strife** [straif] *(n)* veřejné násilí, násilné vyvolání nepokojů

**strike** [straik] *(n)* stávka; **economic** ~ stávka s cílem zlepšit ekonomické podmínky práce; **general** ~ generální stávka; **illegal** ~ nezákonná stávka neschválená odborovým svazem; **jurisdictional** ~ kompetenční stávka; **official** ~ stávka se souhlasem odborů, odbory uznaná stávka; **rent** ~ organizované pozdržení neplacení nájemného, stávka nájemníků; **sit-down** ~ stávka vsedě; **token** ~ výstražná stávka; **wildcat** ~ stávka bez souhlasu odborů; ~ **call** výzva ke stávce

**strike** */struck, struck / stricken/* [straik, strak, strikn] *(v)* **1** udeřit, uhodit **2** vybrat, sestavit; ~ **a jury** sestavit porotu **3** *for, against* st. stávkovat za co, proti čemu

**strike** */struck, struck / stricken/ (v)* **off** [ˌstraik'of, strak'of, strikn'of] sb./st. vyškrtnout koho/co ze seznamu, vymazat co z textu; ~ **sb. off the rolls** vymazat čí jméno ze seznamu solicitorů a tím mu zastavit výkon praxe; ~ **the company off the register** vymazat společnost z obchodního rejstříku

**strike** */struck, struck / stricken/ (v)* **out** [ˌstraik'aut, strak'aut, strikn'aut] **1** vymazat, vyškrtnout **2** zastavit zahájené řízení, protože se žalovaný nedostavil

**strikebreaker** ['straikˌbreikə(r)] *(n)* stávkokaz

**strike(-)off** ['straikof] *(n)* **1** výmaz **2** odklepnutí nabídky v dražbě

**stroke** [strəuk] *(n)* úder, rána; **three ~s of the birch** tři rány březovou metlou

**strong** [stroŋ] *(adj)* silný; pevný; přesvědčivý; ~ **evidence** přesvědčivý důkaz; ~ **hand** pevná ruka

**structure** ['strakčə(r)] *(n)* struktura, vnitřní uspořádání, stavba; **sentencing** ~ systém trestů

**structure** ['strakčə(r)] *(v)* st. sestavit, zkonstruovat co; strukturovat co

**structured** ['strakčə(r)d] *(adj)* členěný, strukturovaný, odstupňovaný; ~ **settlement** náhrada škody v pravidelných doživotních splátkách

**studies** ['stadiz] *(pl)* studium, studie

**study** ['stadi] *(n)* studium; **field of** ~ studijní obor

**suability** [ˌsjuə'biləti] *(n)* soudní žalovatelnost

**suable** ['sjuəbl] *(adj)* žalovatelný, soudně vymahatelný

**subagent** [səb'eidžənt] *(n)* podzástupce, podjednatel; substitut

**subcommittee** ['sabkomiti:, *am.* -kamə-] *(n)* podvýbor, subkomise

**subcontract** ['sabkontrækt, *am.* -kan-]

---

*(n)* smlouva se subdodavatelem; vedlejší smlouva; dodatek ke smlouvě

**subcontractor** [ˌsabkən'træktə(r), *am.* --'kontræk-] *(n)* subdodavatel

**subdivide** [ˌsabdi'vaid] *(v)* st. dále (roz)dělit

**subdivision** [ˌsabdi'vižən] *(n)* podrozdělení, další dělení

**subject** ['sabdžikt] *(n)* **1** předmět; subjekt; ~ **of the action** předmět žaloby; ~ **of law** subjekt práva; **break the** ~ **into three parts** rozdělit předmět na tři části **2** poddaný, státní příslušník monarchie; **British** ~ britský občan

**subject** ['sabdžikt] *(adj)* to st. podléhající čemu, závislý na čem, podmíněný čím; ~ **to the consent of sb.** podléhající souhlasu koho; ~ **to contract** platný pouze ve formě smlouvy; ~ **to the provisions of st.** podléhající ustanovením čeho; **not** ~ **to any disqualification** nepodléhající žádné diskvalifikaci; **be** ~ **to tax** podléhající dani

**subject to** ['sabdžikt ˌtu] *(prep)* kromě, s výhradou; ~ **the following exceptions** s výhradou následujících výjimek, s následujícími výjimkami

**subjection** [səb'džekšən] *(n)* **1** podřízenost **2** závislost; **unwilling** ~ **to st.** nežádoucí závislost na čem

**subjections** [səb'džekšənz] *(pl)* vztahy související jako součást nájemní smlouvy

**subject-matter** ['sabdžiktmætə(r)] *(n)* **1** předmět sporu, objekt právního vztahu; ~ **jurisdiction** věcná pravomoc **2** podstata, obsah, téma; ~ **of a contract** podstata smlouvy, předmět smlouvy; ~ **of the lease** předmět nájemní smlouvy

**sub judice** [sab'džudəsi] *(lat)* dosud soudně neukončený tudíž nezveřejnitelný, soudně dosud nerozhodnutý

**subjugation** [ˌsabdžu'geišən] *(n)* **1** podrobení, podmanění **2** ovládnutí

**sublease** [sab'li:s] *(n)* podnájem, pronájem najaté věci

**sublease** [sab'li:s] *(v)* st. pronajmout (si) najaté; jít do podnájmu

**sublessee** [ˌsable'si:] *(n)* druhotný nájemce; podnájemce, podnájemník

**sublessor** [ˌsablə'so:(r)] *(n)* druhotný pronajímatel

**sublet** [sab'let] *(n)* podnájem

**sublet** */-let, -let/* [sab'let, -let] */tt/ (v)* st. pronajmout (si) najaté; dále pronajmout co

submarine [ˌsabməˈriːn] *(adj)* podmořský; ~ **cable** podmořský kabel
submission [səbˈmiʃən] *(n)* 1 podání, předložení; ~ **to jury** předání věci porotě; ~ **to Parliament** předložení parlamentu 2 poddání se, podvolení se autoritě; ~ **to the laws** podřízení se zákonům 3 rozhodčí smlouva; kompromis, smír
submit [səbˈmit] */tt/ (v)* st. *to* sb. 1 předložit co komu; ~ **all Bills to the Queen** předkládat veškeré návrhy zákonů královně; ~ **documents** předložit doklady; ~ **legal disputes to the Court** předkládat právní spory Mezinárodnímu soudnímu dvoru; ~ **a proposal** předložit návrh; ~ **reports** předkládat zprávy 2 podřídit (se) co komu; sklonit se před čím; ~ **to the jurisdiction of the court** podřídit se pravomoci soudu 3 tvrdit, prohlásit při líčení
submortgage [sabˈmoː(r)gidž] *(n)* podzástavní právo k nemovitosti
subordinate [səˈboː(r)dənit] *(adj)* podřízený; ~ **debt** podřízený dluh; ~ **legislation** podzákonné právní předpisy; ~ **officer** podřízený úředník
subordinate [səˈboː(r)dineit] *(v) to* sb./st. podřídit, podřizovat komu/čemu
subordination [səˌboː(r)diˈneiʃən] *(n)* podřízenost, subordinace; ~ **agreement** dohoda o podřízenosti nároků
suborn [səˈboː(r)n] *(v)* 1 tajně, pokoutně získat, připravit, poskytnout 2 navádět ke křivé přísaze
subornation [ˌsaboː(r)ˈneiʃən] *(n)* svádění, svedení k nezákonnému činu; ~ **of perjury** svádění ke křivé přísaze
subparagraph [səbˈpærəgraːf, *am.* -græf] *(n)* odstavec, bod
sub(-)poena [səˈpiːnə] *(lat)* pod hrozbou trestu; předvolání k soudu pod hrozbou trestu, soudní obsílka; ~ **duces tecum** [səˈpiːnəˌduːsis ˈtiːkəm] soudní příkaz dostavit se k soudu a předložit důkazní prostředky
subpoena [səˈpiːnə] *(v)* sb. nařídit komu, aby se dostavil k soudu, předvolat koho
subrogation [ˌsabrəuˈgeiʃən] *(n)* převzetí práv věřitele zaplacením pohledávky, subrogace
subrogee [ˌsabrəuˈgiː] *(n)* postupník
subrogor [ˌsabrəuˈgoː(r)] *(n)* postupitel
sub rosa [sabˈroːzə] *(lat)* tajemství, nezveřejnitelná věc
subscribe [səbˈskraib] *(v)* st. 1 podepsat

co na konci listiny 2 upsat, upisovat akcie 3 upsat se k čemu, přispět čím 4 předplatit si co
subscribed [səbˈskraibd] *(adj)* 1 upsaný, získaný úpisem; ~ **capital** upsaný kapitál; ~ **stock** upsané akcie 2 podepsaný 3 předplacený
subscriber [səbˈskraibə(r)] *(n)* 1 podepisující osoba 2 upisovatel akcií, kapitálu; přispěvatel 3 předplatitel
subscription [səbˈskripʃən] *(n)* 1 úpis; příspěvek; ~ **contract** smlouva o úpisu majetku; ~ **rights** upisovací práva 2 podpis 3 předplacení; ~ **list** seznam předplatitelů
subsection [ˈsabˌsekʃən] *(n)* pododdíl; odstavec paragrafu
subsequent [ˈsabsikwənt] *(adj)* 1 následující, následný; ~ **act** následný zákon; ~ **condition** následná podmínka; ~ **year** následující rok 2 pozdější
subsidiarity [səbsidiˈæriti] *(n)* podřízenost, subsidiarita
subsidiary [səbˈsidjəri] *(adj)* 1 pomocný, podpůrný; ~ **means** pomocné / podpůrné prostředky 2 vedlejší, doplňkový; podružný; ~ **charge** vedlejší obvinění; ~ **motion** doplňkový návrh; ~ **source** doplňkový / vedlejší zdroj
subsidize [ˈsabsidaiz] *(v)* sb./st. materiálně, finančně podporovat, dotovat koho/co; ~**d accommodation** dotované ubytování
subsidy [ˈsabsidi] *(n)* dotace, podpora, subvence; **government** ~**ies** vládní dotace
subsist [səbˈsist] *(v)* 1 existovat, být 2 *(up)on* st. být živ z čeho, živit se čím 3 *in* st. spočívat v čem
subsistence [səbˈsistəns] *(n)* 1 existence; ~ **of copyright** existence autorské ochrany 2 podpora na živobytí; výživné
substance [ˈsabstəns] *(n)* 1 hmota, materie; podstata; **be differrent in form and** ~ být odlišný co do podstaty a formy 2 látka; **dangerous / hazardous** ~**s** nebezpečné látky
substandard [sabˈstændə(r)d] *(adj)* nestandardní, jsoucí horší kvality
substantial [səbˈstænʃəl] *(adj)* 1 podstatný velký a důležitý, závažný; ~ **damages** podstatné odškodnění; ~ **evidence** podstatný / přesvědčivý důkaz; ~ **interest** podstatný podíl; ~ **performance** podstatné plnění 2 skutečný, hmotný; ~ **justice** hmotná spravedlnost
substantiate [səbˈstænšieit] *(v)* st. opodstatnit co; ~ **the claim** opodstatnit nárok / tvrzení

**substantive** [ˈsabstəntiv] *(adj)* **1** hmotný; ~ **due process** hmotný zákonný postup; ~ **evidence** hmotný důkaz; ~ **law** hmotné právo; ~ **law of tort** hmotné právo občanskoprávních deliktů; ~ **rights** základní hmotná práva a svobody; ~ **rule of international law** norma hmotného mezinárodního práva **2** samostatný, nezávislý; ~ **felony** samostatný trestný čin; ~ **offence** nezávislý trestný čin

**substitute** [ˈsabstitju:t] *(n)* zástupce; náhradník; ~ **defendant** náhradní odpůrce; ~ **father** náhradní otec

**substitute** [ˈsabstitju:t] *(v)* sb./st. **1** nahradit koho/co; **reference to VAT shall include any tax of a similar nature ~d for, or levied in addition to, VAT** odvolávka na DPH zahrnuje jakoukoliv obdobnou daň, která nahrazuje DPH nebo která je odváděna v souvislosti s DPH navíc **2** zastupovat koho/co

**substituted** [ˈsabstitju:tid] *(adj)* náhradní; ~ **basis** náhradní základ daní; ~ **executor** náhradní vykonavatel; ~ **service** náhradní doručení soudní obsílky

**substitution** [ˌsabstiˈtju:šən] *(n)* záměna; náhrada, substituce; ~ **of parties** náhrada stran

**substitutionary** [ˌsabstiˈtju:šənəri] *(adj)* náhradní; ~ **evidence** náhradní důkaz

**subsume** [səbˈsju:m] *(v)* st. *in* st. zahrnout co do čeho, zařadit / včlenit co do čeho

**subtenancy** [ˈsabtenənsi] *(n)* druhotná držba, druhotný pronájem; podnájem

**subtenant** [ˈsabtenənt] *(n)* druhotný nájemce; podnájemce, podnájemník

**subtraction** [səbˈtrækšən] *(n)* odepření, odmítnutí; ~ **of conjugal rights** odepření manželských práv

**subversion** [səbˈvə:(r)šən] *(n)* **1** podvracení, podvratná činnost **2** svržení, nucené odstoupení

**subversive** [səbˈvə:(r)siv] *(adj)* podvratný; ~ **activity** podvratná činnost; ~ **groups** podvratné skupiny

**succeed** ¹ [səkˈsi:d] *(v) in* st. mít úspěch v čem, zdařit se, dopadnout dobře

**succeed** ² [səkˈsi:d] *(v)* sb. nastoupit po kom, být nástupcem koho; zdědit po kom; ~ **to a property** nabýt majetek děděním; ~ **to the throne** nastoupit na trůn

**successful** [səkˈsesful] *(adj)* úspěšný; ~ **candidate** úspěšný kandidát, jenž ve volbách zvítězil

**succession** [səkˈsešən] *(n)* dědění, dědictví; sukcese, nástupnictví, následnictví; **artificial** ~ umělá sukcese v korporaci; **hereditary** ~ dědičná sukcese; **intestate** ~ dědictví bez závěti ze zákona; **legal** ~ dědictví ze zákona; **natural** ~ přirozené dědění fyzických osob např. při smrti předka; **testamentary** ~ dědění ze závěti; **vacant** ~ hereditas iacens, pozůstalost bez dědiců; **law of** ~ dědické právo, právo týkající se sukcese; ~ **duty / tax** dědická daň; **secure the** ~ zachovat následnictví

**successive** [səkˈsesiv] *(adj)* jdoucí po sobě, následný, postupný; ~ **employment** následné zaměstnání

**successor** [səkˈsesə(r)] *(n)* následník, právní nástupce; ~ **in title** nabyvatel titulu ze zákona; ~ **trustee** nástupce svěřeneckého správce

**succinctly** [səkˈsiŋktli] *(adv)* stručně, pregnantně

**sudden** [sadn] *(adj)* náhlý, nenadálý; ~ **injury** nenadálé zranění; ~ **peril** náhlé nebezpečí

**sue** [sju:] *(v)* **1** *for* st. žalovat, podat žalobu o co; ~ **and be ~d** žalovat a být žalován; ~ **for breach of contract** žalovat pro porušení smlouvy; ~ **for damages** žalovat o náhradu škody; ~ **for divorce** žádat o rozvod **2** *out* st. vysoudit co

**suffer** [ˈsafə(r)] *(v)* st. utrpět co; být poškozen čím; dovolit, strpět co; ~ **the consequences** trpět následky čeho; ~ **damage** utrpět škodu; ~ **an electoral disadvantage** mít nevýhodu ve volbách; ~ **injuries at the hand of sb.** utrpět škodu způsobenou kým; **obligation not to permit or** ~ **such act** povinnost nepřipustit nebo nestrpět takové konání

**sufferable** [ˈsafərəbl] *(adj)* snesitelný; **while evils are** ~ když zlo je snesitelné

**sufferance** [ˈsafərəns] *(n)* **1** utrpení **2** trpělivé snášení, tolerance (čeho) ♦ **tenancy at** ~ držba zatížená věcným břemenem

**suffering** [ˈsafəriŋ] *(n)* trápení, utrpení; **occasioned** ~ způsobené utrpení / útrapy; **undergo** ~ podstoupit trápení / útrapy

**suffice** [səˈfais] *(v)* stačit, postačovat

**sufficiency** [səˈfišənsi] *(n)* dostatečnost; dostatek; ~ **of evidence** dostatečnost důkazů

**sufficient** [səˈfišənt] *(adj)* postačující, dostatečný, adekvátní; ~ **cause** dostatečná příčina; ~ **evidence** dostatečné důkazy; ~ **votes** dostatečný počet hlasů

**sufficiently** [səˈfišəntli] *(adv)* dostatečně

**suffrage** ['safridž] *(n)* hlasovací / volební právo; **universal adult** ~ všeobecné volební právo dospělých; **universal, equal and direct** ~ **by secret ballot** všeobecné, rovné, přímé volební právo s tajným hlasováním

**suggest** [sə'džest, *am.* səg'džest] *(v)* st. navrhnout co, dát podnět k čemu

**suggestion** [sə'džesčən, *am.* səg'-] *(n)* **1** návrh, podnět; ~ **of error** podnět k novému přelíčení **2** nepřísežná odpověď

**suggestive** [sə'džestiv, *am.* səg'-] *(adj)* sugestivní; ~ **interrogation** sugestivní výslech

**suicide** ['sjuisaid] *(n)* **1** sebevražda; **commit** ~ spáchat sebevraždu **2** sebevrah

**sui generis** [ˌsju:ai'dženəris] *(lat)* svého druhu

**sui juris** [ˌsju:ai'džuəris] *(lat)* svým právem; svéprávný, plnoprávný

**suit** [sju:t] *(n)* soudní proces zejména OP, žaloba, spor; **class** ~ kolektivní žaloba; ~ **for damages** žaloba o náhradu škody; **be immune from** ~ být soudně nestíhatelný

**suitable** ['sju:təbl] *(adj) for* sb./st. vhodný pro koho/co; ~ **title** vhodný název / nadpis

**suitor** ['sju:tə(r)] *(n)* žalobce, navrhovatel; ~**s' fee fund** *brit.* fond žalobních poplatků

**sum** [sam] *(n)* **1** obnos, částka, suma; **flat** ~ paušální jednotná částka; **lump** ~ paušální jednorázová částka; ~ **payable** splatná částka; ~ **in gross** hrubá částka; ~ **of money** peněžní částka; **the aggregate of all** ~**s** souhrn / součet všech částek; ~ **payable at death** pojistná částka pro případ úmrtí **2** součet, souhrn

**sum** [sam] */mm/ (v) up* st. shrnout co; ~ **up the evidence for the benefit of the jury** shrnout pro porotu důkazy / svědecké výpovědi

**summarily** ['samərili] *(adv)* úhrnně, souborně, sumárně; **try an offence** ~ projednávat trestný čin sumárně ve zkráceném řízení

**summarize** ['saməraiz] *(v)* st. shrnout co; ~ **advantages of arbitration** shrnout výhody arbitráže

**summary** ['saməri] *(n)* resumé, shrnutí; souhrnný seznam; **give a** ~ podat resumé, shrnout

**summary** ['saməri] *(adj)* souhrnný, sumární, zkrácený; ~ **arrest** zatčení bez zatykače; ~ **conviction** odsouzení ve zkráceném řízení; ~ **dismissal** výpověď s kratší výpovědní lhůtou než je stanoveno zákonem, okamžité propuštění; ~ **judgment** sumární rozsudek; okamžité rozhodnutí; rozsudek vyhlášený bez jednání;

~ **jurisdiction** zkrácené sumární řízení; **S~ Jurisdiction Act** *am.* zákon o zkráceném řízení; ~ **offence** trestný čin, který je možno soudit sumárně; ~ **punishment** *přibl.* disciplinární trest; ~ **trial** sumární proces

**summing up** ['samiŋˌap] *(n)* shrnutí závěrů

**summit** ['samit] *(n)* jednání na nejvyšší úrovni; ~ **meeting** schůzka na nejvyšší úrovni; ~ **talks** rozhovory na nejvyšší úrovni

**summon** ['samən] *(v)* sb./st. **1** předvolat, obeslat koho; ~ **a witness** předvolat svědka **2** svolat co; **the Queen ~s, prorogues and dissolves Parliament** královna svolává, odročuje a rozpouští parlament

**summons** ['samənz], *(pl)* **-es** *(n)* soudní obsílka jako instrument pro zahájení občanské věci, soudní předvolání; **originating** ~ předvolání k prvnímu soudnímu projednávání; **witness** ~ předvolání svědka, svědecká obsílka; **writ of** ~ příkaz k soudnímu předvolání; **serve a** ~ **on the defendant** doručit obžalovanému soudní předvolání

**sundry** ['sandrai] *(adj)* jiný, další; rozličný; ~ **terms and conditions** jiné / další smluvní podmínky

**superintend** [ˌsju:pə(r)in'tend] *(v)* st. **1** kontrolovat co, mít dozor nad čím **2** řídit, vést co

**superintendent** [ˌsju:pə(r)in'tendənt] *(n)* **1** dozorce; kontrolor, správce; manažer **2** policejní důstojník

**superior** [sju:'piəriə(r)] *(adj)* **1** lepší, kvalitnější **2** nadřízený, vyšší; ~ **court** vyšší soud; ~ **force** vyšší síla / moc; **the independence of** ~ **judges is fortified by** st. nezávislost vyšších soudců je posílena čím

**superpower** ['sju:pə(r)pauə(r)] *(n)* supervelmoc

**supersede** [ˌsju:pə(r)'si:d] *(v)* st. **1** nahradit co, nastoupit na místo čeho; ~ **common law** nahradit obyčejové právo; **superseding cause** nastupující příčina **2** anulovat, zrušit, zneplatnit co **3** odložit, odročit řízení, (po)zastavit výkon rozsudku

**supersedeas** [ˌsju:pə(r)'si:diæs] *(n)* (po)zastavení řízení; **writ of** ~ soudní příkaz k přerušení / odročení soudního řízení; ~ **bond** kauce za přerušení řízení n. odklad výkonu rozsudku

**supervening** [ˌsju:pə(r)'vi:niŋ] *(adj)* dodatečný, následující; ~ **cause** dodatečná příčina; ~ **negligence** následná nedbalost

**supervise** ['sju:pə(r)vaiz] *(v)* st. dohlížet na co, na práci

**supervision** [ˌsju:pə(r)'vižən] *(n)* dohled, dozor; **~ order** příkaz k předání mladistvého do ústavní výchovy

**supervisor** ['sju:pə(r)vaizə(r)] *(n)* **1** dozorce, dohližitel; inspektor **2** poradce, konzultant

**supervisory** ['sju:pə(r)vaizəri] *(adj)* dozorový, dohližitelský, kontrolní; **~ authority** dozorčí úřad; **~ board** dozorčí rada; **~ control** dohlédací kontrola; **~ jurisdiction** kontrolní / dozorová soudní pravomoc

**supplant** [sə'pla:nt, *am.* -'plænt] *(v)* sb./st. nahradit koho/co, přijít na místo koho/čeho

**supplement** ['sapləmənt] *(n)* dodatek, doplněk, příloha

**supplement** ['sapləmənt] *(v)* st. doplnit co

**supplemental** [ˌsaplə'mentl] *(adj)* dodatečný; doplňkový; **~ affidavit** doplňkové místopřísežné prohlášení; **~ answer** dodatečná odpověď; **~ bill** dodatečné podání; **~ complaint** dodatečná žaloba; **~ pleading** doplňková žaloba

**supplementary** [ˌsaplə'mentəri] *(adj)* dodatkový, doplňkový; **~ insurance** doplňkové pojištění; dopojištění; připojištění; **~ proceedings** doplňkové řízení; **~ questions** doplňkové otázky při interpelaci v parlamentu

**supplies** [sə'plaiz] *(pl)* **1** rozpočtové výdaje **2** zásoby, dodávky

**supply** [sə'plai] *(n)* dodávka; poskytnutí; **money ~** veškeré finance v zemi; **the law of ~ and demand** zákon nabídky a poptávky

**supply** [sə'plai] *(adj)* **1** zásobovací; dodavatelský; **~ price** dodací cena **2** týkající se poskytování / přidělování financí; **S~ Bill** návrh zákona na poskytnutí financí vládě; **~ day** *brit.* den, kdy se v parlamentu projednávají rozpočtové výdaje

**supply** [sə'plai] *(v)* st. dodat, opatřit co; zajistit, postarat se o co; **~ educational, shopping and waste disposal facilities** postarat se o školní a nákupní zařízení a odvoz odpadků; **~ evidence** opatřit důkaz; **~ services** zajistit služby; **~ with st.** zásobovat čím, dodávat co

**support** [sə'po:(r)t] *(n)* podpora, pomoc; výživné; **financial ~** finanční podpora; **~ price** *(ES)* dotovaná cena zemědělských produktů vládou; **for the ~ of st.** na podporu čeho; **the ~ is spread fairly evenly throughout the country** podpora / pomoc je docela rovnoměrně

rozložena po celé zemi; **draw the ~ from** čerpat podporu (odkud); **give financial ~** poskytnout finanční podporu

**support** [sə'po:(r)t] *(v)* sb. podporovat koho, pomáhat komu; **duty to ~ sb.** povinnost podporovat koho; **~ a family** živit rodinu

**supposition** [ˌsapə'zišən] *(n)* předpoklad, domněnka

**suppress** [sə'pres] *(v)* st. **1** potlačit, zdolat co; **~ insurrections** potlačit vzpouru / povstání **2** zrušit, zakázat co

**suppression** [sə'prešən] *(n)* **1** potlačení, zdolání; **~ of civil rights** potlačení občanských práv; **~ of evidence** potlačení důkazů **2** udušení

**suppressio veri** [səˌprešiəu'vi:rai] *(lat)* zatajování pravdy

**supra** ['sju:prə] *(adv)* výše, shora; **~ protest** akceptace směnky po protestaci

**supranational** [ˌsju:prə'næsənl] *(adj)* nadnárodní, nadstátní; **~ organization** nadstátní organizace

**supremacy** [sju'preməsi] *(n)* **1** nejvyšší moc, svrchovanost, supremace, primát; **territorial ~** územní svrchovanost; **~ of the House of Commons over the House of Lords** supremace Dolní sněmovny nad Horní sněmovnou; **~ of law** primát práva; **~ of Parliament** nejvyšší moc, supremace parlamentu; **ensure the ~ of the House of Commons** zajistit supremaci Dolní sněmovny **2** nadvláda

**supreme** [sju:'pri:m] *(adj)* **1** nadřazený **2** nejvyšší; **~ authority** nejvyšší moc; **~ court** nejvyšší soud; **~ legislative body** nejvyšší zákonodárný orgán; **~ organ of state power** nejvyšší orgán státní moci; **~ pontiff** římský papež; **~ power** nejvyšší moc

**surcharge** ['sə:(r)ča:(r)dž] *(n)* **1** přirážka, příplatek; pokuta **2** přetížení; přílišné zatížení daněmi

**surcharge** [sə:(r)'ča:(r)dž] *(v)* sb. dodatečně zatížit koho odpovědností

**surety** ['šuərəti, *am.* 'šu:rəti] *(n)* **1** jistota, záruka; rukojemství; **~ bond** 1 garanční pojistka **2** záruční listina; **~ company** záruční společnost; **~ insurance** zárukové pojištění; **stand ~ for sb.** ručit za koho **2** ručitel

**suretyship** ['šuərətišip, *am.* 'šu:rə-] *(n)* ručení; neakcesorická záruka; **contract of ~** ruko-

jemská / ručitelská smlouva, smlouva o ručení; ~ **defence** obrana ručitele
**surname** ['sɔː(r)neim] *(n)* příjmení
**surplus** ['sɔː(r)pləs] *(n)* přebytek, excedent; **accumulated** ~ akumulovaný přebytek; **appropriated** ~ odložený přebytek; **capital / reserved** ~ kapitálová rezerva; **earned** ~ zisk z podnikání; ~ **reinsurance** excedentní zajištění
**surrender** [sə'rendə(r)] *(n)* 1 vzdání se, kapitulace; odstoupení; **unconditional** ~ bezpodmínečná kapitulace; ~ **by operation of law** odstoupení z moci zákona; ~ **of criminals** předání zločinců z vlastní jurisdikce do jurisdikce orgánu příslušného k jejich stíhání; ~ **of charter** odstoupení od zakládací smlouvy; ~ **of a preference** odstoupení přednostního věřitele 2 *pojišť.* odkup, odbytné; ~ **provisions** podmínky pro odkup; ~ **value** odkupní hodnota, hodnota vrácené pojistky
**surrender** [sə'rendə(r)] *(v)* st. 1 vzdát se, kapitulovat 2 postoupit, nuceně vydat co; ~ **a passport** odevzdat pas; ~ **its sovereignty to the government** postoupit pod nátlakem svou svrchovanost vládě
**surrenderee** [sə,rendə'riː] *(n)* přejímatel majetku
**surrogate** ['sarəgit] *(n)* 1 jmenovaný zmocněnec; ~ **mother** náhradní matka 2 soudce pro nesporné věci; ~ **court** soud pro nesporné věci
**surrounding** [sə'raundiŋ] *(adj)* kolem ležící, obklopující; ~ **circumstances** průvodní bezprostřední okolnosti trestného činu
**surveillance** [sɔː(r)'veiləns] *(n)* dozor, sledování; **electronic** ~ sledování pomocí elektronických přístrojů; **intelligent** ~ sledování tajnou službou; ~ **device** sledovací zařízení
**survey** ['sɔː(r)vei] *(n)* expertiza, posudek; dobrozdání; prohlídka; ~ **fees** *pojišť.* havarijní poplatky; ~ **report** *pojišť.* havarijní protokol / certifikát
**survey** [sɔː(r)'vei] *(v)* st. prozkoumat, podrobně si prohlédnout co
**surveyor** [sɔː(r)'veiə(r)] *(n)* 1 znalec, odborník, expert; **chartered** ~ *brit.* úřední odhadce výše nájemného, nemovitosti; **review** ~ *brit.* odhadce revidující výše poplatků; ~**'s determination** nález odhadce; ~**'s fee** znalečné; ~**'s report** znalecký posudek 2 daňový inspektor

3 havarijní komisař 4 dozorce, dohližitel 5 topograf, zeměměřič
**survival** [sə(r)'vaivəl] *(n)* přežití; ~ **annuity** důchod na přežití
**survive** [sə(r)'vaiv] *(v)* přežít, žít déle
**surviving** [sə(r)'vaiviŋ] *(adj)* přežívající; jsoucí na živu; ~ **spouse** přežívající manželský partner
**survivor** [sə(r)'vaivə(r)] *(n)* přeživší osoba, pozůstalý; ~**'s pension** důchod pro pozůstalou osobu
**survivorship** [sə(r)'vaivə(r)šip] *(n)* právo přeživšího na společný majetek; ~ **annuity** důchod pro přeživšího manžela
**susceptible** [sə'septəbl] *(adj)* umožňující, připouštějící; schopný
**suspect** ['saspekt] *(n)* podezřelá osoba, podezřelý; ~ **of an offence** osoba podezřelá z trestného činu
**suspect** [sə'spekt] *(v)* sb. *of* st. podezírat koho z čeho; ~ **sb. of murder** podezírat koho z vraždy
**suspend** [sə'spend] *(v)* st. 1 pozastavit co; odložit, odročit co; ~ **negotiations** přerušit, odročit jednání 2 postavit dočasně mimo službu se zachováním platu
**suspended** [sə'spendid] *(adj)* odložený; pozdržený; podmínečný; ~ **sentence** podmínečné odsouzení, dočasné odložení výkonu trestu; **imprisonment** ~ **for 12 months** uvěznění s podmínkou na 12 měsíců
**suspense** [sə'spens] *(n)* dočasná ztráta práva, suspenze
**suspension** [sə'spenšən] *(n)* zastavení, dočasné přerušení, odklad, odročení; ~ **of a right** odklad výkonu práva; ~ **of a trial** odročení procesu / hlavního líčení; **appeal for a** ~ žádat o přerušení / odročení
**suspensive** [sə'spensiv] *(adj)* dočasně přerušující, odročující; ~ **condition** prozatímní podmínka s odkladným účinkem
**suspicion** [sə'spišən] *(n)* podezření; **arrest sb. on** ~ zatknout koho na základě podezření
**suspicious** [sə'spišəs] *(adj)* podezřelý; ~ **circumstances** podezřelé okolnosti; ~ **substances** podezřelé látky
**sustain** [sə'stein] *(v)* st. 1 potvrdit, schválit co 2 připustit námitku; ~ **objection** připustit námitku; **objection** ~**ed** námitka se připouští 3 snášet, utrpět co; ~ **injury** utrpět škodu; ~ **loss** utrpět škodu / ztrátu; **inconvenience**

**~d by the plaintiff** potíže / problémy snášené žalobcem

**sustainable** [sə'steinəbl] *(adj)* právně udržitelný, obhajitelný, doložitelný

**swear** */swore, sworn/* ['sweə(r), swo:(r), swo:(r)n]* (v)* přísahat, složit přísahu; **~ oath** přísahat; **be sworn as a witness in his own defence** být vzat pod přísahu jako svědek vlastní obhajoby

**swear** */swore, sworn/ (v)* **in** [ˌsweər'in, ˌswo:(r)'in, ˌswo:(r)n'in] vzít pod přísahu před nastoupením do funkce; **he was sworn in as a Privy Councillor** byl vzat pod přísahu jako budoucí člen Soukromé královské rady

**swindle** [swindl] *(n)* podvod

**swindle** [swindl] *(v)* sb. oklamat koho, dopouštět se podvodu

**swindler** ['swindlə(r)] *(n)* podvodník

**swindling** ['swindliŋ] *(n)* podvádění, klamání; defraudace

**syllabus** ['siləbəs], *(pl)* **syllabi** ['siləbai] **1** *am.* krátké shrnutí případu v titulku **2** stručný výtah, shrnutí, sylabus

**symptom** ['simptəm] *(n)* příznak, symptom

**symptomatic** [ˌsimptə'mætik] *(adj)* příznačný; symptomatický

**synallagmatic** [ˌsinəlæg'mætik] *(adj)* synalagmatický, reciproční, zakládající práva a povinnosti pro obě smluvní strany; **~ contract** reciproční smlouva

**syndicate** ['sindəkit] *(n)* **1** syndikát, sdružení právně samostatných podniků **2** *am.* zločinecká organizace

**synopsis** [si'nopsis, *am.* 'nap-], *(pl)* **synopses** [si'nopsi:z, *am.* 'nap-] stručný přehled, výtah, osnova, synopse

**system** ['sistəm] *(n)* systém, řád; **Anglo-American** ~ angloamerický systém; **control** ~ kontrolní systém; **electoral** ~ volební systém; **fiscal** ~ finanční / fiskální systém; **law / legal** ~ právní systém; **principal legal** ~**s of the world** hlavní světové právní systémy; **safe** ~ **of work** bezpečný systém práce; **~ of law** právní řád, právní systém; **~ of voting** hlasovací systém; **introduce a** ~ **for the comprehensive planning of st.** zavést systém pro všestranné plánování čeho; **provide for a more intensive control** ~ stanovit n. učinit opatření pro intenzivnější kontrolní systém

**systematic** [ˌsistə'mætik] *(adj)* systematický; **~ code of all the laws** systematický kodex všech zákonů

table 300 take

# T

**table** [teibl] *(n)* **1** stůl; **negotiating** ~ jednací stůl; **round** ~ **conference** konference u kulatého stolu; **lay a bill on the** ~ 1 *brit.* předložit návrh zákona Dolní sněmovně 2 *am.* zmařit rozpravu o návrhu zákona ve Sněmovně reprezentantů, odložit návrh na neurčito **2** tabulka; **actuarial** ~**s** tabulky pro výpočty pojistného; ~ **of charges** ceník; ~ **of exchanges** kursovní lístek; ~ **of interest** úroková tabulka; **on the** ~ 1 *brit.* předložený k diskusi 2 *am.* zamítnutý, odložený **3** výpis, seznam, soupis; ~ **of cases** seznam soudních rozhodnutí **4** *brit.* vzorová společenská smlouva a vzorové stanovy obchodní společnosti

**table** [teibl] *(v)* st. **1** *brit.* předložit co k diskusi **2** *am.* odložit co na neurčito ♦ ~ **a motion** 1 *brit.* předložit návrh k diskusi 2 *am.* odložit návrh na neurčito

**tabular** ['tæbjulə(r)] *(adj)* tabulkový; tabelární; ~ **book-keeping** americké tabelární účetnictví

**tacit** ['tæsit] *(adj)* tacitní, tichý, nevyslovený; ~ **acceptance** přijetí mlčky; ~ **admission** tiché přiznání n. ústupek nové skutečnosti mlčky, tichý souhlas; ~ **agreement** tichý souhlas; ~ **dedication** tiché věnování majetku k veřejným účelům; ~ **extension** automatická prolongace, automatické prodloužení; ~ **law** *přibl.* přirozené právo; mlčky přijímané právo; ~ **partner** tichý společník

**tacitly** ['tæsitli] *(adv)* mlčky, automaticky, tacitně

**tack** [tæk] *(n)* **1** dodatek k návrhu **2** *skot.* nájem

**tack** [tæk] *(v)* **1** st. **on(to)** st. připojit co k čemu; ~ **an appeal for money onto the letter** připojit k dopisu žádost o peníze **2** spojit primární a sekundární hypotéku, připojit zástavní práva

**tacking** ['tækiŋ] *(n)* **1** spojení primární hypotéky a dalších hypoték **2** připojení vedlejších návrhů k návrhu zákona **3** *obec.* připojení, spojení

**tail** [teil] *(n)* omezená dědická posloupnost; **general** ~ dědičný majetek vymezený obecně odkázaný obecně jednomu dědici; **several** ~ majetek odkázaný odděleně; **special** ~ dědičný majetek s omezenou dědickou posloupností; **estate in** ~ majetek dědICtelný v linii přímé např. rodič – dítě; **in female** ~ po přeslici; **in male** ~ po meči

**tail** [teil] *(v)* omezit právo dědit na určité dědice

**tailage** ['teilidž], **tallage** ['tælidž] *(n)* podíl na majetku / jmění; daně, poplatky

**tail-female** ['teil,fi:meil] *(n)* **1** předkové z matčiny strany **2** dědičný majetek omezený na ženského potomka

**tail-male** ['teil,meil] *(n)* **1** předkové z otcovy strany **2** dědičný majetek omezený na mužského potomka

**take** */took, taken/* [teik, tuk, teikn] *(v)* st. : ~ **action to settle dispute** podniknout kroky k urovnání sporu; ~ **adequate steps** podnikat vhodné kroky; ~ **affidavit** vydat místopřísežné prohlášení; ~ **appeal** odvolat se; ~ **ballot** dát o věci hlasovat; ~ **chair** předsedat; ~ **civil proceedings** zahájit občanskoprávní řízení /proces; ~ **criminal proceedings** zahájit trestní řízení; ~ **effect** nabýt účinnosti, vstoupit v platnost; ~ **the floor** vystoupit, vzít si slovo; ~ **a form of a promise in return for an act** mít formu slibu za úkon; ~ **legal steps** zažalovat; ~ **measures** činit opatření; ~ **minutes** dělat zápis z jednání; ~ **an objection** přijmout námitku; ~ **oath** přísahat; ~ **office** ujmout se úřadu; ~ **part in** st. účastnit se čeho; ~ **place** konat se; ~ **the place of** st. nahradit co; ~ **the polls** hlasovat, odevzdat hlas ve volbách; ~ **precedence over** st. mít přednost před čím; ~ **priority over** st. být nadřazený nad čím; ~ **proceeedings** zahájit řízení; ~ **reasonable care** přiměřeně pečovat; ~ **risk** vzít na sebe riziko; ~ **turns** střídat se; ~ **verdict** vyhlásit výrok poroty, vynést rozsudek; ~ **away** st. odstranit co; ~ **away** st. **from sb.** zbavit koho čeho; ~ **by descent** získat právní titul děděním; ~ **into consideration** vzít v úvahu; ~ **into custody** vzít do vazby; ~ **to court** obrátit se na soud ve věci, předat věc soudu; ~ **up office** převzít úřad, ujmout se úřadu

**take** */took, taken/* *(v)* **in** [,teik'in, tuk'in, teikn'in] sb. podvést, ošidit, napálit koho

**take** */took, taken/* *(v)* **on** [,teik'on, tuk'on, ,teikn'on] st. přijmout co; převzít, vzít na sebe co; ~ **on meaning** přijmout / uznat význam; ~ **on a secretary** přijmout práci sekretářky

**take** /took, taken/ (v) **out** [ˌteikˈaut, tukˈaut, ˌteiknˈaut] st. zažádat, požádat o co; dostat přiděleno co; **~ out copyright** nechat si vystavit potvrzení o autorském právu; **~ out a patent** dostat přidělený patent; **~ out a summons for directions** požádat o soudní příkaz k předložení a prozkoumání soudního spisu

**take** /took, taken/ (v) **over** [ˌteikˈəuvə(r), tukˈəuvə(r), ˌteiknˈəuvə(r)] st. převzít co / řízení čeho; **~ over a company** převzít akcie společnosti; **~ over the government** převzít vládu; **~ over the liabilities** převzít závazky

**take** /took, taken/ (v) **up** [ˌteikˈap, tukˈap, ˌteikn ˈap] st. zaplatit, splatit co

**take-away** [ˈteikəˌwei] (n) únos ženy za účelem prostituce

**take-in** [ˈteikin] (n) podvod, bouda

**take(-)over** [ˈteikˌəuvə(r)] (n) převzetí; **contested** ~ neregulérní převzetí společnosti; **~ bid / offer** nabídka na převzetí, odkoupení společnosti

**taker** [ˈteikə(r)] (n) nabyvatel

**taking** [ˈteikiŋ] (n) vzetí, odnětí; použití

**talesman** [ˈteiliːzmən], (pl) **-men** (n) náhradní porotce

**tallage** [ˈtælidž] (n) poplatky, daně, dávky

**tallager** [ˈtælidžə(r)] (n) výběrčí daní / poplatků

**tallyman** [ˈtælimən], (pl) **-men** (n) obchodník prodávající na splátky; výběrčí splátek

**tally-shop** [ˈtælišop, am. -šap] (n) obchod prodávající na splátky

**tally-trade** [ˈtælitreid] (n) obchod na úvěr

**tamper** [ˈtæmpə(r)] (v) with st./sb. **1** nedovoleně manipulovat s čím, falšovat co; **~ with the records** falšovat záznamy; **~ with the evidence** falšovat důkazy **2** podplácet koho, ovlivňovat koho; **~ with the jury** trestný čin pokus ovlivnit porotu

**tangible** [ˈtændžəbl] (adj) **1** hmotný; **~ assets** hmotná aktiva; **~ evidence** hmotný / materiální důkaz; **~ goods** hmotné statky; **~ property** hmotné statky, hmotný majetek; **~ thing** hmotný předmět **2** zjevný, zřejmý; **torts where the invasion is of less ~ interest** občanskoprávní delikty, u nichž porušení práva má méně zřejmý následek **3** opodstatněný

**tap** [tæp] /pp/ (v) st. **1** otevřít, získat co **2** napojit se na co; **~ the line** odposlouchávat telefonní rozhovory

**tapping** [ˈtæpiŋ] (n) odposlouchávání, odposlech

**target** [ˈtaː(r)git] (n) cíl např. útoku **♦ ~ witness** korunní svědek

**tariff** [ˈtærif] (n) **1** sazba, tarif; **~ agreement** tarifní dohoda; **~ premium** tarifní pojistné; **~ rate** sazba, tarif **2** clo; **customs ~** celní sazebník; **internal ~s** vnitřní cla; **protective ~s** ochranářská cla; **~ union** celní unie; **~ wall** celní přehrada

**tariff** [ˈtærif] (v) st. stanovit sazbu / tarif na co

**tax** [tæks] (n) daň; poplatek, dávka; **additional ~** daňová přirážka; **back ~** dlužná daň; **capital gains ~** daň z kapitálových zisků; **capital stock ~** daň z kmenových akcií; **consumption ~** spotřební daň; **court ~es** soudní poplatky; **direct ~** přímá daň; **double ~ treaty** dohoda o zamezení dvojího zdanění; **estate ~** daň z převodu nemovitostí; **flat ~** paušální daň; **franchise ~** daň z koncese; **gift ~** darovací daň; **graduated ~** progresívní daň; **income ~** daň z příjmu; **indirect ~** nepřímá daň; **inheritance ~** dědická daň; **land ~** pozemková daň; **local ~es** místní daně; **luxury ~** daň z luxusu; **payroll ~** daň ze mzdy; **poll / capitation / head ~** daň z hlavy, kterou platí všechny osoby bez ohledu na stav majetku (zakázaná Ústavou USA, zavedená v UK); **property ~** majetková daň; **purchase ~** spotřební daň; **real estate ~** daň z nemovitosti; **sales ~** daň z obratu; **stock transfer ~** daň z převodu akcií; **succession ~** dědická daň; **turnover ~** daň z obratu; **unitary ~** jednotná daň; **value added ~** daň z přidané hodnoty; **withholding ~** daň srážená ze mzdy; **~ accounting** daňové účetnictví; **~ allowance** daňová úleva; **~ avoidance** zamezení zdanění, nikoliv nezákonné vyhnutí se placení daně; **~ base** daňový základ; **~ collection** vybírání daní; **~ collector** výběrčí daní; **~ court** soud ve věcech daňových; **~ credit** daňový dobropis; **~-deductible** odpočitatelný od daňového základu; **~ deduction** daňový odpočet; **~ dodger** neplatič daní; **~ evasion** daňový únik úmyslný, plánovaný podvod; **~ exemption** osvobození od daně; **~ foreclosure** propadnutí majetku pro neplacení daní; **~ holiday** daňové prázdniny; **~ incentive** daňový stimul; **~ laws** daňové zákony; **~ levy** příkaz k odvodu daní; **~ liability** daňový dluh; **~ rate** daňová sazba; **~ rate schedules** tabulky pro výpočet daně;

~ **rebate** daňová sleva; ~ **redemption** vyplacení daně; ~ **refunds** vrácení daně; ~ **relief** daňová úleva; ~ **return** daňové přiznání; ~ **roll** seznam plátců daně a jejich majetku; ~ **sale** prodej majetku z důvodu neplacení daní; ~ **surcharge** daňová přirážka; ~ **warrant** příkaz k zaplacení daní n. k exekuci; ~ **year** daňový / fiskální rok; ~ **yield** daňový výnos; ~**-free** nezdaněný; ~ **on land** zemědělská daň; ~ **on trade** daň z obratu; **collect** ~**es** vybírat daně; **impose / levy a** ~ **on sb.** uvalit daň na koho; **lift a** ~ zrušit daň; **by reason of failure to pay any poll** ~ z důvodu nezaplacení daně z hlavy

**tax** [tæks] (v) sb./st. **1** ukládat daně komu; **taxing power** právo ukládat daně **2** zdaňovat co

**taxable** ['tæksəbl] (adj) (z)danitelný; podléhající zdanění; ~ **estate** zdanitelná pozůstalost; ~ **items** zdanitelné položky; ~ **income** zdanitelný příjem; ~ **unit** daňový subjekt

**taxation** [tæk'seišən] (n) **1** zdanění; **double** ~ dvojí zdanění; **proportional** ~ poměrné zdanění **2** daně; **vote** ~ odhlasovat daně

**tax-exempt** [,tæksig'zempt] (adj) osvobozený od daně

**tax-free** [,tæks'fri:] (adj) nezdaněný, nepodléhající dani, nezdanitelný

**taxpayer** ['tæks,peiə(r)] (n) daňový poplatník

**team** [ti:m] (n) kolektiv, sbor; ~ **of ministers** sbor ministrů

**tear** [teə(r)] (n) roztrhnutí ♦ **fair wear and** ~ přiměřené opotřebení

**technical** ['teknikəl] (adj) **1** technický; ~ **assistance** technická pomoc; ~ **field** oblast techniky **2** formální; ~ **error** formální chyba neovlivňující povahu projednávané věci; ~ **mortgage** formální hypotéka **3** odborný; týkající se odborné terminologie; ~ **terms of law** odborná právnická terminologie **4** právně / podle zákona / z právního hlediska existující; ~ **assault** z právního pohledu napadení

**technicality** [,tekni'kæləti] (n) **1** technická stránka věci **2** formální stránka / aspekt věci, formalita; **legal** ~ právnická formalita

**technically** ['teknikəli] (adv) po formální stránce; technicky vzato

**teller** ['telə(r)] (n) **1** sčítač hlasů při hlasování v parlamentě **2** bankovní úředník, pokladník; ~**'s department** hlavní pokladna v bance; **automatic** ~ **machine** bankomat

**tellership** ['telə(r)šip] (n) funkce skrutátora

**temperate** ['tempərət] (adj) mírný; ~ **climate** mírné podnebí

**temporal** ['tempərəl] (adj) světský; ~ **head of the Church of England** brit. světská hlava Anglikánské církve; ~ **power** světská moc; **Lords T**~ brit. světští lordi

**temporarily** [,tempə'rærili] (adv) dočasně, prozatímně; ~ **declined** dočasně odložený

**temporary** ['tempərəri] (adj) prozatímní, zatímní; dočasný, časově omezený; ~ **administration** dočasná správa majetku; ~ **alimony** dočasný příkaz vyplácet výživné platný po dobu rozvodového řízení; ~ **detention** dočasná vazba, dočasné zadržení; ~ **disability** dočasná nezpůsobilost k práci / neschopnost / invalidita; ~ **employment** pracovní poměr na dobu určitou; přechodné / krátkodobé zaměstnání; ~ **injunction** předběžné rozhodnutí; ~ **insanity** dočasné zbavení odpovědnosti za činy z důvodu mentální nezpůsobilosti; ~ **insurance** dočasné pojištění; ~ **pension** dočasný důchod; ~ **provision** přechodné ustanovení; ~ **staff** dočasný personál

**temptation** [,temp'teišən] (n) pokušení; pokoušení, svádění

**tenacious** [ti'neišəs] (adj) **1** pevný, soudržný **2** neústupný

**tenancy** ['tenənsi] (n) držba, majetek; držení; vlastnictví; pacht, nájem půdy; **general** ~ držba na neurčito; **joint** ~ spoluvlastnictví půdy, společná držba; **several** ~ individuální držba; ~ **at sufferance** předržená držba; ~ **at will** neomezená držba závisící na vůli vlastníka; ~ **by the entirety** bezpodílové spoluvlastnictví manželů při smrti jednoho přechází celý majetek na přeživšího s vyloučením dalších dědiců; ~ **in common** podílové spoluvlastnictví při němž smrtí uvolněný podíl přechází na dědice

**tenant** ['tenənt] (n) **1** držitel; nájemce; nájemník; **incoming** ~ budoucí nájemce; **joint** ~ společný držitel / nájemce; **sole** ~ výlučný nájemce / držitel; ~ **at will** držitel do odvolání časově nevymezený závisící na vůli pronajímatele; ~ **at sufferance** držitel předrženého nájmu; ~ **by the courtesy** držitel z laskavosti; ~ **for life** doživotní držitel; nájemce po dobu života; ~ **in common** držitel v podílové držbě; ~ **in dower** držitel(ka) vdovského podílu; ~ **in severalty** výlučný držitel; ~ **in tail** držitel majetku s omezenou dědickou posloupností **2** majitel, vlastník **3** pachtýř, nájemce půdy

**tend** [tend] *(v) to* st. **1** vést k čemu, mít za následek co **2** mít sklon, směřovat k čemu
**tender** ['tendə(r)] *(n)* **1** nabídka peněz, platby **2** platidlo peníze sloužící k uspokojení pohledávky; **legal** ~ zákonné platidlo **3** veřejné nabídkové řízení, tendr; **call for** ~**s** vyhlášení veřejné soutěže; **competition of** ~**s** veřejná soutěž, konkurs; ~ **offer** nabídka k odkoupení akcií akcionářům jiné společnosti; **invite** ~**s** vypsat soutěž na veřejnou dodávku; **send in a** ~ podat přihlášku do soutěže
**tender** ['tendə(r)] *(v)* st. **1** oficiálně, formálně předložit nabídku, nabídnout co **2** odevzdat, nabídnout co k rychlé dodávce
**tenderer** ['tendərə(r)] *(n)* účastník ve veřejné soutěži
**tenement** ['tenəmənt] *(n)* pronajatá nemovitost; dům; **dominant** ~ dominantní řídicí pozemek, k němuž existuje služebnost; **servient** ~ služebný pozemek zatížený věcným břemenem; ~ **house** činžovní dům; ~**s** práva k nemovitostem
**Ten Minute Rule** [ˌtenminitˈruːl] *brit.* pravidlo v Dolní sněmovně týkající se desetiminutového limitu pro předkládání návrhů
**tenor** ['tenə(r)] *(n)* **1** význam / smysl textu **2** přesná ověřená kopie listiny
**tension** ['tenʃən] *(n)* napětí, tenze; **aggravate the** ~ zvýšit napětí
**tenure** ['tenjuə(r)] *(n)* **1** užitkové vlastnictví, držba, držení; léno; **land** ~ držba půdy; ~ **at will** kdykoliv vypověditelný nájem **2** široké věcné břemeno **3** doživotní jmenování univerzitním profesorem
**term** [təː(r)m] *(n)* **1** doba, lhůta, funkční období; **aggregated** ~ **of imprisonment** úhrný trest odnětí svobody; **appellate** ~ termín odvolacího řízení; **electoral** ~ volební období; **extensible** ~ prodloužitelná lhůta; **fixed** ~ **contract** pracovní smlouva na dobu určitou; **legal** ~ zákonné období; **regular** ~ řádná lhůta; ~ **in gross** přibližný termín; ~ **of appeal** lhůta pro podání odvolání; ~ **of court** doba zasedání soudu; ~ **of imprisonment** trvání odnětí svobody; ~ **of lease** doba nájmu; ~ **of loan** výpůjční lhůta; ~ **of office** funkční / volební období; ~ **of years** délka pachtu; ~ **bonds** termínové obligace; **limitation on the number of** ~**s** omezení počtu funkčních / volebních období; **the residue of the** ~ zbytek nájemní doby; **be re-elected for the second** ~ být zvolen na druhé volební období; **serve for a** ~ **of 9 years** zastávat funkci po dobu devíti let **2** výkon trestu; ~**s run concurrently** výkon alespoň dvou trestů odnětí svobody probíhá souběžně; **do one's** ~ vykonat trest
**term** [təː(r)m] *(n)* smluvní podmínka; **delivery** ~**s** dodací podmínky; **express** ~ výslovná podmínka; **fundamental** ~ podstatná podmínka / náležitost smlouvy; **implied** ~ implicitní skrytá, nevyslovená, předpokládaná podmínka; **sundry** ~**s and conditions** jiné další smluvní podmínky; ~**s of the lease** podmínky nájemní smlouvy; **vary the** ~**s** měnit smluvní podmínky
**term** [təː(r)m] *(n)* odborný termín, výraz; ~**s of law** právní terminologie
**term** [təː(r)m] *(v)* st. *as* označit co jako, pojmenovat, nazvat co
**terminal** ['təː(r)minəl] *(adj)* konečný, koncový; ~ **bonus** koncová prémie; ~ **market** koncový trh, koncové odbytiště
**terminate** ['təː(r)mineit] *(v)* st. **1** ukončit, skončit co; ~ **the contract** ukončit smlouvu; ~ **the employment** skončit / rozvázat pracovní poměr; ~ **the lease** ukončit nájemní smlouvu **2** *am.* odejít ze zaměstnání
**termination** [ˌtəː(r)miˈneiʃən] *(n)* ukončení, skončení; **immediate** ~ **of employment** okamžité rozvázání pracovního poměru; ~ **of marriage** skončení manželství; ~ **clause** doložka o skončení smlouvy
**termless** ['təː(r)mləs] *(adj)* **1** neomezený, neohraničený **2** jsoucí bez podmínek, neobsahující podmínky
**termor** ['təː(r)mə(r)] *(n)* držitel na dobu určitou
**terms** [təː(r)mz] *(pl)* smluvní podmínky; náležitosti smlouvy; **credit** ~ úvěrové podmínky; **express and implied** ~ výslovné a implicitní podmínky; ~ **of agreement** podmínky dohody; ~ **of a contract** smluvní podmínky, náležitosti smlouvy; ~ **of delivery** dodací podmínky; ~ **of payment** platební podmínky; ~ **and conditions relating to** st. náležitosti a podmínky týkající se čeho; **a written statement of certain important** ~ písemné uvedení určitých důležitých podmínek
**territorial** [ˌteriˈtoːriəl] *(adj)* územní, teritoriální; ~ **basis** územní princip; ~ **claims** územní požadavky; ~ **courts** *am.* soudy na územích patřícím USA např. Panenské ostrovy s federální i státní jurisdikcí; ~ **entity** územní jednotka;

~ **integrity** územní celistvost; ~ **intrusion** nezákonné vniknutí na cizí území; ~ **jurisdiction** jurisdikce týkající se určité správní jednotky např. okresu; ~ **law** právo příslušného státu; ~ **property** vlastnictví k půdě, vodám patřící příslušnému státu; ~ **sovereignty / supremacy** územní svrchovanost; ~ **waters** pobřežní / teritoriální vody

**territory** ['teritəri] *(n)* území, teritorium; **non-self-governing** ~ nesamosprávné území; **trust** ~ svěřenecké území; **exclusive power over the** ~ výlučná moc nad územím; **supreme power within the** ~ nejvyšší moc na území; **cede** ~ postoupit území

**terrorism** ['terərizəm] *(n)* terorismus; terorizování

**terrorist** ['terərist] *(n)* terorista; ~ **groups** teroristické skupiny

**terroristic** [ˌterəˈristik] *(adj)* teroristický; ~ **threats** trestný čin hrozby terorem

**test** [test] *(n)* zkouška; **blood** ~ krevní zkouška; **breath** ~ dechová zkouška; **check** ~ kontrolní zkouška; **deception** ~ prověrka na detektoru lži; **feasibility** ~ zkouška proveditelnosti; **nuclear weapon** ~ **ban** zákaz zkoušek jaderných zbraní; **urine** ~ rozbor moči na přítomnost zakázaných látek; ~ **case** soudní případ, jenž má zásadní význam pro rozhodování analogických případů v budoucnu, přinášející možnost změny dosavadního precedentu; ~ **certificate** atest
♦ ~ **oath** služební přísaha

**test** [test] *(v)* st. zkoušet, ověřovat, testovat, prověřit co

**testacy** ['testəsi] *(n)* pořízení závěti

**testament** ['testəmənt] *(n)* závěť, poslední vůle, testament; **mutual** ~ vzájemná závěť

**testamentary** [ˌtestəˈmentəri] *(adj)* testamentární, týkající se závěti, závětní; ~ **capacity** mentální způsobilost sepsat závěť; ~ **freedom** testamentární svoboda; ~ **guardian** správce dědictví v případě úmrtí rodičů do zletilosti dítěte, testamentární poručník; ~ **heir** dědic ze závěti; ~ **succession** dědění ze závěti

**testate** ['testit] *(n)* pořizovatel závěti, osoba zanechavší závěť

**testation** [tes'teišən] *(n)* svědectví, důkazy

**testator** [tes'teitə(r)] *(n)* pořizovatel závěti, zůstavitel

**testatrix** [tes'teitriks] *(n)* pořizovatelka závěti, zůstavitelka

**testatum** [tes'teitəm] *(n)* soudní příkaz nařizující pátrání po nezvěstném obžalovaném

**testify** ['testifai] *(v)* st. (do)svědčit co; vypovídat pod přísahou, přísežně prohlásit co, podat svědectví

**testimonial** [ˌtestiˈməunjəl] *(n)* osvědčení, certifikát; dobrozdání, posudek; důkaz, doklad

**testimonial** [ˌtestiˈməunjəl] *(adj)* svědecký; osvědčující; ~ **evidence / proof** důkaz svědeckou výpovědí

**testimony** ['testiməni] *(n)* svědectví, svědecká výpověď; **expert** ~ výpověď soudního znalce; **negative** ~ záporné svědectví; ~ **by deposition** písemné svědectví; **bear** ~ **to st.** podat svědectví o čem, dosvědčit co; **in** ~ **thereof** na důkaz čeho

**testing** ['testiŋ] *(adj)* zkušební, ověřovací; ~ **period** zkušební lhůta

**theft** [θeft] *(n)* krádež, odcizení; **petty** ~ drobná krádež; ~ **by deception** krádež podvodem; ~ **by false pretence** krádež pod falešnou záminkou; ~ **insurance** pojištění pro případ krádeže

**theft-boot** ['θeftˌbu:t], **theft-bote** ['θeftˌbəut] *(n)* spolupachatelství při krádeži, přechovávačství, napomáhání zloději

**theory** ['θiəri] *(n)* teorie; ~ **of case** teorie případu, tj. fakta opodstatňující podání žaloby v dané věci

**thereafter** [ˌðeər'a:ftə, am. -'æftər] *(adv)* potom, pak, nato

**thereagainst** [ˌðeərə'geinst] *(adv)* proti tomu

**thereat** [ˌðeər'æt] *(adv)* proto; z toho důvodu; při té příležitosti

**therebefore** [ˌðeə(r)bi'fo:(r)] *(adv)* předtím

**thereby** [ˌðeə(r)'bai] *(adv)* tím, tímto

**therefore** ['ðeə(r)fo:(r)] *(adv)* proto, tedy

**therein** [ˌðeər'in] *(adv)* v tomto ohledu, místě

**thereinafter** [ˌðeərin'a:ftə, am. -'æftər] *(adv)* dále, níže v textu

**thereinbefore** [ðeərˌinbi'fo:(r)] *(adv)* výše, shora v textu

**thereinto** [ˌðeər'intu] *(adv)* dovnitř, do tohoto

**thereunder** [ˌðeərin'andə(r)] *(adv)* zmíněno zde v této části

**thereof** [ˌðeər'ov] *(adv)* z tohoto; **in respect** ~ ohledně tohoto

**thereon** [ˌðeər'on] *(adv)* na tom; načež

**thereout** [ˌðeər'aut] *(adv)* z čehož, z toho

**therethrough** ['ðeə(r)θru:] *(adv)* proto, čímž, tím

**thereto** [ˌðeə(r)'tu:] *(adv)* k tomuto; navíc
**theretofore** [ˌðeə(r)tu'fo:(r)] *(adv)* předtím, dříve
**thereunder** [ˌðeər'andə(r)] *(adv)* níže, dole; za těchto podmínek
**thereunto** [ˌðeər'antu] *(adv)* navíc, dále; mimo to
**thereupon** [ˌðeərə'pon] *(adv)* na čemž; pročež, následkem čehož
**therewith** [ˌðeə(r)'wið] *(adv)* s tímto
**therewithal** [ˌðeə(r)wi'ðo:l] *(adv)* čímž, tímto; mimoto
**thief** [θi:f], *(pl)* **thieves** [θi:vz]) *(n)* zloděj
**thieve** [θi:v] *(v)* st. ukrást, rozkrást co
**thievery** ['θi:vəri] *(n)* krádež; zlodějna; (u)kradená věc
**things** [θiŋz] *(pl)* věci; ~ **in action** pohledávky, žalovatelné věci; ~ **in possession** movité věci; ~ **of general description** věci druhově určené; ~ **personal** osobní movité věci; ~ **real** nemovité věci
**think** */thought, thought/* [θiŋk, θo:t] *(v)* myslet si, domnívat se; ~ **of st. as** považovat co za; ~ **fit** považovat za vhodné / přiměřené / adekvátní
**third** [θə:(r)d] *(adj)* třetí; ~ **party** třetí strana; ~ **party beneficiary** obmyšlená třetí strana; ~ **party complaint / action** žaloba třetí strany; **T~ Reading** poslední kolo rozpravy ohledně nového návrhu zákona
**thorough** ['θarə, *am.* 'θə:rəu] *(adj)* 1 důkladný 2 úplný
**though** [ðəu] *(con)* ačkoliv, třebaže
**threat** [θret] *(n)* 1 hrozba, výhrůžka, pohrůžka; ~ **of violence** pohrůžka násilím; ~ **of force** hrozba silou 2 ohrožení; ~ **to international peace** ohrožení mezinárodního míru
**threaten** ['θretən] *(v)* sb. vyhrožovat, hrozit komu
**threatening** ['θretəniŋ] *(adj)* výhružný, vyhrožující, hrozící; ~ **letter** výhružný dopis
**threshold** ['θreʃhəuld] *(n)* práh; **lower ~s of violence** nižší úroveň počátku činu nedosahující povahy násilí; ~ **of conflict** práh počáteční hranice konfliktu
**thrice** [θrais] = *three times (num)* třikrát
**throne** [θrəun] *(n)* trůn; **succeed to the ~** nastoupit na trůn
**through** [θru:] *(adj)* průběžný, průchozí; ~ **bill of lading** průběžný konosament; ~ **lot** průchozí parcela; ~ **rate** průběžná sazba
**through** [θru:] *(adv, prep)* skrz(e); prostřednictvím, pomocí

**throughout** [θru:'aut] *(adv, prep)* po / v celém; úplně; po celou dobu
**throw** */threw, thrown/* [θrəu, θru:, θrəun] *(v)* st. házet, vrhnout co; ~ **a very dim light on st.** mluvit velmi neurčitě o čem; ~ **off such government** svrhnout takovou vládu
**thus** [ðas] *(adv)* tak, takže, takto, tím, tedy
**ticket** ['tikit] *(n)* 1 lístek; jízdenka; stvrzenka; **borrower's** ~ výpůjční lístek; **pawn** ~ lístek ze zastavárny, zástavní lístek; ~ **collector** výběrčí, kontrolor jízdenek, vstupenek 2 průkazka, legitimace 3 kandidátní listina; **mixed** ~ kandidátka s kandidáty různých politických stran ♦ ~ **of leave** *brit.* propustka, propouštěcí list pro vězně; ~ **policy** bloková pojistka
**tidal** ['taidəl] *(adj)* přílivový; ~ **Thames** Temže za přílivu
**tie** [tai] *(n)* rovnost hlasů, stejný počet odevzdaných hlasů
**tie** */tying/* [tai, taiiŋ] *(v)* (sb. *to do*) st. 1 vázat co; ~**d product** vázaný produkt; **price fixing and tying** stanovení a vázání cen 2 přimět / zavázat (koho udělat co); ~ **to secrecy** zavázat mlčenlivostí ♦ **tied cottage / house** *přibl.* podnikový byt, podnikové bydlení pro zemědělské dělníky 3 mít stejný počet hlasů
**timber** ['timbə(r)] *(n)* stavební dřevo; ~ **forest** užitkový les
**time** [taim] *(n)* čas, doba; **daylight saving** ~ letní čas; **elapsed** ~ plynulý čas; ~ **of delivery** dodací lhůta; ~ **bar** promlčení; ~ **bargain** termínovaný nákup; ~**(-)barred** promlčený; ~ **bill** dlouhodobá účasová směnka; ~ **charter** termínovaný pronájem letadla, lodi; ~ **credit** termínovaný úvěr; ~ **loan** lombardní úvěr; ~ **policy** pojistka na určitou dobu; ~ **storage** doba uskladnění; **at a** ~ najednou; **at the same** ~ současně, zároveň; **President for the** ~ **being** současný / nynější prezident; **statute for the** ~ **being in force** prozatím platný zákon
**tip** [tip] *(n)* 1 špička, konec 2 spropitné 3 tip informace o výhodnosti čeho
**tip** [tip] */pp/ (v)* st. /sb. 1 zvrátit, naklonit co 2 tipovat co/koho
**tipstaff** ['tipsta:f] *(n)* úředník Nejvyššího soudu, jenž zatýká osoby obviněné z urážky soudu
**tithe** [taið] *(n)* desátek
**title** [taitl] *(n)* 1 zákonný nárok, právní titul; vlastnické právo; **absolute** ~ výlučné vlast-

nické právo k nemovitosti, absolutní titul; **adverse** ~ konkurující právní titul; **bad** ~ vadný právní titul; **clear** ~ ničím neomezený, nezatížený čistý právní titul; **defective** ~ vadný právní titul nepřevoditelný; **equitable** ~ spravedlivý titul; **good** ~ bezvadný právní titul, nezatížené vlastnické právo k nemovitosti; **imperfect** ~ nedokonalý titul; **onerous** ~ právní titul zatížený závazkem; **possessory** ~ vlastnický titul; **qualified** ~ kvalifikovaný omezený právní titul; **valid** ~ nesporný platný právní titul; **abstract of** ~ výpis z pozemkových knih osvědčující právní titul k nemovitosti; **document of** ~ dispoziční dokument; **predecessor in** ~ právní předchůdce; **root of** ~ pramen právního titulu; **successor in** ~ právní nástupce, nabyvatel právního titulu ze zákona; ~ **deed** listina obsahující právní důvod zakládající nárok; ~ **opinion** dobrozdání ohledně právního titulu; ~ **retention** pozastavení právního titulu; ~ **transaction** smlouva o převodu právního titulu; ~ **by prescription** právní titul vydržením; **clear the** ~ dokázat svůj nárok **2** šlechtický, akademický apod. titul; ~ **of honour** čestný titul **3** název, nadpis; **full / long** ~ plný název zákona; **short** ~ zkrácený název zákona; **suitable** ~ vhodný nadpis; ~ **of an act** název zákona; ~ **of cause** název případu; ~ **of declaration** název obžalovacího spisu

**titular** ['titjulə(r)] *(adj)* **1** titulární **2** čestný, formální

**token** ['təukən] *(n)* známka; značka

**toll** [təul] *(n)* **1** mýto, mýtné; poplatek za používání **2** právo vybírat poplatek

**toll** [təul] *(v)* st. **1** bránit čemu; odnést co **2** dočasně pozastavit, odejmout co; *am.* pozastavit platnost zákona; ~ **the entry** odejmout právo vstupu

**tollage** ['təulidž] *(n)* mýtné, poplatek za použití; placení mýta

**toll-free** ['təulfri:] *(adj)* bez poplatku

**tolls** [təulz] *(pl)* jakékoliv dovozní poplatky cla, daně

**tontine** [ton'ti:n] *(n)* finanční dohoda osob oprávněných k trvalým opakujícím se dávkám práva zemřelého připadají přeživším, tontina druh skupinového pojištění, kde se plnění zvyšuje úmrtím jednotlivých členů

**top** [top, *am.* tap] *(adj)* vrcholový, nejhořejší; ~ **secret** přísně tajné

**topic** ['topik, *am.* 'tapik] *(n)* téma, námět

**tort** [to:(r)t] *(n)* úmyslné porušení práva, občanskoprávní delikt; bezpráví, křivda; porušení; **classical** ~s klasické občanskoprávní delikty; **intentional** ~s úmyslné delikty; **personal** ~ delikt vůči osobě; **property** ~ delikt vůči věci; **substantive law of** ~ hmotné právo občanskoprávních deliktů; **law of** ~ / ~s právo občanskoprávních deliktů; ~s **by negligence** nedbalostní občanskoprávní delikty; ~ **litigation** soudní spor občanskoprávní, spor ve věci občanskoprávních deliktů

**tort(-)feasor** ['to:(r)t,fi:zə(r)] *(n)* osoba, jež spáchala občanskoprávní delikt, pachatel méně závažného deliktu

**tortious** ['to:(r)šəs] *(adj)* způsobující občanskoprávní delikt, týkající se deliktu; nezákonný, protiprávní; ~ **act** protiprávní čin; ~ **liability** právní odpovědnost za občanskoprávní delikty

**torture** ['to:(r)čə(r)] *(n)* **1** mučení; **the punishment amounts to** ~ trest se rovná mučení **2** útrpné právo

**total** [təutl] *(n)* celek; celková částka; celkový součet; **in** ~ celkem, úhrnem

**total** [təutl] *(adj)* celkový, úplný, totální; ~ **amount** úhrnná částka; ~ **disability / disablement** úplná invalidita; ~ **loss** celková úplná škoda; ~ **vote** celkový počet hlasů

**totally** ['təutəli] *(adv)* zcela, úplně

**touch** [tač] *(n)* **1** dotek **2** spojení, kontakt; **be out of** ~ nebýt ve styku, nesledovat co

**tourism** ['tuərizəm] *(n)* turistika, cestovní ruch

**tourist** ['tuərist] *(n)* turista

**tourist** ['tuərist] *(adj)* turistický; ~ **traffic** turistika, turistický ruch

**town** [taun] *(n)* město; ~ **and country planning law** plánovací právo ve městech a na venkově územní plánování; ~ **dwellers** obyvatelé měst; ~ **hall** radnice

**township** ['taunšip] *(n)* **1** městys **2** *brit., kan.* správní jednotka nižší než hrabství **3** *am.* územní jednotka o rozloze 36 čtverečních mil

**trace** [treis] *(n)* **1** stopa; šlépěj; **blur the** ~s ničit stopy **2** vyjetá kolej, vyšlapaná stezka

**trace** [treis] *(v)* st. pátrat po čem; jít po stopě, sledovat

**trade** [treid] *(n)* **1** obchod, obchodování; **barter** ~ výměnný obchod; **foreign** ~ zahraniční obchod; **free** ~ volný obchod; **world** ~ světový obchod **2** živnost, řemeslo **3** cech

**trade** [treid] *(adj)* obchodní; živnostenský; ~ **ac-**

ceptance obchodní akcept; ~ **agency** obchodní zastoupení; ~ **agreement** obchodní dohoda; ~ **association** obchodní sdružení; ~ **barriers** obchodní překážky; ~ **bill / paper** obchodní směnka; ~ **block** obchodní skupina; ~ **discount** rabat; ~ **fair** veletrh; ~ **law** obchodní právo; živnostenské právo; ~ **mark** ochranná známka; ~ **name** obchodní firma / jméno / název; ~ **practices** obchodní praktiky; ~ **secret** obchodní tajemství; ~ **unions** odbory; ~ **usage** obchodní zvyklosti
**trade** [treid] *(v) in* st. **1** obchodovat čím **2** vyměnit si co, provést výměnu čeho
**trademark** ['treidma:(r)k], **tradename** ['treidneim] *(n)* ochranná známka; **perform a** ~ **search** vykonat průzkum ochranné známky
**trader** ['treidə(r)] *(n)* obchodník; živnostník; **sole** ~ živnostník
**trading** ['treidiŋ] *(n)* obchodování, podnikání; živnostenská činnost; **fraudulent** ~ podvodná podnikatelská činnost při nesolventnosti společnosti
**trading** ['treidiŋ] *(adj)* živnostenský; ~ **certificate** koncese, živnostenské oprávnění
**tradition** [trə'dišən] *(n)* tradice
**traffic** ['træfik] *(n)* **1** doprava, přeprava; **combined** ~ kombinovaná doprava z více druhů, např. železniční a říční; ~ **accident** dopravní nehoda; ~ **lights** dopravní světelné signály; ~ **offences** dopravní přestupky; ~ **police** dopravní policie; ~ **regulations** dopravní předpisy **2** obchod, obchodování, obchodní styk; **border / frontier** ~ pohraniční styk; **illicit** ~ **of drugs** nezákonný dovoz narkotik, obchod narkotiky
**trafficking** ['træfikiŋ] *(n)* nezákonné obchodování drogami
**train** [trein] *(n) of* st. řada čeho
**trainee** [trei'ni:] *(n)* praktikant
**training** ['treiniŋ] *(n)* výchova, výcvik; **reformative** ~ nápravná výchova
**traitor** ['treitə(r)] *(n)* **1** zrádce **2** vlastizrádce
**tranquillity** [træŋ'kwiləti] *(n)* poklid, klid; ticho
**transaction** [træn'zækšən] *(n)* **1** transakce, provedení, sjednání obchodu; ~ **of business** obchodní transakce **2** právní jednání, úkon
**transcript** ['trænskript] *(n)* přepis stenografického záznamu; detailní záznam; ~ **of record** přepis záznamu
**transfer** ['trænsfə:(r)] *(n)* převod, transfer; od-

stoupení, postoupení, cese; **credit** ~ bankovní převod; ~ **of portfolio** předání portfolia / kmene; ~ **agent** převodní zmocněnec; ~ **deed** převodní listina; ~ **fee** poplatek za převod, převodní poplatek; ~ **tax** daň z převodu nemovitostí v souvislosti s děděním; pozůstalostní daň; ~ **of action** postoupení žaloby vyšší instanci; ~ **of a cause** postoupení případu jedním soudem jinému
**transfer** [træns'fə:(r)] */rr/ (v)* st. **1** převést, převádět, přenést, přenášet co **2** předat, odstoupit, cedovat co
**transferable** ['trænsfərəbl] *(adj)* převoditelný; **single** ~ **vote** jediný převoditelný hlas připočítatelný jinému kandidátovi
**transferee** [,trænsfə'ri:] *(n)* osoba, jíž se něco převádí, postupník, cesionář, nabyvatel z převodu; přejimatel; ~ **liability** odpovědnost nabyvatele
**transferor** [træns'fə:rə(r)] *(n)* převodce, převoditel; postupce, postupitel
**transform** [træns'fo:(r)m] *(v)* st. přeměnit co; přetvořit co
**transformation** [,trænsfə(r)'meišən] *(n)* přeměna
**transient** ['trænziənt] *(adj)* přechodný, krátkodobý, pomíjivý; ~ **foreigner** procházející cizinec bez úmyslu zůstat v zemi
**transition** [træn'zišən] *(n)* **1** přechod **2** přechodné stadium
**transport** ['trænspo:(r)t] *(n)* doprava, přeprava; ~ **charges** přepravné; ~ **insurance** dopravní pojištění; ~ **planning** plánování dopravy
**transportation** [,trænspo:(r)'teišən] *(n)* **1** dopravování, přepravování; doprava, přeprava; **Department of T**~ am. Ministerstvo dopravy **2** doprava zločince do trestní kolonie
**trap** [træp] *(n)* léčka, past
**travaux préparatoires** [tra'vo:,pre:paratu'a:r] *(fr)* přípravné práce
**travel** [trævl] *(n)* cesta, ~ **expenses** cestovní výdaje
**travel** [trævl] */ll/ (v)* cestovat, procestovat; ~ **insurance** pojištění pro cesty a pobyt; **travelling salesman** obchodní cestující, ambulantní obchodník
**travelled,** am. **traveled** ['trævld] *(adj)* rušný; ~ **place** rušné místo
**traveller,** am. **traveler** ['trævlə(r)] *(n)* cestující, cestovatel; ~**'s check** cestovní šek; ~**'s letter of credit** cestovní akreditiv

traverse ['trævɔ:(r)s] *(n)* protest, námitka; nesouhlas; popření obžaloby

traverser ['trævɔ:(r)sɔ(r)] *(n)* namítající osoba; osoba popírající obvinění

treachery ['tretʃəri] *(n)* zrada; faleš, věrolomnost

treason ['tri:zn] *(n)* (vlasti)zrada; **constructive** ~ skutečná, ale nezamýšlená vlastizrada; **high** ~ velezrada; **petit** ~ „malá zrada" vražda manžela manželkou, pána sluhou atd.; **attainder of** ~ ztráta občanských práv v důsledku (vele)zrady; **misprision of** ~ neoznámení trestného činu zrady; **~-felony** 1 úklady proti králi n. parlamentu 2 spolčení s nepřítelem za účelem vpádu do země

treasurer ['treʒɔrɔ(r)] *(n)* pokladník

treasuries ['treʒɔriz] *(pl)* pokladniční poukázky, krátkodobé státní obligace

treasury ['treʒɔri] *(n)* pokladna, trezor; ~ **bill** / **certificate** / **note** pokladniční poukázka, krátkodobá státní obligace; **T~ Department** *am.* Ministerstvo financí; **T~ Regulations** *am.* daňové směrnice Ministerstva financí; ~ **stock** / **bond** akcie držené společností, která je vydala ♦ **T~ Bench** *brit.* vládní lavice v Dolní sněmovně

treat [tri:t] *(v)* sb. zacházet, nakládat, jednat s kým; ~ **with respect** zacházet / jednat s respektem; **be ~ed as** být považován za

treatment ['tri:tmɔnt] *(n)* 1 nakládání, zacházení; **degrading** ~ potupné zacházení; **inhuman** ~ nelidské zacházení; **equal** ~ paritní režim; stejné zacházení; **most favoured nation** ~ nakládání podle doložky nejvyšších výhod; **national** ~ národní režim; **equality of** ~ rovnost zacházení; ~ **of offenders** zacházení s delikventy / pachateli 2 ošetřování, léčba

treaty ['tri:ti] *(n)* mezinárodní smlouva / dohoda / úmluva; **bilateral** ~ dvoustranná smlouva; **international** ~ mezinárodní smlouva; **law-making** ~ normativní smlouva; **multilateral** ~ mnohostranná smlouva; ~ **of alliance** spojenecká smlouva; ~ **of friendship** smlouva o přátelství; ~ **of peace** mírová smlouva; **T~ of Union** *brit.* Smlouva o unii; **~-making power** právo uzavírat mezinárodní smlouvy; **~ies in force** platné smlouvy; **T~ of Accession** Smlouva o přidružení k ES; **conclusion of a** ~ uzavření smlouvy; **ratify or reject ~ies**

**by the President** ratifikovat nebo zamítnout smlouvy uzavřené prezidentem

trespass ['trespɔs] *(n) obec.* úmyslný zásah do cizího práva, přestupek, provinění, přečin; *spec.* rušení držby; nedovolený vstup na cizí pozemek; **criminal** ~ úmyslné nezákonné vniknutí do cizí nemovitosti, na pozemek či věc v soukromém n. osobním vlastnictví, např. auto, loď; ~ **against person** úmyslné porušení svobody člověka; ~ **to the chattels** rušení držby u movitého osobního majetku; ~ **to land** neoprávněný vstup na cizí pozemek, porušení pozemkové držby; ~ **to goods** úmyslné porušení držby movité věci; ~ **to the person** přestupek / přečin proti svobodě člověka

trespass ['trespɔs] *(v)* rušit držbu / právo; vstoupit neoprávněně na cizí pozemek

trespasser ['trespɔsɔ(r)] *(n)* 1 osoba úmyslně zasahující do cizího práva, rušitel držby, provinilec; pachatel 2 osoba neoprávněně vstoupivší na cizí pozemek

triable ['traiɔbl] *(adj)* stíhatelný

trial ['traiɔl] *(n)* 1 soudní proces / řízení; **criminal** ~ trestní proces; **due** ~ řádný proces; **jury** ~ proces s porotou; **non-jury** ~ řízení před samosoudcem; **public** ~ veřejné líčení; ~ **by jury** proces s porotou, porotní řízení; ~ **by proviso** řízení pod podmínkou; ~ **on merits** řízení na základě skutkové podstaty / ve věci; **suspension of a** ~ odročení procesu / hlavního líčení; **the last speech at the** ~ poslední slovo v procesu; ~ **attorney** advokát vystupující před soudem; ~ **court** soud první instance; ~ **list** seznam případů 2 *am.* v procesu s porotou doba od složení přísahy porotců do skončení řízení

tribe [traib] *(n)* 1 domorodý kmen 2 rodina, klan

tribunal [trai'bju:nɔl, tri'bjunɔl] *(n)* soud s omezenou jurisdikcí k urč. účelu, tribunál; **industrial** ~ pracovní soud; **inferior** ~ nižší soud; **International Military T~** Mezinárodní vojenský tribunál; **rent** ~ soud zabývající se žalobami v souvislosti s výší nájemného; **secular** ~ světský soud

tribute ['tribju:t] *(n)* poplatek, členský příspěvek; daň, poplatek, dávka

trick [trik] *(n)* trik, švindl, podfuk; lest

tricker ['trikɔ(r)] *(n)* podvodník

trickery ['trikɔri] *(n)* podvádění, lstivost; podvod, lest

troops [tru:ps] *(pl)* vojsko, vojáci; **demobilisa-**

**tion of** ~ demobilizace vojsk; **withdrawal of foreign** ~ odsun / stažení cizích vojsk
**trouble** [trabl] *(n)* starost, problém
**trouble** [trabl] *(v)* sb. dělat starosti komu, trápit koho
**trover** ['trəuvə(r)] *(n)* žaloba o (znovu)nabytí osobního vlastnictví
**true** [tru:] *(adj)* **1** pravdivý **2** pravý; ~ **copy** věrný opis, věrná kopie; ~ **intention** pravý záměr **3** správný, spravedlivý; ~ **verdict** spravedlivý výrok o nevině
**trust** [1] [trast] *(n)* **1** správa cizího majetku, svěřenství, svěření majetku k určitému účelu, správa k věrné ruce; **accumulation** ~ akumulační svěřenství, jehož zisky se mají po urč. dobu akumulovat, než dojde k jejich distribuci; **bond** ~ obligační svěřenství, jehož zisky plynou z úroků z obligací, dluhopisů; **cestui que** ~ ['sestvikə ~] osoba, v jejíž prospěch je ustanoveno svěřenství; **charitable** ~ svěření majetku k veřejně prospěšnému účelu vzdělání, náboženství, věda atd.; **community** ~ společnost spravující fondy na podporu zdravotnictví, školství a charitativní činnosti; **constructive** ~ odvozené svěřenství vznikající ze zákona; **educational** ~ společnost zabývající se vzdělávací činností; **estate** ~ pozůstalostní svěřenství; **express** ~ svěřenství zřízené výslovně; **implied** ~ implicitní svěřenství vyplývající z interpretace právního úkonu; **irrevocable / perpetual** ~ nezrušitelné svěřenství; **private** ~ svěřenství ve prospěch určité osoby / skupiny osob; **public** ~ svěřenství ve prospěch veřejnosti / nadace; **resulting** ~ právní domněnka zřízení svěřenství; **revocable** ~ zrušitelné svěřenství; **simple** ~ jednoduché svěřenství; **testamentary** ~ svěřenství ze závěti, pozůstalostní svěřenství; ~ **by operation of law** svěřenství vznikající ze zákona; ~ **company** svěřenská společnost; ~ **deed** zřizovací listina trustu / svěřenství; ~ **estate** svěřenský majetek; ~ **in fieri** svěřenství dosud soudem neschválené; ~ **receipt** potvrzení o převzetí do svěřenství; ~ **territory** *(OSN)* svěřenecké území **2** důvěra; **breach of** ~ zklamání n. porušení důvěry
**trust** [2] [trast] *(n)* trust, koncern, syndikát organizace společností, osob mající úmysl a moc vytvořit monopol v určité výrobní, obchodní oblasti a kontrolovat ji
**trustee** [tras'ti:] *(n)* svěřenský správce; opat-

rovník; plnomocník, pověřenec; **judicial** ~ soudem ustanovený svěřenský správce; **testamentary** ~ testamentární svěřenský správce; ~ **ad litem** svěřenský správce po dobu sporu; ~ **in bankruptcy** konkursní správce; ~ **stock** sirotčí cenný papír
**trusteeship** [tras'ti:šip] *(n)* svěřenství, správa majetku; T~ **Council** *(OSN)* Poručenská rada
**trust-estate** [,trasti'steit] *(n)* **1** majetek tvořící předmět trustu **2** majetek spravovaný svěřenským správcem
**trustor** ['trastə(r)] *(n)* zřizovatel svěřenství
**trusts** [trasts] *(pl)* správa k věrné ruce, svěřenství; ~ **for sale** spravovaný majetek svěřenství na prodej
**truth** [tru:θ] *(n)* pravda; **tell the** ~ říci / mluvit pravdu; **I swear by Almighty God that the evidence which I shall give shall be the** ~, **the whole** ~, **and nothing but the** ~. Přísahám při bohu všemohoucím, že svědectví, které podávám, je pravda, celá pravda a nic než pravda.
**try** [1] [trai] *(v)* sb. vést soudní řízení proti komu n. ve věci; projednávat spor; ~ **an action** projednávat žalobu; ~ **the defendant** vést soudní řízení proti obžalovanému, soudit obžalovaného; ~ **an offence summarily** projednávat trestný čin ve zkráceném řízení; ~ **offences (up)on indictment before a judge and a jury** projednávat trestné činy s formálním obviněním před soudcem a porotou; ~ **sb. for an offence** soudit koho pro trestný čin, provádět trestní řízení proti komu; **tried by court** projednávaný soudem
**try** [2] [trai] *(v)* st. pokusit se o co, zkusit co
**tuition** [tju:'išən] *(n)* výuka, vyučování; ~**-fee** školné, poplatek za výuku
**turn** [tə:(r)n] *(n)* **1** otočení, otočka, obrátka; **take** ~s střídat se; **in** ~ **1** postupně jeden za druhým **2** na oplátku **2** zisk, provize
**turn(-)key** ['tə:(r)nki:] *(adj)* dodaný na klíč; ~ **contract** smlouva o dodávce na klíč; ~ **franchise** frančíza na klíč; ~ **operation** akce na klíč
**turnover** ['tə:(r)n,əuvə(r)] *(n)* obrat, souhrn příjmů a vydání
**turpitude** ['tə:(r)pitju:d] *(n)* nečestnost, hanebnost, protiprávnost
**tutelage** ['tju:təlidž] *(n)* poručnictví, opatrovnictví
**tutor** ['tju:tə(r)] *(n)* **1** opatrovník, poručník

**2** soukromý učitel **3** konzultant, studijní vedoucí na univerzitě
**tutorship** ['tju:tə(r)šip] *(n)* opatrovnictví, poručnictví; ~ **by nature** přirozené poručnictví; ~ **by will** poručnictví ze závěti
**twice** [twais] *(adv)* dvakrát
**twin** [twin] *(n)* dvojče
**twin** [twin] *(adj)* dvojitý, tvořící protějšek

**two** [tu:] *(adj)* dvě; ~ **witnesses rule** zásada dvou svědectví při dokazování
**type** [taip] *(n)* typ, druh; ~ **of activity** druh činnosti; ~**s of evidence** druhy důkazů
**tyrany** ['tirəni] *(n)* tyranie; krutovláda
**tyrant** ['taiərənt] *(n)* tyran; krutovládce, samovládce, despota

# U

**uberrima fides** [ˌjuːbərimə'faidiːs] *(lat)* plná důvěra nejvyšší stupeň důvěry; **an insurance contract is uberrimae fidei** [ˌjuːbərimei'fiːdiː] pojišťovací smlouva je smlouvou maximální důvěry

**U.C.C.** [ˌjuːsiː'siː] *(abbrev)* **Uniform Commercial Code** *am.* Jednotný obchodní zákoník

**ulterior** [al'tiəriə(r)] *(adj)* skrytý, postranní, utajený zlý úmysl; ~ **motive** skrytý motiv

**ultima** ['altimə] *(adj)* poslední, krajní; ~ **ratio** krajní prostředek

**ultimate** ['altimət] *(adj)* **1** nejvyšší; ~ **legislator** nejvyšší zákonodárný orgán **2** hlavní, podstatný; ~ **facts** podstatné skutečnosti rozhodné pro povahu žaloby nebo posouzení zavinění, viny; ~ **issue** podstatná otázka např. zda nedbalost je příčinou škody **3** skutečný, opravdový, vlastní; ~ **consumer** vlastní spotřebitel skutečně užívající věc, zboží; ~ **owner** skutečný vlastník **4** závěrečný, definitivní; poslední; konečný

**ultimately** ['altimətli] *(adv)* hlavně; skutečně, opravdu

**ultimatum** [ˌalti'meitəm] *(n)* ultimátum; poslední výzva; naléhavý požadavek pod pohrůžkou

**ultra vires** [ˌaltrə'vaiərəs] *(lat)* **1** nad síly, nad schopnosti **2** jednání právnické osoby mimo rámec její působnosti dané zakládací listinou; překročení pravomoci; **the action was** ~ úkon přesahoval soudní, právní pravomoc

**umpirage** ['ampaiəridž] *(n)* **1** rozhodnutí vydané vyšším rozhodčím **2** funkce, pravomoc rozhodčího

**umpire** ['ampaiə(r)] *(n)* rozhodčí, arbiter; vyšší rozhodčí angažovaný v případech, kdy více původně zvolených rozhodců se nemůže sjednotit na rozhodnutí; **impartial** ~ nestranný rozhodčí

**unable** [an'eibl] *(adj)* neschopný, nezpůsobilý

**unable** [an'eibl] *(v)* sb. zneschopnit, učinit neschopným koho

**unabridged** [ˌanə'bridžd] *(adj)* v plném znění, nezkrácený, úplný, kompletní

**unabrogated** [ˌan'æbrəugeitid] *(adj)* nezrušený, neodvolaný

**unacceptable** [ˌanək'septəbl] *(adj)* nepřijatelný; nevhodný, nepříhodný

**unaccessible** [ˌanək'sesəbl] *(adj)* nepřístupný, nedosažitelný

**unaccountability** [anəˌkauntə'biləti] *(n)* **1** neodpovědnost **2** neodůvodnitelnost, nevysvětlitelnost

**unaccountable** [ˌanə'kauntəbl] *(adj)* neodpovědný; neodůvodnitelný

**unaccrued** [ˌanə'kruːd] *(adj)* dosud nesplatný, nenaběhlý

**unadulterated** [anəˌdaltə'reitid] *(adj)* nezfalšovaný, nepadělaný

**unalienable** [ˌan'eiljənəbl], **inalienable** [in'eiljənəbl] *(adj)* nezcizitelný, nezadatelný; ~ **rights** nezadatelná / základní práva

**unallowable** [ˌanə'lauəbl] *(adj)* nedovolený, nepřípustný

**unambiguous** [ˌanəm'bigjuəs] *(adj)* významově jednoznačný, nedvojsmyslný

**unamended** [ˌanə'mendid] *(adj)* jsoucí bez pozměňujících návrhů; **pass a bill** ~ schválit návrh zákona bez pozměňujících návrhů

**unanimity** [ˌjuːnə'niməti] *(n)* jednomyslnost; **Cabinet** ~ jednomyslnost / jednota kabinetu; ~ **rule** princip jednomyslnosti

**unanimous** [juː'næniməs] *(adj)* jednohlasný, jednomyslný; ~ **agreement** jednomyslná dohoda; ~ **verdict** jednomyslný výrok; **adopt st. by a** ~ **vote** jednohlasně schválit / přijmout co

**unanimously** [juː'næniməsli] *(adv)* jednomyslně; **decide** ~ **in favour of the defendant** jednomyslně rozhodnout ve prospěch žalovaného / odpůrce

**unappealable** [ˌanə'piːləbl] *(adj)* bez možnosti odvolání, neodvolatelný

**unappropriated** [ˌanə'prəuprieitid] *(adj)* neobsazený, nepřivlastněný; nevyvlastněný

**unapt** [ˌan'æpt] *(adj)* neschopný, nezpůsobilý

**unarmed** [ˌan'aː(r)md] *(adj)* neozbrojený, jsoucí beze zbraně

**unarrested** [ˌanə'restid] *(adj)* nezatčený, nezadržený, ponechaný na svobodě

**unascertained** [ˌanæsə(r)'teind] *(adj)* nezjištěný, nevypátraný, neurčitý; ~ **duty** nezjištěné clo

**unassignable** [ˌanə'sainəbl] *(adj)* nepřevoditelný, nepostupitelný právní titul, majetek

**unattested** [ˌanə'testid] *(adj)* úředně nevyzkoušený, jsoucí bez atestu / osvědčení

**unauthorized** [ˌan'oː:θəraizd] *(adj)* neoprávněný, nezplnomocněný; ~ **use** neoprávněné použití jako trestný čin; **make ~ use of st.** neoprávněně použít co

**unavailability** [ˌanəˌveiləˈbiləti] *(n)* nepoužitelnost, nedostupnost, nedosažitelnost; **~ of a testimony** nedostupnost svědecké výpovědi konstatování opravňující použít dříve učiněnou výpověď téhož svědka; **~ of a witness** nedostupnost svědka při důkazním řízení

**unavailable** [ˌanəˈveiləbl] *(adj)* nedostupný, nedosažitelný; nejsoucí k mání

**unavoidable** [ˌanəˈvoidəbl] *(adj)* nevyhnutelný, neodvratitelný; **~ accident / casualty** neodvratitelný úraz, neodvratitelná nehoda, vyšší moc; **~ cause** neodvratitelná / nepředvídatelná příčina; **~ dangers** v lodním pojištění neodvratitelná rizika / nebezpečí

**unbailable** [ˌanˈbeiləbl] *(adj)* jsoucí bez možnosti propuštění na kauci

**unbia(s)sed** [ˌanˈbaiəst] *(adj)* nepodjatý, nepředpojatý

**unbind** */unbound, unbound/* [ˌanˈbaind, -baund] *(v)* st. **1** rozvázat co **2** vysvobodit co

**unblamable** [ˌanˈbleiməbl] *(adj)* nevinný, jsoucí bez viny

**unborn** [ˌanˈboː(r)n] *(adj)* dosud nenarozený; budoucí

**unbribable** [ˌanˈbraibəbl] *(adj)* nepodplatitelný, nezkorumpovatelný, neúplatný

**unbuild** */-built, -built/* [ˌanˈbild, -bilt] *(v)* st. provést demolici čeho, zbourat co

**uncertainty** [ˌanˈsəː(r)tnti] *(n)* nejistota, neurčitost

**uncertificated** [ˌansə(r)ˈtifəkeitid] *(adj)* jsoucí bez úředního osvědčení

**uncertified** [ˌanˈsəː(r)tifaid] *(adj)* úředně neověřený, nepotvrzený, neschválený

**unchallenged** [ˌanˈtʃælindžd] *(adj)* ponechaný bez námitek / protestu

**uncharged** [ˌanˈtʃaː(r)džd] *(adj)* jsoucí bez poplatku, franko

**unclassified** [ˌanˈklæsifaid] *(adj)* odtajněný spis

**unclean** [ˌanˈkliːn] *(adj)* **1** morálně nečistý; **~ hands doctrine** zásada nečistých rukou podle práva ekvity musí osoba domáhající se spravedlnosti též spravedlivě konat, tj. mít čisté ruce, jinak nemá nárok na náhradu škody **2** špinavý

**uncollected** [ˌankəˈlektid] *(adj)* dosud neinkasovaný, nevybraný

**uncommitted** [ˌankəˈmitid] *(adj)* **1** nespáchaný trestný čin **2** neutrální, neangažovaný země ne-

jsoucí v žádném bloku; **~ countries** neangažované země, nezúčastněné země

**uncommon** [ˌanˈkomən, *am.* -ˈkamən] *(adj)* **1** neobvyklý, nezvyklý, neobyčejný **2** mimořádný

**uncondemned** [ˌankənˈdemd] *(adj)* neodsouzený

**unconditional** [ˌankənˈdišənl] *(adj)* bezpodmínečný, bezvýhradný, naprostý; nepodmíněný; **~ acceptance** bezvýhradné přijetí; **~ surrender** bezpodmínečná kapitulace; **go ~** být přijat na základě splnění podmínek

**unconfirmed** [ˌankənˈfəː(r)md] *(adj)* nepotvrzený; **~ reports** nepotvrzené zprávy

**unconscionability** [anˌkonšənəˈbiləti, *am.* -ˌkan-] *(n)* nespravedlnost, nepřiměřenost; smluvní nevědomost, tj. při uzavírání jednostranně výhodné smlouvy si poškozená strana neuvědomuje tuto jednostrannost

**unconscionable** [ˌanˈkonšnəbl, *am.* -ˈkan-] *(adj)* nespravedlivý, nepřiměřený; **~ contract / bargain** nespravedlivá smlouva

**unconscious** [ˌanˈkonšəs, *am.* -ˈkan-] *(adj)* nevědoucí, neuvědomující si; mající zatemněnou mysl

**unconstitutional** [anˌkonstiˈtjuːšənəl] *(adj)* neústavní, jsoucí v rozporu s ústavou; **be held ~** být prohlášen za protiústavní; **to rule that st. is ~** soudně rozhodnout o neústavnosti čeho / že co je v rozporu s ústavou

**uncontemplated** [ˌanˈkontempleitid, *am.* -ˈkan-] *(adj)* neúmyslný, nepřipravený předem, neúkladný

**uncontestable** [ˌankənˈtestəbl] *(adj)* nenapadnutelný; **~ clause** doložka / klauzule o nenapadnutelnosti

**uncontested** [ˌankənˈtestid] *(adj)* nesporný, nepopřený; nenapadnutý; uznaný druhou stranou; **~ divorce** žádost o rozvod uznaná druhou stranou / se souhlasem druhé strany

**unconventional** [ˌankənˈvenšənəl] *(adj)* nekonvenční; **~ weapons** nekonvenční zbraně

**uncovenanted** [ˌanˈkavənəntid] *(adj)* smluvně nezajištěný, nestanovený závazkem

**uncrossed** [ˌanˈkrost] *(adj)* nekřižovaný šek

**uncustomed** [ˌanˈkastəmd] *(adj)* neproclený; **~ goods** zboží nepodléhající clu

**undamaged** [ˌanˈdæmidžd] *(adj)* nepoškozený; nezničený

**undefended** [ˌandiˈfendid] *(adj)* **1** jsoucí bez obhájce, bez právního zástupce; neobhajovaný 2 uznaný druhou stranou; ~ **divorce case** žádost o rozvod nenapadnutá / uznaná druhou stranou

**undefined** [ˌandiˈfaind] *(adj)* nedefinovaný, neurčený; ~ **crime** nedefinovaný společensky nebezpečný čin, jenž však není podle platného práva definován jako trestný

**undeniable** [ˌandiˈnaiəbl] *(adj)* nepopiratelný, nevývratný

**under** [andə(r)] *(prep)* podle, v souladu; ~ **authority of st.** podle, na základě, v důsledku čeho; ~ **the Community Treaties** podle dohod Společenství; ~ **this lease** podle této nájemní smlouvy; ~ **the name of** podle čeho; ~ **pretence of st.** pod záminkou čeho; ~ **protest** vykonaný pod nátlakem; ~ **the provision of st.** podle ustanovení čeho; ~ **reservations** s výhradami; ~ **the rule of law** podle zákona, na základě zákonnosti; **be elected** ~ **the act** být volen podle zákona; **exist** ~ **the legal system** existovat v právním systému

**underbid** */-bid, -bidden/* [ˌandə(r)ˈbid, -bid, -bidn] */dd/* *(v)* dát nižší nabídku, nabízet méně

**undercharge** [ˌandə(r)ˈčaː(r)dž] *(n)* 1 menší poplatek než je stanoveno sazbou 2 nedoplatek; nedostatečný poplatek

**undercharge** [ˌandə(r)ˈčaː(r)dž] *(v)* účtovat pod cenou, podhodnotit cenu

**underdeveloped** [ˌandə(r)diˈveləpt] *(adj)* nevyvinutý; rozvojový; ~ **countries** rozvojové země

**undergo** */underwent, undergone/* [ˌandə(r)ˈgəu, -went, -gan] *(v)* st. projít čím, podstoupit co; ~ **sentence** odbývat si trest; ~ **suffering** odstoupit trápení, útrapy

**undergraduate** [ˌandə(r)ˈgrædjuət, *am.* -ˈgrædžuit] *(n)* student vysoké školy, vysokoškolák

**undergraduate** [ˌandə(r)ˈgrædjuət, *am.* -ˈgrædžuit] *(adj)* pregraduální; studentský; vysokoškolský

**underground** [ˈandə(r)graund] *(adj)* podzemní; ~ **waters** podzemní vody

**under-insurance** [ˌandərinˈšuərəns] *(n)* podpojištění, nedostatečné pojištění

**underlease** [ˈandə(r)liːs] *(n)* podnájem, druhotný pronájem; smlouva o podnájmu

**underlease** [ˈandə(r)liːs] *(v)* st. pronajmout si co nikoliv od vlastníka, ale od nájemce

**underlet** */-let, -let/* [ˌandə(r)ˈlet, -let] */tt/* *(v)* st. pronajmout pronajaté, druhotně pronajmout co

**underletting** [ˌandə(r)ˈletiŋ] *(n)* podnájem

**underlettor** [ˌandə(r)ˈletə(r)] *(n)* podpronajímatel

**underlie** */-lay, -lain, -lying/* [ˌandə(r)ˈlai, -ˈlei, -ˈlein, -ˈlaiŋ] *(v)* st. podmiňovat co; zaručovat právo, být vázán co; **the first mortgage ~s the second** první hypotéka podmiňuje možnost vzít si druhou / druhá hypotéka je vázána na první

**undermentioned** [ˌandə(r)ˈmenšənd] *(adj)* zmíněný dále v textu, viz níže

**undermine** [ˌandə(r)ˈmain] *(v)* st. 1 poddolovat, podkopat co 2 těžce porušit, zničit co

**underprivileged** [ˌandə(r)ˈprivəlidžd] *(adj)* diskriminovaný, s menšími právy

**undersecretary** [ˌandə(r)ˈsekrətəri] *(n)* 1 *am.* náměstek ministra 2 *(OSN)* náměstek generálního tajemníka

**undersign** [ˌandə(r)ˈsain] *(v)* st. stvrdit podpisem co

**undersigned** [ˌandə(r)ˈsaind] *(n)* podepsaná osoba; **the ~** níže podepsaní

**understandable** [ˌandə(r)ˈstændəbl] *(adj)* pochopitelný, srozumitelný; ~ **preoccupations** pochopitelný velký zájem

**understanding** [ˌandə(r)ˈstændiŋ] *(n)* 1 dohoda, úmluva; **come to ~** dohodnout se ♦ **on the ~ that** jestliže; pod podmínkou, že 2 porozumění; **mutual ~** vzájemné porozumění

**undertake** */undertook, undertaken/* [ˌandə(r)ˈteik, -ˌtuk, -ˌteikn] *(v)* st. 1 ujmout se čeho; zabývat se čím; dát / pustit se do čeho; podniknout co; ~ **an investigation of the fraud** zahájit vyšetřování podvodu; ~ **legal business** vyřizovat právní záležitosti ♦ ~ **arbitration procedure** předat spor k rozhodnutí v arbitrážním řízení 2 zavázat se, zaručit se; *for* st. garantovat, ručit za co; *to do* st. zavázat se k čemu 3 převzít co, povinnost

**undertaker** [ˌandə(r)ˈteikə(r)] *(n)* 1 podnikatel, podnikající subjekt; **statutory ~** veřejnoprávní instituce, příslušná oprávněná organizace 2 osoba slibující / zavazující se 3 majitel pohřebního ústavu

**undertaking** [ˌandə(r)ˈteikiŋ] *(n)* 1 podnikání; **commercial ~** obchodní podnikání 2 právně závazný slib; ~ **not to harass the plaintiff** slib neobtěžovat navrhovatele / žalobce 3 činnost pohřebního ústavu

**undertenant** [ˌandə(r)'tenənt] *(n)* podnájemce, podnájemník

**underworld** ['andə(r)wə:(r)ld] *(n)* podsvětí

**underwrite** */underwrote, underwritten/* ['andə(r)ˌrait, -ˌrəut, -ˌritn] *(v)* **1** upsat (se), stvrdit podpisem závazek převzít akcie, obligace; ~ **the development costs of the building** podpisem se zavázat k úhradě stavebních nákladů ♦ **underwritten signatures** níže uvedené podpisy **2** upsat riziko; převzít podíl na pojistné smlouvě; ~ **an insurance policy** přijmout riziko v pojistné smlouvě

**underwriter** ['andə(r)ˌraitə(r)] *(n)* **1** jednotlivec n. instituce pojistitel, pojišťovatel; **marine** ~ pojišťovatel lodi a nákladu **2** osoba zaručující poskytnout určitou sumu k určitému datu, za něž budou vydány cenné papíry, zajistitel, upisovatel, ručitel

**underwriting** ['andə(r)ˌraitiŋ] *(n)* **1** přijetí pojistného rizika; upisování, taxace; ~ **limit** limit pro přijetí rizika; ~ **requirements** požadavky na uzavření pojištění; ~ **year** pojistný rok **2** přijetí závazku úpisem; ~ **agreement** upisovatelská dohoda; ~ **spread** upisovatelské rozpětí

**undesirable** [ˌandi'zaiərəbl] *(adj)* **1** nežádoucí; ~ **alien** nežádoucí cizinec; ~ **risk** nežádoucí riziko **2** nevhodný

**undischarged** [ˌandis'ča:(r)džd] *(adj)* **1** finančně nevyrovnaný; nesplněný; ~ **bankrupt** neoddlužněný konkursní dlužník bez vyrovnaných pohledávek **2** nevyložený zboží

**undisclosed** [ˌandis'kləuzd] *(adj)* neodhalený; neidentifikovaný; neznámý; utajený; ~ **agency** utajené jednatelství; ~ **principal** utajený neznámý zmocnitel

**undisputed** [ˌandis'pju:tid] *(adj)* neprojednávaný, jsoucí mimo diskusi, nenapadnutý; ~ **fact** nenapadnutá neprojednávaná skutečnost z důvodu právní nedostatečnosti

**undue** [ˌan'dju:] *(adj)* **1** nepatřičný, nepřiměřený; ~ **influence** nepatřičný vliv, nepřípustné ovlivňování **2** přílišný, přehnaný **3** dosud nesplatný

**unearned** [ˌan'ə:(r)nd] *(adj)* **1** nevydělaný; nezasloužený; bezpracný; ~ **income** bezpracný příjem; ~ **increment** bezpracný přírůstek **2** zálohovaný, předem zaplacený; ~ **interest** zálohovaný úrok získaný před jeho splatností **3** nespotřebovaný; ~ **balance** bilance nespotřebovaného pojistného; ~ **premium** nespotřebované pojistné

**unemployment** [ˌanim'ploimənt] *(n)* nezaměstnanost; ~ **benefits** dávky v nezaměstnanosti; ~ **compensation** podpora v nezaměstnanosti; ~ **insurance** pojištění pro případ nezaměstnanosti; ~ **system** systém zabezpečení v nezaměstnanosti; ~ **tax** *am.* daň pro případ nezaměstnanosti pro potřeby pojištění v nezaměstnanosti; **areas of** ~ oblasti s nezaměstnaností

**unenforceable** [ˌanən'fo:(r)səbl] *(adj)* nevynutitelný, nevykonatelný, právně neúčinný; ~ **contract** nevynutitelná smlouva; ~ **at law** právně nevymahatelný, naturální obligace

**unequal** [ˌan'i:kwəl] *(adj)* nerovný

**unequivocal** [ˌani'kwi:vəkəl] *(adj)* jednoznačný, nedvojsmyslný

**unethical** [ˌan'eθikəl] *(adj)* nemorální, neetický; ~ **conduct** chování neslučitelné s profesionální etikou

**unevenly** [ˌan'i:vənli] *(adv)* nerovnoměrně; ~ **distributed** nerovnoměrně rozdělený

**unexpected** [ˌanik'spektid] *(adj)* neočekávaný, nepředvídaný

**unexpired** [ˌanik'spaiə(r)d] *(adj)* dosud neuplynulý / neskončený; dosud platný; ~ **term** neuplynulá lhůta

**unfair** [ˌan'feə(r)] *(adj)* **1** nečestný, nepoctivý, nekalý; ~ **business / trade practices** nepoctivé, nekalé obchodní praktiky; ~ **competition** nekalá soutěž; **be** ~ **to sb.** chovat se vůči komu nečestně **2** nespravedlivý, nerovný; protiprávní; **U**~ **Contract Terms Act** *brit.* zákon o nerovných smluvních podmínkách; ~ **dismissal** protiprávní propuštění ze zaměstnání z protiprávního důvodu, např. zaměstnance hodlajícího vstoupit do odborů; ~ **hearing** nespravedlivé vadné projednávání věci; ~ **prejudice** podjatost **3** nepřiměřený, nerozumný, neúměrný

**unfaithful** [ˌan'feiθfʊl] *(adj)* konaný ve zlém úmyslu, ve zlé víře; nesvědomitý

**unfit** [ˌan'fit], **unfitted** [ˌan'fitid] *(adj)* neschopný, nezpůsobilý; nevhodný; **unfit to plead** mentálně nezpůsobilý být stíhán

**unforeseen** [ˌanfo:(r)'si:n] *(adj)* nepředvídaný, nepředvídatelný

**unharmed** [ˌan'ha:(r)md] *(adj)* nezraněný; nepoškozený, nedotčený

**unicameral** [ˌju:ni'kæmərəl] *(adj)* jednokomorový parlamentní systém

**unification** [ˌjuːnifiˈkeišən] *(n)* sjednocení, sjednocování
**unified** [ˈjuːnifaid] *(adj)* sjednocený, spojený; jednotný; ~ **transfer tax** *am.* jednotná daň z převodu majetku
**uniform** [ˈjuːnifoː(r)m] *(n)* stejnokroj
**uniform** [ˈjuːnifoː(r)m] *(adj)* jednotný; U~ **Commercial Code** *am.* Jednotný obchodní zákoník; ~ **laws** jednotné právní předpisy; U~ **Laws / Acts** *am.* návrhy jednotných zákonů jako vzor pro jednotlivé státy USA; ~ **price** jednotná cena
**unify** [ˈjuːnifai] *(v)* st. sjednotit co; unifikovat co
**unilateral** [ˌjuːniˈlætərəl] *(adj)* jednostranný, unilaterální; ~ **declaration** jednostranné prohlášení; ~ **mistake** omyl jedné smluvní strany; ~ **record** jednostranný záznam
**unimpeachable** [ˌanimˈpiːčəbl] *(adj)* nenapadnutelný, nežalovatelný; bezvadný; nesporný, stoprocentně spolehlivý; ~ **evidence** kvalifikovaný nenapadnutelný důkaz; ~ **title** nesporný právní titul; ~ **witness** kvalifikovaný svědecký důkaz / svědek
**unincorporated** [ˌaninˈkoː(r)pəreitid] *(adj)* ne(za)registrovaný v obchodním rejstříku; nevčleněný, nezačleněný, volný; ~ **association** volné sdružení osob, neregistrované občanské sdružení
**uninsurable** [ˌaninˈšuərəbl] *(adj)* nepojistitelný
**uninterrupted** [anˌintəˈraptid] *(adj)* nepřerušený, nepřerušovaný; plynulý; ~ **passage and running** plynulý průchod a průtok
**union** [ˈjuːnjən] *(n)* **1** unie, svaz; **customs** ~ celní unie; **federal** ~ federální unie; **personal** ~ personální unie; **Acts of U~** *brit.* zákony o unii Anglie a Skotska; **State of the U~ Message** *am.* výroční Zpráva o stavu Unie podávaná prezidentem parlamentu; **Treaty of U~** *brit.* dohoda o unii Anglie a Skotska n. Británie a Irska; **the U~** Spojené státy; U~ **Jack** britská státní vlajka; ~ **state** sdružený stát **2** odborový svaz, odbory; **trade / labour** ~s odbory; ~ **contract** *am.* kolektivní smlouva; ~ **dues / subscription** odborové příspěvky
**unit** [ˈjuːnit] *(n)* jednotka; **basic social** ~ základní společenská jednotka; ~ **of administration** správní jednotka; ~ **of currency** měnová jednotka; ~ **of production** jednotka výroby; ~ **pricing** jednotková cena; ~ **rule** jednotkové pravidlo při oceňování cenných papírů
**unitary** [ˈjuːnitəri] *(adj)* **1** unitární; ~ **state** unitární stát **2** jednotný; ~ **development**

**plans** jednotné plány rozvoje; ~ **tax** jednotná daň
**unite** [juːˈnait] *(v)* st. spojit, sloučit, připojit co
**united** [juːˈnaitid] *(adj)* spojený, sloučený; **the U~ Kingdom** Spojené království; **the U~ Nations** Spojené národy; **the U~ States** Spojené státy americké; U~ **States Attorney** *am.* federální prokurátor jmenovaný prezidentem pro každý soudní obvod; U~ **States Code** *am.* Zákoník USA do r. 1926 zákoník platného práva; ~ **in interest 1** *(TP)* společně zainteresovaní v trestném činu **2** *(OP)* nerozlučné společenství v rozepři na straně žalovaných
**unity** [ˈjuːnəti] *(n)* jednota; společenství práv; ~ **of interest** jednota zájmů, společný zájem; společenství zájmů; ~ **of possession** jednota držby; ~ **of seisin** jednota držby nemovitostí; ~ **of title** jednota právního titulu
**universal** [ˌjuːniˈvoː(r)səl] *(adj)* všeobecný, univerzální; ~ **adult suffrage** všeobecné volební právo dospělých; U~ **Declaration of Human Rights** Všeobecná deklarace lidských práv; ~ **franchise** všeobecné volební právo; ~ **peace** mír na celém světě; ~ **protection** všeobecná ochrana
**unjust** [ˌanˈdžast] *(adj)* nespravedlivý, protiprávný; ~ **enrichment** neoprávněný majetkový prospěch, bezdůvodné obohacení; ~ **war** nespravedlivá válka
**unjustness** [ˌanˈdžastnis] *(n)* nespravedlivost, nespravedlnost
**unjustified** [ˌanˈdžastifaid] *(adj)* neoprávněný, nemající právo; ~ **trial** neoprávněný proces
**unknown** [ˌanˈnaun] *(adj)* neznámý, nezjištěný; ~ **delinquent** nezjištěný / neznámý pachatel; ~ **persons** neznámé osoby
**unlawful** [ˌanˈloːful] *(adj)* neoprávněný; nezákonný, protiprávní; ~ **act** protiprávný čin; ~ **action** nezákonná činnost, nezákonné jednání; ~ **assembly** nezákonné srocení / shromažďování; ~ **detainer** neoprávněné zadržení cizí věci; ~ **device** nezákonné machinace; ~ **picketing** nezákonné obsazení továrny dělníky včetně bránění ve výkonu práce; ~ **sexual intercourse** sexuální styk s osobou mladší, než je stanoveno zákonem
**unlawfully** [ˌanˈloːfuli] *(adj)* nezákonně, protiprávně; **play** ~ hrát zakázané hry
**unless** [anˈles] *(con)* jestliže ne, pokud ne; ledaže
**unlike** [ˌanˈlaik] *(adv)* na rozdíl od

**unlikely** [ˌanˈlaikli] *(adj, adv)* nepravděpodobný; nepravděpodobně

**unlimited** [ˌanˈlimitid] *(adj)* neomezený; nekonečný; ~ **authority** neomezená moc, naprostá diskrece; ~ **credit** neomezený úvěr; ~ **company** společnost s ručením neomezeným; ~ **liability** neomezená odpovědnost; ~ **partnership** společnost s ručením neomezeným

**unliquidated** [ˌanˈlikwideitid] *(adj)* 1 nezjištěný, neurčený co do výše platby; neurčitý, nestanovený; ~ **claim** nevymezený nárok nestanovený s konečnou platností co do výše škod či odpovědnosti; ~ **damages** dosud nestanovená / nevymezená náhrada škody; ~ **debt** dosud nestanovená výše dluhu 2 nezlikvidovaný

**unlisted** [ˌanˈlistid] *(adj)* neuvedený na seznamu; neregistrovaný, nekotovaný; ~ **security** nekotovaný cenný papír

**unloading** [ˌanˈləudiŋ] *(n)* vyložení nákladu, vykládka

**unmaintainable** [ˌanmenˈteinəbl] *(adj)* neudržitelný; neobhajitelný, beznadějný případ

**unmarketable** [ˌanˈmaː(r)kitəbl] *(adj)* neobchodovatelný, neprodejný

**unmarried** [ˌanˈmærid] *(adj)* neprovdaná, ženatý; ~ **couple** neoddaná dvojice

**unmatured** [ˌanməˈtjuə(r)d] *(adj)* nezralý, nedospělý; jsoucí před lhůtou splatnosti; ~ **payment** platba před lhůtou splatnosti

**unnatural** [ˌanˈnæčrəl] *(adj)* 1 nepřirozený; ~ **death** nepřirozená smrt; ~ **offence** zvrácený trestný čin jako důsledek nepřirozených sexuálních praktik; ~ **will** nepřirozená závěť opomíjející nároky přirozených dědiců a ponechávající pozůstalost cizím osobám 2 neobvyklý, zvláštní

**unnecessary** [ˌanˈnesisəri] *(adj)* nikoliv nezbytný n. nutný, zbytečný

**unofficial** [ˌanəˈfišəl] *(adj)* neoficiální; neúřední; ~ **strike** stávka proti vůli odborů

**unopposed** [ˌanəˈpəuzd] *(adj)* přijatý bez námitek; ~ **reading of the bill** projednání návrhu zákona bez připomínek

**unpaid** [ˌanˈpeid] *(adj)* neplacený; ~ **councillors** *brit.* radní, kteří nejsou placeni čestná funkce

**unparliamentary** [anˌpaː(r)ləˈmentəri] *(adj)* nevhodný neslušný, urážlivý pro parlament; ~ **language** jazyk nevhodný pro použití v parlamentě např. tvrzení, že poslanec lže n. pochybnost o poslancově cti

**unprecedented** [ˌanˈpresidentid] *(adj)* bezprecedentní; zcela nový, nebývalý, bezpříkladný

**unprofessional** [ˌanprəˈfešənl] *(adj)* neprofesionální; ~ **conduct** chování v rozporu s profesionální etikou

**unprotested** [ˌanprəˈtestid] *(adj)* směnka bez protestu

**unqualified** [ˌanˈkwolifaid, *am.* -ˈkwa-] *(adj)* 1 bezvýhradný, naprostý, neomezený; ~ **statement** rozhodné prohlášení 2 nekvalifikovaný, neodborný 3 nekompetentní

**unquantifiable** [ˌanˈkwontifaiəbl, *am.* -ˈkwa-] *(adj)* nekvantifikovatelný, nestanovitelný např. co do ceny; ~ **damages** nestanovitelná náhrada škody

**unquestionable** [ˌanˈkwesčənəbl] *(adj)* nepochybný, nesporný

**unreasonable** [ˌanˈriːznəbl] *(adj)* 1 bezdůvodný, neodůvodněný, zbytečný; ~ **delay** zbytečný odklad; ~ **searches and seizures** neoprávněné bezdůvodné prohlídky a konfiskace; ~ **seizures of person** bezdůvodné zatýkání; **it is held to be** ~ je to považováno za bezdůvodné 2 nerozumný, nepřiměřený; ~ **appreciation** nepřiměřené ohodnocení; ~ **compensation** nepřiměřená náhrada; ~ **conduct** nepřiměřené chování 3 nesmyslný, absurdní; ~ **restraint** nesmyslné omezení

**unreasonably** [ˌanˈriːznəbli] *(adv)* nepřiměřeně; bezdůvodně; **the approval shall not be** ~ **withheld** souhlas nesmí být bezdůvodně odmítnut

**unredeemable** [ˌanriˈdiːməbl] *(adj)* neumořitelný, nevyplatitelný

**unredeemed** [ˌanriˈdiːmd] *(adj)* 1 nevyplacený; neumořený; neamortizovaný; ~ **pledge** nevyplacená zástava 2 nesplněný

**unregistered** [ˌanˈredžistə(r)d] *(adj)* ne(za)registrovaný u pozemkového úřadu

**unrelated** [ˌanriˈleitid] *(adj) to* st. nesouvisející s čím, bez vztahu k čemu; ~ **business income** příjem z nesouvisejícího podnikání

**unreliable** [ˌanriˈlaiəbl] *(adj)* nespolehlivý, nejistý; ~ **evidence** nespolehlivé důkazy; ~ **witness** nespolehlivý svědek

**unreported** [ˌanriˈpoː(r)tid] *(adj)* 1 neoznámený policii; ~ **cases of thefts** neoznámené případy krádeží 2 neuvedený ve sbírce soudních případů

**unreserved** [ˌanriˈzəː(r)vd] *(adj)* bezvýhradný, naprostý; ~ **confidence** plná důvěra

**unsafe** [ˌanˈseif] *(adj)* nespolehlivý, riskantní; ~ **judgment** napadnutelný rozsudek; ~ **products** nespolehlivé výrobky

**unsatisfactory** ['an͵sætis'fæktəri] *(adj)* nevyhovující, neuspokojivý; **approach proves** ~ přístup se ukáže neuspokojivým / nevyhovujícím

**unsatisfied** [͵an'sætisfaid] *(adj)* **1** nespokojený **2** nezaplacený, nevyrovnaný **3** nevykonaný, neprovedený; ~ **judgment** nevykonaný rozsudek, nevykonané soudní rozhodnutí; ~ **judgment funds** am. fond zřízený státem určený k vyplácení pojistných plnění u dopravních nehod v případech, kdy viník není pojištěn či solventní

**unseal** [͵an'si:l] *(v)* st. rozpečetit, odpečetit co

**unsealed** [͵an'si:ld] *(adj)* **1** nezapečetěný; nenesoucí pečeť **2** rozpečetěný, otevřený

**unseat** [͵an'si:t] *(v)* sb. zbavit koho poslaneckého mandátu

**unsecured** [͵ansə'kjuə(r)d] *(adj)* nezajištěný zástavou, zárukou, nekrytý, nezaručený; ~ **creditor** nezajištěný věřitel nemající nic zástavou za svou pohledávku; ~ **debt** nezajištěný dluh; ~ **loan** nezajištěná půjčka

**unseizable** [͵an'si:zəbl] *(adj)* nekonfiskovatelný, nezabavitelný

**unsettled** [͵an'setld] *(adj)* **1** záležitost nevyřízený, neukončený; nevyřešený, nerozhodnutý **2** dluh nesplacený, nevyrovnaný

**unsound** [͵an'saund] *(adj)* **1** nemocný, nezdravý; **persons of** ~ **mind** osoby duševně nemocné **2** vadný, kazový

**unspoken** [͵an'spəukn] *(adj)* nevyřčený, nevyslovený; mlčící

**unstipulated** [͵an'stipjuleitid] *(adj)* nevymíněný, nestanovený jako podmínka

**unsubordinated** [͵ansəb'o:(r)dineitid] *(adj)* nepodřízený

**unsubstantiated** [͵ansəb'stænšl] *(adj)* nepodložený, neopodstatněný tvrzení

**untaxed** [͵an'tækst] *(adj)* nezdaněný, nepodléhající dani

**unthrift** [͵an'θrift] *(n)* **1** rozmařilec, marnotratník **2** nehospodárnost

**until** [ən'til] *(con)* dokud, až do té doby, než; ~ **the contrary is proved** dokud není prokázán opak

**untimely** [͵an'taiməli] *(adj)* předčasný; ~ **death** předčasná smrt

**untried** [͵an'traid] *(adj)* soudně neprojednávaný; nesouzený

**unwarranted** [͵an'worəntid, am. -'war-] *(adj)*

**1** nezaručený, nejistý **2** nedovolený; svévolný; ~ **restriction** svévolné omezení

**unwilling** [͵an'wiliŋ] *(adj)* **1** neochotný; nedobrovolný **2** nežádoucí; ~ **subjection to st.** nežádoucí závislost na čem

**unwillingly** [͵an'wiliŋli] *(adv)* **1** nechtěně, bezděčně, spontánně **2** proti své vůli

**unwritten** [͵an'ritn] *(adj)* nenapsaný, nepsaný; ~ **agreement** nepsaná dohoda; ~ **law** nepsané právo, tj. právo precedenční a obyčejové

**update** [ap'deit] *(v)* st. zmodernizovat co; upravit co podle současného stavu

**uphold** */upheld, upheld/* [ap'həuld, -'held] *(v)* st. **1** udržovat, podporovat co; zastat se čeho **2** potvrdit co; ~ **the complaint** potvrdit oprávněnost stížnosti; ~ **the sentence** potvrdit rozsudek v odvolacím řízení

**upon** [ə'pon] *(prep)* na; na základě; ~ **prior notice** na základě předchozího upozornění

**upper** [apə(r)] *(adj)* horní, hořejší; ~ **chamber** horní sněmovna; U~ **House** *(Isle of Man)* Horní sněmovna

**urban** [ə:(r)bən] *(adj)* městský, týkající se města; ~ **centers** městská centra; ~ **crime** městská zločinnost / kriminalita; ~ **district** městský obvod, čtvrť; ~ **homestead** městská usedlost; ~ **renewal** asanace měst; ~ **servitude** městská služebnost

**urge** [ə:(r)dž] *(v)* st. **1** naléhat na co, vybízet k čemu **2** zdůraznit co, trvat na čem

**urgent** [ə:(r)džənt] *(adj)* naléhavý; ~ **problems** naléhavé problémy

**urine** ['juərin] *(n)* moč; ~ **test** rozbor moči na přítomnost drog n. zakázaných látek

**usage** ['ju:zidž] *(n)* **1** zvyklost, úzus, obyčej, zvyk, uzance; **mercantile** ~ obchodní zvyklosti; ~ **of trade** obchodní uzance / zvyklost **2** použití, využití; **conventional** ~**s** využití / použití konvencí

**usance** ['ju:zəns] *(n)* **1** směnečná lhůta **2** výnos, příjem z majetku

**use** [ju:s] *(n)* právo užívání, použití, využití; **contingent** ~ případné / eventuální užívací právo; **exclusive** ~ výlučné užívání; **industrial** ~ průmyslové využití pozemků; **official** ~ úřední použití; **resulting** ~ návratné právo užívání; **shifting** ~ přecházející užívací právo; ~ **in commerce** komerční / obchodní využití; ~ **of force** použití síly; ~ **of land** využití půdy; **non-recourse to the** ~ **of force** nepoužití síly; **for official** ~ pro úřední účely; **renunciation**

**of the ~ of st.** nepoužití čeho; **control the ~ of land in the public interest** kontrolovat využití půdy v obecném zájmu; **limit the ~ of st.** omezit použití čeho; **make ~ of st.** použít, využít co; **make unauthorized ~ of st.** neprávněně použít co **use** [ju:z] (v) st. použít, využít, upotřebit co; **~ st. for official purposes** užívat co k oficiálním účelům; **~ mail to defraud** využít pošty k podvodu **useful** ['ju:sful] (adj) užitečný; užitkový; **~ life** životnost **usefulness** ['ju:sfulnis] (n) užitečnost, užitkovost; **restoring to ~ land left derelict** znovunavrácení užitkovosti zdevastované půdě, rekultivace půdy **user** ['ju:zə(r)] (n) **1** uživatel; **end ~** koncový uživatel; **infringing ~** neoprávněný uživatel porušující autorské právo; **registered ~** registrovaný uživatel ochranné známky **2** užívací právo **usher** ['ašə(r)] (n) soudní uvaděč, sluha, zřízenec **usual** ['ju:žuəl] (adj) obvyklý, běžný; **~ place of abode** stálé bydliště; **~ terms** obvyklé podmínky **usucaption** [‚ju:sju:'kæpšən], **usucapion** [‚ju:sju:'keipiən] (n) vydržení, vydržené právo **usufruct** [‚ju:sju:'frakt] (n) požívací právo, ususfruktus **usurer** ['ju:žərə(r)] (n) lichvář **usurious** ['ju:žəriəs] (adj) lichvářský; **~ contract** lichvářská smlouva, v níž výše požadovaných úroků překračuje zákonný limit

**usurp** [ju:'zə:(r)p] (v) st. **1** protiprávně zabrat funkci / úřad / pravomoci **2** uchvátit co, zmocnit se čeho **usurpation** [‚ju:zə:(r)'peišən] (n) násilné uchvácení, obsazení, uzurpace; přerušení vydržení; **~ of franchise** přerušení výsady / koncese **usury** ['ju:žuri] (n) **1** lichva, lichvářství; **~ laws** zákony proti lichvě **2** legislativa regulující úrokové sazby **utilities** [ju:'tilətiz] (pl) veřejně prospěšné služby dodávky vody, elektřiny, plynu, paliv, telekomunikací apod.; služby spojené s nájmem / užíváním **utility** [ju:'tiləti] (n) **1** užitečnost, užitek; **~ function** užitková funkce; **~ rates** užitkové normy **2** funkčnost; **~ of a patent** průmyslová využitelnost / funkčnost patentu **3** veřejná služba, utilita **utter** [atə(r)] (adj) **1** přítomný na přelíčení jako posluchač nikoliv jako účastník; **~ barrister** brit. nižší kategorie barristerů, přibl. advokátní koncipient **2** úplný, naprostý, totální **utter** [atə(r)] (v) st. **1** proslovit co **2** uvádět do oběhu co; použít falšované dokumenty; **~ false coin** udávat do oběhu falešné peníze; **~ a forged instrument** rozšiřovat padělanou listinu **utterance** ['atərəns] (n) projev, ústní prohlášení **uttering** ['atəriŋ] (n) použití zfalšovaných dokumentů; **forgery and ~** trestný čin padělání a zneužití úředních dokumentů **uxoricide** [ak'so:risaid] (n) zabití manželky vlastním manželem

# V

**v(.)** [vi:] *(abbrev, lat)* **1** *versus* ['vǝ:(r)sǝs] proti, versus čteme: **against, and 2** *vide* [vaidi] viz
**vacancy** ['veikǝnsi] *(n)* **1** volné neobsazené místo; ~ **in office** uprázdněná / neobsazená funkce **2** uprázdnění, uvolnění; ~ **of a property** uprázdnění nemovitosti
**vacant** ['veikǝnt] *(adj)* prázdný, volný, uvolněný; neobsazený; nepronajatý; ~ **possession** uvolněná držba majetek, který vlastník opustil; ~ **succession** hereditas iacens pozůstalost v období od smrti zůstavitele do okamžiku jejího převzetí dědicem; **situations / appointments** ~ volná pracovní místa
**vacate** [vǝ'keit] *(v)* st. **1** uvolnit, vyklidit co; ~ **premises** vyklidit prostory **2** vzdát se úřadu **3** anulovat, zrušit co; ~ **the injunction** zrušit soudní zákaz n. příkaz
**vacation** [vǝ'keišǝn] *(n)* **1** přestávka, pauza **2** uvolnění koho; ~ **of a seat** vyloučení člena orgánu **3** zrušení, anulování; ~ **of judgment** zrušení rozsudku z důvodu jeho vadnosti **4** soudní, univerzitní prázdniny; ~ **of term** soudní prázdniny
**vaccination** [ˌvæksi'neišǝn] *(n)* očkování, vakcinace
**vagrancy** ['veigrǝnsi] *(n)* tuláctví, potulka; toulání; ~ **laws** zákony o potulce; **charged with** ~ obviněn z tuláctví
**vagrant** ['veigrǝnt] *(n)* tulák; ~ **act** zákon o tuláctví
**vague** [veig] *(adj)* vágní, nejasný; mnohoznačný; neurčitý
**vagueness** ['veignis] *(n)* vágnost, nejasnost, mnohoznačnost; ~ **doctrine** am. zásada, že zákon nejednoznačně vyložitelný je prohlášen za protiústavní
**vail** [veil] *(n)* spropitné, odměna; úplatek
**vain** [vein] *(adj)* zbytečný, marný; **in** ~ zbytečně, nadarmo
**valid** ['vælid] *(adj)* **1** platný; ~ **contract** platná smlouva; ~ **decision** platné rozhodnutí; ~ **marriage** platné manželství; ~ **title** platný odůvodněný, nesporný právní titul; ~ **vote** platný hlas **2** právoplatný, legální; oprávněný; ~ **claim** oprávněný nárok; ~ **defence** oprávněná obhajoba jdoucí po podstatě věci; ~ **objection** oprávněná námitka; ~ **reason** právoplatný důvod

**validate** ['vælideit] *(v)* st. **1** učinit platným co, validovat co **2** osvědčit, potvrdit platnost čeho
♦ **validating statute** sankcionující zákon
**validation** [ˌvæli'deišǝn] *(n)* potvrzení o platnosti, validace; ratifikace
**validity** [vǝ'lidǝti] *(n)* **1** právní platnost, právní síla, validita; ~ **of insurance** platnost pojištění; ~ **period** doba platnosti; ~ **of a treaty** platnost smlouvy; **derive** ~ **from st.** odvozovat platnost od čeho **2** oprávněnost, odůvodněnost; ~ **of a conclusion** odůvodněnost závěru
**valuable** ['væljuǝbl] *(adj)* **1** hodnotný, cenný; ~ **consideration** hodnotné protiplnění; ~ **papers** cenné dokumenty; ~ **property** hodnotný, cenný majetek **2** ocenitelný, zhodnotitelný
♦ ~ **improvements** podstatné zhodnocení nemovitosti; ~ **interest** právní zájem na věci
**valuables** ['væljuǝblz] *(pl)* **1** cennosti, drahocennosti **2** cenné papíry
**valuation** [ˌvælju'eišǝn] *(n)* **1** ohodnocení věci cenou, ocenění, odhad; **excessive** ~ nadhodnocení, přecenění; **stock** ~ ocenění akcií na konci zúčtovacího období; ~ **method** metoda oceňování; ~ **tables** oceňovací tabulky **2** sazba, taxa
**value** ['vælju:] *(n)* **1** hodnota, cena; **appraisal** ~ odhadní cena; **book** ~ účetní hodnota; **cash** ~ skutečná cena; **counter** ~ protihodnota; **face / nominal** ~ nominální hodnota; **fair market** ~ skutečná tržní hodnota; **intrinsic** ~ vnitřní hodnota; **liquidation** ~ likvidační hodnota; **market** ~ tržní hodnota; **received** ~ obdržená hodnota, protihodnota; **residual** ~ zůstatková hodnota; **stock-exchange** ~ burzovní cena; **surrender** ~ hodnota vrácené pojistky, výkupní hodnota; **use** ~ užitková hodnota; **wholesale** ~ velkoobchodní cena; ~ **added tax (VAT)** daň z přidané hodnoty; ~ **as per invoice** cena podle faktury; **diminish the rental** ~ **of the property** snížit nájemní hodnotu majetku **2** význam, důležitost
**value** ['vælju:] *(v)* st. úředně (z)hodnotit, ocenit co
**valuer** ['væljuǝ(r)] *(n)* odhadce hl. pro potřeby pojištění

**values** ['vælju:z] *(pl)* hodnoty; zásady, měřítka; **a society's** ~ hodnoty společnosti
**vandal** ['vændəl] *(n)* vandal; ničitel
**vandalize** ['vændəlaiz] *(v)* st. záměrně pustošit, ničit co; ~ **the call-boxes** zničit telefonní budky
**variable** ['veəriəbl, *am.* 'vær-] *(n)* proměnná hodnota; variábl
**variable** ['veəriəbl, *am.* 'vær-] *(adj)* proměnlivý, kolísavý; měnící se; ~ **annuity** variabilní roční důchod, příjem pohybující se podle míry inflace apod.; ~ **costs** kolísavé náklady; ~ **interest rate** pohyblivá úroková míra; ~ **premium** variabilní pojistné; ~ **rate mortgage** hypotéka s proměnlivou sazbou; ~ **risk** variabilní riziko
**variance** ['veəriəns, *am.* 'vær-] *(n)* **1** rozpor mezi tvrzeními; rozpor mezi důkazy a obviněním; diskrepance; ~ **in the testimony** rozpor ve svědectví **2** rozdíl, odchylka; **budget** ~ rozpočtová odchylka mezi předpokládanými a skutečnými výdaji ♦ ~ **principle** princip rozptylu
**variation** [ˌveəri'eišən, *am.* ˌvær-] *(n)* **1** odchylka, výkyv; kolísání; **seasonal** ~s sezónní odchylky **2** změna podmínek; **ask for a** ~ **in the maintenance order** žádat o změnu v soudním rozhodnutí o výživném
**varied** ['veərid, *am.* 'vær-] *(adj)* různý, rozmanitý, pestrý
**various** ['veəriəs, *am.* 'vær-] *(adj)* **1** různorodý, rozličný; **infinitely** ~ nekonečně rozmanitý **2** jednotlivý
**vary** ['veəri, *am.* 'væri] *(v)* **1** *from* st. odlišovat, odchýlit (se) od čeho; **the witnesses** ~**ied from their former depositions** svědkové se odchýlili od svých dřívějších výpovědí **2** měnit co; ~ **the terms** měnit smluvní podmínky
**vasectomy** [væ'sektəmi] *(n)* vasektomie mužská sterilizace
**vassal** ['væsəl] *(n)* vazal; nevolník
**vassal** ['væsəl] *(adj)* podřízený, závislý, vazalský; ~ **state** vazalský závislý stát
**vassalage** ['væsəlidž] *(n)* vazalská závislost, vazalství
**vast** [va:st, *am.* væst] *(adj)* rozsáhlý, obrovský, nesmírný; ~ **bulk of st.** obrovské množství čeho
**VAT** [ˌvi:ei'ti:] *(abbrev)* *value added tax* daň z přidané hodnoty; **reference to VAT** odvolávka na DPH
**Vatican City** ['vætikənˌsiti] papežský stát Vatikán

**VC** [vi:'si:] *(abbrev)* *vice chancellor* **1** vrchní soudce Kancléřského soudu jako součásti Vrchního soudu **2** výkonný statutární prorektor; vícekancléř
**vehicle** ['vi:ikl, *am.* 'vi:əkl, 'vi:hikl] *(n)* dopravní prostředek, vozidlo; **motor** ~ motorové vozidlo
**vehicular** [vi'hikjulə(r)] *(adj)* týkající se vozidla, dopravní; ~ **crime** trestný čin způsobený vozidlem; ~ **homicide** usmrcení v souvislosti s nezákonným použitím vozidla např. při krádeži apod.
**veil** [veil] *(n)* závoj, rouška ♦ **lifting the** ~ „poodhalení roušky" zejm. osvětlení detailů registrace společnosti v obchodním rejstříku při podezření z podvodného n. nekalého podnikání člena společnosti, tj. jeho pozice ve společnosti a pravomoce
**vend** [vend] *(v)* st. prod(áv)at co, převádět co za úplatu; ~ **copyright** převést autorské právo
**vendee** [ven'di:] *(n)* nabyvatel, kupující
**vendetta** [ven'detə] *(n)* soukromá krevní msta
**vendible, vendable** ['vendəbl] *(adj)* prodejný, vhodný k prodeji
**vendition** [ven'dišən] *(n)* prodej
**vendor, vender** ['vendə(r)] *(n)* prodejce, prodávající; **street** ~ pouliční stánkový prodavač; ~'**s lien** retenční právo prodávajícího
**vendue** [ven'dju:, 'vendju:] *(n)* úřední prodej v dražbě; ~ **master** licitátor
**venereal** [vi'niəriəl] *(adj)* pohlavní, venerický; ~ **disease** pohlavní choroba
**vengeance** ['vendžəns] *(n)* pomsta; **exact** ~ / **take** ~ **(up)on sb.** mstít se na kom, pomstít se komu
**vengeful** ['vendžful] *(adj)* pomstychtivý, mstivý
**venial** ['vi:njəl] *(adj)* omluvitelný; odpustitelný; drobný
**venire facias** [viˌnaiəri'feišiəs] *(lat)* soudní příkaz k sestavení a povolání poroty
**venture** ['venčə(r)] *(n)* rizikové podnikání, riskantní čin za účelem zisku; ~ **capital** rizikové investice
**venture** ['venčə(r)] *(v)* podnikat s velkým rizikem za účelem zisku; riskovat
**venue** ['venju:] *(n)* **1** místo činu **2** příslušnost místem; správní území, na němž byl čin spáchán a kde se bude soudně projednávat; **personal** ~ osobní příslušnost; **subject-matter** ~ věcná příslušnost; ~ **jurisdiction** místní soudní příslušnost; **mistake in** ~ omyl z důvodu místní nepříslušnosti

**3 místo** n. zařízení, kde se koná soudní zasedání, shromáždění n. schůzka

**veracity** [vəˈræsəti] *(n)* pravdivost, správnost výroků, pravda; pravdomluvnost

**verbal** [ˈvɜː(r)bəl] *(adj)* **1** slovní, ústní; ~ **agreement** ústní dohoda; ~ **alteration** redakční změna; ~ **assault** výhrůžka, hrozba; ~ **contract** ústní, verbální smlouva; ~ **evidence** svědecký důkaz, ústní důkaz; ~ **note** verbální nóta; ~ **process** protokol; ~ **warning** ústní varování **2** doslovný; ~ **construction** doslovný výklad

**verbatim** [vɜː(r)ˈbeɪtəm] *(adj, adv)* doslovný; doslovně, slovo od slova; ~ **record** doslovný záznam; ~ **transcript of a trial** doslovný přepis / záznam líčení

**verdict** [ˈvɜː(r)dɪkt] *(n)* **1** výrok poroty; **directed / instructed** ~ nařízený verdikt; **false** ~ chybný výrok; **majority** ~ většinový výrok; **open** ~ otevřený výrok např. příčina smrti neznámá; **public** ~ výrok poroty vyslovený při veřejném zasedání; **repugnant** ~ odporující si verdikt; **split** ~ rozdělený verdikt; **unanimous** ~ jednomyslný výrok; ~ **of guilty** výrok o vině, odsuzující výrok; ~ **of not guilty** zprošťující výrok, výrok o nevině; **estoppel by** ~ výrok jako překážka uplatnění žalobního nároku; **judgment notwithstanding** ~ rozsudek bez ohledu na výrok poroty; **stipulation on majority** ~ podmínka většinového výroku; **bring in majority** ~ vyhlásit výrok většinou hlasů; **come to / reach a** ~ dojít k / shodnout se na výroku; **give a** ~ vyslovit výrok; **return a** ~ **of not guilty** vyhlásit výrok o nevině / zprošťující výrok **2** soudní rozhodnutí

**verification** [ˌverɪfɪˈkeɪʃən] *(n)* **1** ověření, potvrzení pravdivosti n. pravosti **2** místopřísežné prohlášení

**verified** [ˈverɪfaɪd] *(adj)* ověřený; ~ **copy** ověřená kopie; ~ **names** ověřená jména

**verify** [ˈverɪfaɪ] *(v)* st. **1** stvrdit přísahou co **2** ověřit platnost čeho, prověřit co; ~ **a copy** ověřit opis **3** podložit důkazy co

**version** [ˈvɜː(r)ʃən] *(n)* výklad, podání, znění, verze; interpretace

**versus** [ˈvɜː(r)səs] *(lat)* proti, versus

**very** [ˈveri] *(adj)* pravý, skutečný; bezprostřední; ~ **tenant** bezprostřední nájemce

**vest** [vest] *(v)* **1** sb. *with* st. udělit, propůjčit komu co **2** *in* st./sb. spočívat v / na čem, tkvít v

čem, být na / v čem/kom; **the executive power is formally ~ed in the Governor General** výkonnou moc má formálně generální guvernér **3** *in, on* sb./st. převést, delegovat na koho/co; svěřit komu/čemu; vybavit právy; **the property was ~ed in the trustees** majetek byl převeden na svěřenské správce

**vested** [ˈvestɪd] *(adj)* nezadatelný, nezcizitelný, právně zaručený; oprávněný, zákonný; ~ **estate** nabytý majetek, zcizené právo k majetku; ~ **interest** aktuální právo k budoucímu užívání majetku; ~ **legacy** nezcizitelný odkaz; ~ **pension** důchodový nárok; ~ **in possession** nabytá právoplatná držba; ~ **remainder** oprávněný nárok na budoucí držbu; ~ **rights** nezadatelná / nezcizitelná práva

**vesting** [ˈvestɪŋ] *(adj)* převádějící nemovitost; ~ **order** příkaz o převodu majetku v souvislosti s dědictvím

**vet** [vet] */tt/ (v)* sb./st. brit. pořádně zkontrolovat, prověřit koho/co z hlediska bezpečnosti státu

**veto** [ˈviːtəʊ] *(n)* veto; **pocket ~** am. kapesní veto jako výsledek nečinnosti prezidenta; ~ **power** právo veta; ~ **privilege** výsadní právo veta; **overrule the ~** zamítnout veto

**veto** [ˈviːtəʊ] *(v)* st./sb. vetovat co/koho; ~ **a bill** vetovat návrh zákona; ~ **a person** vetovat kandidaturu

**vetting** [ˈvetɪŋ] *(n)* brit. prověrka, kontrola s ohledem na bezpečnost státu; **positive ~** pozitivní nález že osoba porušila služební n. státní tajemství

**vexatious** [vekˈseɪʃəs] *(adj)* otravný, obtěžující; kverulantský; zlomyslný; ~ **action / litigation** zlomyslná / kverulantská žaloba s cílem rozzlobit, obtěžovat odpůrce / žalovaného; ~ **litigant** osoba vyvolávající časté soudní spory, které je umožněno podat další žalobu pouze s výslovným povolením soudu; ~ **refusal to pay** svévolné odmítnutí platby; ~ **proceedings** zlomyslné řízení

**viable** [ˈvaɪəbl] *(adj)* životaschopný, živý; ~ **child** životaschopné dosud nenarozené dítě

**vicarious** [vaɪˈkeəriəs] *(adj)* zastupující, zastupitelský; zástupný; pověřený, delegovaný; ~ **liability** odpovědnost v zastoupení např. nadřízené osoby za podřízeného, zástupná odpovědnost; ~ **performance** plnění smlouvy třetí stranou

**vice-chairman** [ˌvaɪsˈtʃeə(r)mən], *(pl)* **-men** *(n)* místopředseda

**Vice Chancellor** [ˌvaɪsˈtʃɑːnsələ, am. -ˈtʃænsələr] *(n)* **1** vrchní soudce Kancléřského soudu jako součásti Vrchního soudu 2 výkonný statutární prorektor; vícekancléř

**vice crimes** [ˌvaisˈkraimz] (pl) trestné činy proti morálce

**Vice President** [ˌvaisˈprezidənt] (n) am. viceprezident a předseda Senátu

**vice versa** [ˌvaisiˈvə:(r)sə] (lat) naopak

**vicinity** [viˈsinəti] (n) okolí, přilehlé oblasti, sousedství

**victim** [ˈviktim] (n) oběť; **accident** ~ oběť nehody

**victimless** [ˈviktimləs] (adj) jsoucí bez oběti; ~ **crime** trestný čin bez oběti

**vide** [ˈvaidi:] (lat) viz

**videlicet** [viˈdi:liset, vaiˈ-] (lat) totiž, jinými slovy řečeno

**vidimus** [ˈvaidiməs] (n) osvědčení, ověření listiny; revize účtů

**vie** /vied, vied, vying/ [vai, vaid, vaiŋ] (v) with sb. for st. soupeřit, vzájemně se trumfovat, bojovat o co

**view** [vju:] (n) 1 pohled, záběr; prohlídka; prošetření; **demand of** ~ požadavek prohlédnout; ~ **of an inquest** prohlídka vyšetřované věci; ~ **of frank-pledge** prošetření slibu vzájemné záruky 2 názor, stanovisko; **social point of** ~ společenské hledisko; **take the** ~ dojít k závěru ♦ **in the** ~ **of** vzhledem k, kvůli

**view** [vju:] (v) st. 1 from st. vidět co z pohledu čeho 2 prozkoumat, zkontrolovat co; ~ **the scene** prozkoumat místo činu; ~ **in respect of insurance** prozkoumat z hlediska pojištění

**vigilance** [ˈvidžələns] (n) ostražitost, bdělost

**vigilant** [ˈvidžələnt] (adj) obezřelý, opatrný; ostražitý, bdělý

**villain** [ˈvilən] (n) brit. col. zločinec, padouch, lotr; darebák

**villainy, villany** [ˈviləni] (n) zločin; lumpárna, ničemnost

**villein** [ˈvilin] (n) nevolník

**vindicate** [ˈvindikeit] (v) st. 1 obhájit, uhájit, ospravedlnit co 2 požadovat zpět co, uplatňovat nárok na co, vindikovat co

**vindication** [ˌvindiˈkeišən] (n) 1 potvrzení správnosti / platnosti 2 vyvinění, rehabilitace, zbavení viny, exkulpace ♦ **in** ~ **of st.** na vysvětlení čeho, jako omluvu pro co

**vindicatory** [ˈvindikeitəri], **vindicative** [ˈvindikətiv] (adj) 1 sankcionující, trestající; sankční, trestní; retribuční 2 mstivý, pomstychtivý

**vindictiveness** [vinˈdiktivnis] (n) pomstychtivost, mstivost

**violable** [ˈvaiələbl] (adj) porušitelný, narušitelný

**violate** [ˈvaiəleit] (v) st. 1 porušit, přestoupit co; ~ **the freedom of press** porušit svobodu tisku; ~ **human rights** porušovat lidská práva; ~ **a law** přestoupit zákon; ~ **an oath** porušit přísahu; ~ **regulations** porušit směrnice 2 páchat násilí na čem 3 znásilnit ženu

**violation** [ˌvaiəˈleišən] (n) porušení, přestoupení čeho; násilí; křivda; **traffic** ~ dopravní přestupek; ~ **of the Article** porušení / nedodržení článku; ~ **of the law** porušení zákona; **rectify the** ~ odčinit násilí

**violator** [ˈvaiəleitə(r)] (n) 1 osoba porušující zákon n. pravidlo n. slib; **move against** ~**s** žalovat osoby porušující zákon 2 narušitel hranic 3 násilník

**violence** [ˈvaiələns] (n) násilí, násilnost(i); **public** ~ veřejné násilí; **racial** ~ rasové násilí; **crime of** ~ násilný trestný čin; **lower thresholds of** ~ nižší úroveň počátku činu nedosahující intenzity násilí; **offence of** ~ násilný trestný čin; **anticipate the** ~ předvídat násilí; **put an end to** ~ skoncovat s násilím

**violent** [ˈvaiələnt] (adj) 1 násilný; ~ **attack** násilný útok; ~ **crime / offence** násilný trestný čin; ~ **death** násilná smrt 2 zcela přesvědčivý, téměř jistý; ~ **presumption** přesvědčivý předpoklad

**virginity** [və:(r)ˈdžinəti] (n) panenství

**virtual** [ˈvə:(r)tjuəl, am. -čuəl] (adj) 1 skutečný, faktický; ~ **representation** skutečné efektivní zastupování 2 zdánlivý, virtuální

**virtue** [ˈvə:tju:, am. ˈvə:rču:] (n) 1 ctnost; mravní čistota, počestnost 2 právní síla, účinnost, moc; **by** ~ **of office** z moci úřední; **by / in** ~ **of the provisions of this lease** na základě ustanovení této nájemní smlouvy

**virtute officii** [və:(r)ˌtju:tiəˈfi:šiai] (lat) z moci úřední

**vis** [vis], (pl) **vires** [ˈvaiəri:z] (lat) síla; ~ **compulsiva** [ˈvisˌkompəlˈsaivə] donucovací síla; ~ **major** [ˌvisˈmeidžə(r)] vyšší moc; ~ **proxima** [ˌvisˈproksimə] bezprostřední síla; **ultra vires** [ˌa:ltrəˈvaiəri:z] mimo pravomoc, nad rámec pravomoci

**visa** [ˈvi:zə] (n) vízum, povolení ke vstupu do země; **multiple entry** ~ vízum k opakovanému vstupu do země

**visible** ['vizəbl] *(adj)* zjevný, patrný; viditelný; **~ means of support** zřejmé prostředky obživy

**visit** ['vizit] *(n)* návštěva; **~ to the House of Commons** návštěva Dolní sněmovny

**visit** ['vizit] *(v)* sb. navštívit koho; **~ sb. in prison** navštívit koho ve vězení

**visitation** [,vizi'teišən] *(n)* inspekce, kontrola

**visitor** ['vizitə(r)] *(n)* návštěvník ♦ **prison ~** brit. inspektor ministerstva vnitra kontrolující vězeňská zařízení

**vital** [vaitl] *(adj)* **1** životní; **~ interests** životní zájmy; **~ statistics** oficiální životní statistika o narození, úmrtí, uzavření manželství, rozvodech, nemocnosti atd., matrika **2** důležitý, rozhodující, podstatný ♦ **~ wound** smrtelná rána

**vitiate** ['višeit] *(v)* st. **1** zkazit, narušit co **2** způsobit neplatnost čeho; **vitiating factors** faktory způsobující neplatnost

**vitiation** [,viši'eišən] *(n)* zneplatnění; **~ of copyright** 1 zrušení autorské ochrany 2 porušení autorského práva

**viva voce** [,vaivə'vəusi] *(lat)* ústně, verbálně

**viz.** [vi'di:liset] *(abbrev, lat)* videlicet totiž, a to; čteme: **namely**

**vocation** [vəu'keišən] *(n)* povolání; odbornost; zaměstnání

**vocational** [vəu'keišənl] *(adj)* týkající se přípravy na zaměstnání, profesionální; **~ certificate** výuční list, vysvědčení o odborném vzdělání; **~ school** odborná učňovská škola; **~ training** odborná výchova

**voice** [vois] *(n)* hlas; **~ identification** identifikace hlasu; **~ print** hlasový záznam

**void** [void] *(adj)* absolutně neplatný, nicotný; zmatečný; **null and ~** neúčinný a neplatný, neplatný od samého počátku; **~ agreement** neplatná dohoda; **~ contract** nicotná smlouva neplatná od samého počátku; **~ copyright** neplatná autorskoprávní ochrana; **~ judgment** neplatný rozsudek; **~ marriage** neplatné manželství; **~ on its face** neplatný na první pohled; **~ rating relief** brit. neplatná daňová úleva v souvislosti s místní daní z nemovitosti

**voidable** ['voidəbl] *(adj)* relativně neplatný; zrušitelný, anulovatelný, odvolatelný; **~ contract** relativně neplatná smlouva, od níž je možné odstoupit z důvodu protiprávnosti některých kroků až po návrhu jedné ze stran; **~ judgment** zrušitelný rozsudek; **~ marriage** zrušitelné zneplatnitelné manželství

**voidance** ['voidəns] *(n)* anulování, právní zrušení, učinění neplatným

**volenti non fit injuria** ['vəulentai,nonfitin-'džuəriə] *(lat)* tomu, kdo souhlasí s rizikem, se neděje křivda, utrpí-li újmu z tohoto rizika

**volume** ['voljum, *am.* 'valju:m] *(n)* rozsah, objem; **~ of premium income** objem přijatého pojistného

**voluntary** ['voləntəri, *am.* 'valənteri] *(adj)* **1** dobrovolný; spontánní; **~ abandonment** dobrovolné opuštění; **~ bankruptcy** dobrovolný vynucený bankrot; **~ confession** dobrovolné přiznání; **~ contributions** dobrovolné příspěvky; **~ conveyance** bezúplatný převod; **~ discontinuance** dobrovolné zpětvzetí žaloby; **~ dismissal** nevynucené propuštění ze zaměstnání s cílem získat odstupné; **~ disposition** převod majetku bez protiplnění; **~ drunkenness** zaviněná opilost nevylučující trestní odpovědnost; **~ grantee** dobrovolný cedent; **~ partition** 1 dobrovolný rozchod 2 dobrovolné rozdělení majetku; **~ redundancy** dobrovolná nadbytečnost v zaměstnání požadovaná pracovníkem s cílem získat finanční náhradu za propuštění; **~ statement** dobrovolná výpověď; **~ winding up / liquidation** dobrovolná likvidace společnosti rozhodnutím společnosti samotné **2** úmyslný, záměrný; **~ ignorance** zaviněná neznalost; **~ manslaughter** úmyslné zabití; **~ waste** úmyslné, svévolné zničení věci vlastníkem **3** mimosoudní; **~ settlement** mimosoudní urovnání sporu

**volunteer** [,volən'tiə, *am.* ,valən'ti:r] *(n)* **1** dobrovolník **2** osoba převádějící majetek bez protiplnění

**volunteer** [,volən'tiə, *am.* ,valən'ti:r] *(v)* st. dobrovolně udělat co; **~ information** dobrovolně poskytnout informaci, informovat

**vote** [vəut] *(n)* **1** hlas; počet hlasů; **alternative ~** alternativní hlas; **decisive ~ / casting ~** rozhodující hlas; **majority ~** většina hlasů; **single transferable ~** jediný převoditelný hlas; **sufficient ~s** dostatečný počet hlasů; **total ~** celkový počet hlasů; **two-thirds ~ of both Houses** dvoutřetinová většina hlasů obou sněmoven; **valid ~** platný hlas; **lose by a small number of ~s** prohrát malým rozdílem hlasů; **obtain most ~s** získat nejvíce hlasů; **these ~s are not wasted** tyto hlasy nejsou ztraceny **2** hlasování; **block ~** hlasování jménem urč. skupiny; **popular ~** všelidové hlasování; **postal / mail** ~ korespondenční hlasování; ~ **of confidence** hlasování o důvěře, odhlasování důvěry; ~ **of no confidence** odhlasování nedůvěry; **by an affirmative** ~ na základě kladného hlasování; **by direct** ~ přímým hlasováním; **put st. to** ~ dát hlasovat o čem; **take a** ~ **on st.** dát hlasovat o čem **3** hlasovací právo

**vote** [vəut] *(v)* *(for* st.) hlasovat (pro co); ~ **article by article** hlasovat o jednotlivých paragrafech; ~ **aye** hlasovat pro; ~ **independently** nezávisle hlasovat; ~ **nay** hlasovat proti; ~ **by correspondance / mail** hlasovat korespondenčně; ~ **by proxy** hlasovat prostřednictvím zmocněnce; ~ **by roll-call** hlasovat podle jmen; ~ **by show of hands** hlasovat zvednutím ruky; ~ **en block** hlasovat o všech kandidátech najednou; **provide by voting taxation the means of st.** zajistit odhlasováním daní prostředky na co

**vote** *(v)* **down** [ˌvəut'daun] st. hlasováním zamítnout co

**vote** *(v)* **off** [ˌvəut'of] sb. hlasováním odvolat koho

**voter** ['vəutə(r)] *(n)* volič; ~ **at large** voličstvo

**voting** ['vəutiŋ] *(n)* hlasování; **system of** ~

hlasovací systém; ~ **by ballot** tajné hlasování; **prohibit persons from** ~ zabránit osobám v hlasování

**voting** ['vəutiŋ] *(adj)* **1** hlasovací; ~ **machine** hlasovací přístroj; ~ **paper** hlasovací lístek; ~ **power / right** právo hlasovat, hlasovací právo akcionáře; ~ **procedure** hlasovací pořádek **2** hlasující; ~ **shares / stock** hlasující akcie

**vouch** *(v)* **for** [ˌvauč'fo:(r)] st. ručit za co, zaručit co; být odpovědný za co

**voucher** ['vaučə(r)] *(n)* **1** poukázka, kupón na nějaké plnění; doklad, stvrzenka; ~ **distribution** kupónová distribuce **2** záruka, potvrzení; ~ **to warranty** potvrzení záruky

**voyage** ['voiidž] *(n)* plavba, cesta po moři; ~ **charter** smlouva o nájmu lodi

**voyeurism** [voi'ə:rizəm] *(n)* voajérství, sexuální slídičství pohlavní uspokojování pozorováním sexuálního styku

**vs.** [və:(r)səs] *(abbrev, lat)* *versus* proti, versus; čteme: **against, and**

**vulgar** ['valgə(r)] *(adj)* vulgární, sprostý, hrubý

**vulnerability** [ˌvalnərə'biləti] *(n)* zranitelnost; bezbrannost; napadnutelnost

**vulnerable** ['valnərəbl] *(adj)* zranitelný; bezbranný; napadnutelný

# W

**wage** [weidž] *(n)* mzda; **front ~s** druh kompenzace za ztrátu zaměstnání z důvodu pracovní diskriminace; **minimum ~** minimální mzda; **real ~s** reálné mzdy; **~ and hour laws** zákony týkající se minimální mzdy a maximální délky pracovní doby; **~ and price controls** regulace mezd a cen; **~ assignments** soudem stanovené srážky ze mzdy na splacení dluhu; **~s fund** mzdový fond; **~ garnishment** soudní obstavení mzdy; **~ increase** zvyšování mezd; **~ scale** mzdová stupnice, mzdový tarif
**wageless** ['weidžləs] *(adj)* nepobírající mzdu
**wager** ['weidžə(r)] *(n)* sázka vsazená částka
♦ **~ policy** pojištění nepřiměřeného rizika
**wager** ['weidžə(r)] *(v) on* st. sázet, vsadit si na co; **wagering contract** smlouva o sázce
**waif** [weif] *(n)* **1** odhozená, opuštěná věc **2** odložené dítě
**waiting** ['weitiŋ] *(adj)* čekací, čekající; **~ list** seznam čekatelů, pořadník; **~ period** čekací lhůta
**waive** [weiv] *(v)* st. zříci se, vzdát se, upustit od čeho; **~ a benefit** vzdát se dávky; **~ a claim** vzdát se nároku; **~ exemption from VAT** vzdát se osvobození od DPH; **~ any existing breach of covenant** vzdát se nároku vyplývajícího z porušení závazku; **~ an injury** vzdát se náhrady škody; **~ a payment** vzdát se platby; **~ a tort** vzdát se náhrady škody
**waiver** ['weivə(r)] *(n)* **1** vzdání se práva / nároku, zpětvzetí; **express ~** dobrovolné, záměrné zřeknutí se práva; **implied ~** konkludentní vzdání se práva; **lien ~** vzdání se retenčního práva; **~ of claims** vzdání se nároků; **~ of exemption** vzdání se osvobození od daně; **~ of immunity** zřeknutí se práva nevypovídat proti sobě samému; **~ of protest** vzdání se práva na směnečný protest; **~ of recourse** zřeknutí se postihu; **~ of tort** vzdání se práva na žalobu **2** opuštění věci, derelikce **3** zproštění; **~ of premium** zproštění pojistníka od dalšího placení pojistného
**wall** [wo:l] *(n)* stěna, zeď; **boundary ~** dělící zeď mezi sousedícími majetky; **common / party ~** společná zeď
**wanderer** ['wondərə, *am.* 'wandərər] *(n)* tulák

**want** [wont, *am.* want] *(n)* **1** nedostatek čeho; **~ of consideration** nedostatek protiplnění; **~ of jurisdiction** nedostatek soudní pravomoci v určité věci; **~ of proof** nedostatek důkazů **2** potřeba čeho; **~s of repair** potřeby související s udržováním dobrého fyzického stavu nemovitosti
**want** [wont, *am.* want] *(v)* sb./st. **1** hledat koho/co; **~ed Britons** hledaní Britové; **~ed by the police** policejně hledaný **2** potřebovat koho/co **3** chtít koho/co
**wanton** ['wontən, *am.* 'want-] *(adj)* svévolný, úmyslný, zlovolný, bezohledný; **~ act** svévolný / bezohledný čin; **~ injury** úmyslný protiprávní čin, úmyslné opomenutí; **~ misconduct / conduct** zlovolné jednání konání či opomenutí s vědomím možného způsobení škody; **~ negligence** bezohledná / svévolná nedbalost; **~ omission** bezohledné opomenutí
**wantonness** ['wontənnis, *am.* 'want-] *(n)* svévole, zlý úmysl, nelidskost, zlovolnost; **negligence amounting to ~** nedbalost hraničící se svévolí
**war** [wo:(r)] *(n)* válka; **just ~** spravedlivá válka; **solemn ~** vyhlášená válka; **declaration of ~** vyhlášení války; **laws of ~** válečné právo; **W~ Office** *brit.* Ministerstvo války; **W~ Secretary** *brit.* ministr války; **declare ~ / levy ~** vyhlásit válku
**war** [wo:(r)] *(adj)* válečný; **~ correspondent** válečný dopisovatel; **~ crime** válečný zločin; **~ criminal** válečný zločinec; **~ damages** náhrada škod způsobených válkou; **~ debts** válečné dluhy; **~ loan** válečná půjčka; **~ power** válečné pravomoci; **~ risk insurance** pojištění rizik v souvislosti s válkou
**ward** [wo:(r)d] *(n)* **1** nezletilá osoba pod dozorem opatrovníka; svěřenecká n. poručenská péče; **child in ~** dítě ve svěřenecké péči **2** nezletilá osoba pod dozorem soudu; **~s of court** soudně stanovení svěřenci, osoby pod dozorem soudu jako forma ochrany před nežádoucím vlivem rodinných příslušníků **3** obvod, okrsek administrativní část města; rajón, revír; **electoral ~** volební okrsek
**ward** [wo:(r)d] *(v)* sb. soudně dát koho do opatrování / do svěřenecké péče

warden ['wo:(r)dən] *(n)* 1 strážce, dohližitel; **traffic** ~ dopravní strážník 2 *am.* ředitel věznice

wardship ['wo:(r)dšip] *(n)* 1 poručenství 2 soudní dozor, péče, ochrana; **exercise the** ~ **jurisdiction** použít soudní pravomoc svěřit koho do opatrovnické péče

warehouse ['weə(r)haus] *(n)* velkokapacitní sklad, skladiště; **bonded** ~ celní sklad; ~ **book** kniha zásob; ~ **receipt** skladová stvrzenka; ~ **system** *am.* systém federálních celních skladů

warehouseman ['weə(r)hausmən], *(pl)* **-men** *(n)* velkoobchodník; podnikatel v oblasti skladování

warehousing ['weə(r)hauziŋ] *(n)* 1 skladování ve velkém; ~ **costs** náklady na skladování 2 skladování hypoték u hypotečních bank

warfare ['wo:(r)feə(r)] *(n)* válčení; válka; **biological** ~ biologická válka; **chemical** ~ chemická válka

warn [wo:(r)n] *(v)* sb. *against* st./sb. varovat koho před čím/kým

warning ['wo:(r)niŋ] *(n)* upozornění; varování; výstraha; **serve as a** ~ sloužit jako upozornění

warrant ['worənt] *(n)* 1 soudní / úřední příkaz vykonat určitý úkon; **arrest** ~ zatykač, příkaz k uvěznění; **bench** ~ soudní zatykač, příkaz k předvedení obviněného k soudu; **commital / commitment** ~ příkaz k vazbě / uvěznění odsouzeného; **death** ~ příkaz k vykonání trestu smrti; **distress** ~ příkaz k zabavení; **outstanding** ~ nevykonaný zatykač, příkaz k uvěznění osoby, jenž dosud nebyl vykonán; **search** ~ příkaz k domovní prohlídce; **share / stock** ~ záruka nákupu akcií jako obchodovatelný cenný papír; ~ **of apprehension** zatýkací rozkaz; ~ **of arrest** zatykač, příkaz k uvalení vazby; ~ **of attachment** zabavovací rozkaz; ~ **of attorney** zmocnění právnímu zástupci, procesní plná moc; ~ **of commitment** příkaz k vzetí osoby do vazby; ~ **of execution** exekuční příkaz; ~ **to sue and defend** plná moc k žalování a obhajobě; ~ **upon indictment** příkaz vystavený na základě formální obžaloby; **issue a** ~ vydat soudní příkaz; **obtain** ~s obdržet soudní příkazy k zatčení 2 příkaz výstavce cenného papíru jiné osobě, aby vyplatila určitou částku; **bond** ~ skladní list z celního skladiště; **dividend** ~ dividendová poukázka, příkaz k výplatě dividend; **dock** ~ skladištní list jako cenný papír 3 oprávnění, právo; zdůvodnění; ~ **of merchantability** záruka prodejnosti

warrant ['worənt] *(v)* st. 1 smluvně jistit, stipulovat co 2 zaručit, garantovat co; **the protection is** ~ed ochrana je zaručena; ~ed **properties** zaručené vlastnosti

warrantee [,worən'ti:] *(n)* zplnomocněnec; oprávněný držitel povolení; osoba, v jejíž prospěch je poskytnuta záruka

warrantor, warranter ['worəntə(r)] *(n)* ručitel, garant

warranty ['worənti] *(n)* 1 záruka na zboží, garance; **express** ~ výslovně uvedená záruka na zboží; **extended service** ~ záruka pozáručního servisu; **full** ~ plná záruka na práci i materiál; **limited** ~ částečná / omezená záruka buď na práci nebo na materiál; **personal** ~ osobní záruka; ~ **of fitness** záruka vhodnosti; ~ **title** záruka právního titulu, tj. implicitní slib, že prodejce má právo zboží prodávat; ~ **deed** záruční listina zajišťující čistotu právního titulu 2 smluvní podmínka, jejíž porušení neopravňuje k odstoupení od smlouvy; **implied** ~ mlčky předpokládaná výminka; **breach of** ~ porušení smluvní podmínky 3 prohlášení / záruka pojištěnce týkající se pojistné události, smluvená výhrada

warrior ['woriə(r)] *(n)* bojovník, válečník

wartime ['wo:(r)taim] *(n)* válka, období války

wash [woš] *(adj)* fingovaný, předstíraný, vymyšlený; ~ **sale** fingovaná koupě; ~ **transaction** fingovaná transakce

wastage ['weistidž] *(n)* 1 zbytečná ztráta, plýtvání 2 odpad

waste [weist] *(n)* 1 zmaření čeho; opomenutí čeho, povinnosti 2 odpad, odpadky; **controlled** ~s kontrolované odpady; **hazardous or difficult** ~s nebezpečné n. těžko kontrolovatelné odpady; ~ **disposal** likvidace / odvoz / odklizení odpadů; ~ **disposal facilities** zařízení pro likvidaci odpadů; ~ **disposal operations** činnost spojená s likvidací odpadů; ~ **disposer** drtič odpadků; ~ **dump** skládka odpadu; ~ **materials** odpadové materiály; ~ **water** odpadní voda; ~ **on land** negativní vliv odpadů na půdu; **control over** ~ kontrola odpadů 3 poškození, poškozování, škoda; **impeachment of** ~ žalovatelnost poškozování; **permissive** ~ poškozování z nedbalosti; **voluntary** ~ vědomé poškozování

4 ztráta způsobená zanedbáním povinné péče
♦ ~ **case** silný kuřák trávy marihuany
**waste** [weist] *(v)* st. 1 plýtvat, mrhat čím; **votes
are not completely ~d** hlasy nejsou zcela
ztraceny; **~d expenditure** zbytečné výdaje
2 nepůsobit co, zůstat bez účinku 3 nechat
zpustnout co
**wasting** ['weistiŋ] *(adj)* 1 zhoubný, ničivý
2 zuživatelný; vyčerpatelný; **~ asset** vyčerpatelné aktivum; **~ property** zuživatelné věci;
**~ trust** vyčerpatelný svěřenský majetek
**watch** [woč, *am.* wač] *(n)* hlídání, pozorování;
hlídka; **neighbourhood ~** *brit.* občanská patrola; **~ and ward** přísný dozor, sledování
**watch** [woč, *am.* wač] *(adj)* hlídací; kontrolní;
**~ commission** kontrolní komise; **~ committee** *brit.* komise orgánu místní správy pro zajištění
místní bezpečnosti
**watch** [woč, *am.* wač] *(v)* sb./st. 1 pozorovat,
sledovat koho/co 2 hlídat koho/co
**watchman** ['wočmən, *am.* 'wač-], *(pl)* **-men**
*(n)* hlídač; **night ~** noční hlídač
**water** ['wo:tə(r)] *(n)* voda; **flood ~s** zátopové
vody; **surface ~s** povrchové vody; **territorial ~s** povrchové vody; **underground and
coastal ~s** podzemní a pobřežní vody; **~
authorities** správa vodáren; **~ course** vodní
tok; **~ damage insurance** pojištění pro případ
vodovodních škod; **~ pollution** znečištění
vody / vod; **~ quality** kvalita vody; **~ rights**
práva využívat vodní zdroje
**way** [wei] *(n)* 1 způsob; **arbitrary ~** libovolný
způsob; **~ of dividing up the whole body of
law** způsob rozdělení celého souboru práva;
**in a ~ broadly similar to st.** způsobem
zhruba podobným čemu ♦ **W~s and Means
Committee** *am.* rozpočtový výbor Sněmovny
reprezentantů, *brit.* rozpočtový výbor Dolní
sněmovny 2 cesta; **private ~** soukromá cesta;
**right of ~** právo průchodu / průjezdu; **~ bill**
nákladní list; **~ leave** povolení k průchodu
3 ohled, zřetel
**weak** [wi:k] *(adj)* slabý, nedostatečný; **~ case**
případ s nedostatečnými důkazy o vině obviněného
**weaken** ['wi:kən] *(v)* sb./st. oslabit, zeslabit koho/co
**weakness** ['wi:knis] *(n)* slabá stránka, slabost,
slabina
**wealth** [welθ] *(n)* bohatství, majetek; **~ tax** daň
z majetku od určité výše

**weapon** ['wepən] *(n)* zbraň; **comprehensive
nuclear ~ test ban** úplný zákaz zkoušek
jaderných zbraní; **deadly ~** smrtící zbraň;
**mass destruction ~s** zbraně hromadného ničení; **nuclear ~s** jaderné zbraně; **nuclear
~ free zone** bezjaderné pásmo; **delivery of
~s** rozmisťování zbraní; **renunciation of the
use of nuclear ~s** nepoužití jaderných zbraní;
**withdrawal of nuclear ~s** stažení jaderných
zbraní
**weaponry** ['wepənri] *(n)* zbraně
**wear** [weə(r)] *(n)* 1 nošení oděvu 2 trvanlivost
oděvu; **fair ~ and tear** přiměřené opotřebení
věci jejím užíváním
**web** [web] *(n)* předivo, síť, pavučina; **complex
~ of rights and duties** složitá síť práv a
povinností
**wed** */wedded / wed, wedded / wed/* [wed, wedid, wed] *(v)* 1 vstoupit do manželství
2 sb. oddat, sezdat koho
**wedding** ['wediŋ] *(n)* svatba
**wedlock** ['wedlok, *am.* 'wedlak] *(n)* manželství;
**born out of ~** narozen jako nemanželský
**weed** [wi:d] *(n)* col. tráva, dříví, maruška, marie
marihuana
**weight** [weit] *(n)* 1 váha, hmotnost; **net ~** čistá
hmotnost 2 závažnost, váha; **~ of evidence**
váha / síla důkazů
**weight** [weit] *(v)* st. 1 zatížit co 2 klást důraz
na co 3 upravit co, zaměřit na co určitým směrem
**welfare** ['welfeə(r)] *(n)* blaho, prospěch, prosperita; **~ of the employees** prospěch zaměstnanců
**well-being** [,wel'bi:iŋ] *(n)* blahobyt, blaho, prospěch; **~ of society** blaho společnosti
**well-established** [,weli'stæblišt] *(adj)* zavedený;
osvědčený; **~ usage** zavedené zvyklosti
**well-knowing** [,wel'nəuiŋ] *(adj)* dobře si vědomý
**Westminster** ['wesŗminstə(r)] *(n)* Westminsterský palác sídlo britského parlamentu
**wharfage** ['wo:(r)fidž] *(n)* poplatek za nakládku
a vykládku zboží na molu
**whatsoever** [,wotsəu'evə(r), *am.* ,wat-] *(adj)* za
podstatným jménem jakýkoliv, jakéhokoliv druhu; **no suspicious documents ~** žádné podezřelé dokumenty jakéhokoliv druhu
**whereas** [weər'æz] *(con)* 1 na počátku věty vzhledem k tomu, že; ježto, jelikož 2 zatímco,
kdežto
**whereat** [weər'æt] *(adv)* 1 načež 2 při kterém

**whereby** [weə(r)'bai] *(adv)* kterýmžto; jímž; jehož pomocí
**wherefore** ['weə(r)fo:(r)] *(adv)* pročež; proč
**wherein** [weər'in] *(adv)* v nějž; v který
**whereof** [weər'ov] *(adv)* o/v ně(m)ž / které(m)žto; **in witness ~ I sign my hand** na důkaz čehož připojuji svůj podpis
**whereon** [weər'on] *(adv)* na kterém(žto), na něm
**wheresoever** [ˌweə(r)səu'evə(r)] *(adv)* kdekoliv kde
**whereunder** [weər'andə(r)] *(adv)* pod nímž
**whereupon** [ˌweərə'pon, *am.* -'pan] *(adv)* načež, na základě čehož
**wherewith** [weə(r)'wið] *(adv)* s kterým / čím
**wherewithal** [ˌweə(r)wi'ðo:l] *(n) col.* finanční prostředky, peníze
**whether** ['weðə(r)] *(con)* zda(li), jestli; **~ – or** zda, ať – či, nebo
**while** [wail], **whilst** [wailst] *(con)* zatímco
**whip** [wip] *(n)* **1** poslanec sledující dodržování stranické a poslanecké disciplíny; **majority ~** *am.* asistent vůdce většiny v Senátu; **minority ~** *am.* asistent vůdce menšiny v Senátu; **party ~** *přibl.* předseda poslaneckého klubu parlamentu **2** instrukce dohlížejícího poslance ohledně hlasování
**whip** [wip] */pp/ (v)* sb. **1** nařezat komu, zbít, zbičovat koho **2** shromáždit, sjednotit, zagitovat koho
**whipping** ['wipiŋ] *(n)* bičování; nářez, bití
**white-collar** [ˌwait'kolə, *am.* -'kalər] *(n) přen.* úředník, „bílý límeček"; **~ crime** trestný čin založený na porušení služebních povinností zpronevěra, počítačové podvody
**Whitehall** ['waitho:l] *(n)* ulice v centru Londýna, kde sídlí řada důležitých ministerstev; **W~ sources** vládní zdroje
**White House** ['waithaus] *am.* Bílý dům sídlo amerického prezidenta
**whole** [həul] *(n)* celek; **the ~ of the property** nemovitost jako celek; **community as a ~** společnost jako celek
**whole** [həul] *(adj)* celkový, celistvý; **~ life and endowment assurance** pojištění pro případ smrti či dožití; **~ record test** zkouška dostatečnosti důkazů; **~-time job** zaměstnání na plný úvazek
**whole-life** ['həulˌlaif] *(adj)* celoživotní; **~ insurance / policy** celoživotní pojištění splatné při úmrtí

**wholesale** ['həulseil] *(n)* obchod ve velkém, velkoobchod
**wholesale** ['həulseil] *(adj)* **1** velkoobchodní; **~ dealer** obchodník ve velkém; **~ representative** velkoobchodník; **~ price / value** velkoobchodní cena **2** prováděný ve velkém měřítku; **~ codification** kodifikace ve velkém měřítku
**wholesaler** ['həulseilə(r)] *(n)* velkoobchodník
**wholesome** ['həulsəm] *(adj)* léčivý, zdraví prospěšný; užitečný
**wholly** ['həuli] *(adv)* úplně, plně, zcela; **~ disabled** plně invalidní
**wicked** ['wikid] *(adj)* **1** zlý, špatný; **~ design** zlý úmysl **2** škodlivý, nebezpečný; prostopášný; nemravný; **~ way of life** prostopášný způsob života
**widow** ['widəu] *(n)* vdova; **~'s allowance** vdovský důchod; **~'s annuity** vdovský důchod; **~'s insurance** pojištění vdov
**widower** ['widəuə(r)] *(n)* vdovec
**widowhood** ['widəuhud] *(n)* vdovství
**wife** ['waif], *(pl)* **wives** ['waivz] manželka; **husband and ~** manželé
**wig** [wig] *(n)* paruka
**wig** [wig] */gg/ (v)* nasadit paruku; **judge ~ged** soudce v paruce
**wildcat** ['waildkæt] *(adj)* neoprávněný; nezodpovědný; **~ strike** stávka neschválená odbory
**wilful** (*am.* **willful**) ['wilful] *(adj)* úmyslný, záměrný; **~ and malicious injury** úmyslná a ve zlém úmyslu způsobená škoda; **~ and wanton act** úmyslné a svévolné konání n. opomenutí; **~ deceit** úmyslné oklamání; **~ misconduct** úmyslné zneužití úřední moci; **~ murder** úkladná vražda bez polehčujících okolností; **~ neglect / negligence** úmyslná nedbalost; **~ tort** úmyslný občanskoprávní delikt
**wilfulness** ['wilfulnəs] *(n)* úmyslnost; úkladnost
**will** [wil] *(n)* **1** závěť, poslední vůle; **ambulatory ~** závěť měnitelná po dobu života odkazce; **conditional ~** podmíněná závěť; **holographic ~** vlastnoručně sepsaná závěť; **joint and reciprocal / mutual ~** společná a reciproční závěť; **nuncupative ~** verbální závěť vyřčená v přítomnosti svědků za mimořádných okolností, např. války; **beneficiary of the ~** dědic ze závěti; **witness to ~** svědek sepsání závěti; **~ substitute** náhražka závěti **2** vůle; **own ~** vlastní vůle; **~ of the legislature** vůle zákonodárných orgánů; **declara-**

**tion of** ~ projev vůle; **tenancy at** ~ nájem, jehož délka závisí na vůli pronajímatele n. nájemce; ~ **contest** napadnutí právního úkonu; **at** ~ podle vlastní vůle, libovolně

**willing** ['wiliŋ] *(adj)* **1** ochotný **2** dobrovolný

**win** /won, won/ [win, wan] /nn/ *(v)* st. **1** zvítězit v čem, vyhrát co; ~ **an action** vyhrát spor; ~ **the election** zvítězit ve volbách, vyhrát volby **2** získat co; ~ **few seats** získat málo křesel; ~ **the scholarship** získat vědecké stipendium

**wind** /wound, wound/ *(v)* **up** [waind'ap, waund 'ap] st. **1** připravit k likvidaci, zlikvidovat co **2** ukončit co; ~ **a meeting** skončit schůzi

**winding(-)up** ['waindiŋ,ap] *(n)* likvidace společnosti; ~ **order** likvidační příkaz soudu; ~ **petition** žaloba o vydání likvidačního příkazu

**windup** ['waindap] *(n)* ukončení, konec, zakončení

**wing** [wiŋ] *(n)* **1** křídlo **2** politická skupina

**wiretapping** ['waiə(r),tæpiŋ] *(n)* odposlouchávání telefonických rozhovorů

**with** [wið] *(prep)* s, se; ~ **force** s použitím síly; ~ **reference to st.** podle čeho, s odkazem na co; ~ **respect to st.** s ohledem nač, pokud jde o co; ~ **a view to st.** s cílem učinit co; **judgment for sb.** ~ **costs** rozsudek s úhradou soudních výloh

**withdraw** /withdrew, withdrawn/ [wið'dro:, wið 'dru:, wið'dro:n] *(v)* st. **1** vzít zpět, odebrat, stáhnout co; ~ **an application** stáhnout žádost, vzít žádost zpět; ~ **the charges** stáhnout obvinění; ~ **from the contract** odstoupit od smlouvy; ~ **a juror** odvolat porotce; ~ **a motion** vzít návrh zpět; ~ **a record** stáhnout žalobu **2** odebrat se; **the Court** ~s **to consider the judgment** soud se odebere k poradě o rozsudku **3** vybrat peníze z účtu

**withdrawal** [wið'dro:əl] *(n)* **1** výběr peněz z účtu **2** stažení, odsun; ~ **of foreign troops** stažení cizích vojsk; ~ **of nuclear weapons** stažení jaderných zbraní **3** zpětvzetí, odstoupení; ~ **from criminal activity** odstoupení od trestné činnosti **4** odvolání; ~ **of a statement** odvolání prohlášení

**withhold** /withheld, withheld/ [wið'həuld, wið 'held] *(v)* st. odepřít, neposkytnout co; ~ **a concession** odmítnout učinit ústupek; ~ **one's consent** odepřít svůj souhlas, odmítnout dát svůj souhlas; ~ **evidence** zničit důkazy n. je

přesunout mimo jurisdikci soudu; ~ **information from the police** neposkytnout informace policii

**withholding** ['wið,həuldiŋ] *(n)* sražená daň ze mzdy

**within** [wi'ðin] *(prep)* **1** během, v průběhu, do, za; ~ **five working days of the date when payment was due** do pěti pracovních dnů ode dne splatnosti **2** v rámci; ~ **the jurisdiction** v rámci pravomoci

**without** [wi'ðaut] *(prep)* bez; ~ **notice** bez upozornění / avíza; ~ **prejudice** bez předsudků; ~ **recourse** bez postihu; ~ **vote** bez hlasovacího práva

**witness** ['witnis] *(n)* **1** svědek; **adverse** ~ svědek svědčící proti své straně; **credible** ~ důvěryhodný svědek; **deceitful** ~ křivý svědek; **ear-**~ svědek z doslechu vypovídající o tom, co slyšel; **expert / professional / skilled** ~ soudní znalec; **eye-** očitý svědek; **material** ~ hlavní svědek; ~ **for the defence** svědek obhajoby; ~ **for the prosecution** svědek obžaloby; ~ **to will** svědek pořízení závěti; ~ **box** / am. **stand** svědecká lavice místo pro svědky v soudní síni; ~ **summons** předvolání svědka, svědecká obsílka; ~ **tampering** ovlivňování svědků; ~'s **fee** svědečné; **examination of** ~es výslech svědků; **act as a** ~ být svědkem, svědčit; **be sworn as a** ~ být vzat pod přísahu jako svědek; **call a** ~ předvolat svědka; **cross-examine all the** ~es podrobit všechny svědky křížovému výslechu; **examine a** ~ vyslýchat svědka; **hear all the** ~es vyslechnout všechny svědky; **summon a** ~ předvolat svědka **2** svědectví; **in** ~ **whereof** na důkaz čeho, jakožto svědectví čeho

**witness** ['witnis] *(v)* st. **1** být svědkem čeho **2** svědčit, svědecky vypovídat o čem ♦ **now this deed witnesseth** tato listina budiž svědectvím

**woman** ['wumən], *(pl)* **women** ['wimin] žena; **unmarried** ~ neprovdaná žena; ~ **of pleasure** prostitutka

**woolsack** ['wulsæk] *(n)* **1** žok vlny **2** brit. vlněný polštářek na křesle lorda kancléře ve Sněmovně lordů

**word** [wə:(r)d] *(n)* slovo; ~s **of art** odborné termíny; ~s **of negotiability** formulace obchodovatelnosti; **keep one's** ~ držet slovo

**word** [wə:(r)d] *(v)* formulovat; **the contract was incorrectly** ~ed smlouva byla nesprávně formulována

**wording** ['wəː(r)diŋ] *(n)* formulace, znění
**work** [wəː(r)k] *(n)* **1** práce; ~ **release program** *přibl.* pohyblivá pracovní doba v rámci celého týdne nejen jednoho dne; **hours of** ~ pracovní doba; **incapacity for** ~ pracovní neschopnost; **kind of** ~ druh práce; **place of** ~ pracoviště, místo práce; **protection of health at** ~ ochrana zdraví při práci; **remuneration for** ~ odměna za práci; **right to** ~ právo na práci; **safe system of** ~ bezpečný systém práce; ~ **permit** pracovní povolení; **carry out** ~ vykonávat práci; **execute** ~s provést práce **2** dílo; **original** ~ původní dílo; **contract for** ~ smlouva o dílo
**work** /zast. **wrought, wrought/** [wəː(r)k, roːt] *(v)* st. **1** pracovat; ~ **overtime** pracovat přesčas; ~ **in partnership with the UN** pracovat společně s OSN **2** mít za následek, způsobit co; ~ **injustice** mít za následek nespravedlnost
**worker** ['wəː(r)kə(r)] *(n)* **1** pracovník, pracující; ~**'s compensation insurance** úrazové pojištění zaměstnance **2** dělník
**working** ['wəː(r)kiŋ] *(adj)* **1** pracovní; ~ **conditions** pracovní podmínky; ~ **languages** pracovní jazyky; ~ **paper** 1 podkladový materiál, pracovní verze dokumentu 2 potvrzení o zaměstnání **2** provozní; ~ **assets** oběžné prostředky; ~ **capital** provozní kapitál
**workman** ['wəː(r)kmən], *(pl)* -men pracovník; ~**men's compensation and pension insurance** úrazové a důchodové pojištění pracujících
**works** [wəː(r)ks] *(sg, pl)* **1** závod, podnik, továrna; ~ **traffic insurance** pojištění podnikové dopravy **2** výstavba; **clerk of** ~ stavební dozor
**world** [wəː(r)ld] *(n)* svět; **legal systems of the** ~ světové právní systémy
**world** [wəː(r)ld] *(adj)* světový; ~ **supremacy** světovláda; ~ **trade** světový obchod
**worship** ['wəː(r)šip] *(n)* bohoslužba, pobožnost; **freedom of** ~ svoboda konat bohoslužby
**worth** [wəː(r)θ] *(n)* **1** hodnota **2** význam
**worthless** ['wəː(r)θləs] *(adj)* bezcenný; ~ **check** nekrytý šek; ~ **securities** bezcenné cenné papíry
**wound** [wuːnd] *(n)* rána, zranění; **knife** ~ rána nožem
**wound** [wuːnd] *(v)* sb. zranit, poranit koho
**wounding** ['wuːndiŋ] *(n)* těžké ublížení na těle

**wreck** [rek] *(n)* **1** lodní havárie **2** vrak lodi **3** zruinovaná společnost; ~ **of the company** nesolventní / zruinovaná společnost
**wreck** [rek] *(v)* ztroskotat, vážně poškodit
**writ** [rit] *(n)* soudní, úřední příkaz; oprávnění k žalobě; **alias** ~ nový příkaz; **concurrent** ~s paralelní příkazy; **peremptory** ~ rozhodný příkaz; **prerogative** ~ **of habeas corpus** výhradní / výsadní soudní příkaz nařizující předvedení osoby k soudu; ~ **system** systém soudních příkazů; ~ **for a general election** příkaz k vypsání všeobecných voleb; ~ **of attachment** 1 příkaz zabavit majetek dlužníka 2 příkaz k předvedení osoby, zatykač; ~ **of certiorari** ['ritəv‚səː(r)šiə'rerai] příkaz předložit věci vyšší instanci k přezkoumání; ~ **of covenant** soudní příkaz o splnění formální smlouvy; ~ **of debt** soudní příkaz o splnění dluhu; ~ **of deceit** soudní příkaz o náhradě škody způsobené jednatelstvím bez příkazu; ~ **of delivery** soudní příkaz o vydání movitých věcí; ~ **of entry** soudní příkaz o uvedení v držbu, z níž byl někdo bezprávně vypuzen; ~ **of error** příkaz odvolacího soudu prvoinstančnímu soudu předložit materiály k přezkoumání; ~ **of error coram nobis** ['ritəv‚erə(r)'korəm ‚nəubis] autoremedura; ~ **of error coram vobis** ['ritəv‚erə(r)'korəm‚vəubis] zvláštní případ soudní remedury; ~ **of execution** příkaz k vykonání rozsudku; ~ **of false judgment** soudní příkaz k přezkoumání prvoinstančního rozhodnutí; ~ **of mandamus** příkaz nižšímu soudu vykonat, co náleží k jeho povinnostem; ~ **of possession** soudní příkaz k uvedení v držbu; ~ **of praecipe** [‚ritəv'presəpi:] soudní příkaz o splnění formální smlouvy; ~ **of prohibition** příkaz vyššího soudu nižšímu zastavit řízení z důvodů jeho nepříslušnosti; ~ **of protection** průvodní list; ~ **of quare impedit** ['ritəv‚kweri'impədit] negatorní žaloba, ochrana držby; ~ **of quo warranto** ['ritəv‚kwouwə'ræntəu] soudní příkaz k uvedení důvodu tvrzeného oprávnění; ~ **of right** soudní příkaz ve prospěch osoby mající právní titul k nemovitosti; ~ **of summons** soudní obsílka, zahájení soudního řízení, příkaz soudnímu úředníku vyrozumět účastníky řízení o jeho zahájení; ~ **of supersedeas** ['ritəv‚sju:pə(r) 'si:diəs] soudní rozhodnutí o zastavení řízení; ~ **pro retorno habendo** ['rit‚prəuri'tornəuhə

ˈbendəu] soudní příkaz, aby žalovanému byly vráceny odňaté věci; **move a ~** v parlamentě předložit návrh na vypsání doplňkových voleb
**write** */wrote / writ, written / writ/* [rait, rəut, rit, ritn] *(v)* st. psát co; **written application** písemná žádost
**write-off** [ˈraitˌof] *(n)* odepsání, škrtnutí dluhu; **~ value** odpisová hodnota
**write-up** [ˈraitˌap] *(n)* připsání / zvýšení hodnoty
**writer** [ˈraitə(r)] *(n)* pisatel
**writing** [ˈraitiŋ] *(n)* psané dílo, písemná podoba; **notice in ~** písemné upozornění; **agree in ~** písemně souhlasit
**wrong** [roŋ] *(n)* **1** porušení zákona; přestupek, protiprávní chování; **civil / private ~** občanskoprávní delikt, protiprávní chování podle ob-

čanského práva; **~s against the community** protiprávní chování namířené proti společnosti **2** porušení cizího práva, křivda
**wrong** [roŋ] *(adj)* vadný, nesprávný, chybný; **~ attitude** nesprávný postoj
**wrongdoer** [ˈroŋˌduːə(r)] *(n)* pachatel občanských deliktů
**wrongful** [ˈroŋful] *(adj)* protiprávní, neoprávněný; **~ act** protiprávní čin; **~ death action** žaloba na protiprávní zabití; **~ dismissal / discharge** nezákonné propuštění ze zaměstnání; **~ possession** neoprávněná držba
**wrongfully** [ˈroŋfuli] *(adv)* nezákonně, protiprávně
**wrongly** [ˈroŋli] *(adv)* neprávem; nesprávně, chybně; **invoice ~** chybně fakturovat

# Y

Yard [ja:(r)d] *(n)* *Scotland Yard* *brit.* ústředí britské kriminální služby

y(e)a [jei] hlas pro

year [jə:, *am.* ji:r] *(n)* rok; **financial** ~ účetní rok; **fiscal / tax** ~ daňový rok; **subsequent** ~ následující rok; **faction of a** ~ část roku; ~ **books** sbírka soudních rozhodnutí za rok; ~ **free of premium** roční osvobození od placení pojistného; ~ **of acceptance** rok uzavření pojištění; ~ **of mourning** doba smutku, po kterou se vdova po smrti manžela nesmí vdát

yearly ['jə:li, *am.* 'ji:rli] *(adj)* roční; ~ **rate of the rent** roční výše nájemného, výše nájemného za rok; ~ **rent** roční platba nájemného

yellow ['jeləu] *(adj)* žlutý; ~ **dog contract** *am.* pracovní smlouva, jíž se pracovník zavazuje nevstoupit do odborů v opačném případě vzniká důvod k výpovědi; ~ **journalism** bulvární žurnalistika

yeoman ['jəumən], *(pl)* -**men** 1 *brit.* gardista, člen královské tělesné stráže 2 svobodný sedlák, zeman

yield [ji:ld] *(n)* úroda; výnos, výtěžek; **tax** ~ daňový výnos; ~ **upon investment** výnos z investic

yield [ji:ld] *(v)* st. přinášet, poskytovat, obnášet co

yoke [jəuk] *(n)* jho, jařmo

young [jaŋ] *(adj)* mladý; ~ **adult offender** delikvent ve věku blízkém věku mladistvých; ~ **/** *am.* **youthful offender** delikvent ve věku mladistvých mezi 17 a 20 lety; ~ **person** mladistvá osoba mezi 14 a 17 lety

youth [ju:θ] *(n)* mládež; ~ **custody order** příkaz k předání mladistvého do ústavní péče

yuppie [japi:] *(n)* *young urban professional* *přibl.* ctižádostivý mladý pracovník zejména v bankovním a burzovním sektoru

# Z

zeal [zi:l] *(n)* horlivost; nadšení; oddanost

zealous ['zi:ləs] *(adj)* horlivý; horlivě se snažící

zebra crossing ['zebrə‚krosiŋ, *am.* 'zi:brə-] *(n)* značený přechod pro chodce

zero [zi:ərəu] *(n)* nula; ~ **population growth** nulový populační přírůstek; ~ **utility principle** nulový užitek; ~-**rated** s nulovou DPH

zip-code ['zipkəud] *(n)* *am.* poštovní směrovací číslo

zonation [zəu'neišən] *(n)* územní členění; pásmování

zone [zəun] *(n)* pásmo, oblast, zóna; **contigu**-

**ous** ~ přilehlé zvláštní mořské pásmo bezprostředně přiléhající k pobřežním vodám; **foreign trade** ~ bezcelní pásmo, svobodný přístav; **free** ~ svobodné pásmo v přístavu; **genuine** ~**s of peace** opravdové oblasti míru; **holding** ~ zadržená zóna; **nuclear weapon free** ~**s** bezjaderná pásma; **private exhibitor's** ~ pásmo pro soukromé vystavovatele

zoning ['zəuniŋ] *(n)* urbanistické členění města, zónování rozdělení města na pásma, v souvislosti s výstavbou a architekturou; územní plánování

# Rejstřík právnických zkratek a akronymů

## A

**A/S** account sales
**A.&P.** Accounts and Papers
**a.a.r.** against all risks
**A.B.A.** American Bar Association
**A.C., AC** Appeal Cases; Appellate Court
**A.D.** anno domini *(léta páně, našeho letopočtu)*
**A.D.R.** Alternative Dispute Resolution
**a.f.** anno futuro *(příští rok)*
**A.G.M.** Annual General Meeting
**A.J.** Associate Judge; Appellate Jurisdiction
**A.L.R.** American Law Reports
**A.P.** Additional Premiums; Annual Practice
**A.R.** all risks; Annual Register; Annual Return
**a.s.a.p.** as soon as possible
**A.W.W.** average weekly wage
**Ab.** abridgement; abstract
**abr.** abridged; abridgment
**Abs.** absent; absolute; abstain; abstract
**abv.** above
**ABWOR** assistance by way of representation
**Acc.** accord
**acct.** account
**ACP** African, Caribbean, and Pacific countries
    party to the Lomé Convention
**acq.** acquittal; acquitted
**ad int.** ad interim *(prozatím, předběžně)*
**ad loc.** ad locum *(podle místa)*
**ad us.** ad usum *(k užitku)*
**ad val.** ad valorem *(podle hodnoty)*
**addit.** additional
**Adj.** adjudged; adjourned; adjust

**Adm.** Administrative
**aff.** affairs; affirmed
**afft.** affidavit
**afsd.** aforesaid
**AG, A.G., A-G.** Attorney(-)General
**Ag.** agency; agreement
**agt.** agent
**agy** agency
**All ER** All England Law Reports
**alt.** alternative
**Am., amend.** amended; amendment
**an.** annual
**anny.** annuity
**anon.** anonymous
**anr.** another
**App.** appeal cases; appendix
**appl.** applied; applicable
**Approp.** appropriations
**apptd.** appointed
**AR** Additional Requirements
**Ar.** archives
**Arb.** Arbitration; Arbitrator
**Art., art.** article
**Ass.** Assembly; Assizes
**Att(y).** Attorney
**Att(y).-Gen.** Attorney-General
**Aud.** audit
**Auth.** authorised; authority
**Av.** average; aviation
**AWOL** absent without leave

## B

**b/g** bonded goods
**b/v** book value
**B.B.** Bail Bond
**B.C.** before Christ; British Columbia; Bail
    Court; Bankruptcy Cases; Board of Control
**b.f.** bankruptcy fee
**B.I.R.** Board of Inland Revenue
**b.l.** bill of lading
**b.r(ec).** bill receivable
**b.s.** bill of sale; balance sheet
**bef.** before
**benef.** beneficiary

**beqd.** bequeathed
**beqt.** bequest
**Bky.** bankruptcy
**BOP** balance of payments
**br.** branch
**Brd.** Board
**Bs.L., Bs/L** bills of lading
**Bul(l).** bulletin
**Bull.** Bulletin of the European Communities
    edited by the Secretariat of the Commission
**Bull. Suppl.** Supplement to the Bulletin

# C

**c/d** certificate of deposit
**c/o** care of; carried over; certificate of origin
**c.** case(s); chapter; circa
**C.A.** Chartered Accountant; Court of Appeal
**C.A.F., c.a.f.** cost and freight
**C.C.** Cases in Chancery; Chamber of Commerce; Civil Code; Close Corporation
**C.C.J.** County Court Judge
**c.d.** cum dividendo *(s dividendou)*
**C.D.** Chancery Division; Corps Diplomatique
**c.e.** caveat emptor *(ať se má na pozoru kupující)*
**C.F., c.f.** cost and freight
**C.F.I., c.f.i.** cost, freight, insurance
**C.G.T.** Capital Gains Tax
**C.I.F., c.i.f.** cost, insurance, freight
**c.i.f.c.** cost, insurance, freight and commission
**c.i.f.c.i.** cost, insurance, freight, commission and interest
**c.i.f.i.** cost, insurance, freight and interest
**C.J.** Chief Justice / Judge; Corpus Juris; Circuit Judge
**c.m.** causa mortis *(příčina smrti)*
**C.M.L.R.** Common Market Law Reports
**C.M.L.Rev.** Common Market Law Review
**C.O.D.** cash / collect on delivery
**C.P.A.** Certified Public Accountant
**C.R.** Curia Regis *(Královský soud)*
**C.S.** civil servant / service; consolidated statutes
**CA** Court of Appeal
**CAP** Common Agricultural Policy
**cat.** catalogue; catalogued
**cc.** connected case
**CCT** Common Customs Tariff
**Cedefon** European Centre for the Development of Vocational Training
**CELEX** computerised Community law documentation system *Communitatis Europae Lex*
**CEN** European Committee for Standardization
**CEO** chief executive officer

**cert.** certificate; certify; certiorari
**cet.par.** ceteris paribus *(jinak za stejných podmínek)*
**cf.** confer *(srovnej)*
**CFI** Court of First Instance
**CFSP** Common Foreign and Security Policy
**Ch.** Chancery; chapter; chief
**chm(n).** chairman
**chs.** chapters
**cit.** citation; cited; citizen
**civ.** civil; civilian
**CJ** Court of Justice
**clms.** claims
**cls.** claims; clauses
**cml.** commercial
**Co.** company
**Cod.** codification
**Coll.** collection; collector
**Com.** commerce; community; commission
**comd.** commanded
**comm.** commerce; commission; committee
**comp.** company; compensation; compilation
**con.** conjunx; contra
**Conf.** conference; confirmation
**Cons.** consolidated; constable; constitution; consultant
**cont.** contents; containing; continent(al); continued
**conv.** convention; conversion
**cor.** corpus; correction
**COREPER, Coreper** Committee of Permanent Representatives
**corr.** correspond; corresponding
**CPS** Crown Prosecution Service
**Cr.** credit; creditor
**crim.** criminal
**Ct.** Count; Court
**Ct./O.** Court Order
**Ctf.** Certificate
**Cttee.** committee
**cur.** current

# D

**D/A, d/a** days after acceptance; documents against acceptance
**D/C** Deviation Clause
**D/P** documents against payment

**d.** daily; dead; decree; degree; delete
**D.** Decree; denied; dictum / dicta; dismissed; doubted
**d.a.p.** documents against payment

**d.a.s.** delivered alongside ship
**d.b.e.** de bene esse *(podmíněně, prozatímně)*
**D.C.** death certificate; District of Columbia; Divisional Court
**d.d.** days after date; delivered at dock; dono dedit *(dal darem)*
**D.D.D.** Dono dedit, dedicavit *(dal darem, věnoval)*
**d.f.** dead freight
**D.G.** Dei Gratia *(z boží milosti)*; Director-General
**D.J.** District Judge
**D.O.** dissenting opinion
**d.s.p.** decessit sine prole *(zemřel bez potomků)*
**Deb.** debenture; debit
**dec.** deceased; declaration; declination
**Dec.** Decision
**decs.** deceased

**Ded.** dedicated; dedication
**Def.** defence; defendant
**dele.** deleatur *(budiž zničeno; vynechte, vypusťte)*
**Dep.** department; deposits; deputy
**Det.** detachable; detached; detective
**dft.** defendant; draft
**Dig.** Digest
**Dir.** Directive; Director
**Disc.** discount; discovered
**diss.** dissolved
**Dist.** Disctrict; distinguishing
**Div.** dividend; division; divorce
**DOA** dead on arrival at hospital
**DOB** date of birth
**DPP** Director of Public Prosecution
**Dr.** debtor; drawer; Doctor

# E

**E.C.J., E.C.C.J.** European Communities Court of Justice
**E.E.** errors excepted
**E.L.Rev.** European Law Review
**e.o.** ex officio *(z moci úřední)*
**E.O.** Executive Officer
**e.o.o.e.** errors and omissions excepted
**E.P.S.** earnings per share
**EAGGF** European Agricultural Guidance and Guarantee Fund
**EAR** erection all risks insurance
**EAT** earnings after taxes
**EBRD** European Bank for Reconstruction and Development
**EC** European Community
**ECB** European Central Bank
**ECG** Export Credit Guarantee
**ECHR** European Commission / Convention on Human Rights
**ECJ** European Court of Justice
**ECR, E.C.R.** Reports of Cases before the European Court of Justice (in English)
**ECR I-...** Reports of Cases before the European Court of Justice
**ECR II-...** Reports of Cases before the Court of First Instance
**ECR-SC** Reports of European Community Staff Cases
**ECSC** European Coal and Steel Community

**ECU** European Currency Unit
**EDF** European Development Fund
**EDMC** European Monitoring Centre for Drugs and Drug Addiction
**EEA** European Economic Area
**EEC** European Economic Community
**EEIG** European Economic Interest Grouping
**Eff.** effective
**EFTA** European Free Trade Association
**EIB** European Investment Bank
**eld.** elder; eldest
**EMEA** European Medicine Evaluation Agency
**Emer.** Emeritus
**EMI** European Monetary Institute
**EML** estimated maximum loss
**EMS** European Monetary System
**EMU** Economic and Monetary Union
**Eq.** equity; equitable
**ERDF** European Regional Development Fund
**erron.** erroneous(ly)
**ES** European Social Charter
**ESCB** European System of Central Banks
**ESF** European Social Fund
**esp.** especially
**est.** established
**Est.** estate(s)
**et seq.** et sequens / sequentes / sequentia *(a další)*
**EU** European Union

**Euroatom** European Community of Atomic Energy
**EUROPOL, Europol** European Police Office
**Ev.** evidence
**EWC** expected week of confinement
**ex p.** ex parte *(od jedné strany)*
**ex.** example; exchange; executive
**Ex.** Exchequer; Court of Exchequer

**Exc.** Excellency
**Exch.** Exchange; Exchequer
**excl.** excluded
**Exec.** execution; executive; executor
**exp.** ex parte *(od jedné strany)*; expenses; expired; expropriation
**extd.** extended
**extl.** external

# F

**f/d** free docks
**F/T** Foreign Trade
**f.&d.** freight and demurrage
**f.a.a.** free from all average
**F.A.A.** free from all average; Federal Aviation Administration
**F.A.S.** free alongside ship
**f.b.c.** fallen building clause
**f.c.&s.** free from capture and seizure
**F.G.A., f.g.a.** free of general average
**f.i.t.** free of income tax
**F.O.B., f.o.b.** free on board
**f.o.c.** free of charge
**F.P.A., f.p.a.** free of particular average

**Fam.** family
**FAO** Food and Agricultural Organization
**Fdn.** foundation
**fec.** fecit *(vykonal)*
**Fed.** federal
**ff.** and following pages
**fi.fa., Fi.Fa.** fieri facias *(„zařiď, ať se udělá", tj. soudní příkaz k zabavení a prodeji majetku)*
**FIFG** Financial Instrument for Fisheries Guidance
**FIFO** First in—First out
**Fin.** finance; financial
**foll.** followed in; following
**For.** foreign; forensic

# G

**GAAP** Generally Accepted Accounting Principles
**GAAS** Generally Accepted Auditing Standards
**GATS** General Agreement on Trade in Services
**GATT** General Agreement on Tariffs and Trade
**GC** Geneva Convention
**gdn.** guardian

**GDP** Gross Domestic Product
**Gen.** general
**Gen.Rep.** General Report on the activities of the European Communities
**GNP** Gross National Product
**GSP** Generalized system of preferences

# H

**h.** harmonised; husband
**H.C.** Habeas Corpus; High Court; House of Commons; High Commissioner
**H.C.J.** High Court of Justice / Judiciary

**H.O.** Home Office
**H.Q.** Headquarters
**HL** House of Lords
**HP** hire purchase

# I

**I.D., ID** identification
**i.l.o.** in lieu of
**I.L.O.** International Labour Organisation / Office

**I.T.** income tax
**I.T.R.** income tax relief
**IBRD** International Bank for Reconstruction and Development (World Bank)

**ICJ, I.C.J.** International Court of Justice; International Commission of Jurists
**IFR** Imported Goods Regulations
**IMF** International Monetary Fund
**imp.** implemented; imprimatur *(budiž vytištěno)*
**In re** In reference to
**Inc.** income; incorporated

**Incl.** included; including
**Ind.** independent; index
**Int.** Intelligence; interest; international; introduction
**IOU** I owe you
**Ir.** Ireland; Irish
**ISBN** International Standard Book Number
**ISO** International Standards Organisation

# J

**J.** Justice; Judge; Justiciary
**J.A.** Judge Advocate; Judge / Justice of Appeal
**J.D.** Juris Doctor, Doctor of Jurisprudence
**J.O.** Journal Officiel (French edition of the Official Journal of the European Communities)
**J.P.** Justice of Peace
**J.S.D.** Doctor of Juristic / Juridical Science

**JJ.** Judges; Justices
**JJ.A.** Justices of Appeal
**Jt.** joint
**Jud.** judicature; judicial; judiciary
**Jur.** juridical; jurisprudence; jurist
**Juv.** juvenile

# K

**K.B.** King's Bench

**K.C.** King's Counsel

# L

**L/A** Letter of authority
**L/C** Letter of credit
**L/H** leasehold
**L.** law; Lord; limited
**L.A.** Law Agent; Legal Adviser; loan agreement; Local Authority
**L.C.** Labor Cases; Law Court; loan contract; Lord Chancellor
**L.C.J.** Lord Chief Justice
**L.Ct.** Law Court
**L.Ex.** Law Executive
**L.J., LJ** Lord Justice of Appeal; Law Judge; Law Journal
**L.N.** Law Notes; League of Nations
**L.R.** Land Registry; Law Reports
**L.R.C.** Law Reform Committee
**L.S.** Locus Sigilli *(místo pro pečeť)*; Locus Standi *(stanoviště, stanovisko)*
**l.s.c.** loco supra citato *(na výše uvedeném místě)*

**L.S.G.** Law Society's Gazette
**LC** Lord Chancellor
**LCJ** Lord Chief Justice
**Leg.** legal; legislation; legislature; legislative
**Legis.** legislation; legislature; legislative
**liab.** liability
**LIFO** Last in—First out
**Lit., Litig.** litigation
**LL** laws; lords
**LL.B.** Bachelor of Laws
**LL.D.** Doctor of Laws
**LL.L.** Licentiate of Laws
**LL.M.** Master of Laws
**LLC** Law Library of Congress
**LLJ** Lords Justices
**LQR** Law Quarterly Review
**LSAT** Law School Admission Test
**LTD., Ltd.** limited

# M

**m.** male; married
**M.B.A.** Master of Business Administration

**M.C.** Magistrate Court; Marriage Certificate
**M.D.** Doctor of Medicine

**m.m.** mutatis mutandis *(s drobnými změnami; analogicky, podobně)*
**M.M.** Money Marketing
**m.p.h.** miles per hour
**M.R., MR** Master of the Rolls
**M.T.** Memorandum of Trade
**Mar.** maritime; marriage
**mar.lic.** marriage licence
**mar.settl.** marriage settlement
**Mdse.** Merchandise
**Med.** mediator; medicine; medical
**MEP** Member of European Parliament
**Mfg.** manufacturing
**MFN** Most Favo(u)red Nation
**Mfr.** manufacturer
**mfre.** manufacture
**Mgnt.** Management

**mgr.** manager
**Min.** Ministry; Minister; minor; minute
**misc.** miscellaneous
**Mkt.** market
**Mktg.** marketing
**MLR** Modern Law Review
**MNC** Multinational Corporation
**MNE** Multinational Enterprise
**mort.** mortgage
**MOU** Memorandum of understanding
**MP** Member of Parliament
**MPP** Maternity pay period
**ms.** manuscript
**mtg.** mortgage
**mtgee.** mortgagee
**mtgr.** mortgagor

# N

**N/V** no value
**n.** note; footnote; number
**N.A.** non allocatur *(není dovoleno)*; not applicable; not available
**N.B.** nota bene *(dobře si všimni)*
**N.C.A.** no copies available
**N.C.D.** Nemine contra dicente *(nikdo není proti)*
**n.d.** no date
**N.E.I.** Non est inventus *(není nalezen)*
**n.e.s.** not elsewhere specified
**n.p.** not printed
**N.P.** nisi prius *(ne-li dříve, předtím)*; Notary Public
**n.y.p.** not yet published

**N.Y.S.E.** New York Stock Exchange
**NAO** National Audit Office
**NCIC** National Crime Information Centre
**NCV** no commercial value
**nem.com.** nemine contradicente *(nikdo není proti)*
**nem.dis.** nemine dissentiente *(nikdo není proti)*
**nn.** notes; footnotes
**no.** number
**nol.pros.** nolle prosequi *(nestíhat)*
**non cul.** non culpabilis *(nevinen)*
**non pros.** non prosequitur *(nevyšetřuje, nestíhá)*
**nos.** numbers

# O

**o.** order; overruled
**O.** Law Opinions; Order
**O.B.** Old Bailey; Official Bulletin
**O.D.A.** Overseas Development Administration
**O.J.** Official Journal of the European Communities
**o.n.o.** or near offer
**O.R.** Official Receiver; Official Referee
**O.S.** out of stock

**occ.** occupation(al)
**OECD, O.E.C.D.** Organization for Economic Cooperation and Development
**Off.** office; official
**OHMS** On Her Majesty Service
**Op.** opinion
**op.cit.** opere citato *(v citovaném díle)*
**Ord.** order; ordinance
**overr.** overruled in; overruling

# P

**P/A** Power of Attorney
**P/L** Proprietary Limited
**p.** page; per
**p.&p.** postage and packing
**P.A.** personal assistant; power of attorney; press agent
**P.C., PC** Pleas of the Crown; Privy Council/lor; Penal Code; Political Code; Police Constable; Probate Court
**P.J.** Presiding Judge / Justice
**P.L.** Public Law
**P.N.** professional negligence
**P.O.** Patent Office; Post Office; Public Officer
**p.p.** per procurationem *(v zastoupení, z pověření)*
**p.p.a.** per power of attorney
**p.p.i.** policy proof of interest
**P.R.** press release; public relations
**P.S.** Parliamentary Secretary; Personal Secretary; Privy Seal; Public Service; penal servitude
**P.T.** purchase tax; Pension Trustee; Public Trustee
**par(a).** paragraph *(odstavec)*
**Part.** participation; partner
**PAYE** pay-as-you-earn
**pcm** per calendar month
**per pro.** per procurationem *(v zastoupení, z pověření)*

**Perm.** permanent
**Perp.** perpetual
**PES** Public Expenditure Survey
**Petn.** petition
**PHV** pro hac vice *(pro tentokrát)*
**PLC, Plc, plc** Public Limited Company
**plf.** plaintiff
**POW** prisoner-of-war
**pp.** pages
**PPP** purchasing power parity
**pr.** private; proved
**Pref.** preface; preference; preferred
**Prep.** preparation
**Pres.** president
**Prob.** probate; probation
**Proc.** procedures; proceedings
**Prod.** produced; production; product
**Prom.** promissory
**Prop.** property
**prosp.** prospectively
**provns** provisions
**pt(s).** part(s)
**PTC** Patent, Trademark and Copyright
**Pty.** proprietary
**pub.** public; published; publisher
**publ., pubn.** publication
**Pvt.** private

# Q

**Q.** Queen; question; quorum
**Q.B., QB** Queen's Bench
**Q.B.D., QBD** Queen's Bench Division
**Q.C., QC** Queen's Counsel

**Q.S.** Quarter Session
**q.v.** quod vide *(viz tam)*
**quot.** quotation; quoted; quoting

# R

**r.** repeal; rule
**R.** Rex, Regina; rescinded; resolved; reversed; revoked; rule; report(s)
**R.E.** Revised Edition
**R&TD** Research and Technological Development
**RAR** revenue agent's report
**RBP** Restrictive Business Practices

**Re-af.** re-affirmed
**Rec.** Records; receipt; Recorder
**Redem.** redemption
**Ref.** reference; referee; referred; reform
**Reg.** Regina; Register; registered; Registrar; Registry; Regulation
**Reg.** Regulation
**Regd.** registered

**Regr.** Registrar
**Regs.** Regulations
**Rep.** repeal; report; Representative; Republican; reprint
**Res.** reserved; residence; resigned; resolved; resource(s)
**resp.** respectively; respondent

**rest.** restricted
**Ret.** retired
**Rev.** revenue; review; revised
**RICO** Racketeer Influenced and Corrupt Organizations
**RPI** Retail Price Index
**rt(s).** right(s)

# S

**s.** section; see; statute; same case
**S.** Scotland; Senate; section; statute
**s.a.** see also; subject to approval
**s.a.e.** stamped addressed envelope
**S.B.** Senate Bill; small business; supplementary benefit
**s.c.** self-contained; single column; same case
**S.C.** same case / cause; Standing Committee; Supreme Court
**s.d.** semi-detached
**S.G.** Solicitor General
**S.I.** Statutory Instrument
**s.j.** sub judice *(před soudem)*
**s.l.p.** sine legitime prole *(bez zákonných potomků)*
**S.M.** Stipendiary Magistrate
**S.O.** Standing Order; Solicitor's Opinion
**s.p.** same point; same principle; sine prole *(bez potomků)*
**s.s.** sworn statement
**S.S.** Secretary of State
**SAO** School Attendance Order
**sc.** scilicet *(to jest)*
**SEA** Single European Act

**Sec.** Secretary; section; secundum; securities
**Sen.** Senate; Senator; Senior
**Ser.** series
**Sess.** session
**SLOM** Regulation on slaughter and removal from production of dairy cows; supplementary levy on milk
**Sol.** Solicitor
**SP** single payment
**spec.** special; specification
**ss.** sections
**St.** State; statute; street
**Stat.** statistics; statute; stationery
**stk.** stock
**Stmt.** statement
**Su.** Supreme / Superior Court
**sub.** subordinate; subscription; substitute(d)
**subsc.** subscription
**suc.** successor
**suppl.** supplement; supplementary
**Sur.** surety
**Surr.** surrogate
**susp.** suspended
**syn.** synonym; synopsis

# T

**T/A** trading as
**T.** taxes; tax tariff; term; title; territory
**T.L.O.** Total loss only
**T.M.** tax memo; trademark; tax management
**T.O.P.** Temporarily out of print
**T.U.C.** Temporary Unemployment Compensation; Trade Union Congress
**TAC** Total allowable catch
**TACIS** Programme for technical assistance to the Commonwealth of Independent States
**TENs** Trans-European networks

**Test.** testamentary; testator; testimonial
**Titl.** title
**TQM** Total Quality Management
**Tr.** transaction; transcript; treaty; trial; trust(ee); translation
**trans.** transaction; transcript; transfer(red)
**Trib.** Tribunal
**TRIPs** Trade Related Intellectual Property Rights
**Tx.** tax

# U

**U/A** under agreement; Underwriting Account
**U/w** underwriter
**U/W** under will
**U/wrs** underwriters
**u.a.** unit of account
**U.C.C.** Uniform Commercial Code
**U.N.H.Q.** United Nations Headquarters
**U.N.L.R.** United Nations Law Reports
**u.s.** ut supra *(jak výše uvedeno)*
**U.S.C.** United States Code

**U.S.G.** United States Government
**UB** Unemployment Benefit
**Und.** undivided
**UNICEF** United Nations Children Emergency Fund
**Unif.** unified; uniform
**Univ.** universal; university
**Unof.** unofficial
**Util.** utility; utilities

# V

**v., v** versus; vide; volume
**V.** vacated; void; volume
**v.c.** valuation clause
**v.d.** various dates
**V.D.** valuation decision
**V.G.** verbi gratia *(například, dejme tomu)*
**v.i.** vide infra *(viz níže)*

**v.s.** vide supra *(viz výše)*
**var.** various
**VAT** value added tax
**VC** vice-chancellor
**VEL** Validated Export Licence
**viz.** videlicet *(to jest)*
**vol.** volume; voluntary; volunteer

# W

**W/D** withdrawal; withdrawn
**W.C.** Watch Committee
**w.e.** week ending
**w.e.f.** with effect from
**w.p.m.** words per minute

**Welf.** welfare
**WEU** Western European Union
**WLR** Weekly Law Reports
**WTO** World Trade Organisation

# X

**x.** unknown quality
**x.d(iv).** ex dividend (not including right to dividend)

**x.r.** ex rights (not including right to subscribe)
**x.ref.** cross reference
**X.W.** without warrants